GRUNDRISSE DES RECHTS

Kluth · Öffentliches Wirtschaftsrecht

Öffentliches Wirtschaftsrecht

von

Dr. Winfried Kluth
o. Professor an der Universität Halle-Wittenberg

2019

www.beck.de

ISBN 978 3 406 53126 2

© 2019 Verlag C.H.Beck oHG
Wilhelmstraße 9, 80801 München
Druck und Bindung: Druckhaus Nomos
In den Lissen 12, D-76547 Sinzheim

Satz: Thomas Schäfer, www.schaefer-buchsatz.de
Umschlaggestaltung: Druckerei C.H.Beck Nördlingen

Gedruckt auf säurefreiem, alterungsbeständigem Papier
(hergestellt aus chlorfrei gebleichtem Zellstoff)

Vorwort

Das Öffentliche Wirtschaftsrecht ist eng mit der Entwicklung der Industrie- und Dienstleistungsgesellschaft verbunden und hat von Beginn an die damit verbundene Dynamik der gesellschaftlichen und rechtlichen Entwicklungen widergespiegelt. Das Herzstück bildet auf einfachgesetzlicher Ebene die Gewerbeordnung, die in diesem Jahr ihren 150. Geburtstag feiert. Sie ist eines der „modernsten" Gesetze, hat der Gesetzgeber im Jahr 1861 doch bereits einen Ansatz gewählt, der unserem heutigen Verständnis von Nachhaltigkeit entspricht. Denn neben der Etablierung der Gewerbefreiheit als Grundlage für eine dynamische Entwicklung von Industrie und Gewerbe wurden auch der Immissionsschutz und das Arbeitsrecht geregelt und damit die umweltbezogenen und sozialen Auswirkungen der Industrialisierung bedacht.

Diese gesellschafts- und umweltbezogene Prägung hat das Öffentliche Wirtschaftsrecht bis heute beibehalten, wie die Entwicklung des Regulierungsrechts belegt, das durch seine starke Einbeziehung des Verbraucherschutzes und des sozialen und territorialen Zusammenhalts (Universaldienste) über einen rein wirtschaftsbezogenen Ansatz deutlich hinausgeht. Um dem gerecht zu werden, bezieht das vorliegende Lehrbuch auch die markttheoretischen Grundlagen in die Darstellung ein.

Besondere Aufmerksamkeit wird in der Darstellung zudem dem Bereich der höherwertigen Dienstleistungen geschenkt, indem auf das Recht der reglementierten Freien Berufe ausführlich eingegangen wird. Diese ebenfalls besonders intensiv durch unionsrechtliche Vorgaben durchdrungene Rechtsmaterie befindet sich derzeit in einer Phase des grundlegenden Umbruchs, wobei auch der Digitalisierung große Bedeutung zukommt.

Das Werk ist über einen langen Zeitraum begleitend zu Forschung und Lehre entstanden. Deshalb wurden mit Blick auf Nebenfachstudenten auch ausführliche Darstellungen zu den allgemeinen Rechtsprinzipien sowie zum Rechtsschutz und zur Fallbearbeitung aufgenommen. Zudem ist auch an dieser Stelle den Mitarbeiterinnen und Mitarbeitern am Lehrstuhl für Öffentliches Recht zu danken. Besonderer Dank gilt dabei *Johanna Decher*, die die Abschnitte zum Regulierungs-, Subventions- und Vergaberecht maßgeblich vorbereitet hat, und *Frederic Stephan*, der die Abschnitte zu den allgemeinen Rechtsprinzipien, zum Rechtsschutz und zur Fallbearbeitung maßgeblich vorbereitet hat. *Philipp Schäper* hat zudem das Abkürzungsverzeichnis erstellt und zusammen mit *Alessandra Zahn* die Korrektur der Druckfahnen unterstützt. Herrn *Dr. Johannes Wasmuth* und *Frau Elena Boettcher* vom C.H.Beck Verlag danke ich für die große Geduld und die vertrauensvolle Zusammenarbeit.

Trotz großer Aufmerksamkeit und Widmung sind auch in diesem Werk Fehler und Schwächen nicht ausgeschlossen, weshalb der Verfasser sich über Kritik und Hinweise freut. Im Vordergrund steht aber die Hoffnung, dass das Werk seine Leser bereichert und dazu beiträgt, das Interesse an der spannenden Rechtsmaterie zu erhöhen.

Halle, im Februar 2019 *Winfried Kluth*
Kontakt: winfried.kluth@jura.uni-halle.de

Inhaltsverzeichnis

Vorwort V
Abkürzungsverzeichnis XVII

1. Teil. Grundlagen

§ 1. Gegenstand und systematische Einordnung des öffentlichen
    Wirtschaftsrechts 1
    I. Öffentliches Wirtschaftsrecht, Wirtschaftsverfassungsrecht
       und Wirtschaftsverwaltungsrecht 1
    II. Interne Systematik des Öffentlichen Wirtschaftsrechts 2
       1. Allgemeiner Teil des Öffentlichen Wirtschaftsrechts 2
       2. Kernmaterien des Öffentlichen Wirtschaftsrechts 5
    III. Öffentliches Wirtschaftsrecht und Wirtschaftsprivatrecht ... 11
    IV. Bezüge zu weiteren Rechtsmaterien 11
       1. Raumordnungs-, Bau- und Fachplanungsrecht 11
       2. Gesundheitsrecht 12
       3. Arbeitsrecht 13
       4. Sicherheitsrecht 13
       5. Steuerrecht 13
       6. Wirtschaftsstrafrecht 14
    V. Beziehungen zu anderen wirtschaftsbezogenen Wissen-
       schaftsgebieten 14
       1. Volkswirtschaftslehre und Institutionenökonomik 14
       2. Betriebswirtschaftslehre 17
       3. Organisationssoziologie 17

§ 2. Grundbegriffe des Öffentlichen Wirtschaftsrechts 17
    I. Wirtschaft, Wirtschaftssubjekte und Wirtschaftsgüter 17
    II. Markt und Marktwirtschaft 19
       1. Allgemeine Begrifflichkeit 19
       2. Inkurs: Die wirtschaftstheoretischen Grundlagen der
          Marktwirtschaft 20
    III. Wettbewerb 28
    IV. Wirtschaftsverfassung und Marktordnung 30
    V. Wirtschaftsaufsicht und -überwachung 30
    VI. Wirtschaftslenkung 32
    VII. Reglementierung 33
    VIII. Regulierung 34

§ 3. Territorialitätsbezug des öffentlichen Wirtschaftsrechts 36
    I. Die Bedeutung des Territorialitätsprinzips für das öffentliche Wirtschaftsrecht 36
    II. Ausgangspunkt: Das Staatsgebiet als Wirtschafts(rechts)gebiet 37
    III. Entwicklungsstufen der Entterritorialisierung 39

2. Teil. Rechtsquellen, Rechtsebenen, Zuständigkeitsordnung und Handlungsinstrumente im Öffentlichen Wirtschaftsrecht

§ 4. Die Rechtsquellen und Rechtsebenen des Öffentlichen Wirtschaftsrechts 41
    I. Bundes- und Landesrecht 41
    II. Recht der Europäischen Union 41
    III. Völkerrecht 42
    IV. Private Normsetzung 42
    V. Das Mehrebenensystem im Bereich des Öffentlichen Wirtschaftsrechts 43

§ 5. Instrumente des Wirtschaftsverwaltungsrechts 43
    I. Überblick und Systematik 43
    II. Exekutive Normsetzung 44
    III. Wirtschaftsverwaltungsakte 44
    IV. Wirtschaftsverwaltungsrechtliche Verträge 44
    V. Informelles und informationelles Verwaltungshandeln 45

3. Teil. Marktrahmenrecht

§ 6. Allgemeine Vorgaben für das Wirtschaftssystem: Wirtschaftsverfassungsrecht 46
    I. Begriff und Funktion der Wirtschaftsverfassung 46
    II. Die Wirtschaftsverfassung der Bundesrepublik Deutschland 47
    III. Die Wirtschaftsverfassung der Europäischen Union 48
    IV. Die Suche nach einer Weltwirtschaftsverfassung 50

§ 7. Die Relevanz allgemeiner Rechtsprinzipien für das Öffentliche Wirtschaftsrecht 51
    I. Grundrechte 52
        1. Allgemeine Lehren 52
        2. Berufsfreiheit – Art. 12 Abs. 1 GG 58
        3. Eigentumsgewährleistung 72
        4. Wettbewerbsfreiheit 81
        5. Unverletzlichkeit der Wohnung 82
        6. Datenschutzgrundrecht 82
    II. EU-Grundrechtecharta 85

Inhaltsverzeichnis

III. Europäische Menschenrechtskonvention	89
IV. EU-Grundfreiheiten	90
1. Allgemeine Lehren	91
2. Niederlassungsfreiheit	107
3. Dienstleistungsfreiheit	114
4. Liberalisierung im Bereich der Niederlassungs- und Dienstleistungsfreiheit durch Sekundärrecht, insbesondere Berufsanerkennungsrichtlinie und Dienstleistungsrichtlinie	119
5. Weitere Grundfreiheiten	131
V. Rechtsstaatsprinzip	135
1. Gesetzmäßigkeit des Verwaltungshandelns	136
2. Vorhersehbarkeit und Vertrauensschutz	145
3. Bestimmtheitsgrundsatz	148
4. Grundsatz der Verhältnismäßigkeit	150
VI. Sozialstaatsprinzip	150
1. Rechtliche Struktur als Staatszielbestimmung	150
2. Sachliche Relevanz für das Öffentliche Wirtschaftsrecht	152
VII. Umweltstaatsprinzip	153
VIII. Subsidiaritätsprinzip	155
1. Regelungsgehalt auf staatlicher und unionsrechtlicher Ebene	155
2. Konkretisierung für Einzelbereiche des Öffentlichen Wirtschaftsrechts	157
§ 8. Wirtschaftspolitik	158
I. Gegenstand und Abgrenzung der Wirtschaftspolitik	158
II. Zuständigkeiten im Bereich der Wirtschafts- und Währungspolitik	159
§ 9. Die Organisation der Wirtschaftsverwaltungsbehörden	161
I. Die staatliche Wirtschaftsverwaltung in Bund und Ländern	161
1. Unmittelbare Bundesverwaltung	161
2. Berufskammern auf Bundesebene	162
II. Behörden der Wirtschaftsverwaltung auf Landesebene	162
1. Unmittelbare Landesverwaltung	162
2. Kommunalverwaltungen	163
III. Die funktionale Selbstverwaltung der Wirtschaft durch Kammern	164
1. Begriff der (funktionalen) Selbstverwaltung	164
2. Erscheinungsformen der Selbstverwaltung im öffentlichen Wirtschaftsrecht im Überblick	166
3. Aufgabentypologie der Kammern	169
4. Verfassungs- und unionsrechtliche Grundlagen und Rahmenbedingungen der Kammerorganisation	172
IV. Wirtschaftsverwaltungsbehörden der Europäischen Union	186

1. Unionsbehörden und Agenturen 186
2. Vertikale Kooperation 187
3. Horizontale Kooperation 187
V. Einbeziehung Privater in die Wirtschaftsverwaltung 188
1. Beleihung Privater 188
2. Inpflichtnahme Privater 190
3. Private Wirtschaftsverbände 192

4. Teil. Der Staat als Akteur des Wirtschaftslebens

§ 10. Allgemeine Wirtschaftslenkung 194
I. Begriff und Erscheinungsformen der Wirtschaftslenkung ... 194
II. Ziele, Methoden und Instrumente der Wirtschaftslenkung .. 195
1. Ziele der Wirtschaftslenkung 195
2. Ebenen der Wirtschaftslenkung 196
3. Instrumente der Wirtschaftslenkung 196

§ 11. Subventions- und Beihilfenrecht 197
I. Begriffsklärungen und Rechtsgrundlagen des Subventionsrechts 197
1. Subvention, Beihilfe, Zuschuss 197
2. Rechtsgrundlagen des Subventionsrechts 198
II. Verfassungsrechtlicher Rahmen 198
1. Vorbehalt des Gesetzes 199
2. Zuständigkeit zur Regelung und Vergabe von Subventionen 199
3. Anspruch auf Subventionsgewährung 200
4. Änderung und Aufhebung von Subventionsregelungen . 200
III. Der unionsrechtliche Rahmen: das EU-Beihilfenrecht 201
1. Begriff der Beihilfe 201
2. Vereinbarkeit mit dem Binnenmarkt 204
3. Beihilfeverfahrensrecht 205
IV. Das Subventionsrechtsverhältnis 207
1. Einstufige Ausgestaltung des Subventionsrechtsverhältnisses 207
2. Zweistufige Ausgestaltung des Subventionsrechtsverhältnisses 208
3. Die Subventionskontrolle 208
V. Rückforderung und Rückabwicklung von Subventionen 209
1. Rückforderung und Rückabwicklung nach deutschem Recht 209
2. Rückforderung und Rückabwicklung nach europäischem Recht 210

§ 12. Vergaberecht 212
  I. Begriff, Rechtsgrundlagen und Entwicklung des Vergaberechts 212
  II. Allgemeine Strukturen und Grundsätze des Vergaberechts 214
    1. Anwendungsbereich des Vergaberechts 214
    2. Grundsätze der Vergabe, § 97 Abs. 1, 2 GWB 218
    3. Auswahlkriterien 220
    4. Verfahrensarten 223
    5. Vergabeentscheidung und Auftragserteilung 223
    6. Fehlerfolgen 223
    7. Kündigung öffentlicher Aufträge 224
  III. Einzelheiten des gesetzlichen Vergaberechts oberhalb der Schwellenwerte 225
    1. Auftraggeberbegriff des § 99 GWB 225
    2. Offenes und nicht-offenes Verfahren 228
    3. Weitere Verfahrensarten 230
    4. Rechtsschutzfragen 231
  IV. Einzelheiten des haushaltsrechtlichen Vergaberechts unterhalb der Schwellenwerte 233
    1. Vergabe nach den Vergabe- und Vertragsordnungen 233
    2. Vergabe nach der UVgO 235

§ 13. Das Recht der öffentlichen Unternehmen und Beteiligungen 237
  I. Begriffsklärungen und tatsächlicher Befund 237
    1. Begriffsklärungen 237
    2. Erscheinungsformen und tatsächliche Bedeutung öffentlicher Unternehmen und Beteiligungen 239
  II. Rechtsformen öffentlicher Unternehmen und Beteiligungen 239
    1. Öffentlich-rechtliche Organisationsrechtsformen 239
    2. Privatrechtliche Organisationsrechtsformen 240
    3. Beteiligungsformen 241
    4. Statusfragen öffentlicher Unternehmen 241
  III. Zulässigkeit öffentlicher Unternehmen und Beteiligungen .. 242
    1. Bindung an die Verbandskompetenz 242
    2. Unterscheidung von wirtschaftlicher und nicht-wirtschaftlicher Betätigung 243
    3. Anforderungen der Schrankentrias 243
    4. Einfachgesetzliche zivilrechtliche Schranken 247
    5. Rechtsschutz gegen die wirtschaftliche Betätigung der öffentlichen Hand 248
    6. Gewinnerzielung durch öffentliche Unternehmen der Daseinsvorsorge 249
    7. Die Fälle der Randnutzung 250
  IV. Steuerung und Kontrolle öffentlicher Unternehmen und Beteiligungen 251

1. Anforderungen an den Gründungs- und Beteiligungsakt 251
2. Anforderung an die Steuerung und Kontrolle öffentlicher Unternehmen und Beteiligungen 251
3. Anforderungen an die Aufgabe von öffentlichen Unternehmen und Beteiligungen 252

§ 14. Öffentliches Wettbewerbsrecht 252
    I. Begriffsklärungen und Rechtsgrundlagen 253
    II. Verfassungs- und unionsrechtliche Grundlagen 255
        1. Grundrechtseingriff durch Konkurrenz 255
        2. Vorgaben des Art. 106 AEUV 255
        3. Bedeutung des Art. 14 AEUV 258

5. Teil. Gewerberecht

§ 15. Allgemeines Gewerberecht 260
    I. Rechtsgrundlagen 260
    II. Begriff des Gewerbes 262
        1. Definition 262
        2. Gewerbsmäßigkeit 263
        3. Gewerbs(un)fähigkeit 265
        4. Gewerbetreibender 267
    III. Die einzelnen Gewerbearten 267
        1. Grundsätze des stehenden Gewerbes 268
        2. Überwachungspflichtige Anlagen 271
        3. Personalerlaubnisse 274
        4. Überwachungsbedürftige Gewerbe nach § 38 GewO 290
        5. Gewerbeuntersagung 291
        6. Reisegewerbe 298
        7. Recht der Messen, Ausstellungen und Märkte 301
    IV. Das Gaststättenrecht als besonderes Gewerberecht 309
        1. Entwicklung der Rechtsgrundlagen 309
        2. Erlaubnispflichten 311
        3. Rücknahme und Widerruf der Gaststättenerlaubnis 317

§ 16. Handwerksrecht 318
    I. Rechtsgrundlagen und Grundsatzfragen 318
        1. Rechtsgrundlagen und Rechtsentwicklung 318
        2. Vereinbarkeit mit Verfassungsrecht 320
    II. Handwerksbegriff 321
        1. Handwerksfähigkeit und Handwerksmäßigkeit 321
        2. Betriebsformen 322
        3. Ausbildung, Berufsbild und Berufsrecht im Handwerk .. 325
    III. Das zulassungspflichtige Handwerk 326
        1. Die Eintragung in die Handwerksrolle 326
        2. Meisterprüfung und Ausnahmetatbestände 327

3. Erweiterungen des Betätigungsfeldes durch § 5 HwO ... 329
4. Handwerkskarte und weitere Anzeigepflichten 330
5. Stellvertretung und Fortführung 331
IV. Zulassungsfreie Handwerke und handwerksähnliche Gewerbe 331
   1. Begriffsbestimmung 331
   2. Anwendung der Handwerksordnung 332
V. Wirtschaftsüberwachung im Handwerksrecht 333
   1. Handwerksrechtliche Untersagung und Schließung 333
   2. Gewerberechtliche Untersagung 334

§ 17. Ladenöffnungsrecht 334

I. Rechtsgrundlagen 334
II. Länderregelungen im Überblick 335
   1. Allgemeine Ladenöffnungszeiten 335
   2. Ladenöffnung im Ausnahmefall 336
   3. Schutz der Arbeitnehmer 338
III. Ausgewählte Einzelfragen 339
   1. Antragsrechte von Verkaufsstelleninhabern 339
   2. Rechte der Religionsgemeinschaften 339
   3. Antragsrechte von Gewerkschaften, Arbeitgeber- und Wirtschaftsverbänden, Kammern 340

6. Teil. Regulierungsverwaltungsrecht

§ 18. Grundlagen des Regulierungsverwaltungsrechts 341

I. Entwicklung und Begriff des Regulierungsverwaltungsrechts 342
   1. Begriff der Regulierung 342
   2. Historische Entwicklung 342
   3. Anlass der Regulierung 343
   4. Ziele und Funktionen von Regulierung 344
II. Unions- und verfassungsrechtlicher Rahmen 345
   1. Unionsrechtliche Rahmenbedingungen 345
   2. Verfassungsrechtliche Rahmenbedingungen 345
III. Regulierungsbehörden und Regulierungsverfahren 345
   1. Regulierungsbehörden 345
   2. Instrumente des Regulierungsverwaltungsrechts 348

§ 19. Telekommunikationsrecht 349

I. Grundlagen 349
   1. Rechtsgrundlagen 349
   2. Begriff der Telekommunikation 350
   3. Besonderheiten des Telekommunikationssektors 350
   4. Ziele der Regulierung 351
II. Marktstrukturregulierung 352
   1. Eröffnungskontrolle 352

2. Verteilung knapper Güter 352
3. Marktregulierungsverfahren 353
III. Marktverhaltensregulierung 356
1. Netzzugang 356
2. Entgeltregulierung 358
IV. Entflechtung vertikal integrierter Unternehmen 361
V. Besondere Missbrauchsaufsicht 362
VI. Universaldienstleistungen 362

§ 20. Energierecht 363
I. Grundlagen 364
1. Rechtsgrundlagen 364
2. Geschäftsfelder im Energiesektor 365
3. Zweck und Regulierungsziele 366
II. Regulierung des Marktzutritts 367
III. Regulierung des Netzbetriebs 367
1. Netzanschluss und Netzzugang 367
2. Entgeltregulierung 368
3. Ausnahmen 370
IV. Entflechtung 370
1. Vorgaben für alle Netzbetreiber 371
2. Vorgaben für Verteilernetzbetreiber 371
3. Vorgaben für Transportnetzbetreiber 372
V. Missbrauchsaufsicht 374
VI. Energielieferung an Letztverbraucher 374

§ 21. Eisenbahnrecht 375
I. Grundlagen 375
1. Rechtsgrundlagen 376
2. Begriff 377
3. Regulierungsziele 378
II. Gewährleistung eines funktionsfähigen Schienennetzes 378
1. Verfassungsrechtliche Gewährleistungsverantwortung ... 378
2. Neu- und Ausbauvorhaben 379
3. Erhaltung des Bestandsnetzes 380
III. Regulierung des Marktzutritts 381
IV. Regulierung des Netzbetriebes 382
1. Zusammenschluss und Netzzugang 382
2. Entgeltregulierung 383
V. Entflechtung 384
VI. Verbraucherschutz im Eisenbahnwesen 385

7. Teil. Das Recht der reglementierten freien Berufe

§ 22. Grundkonzeption des freien Berufs 386
I. Begriff und Erscheinungsformen 386

II. Der reglementierte freie Beruf im deutschen und europäischen Recht 389
  1. Zuordnung der Gesetzgebungskompetenzen für das Recht der freien Berufe 389
  2. Verkammerung der freien Berufe 390
III. Die Einordnung des Berufsrechts und der Berufsordnungen 390
  1. Historische Entwicklung des Berufsrechts 390
  2. Von der Standesordnung zur delegierten staatlichen Rechtsetzung 391

§ 23. Berufszugangsregelungen und Marktverhaltensrecht der freien Berufe 393
  I. Berufszugangsregelungen 393
    1. Zulassungsanforderungen nach deutschem Recht 393
    2. Anforderungen nach Unionsrecht: die EU-Berufsanerkennungsrichtlinie 2005/36/EG 394
    3. Regelungen für Drittstaatsangehörige 394
  II. Marktzugang in Fällen vorübergehender Dienstleistungserbringung im Binnenmarkt 395
  III. Marktverhaltensrecht der reglementierten freien Berufe 398
    1. Bedeutung und Entwicklungslinien der Rechtspraxis 398
    2. Organisationsbezogene Anforderungen 399
    3. Werberecht 411
    4. Gesetzliche Preisregulierung 412

§ 24. Berufsaufsicht und Berufsgerichtsbarkeit der freien Berufe 412
  I. Die Berufsaufsicht über die freien Berufe 412
  II. Die Berufsgerichtsbarkeit der freien Berufe 413

8. Teil. Rechtsschutz im Öffentlichen Wirtschaftsrecht

§ 25. Verwaltungsgerichtlicher Rechtsschutz 416
  I. Grundlagen 416
  II. Klagen gegen Aufsichtsmaßnahmen 417
  III. Klagen auf Zulassung 421
  IV. Konkurrentenklagen 423
    1. Konkurrentengleichstellungsklage 423
    2. Konkurrentenabwehrklage 424
    3. Konkurrentenverdrängungsklage 427
  V. Rechtsschutz in Bezug auf Regulierungsentscheidungen 432
    1. Abdrängende Sonderzuweisung in § 75 EnWG 432
    2. Gerichtliche Kontrolldichte 434
    3. Schutz von Betriebs- und Geschäftsgeheimnissen im gerichtlichen Verfahren 435

§ 26. Rechtsschutz im Vergaberecht	437
I. Rechtsschutz oberhalb der Schwellenwerte	438
II. Rechtsschutz unterhalb der Schwellenwerte	439
§ 27. Europa- und internationalrechtlicher Rechtsschutz	440
I. Europarechtlicher Rechtsschutz	440
1. Allgemeines	440
2. Rechtsschutz vor den Unionsgerichten im Beihilfenrecht	441
II. Internationalrechtlicher Rechtsschutz	445
§ 28. Die Fallbearbeitung im Wirtschaftsverwaltungsrecht	446
I. Einführung	446
II. Aufbauhinweise für die Lösung ausgewählter Fallkonstellationen	448
1. Klagen gegen Aufsichtsmaßnahmen	448
2. Rechtsschutz gegen die wirtschaftliche Betätigung einer Gemeinde	453
3. Rechtsschutz bei Klagen auf Zulassung	455
Sachverzeichnis	457

Abkürzungsverzeichnis

aA	andere(r) Ansicht
ABl.	Amtsblatt
AblEG	Amtsblatt der Europäischen Gemeinschaften
Abs.	Absatz
aE	am Ende
AEG	Allgemeines Eisenbahngesetz
AEUV	Vertrag über die Arbeitsweise der Europäischen Union
aF	alte Fassung
AG	Aktiengesellschaft
AG	Amtsgericht
allg.	allgemein(e)
Alt.	Alternative
amtl. Begr.	amtliche Begründung
AnstG LSA	Anstaltsgesetz Sachsen-Anhalt
AnwBl.	Anwaltsblatt
AO	Abgabenordnung
AöR	Archiv des öffentlichen Rechts
ApoG	Apothekengesetz
ARegV	Anreizregulierungsverordnung
ARGE	Arbeitsgemeinschaft
Art.	Artikel
AT	Allgemeiner Teil
AtG	Atomgesetz
AufenthG	Aufenthaltsgesetz
BäckMstrV	Bäckermeisterverordnung
BAFIN	Bundesanstalt für Finanzdienstleistungsaufsicht
BAG	Bundesarbeitsgericht
BÄO	Bundesärzteordnung
BARL	Berufsanerkennungsrichtlinie
BauGB	Baugesetzbuch
BayGO	Gemeindeordnung für den Freistaat Bayern
BayObLG	Bayerisches Oberstes Landesgericht
BayVBl.	Bayerische Verwaltungsblätter
BayVGH	Bayerischer Verwaltungsgerichtshof
BB	Betriebs-Berater
BbgKVerf	Kommunalverfassung des Landes Brandenburg
BbgLöG	Brandenburgisches Ladenöffnungsgesetz

Bd.	Band
BDSG	Bundesdatenschutzgesetz
BeckOK	Beck'scher Online-Kommentar
BEGTPG	Gesetz über die Bundesnetzagentur für Elektrizität, Gas, Telekommunikation, Post und Eisenbahnen
BeihilfVO	Beihilfeverfahrensverordnung
ber.	bereinigt
BerlLadÖffG	Berliner Ladenöffnungsgesetz
Beschl.	Beschluss
BesVwR	Besonderes Verwaltungsrecht
BEVVG	Bundeseisenbahnverkehrsverwaltungsgesetz
BFH	Bundesfinanzhof
BGB	Bürgerliches Gesetzbuch
BGBl.	Bundesgesetzblatt
BGH	Bundesgerichtshof
BGHZ	Entscheidungen des Bundesgerichtshofes in Zivilsachen
BHO	Bundeshaushaltsordnung
BImSchG	Bundesimmissionsschutzgesetz
BImSchV	Verordnung zur Durchführung des Bundes-Immissionsschutzgesetzes
BNatschG	Bundesnaturschutzgesetz
BNetzA	Bundesnetzagentur
BQFG	Berufsqualifikationsfeststellungsgesetz
BR-Drs.	Bundesratsdrucksache
BRAO	Bundesrechtsanwaltsordnung
bspw.	beispielsweise
BSWAG	Bundesschienenwegeausbaugesetz
BT-Drs.	Bundestagsdrucksache
BVerfG	Bundesverfassungsgericht
BVerfGE	Entscheidungen des BVerfG, Amtliche Sammlung
BVerfGG	Bundesverfassungsgerichtsgesetz
BVerwG	Bundesverwaltungsgericht
BVerwGE	Entscheidungen des BVerwG, Amtliche Sammlung
BW	Baden-Württemberg
BWGO	Gemeindeordnung für Baden-Württemberg
BWStGH	Staatsgerichtshof Baden-Württemberg (heute Verfassungsgerichtshof)
bzgl.	bezüglich
bzw.	beziehungsweise
ca.	circa
CE	Communauté Européenne
CR	Computer und Recht (Zeitschrift)

DB	Deutsche Bahn
DB	Der Betrieb
DDR	Deutsche Demokratische Republik
ders.	derselbe
DGO	Deutsche Gemeindeordnung
dh	das heißt
DIHK	Deutscher Industrie- und Handelskammertag
DIHT	Deutscher Industrie- und Handelstag
DJT	Deutscher Juristentag
DLRL	Dienstleistungsrichtlinie
DÖV	Die Öffentliche Verwaltung
DRiG	Deutsches Richtergesetz
DStR	Deutsches Steuerrecht
DV	Die Verwaltung (Zeitschrift)
DVBl.	Deutsches Verwaltungsblatt
EEG	Erneuerbare-Energien-Gesetz
EG	Europäische Gemeinschaft
EGMR	Europäischer Gerichtshof für Menschenrechte
EGV	Vertrag zur Gründung der Europäischen Gemeinschaft
EigBG LSA	Eigenbetriebsgesetz Sachsen-Anhalt
EL	Ergänzungslieferung
EMRK	Europäische Menschenrechtskonvention
EnWG	Energiewirtschaftsgesetz
EnWZ	Zeitschrift für das gesamte Recht der Energiewirtschaft
ErdölbevorratungsG	Erdölbevorratungsgesetz
ERegG	Eisenbahnregulierungsgesetz
EStG	Einkommensteuergesetz
etc	et cetera
EU	Europäische Union
EU-GRCharta	Charta der Grundrechte der Europäischen Union
EuG	Gericht der Europäischen Union
EuGH	Europäischer Gerichtshof
EuGRZ	Europäische Grundrechte-Zeitschrift
EuR	Europarecht (Zeitschrift)
EuRAG	Gesetz über die Tätigkeit europäischer Rechtsanwälte in Deutschland
EUV	Vertrag über die Europäische Union
EuZA	Europäische Zeitschrift für Arbeitsrecht
EuZW	Europäische Zeitschrift für Wirtschaftsrecht
evtl.	eventuell
EWR	Europäischer Wirtschaftsraum
EWS	Europäisches Wirtschafts- und Steuerrecht

f.	folgende
ff.	fortfolgende
FGO	Finanzgerichtsordnung
Fn.	Fußnote
FR	FinanzRundschau
FS	Festschrift
FStRG	Bundesfernstraßengesetz
G. v.	Gesetz vom
GasGVV	Gasgrundversorgungsverordnung
GasNEV	Gasnetzentgeltverordnung
GasNZV	Gasnetzzugangsverordnung
GastG	Gaststättengesetz
GATT	General Agreement on Tariffs and Trade
gem.	gemäß
GEREK	Gremium Europäischer Regulierungsstellen für elektronische Kommunikation
GewArch	Gewerbearchiv
GewO	Gewerbeordnung
GG	Grundgesetz
ggf.	gegebenenfalls
GKG-LSA	Gesetz über kommunale Gemeinschaftsarbeit Sachsen-Anhalt
GlüStV	Glücksspielstaatsvertrag
GmbH	Gesellschaft mit beschränkter Haftung
GO	Gemeindeordnung
GPSG	Geräte- und Produktsicherheitsgesetz
grds.	grundsätzlich
GRUR Int.	Gewerblicher Rechtsschutz und Urheberrecht Internationaler Teil (Zeitschrift)
GS	von der Groeben/Schwarze
GVBl./GVOBl.	Gesetz- und Verordnungsblatt
GVG	Gerichtsverfassungsgesetz
GWB	Gesetz gegen Wettbewerbsbeschränkungen
HeilBerG NRW	Heilberufsgesetz Nordrhein-Westfalen
HessLöG	Hessisches Ladenöffnungsgesetz
HGO/HessGO	Hessische Gemeindeordnung
HGR	Handbuch der Grundrechte
HGrG	Haushaltsgrundsätzegesetz
hM	herrschende Meinung
HmbVgG	Hamburgisches Vergabegesetz
Hrsg.	Herausgeber
HStR	Handbuch des Staatsrechts
HwO	Handwerksordnung

i.e.	im engeren
idF	in der Fassung
idR	in der Regel
IHK	Industrie- und Handelskammer
IHKG	Gesetz zur vorläufigen Regelung des Rechts der Industrie- und Handelskammern
insbes./insb.	insbesondere
IPrax	Praxis des Internationalen Privat- und Verfahrensrechts
iSd	im Sinne des/der
iSv	im Sinne von
iVm	in Verbindung mit
JA	Juristische Arbeitsblätter (Zeitschrift)
JbUTR	Jahrbuch des Umwelt- und Technikrechts
JuS	Juristische Schulung (Zeitschrift)
JZ	Juristenzeitung (Zeitschrift)
Kap.	Kapitel
KfW	Kreditanstalt für Wiederaufbau
KG	Kommanditgesellschaft
KHG	Krankenhausfinanzierungsgesetz
KommJur	Kommunaljurist
KraftNAV	Kraftwerks-Netzanschlussverordnung
krit.	kritisch
KrWG	Kreislaufwirtschaftsgesetz
KV M-V	Kommunalverfassung für das Land Mecklenburg-Vorpommern
KVG LSA	Kommunalverfassungsgesetz Sachsen-Anhalt
KWG	Kreditwesengesetz
LadÖffnG HH	Hamburgisches Gesetz zur Regelung der Ladenöffnungszeiten
LadÖffnG Rhl.-Pfalz	Ladenöffnungsgesetz Rheinland-Pfalz
LadÖG BW	Gesetz über die Ladenöffnung in Baden-Württemberg
LFGB	Lebensmittel- und Futtermittelgesetzbuch
LHO	Landeshaushaltsordnung
lit.	Litera
LKRZ	Zeitschrift für Landes- und Kommunalrecht Hessen, Rheinland-Pfalz, Saarland
LKV	Landes- und Kommunalverwaltung
LNG	liquefied natural gas

LöffG M-V	Gesetz über die Ladenöffnungszeiten für das Land Mecklenburg-Vorpommern
LöffZeitG LSA	Gesetz über die Ladenöffnungszeiten im Land Sachsen-Anhalt
LÖffZG S.-H.	Gesetz über die Ladenöffnungszeiten Schleswig-Holstein
LÖG NRW	Gesetz zur Regelung der Ladenöffnungszeiten Nordrhein-Westfalen
LÖG Saarl.	Gesetz zur Regelung der Ladenöffnungszeiten Saarland
Ls.	Leitsatz
LT-Drs.	Landtagsdrucksache
LTTG RLP	Landestariftreuegesetz Rheinland-Pfalz
LuftSiG	Luftsicherheitsgesetz
LuftVG	Luftverkehrsgesetz
mAnm	mit Anmerkung
MedR	Medizinrecht (Zeitschrift)
MFG LSA	Mittelstandsförderungsgesetz Sachsen-Anhalt
MMR	MultiMedia und Recht (Zeitschrift)
mwN	mit weiteren Nachweisen
N&R	Netzwirtschaft und Recht (Zeitschrift)
nF	neue Fassung
NJW	Neue Juristische Wochenschrift
NJW-RR	Neue Juristische Wochenschrift Rechtsprechungs-Report
NKomVG	Niedersächsisches Kommunalverfassungsgesetz
NLöffVZG	Niedersächsisches Gesetz über Ladenöffnungs- und Verkaufszeiten
NordÖR	Zeitschrift für Öffentliches Recht in Norddeutschland
Nr.	Nummer
NRW	Nordrhein-Westfalen
NuR	Natur und Recht (Zeitschrift)
NVwZ	Neue Zeitschrift für Verwaltungsrecht
NVwZ-RR	Neue Zeitschrift für Verwaltungsrecht Rechtsprechungs-Report
NWVBl.	Nordrhein-Westfälische Verwaltungsblätter
NZA	Neue Zeitschrift für Arbeitsrecht
NZBau	Neue Zeitschrift für Baurecht und Vergaberecht
NZG	Neue Zeitschrift für Gesellschaftsrecht
ÖffWirtR	Öffentliches Wirtschaftsrecht
oHG	Offene Handelsgesellschaft
OLG	Oberlandesgericht

OLGR	OLG-Report
ÖPNV	Öffentlicher Personennahverkehr
OVG	Oberverwaltungsgericht
OVGE	Entscheidungen der Oberverwaltungsgerichte für das Land Nordrhein-Westfalen in Münster und für das Land Niedersachsen in Lüneburg
PAO	Patentanwaltsordnung
PartGG	Partnerschaftsgesellschaftsgesetz
PBefG	Personenbeförderungsgesetz
PostG	Postgesetz
RdA	Recht der Arbeit
RdE	Recht der Energiewirtschaft
RettungG	Rettungsübernahmegesetz
rh.-pf. Verf.	Verfassung für Rheinland-Pfalz
RL	Richtlinie
Rn.	Randnummer
RP/RLP/RhPf.	Rheinland-Pfalz
Rs.	Rechtssache
Rspr.	Rechtsprechung
S.	Satz
S.	Seite
s.	siehe
SaarKSVG	Kommunalselbstverwaltungsgesetz Saarland
SächsLadÖffG	Sächsisches Ladenöffnungsgesetz
SchornsteinfegerG	Schornsteinfegergesetz
SchwarzArbG	Schwarzarbeitsbekämpfungsgesetz
SGB	Sozialgesetzbuch
SGb	Die Sozialgerichtsbarkeit
SGG	Sozialgerichtsgesetz
SHGO	Gemeindeordnung für Schleswig-Holstein
Slg.	Sammlung der Rechtsprechung des Gerichtshofes und des Gerichts Erster Instanz
sog.	sogenannte(r/s)
SpielV	Spielverordnung
SRÜ	Seerechtsübereinkommen der Vereinten Nationen
StGB	Strafgesetzbuch
StPO	Strafprozessordnung
str.	streitig
StromGVV	Stromgrundversorgungsverordnung
StromNEV	Stromnetzentgeltverordnung
StromNZV	Stromnetzzugangsverordnung
stRspr	ständige Rechtsprechung

StuW	Steuer und Wirtschaft
StVZO	Straßenverkehrs-Zulassungs-Ordnung
TEHG	Treibhausgas-Emissionshandelsgesetz
thür. Verf.	Verfassung des Freistaats Thüringen
ThürKO	Thüringer Kommunalordnung
ThürLadÖffG	Thüringer Ladenöffnungsgesetz
TK	Telekommunikation
TKG	Telekommunikationsgesetz
TTG	Tariftreue- und Vergabegesetz
TÜV	Technischer Überwachungsverein
TWE	Tettinger/Wank/Ennuschat
u. U.	unter Umständen
ua	unter anderem
UAbs.	Unterabsatz
UMTS	Universal Mobile Telecommunications System
Urt.	Urteil
usw	und so weiter
UVgO	Unterschwellenvergabeordnung
UWG	Gesetz gegen den unlauteren Wettbewerb
v.	von/vom
VA	Verwaltungsakt
verb. Rs.	verbundene Rechtssachen
VergabeR	Vergaberecht (Zeitschrift)
VersR	Versicherungsrecht (Zeitschrift)
VerwArch	Verwaltungsarchiv
VG	Verwaltungsgericht
VGH	Verwaltungsgerichtshof
vgl.	vergleiche
VgV	Vergabeverordnung
VIG	Verbraucherinformationsgesetz
VO	Verordnung
VOB/A	Vergabe- und Vertragsordnung für Bauleistungen Teil A
VOL/A	Vergabe- und Vertragsordnung für Leistungen Teil A
VÜA	Vergabeüberwachungsausschuss
VVdStRL	Veröffentlichungen der Vereinigung der Deutschen Staatsrechtslehrer
VVO	Verfahrensverordnung (Verordnung (EU) Nr. 2015/1589)
VwGO	Verwaltungsgerichtsordnung
VwVfG	Verwaltungsverfahrensgesetz
VwZG	Verwaltungszustellungsgesetz

WaffG	Waffengesetz
WiVerw	Wirtschaft und Verwaltung
WM	Zeitschrift für Wirtschafts- und Bankrecht
WPO	Wirtschaftsprüferordnung
WRP	Wettbewerb in Recht und Praxis
WRV	Weimarer Reichsverfassung
WTO	World Trade Organization
WuW	Wirtschaft und Wettbewerb
ZAR	Zeitschrift für Ausländerrecht und Ausländerpolitik
zB	zum Beispiel
ZESAR	Zeitschrift für europäisches Sozial- und Arbeitsrecht
ZEuP	Zeitschrift für Europäisches Privatrecht
ZEuS	Zeitschrift für europarechtliche Studien
ZfBR	Zeitschrift für deutsches und internationales Bau- und Vergaberecht
ZfWG	Zeitschrift für Wett- und Glücksspielrecht
ZHR	Zeitschrift für das gesamte Handels- und Wirtschaftsrecht
Ziff.	Ziffer
ZIP	Zeitschrift für Wirtschaftsrecht
ZJS	Zeitschrift für das Juristische Studium
ZPO	Zivilprozessordnung
zT	zum Teil
ZUR	Zeitschrift für Umweltrecht
zust.	zustimmend
ZVgR	Zeitschrift für deutsches und internationales Vergaberecht

1. Teil. Grundlagen

§ 1. Gegenstand und systematische Einordnung des öffentlichen Wirtschaftsrechts

I. Öffentliches Wirtschaftsrecht, Wirtschaftsverfassungsrecht und Wirtschaftsverwaltungsrecht

Unter der Bezeichnung Öffentliches Wirtschaftsrecht firmiert eine 1
Zusammenfassung einer **Vielzahl von Teilrechtsgebieten des öffentlichen Rechts**, deren gemeinsames Merkmal darin zu erblicken ist, dass sie sich an Rechtssätzen orientieren, die das Wirtschaftsleben ordnen und steuern und in diesem Zusammenhang staatlichen Stellen Aufgaben und Befugnisse zuweisen. Einbezogen werden dabei auch die verfassungsrechtlichen Maßgaben des Grundgesetzes und der Landesverfassungen, die diesen Prozess steuern (**Wirtschaftsverfassungsrecht**). Im Zeitalter des Binnenmarktes (Art. 26 AEUV) und einer sich ständig weiter ausdifferenzierenden Welthandelsrechtsordnung müssen aber auch das **Europäische Wirtschaftsrecht** und das **Weltwirtschaftsrecht** in diese Betrachtung einbezogen werden (Wirtschaftsverfassungsrecht im weiteren Sinne). Soweit es in Anwendung dieser Rechtssätze zu einem Verwaltungshandeln kommt, kann auch von **Wirtschaftsverwaltungsrecht** gesprochen werden. Dieses kann wiederum in allgemeine Grundsätze und Bereiche (etwa Subventions- und Beihilfenrecht, Vergaberecht) sowie besondere Teilrechtsgebiete (Gewerberecht, Handwerksrecht, Recht der freien Berufe, Telekommunikationsrecht) untergliedert werden. Seit einigen Jahren wird auch das **öffentliche Wettbewerbsrecht** als eigenständiges Teilrechtsgebiet ausgewiesen. Im Einzelnen sind die Teilgebiete des öffentlichen Wirtschaftsrechts folgendermaßen zu charakterisieren:

Das **Wirtschaftsverfassungsrecht** beschäftigt sich vor allem mit 2
den verfassungs- und unionsrechtlichen Rahmenvorgaben für die Wirtschaft. Sie sind insbesondere aus den Wirtschaftsgrundrechten, der Grundfreiheiten und den Grundsätzen des europäischen Markt-

und Wettbewerbsrechts abzuleiten. Hinzu kommen die allgemeinen rechtsstaatlichen Grundsätze, ua der für die wirtschaftliche Betätigung wichtige Vertrauensschutz.

3 Das **Wirtschaftsverwaltungsrecht** thematisiert die Organisation der Wirtschaftsverwaltungsbehörden, ihre Instrumente zur Steuerung und Überwachung des Wirtschaftslebens, die wirtschaftliche Betätigung der öffentlichen Hände, das Vergabe- und Subventionswesen sowie vor allem die materiellen Vorgaben für die verschiedenen Betätigungsfelder. Hinzu kommen bereichsspezifische Rechtsschutzfragen.

4 Das **öffentliche Wettbewerbsrecht** behandelt schließlich besondere Fallkonstellationen, in denen sich der Staat am Wirtschaftsleben beteiligt und dabei über die für Private geltenden allgemeinen rechtlichen Bindungen hinausgehenden Vorgaben genügen muss.

II. Interne Systematik des Öffentlichen Wirtschaftsrechts

1. Allgemeiner Teil des Öffentlichen Wirtschaftsrechts

5 a) **Wirtschaftsverfassungsrecht und Europäisches Wirtschaftsrecht.** Das öffentliche Wirtschaftsrecht wird in seinen institutionellen rechtlichen Grundlagen seit vielen Jahrzehnten durch das **deutsche Verfassungsrecht** und das **Recht der Europäischen Union** gleichermaßen bestimmt, wobei die Prägung durch das Gemeinschaftsrecht in den letzten zwanzig Jahren deutlich zugenommen hat. Beide Materien wirken aber in ganz verschiedener Weise auf das Öffentliche Wirtschaftsrecht ein. Während das (Wirtschafts-) Verfassungsrecht lediglich eine Rahmenvorgabe darstellt, die dem Gesetzgeber einen erheblichen Gestaltungsspielraum belässt, gehen vom primären und vor allem sekundären Gemeinschaftsrecht sehr viel weiter reichende verbindliche Vorgaben für die Ordnung der Märkte aus. Während diese im Falle des Primärrechts, insbesondere der Grundfreiheiten und des Beihilfenrechts, vornehmlich in Form von bestimmten Gestaltungsverboten formuliert sind (negative Integration), werden durch das Sekundärrecht, insbesondere die bereichsspezifischen Richtlinien, umfangreiche, die Systematik des Öffentlichen Wirtschaftsrechts prägende positive Vorgaben vermittelt (positive Integration). So ist etwa das Regulierungsrecht (mit den zentralen Teilbereichen Telekommunikations-, Post- und Energiewirtschaftsrecht) maßgeblich

durch EU-Richtlinien bestimmt. Für den Bereich der Dienstleistungen wurden durch die EU-Dienstleistungsrichtlinie ebenfalls sehr intensive harmonisierende Vorgaben gemacht, die zB dazu führen, dass flächendeckend die neue Organisationsform des Einheitlichen Ansprechpartners eingeführt werden muss, die die Organisationsstrukturen der deutschen Wirtschaftsverwaltung grundlegend verändern wird. Hinzu kommen weit reichende Veränderungen im Bereich des Genehmigungsrechts.

b) Organisation und Handlungsformen. Ein zweiter Themenbereich des allgemeinen Wirtschaftsverwaltungsrechts umfasst die **Organisation der Wirtschaftsverwaltungsbehörden** und die typischen Handlungsformen der Wirtschaftsverwaltung. Die Organisation der Wirtschaftsverwaltung ist durch die föderalen Strukturen (wenige Bundesbehörden, überwiegend Landesbehörden) einerseits und die weit reichende Bedeutung der wirtschaftlichen und beruflichen Selbstverwaltung (Kammern) geprägt und damit insgesamt dezentral verfasst. 6

Anknüpfend an die Bereitstellung der elementaren öffentlich-rechtlichen **Handlungsformen** durch das allgemeine Verwaltungsrecht passt das allgemeine Wirtschaftsverwaltungsrecht diese den besonderen Anforderungen der Rechtsmaterie an. Schwerpunkte sind dabei die Ausgestaltung des Verwaltungsverfahrens (umfangreiche Mitwirkungspflichten bei Genehmigungsverfahren), das Recht der Nebenbestimmungen, die Entfaltung typischer Tatbestandsmerkmale (insbes. Zuverlässigkeit), die Entwicklung besonderer Verfahrensformen (Auswahlentscheidungen, beschleunigte Zulassung) sowie die Bewältigung besonders grundrechtsrelevanter Maßnahmen (Konkurrentenschutz, Geschäfts- und Betriebsgeheimnisse, Betretungs- und Besichtigungsrechte). In einigen Bereichen des Öffentlichen Wirtschaftsrechts haben sich zudem besondere Handlungsformen entwickelt, wie zB das Markterkundungsverfahren, die Marktanalyse (ua nach § 11 TKG) und die Universaldienstleistungsverpflichtung (ua nach §§ 80 ff. TKG). 7

c) Wirtschafts- und Berufsaufsicht, Regulierungsverwaltung und Amtshilferecht. Unter **Wirtschaftsüberwachung** wird ein Teilbereich der Aufgaben der Wirtschaftsverwaltungsbehörden verstanden, der sich vor allem darauf bezieht, die Einhaltung der einschlägigen Rechtsvorschriften durch die einzelnen Marktakteure (Gewerbetreibende, Unternehmen, Freiberufler etc) zu überwachen. 8

Dies kann durch Marktzugangskontrollen oder durch begleitende und repressive nachträgliche Kontrollen erfolgen. Soweit sich die Aufsicht auf die freien Berufe bezieht, wird sie durch die Berufskammern ausgeübt und als **Berufsaufsicht** bezeichnet. Da die Wirtschafts- und Berufsaufsicht vor allem in Fällen der Dienstleistung im Binnenmarkt arbeitsteilig von den zuständigen Behörden des Herkunftsstaates und des Zielstaates wahrgenommen wird, kommt der **Amtshilfe** in diesem Bereich eine zunehmende Bedeutung zu.[1] Die Berufsanerkennungsrichtlinie und die Dienstleistungsrichtlinie enthalten dazu besondere Vorgaben.

9 Eng mit der Wirtschaftsüberwachung verbunden, in ihrer Zielsetzung und den Instrumenten aber darüber hinausgehend ist die **Regulierungsverwaltung**, die darauf abzielt, die Funktionsfähigkeit des Wettbewerbs in bestimmten Märkten (Telekommunikation, Post etc) zu sichern. Aufsichtsfunktionen werden dabei mit Steuerungsfunktionen verknüpft.

10 d) **Wirtschaftsinformationsrecht.** Noch nicht als eigenständige Materie des Wirtschaftsverwaltungsrechts anerkannt, aber von zunehmender Bedeutung ist das Wirtschaftsinformationsrecht. Diese Materie erfasst im Wesentlichen sechs Bereiche, bei denen **Informationsprozesse** im Vordergrund stehen:
1. **Informationspflichten der Behörden** gegenüber Gewerbetreibenden / Berufsträgern (insbes. im Zusammenhang mit dem Marktzugang).
2. **Informationspflichten der Gewerbetreibenden / Berufsträger** gegenüber den **Wirtschaftsverwaltungsbehörden** bei der Aufnahme und Ausübung der gewerblichen bzw. freiberuflichen Tätigkeit.
3. Informationspflichten der Gewerbetreibenden und Berufsträger gegenüber den Verbrauchern.
4. **Kommerzielle Kommunikation** gegenüber den Verbrauchern (Werberecht).
5. **Informationsaustausch** zwischen den Aufsichtsbehörden, auch grenzüberschreitend.
6. **Warnungen und Informationen** der Behörden gegenüber den Verbrauchern (informationelles Verwaltungshandeln).

---

[1] *Wettner* Die Amtshilfe im Europäischen Verwaltungsrecht, 2005.

Durch die Vorgaben der Berufsanerkennungs- und Dienstleistungsrichtlinie haben die ersten vier Kategorien von Informationsvorgängen eine systematische Ausgestaltung erfahren, an die das allgemeine Wirtschaftsverwaltungsrecht anknüpfen kann.[2]

11

e) Öffentliches Wettbewerbsrecht, Subventions- und Vergaberecht. In den letzten fünfzehn Jahren ist unter maßgeblichem Einfluss des Unionsrechts das Bewusstsein für die Bedeutung staatlicher Einflussnahmen auf den wirtschaftlichen Wettbewerb unterhalb normativer Prägungen durch eigene öffentliche Unternehmen und Beteiligungen, durch die Vergabe von Subvention und durch die Vergabe von Aufträgen gewachsen. Um im Umfeld dieser im Grundsatz legitimen Tätigkeiten eine Verzerrung des Wettbewerbs zu vermeiden, wurden besondere rechtliche Vorgaben entwickelt, die heute in Gestalt des öffentlichen Wettbewerbsrechts[3], des Subventions- und Beihilfenrechts[4] und des Vergaberechts[5] ein hohes Maß an Eigenständigkeit und Ausdifferenzierung erfahren haben. Hinzu kommen die Anforderungen an einen zeitnahen und ausreichend wirksamen Rechtsschutz zugunsten der Konkurrenten.[6]

12

2. Kernmaterien des Öffentlichen Wirtschaftsrechts

a) Gewerberecht. Das Wirtschaftsverwaltungsrecht hat sich als eigenständiges Rechtsgebiet parallel zum Allgemeinen Verwaltungsrecht rund um die Gewerbeordnung (1869) als der „magna charta" der **Gewerbefreiheit** entwickelt.[7] Dabei ist zu berücksichtigen, dass die Gewerbeordnung ursprünglich einen umfassenden Regelungs- und Geltungsanspruch besaß, der im Laufe der Jahrzehnte jedoch durch die schrittweise Herauslösung einzelner Rechtsmaterien (vor allem der Regelungen zu den freien Berufen) und schließlich nach 1930 durch den Erlass des **Gaststättengesetzes** relativiert wurde. Die Herauslösung des Handwerksrechts aus der Gewerbeordnung durch den Erlass der **Handwerksordnung** (1953) sowie die Verlagerung des Anlagenrechts in das **Bundesimmissionsschutzgesetz**

13

---

2 *Heußner* Informationssysteme im Europäischen Verwaltungsverbund, 2007, liefert eine systematische Aufarbeitung des Themenfeldes.
3 *Schliesky* Öffentliches Wettbewerbsrecht, 1997; *Kirchhof/Korte/Magen* (Hrsg.) Öffentliches Wettbewerbsrecht, 2014.
4 *Rodi* Die Subventionsrechtsordnung, 2000.
5 *Bungenberg* Vergaberecht im Wettbewerb der Systeme, 2007.
6 *Huber* Konkurrenzschutz im Verwaltungsrecht, 1991.
7 Siehe dazu *Ziekow* Freiheit und Bindung des Gewerbes, 1992, S. 323 ff.

(1974) sowie weitere umweltrechtlich ausgerichtete Spezialgesetze führten schließlich dazu, dass die Gewerbeordnung nur noch die Funktion eines Auffanggesetzes für weniger gefahrenträchtige gewerbliche Betätigungen erfüllt. In jüngerer Zeit hat die unionsrechtlich induzierte Entwicklung des Regulierungsrechts diesen Zustand verfestigt. Ob durch die konsequent am Grundsatz der Gewerbefreiheit orientierte **EU-Dienstleistungsrichtlinie**[8], die auf einen Abbau von Genehmigungspflichten abzielt, eine Umkehrung dieser Entwicklung eingeleitet wird, bleibt abzuwarten.[9] Durch das Föderalismusreformgesetz I sind das Gaststättenrecht, das Recht der Messen und Märkte sowie weitere Teilmaterien des Gewerberechts in die alleinige Gesetzgebungszuständigkeit der Länder überführt worden[10], wobei die Neuregelungen in vielen Bereichen noch ausstehen.

14 b) **Regulierungs- und Infrastrukturrecht.** Während in den Kernmaterien des Gewerberechts eine Tendenz zu einer stärkeren Regulierung zu verzeichnen war, verhält es sich bei den gesetzlichen Vorgaben für die Telekommunikation, die Energiewirtschaft, sowie partiell auch für das Transport- und Verkehrsrecht (ua Bahn- und Postrecht) umgekehrt. Hier wurden Bereiche, die lange Zeit als staatliche oder private Monopole geführt wurden, unter dem Einfluss des Gemeinschaftsrechts (Liberalisierungsrichtlinien) in einen regulierten Wettbewerb überführt. Die besondere Verantwortung des Staates für eine flächendeckende und angemessene Versorgung mit diesen Dienstleistungen (**Infrastrukturgewährleistungsverantwortung**) führte jedoch dazu, dass in diesen Bereichen besondere Steuerungsinstrumente zum Einsatz kommen, die einerseits den Wettbewerb ermöglichen bzw. aufrechterhalten und die anderseits die Interessen des Verbrauchers gegenüber den durchweg marktmächtigen Unternehmen schützen. Das so entstandene Regulierungsverwaltungsrecht ist durch eine Vielzahl besonderer Instrumente sowie verfahrens- und organisationsrechtlicher Besonderheiten gekennzeichnet, die seine Qualifizierung als eigenständige Materie des Wirtschaftsverwaltungsrechts rechtfertigen.[11]

---

8 Richtlinie 2006/123/EG des Europäischen Parlaments und des Rates vom 12. Dezember 2006 über Dienstleistungen im Binnenmarkt, ABl. EU Nr. L 376, S. 36. Dazu *Schlachter/Ohler* (Hrsg.) Europäische Dienstleistungsrichtlinien, 2008.
9 Siehe dazu *Kluth* in: Leible (Hrsg.) Die Umsetzung der Dienstleistungsrichtlinie – Chancen und Risiken für Deutschland, 2008, S. 131 ff.
10 *Kluth* in: ders. (Hrsg.) Föderalismusreformgesetz, 2007, Art. 74 Rn. 38 ff.
11 Zur Bereichsdogmatik des Regulierungsverwaltungsrechts siehe *Ruffert* AöR 124 (1999), 237 ff.; *Bullinger* DVBl. 2003, 1355 ff.; *v. Danwitz* DVBl. 2004, 977.

c) **Recht der freien Berufe.** Häufig vernachlässigt[12] wird in den Darstellungen des Öffentlichen Wirtschaftsrechts das Recht der freien Berufe, obwohl diesen die Mehrzahl der hochwertigen Dienstleistungen anvertraut ist und das einschlägige Berufsrecht zahlreiche Besonderheiten (ua eigenständige Berufsordnungen, die durch die Berufskammern erlassen werden, Berufsgerichtsbarkeit) aufweist, die für die Entwicklung des Wirtschaftsverwaltungsrecht von großer Bedeutung sind. Durch die **EU-Berufsanerkennungsrichtlinie**[13] und die EU-Dienstleistungsrichtlinie ist das Recht der freien Berufe nicht nur einer gemeinschaftsrechtlichen Harmonisierung unterworfen, sondern es wird teilweise auch wieder stärker dem Grundsatz der Gewerbefreiheit angenähert.[14]

d) **Wirtschaftsrecht der Öffentlichen Hand.** Stand bei den bislang angeführten Kernmaterien die wirtschaftliche Betätigung Privater und damit deren Grundrechtsgebrauch im Vordergrund, so geht es beim Wirtschaftsrecht der Öffentlichen Hand um die ordnungspolitisch und rechtlich seit jeher umstrittene unternehmerische Betätigung des Staates und seiner Untergliederungen. Als Referenzgebiet wird dabei auf die **Kommunalwirtschaft** abgestellt, da diese in den Gemeinde- und Kreisordnungen eine ausführliche Regelung erfahren hat, die auch als Vorbild für die entsprechenden Regelungen in den Haushaltsordnungen von Bund und Ländern dient. Auch diese Rechtsmaterie hat durch das Unionsrecht eine neue Verortung erfahren; in diesem Zusammenhang ist vor allem auf die Art. 14, 106 AEUV zu verweisen.

3. Spezialmaterien des Öffentlichen Wirtschaftsrechts. Nicht in diesem Band abgehandelt werden können aus Raumgründen die nachfolgend kurz vorgestellten Spezialmaterien des Öffentlichen Wirtschaftsrechts, deren erhebliche rechtliche und praktische Bedeutung dadurch nicht in Frage gestellt werden soll.

a) **Währungsrecht.** Eine Verkehrswirtschaft ist ohne Währung und zugehöriges Währungsrecht nicht möglich. Von besonderer Be-

---

12 Die Ausnahme bildet *Pitschas* in: Schmidt (Hrsg.) Öffentliches Wirtschaftsrecht, Besonderer Teil, Teilband 2, 2. Auflage 1996, S. 1 ff.
13 Richtlinie 2005/36/EG des Europäischen Parlaments und des Rates vom 7. September 2005 über die Anerkennung von Berufsqualifikationen, ABl. EU Nr. L 255, S. 22. Dazu im Überblick *Kluth/Rieger* EuZW 2005, 486 ff. Eingehende Analyse bei *Asemissen* Berufsanerkennung und Dienstleistungen im europäischen Binnenmarkt, 2014.
14 *Kluth* in: FS Stober, 2008, S. 77 ff.

deutung sind das Währungsrecht und die Steuerung der Geldkreisläufe zudem im Binnenmarkt, zumal seit der Einführung des Euro. Daraus erschließt sich, dass auch diese Rechtsmaterie maßgeblich durch das Gemeinschaftsrecht, namentlich die Regelungen zur Währungsunion und zur Europäischen Zentralbank bestimmt ist.[15]

19 **b) Finanz- und Bankrecht.** Eng mit dem Währungsrecht verbunden sind das Recht der Finanzdienstleistungen und das Bankrecht. Dabei gehört dem Öffentlichen Wirtschaftsrecht vor allem die institutionelle Seite dieser Rechtsmaterie an, während die eigentlichen Abläufe durch das Privatrecht geregelt werden.[16] Im Vordergrund stehen deshalb im Kontext des Öffentlichen Wirtschaftsrechts die verschiedenen Instrumente der Finanz- und Bankaufsicht sowie deren institutionelle Seite (BAFIN).

20 **c) Produktwirtschaftsrecht.** Wirtschaft lebt von Produkten und Dienstleistungen. Traditionell sind einige Produkte und Produktionsvorgänge besonderen Rechtsmaterien zugeordnet. Das gilt für das **Lebensmittel-, Bedarfsgegenstände- und Futtermittelwirtschaftsrecht** (Lebensmittel-, Bedarfsgegenstände- und Futtermittelgesetzbuch v. 3.6.2013, BGBl. I S. 1426)[17] und für das **Arzneimittelrecht**, das aber häufig im Kontext des Gesundheits- und Medizinrechts behandelt wird. Im Hinblick auf die Rohstoffverwendung und die damit verbundene Kreislaufwirtschaft kann auch das **Kreislaufwirtschaftsrecht** dem Produktrecht zugeordnet werden[18], obwohl es im Schwerpunkt als umweltrechtliche Materie wahrgenommen wird.

21 Zum Produktwirtschaftsrecht gehört auch das **allgemeine Produktsicherheitsrecht**, das sich aus dem Blickwinkel des Verbraucherschutzes unter maßgeblichem Einfluss von EU-Richtlinien entwickelt hat und in Gestalt des **Geräte- und Produktsicherheitsgesetzes** (Gesetz über technische Arbeitsmittel und Verbraucherprodukte, Art. 1 des Gesetzes zur Neuordnung der Sicherheit von technischen Ar-

---

15 Überblick bei *Gaitanides/Hettinger* in: Schulze/Zuleeg/Kadelbach (Hrsg.) Europarecht, 3. Auflage 2015, § 31.
16 Überblick bei *Bischof/Jung* in: Schulze/Zuleeg/Kadelbach (Hrsg.) Europarecht, 3. Auflage 2015, § 20.
17 Näher *Zipfel/Rathke* Lebensmittelrecht, Loseblatt; siehe auch *Görgen* Die Europäische Union und das Lebensmittelrecht, 2007; *Bauschke* Verbraucherschutz im öffentlichen Recht aus der Sicht des Lebensmittelrecht, 2005; *Röhrig* Risikosteuerung im Lebensmittelrecht, 2002; *Schlacke* Risikoentscheidungen im europäischen Lebensmittelrecht, 1998.
18 Siehe zu dieser Sichtweise *Kluth/Nojack* JbUTR 2003, 261 ff.

beitsmitteln und Verbraucherprodukten v. 6.1.2004, BGBl. I S. 2, ber. S. 219) rechtlich eigene Gestalt gewonnen hat.

d) Immissionsschutz- und Emissionsrechtehandelsrecht. Das 22
Immissionsschutzrecht war ursprünglich Teil des in der Gewerbeordnung geregelten Anlagenrechts (§§ 16 bis 28 GewO) bevor es im Rahmen der Einführung einer eigenständigen Umweltgesetzgebung durch den Erlass des **Bundesimmissionsschutzgesetzes (BImSchG)** rechtlich verselbständigt wurde (Gesetz zum Schutz vor schädlichen Umwelteinwirkungen durch Luftverunreinigungen, Geräusche, Erschütterungen und ähnliche Vorgänge in der Fassung der Bekanntmachung v. 26.9.2002, BGBl. I S. 3830). Aufgrund der Konzentrationswirkung (§ 13 BImSchG) der im Genehmigungsverfahren mit Öffentlichkeitsbeteiligung erteilten Erlaubnisse kommt der Rechtsmaterie für die Genehmigung von gewerblichen Anlagen eine zentrale Bedeutung zu. Abgeschwächt gilt dies auch für Anlagen, die im vereinfachten Verfahren nach § 19 BImSchG ohne Öffentlichkeitsbeteiligung zu genehmigen sind, und die genehmigungsfreien Anlagen, bei denen nur die allgemeinen gesetzlichen Betreiberpflichten nach §§ 22 ff. BImSchG zu beachten sind. Da sich in den Juristischen Fakultäten die Praxis herausgebildet hat, das Immissionsschutzrecht als Teil des Umweltrechts zu vermitteln, wird auf diese Rechtsmaterie trotz ihrer zentralen Bedeutung für das Wirtschaftsverwaltungsrecht hier nicht näher eingegangen.

In einem engen sachlichen und systematischen Zusammenhang 23
zum Immissionsschutzrecht hat sich auf der Grundlage der Richtlinie 2003/87/EG über ein System für den Handel mit Treibhausgasemissionszertifikaten in der Gemeinschaft das **Treibhausgas-Emissionshandelsrecht** als eigenständige Rechtsmaterie herausgebildet. Danach bedarf es für den Betrieb von Anlagen, die in Anhang 1 des TEHG aufgeführt sind, neben der immissionsrechtlichen Genehmigung nach § 4 TEHG zusätzlich einer Emissionsgenehmigung, die auf Grund der Vorlage einer ausreichende Zahl von Emissionsberechtigungen erteilt wird. Dieser Rechtsmaterie kommt in doppelter Hinsicht eine grundsätzliche Bedeutung zu, als sie eine Bewirtschaftung der Inanspruchnahme der Ressource Luft vorsieht[19] und zugleich mit dem Emissionsrechtehandel ein neues marktbezogenes Steue-

---

19 Dazu allgemein *Kluth* NuR 1997, 205 ff.

rungsinstrument einführt. Damit sind zahlreiche grundsätzliche Fragen verbunden.[20]

24 **e) Medienwirtschaftsrecht.** Unter dem Einfluss der Kommunikationsgrundrechte des Art. 5 Abs. 1 GG haben sich das Rundfunkrecht, das Presserecht und das Recht der Filmwirtschaft lange Zeit als eigenständige Rechtsmaterien außerhalb des Wirtschaftsverwaltungsrechts entwickelt. Nicht zuletzt die so genannte Konvergenz der Medien (unter Einbeziehung des Internets und des Telekommunikationsrechts) und Liberalisierungsrichtlinie der Europäischen Union haben aber dazu geführt, dass diese klare Trennung gelockert wurde und man heute ein umfassender verstandenes **Medienwirtschaftsrecht als Teil des Öffentlichen Wirtschaftsrechtsrechts** versteht.[21] Dem Öffentlichen Wirtschaftsrecht sind dabei jedoch nur diejenigen Bestandteile der Rechtsmaterien zuzuordnen, die sich auf den spezifisch ökonomischen Aspekt der Betätigungen beziehen. Nicht erfasst sind die von den Kommunikationsgrundrechten erfassten Inhalte der jeweiligen Betätigungen, die weiterhin einem eigenständigen kulturrechtlichen Rechtsregime unterliegen. In diesem zugleich weit verstandenen und begrenzten Sinne umfasst das Medienwirtschaftsrecht folgende Bereiche: Presse- und Rundfunkwirtschaftsrecht, Filmwirtschaftsrecht, Teledienste- und Multimediarecht, Internetrecht.

25 **f) Agrarrecht.** Das Agrar- oder Landwirtschaftsrecht ist in fast allen seinen Teilen durch das Unionsrecht determiniert, das in Art. 38 bis 44 AEUV die wesentlichen Vorgaben für die Agrarmarktpolitik und die **gemeinsame Agrarmarktordnung** enthält. In kaum einem anderen Marktsektor ist eine so intensive Steuerung zu verzeichnen wie im Agrarbereich, so dass diese Materie innerhalb der marktwirtschaftlichen Ordnung des Binnenmarktes gewissermaßen einen Fremdkörper darstellt. Zentrale Regelungsgegenstände des Agrarrechts sind die einzelnen Marktlenkungsmechanismen, die Finanzierungs- und Ausgleichsregelungen, die Maßnahmen des Gesundheits- und Verbraucherschutzes, die Maßgaben für den Vollzug des gemeinsamen Agrarrechts.[22]

---

20 Siehe näher *Much* in: Kluth/Smeddinck (Hrsg.) Umweltrecht, 2013 § 6.
21 *Dörr/Schwartmann* Medienrecht, 5. Auflage 2014; *Fechner* Medienrecht, 19. Auflage 2018; *Petersen* Medienrecht, 5. Auflage 2010 (privatrechtlich ausgerichtet).
22 *Busse* in: Schulze/Zuleeg/Kadelbach (Hrsg.) Europarecht, 3. Auflage 2015, § 25.

g) **Deutsches und europäisches Außenwirtschaftsrecht.** Der europäische Integrationsprozess hat durch die Errichtung einer Zollunion und den Binnenmarkt auch zu einer Vergemeinschaftung des Außenwirtschaftsrechts geführt. Die entsprechenden vertraglichen Grundlagen dazu finden sich in Art. 30 ff. AEUV zur Zollunion sowie in Art. 206 ff. AEUV zur gemeinsamen Handelspolitik. Sie werden durch das Außenwirtschaftsgesetz in deutsches Recht umgesetzt.[23]

26

III. Öffentliches Wirtschaftsrecht und Wirtschaftsprivatrecht

Das Öffentliche Wirtschaftsrecht steuert und überwacht im Wesentlichen das Handeln privater Wirtschaftssubjekte, die sich dazu der Rechtsformen des Privatrechts bedienen, das insoweit auch als Wirtschaftsprivatrecht bezeichnet wird.[24] Zentrale Regelungsgegenstände des Wirtschaftsprivatrechts sind das Vertragsrecht, das Gesellschaftsrecht, das Haftungsrecht sowie das Unlauterkeits- und Wettbewerbsrecht.

27

IV. Bezüge zu weiteren Rechtsmaterien

Bereits die Darstellung der Kernmaterien des Wirtschaftsverwaltungsrechts hat erkennen lassen, dass es zahlreiche Bezüge zu anderen Rechtsmaterien gibt, die aus formalen Gründen anderen Teilrechtsgebieten zugeordnet sind und deshalb in eigenständigen Lehrbüchern behandelt werden. Im Folgenden kann es deshalb nur darum gehen, die wichtigsten Bezüge knapp zu verdeutlichen und einige weiterführende Hinweise zu vermitteln.

28

1. Raumordnungs-, Bau- und Fachplanungsrecht

Die Verwirklichung einer wirtschaftlichen Betätigung verlangt in vielen Fällen die Errichtung oder Nutzung baulicher Anlagen und unterliegt insoweit den Vorgaben des öffentlichen Baurechts, gegebe-

29

---

[23] *Wolffgang* in: Ehlers/Fehling/Pünder (Hrsg.) BesVwR Band 1: Öffentliches Wirtschaftsrecht, 3. Auflage 2012, § 30.
[24] *Schünemann* Wirtschaftsprivatrecht, 6. Auflage 2011; *Führich* Wirtschaftsprivatrecht, 5. Auflage 2001; *J. Meyer* Wirtschaftsprivatrecht, 5. Auflage 2003; *Müssig* Wirtschaftsprivatrecht, 6. Auflage 2003.

nenfalls auch dem **Raumordnungs- und Fachplanungsrecht**.[25] Im letzteren Falle wird die wirtschaftsverwaltungsrechtliche Zulässigkeit in die Durchführung des Planfeststellungsverfahrens, soweit sie objektbezogen ausgestaltet ist, einbezogen. Das öffentliche Baurecht nimmt auf die Belange der gewerblichen und industriellen Betätigung in vielen Zusammenhängen ausdrücklich Rücksicht, insbesondere bei den einzelnen Nutzungsarten der Baunutzungsverordnung. Zudem finden sich auch in den Landesbauordnungen zahlreiche Vorschriften speziell für gewerblich genutzte bauliche Anlagen.

30   Im **Bauplanungsrecht** sind die spezifischen Belange der Wirtschaft bei der Aufstellung der Bebauungspläne zu berücksichtigen. Sie werden in der Regel durch die Stellungnahmen der Wirtschaftskammern zur Geltung gebracht. Im Verfahrensrecht hat der Gesetzgeber das Interesse der Wirtschaft an einer zügigen Durchführung des Genehmigungsverfahrens insbesondere durch den Ausschluss der aufschiebenden Wirkung des Widerspruchs gegen eine Baugenehmigung in § 212a BauGB berücksichtigt, wobei dieser Effekt aber nicht auf gewerblich genutzte bauliche Anlagen beschränkt wurde.

2. Gesundheitsrecht

31   Das öffentliche Gesundheitswesen stellt einen gewichtigen Teil des Wirtschaftslebens dar. Rechtssystematisch wird ein großer Teil der hier erbrachten Dienstleistungen, Warenproduktionen und Handelsvorgänge aber nicht dem Öffentlichen Wirtschaftsrecht, sondern dem **Sozialversicherungs- und Gesundheitsrecht** zugeordnet, das maßgeblich durch das SGB V geregelt wird. Die Überschneidungen sind aber zahlreich. So sind zentrale Leistungserbringer wie die Heilberufe und die Gesundheitshandwerke ihrerseits Gegenstand des Öffentlichen Wirtschaftsrechts.[26] Im Zuge der Einführung von Wettbewerbselementen in das Gesundheitswesen nähern sich die Strukturen und Abläufe des öffentlichen Gesundheitswesens dem Öffentlichen Wirtschaftsrecht an, so dass es durchaus berechtigt ist, das Sozialrecht und insbesondere das Recht der Gesetzlichen Krankenversicherung als Teil des Öffentlichen Wirtschaftsrechts anzusehen[27], ohne dass dabei seine Besonderheiten verkannt werden.

---

25 *Stüer* Handbuch des Bau- und Fachplanungsrechts, 5. Auflage 2015.
26 Siehe dazu *Kluth* MedR 2005, 65 ff.
27 So programmatisch *Rixen* Sozialrecht als öffentliches Wirtschaftsrecht am Beispiel des Leistungsrechts der gesetzlichen Krankenversicherung, 2005.

3. Arbeitsrecht

Wichtige Rahmenvorgaben für die wirtschaftliche Betätigung werden durch das kollektive und Individualarbeitsrecht bestimmt. Direkte Verbindungen zum Öffentlichen Wirtschaftsrecht bestehen zunächst auf der Ebene des Wirtschaftsverfassungsrechts, das unter anderem die Koalitions- und Tariffreiheit und das Streikrecht umfasst. Ganz konkret werden arbeitsrechtliche Fragen in den §§ 105 bis 110 GewO geregelt. Anknüpfend an den Grundsatz der Privatautonomie (§ 105 GewO) finden sich dort Regelungen zum Weisungsrecht des Arbeitgebers, zur Berechnung, Zahlung und Abrechnung des Arbeitsentgelts, zum Arbeitszeugnis und zum Wettbewerbsverbot. Die 2002 neu gefassten Vorschriften sollten die Rechtsprechung des BAG umsetzen, was aber nur beschränkt gelungen ist.[28] Zudem wurde die Aufnahme allgemeiner arbeitsrechtlicher Regelungen in ein öffentlich-rechtlich geprägtes Gesetz kritisiert.[29] Einen weiteren Berührungspunkt gibt es im Bereich der zahlreichen Erscheinungsformen der innerbetrieblichen Mitbestimmung und Mitwirkung der Arbeitnehmer bzw. Beschäftigten, die sich auf die innerbetrieblichen Abläufe auswirken.

32

4. Sicherheitsrecht

In vielen Bereichen des Wirtschaftsverwaltungsrechts sind spezielle Ermächtigungen zur Abwehr von Gefahren normiert, die von der wirtschaftlichen Betätigung ausgehen. Insoweit ist das Wirtschaftsverwaltungsrecht auch als **Sondergefahrenabwehrrecht** zu qualifizieren und steht insoweit in einer engen systematisch-dogmatischen Beziehung zum allgemeinen Sicherheitsrecht.[30]

33

5. Steuerrecht

Das deutsche Steuerrecht wird nicht nur wegen seiner Komplexität kritisiert, sondern stärker als in anderen Staaten auch für zahlreiche Zwecke der Wirtschaftslenkung instrumentalisiert. Dadurch gibt es auch zahlreiche Berührungspunkte zum Öffentlichen Wirtschaftsrecht, die über das allgemeine Phänomen der Kostenbelastung

34

---

28 Siehe *Wank* in: Tettinger/Wank/Ennuschat (Hrsg.) GewO Vorbemerkungen zu §§ 105 ff. Rn. 16 ff.
29 *Schöne* NZA 2002, 829.
30 Siehe näher *Lisken/Denninger* Handbuch des Polizeirechts, 5. Auflage 2012, Teil J IV.

hinausgehen. Dabei geht es zum einen um die Förderung einzelner wirtschaftlicher Betätigungen durch die Gewährung von Steuervergünstigungen. Solche Regelungen werden durch das Subventions- und Beihilfenrecht erfasst und auf ihre Zulässigkeit hin untersucht. Zum anderen werden steuerrechtliche Normen auch in sonstiger Art und Weise zur Wirtschaftslenkung instrumentalisiert. Dabei ist insbesondere umstritten, ob solche Regelungen ausschließlich auf eine steuerrechtliche Kompetenzgrundlage gestützt werden dürfen (so die hM), oder ob es dazu auch einer Sachkompetenz bedarf.[31]

35 Eine weitere wirtschaftsverwaltungsrechtliche Dimension haben steuerrechtliche Normen durch die Rechtsprechung des EuGH zur Dienstleistungsfreiheit erlangt.[32] Danach dürfen in anderen Mitgliedstaaten ansässige Dienstleister auch steuerrechtlich nicht schlechter gestellt werden als im Inland ansässige Unternehmen. Diese Rechtsprechung hat in den letzten Jahren zu zahlreichen Korrekturen im Steuerrecht bis hin zu Systembrüchen geführt.

6. Wirtschaftsstrafrecht

36 Zahlreiche wirtschaftsverwaltungsrechtliche Gesetze sind strafbewehrt, so dass im Falle der Verletzung von zwingenden gesetzlichen Vorgaben ein direkter Bezug zum Wirtschaftsstrafrecht besteht.[33] Dessen methodische Besonderheit ist darin zu erblicken, dass die Straftatbestände in vielen Fällen durch eine **verwaltungsrechtliche Akzessorietät** geprägt sind, dh der Tatbestand der Strafgesetze nach den Grundsätzen des (Wirtschafts-) Verwaltungsrechts auszulegen ist.

V. Beziehungen zu anderen wirtschaftsbezogenen Wissenschaftsgebieten

1. Volkswirtschaftslehre und Institutionenökonomik

37 Da das Öffentliche Wirtschaftsrecht den Rahmen für die vielfältigen Formen der wirtschaftlichen Betätigung begründet (Wirtschafts-

---

31 Dazu BVerfGE 98, 106 ff.; dazu *Kluth* DVBl. 1992, 1261 ff.; *Wernsmann* Verhaltenslenkung in einem rationalen Steuersystem, 2005.
32 EuGH Rs. C-318/10 Rn. 18 ff., ECLI:EU:C:2012:415 – Eurowings; *Kluth* in: Calliess/Ruffert (Hrsg.) EUV/AEUV, 5. Auflage 2016, Art. 57 Rn. 88.
33 Zu diesem *Leitner/Rosenau* (Hrsg.) Wirtschafts- und Steuerstrafrecht, 2017.

§ 1. Gegenstand u. systemat. Einordnung d. öffentl. Wirtschaftsrechts 15

verfassungsrecht im weiteren Sinne) und für zahlreiche Berufe und sonstigen Betätigungsformen den Marktzugang und das Marktverhalten regelt, bestehen zahlreiche Bezüge zu derjenigen Wissenschaft, die sich grundlegend mit den Funktionsbedingungen und Gestaltungsformen der Wirtschaft beschäftigt: der Volkswirtschaftslehre.

Unter Volkswirtschaftslehre (früher: Nationalökonomie als Teil der Staatswissenschaften) versteht man jenen Zweig der Wirtschaftswissenschaft, der sich mit der Frage beschäftigt, wie die **knappen Ressourcen** (Güter, Produktionsfaktoren etc) für die Bedürfnisbefriedigung der Menschen (Wirtschaftssubjekte) optimal zugeordnet werden können **(Allokation).** Dabei werden die institutionellen Rahmenbedingungen, die Gesetzmäßigkeiten der wirtschaftlichen Abläufe und die Instrumente ihrer Steuerung untersucht. Klassischer Orientierungspunkt ist dabei die Erzielung eines größtmöglichen Nutzens für den Einzelnen und die Gemeinschaft. Die Volkswirtschaftslehre arbeitet mit **ökonomischen Modellen** und quantitativen Methoden (vor allem ökonometrisches Arbeiten). Dabei ist zu beachten, dass vor allem bei den ökonomischen Modellen (Modell des vollkommenen Marktes, des Homo oeconomicus, spieltheoretischer Ansatz, Homo behavioralis, institutionenökonomischer Ansatz, evolutionärer Ansatz usw) ein erheblicher Pluralismus[34] anzutreffen ist und dass die einzelnen Modelle von durchaus gegensätzlichen bzw. sich widersprechenden Annahmen ausgehen. Deshalb kann auch für die Zwecke des Öffentlichen Wirtschaftsrechts nicht von einem einheitlichen Verständnis in Bezug auf die ökonomischen Grundbegriffe ausgegangen werden, soweit diese in Gesetzen verwendet werden. Dies ist insbesondere bei den Grundbegriffen Markt, Wettbewerb und Regulierung zu beachten, die zwar ökonomisch vorgeprägt sind, aber letztlich als Rechtsbegriffe und gesetzliche Tatbestandsmerkmale nach den Regeln der Rechtswissenschaft zu interpretieren sind.

Unabhängig aber nicht ohne Berücksichtigung der volkswirtschaftlichen Modelle und Theorien muss das Öffentliche Wirtschaftsrecht demnach ein **eigenständiges Begriffs- und Systemverständnis** entwickeln, das seiner Stellung im Rechtssystem folgend, vor allem an den wirtschaftlichen Freiheiten (Wirtschaftsgrundrechte) und den

38

39

---

34 Siehe etwa *Märkt* Ordnung in einer arbeitsteiligen Wirtschaft, 2004; *Eucken* Grundsätze der Wirtschaftspolitik, 7. Auflage 2004; *Vanberg* The Constitution of Markets, 2001; speziell für die Wettbewerbstheorie *Olten* Wettbewerbstheorie und Wettbewerbspolitik, 2. Auflage 1998.

auf das Wirtschaftsleben bezogenen Staatszielbestimmungen ausgerichtet sein muss. Innerhalb dieses rechtlichen Rahmens ist es Aufgabe der Politik und Gesetzgebung, sich an einzelnen wirtschaftspolitischen Modellen zu orientieren und dies durch Gesetzgebung oder andere Steuerungsmechanismen umzusetzen (Wirtschaftspolitik im Rahmen der Wirtschaftsverfassung).

40 Von besonderer Bedeutung für das Öffentliche Wirtschaftsrecht sind bei Beachtung der angesprochenen Eigenständigkeit des Rechts die Erkenntnisse der **Neuen Institutionenökonomik**, einer Strömung innerhalb der volkswirtschaftlichen Wirtschaftstheorie.[35] Sie untersucht vor allem, wie sich Systeme von formalen oder informellen Regeln (Normen) einschließlich der Mechanismen ihrer Durchsetzung (Garantieinstrumente) auf die Verhaltenssteuerung der Wirtschaftsakteure und damit den Allokationsprozess auswirken. Anders als die klassische Ökonomie geht die moderne Institutionenökonomie nicht vom einfachen Modell des vollkommenen Marktes und des rational choice aus, sondern fragt nach den optimalen Bedingungen für eine Marktordnung unter folgenden Bedingungen der Unvollkommenheit: Spielräume bei Preisen, anhaltende Ungleichgewichte des Marktes, unvollständige Verträge, asymmetrische Informationen, beschränkte Rationalität. Zu institutionellen Bausteinen der Neuen Institutionenökonomik gehört neben der Prinzipal-Agent-Theorie und der Theorie der Transaktionskosten auch die Theorie der Verfügungsrechte (property rights theory) als Institution des Rechts. Die Institutionenökonomik führt zu der Einsicht, dass die freie Koordination durch den Markt nicht immer die optimale Allokationsform darstellt und entwickelt Kriterien für die Steuerung von Kooperation (Regulierungsrecht) sowie die Begründung von Hierarchie (Marktsteuerung). So führt etwa *Mancur Olson's* Theorie des kollektiven Handelns zu einer institutionenökonomischen Begründung der Vorzüge der gesetzlichen Mitgliedschaft in Wirtschafts- und Berufskammern und trägt zur Legitimation der gesetzlichen Pflichtmitgliedschaft bei.[36]

---

35 *Erlei/Leschke/Sauerland* Neue Institutionenökonomik, 2. Auflage 2007; *North* Institutions, institutional change and economic performance, 18. Auflage 2005; *Richter/Furubotn* Neue Institutionenökonomik, 2003; *Voigt* Institutionenökonomik, 2002.
36 Aufgegriffen durch BVerfG NVwZ 2017, 1282 (1286 Rn. 102); näher *Goltz* Pflichtmitgliedschaftliche Kammerverfassung und die Logik kollektiven Handelns: eine Untersuchung unter besonderer Berücksichtigung der Schriften von Mancur Olson, 2005; *Schmidt-Trenz* Die Logik kollektiven Handelns bei Delegation, 1995.

2. Betriebswirtschaftslehre

Deutlich weniger Bezüge weist das Öffentliche Wirtschaftsrecht 41
zur Betriebswirtschaftslehre auf, die sich vor allem mit der optimalen
Organisation der unternehmensinternen Abläufe beschäftigt und ein
verwaltungswissenschaftliches Pendant im **Neuen Steuerungsmodell**
besitzt. Dieses hat sich auf die Führung öffentlicher Unternehmen
ausgewirkt, soweit diese nicht ohnehin in privater Rechtsform und
nach betriebswirtschaftlichen Grundsätzen geführt werden.

3. Organisationssoziologie

Ebenfalls von begrenzter Bedeutung sind die Bezüge des Öffentli- 42
chen Wirtschaftsrechts zur Organisationssoziologie, die sich mit dem
Handeln und Kommunizieren von und in Organisationen befasst.[37]
Die Erkenntnisse der Organisationssoziologie sind vor allem bei der
Auswahl und **Ausgestaltung von Steuerungsinstrumenten** sowie
der **Bildung von Organisationen** im Wirtschaftsverwaltungsrecht
(ua Wirtschafts- und Berufskammern) von Bedeutung.

§ 2. Grundbegriffe des Öffentlichen Wirtschaftsrechts

I. Wirtschaft, Wirtschaftssubjekte und Wirtschaftsgüter

Gegenstand des Öffentlichen Wirtschaftsrechts und seiner Rege- 1
lungen sind die Wirtschaft und das Handeln der Wirtschaftssubjekte
in einem weit verstandenen Sinne (institutionelle Dimension). Erfasst
werden zudem die **Erzeugung bzw. Bereitstellung und der Austausch (die Nachfrage) von Waren und Dienstleistungen,** wobei
diese Prozesse grundsätzlich **entgeltlich** erfolgen (funktionelle Dimension).

Das Öffentliche Wirtschaftsrecht normiert das **Verhalten der** 2
Wirtschaftssubjekte (Anbieter und Nachfrager von Wirtschaftsgü-
tern) sowie die **Anforderungen an die einzelnen Wirtschaftsgüter**
und den Prozess ihrer Herstellung bzw. Bereitstellung einschließlich
der dabei verwendeten Anlagen, Instrumentarien und Verfahren. Es
ist demnach zwischen verhaltensbezogenen und produktbezogenen

---

37 *Endruweit* Organisationssoziologie, 2. Auflage 2004; *Luhmann* Organisation und
Entscheiden, 2000.

Regelungen zu differenzieren, wobei die Übergänge fließend sein können; das gilt insbesondere bei Dienstleistungen, die in erheblichem Maße durch persönliches Verhalten geprägt sind (etwa die Rechtsanwalts- und ärztlichen Dienstleistungen).

3 Dem Öffentlichen Wirtschaftsrecht werden nicht alle verhaltenssteuernden Regelungen des Wirtschaftslebens zugeordnet, sondern nur diejenigen, die Ausdruck einer staatlichen Ordnungs- und Regulierungsentscheidung sind oder auf die Begründung behördlicher Befugnis abzielen. Ausgenommen ist insbesondere **das private Wirtschafts- und Gesellschaftsrecht (einschließlich des Verbraucherschutzrechts)**, das zwar auch der Steuerung von Verhalten und (Selbst-) Organisation der Wirtschaftssubjekte dient, aber keinen direkten[1] Bezug zu staatlichem Handeln aufweist.

4 Einige Bereiche, die formell dem Öffentlichen Wirtschaftsrecht zuzuordnen sind, wie das (deutsche und gemeinschaftsrechtliche) **Kartell- und Wettbewerbsrecht** sowie das **Bankenaufsichtsrecht (Kreditwirtschaftsrecht)**, werden auf Grund der Verselbständigung der erfassten Materien in Wissenschaft und Praxis sowie der Zuordnung wesentlicher Teile der Materien zur ordentlichen Gerichtsbarkeit ebenfalls als eigenständige Rechtsmaterien behandelt.

5 **Wirtschaftssubjekte** sind alle Akteure, die aktiv am Wirtschaftsprozess beteiligt sind und damit zu dessen Gestaltung beitragen. Wirtschaftssubjekte sind damit die Unternehmer als Erzeuger und Anbieter (Handel) von Waren und Dienstleistungen (Gewerbetreibende, Freiberufler, öffentliche Unternehmen etc) sowie die Nachfrager und Abnehmer von Waren und Dienstleistungen. Eine Sonderrolle kommt dabei dem Gesetzgeber zu, insoweit er die Rahmenbedingungen bzw. die Ordnung des Wirtschaftens allgemein (Wirtschaftsordnung/Wirtschaftsverfassung) oder für einzelne Sektoren (Marktordnung) verbindlich normiert.

6 **Wirtschaftsgüter** dienen der Deckung der Bedürfnisse der Nachfrager, dh von Privatpersonen, privaten und öffentlichen Organisationen sowie den staatlichen Einrichtungen. Wirtschaftsgüter können materiell oder immateriell sein, wobei die Übergänge vor allem bei Dienstleistungen, die durch das fachliche Können (Wissen, Kompetenz, Erfahrung etc) der Dienstleistungserbringer bestimmt sind, oft fließend sind. Die in der Wirtschaftstheorie übliche Unterscheidung zwischen privaten und öffentlichen Gütern ist für das Öffentliche

---

[1] Abgesehen von allgemeinen Registrierungspflichten und Aufsichtsbefugnissen.

Wirtschaftsrecht grundsätzlich ohne Relevanz. Sie spielt jedoch im Zusammenhang mit der Rechtfertigung von Marktordnungen eine Rolle, bei denen einzelnen Wirtschaftssubjekten Sonderrechte eingeräumt werden (Monopole, Steuerbefreiungen, Subventionen etc). Mit den **Dienst(leistung)en von allgemeinem wirtschaftlichem Interesse** hat sich jedoch im Gemeinschaftsrecht (Art. 14, 106 Abs. 2 AEUV) eine eigenständige rechtliche Kategorie zur Erfassung dieses im deutschen Verwaltungsrecht unter dem konturschwachen Begriff der **Daseinsvorsorge**[2] zusammengefassten Phänomens herausgebildet.

II. Markt und Marktwirtschaft

1. Allgemeine Begrifflichkeit

Der Markt ist sowohl nach allgemeinem als auch nach wirtschaftswissenschaftlichem Sprachgebrauch nicht mehr und nicht weniger als der **Ort des Leistungsaustausches**. Nicht erst im Zeitalter des elektronischen Geschäftsverkehrs kann es sich dabei um einen virtuellen Ort handeln. Auch in früheren Zeiten waren Geschäftsabschlüsse über große Distanzen keine Seltenheit. Die technische Entwicklung hat aber dazu beigetragen, dass virtuellen Märkten und der elektronisch vermittelten Leistungserbringung eine wachsende Bedeutung zukommt. 7

Für die **rechtliche Beurteilung** müssen Märkte nach sachlichen (erfasste Produkte und Dienstleistungen) und räumlichen Kriterien abgegrenzt werden. Diese Abgrenzungen sind jeweils durch den Sinn und Zweck der anzuwendenden Normen geprägt und unterscheiden sich dementsprechend. Für die Anwendung der EU-Grundfreiheiten (Binnenmarktrelevanz) gilt ein anderer Marktbegriff als für die Anwendung der Vorschriften des GWB zur Kontrolle von Marktmacht (§§ 19 ff. GWB). Besondere Bedeutung kommt der Abgrenzung von Märkten schließlich in den einzelnen Bereichen des Regulierungsrechts zu (zB bei den Vorschriften zur Marktdefinition nach §§ 10 ff. TKG). 8

Würde sich der Marktbegriff in diesem Sinngehalt erschöpfen, so wäre die Bezeichnung Marktwirtschaft nicht mehr als eine terminolo- 9

---

[2] Dazu näher *Kluth* in: Mann/Püttner (Hrsg.) Handbuch der kommunalen Wissenschaft und Praxis, Bd. 2, 3. Auflage 2011, § 39.

gische Banalität. Der Marktbegriff weist aber **weitere Dimensionen** auf, die sich auf das Verhalten der Marktteilnehmer und das dabei zugrundeliegende Regelwerk beziehen. In diesem Sinne wird unter Markt bzw. Marktwirtschaft eine **Form der Selbstregulierung** verstanden, bei der die Marktteilnehmer als grundsätzlich gleichberechtigte, privilegienfreie Akteure Angebot und Nachfrage sowie die Preise „steuern". Zur Kennzeichnung der zulässigen bzw. erwünschten staatlichen Interventionen in die Marktprozesse wird insbesondere von freier Marktwirtschaft (vgl. Art. 120 AEUV: „offene Marktwirtschaft mit freiem Wettbewerb") oder sozialer Marktwirtschaft (vgl. Art. 3 Abs. 3 EUV; Art. 1 Einigungsvertrag, Art. 38 thür. Verf.; Art. 51 rh.-pf. Verf.) gesprochen.

2. Inkurs: Die wirtschaftstheoretischen Grundlagen der Marktwirtschaft

10 Obwohl der Gesetzgeber und die Rechtswissenschaft nicht an die Modelle der Wirtschaftswissenschaften zu Marktwirtschaft und Wettbewerb (dazu unter III., → Rn. 21 ff.) gebunden sind und innerhalb der Wirtschaftswissenschaften die Meinungsvielfalt selbst in Grundsatzfragen größer ist, als dies gemeinhin angenommen wird, erscheint es geboten, auch im Rahmen dieses Grundrisses zum Öffentlichen Wirtschaftsrecht, den Theorierahmen des Marktwirtschaftsmodells, wie es die deutsche und europäische Entwicklung seit 1949 geprägt hat, zu skizzieren. Es geht dabei weniger um einen theoretischen Unterbau für die rechtswissenschaftliche Argumentation, als um einen das Verständnis fördernden Kontext.

11 Das Regelwerk, auf dem die Marktwirtschaft beruht, ist ein Evolutionsprodukt, das in einem langwierigen Lernprozess von Versuch und Irrtum von der Menschheit entdeckt oder herausgefunden worden ist. Es hat sich gegenüber alternativen Ordnungen durchgesetzt, weil es ein produktiveres Zusammenwirken der Menschen, eine wirksamere Befriedigung menschlicher Bedürfnisse ermöglichte.[3] Zur Erklärung der Produktivität der marktwirtschaftlichen Ordnung hat *Hayek* vorgeschlagen, sich die Art und Weise, wie eine Marktwirtschaft funktioniert, dadurch zu veranschaulichen, dass man sie als „Spiel der Katallaxie" oder Tauschspiel betrachtet.[4] Der Vergleich

---

3 *Vanberg* Die Ethik der Wettbewerbsordnung und die Versuchungen der Sozialen Marktwirtschaft, Freiburger Diskussionspapiere zur Ordnungsökonomik, 08/6, S. 3.
4 *Hayek* Recht, Gesetz und Freiheit, 2003, S. 266.

soll nicht die grundlegenden Unterschiede leugnen, die zwischen einer Wirtschaftsordnung, die das Lebensschicksal von Menschen zentral berührt, und Spielen besteht, die der bloßen Unterhaltung dienen. Es geht lediglich darum, gewisse strukturelle Gemeinsamkeiten zwischen einem nach allgemeinen Spielregeln verlaufenden Spiel und einer Wirtschaftsordnung herauszuarbeiten, die nicht durch zentrale Anweisungen, sondern durch die „Spielregeln" einer allgemeinen Rechtsordnung gesteuert wird, in deren Rahmen es den Einzelnen frei steht, ihre Strategien zu wählen.

Das Katallaxie-Spiel des Marktes enthält ein **wohlstandschaffendes Potential**. Dieses folgt aus dem Umstand, dass die Entscheidungs- und Wahlfreiheit der einzelnen Wirtschaftssubjekte die Nutzung von mehr Wissen ermöglicht, als dies bei anderen Koordinationsverfahren möglich wäre.[5] Die Marktpreise, die die relativen Knappheiten und deren Veränderung anzeigen, bieten den Marktteilnehmern die notwendige Information und setzen Anreize, sich in zweckmäßiger Weise an die sich ständig verändernden wirtschaftlichen Bedingungen anzupassen. Das marktliche Preissystem „veranlasst und befähigt" nach *Hayek* den einzelnen dazu, „genau das zu tun, was er tun sollte, um die Chancen irgendeines aufs Geratewohl herausgegriffenen Mitglieds seiner Gesellschaft so viel wie möglich zu verbessern."[6]

Die **Regeln des Marktwettbewerbs** sind weiter dadurch geprägt, dass die Belohnung für am Markt erbrachte Leistungen von deren Bewertung durch kaufwillige Interessenten abhängt, die ihre Wahl zwischen verschiedenen, ihnen zugänglichen Angeboten treffen können. Deshalb stimmt die Belohnung (Gewinn) nicht immer mit der subjektiven Anstrengung der Unternehmer oder mit ihren sonstigen, wie auch immer eingeschätzten „Verdiensten" überein.[7] Die Chancen, die das Marktgeschehen allen Beteiligten eröffnet, sind untrennbar mit dem Risiko der Enttäuschung von Erwartungen verbunden.[8] Jemand mag durch glückliche Umstände und ohne große persönliche Anstrengung in der Lage sein, etwas zu bieten, was von Nachfragern besonders hoch geschätzt wird, während ein anderer mit großer Sorgfalt und Mühe eine Leistung erbringen mag, die durch das Auftauchen günstigerer Substitute nicht den erhofften Preis erzielen

---

5 *Hayek* Recht, Gesetz und Freiheit, 2003, S. 222.
6 *Hayek* Wissenschaft und Sozialismus – Aufsätze zur Sozialismuskritik, 2004, S. 203.
7 *Hayek* Recht, Gesetz und Freiheit, 2003, S. 223; ders. Wissenschaft und Sozialismus – Aufsätze zur Sozialmuskritik, 2004, S. 189.
8 *Hayek* Recht, Gesetz und Freiheit, 2003, S. 221 f.

kann. Was sich auf der einen Seite als bessere Befriedigung von Konsumentenwünschen durch neue Produkte, neue Produktionsverfahren oder neue Vertriebsmethoden darstellt, bringt auf der anderen Seite das ständige Risiko mit sich, dass die eigenen Einkommenschancen durch solche Neuerungen gemindert werden. Die „Konkurrenz der neuen Ware, der neuen Technik, der neuen Versorgungsquelle, des neuen Organisationstyps"[9], die *Joseph Schumpeter* als „schöpferische Zerstörung" beschrieben hat[10], wird zwar von den Konsumenten wegen der damit verbundenen Preisvorteile und Qualitätsverbesserungen begrüßt, von den Produzenten indes als unwillkommene Bürde angesehen, da Investitionen, die sie in Anlagen zur Produktion eines bestimmten Gutes getätigt haben, von heute auf morgen einen Großteil ihres Wertes verlieren können bzw. ein durch mühsame Ausbildung und langjährige Praxis aufgebautes Humankapital über Nacht entwertet werden kann.

14 Die durch Änderungen in Marktbedingungen verursachten, nach allgemeinen Gerechtigkeitsmaßstäben unverdienten Verschlechterungen der materiellen Position ganzer Gruppen bilden auch den Grund für einen Haupteinwand gegen die marktliche Ordnung.[11] Die Eigenschaften, die den Marktwettbewerb für Menschen attraktiv machen, weil er die Chancen aller verbessert[12], sind gleichzeitig auch der Grund für die Vorbehalte gegen die marktliche Ordnung, die zum richtigen Verständnis gesetzgeberischer Maßnahmen nicht ignoriert werden dürfen. Die Menschen schätzen zwar die Wohlstand schaffenden Wirkungen dieser Wirtschaftsordnung. Aber ihnen widerstreben die mit dem Wettbewerb verbundenen Risiken und Unwägbarkeiten. Deshalb ist die an der Zustimmung der Bürger ausgerichtete Politik immer wieder versucht, die ungeliebte Seite der marktwirtschaftlichen Münze durch die Schaffung von Privilegien abzumildern.[13] Man spricht deshalb auch von einem „Paradox der Marktwirtschaft".[14]

15 Die geistigen Väter der Sozialen Marktwirtschaft haben das beschriebene Paradox sehr klar gesehen und nach einer Lösung gesucht.

---

9 *Schumpeter* Kapitalismus, Sozialismus und Demokratie, 2. Auflage 1950, S. 140.
10 *Schumpeter* Kapitalismus, Sozialismus und Demokratie, 2. Auflage 1950, S. 134.
11 *Hayek* Gesetz und Freiheit, 2003, S. 272.
12 *Hayek* Gesetz und Freiheit, 2003, S. 268.
13 *Vanberg* Die Ethik der Wettbewerbsordnung und die Versuchungen der Sozialen Marktwirtschaft, Freiburger Diskussionspapiere zur Ordnungsökonomik, 08/6, S. 5.
14 *Vanberg* Die Ethik der Wettbewerbsordnung und die Versuchungen der Sozialen Marktwirtschaft, Freiburger Diskussionspapiere zur Ordnungsökonomik, 08/6, S. 3.

Dies gilt sowohl für die Freiburger Schule um *Franz Böhm* wie auch für *Alfred Müller-Armack*, den Vater des Konzepts der Sozialen Marktwirtschaft als Leiter der Grundsatzabteilung unter *Ludwig Erhard*. Beide wiesen dem Staat eine zentrale Rolle bei der Lösung des „Paradoxons" zu, allerdings weisen ihre Auffassungen auch bedeutende Unterschiede auf. *Müller-Armack* war der Überzeugung, dass die wirtschaftliche Leistungsfähigkeit allein der Marktwirtschaft nicht die gesellschaftliche Akzeptanz und politische Stabilität zu sichern vermag, von der ihr dauerhafter Bestand abhängt. Zwar sei die Marktwirtschaft ohne Zweifel die leistungsfähigste unter allen bekannten Wirtschaftsordnungen. Die mit dem Wettbewerbsprozess verbundenen Risiken und Unsicherheiten seien aber eine ständige Quelle des Unbehagens und der politischen Kritik. Das als Antwort entwickelte Konzept der Sozialen Marktwirtschaft war als ein Ordnungsentwurf gedacht, der „auch in breitesten Schichten allgemeine Zustimmung" finden kann. Dabei ging *Müller-Armack* von der Annahme aus, dass es möglich sein müsse, Zutrauen zu den sozialen Leistungen der Marktwirtschaft zu gewinnen, indem durch marktkonforme wirtschaftspolitische Interventionen und über ein vom Marktsystem her getragenes und gestärktes System der sozialen Hilfen eine neue Wirtschaftsordnung geschaffen wird.[15] Es ist ihre Rolle als Integrationsformel, die nach Ansicht von *Müller-Armack* „das Wesen der Sozialen Marktwirtschaft überhaupt ausmacht".[16] Als liberalen Irrtum kritisiert er ausdrücklich die Annahme, „dass schon die Ergebnisse des Marktmechanismus als sittlich und sozial gerechtfertigte Lösungen anzusprechen seien"[17], und er hält dem entgegen: „Auch die Marktwirtschaft darf primär nur als ein instrumentales Mittel gelten". Sie sei zwar nicht ungeeignet, einer ethischen Ordnung als Basis zu dienen, und sie stelle einen Sachzusammenhang dar, auf den das sittliche und soziale Handeln Rücksicht zu nehmen hat, wenn es seine Ziele erreichen will, sie könne aber nicht selbst als eine „ethische Ordnung" angesehen werden. Für *Müller-Armack* ist die an sich rein technisch wirkende Marktwirtschaft[18] eine Ordnung,

---

15 *Müller-Armack* Genealogie der Sozialen Marktwirtschaft – Frühschriften und weiterführende Konzepte, 2. Auflage 1981, S. 167.
16 *Müller-Armack* Wirtschaftsordnung und Wirtschaftspolitik – Studien und Konzepte der Sozialen Marktwirtschaft und zur Europäischen Union, 1976, S. 314.
17 *Müller-Armack* Wirtschaftsordnung und Wirtschaftspolitik – Studien und Konzepte der Sozialen Marktwirtschaft und zur Europäischen Union, 1976, S. 238
18 *Müller-Armack* Wirtschaftsordnung und Wirtschaftspolitik – Studien und Konzepte der Sozialen Marktwirtschaft und zur Europäischen Union, 1976, S. 253.

die Werte empfängt, aber nicht selbst setzt.[19] Der Marktmechanismus zehrt eher an den Wertfundamenten, als dass er sie anreichern könnte oder gar zu ersetzen vermöchte. In den Kontext dieses Denkschemas sind *Müller-Armacks* Vorstellungen zur Frage der sozialen Sicherung einzuordnen. Da „die Marktwirtschaft sozial große Härten durch die von ihr herbeigeführten zwangsläufigen Umstellungen verursacht"[20], denen gegenüber der einzelne sich „in einer anonymen und hilflosen Rolle fühlt"[21], müsse es darum gehen, den Menschen ihre berechtigte oder unberechtigte Furcht vor jenem Mechanismus einer freien Wirtschaft zu nehmen. Es sei gerade die Produktivität der Marktwirtschaft, die es möglich mache, auf ihrer Grundlage ein vielgestaltiges und vollständiges System des sozialen Schutzes zu errichten. In den Vordergrund rückt damit die Frage der Belastbarkeit der Marktwirtschaft durch sozial- oder gesellschaftspolitisch motivierte Maßnahmen.

16 Die Freiburger Ordoliberalen um *Franz Böhm* gingen ebenso wie *Müller-Armack* davon aus, dass ihre wirtschaftliche Leistungsfähigkeit allein der Marktwirtschaft nicht gesellschaftliche Akzeptanz zu sichern vermag. Sie diagnostizierten jedoch die Bedrohungen, denen die marktwirtschaftliche Ordnung ausgesetzt ist, und die Vorkehrungen, die zu ihrer Sicherung erforderlich sind, deutlich anders als er. Auch sie gingen davon aus, dass die Marktwirtschaft die Zustimmung der Menschen nur finden wird, wenn sie ihrem Bedürfnis nach Sicherheit gerecht wird und von ihnen als gerechte Ordnung erfahren wird, aber in ihren Vorstellungen davon, wie dies erreicht werden kann, unterschieden sie sich wesentlich von *Müller-Armack*. Sie waren überzeugt, dass die marktwirtschaftliche Wettbewerbsordnung aus sich heraus gerecht ist und den Menschen mehr an sozialer Sicherheit zu bieten vermag als alternative realisierbare Wirtschaftsordnungen. Im Zentrum dieser Konzeption steht der Gedanke des systematischen Zusammenhangs zwischen der Regelordnung der Privatrechts- oder Zivilrechtsgesellschaft einerseits und der Wirtschaftsverfassung einer marktlichen Wettbewerbsordnung andererseits. Wesentliches Kennzeichen der Privatrechtsordnung ist, dass sie eine

---

19 *Müller-Armack* Wirtschaftsordnung und Wirtschaftspolitik – Studien und Konzepte der Sozialen Marktwirtschaft und zur Europäischen Union, 1976, S. 299
20 *Müller-Armack* Wirtschaftsordnung und Wirtschaftspolitik – Studien und Konzepte der Sozialen Marktwirtschaft und zur Europäischen Union, 1976, S. 198.
21 *Müller-Armack* Wirtschaftsordnung und Wirtschaftspolitik – Studien und Konzepte der Sozialen Marktwirtschaft und zur Europäischen Union, 1976, S. 278.

privilegienfreie Ordnung von Rechtsgleichen ist, ein Regelsystem, das „dem Kooperieren und Koexistieren von gleichberechtigten Trägern autonomer Individualpläne"[22] dient.

Das Leitmotiv für eine privilegienfreie marktwirtschaftliche Wettbewerbsordnung wird mit dem **Begriff des Leistungswettbewerbs** ausgedrückt. Die Vorstellung, dass wirtschaftlicher Wettbewerb „nach den Spielregeln eines rechtlich geordneten Leistungswettbewerbs"[23] ablaufen sollte, zielt auf die Schaffung von rechtlich-institutionellen Rahmenbedingungen, unter denen wirtschaftlicher Erfolg möglichst nur dadurch zu realisieren ist, dass man seine Wettbewerber durch attraktivere Leistungsangebote an die Marktgegenseite übertrifft. Zur Schaffung solcher Rahmenbedingungen gehört ganz offensichtlich die Sicherung einer Rechtsordnung, die Gewalt und Betrug ausschließt. Erforderlich sind aber auch rechtliche Vorkehrungen gegen weniger offenkundige Formen der Ausübung wirtschaftlichen Zwangs, die mit den Ordnungsprinzipien des Marktes als Arena freiwilligen Austausches in Widerspruch geraten. Dafür hat sich in der Ökonomik der Begriff der Konsumentensouveränität eingebürgert. Beiden Konzepten liegt der – von *Adam Smith*[24] als selbstverständlich unterstellte – Gedanke zugrunde, dass Produktion nicht Selbstzweck ist, sondern der Befriedigung von Konsumentenwünschen dient, und dass deshalb die Wirtschaftsordnung so eingerichtet werden sollte, dass – wie *Franz Böhm* es in plastischer Bildsprache ausgedrückt hat – „der Konsument als Organist unmittelbar am Manual der Wirtschaftsorgel" sitzt.[25]

17

Das **Leitbild einer privilegienfreien Ordnung**, das in Art. 106 AEUV durch die strengen Anforderungen an die Rechtfertigung jedweder Sonderrechte (Privilegien) sowie in Art. 107 f. AEUV durch die strenge Beihilfenkontrolle konsequent umgesetzt ist, stellt den Kern des liberalen Plädoyers für die marktwirtschaftliche Wettbewerbsordnung dar. Im Sinne dieses Ideals ist die marktwirtschaftliche Ordnung nicht ein wertneutrales Instrument materieller Wohlstandsgenerierung. Sie ist vielmehr eine Ordnung, die **ethischen Eigenwert** aufgrund des Umstandes beanspruchen kann, dass sie eine diskriminierungsfreie Ordnung ist, in der alle Beteiligten den gleichen Regeln

18

---

22 *Böhm* Freiheit und Ordnung in der Marktwirtschaft, 1980, S. 108.
23 *Böhm* Freiheit und Ordnung in der Marktwirtschaft, 1980, S. 70.
24 *Smith* An Inquiry into the Nature and Causes of the Wealth of Nations, 1981 (1776), S. 660.
25 *Böhm* Freiheit und Ordnung in der Marktwirtschaft, 1980, S. 90.

unterworfen sind, Regeln, die aufgrund ihrer wünschenswerten allgemeinen Funktionseigenschaften die Zustimmung aller finden können. Das Ideal der Privilegienfreiheit und Rechtsgleichheit gibt auch den Maßstab an, an dem Korrekturen des marktwirtschaftlichen Ordnungsrahmens zu messen sind. Dabei handelt es sich keineswegs nur um eine technische Frage der möglichen Funktionsbeeinträchtigung des Marktes als eines ethisch neutralen Wohlstandschaffungsmotors. Es geht vielmehr primär um die Frage, ob durch solche Eingriffe Privilegien geschaffen werden, also Sonderrechte, die bestimmten Gruppen zu Lasten anderer gewährt werden. Die Möglichkeit oder gar Notwendigkeit, die Spielregeln der Marktwirtschaft dort zu reformieren oder zu ergänzen, wo dies im gemeinsamen Interesse aller Beteiligten wünschenswert erscheint, wird selbstverständlich anerkannt. Das Ideal privilegienfreier Ordnung fordert allerdings, dass solche Reformen oder Ergänzungen durch Regelungen vorgenommen werden, die für alle Beteiligten in diskriminierungsfreier Weise gelten, und nicht dadurch, dass man einigen Sonderrechte zubilligt, die den übrigen Mitgliedern des Gemeinwesens vorenthalten bleiben.[26]

19 Im Sinne des Denkansatzes der Freiburger Schule und *Hayeks* kann man die Entscheidung eines Gemeinwesens, sich auf das Tauschspiel des Marktes einzulassen und eine marktliche Wirtschaftsverfassung anzunehmen, als einen Sozialpakt betrachten, in dem sich alle Beteiligten in ihrer Rolle als Produzenten wechselseitig verpflichten, die Bürden des Wettbewerbs zu akzeptieren, um dadurch in ihrer Eigenschaft als Konsumenten gemeinsame Vorteile realisieren zu können. Bei diesem „Pakt" geht es, „schlicht darum, dass wir der Beibehaltung und Durchsetzung einheitlicher Regeln für ein Verfahren zustimmen, das in erheblichem Maße jedermanns Chancen der Befriedigung seiner Bedürfnisse erhöht hat, freilich um den Preis, dass für alle Einzelpersonen und Gruppen das Risiko eines unverdienten Fehlschlags entsteht."[27] Der Umstand, dass ein solcher Pakt allen Beteiligten Vorteile verspricht, vermag freilich nicht sicherzustellen, dass sich auch alle an ihn halten. Zu groß ist nicht nur die Versuchung, sich durch direkte Verletzung der Regeln des Tauschspiels Sondervorteile zu sichern, sondern auch die Versuchung, dort, wo dies möglich erscheint, für sich über den politischen Prozess Son-

---

26 *Vanberg* Die Ethik der Wettbewerbsordnung und die Versuchungen der Sozialen Marktwirtschaft, Freiburger Diskussionspapiere zur Ordnungsökonomie, 08/6, S. 9.
27 *Hayek* Recht, Gesetz und Freiheit, 2003, S. 221.

derrechte zu erwirken, die es einzelnen Akteuren erlauben, an den allgemeinen Vorteilen der marktlichen Wettbewerbsordnung zu partizipieren, sich aber ihre unbequemen Seiten zu ersparen. Die Bürden des Wettbewerbs, nämlich der von ihm ausgehende Zwang, sich an geänderte Verhältnisse anzupassen, werden als besonders belastend in Zeiten beschleunigten wirtschaftlichen Wandels empfunden, wie wir ihn derzeit im Zuge der Globalisierung erleben und wie er sich im Zuge der häufig als erste Globalisierung bezeichneten Entwicklungen gegen Ende des 19. Jahrhunderts vollzog.[28] In solchen Zeiten gerät die Politik unter besonders intensiven Druck von betroffenen Interessengruppen, Schutz gegen die Unbill des Wettbewerbs zu bieten. Diese Problematik wird auch mit dem Stichwort der „Refeudalisierung der Gesellschaft" umschrieben und damit das thematisiert, was in der neuen politischen Ökonomik als „rent-seeking" bezeichnet wird.[29] Im Sinne dieses Ordnungsideals ist die inhärente Ethik der Marktwirtschaft die Ethik der Fairness im Spiel der Katallaxie, eine Fairness, die verlangt, dass man weder die Spielregeln des Wettbewerbs verletzt, noch für sich Ausnahmebehandlungen oder privilegierende Sonderregelungen verlangt.[30]

Die damit herausgearbeiteten unterschiedlichen Bewertungen der Leistungsfähigkeit des Marktes durch die wichtigsten Theoretiker der sozialen Marktwirtschaft sollten deutlich werden lassen, dass es auch innerhalb der Theorien zur (Sozialen) Marktwirtschaft gewichtige Unterschiede bei der Beantwortung der Frage gibt, inwieweit das Marktgeschehen selbst gerechte Ergebnisse erzeugt und inwieweit es einer (ständigen) staatliche Steuerung und Korrektur bedarf.[31] Für die rechtswissenschaftliche Betrachtung ist es deshalb nicht möglich, nur ein Modell marktwirtschaftlicher Ordnung zugrunde zu legen. Vielmehr muss einerseits die rechtliche Ausgestaltung der Wettbewerbsordnung beachtet und andererseits dem Gesetzgeber ein ausreichender Gestaltungsspielraum eingeräumt werden. Dabei ist auffällig, dass sich der EG-Vertrag auch formal eng an das ordoliberale Konzept der Privilegienfreiheit angelehnt hat und insoweit von der für die Politik

---

28 *Vanberg* Die Ethik der Wettbewerbsordnung und die Versuchungen der Sozialen Marktwirtschaft, Freiburger Diskussionspapiere zur Ordnungsökonomie, 08/6, S. 10.
29 *Böhm* Freiheit und Ordnung in der Marktwirtschaft, 1980, S. 258.
30 *Vanberg* Die Ethik der Wettbewerbsordnung und die Versuchungen der Sozialen Marktwirtschaft, Freiburger Diskussionspapiere zur Ordnungsökonomie, 08/6, S. 10 ff.
31 Dazu eingehend *Vanberg* Marktwirtschaft und Gerechtigkeit in: Jahrbuch Normative und institutionelle Grundfragen der Ökonomik, Bd. 5, 2006, S. 39 ff.

unter dem Grundgesetz lange Zeit prägende Position von *Müller-Armack* abweicht. Diese Divergenz erklärt auch manche Konflikte bei der Beurteilung gesetzgeberischer Maßnahmen, durch die (deutschen) Unternehmen Sonderrechte zugewiesen werden.

III. Wettbewerb

21 Eng mit den Begriffen Markt und Marktwirtschaft verbunden ist der Begriff des Wettbewerbs. Noch deutlicher als beim Marktbegriff muss dabei zwischen einem formal-juristischen Begriffsverständnis und gesetzgeberischen Konkretisierungen (wie im GWB oder den sektorspezifischen Regulierungen) einerseits und wirtschaftswissenschaftlichen Wettbewerbstheorien[32] andererseits unterschieden werden.

22 Aus einer juristischen, näherhin verfassungsrechtlichen Perspektive stellt sich Wettbewerb zunächst als grundrechtsgeprägtes Phänomen dar: als **konkurrierender Grundrechtsgebrauch**. Dabei können sich die einzelnen Marktteilnehmer insbesondere auf das Grundrecht der Berufs- und Unternehmerfreiheit aus Art. 12 Abs. 1 GG berufen, das sowohl den Marktzugang als auch das Marktverhalten umfasst. Wie auch in anderen Fällen des konkurrierenden Grundrechtsgebrauchs (zB bei der Meinungs- und Pressefreiheit oder im Versammlungsrecht) schützt das Grundrecht nicht vor dem Grundrechtsgebrauch anderer, weshalb aus Art. 12 Abs. 1 GG kein Schutz vor dem Marktzutritt und dem Marktverhalten anderer Marktteilnehmer abgeleitet werden kann, kurz: **Art. 12 Abs. 1 GG schützt nicht vor Konkurrenz**[33] und verbietet grundsätzlich Regelungen, die vor dem Wettbewerb anderer Marteilnehmer schützen (sollen). Es ist demnach die Wettbewerbsfreiheit einschließlich der damit verbundenen Gefahr, Marktanteile an Konkurrenten zu verlieren, durch Art. 12 Abs. 1 GG geschützt.[34]

23 Entscheidend für die Beurteilung der Rechtsbeziehungen zwischen Wettbewerbern ist das Vorliegen eines **Wettbewerbsverhältnisses**. Davon kann nur dann gesprochen werden, wenn sich mindestens zwei Anbieter von Waren und / oder Dienstleistungen mit gleichen oder gleichartigen Angeboten an den gleichen Abnehmerkreis wenden.

---

32 Dazu näher *Olten* Wettbewerbstheorie und Wettbewerbspolitik, 2. Auflage 1998.
33 BVerwGE 39, 329 (336) – stRspr; *Kluth* WiVerw 2000, 184 ff.
34 BVerfGE 106, 275 (298 f.).

§ 2. Grundbegriffe des Öffentlichen Wirtschaftsrechts

Die rechtliche Erfassung des Wettbewerbs und des Wettbewerbsverhältnisses zielt darauf ab, gesetzgeberische Regelungen oder leistungsstaatliches Handeln als möglichen Eingriff in die grundrechtlich durch Art. 12 Abs. 1 GG geschützte Wettbewerbsfreiheit zu qualifizieren bzw. einen formal gleichen Rahmen für alle Marktteilnehmer zu garantieren. Die zahlreichen **Wettbewerbstheorien der Ökonomie** zielen demgegenüber darauf ab, die institutionellen Rahmenbedingungen für einen marktwirtschaftlichen Leistungswettbewerb zu beschreiben, um auf diese Weise die positiven Wirkungen der Marktwirtschaft zu garantieren. Die dabei entwickelten Modellvorstellungen dienen als Orientierungsrahmen für konkrete Maßnahmen der Wirtschaftspolitik und Gesetzgebung. Sie sind rechtlich nur insoweit relevant, wenn sich der Gesetzgeber (ausnahmsweise) ausdrücklich auf einen bestimmten Theorieansatz stützt, so dass dieser im Rahmen der systematischen Auslegung der Gesetzesnormen herangezogen werden kann, um den Regelungsgehalt einer Norm zu ermitteln.

Eng mit dem Wettbewerb und den Wettbewerbstheorien verbunden sind die Annahmen über die verschiedenen **ökonomischen und sozialen Funktionen des Leistungswettbewerbs**.[35] Sie stellen zugleich wichtige Verbindungen des wirtschaftlichen Wettbewerbs zu allgemeinen verfassungsrechtlichen und gesellschaftspolitischen Zielsetzungen her, die bei der Rechtfertigung von gesetzgeberischen Maßnahmen herangezogen werden, durch die einzelne Märkte geregelt werden. Als **ökonomische Funktionen** des Leistungswettbewerbs werden angeführt: (1) Eine Steuerungs- und Ordnungsfunktion, bei der es vor allem darum geht, die Produktionsprozesse und die Allokation knapper Ressourcen (Investivkapital) optimal zu steuern, dh es dort einzusetzen, wo Bedarf und Rendite am größten sind; (2) eine Verteilungsfunktion, die darauf abzielt, die besonders leistungsfähigen Wirtschaftssubjekte zu belohnen und die Abschöpfung von Monopolrenten zu verhindern; (3) eine Antriebs- und Innovationsfunktion, die dazu dient, Produkte und Dienstleistungen zu verbessern, neue hervorzubringen und die Preise zu senken. Als **gesellschaftspolitische Funktionen** des Leistungswettbewerbs werden eine machtneutralisierende Wirkung sowie die Herstellung einer gerechten (leistungsbezogenen) Verteilungsordnung[36] angesehen.

---

35 Siehe zu weiteren Differenzierungen *Olten* Wettbewerbstheorie und Wettbewerbspolitik, 2. Auflage 1998, S. 16 ff.
36 Zur „Marktgerechtigkeit" siehe *Vanberg* in: Kluth (Hrsg.) Facetten der Gerechtigkeit, S. 94 ff.

IV. Wirtschaftsverfassung und Marktordnung

26 Die **Wirtschaftsverfassung** stellt den allgemeinen rechtlichen Rahmen für die Wirtschaftspolitik und die wirtschaftsbezogene Gesetzgebung auf staatlicher oder supranationaler Ebene dar. Dabei spielt es keine Rolle, ob die entsprechenden Normen ausdrückliche Regelungen bzw. Aussagen zur Wirtschaftsordnung enthalten (wie in Art. 3 Abs. 3 EUV und Art. 120 AEUV) oder nicht (wie im Falle des Grundgesetzes). Entscheidend ist lediglich, welche rechtlichen Maßstäbe bei wirtschaftsrelevanten staatlichen Maßnahmen zu beachten sind.

27 Im Rahmen der Wirtschaftsverfassung ist es Aufgabe des Gesetzgebers, allgemeine oder spezifische **Marktordnungen** zu erlassen. Unter einer allgemeinen Marktordnung wird dabei eine solche verstanden, deren Regelungen sich nicht auf einzelne Märkte beziehen, sondern einen allgemeinen Rahmen für alle Bereiche der Wirtschaft schaffen. In diesem Sinne stellen das UWG und das GWB die zentralen Säulen des deutschen (und europäischen) **allgemeinen Marktordnungsrechts** dar. Davon zu unterscheiden sind **spezifische Marktordnungen**, die sich auf einzelne Märkte, dh Produkte und / oder Dienstleistungen beziehen. **Spezifische Marktordnungen** enthalten in der Regel besondere Vorschriften über den **Zugang** zu den erfassten Märkten (insbes. Zulassungsregelungen) und das **Marktverhalten** (ua Berufsausübungsrecht, Haftung, Preisregulierung etc). Beispiele für spezifische Marktordnungen stellen etwa das Handwerksrecht, das Recht der (reglementierten) freien Berufe, sowie das Recht der regulierten Märkte (TKG, PostG, EnWG) dar. Jede über das allgemeine Marktordnungsrecht hinausgehende Normierung einer spezifischen Marktordnung unterliegt hinsichtlich der damit verbundenen Beschränkungen der Berufs- und Unternehmensfreiheit aus Art. 12 Abs. 1 GG (und der EU-Grundfreiheiten) besonderen Rechtfertigungsanforderungen.

V. Wirtschaftsaufsicht und -überwachung

28 Auch in einer auf den Grundsätzen der Gewerbe- und Unternehmerfreiheit (Art. 12 Abs. 1 GG) bzw. der Entscheidung für eine offene Marktwirtschaft mit freiem Wettbewerb (Art. 120 AEUV) basie-

§ 2. Grundbegriffe des Öffentlichen Wirtschaftsrechts

renden Rechts- und Wirtschaftsordnung bedarf es einer **staatlichen Aufsicht über die Wirtschaft** und zwar im Wesentlichen aus **zwei Gründen**. Erstens ist der institutionelle Schutz des Wettbewerbs darauf angewiesen, dass die einzelnen Marktteilnehmer die „Spielregeln" des privilegienfreien Wettbewerbs einhalten und sich durch Rechtsverletzungen keine unlauteren Vorteile verschaffen (Sicherung der wettbewerblichen Rahmenordnung). Zweitens dienen zahlreiche Vorschriften, die von den Marktteilnehmern zu beachten sind, dem Schutz von Individual- und Gemeinschaftsinteressen, insbesondere dem Verbraucher- und Gesundheitsschutz, dem Umweltschutz und der öffentlichen Sicherheit und Ordnung.

Der **Begriff der Wirtschaftsaufsicht** kann als (formaler) Oberbegriff für sämtliche Befugnisse des Staates, näherhin der Wirtschaftsverwaltungsbehörden (zu diesen unten § 10) zur Beaufsichtigung und Steuerung des Verhaltens der Marktteilnehmer verstanden werden.[37] Das damit erfasste Spektrum der Befugnisse reicht von der bloßen Überwachung der Beachtung von Rechtsvorschriften bis hin zu markt- und verhaltenssteuernden Maßnahmen und ist inzwischen auch durch eine grenzüberschreitende Dimension gekennzeichnet.[38] Legt man dieses weite Begriffsverständnis zugrunde, so sind auch die Maßnahmen der Kartellbehörden sowie die Maßnahmen der Regulierungsbehörden (Bundesnetzagentur) der Wirtschaftsaufsicht zuzuordnen.[39] Dem Begriff kommt angesichts dieser Weite nur eine geringe systembildende Kraft und keinerlei weiterführende dogmatische Relevanz zu. Jede in Details vordringende Aussage ist deshalb nur in Bezug auf eine konkrete Rechtsmaterie des Öffentlichen Wirtschaftsrechts (ua Gewerbeaufsicht, Berufsaufsicht, Banken- und Finanzaufsicht) und die dort geregelten Aufsichtsbefugnisse sinnvoll. 29

Wenig ertragreich ist der seit einigen Jahren ausgetragenen Streit, ob der heutige verfassungsrechtliche Rahmen es nahe legt oder gar verlangt, an Stelle von **Wirtschaftsaufsicht von Wirtschaftsüberwachung** zu sprechen und den Begriff der Aufsicht auf staatsinterne Rechtsbeziehungen zu beschränken.[40] Zwar sprechen gute sachliche und auch historische Gründe dafür, von Wirtschaftsüberwachung zu 30

---

37 *Ruthig/Storr* ÖffWirtR § 1 Rn. 21.
38 Die Wirtschafts- und Berufsaufsicht im Binnenmarkt ist Teil des Europäischen Verwaltungsverbundes in seiner Ausgestaltung als Aufsichtsverbund. Siehe dazu *Wolff/Bachof/Stober/Kluth* Verwaltungsrecht II, 13. Auflage 2017, § 15 Rn. 20.
39 *Ruthig/Storr* ÖffWirtR § 1 Rn. 21 ff.; *Ziekow* ÖffWirtR § 5 Rn. 6.
40 So namentlich *Gröscher* Das Überwachungsrechtsverhältnis, 1992, S. 46 ff., 126; *ders.* in: FS Stober, 2008, 509 ff.

sprechen (ua die bessere sprachliche Unterscheidung von der staatsinternen Aufsicht sowie Absage an die Überwachungskonzeption des Etatismus). Der eingebürgerte Begriff der Wirtschaftsaufsicht ist aber durch die Bezugnahme auf den Bereich der Wirtschaft sprachlich klar abgegrenzt und Reminiszenzen an den Etatismus kann nur derjenige aus seiner Verwendung ableiten, der sich an lange überholten Konzeptionen und nicht an der gegenwärtigen Rechtslage und Konzeption der Wirtschaftsaufsicht orientiert.

VI. Wirtschaftslenkung

31   Als ähnlich weit und unscharf wie der Begriff der Wirtschaftsaufsicht erweist sich der häufig verwendete Begriff der Wirtschaftslenkung bzw. **wirtschaftslenkenden Gesetzgebung**.[41] Man versteht darunter im weitesten Sinne die Gesamtheit der Maßnahmen, durch die der Staat auf den wirtschaftlichen Prozess einwirkt, um einen wirtschafts-, sozial- oder gesellschaftspolitisch erwünschten Zustand oder Ablauf des Wirtschaftsgeschehens herzustellen oder zu gestalten. Damit ist sowohl aus dem Blickwinkel der Instrumente (Gesetz, Verordnung, ökonomische Anreize etc) als auch der verfolgten Ziele (Gesundheits- und Umweltschutz, Förderung bestimmter Wirtschaftszweige und des Arbeitsmarktes) ein sehr breites Spektrum erfasst. Hinzu kommt, dass wirtschaftslenkende Zielsetzungen auch mit Maßnahmen gekoppelt werden können, die anderweitigen Zwecken wie etwa dem Umweltschutz dienen (zB Lenkungsabgaben). Dabei ist umstritten, ob der jeweilige Gesetzgeber auch für den sekundär verfolgten Lenkungszweck über die Gesetzgebungskompetenz verfügen muss. Das Bundesverfassungsgericht verneint dies, verlangt aber die Beachtung des Grundsatzes der Widerspruchsfreiheit. Danach darf das mit dem lenkenden Nebenzweck verfolgte Ziel nicht in Widerspruch zu den Zielen stehen, die der zuständige Gesetzgeber mit seiner Normierung verfolgt.[42]

32   Zahlreiche Maßnahmen gesetzgeberischer Wirtschaftslenkung werden durch den Hinweis auf ein **Marktversagen** begründet.[43] Dabei handelt es sich um eine Argumentationsfigur der Wirtschaftswissen-

---
41 *Kluth* ZHR 162 (1998), 657 ff.
42 BVerfGE 98, 106 ff.
43 Dazu näher *Magen* in: Kirchhof/Korte/ders. (Hrsg.) Öffentliches Wettbewerbsrecht, 2014 § 2 Rn. 31 ff.

schaften, die sowohl aus der konzeptionellen Perspektive der Marktwirtschaft als auch aus (verfassungs-) rechtlicher Perspektive nicht unproblematisch ist. Um von einem Versagen des Marktes sprechen zu können, muss es möglich sein, bestimmte Ergebnisse in Bezug auf Preise oder die Beschaffenheit von Produkten und Dienstleistungen als marktadäquate Ergebnisse zu identifizieren. Geht man aber davon aus, dass es Aufgabe und Eigenschaft des Marktprozesses ist, die angemessene Antwort auf ein bestimmtes Verhältnis von Produktion, Angebot und Nachfrage zu geben, so maßt sich die Feststellung von Marktversagen an, über eine höhere oder bessere Einsicht zu besitzen, als dies bei den Marktprozessen der Fall ist. Bei genauerer Betrachtung steht hinter dem Argument des Marktversagens in der Regel eine politische Kritik an bestimmten regulären[44] Marktergebnissen, die aus sozialen oder sonstigen Gründen für nicht gerecht erachtet und deshalb korrigiert werden sollen. Es erscheint deshalb angemessener, in diesen Fällen nicht von einem Marktversagen, sondern von einer **politischen Korrektur des Marktergebnisses** aus Gründen sozialer Gerechtigkeit oder zur Verwirklichung anderer Gemeinwohlbelange zu sprechen.

VII. Reglementierung

Der Begriff der Reglementierung wird in der Alltagssprache ebenso wie in der juristischen Fachsprache bislang als Synonym für eine gesetzgeberische Normierung verwendet, wobei die damit verbundene Beschränkung der Verhaltensfreiheit betont wird. Durch die Berufsanerkennungsrichtlinie hat der Begriff nunmehr eine auf den Bereich des Berufsrechts bezogene Legaldefinition (Art. 3 Abs. 1 lit. a BARL) erfahren, die sich als tragfähige Basis für die Entwicklung eines allgemeinen Begriffsverständnisses eignet, das in die Terminologie des öffentlichen Wirtschaftsrechts eingeführt werden soll, da es eine hilfreiche Systematisierung ermöglicht.

Unter einem **reglementierten Beruf** versteht die Berufsanerkennungsrichtlinie gem. Art. 3 Abs. 1 lit. a „eine berufliche Tätigkeit oder eine Gruppe beruflicher Tätigkeiten, bei der die Aufnahme oder Ausübung oder eine der Arten der Ausübung direkt oder indi-

---

[44] Verstöße gegen das Wettbewerbsrecht und andere Rechtsverstöße sind auszuschließen, da diese durch die entsprechenden gesetzlichen Instrumentarien korrigiert werden können.

rekt durch Rechts- und Verwaltungsvorschriften an den Besitz bestimmter Berufsqualifikationen gebunden ist; eine Art der Ausübung ist insbesondere die Führung einer Berufsbezeichnung, die durch Rechts- oder Verwaltungsvorschriften auf Personen beschränkt ist, die über eine bestimmte Berufsqualifikation verfügen." In Absatz 2 werden Berufe, die von Mitgliedern von Verbänden oder Organisationen, die im Anhang I der Richtlinie aufgeführt werden, den reglementierten Berufen gleichgestellt. Damit wird insbesondere der abweichenden Regelungspraxis des Vereinigten Königreichs Rechnung getragen, wo das Berufsrecht weitgehend durch private Verbände festgelegt wird.[45]

35 Die Herausbildung eines der Systematisierung wirtschaftsverwaltungsrechtlicher Regelungen dienenden Begriffs der Reglementierung bzw. der reglementierten Betätigung rechtfertigt sich durch die besondere Bedeutung, die den damit verbundenen Eröffnungskontrollen zukommt. Da sie bereits den Marktzutritt erschweren, stellen sie eine besonders hohe Hürde für die wirtschaftliche Betätigung dar, insbesondere dann, wenn es um einen grenzüberschreitenden Marktzugang geht. Dies entspricht auch der Wertung in Art. 9 Abs. 1 Nr. 3 DLRL, wonach die Genehmigungspflicht für die Aufnahme einer Tätigkeit nur dann zulässig ist, wenn der gleiche Zweck nicht durch eine nachträgliche Kontrolle erreicht werden kann.[46] Damit ist eine zugleich **systembildende Wertung** verbunden, die auch in der eindeutigen Bezeichnung entsprechender Regelungen und Tätigkeiten zum Ausdruck kommen sollte, zumal die Berufsanerkennungsrichtlinie für reglementierte berufliche Betätigungen in zahlreichen bedeutsamen Punkten ein anderes Rechtsregime vorsieht, als dies für die nicht reglementierten Tätigkeiten, die der Dienstleistungsrichtlinie unterliegen, der Fall ist.

VIII. Regulierung

36 Nach wie vor umstritten ist der im Zusammenhang mit der Neugestaltung zahlreicher Wirtschaftsbereiche, die sich auf netzgebundene Dienstleistungen und Infrastrukturdienstleistungen (Telekommunika-

---

45 Dazu eingehend *Nuckelt* Die Regelungssysteme der rechts-, steuer- und wirtschaftsberatenden Freien Berufe in Deutschland, England und Wales, 2006, S. 186 ff.
46 Dazu näher *Cornils* in: Schlachter/Ohler (Hrsg.) Europäische Dienstleistungsrichtlinie, 2008, Art. 9 Rn. 33 ff. Eine dieser Vorgabe entsprechende Regelung findet sich in § 38 Abs. 1 S. 1 aE GewO.

§ 2. Grundbegriffe des Öffentlichen Wirtschaftsrechts   35

tion, Post, Gas- und Stromnetze, Eisenbahn, Finanzdienste) beziehen, neu herausgebildete Begriff der **Regulierung**; das gleiche gilt für den davon abgeleiteten Begriff des **Regulierungsverwaltungsrechts**.[47] Während der Regulierung und dem Regulierungsverwaltungsrecht einerseits eine neue, von bisherigen Normierungen abweichende Qualität zugesprochen wird[48], mehren sich in jüngster Zeit wieder die Stimmen, die eine solche Sonderstellung in Frage stellen und die Unterschiede zu herkömmlichen Formen wirtschaftsverwaltungsrechtlicher Normierungen und Aufsichtsinstrumente relativieren.[49]

Um einen **Rechtsbegriff** handelt es sich bei der Regulierung schon 37 deshalb, weil der Gesetzgeber den Begriff in allen dem Regulierungsverwaltungsrecht zugeordneten Gesetzen verwendet. Dabei wird Regulierung als **hoheitliche Tätigkeit** und **Mittel** verstanden, durch die bestimmte **Ziele** erreicht werden sollen. Exemplarisch kann dies am Beispiel des TKG verdeutlicht werden: Nach § 1 TKG ist es Zweck des Gesetzes, „durch technologieneutrale Regulierung den Wettbewerb im Bereich der Telekommunikation und leistungsfähige Telekommunikationsinfrastrukturen zu fördern und flächendeckend angemessene und ausreichende Dienstleistungen zu gewährleisten". In § 2 Abs. 1 TKG wird die Regulierung als hoheitliche Aufgabe des Bundes qualifiziert und in Absatz 2 werden die einzelnen Ziele (insgesamt neun Einzelziele) aufgeführt. Das Gesetz enthält im Zweiten Teil sodann spezielle Vorschriften zur Marktregulierung (§§ 9 ff.), zur Zugangsregulierung (§§ 16 ff.) und zur Entgeltregulierung (§§ 27 ff.). Ähnlich strukturierte Regelungen finden sich im PostG, EnWG und AEG.

Die „neue und eigenständige Qualität" des Regulierungsverwal- 38 tungsrechts wird darin gesehen, dass Marktprozesse intensiver, indirekt und mit marktkonformen Instrumenten gesteuert werden[50] und dass es in der Regel darum geht, auf bislang durch (staatliche[51] oder private) Monopole oder geringen Wettbewerb geprägten Märkten einen funktionsfähigen Wettbewerb zu erzeugen bzw. zu erhalten.

---

47 Dazu eingehend *Fehling/Ruffert* (Hrsg.) Regulierungsrecht, 2010.
48 *Bullinger* DVBl. 2003, 1355 ff.; *Masing* Die Verwaltung 36 (2003), 1 ff.; *von Danwitz* DVBl. 2004, 977 (981 ff.); *Ruffert* AöR 124 (1999), 237 ff.
49 *Ruthig* in: Ruthig/Storr ÖffWirtR § 1 Rn. 24; *Ziekow* ÖffWirtR § 13 Rn. 1. Siehe auch *Berringer* Regulierung als Erscheinungsform der Wirtschaftsaufsicht, 2004.
50 *Bulla* in: Schmidt/Vollmöller ÖffWirtR § 11 Rn. 5; siehe zu diesem Aspekt eingehend *Hecker* Marktoptimierende Wirtschaftsaufsicht, 2007.
51 Zur Interpretation der Regulierung als Teil des Privatisierungsfolgenrechts siehe *Ruffert* AöR 124 (1999), 237 (246); *Weiß* Privatisierung und Staatsaufgaben, 2002, S. 303 f.

Auch die Organisationsstruktur[52] und Verfahrensweise[53] der Regulierungsbehörden unterscheiden sich von den klassischen Behörden der Wirtschaftsaufsicht, so dass insgesamt von einer eigenständigen Steuerungsform ausgegangen werden kann.

39 Auf den **Begriff** gebracht wird Regulierung damit durch ein **Bündel von Merkmalen**, die nicht in *jedem* Fall *kumulativ* vorliegen müssen, damit von Regulierung gesprochen werden kann. Regulierung ist eine hoheitliche Tätigkeit (im Gegensatz zur privaten Selbstregulierung), die auf die effektive Nutzung von Marktmechanismen, insbesondere des Wettbewerbs, zur Optimierung der Versorgung (im Sinne der Gewährleistungsverantwortung) mit Dienstleistungen und Gütern abzielt und zu diesem Zweck den Marktzugang und wesentliche Bereiche des Marktverhaltens (Preisbildung etc) unter möglichst weitgehender Berücksichtigung von Marktgesetzlichkeiten (ua bei den Verfahren der Preisregulierung) regelt. Als weiteres Merkmal der (deutschen) Regulierungsgesetzgebung kann die Einrichtung von Regulierungsbehörden (Bundesnetzagentur) angeführt werden, die über eine größere fachliche Eigenständigkeit verfügen und deren Organisation und Verfahren (von politischen Weisungen freigestellte Beschlusskammern) in besonderer Weise der Nutzung wirtschaftlichen Sachverstandes bei der Regulierungstätigkeit dienen soll (aufgabenadäquate Organisationsstruktur).

§ 3. Territorialitätsbezug des öffentlichen Wirtschaftsrechts

I. Die Bedeutung des Territorialitätsprinzips für das öffentliche Wirtschaftsrecht

1 Im Rahmen der zunehmenden **Internationalisierung des Handels- und Dienstleistungsverkehrs**, der wachsenden Bedeutung multinationaler Konzerne und im Ausland tätiger Staatsunternehmen sowie Staatsfonds kommt der Frage nach der Reichweite und Geltung der Normen des öffentlichen Wirtschaftsrechts eine zentrale Bedeutung zu. Kann beim Handelsverkehr durch die Kontrolle der Waren

---

52 *Oertel* Die Unabhängigkeit der Regulierungsbehörde nach §§ 66 ff. TKG, 2000.
53 *Haupt* Das Verfahren vor den Beschlusskammern der Regulierungsbehörde für Post und Telekommunikation, 2004.

beim Grenzübertritt oder (im Binnenmarkt) beim Vertrieb die Einhaltung von Produkt- und Sicherheitsstandards trotz Freihandels vergleichsweise einfach überprüft werden, so erweist sich die Kontrolle von Dienstleistungen, die in vielen Fällen ohne Erforderlichkeit eines Grenzübertritts grenzüberschreitend erbracht werden können, als sehr viel schwieriger.

Das öffentliche Wirtschaftsrecht (genauer: die zuständigen Gesetzgeber und politischen Institutionen) hat in doppelter Art und Weise auf diese Entwicklung reagiert: (1) durch die **Entwicklung supra- und internationaler Rechtsstandards** für den Waren- und Dienstleistungsverkehr (Gemeinschaftsrecht, WTO-Recht, weitere internationale Verträge)[1] und (2) durch den **Ausbau der internationalen Verwaltungszusammenarbeit** (Amtshilfe) bei der Wirtschafts- und Berufsaufsicht. Eine Folge dieser Entwicklung ist die Entterritorialisierung des öffentlichen Wirtschaftsrechts. Um diesen Prozess zu erfassen bedarf es zunächst der Klärung der Bedeutung des Gebietsbezuges bei der Geltung und Anwendung des staatlichen öffentlichen Wirtschaftsrechts.

II. Ausgangspunkt: Das Staatsgebiet als Wirtschafts(rechts)gebiet

Die Normen des öffentlichen Wirtschaftsrechts beanspruchen grundsätzlich, wie jedes andere Gesetz, eine auf das Staats- oder Hoheitsgebiet beschränkte Geltung und Beachtung, da die Staatsgewalt nach staats- und völkerrechtlichen Grundsätzen nicht weiter reicht als das jeweilige Territorium.[2]

Das **Staats- oder Hoheitsgebiet** umfasst: (1) das **Festland** einschließlich der Küstenlinie im Verlauf der Niedrigwasserlinie (sog. normale Basislinie, Art. 5 SRÜ)[3]; hinzu kommt das **Küstenmeer** (Dreimeilenzone), wobei die Bundesrepublik von der Möglichkeit Gebrauch gemacht hat, ihre Küstengewässer auf **12 Seemeilen** auszudehnen[4]; in diesem Bereich besitzt jeder Staat uneingeschränkte Hoheitsbefugnisse gegenüber allen Wirtschaftsteilnehmern. (2) die **Angrenzer- oder Anschlusszone** (Hoheitszone II), die nach Art. 33

---
1 Dazu näher *Tietje* (Hrsg.) Internationales Wirtschaftsrecht, 2. Auflage 2015.
2 *Ipsen* Völkerrecht, 7. Auflage 2018, S. 77 ff.
3 Dazu auch BVerfG NVwZ-RR 1972, 521.
4 Beschluss v. 18.11.1984, BGBl. I S. 1336 sowie Beschluss v. 11.11.1994, BGBl. I S. 3428.

Abs. 2 SRÜ durch den Küstenstaat auf bis zu 24 Seemeilen ausgedehnt werden kann. Innerhalb dieses Bereichs darf der Küstenstaat die in Art. 33 Abs. 1 SRÜ aufgeführten Hoheitsrechte ausüben, ua Zoll- und Finanzgesetze sowie Einreise- und Gesundheitsgesetze. Dieser Bereich wird erweitert durch die **ausschließliche Wirtschaftszone** nach Art. 57 SRÜ, innerhalb derer dem Küstenstaat insbesondere souveräne Rechte zur Ausbeute und Bewirtschaftung der Ressourcen des Meeresbodens und die in Art. 56, 60 SRÜ aufgeführten Hoheitsbefugnisse zustehen. (3) In der als **Hohe See** bezeichneten Hoheitszone III stehen den einzelnen Staaten grundsätzlich keine wirtschaftsverwaltungsrechtlichen Befugnisse zu; vielmehr gilt gem. Art. 87 SRÜ der Grundsatz der **Freiheit der Meere**. Eine Ausnahme bildet die **Staatszugehörigkeit der Seeschiffe**, die durch Registrierung im Schiffsregister erlangt wird (sog. Flaggenhoheit). Nach Art. 94 Abs. 1 SRÜ übt jeder Staat seine Hoheitsgewalt und Kontrolle in verwaltungsmäßigen, technischen und sozialen Angelegenheiten über die seine Flagge führenden Schiffe aus. Die damit verbundenen Hoheitsrechte werden näher in Art. 94 Abs. 2 bis 7 SRÜ geregelt. Die Regelungen haben ua zur Konsequenz, dass auch die wirtschaftsverwaltungsrechtlichen Vorschriften auf den unter deutscher Flagge fahrenden Schiffen gelten.

5   Der **Luftraum über dem Staatsgebiet** ist bis zur Grenze der technischen Beherrschbarkeit (maximale Flughöhe konventioneller Flugzeuge) Bestandteil des Hoheitsgebietes, so dass der Staat auch das Recht zur Benutzung des Luftraums regeln darf, wie dies auch in § 1c LuftVG erfolgt ist.[5] Da jedenfalls der größte Teil des Luftverkehrs gewerblich durchgeführt wird, gehören auch diese Regelungen zum öffentlichen Wirtschaftsrecht. Allerdings gelten die meisten Vorschriften des Luftverkehrsrechts auch für die nichtgewerbliche Nutzung von Luftfahrzeugen. Flugzeuge besitzen nach § 2 Abs. 5, § 3 LuftVG die Staatszugehörigkeit desjenigen Staates, in dessen Register (Luftfahrzeugrolle) sie eingetragen sind. Sie unterliegen damit ua den Vorschriften des LuftSiG. Nach § 12 Abs. 1 LuftSiG sind die Luftfahrzeugführer Beliehene, die für die Aufrechterhaltung der Sicherheit und Ordnung an Bord der im Flug befindlichen Luftfahrzeuge zu sorgen haben.

6   Bereits nach allgemeinen Grundsätzen ist aber die Geltung des staatlichen Rechts unter bestimmten Voraussetzungen nicht auf das

---

5 Siehe näher *Lübben* Das Recht auf freie Benutzung des Luftraums, 1993.

Staatsgebiet (oder diesem zugerechnete Bereiche) beschränkt, soweit Personen, die in Deutschland niedergelassen sind bzw. einer deutschen Berufskammer angehören und deutschem Wirtschaftsverwaltungsrecht unterfallen, im Ausland tätig werden. So unterliegen Ärzte, Wirtschaftsprüfer (§ 66c WPO) und andere Angehörige reglementierter freier Berufe den berufsrechtlichen Normen und der Berufsaufsicht auch dann, wenn sie ihre Tätigkeit im Ausland ausüben.[6]

III. Entwicklungsstufen der Entterritorialisierung

Die Ablösung des rechtlichen Rahmens für den Wirtschaftsverkehr von der Rechtsordnung des einzelnen Staates und seines Territoriums, wie sie seit einigen Jahrzehnten zu beobachten ist, erfolgte schrittweise unter Orientierung an verschiedenen Ordnungsmustern, die im Folgenden in systematisierender Form vorgestellt werden.

Als erste Stufe der Entwicklung kann der auf den Warenverkehr bezogene **Freihandel** qualifiziert werden, bei dem aus wirtschaftsverwaltungsrechtlicher Perspektive nicht nur die Einfuhr von Waren erlaubt, sondern auch die rechtlichen Rahmenbedingungen für die Herstellung der Ware im Ausfuhrstaat anerkannt werden. Da Freihandel regelmäßig gegenseitig vereinbart wird, kann das **Prinzip der gegenseitigen Anerkennung** als korrespondierendes Rechtsprinzip des Freihandels angesehen werden. Eine allgemeingültige Ausgestaltung finden die Rechtsgrundsätze des Freihandels im GATT. Die Pflicht zur Anerkennung unterliegt nach Art. III ff. GATT jedoch gewissen Schranken. So kann die Einfuhr von Waren aus Gründen des Gesundheits- und Umweltschutzes sowie zur Wahrung der öffentlichen Sicherheit beschränkt werden.

Erweitert und vertieft wurden die Anerkennungspflichten im Rahmen des EU-Binnenmarktes.[7] Sie beziehen sich dabei nicht nur auf Waren, sondern auch auf die beruflichen Qualifikationen (Berufsanerkennungsrichtlinie) und durchgeführte Kontrollen und Prüfungen. Der EuGH hat dazu das Verbot der doppelten Kontrolle bzw. Nachweispflicht entwickelt[8], das die EU-Dienstleistungsrichtlinie in Art. 10 Abs. 3 übernommen hat. Zudem wird in zahlreichen Richtli-

---

6 Zu Einzelheiten → *Weskott* Berufsaufsicht der Ärzte und Psychotherapeuten, 2009.
7 *Michaels* Anerkennungspflichten im Wirtschaftsverwaltungsrecht der Europäischen Gemeinschaft und der Bundesrepublik Deutschland, 2004.
8 EuGH Rs. C-58/98, ECLI:EU:C:2000:527 – Corsten.

nien die Anerkennungspflicht sekundärrechtlich statuiert, wobei teilweise auch begrenzte Nachprüfungsrechte der Behörden des Zielstaates geregelt werden. Insgesamt ist die Anerkennungspflicht Ausdruck eines grundlegenden Vertrauens in die Integrität und Qualität der Rechtsordnungen und der Rechtsanwendung in den anderen Vertrags- bzw. Mitgliedstaaten.

2. Teil. Rechtsquellen, Rechtsebenen, Zuständigkeitsordnung und Handlungsinstrumente im Öffentlichen Wirtschaftsrecht

§ 4. Die Rechtsquellen und Rechtsebenen des Öffentlichen Wirtschaftsrechts

I. Bundes- und Landesrecht

Die Rechtsquellen im Bereich des Öffentlichen Wirtschaftsrechts folgen der allgemeinen Systematik, die sich aus dem Grundgesetz ableiten lässt. Demnach gilt nach Art. 31 GG der Vorrang des Bundesrechts vor dem Landesrecht. Innerhalb beider Rechtsebenen stehen die verfassungsrechtlichen Normen an der Spitze der Normenhierarchie, gefolgt von den Parlamentsgesetzen, den Rechtsverordnungen und den Satzungen.

In der Sache liegt der Schwerpunkt der Normsetzung auf der Bundesebene, wobei im Rahmen der Föderalismusreform I einige Themenfelder aus dem Recht der Wirtschaft in die ausschließliche Zuständigkeit der Länder verlagert wurden.

II. Recht der Europäischen Union

Das Unionsrecht ist durch den sog. Anwendungsvorrang gegenüber dem nationalen Recht geprägt. Der Anwendungsvorrang wird vom Bundesverfassungsgericht aus der Zustimmung zu den Unionsverträgen abgeleitet[1] und findet seine Grenze erst an Art. 79 Abs. 3 GG, auf den auch Art. 23 Abs. 1 GG verweist. Er unterscheidet sich von Art. 31 GG, weil er nicht zur Nichtigkeit entgegenstehender nationaler Regelungen führt, die ggf. auf rein innerstaatliche Sachverhalte weiter angewendet werden können. Er gilt sowohl für das primäre als auch das sekundäre und tertiäre Unionsrecht.

---

1 BVerfGE 73, 339 (375) – Solange II.

4 Primärrechtlich sind vor allem die Grundfreiheiten und die Vorgaben für das Wettbewerbs- und Beihilfenrecht hervorzuheben. Sekundärrechtlich sind neben den allgemeinen Richtlinien zur Dienstleistungserbringung und Berufsanerkennung zahlreiche Vorgaben für Einzelbereiche des öffentlichen Wirtschaftsrechts von großer Bedeutung (ua Vergabe- und Regulierungsrecht). Die Richtlinien sind auch nach Umsetzung in nationales Recht auf Grund der Pflicht zur richtlinienkonformen Auslegung der Umsetzungsakte weiter relevant.

III. Völkerrecht

5 Das Völkerrecht gilt mit Ausnahme der in Art. 25 GG in Bezug genommenen allgemeinen Grundsätze des Völkerrechts nicht unmittelbar, sondern nur auf Grund eines Umsetzungsaktes, in der Regel eines Gesetzes (Art. 59 Abs. 1, Art. 23 Abs. 1, Art. 24 GG). Es fügt sich mit dem Rang des Umsetzungsaktes in die deutsche Normenhierarchie ein.

IV. Private Normsetzung

6 Neben dem staatlichen, supranationalen und internationalen Erlass von Rechtsvorschriften kommt der **privaten Normsetzung durch Verbände**, die im Wirtschaftsleben auf eine lange Tradition (ua Lex Mercatoria) zurückblicken kann, sowohl auf nationaler als auch auf internationaler Ebene eine wachsende Bedeutung zu. Da es sich um ein facettenreiches Phänomen handelt, bedarf es jedoch begrifflicher und systematischer Klarstellung und Differenzierung.

7 Unter den **Begriff der privaten Normsetzung** fallen grundsätzlich alle Beschlüsse und vergleichbaren Maßnahmen privater Verbände bzw. Organisationen, die für deren Mitglieder oder auch für Dritte, mit denen die Verbände oder die Mitglieder in Rechtsbeziehungen stehen, **rechtlich bindend** sind. Eine rein faktische Bindungswirkung (etwa auf Grund von Marktmacht) reicht nicht aus.

V. Das Mehrebenensystem im Bereich des Öffentlichen Wirtschaftsrechts

Das Miteinander von Regelungen der verschiedenen Ebenen etabliert auch im Bereich des Öffentlichen Wirtschaftsrechts ein sog. Mehrebenensystem, das nicht nur auf der Ebene der Rechtsquellen, sondern auch im Bereich der Rechtsanwendung von erheblicher Bedeutung ist. Bezogen auf den Rechtsraum der Europäischen Union hat sich dafür das Konzept des **Verwaltungsverbundes** etabliert, das in die Erscheinungsformen des Vollzugsverbundes, des Lenkungsverbundes, des Aufsichtsverbundes und des Informationsverbundes näher ausdifferenziert werden kann.[2] Zur **Verwaltungskooperation** finden sich in §§ 9a ff. VwVfG allgemeine Vorgaben. 8

Mit dem Mehrebenensystem eng verbunden ist auch eine Verschiebung der gerichtlichen Zuständigkeiten für die **letztverbindliche Auslegung** von Normen und die Entscheidung von Interpretations- und Anwendungsstreitigkeiten. Überall dort, wo die Maßstäbe aus dem Unionsrecht abzuleiten sind, übt der Europäische Gerichtshof die Letztentscheidungsbefugnis aus. Ist auch die EMRK tangiert, sind zudem die Entscheidungen des EGMR zu beachten. 9

§ 5. Instrumente des Wirtschaftsverwaltungsrechts

I. Überblick und Systematik

Unterhalb der Ebene parlamentsgesetzlicher Normsetzung bzw. der sekundärrechtlichen Normen des Unionsrechts (Verordnungen und Richtlinien iSd Art. 288 AEUV) stehen den Wirtschaftsverwaltungsbehörden verschiedene Instrumente der Verhaltenssteuerung zur Verfügung. Sie können aus verschiedenen Blickwinkeln systematisiert werden: 1

Abstrakt-generelle Verhaltensvorgaben können etwa in Gestalt von Ausbildungs- und Prüfungsordnungen durch Rechtsverordnungen oder Satzungen erlassen werden. 2

---

2 Dazu näher *Wolff/Bachof/Stober/Kluth* Verwaltungsrecht I, 13. Auflage 2017, § 15.

2. Teil. Rechtsquellen und Handlungsinstrumente

3   **Normative Einzelmaßnahmen** wie Genehmigungen, Anerkennungen, Untersagungen und Gebührenbescheide können durch Verwaltungsakt ergehen.

4   Schließlich können die Wirtschaftsverwaltungsbehörden durch **informelles und informationelles Handeln** das Verhalten der Wirtschaftssubjekte, aber auch der Verbraucher steuern.

II. Exekutive Normsetzung

5   Durch den Erlass von Rechtsverordnungen als Akte delegierter Normsetzung (Art. 80 GG)[1] sowie den Erlass von Satzungen im eigenen Wirkungskreis der Selbstverwaltungskörperschaften (vor allem der Berufskammern)[2] können die Wirtschaftsverwaltungsbehörden allgemeine Verhaltensmaßstäbe erlassen. Sie müssen sich dabei jedoch innerhalb des gesetzlich vorgezeichneten Rahmens bewegen.

III. Wirtschaftsverwaltungsakte

6   Bei der **einzelfallbezogenen Anwendung** der gesetzlichen Regelungen kommt nach wie vor dem Verwaltungsakt die größte praktische Bedeutung zu. Für diese Handlungsform gelten die allgemeinen Vorgaben der §§ 35 ff. VwVfG, die durch spezielle Regelungen in den Wirtschaftsverwaltungsgesetzen ergänzt werden.

7   Besondere Bedeutung kommt in diesem Zusammenhang dem verfassungsrechtlichen **Vertrauensschutz** zu, da bei wirtschaftsverwaltungsrechtlichen Entscheidungen häufig Investitionen und langfristige Planungen und Dispositionen betroffen sind.

IV. Wirtschaftsverwaltungsrechtliche Verträge

8   Anstelle eines Verwaltungsaktes können nach Maßgabe der §§ 54 ff. VwVfG auch öffentlich-rechtliche Verträge abgeschlossen werden, deren praktische Bedeutung im Bereich des Wirtschaftsverwaltungsrechts jedoch gering ist.

---

1 Dazu näher *Uhle* in: Kluth/Krings (Hrsg.) Gesetzgebung, 2014 § 24.
2 Zu Einzelheiten *Ruffert* in: Kluth (Hrsg.) Handbuch des Kammerrechts, 2. Auflage 2011, § 9.

V. Informelles und informationelles Verwaltungshandeln

Als weitere weiche Form der Verhaltenssteuerung sind informelle, 9
informationelle und kooperative Formen der Verhaltenssteuerung anzutreffen, die unter anderem zu den sog. **Selbstverpflichtungen der Wirtschaft**[3] und den staatlichen **Produktwarnungen**[4] geführt haben. Die genaue rechtliche Erfassung dieser Handlungsformen ist inzwischen weit vorangeschritten, aber in zahlreichen Einzelheiten nach wie vor umstritten. In diesen Handlungsformen spiegelt sich auch das erweiterte Selbstverständnis der Wirtschaftsverwaltung wider, das weit über das enge Verständnis des Gesetzesvollzuges hinausgeht und damit auch andere Anforderungen an die Qualifikation der Mitarbeiter stellt.

---

[3] Zu ihnen vertiefend *di Fabio* JZ 1997, 969 ff.
[4] Dazu BVerfGE 105, 252 ff.; dazu kritisch *Cornils* in: FS für Herbert Bethge, 2009, S. 137 (153 ff.).

3. Teil. Marktrahmenrecht

§ 6. Allgemeine Vorgaben für das Wirtschaftssystem: Wirtschaftsverfassungsrecht

Literatur: **Zu I.:** *Hatje,* in: v. Bogdandy (Hrsg.), Europäisches Verfassungsrecht, 2003, S. 683.
Zu II.: *Badura,* Staatsziele und Garantien der Wirtschaftsverfassung in Deutschland und Europa, in: FS Klaus Stern, 1997, S. 409; *ders.,* Wirtschaftsverfassung und Wirtschaftsverwaltung, 2. Auflage 2005; *Bleckmann,* Grundzüge des Wirtschaftsverfassungsrechts der Bundesrepublik Deutschland, JuS 1991, 536; *Franz,* Gewinnerzielung durch kommunale Daseinsvorsorge, 2005; *Sodan,* Vorrang der Privatheit als Prinzip der Wirtschaftsverfassung, DÖV 2000, 361; *Tettinger,* Verfassungsrecht und Wirtschaftsordnung, DVBl. 1999, 679.
Zu III.: *Badura,* Wirtschaftsverfassung und Wirtschaftsverwaltung, 2. Auflage 2005; *v. Bogdandy* (Hrsg.), Europäisches Verfassungsrecht, 2003; *Langer,* Grundlagen einer internationalen Wirtschaftsverfassung, 1995; *Calliess/Ruffert* (Hrsg.), Kommentar zu EU-Vertrag und EG-Vertrag, 2. Auflage 2002; *Hatje,* in: v. Bogdandy (Hrsg.), Europäisches Verfassungsrecht, 2003, S. 683; *Herdegen,* Europarecht, 4. Auflage 2002; *Mestmäcker,* Die Wirtschaftsverfassung in der Europäischen Union, 1993; *Nagel,* Wirtschaftsrecht der Europäischen Union, 4. Auflage 2003; *Rodríguez Iglesias,* Zur „Verfassung" der Europäischen Gemeinschaft, EuGRZ 1996, 125; *Selmayr,* Die Wirtschafts- und Währungsunion als Rechtsgemeinschaft, AöR 124 (1999), 357.
Zu IV.: *Barth,* Die Handelsregeln der neuen Welthandelsorganisation, NJW 1994, 2811; *Langer,* Grundlagen einer internationalen Wirtschaftsverfassung, 1995; *Koch,* Globalisierung der Wirtschaft, 2000; *Lieckweg,* Das Recht der Weltgesellschaft, 2003; *Stober,* Ordnungsrahmen und Akteure einer sozialen und ökologischen Markt- und Weltwirtschaft, 2003; *Vollmöller,* Die Globalisierung des Internationalen Wirtschaftsrechts, 2001.

I. Begriff und Funktion der Wirtschaftsverfassung

1   Mit dem Begriff der Wirtschaftsverfassung wird allgemeinsprachlich die jeweilige Marktordnungsform bezeichnet, während damit rechtswissenschaftlich diejenigen verfassungsrechtlichen bzw. unionsrechtlichen Normen bezeichnet werden, aus denen sich konkrete Vorgaben für das Wirtschaftsleben ableiten lassen. Man kann deshalb

auch von Marktrahmenrecht sprechen, also von Rechtsnormen, die einen verbindlichen rechtlichen Rahmen für das Wirtschaftsleben bereitstellen.

Der Begriff wird aber auch in der Rechtswissenschaft nicht einheitlich verwendet.[1] Teilweise wird darunter ohne Unterscheidung zwischen Verfassungs- und einfachem Recht (bzw. Primär- und Sekundärrecht) die Gesamtheit der die Wirtschaft regelnden Normen verstanden. Legt man ein solches Verständnis zu Grunde, kommt es jedoch zu einer Vermischung verfassungsrechtlicher Vorgaben mit ihrer einfachgesetzlichen Konkretisierung, so dass der Begriff der Wirtschaftsverfassung jegliche normative Kontur verliert. Folglich ist von einem formalen Begriffsverständnis auszugehen. Danach ist die Wirtschaftsverfassung die Summe der verfassungsrechtlichen Bestimmungen, die wirtschaftlichen Aussagegehalt haben und so die Ordnung der Wirtschaft determinieren.[2] Im Folgenden sollen die wirtschaftsverfassungsrechtlichen Strukturen auf bundesstaatlicher, europäischer und internationaler Ebene vorgestellt werden.

II. Die Wirtschaftsverfassung der Bundesrepublik Deutschland

Anders als die Weimarer Reichsverfassung enthält das Grundgesetz keinen Abschnitt, der die Wirtschaftsordnung der Bundesrepublik Deutschland abschließend determiniert. Stattdessen geben punktuelle Aussagen in Form einzelner Grundgesetzartikel einen weiten normativen Rahmen vor, innerhalb dessen sich die Wirtschaftspolitik, welche gemäß Art. 74 Abs. 1 Nr. 11 GG Gegenstand der konkurrierenden Gesetzgebung ist, bewegen muss. Das Bundesverfassungsgericht hat in diesem Zusammenhang im so genannten Investitionshilfeurteil[3] auf die „wirtschaftspolitische Neutralität"[4] des Grundgesetzes hingewiesen. Danach lässt die deutsche Verfassung dem Gesetzgeber in der Gestaltung der Wirtschaftsordnung weitgehend freie Hand und ermöglicht somit grundlegende Wandel in der Wirtschaftspolitik. Mit

---
1 *Hatje* in: v. Bogdandy (Hrsg.) Europäisches Verfassungsrecht, S. 685 ff.; *Schliesky* Öffentliches Wirtschaftsrecht, S. 17.
2 *Schliesky* Öffentliches Wirtschaftsrecht, S. 17.
3 BVerfGE 4, 7.
4 Zustimmend ua *Badura* AöR 92, 392 f.; *ders.* Wirtschaftsverfassung und Wirtschaftsverwaltung, S. 9 ff.; *Ehlers* JZ 1990, 1089; *Franz* Gewinnerzielung durch kommunale Daseinsvorsorge, S. 53 f.; *Ipsen* AöR 78, 309; *Krüger* DVBl. 1951, 361, 363.

dieser Rechtsprechung ist das Bundesverfassungsgericht der damals vertretenen These entgegengetreten, das Grundgesetz lasse nur die soziale Marktwirtschaft als Wirtschaftsordnung zu.[5] Letztere Auffassung wird heute von Teilen der Literatur dem Art. 109 Abs. 2 GG entnommen, wonach Bund und Länder bei ihrer Haushaltswirtschaft den Erfordernissen des gesamtwirtschaftlichen Gleichgewichts Rechnung zu tragen haben. Jedoch bezieht sich diese Vorschrift nicht auf das Verhältnis zwischen Staat und Wirtschaft, sondern lediglich auf die Haushaltspolitik des Staates.[6] Zu beachten ist, dass der Begriff der Neutralität nicht als Gleichgültigkeit, sondern als Offenheit der Verfassung zu verstehen ist. Diese gestattet es dem Gesetzgeber, sich für die ihm sachgerecht erscheinende Wirtschaftsordnung zu entscheiden, solange er dabei den allgemeinen Aussagen des Grundgesetzes Rechnung trägt. Von besonderer Bedeutung für die Gestaltung der Wirtschaftspolitik sind die so genannten Wirtschaftsgrundrechte Art. 12, 14 und 2 GG sowie die in Art. 20 GG verankerten Verfassungsprinzipien, insbesondere das Sozialstaatsprinzip. Durch die Normen wird der Ausbildung extremer Wirtschaftsformen entgegengewirkt. Art. 12 Abs. 1 S. 1 GG unterbindet die Einführung einer „Reinform der zentralistisch gelenkten Planwirtschaft", Art. 14 Abs. 1 S. 1, Abs. 3 auch bei Einbeziehung des Art. 15 GG die völlige Vergesellschaftung des Privateigentums.[7] Auf der anderen Seite zeigt die Ausgestaltung des Sozialstaatsprinzips als Verfassungsgrundsatz, dass ein extremer Wirtschaftsliberalismus ohne jede Lenkung von staatlicher Seite („Manchester-Kapitalismus") mit dem Grundgesetz unvereinbar ist.[8] Insgesamt bilden die wirtschaftsrechtlichen Verfassungsbestimmungen ein kohärentes Normgefüge, das den Charakter einer Wirtschaftsverfassung aufweist.

III. Die Wirtschaftsverfassung der Europäischen Union

4 Wirtschaftsverfassungsrechtliche Erwägungen dürfen sich nicht auf das Grundgesetz beschränken, sondern müssen ferner die wirtschaftliche Einbindung der Bundesrepublik Deutschland in die Europäische Gemeinschaft bzw. die Europäische Union beachten. Dies gilt

---

5 *Nipperdey* Die soziale Marktwirtschaft in der Verfassung der Bundesrepublik, 1954.
6 *Heun* in: Dreier (Hrsg.) Grundgesetz Kommentar, Bd. 3, 2000, Art. 109 Rn. 27; *Bleckmann* JuS 1991, 536 (539); *Fezer* JuS 1991, 889 ff.
7 *Badura* Wirtschaftsverfassung und Wirtschaftsverwaltung, S. 12, 29 ff.
8 *Franz* Gewinnerzielung durch kommunale Daseinsvorsorge, S. 67 f.

§ 6. Wirtschaftsverfassungsrecht 49

zum einen aufgrund der besonderen Bedeutung, welche der Wirtschaftsverfassung der EU im europäischen Integrationsprozess zukommt[9] und zum anderen, weil das EG-Recht gegenüber dem Recht der Mitgliedstaaten Anwendungsvorrang genießt[10], der sich auch auf das jeweilige nationale Verfassungsrecht erstreckt. Zwar ist eine „Verfassung" für die Europäische Union bisher nicht in Kraft getreten, jedoch kommen dem Vertrag über die Europäische Union und dem Vertrag zur Gründung der Europäischen Gemeinschaft aufgrund ihrer normhierarchischen Stellung als Primärrecht im materiellen Sinne (und in funktionaler Hinsicht) Verfassungscharakter zu.[11] Wie im Grundgesetz besteht die Wirtschaftsverfassung des EG-Vertrags aus einzelnen Normen, die zwar inhaltlich miteinander verklammert, jedoch nicht unter einem separaten Regelungsabschnitt zusammengefasst sind. Verglichen mit der deutschen Verfassung hat der EU-Vertrag allerdings eine wesentlich höhere wirtschaftsrechtliche Regelungsdichte. Von grundsätzlicher Bedeutung ist Art. 3 EUV, der die Aufgaben der Europäischen Gemeinschaft festsetzt und damit zur Interpretation des gesamten EG-Vertrags heranzuziehen ist. Danach ist es Aufgabe der Gemeinschaft „durch die Errichtung eines Gemeinsamen Marktes und einer Wirtschafts- und Währungsunion [...] in der gesamten Gemeinschaft eine harmonische, ausgewogene und nachhaltige Entwicklung des Wirtschaftslebens, ein hohes Beschäftigungsniveau, ein hohes Maß an sozialem Schutz, [...] einen hohen Grad an Wettbewerbsfähigkeit und Konvergenz der Wirtschaftsleistungen [...] zu fördern". Wie ua Art. 3 EUV, Art. 26, 120 AEUV festschreiben, ist die Wirtschaftspolitik der EU vom Grundsatz der offenen Marktwirtschaft mit freiem Wettbewerb geprägt, wobei Offenheit als inhaltliche und entwicklungsmäßige Flexibilität des Prinzips der Marktfreiheiten zu verstehen ist[12]. Insoweit enthält das Primärrecht zwar im Gegensatz zum Grundgesetz eine wirtschaftspolitische Systementscheidung, ihre rechtliche Bedeutung wird jedoch überwiegend als gering eingeschätzt.[13] Die relative Unbestimmtheit des Grundsatzes der offenen Marktwirtschaft mit freiem Wettbewerb schafft der europäischen Legislative sowie den Mitgliedstaaten ein hohes Maß an Flexibilität bei der konkreten Ausgestaltung

---

9 *Hatje* in: v. Bogdandy (Hrsg.) Europäisches Verfassungsrecht, S. 683 ff.
10 EuGH Rs. 6/64, Costa ./. *E.N.E.L.*, Slg. 1964, 125.
11 Vgl. EuGH Slg. 1991, I-6079/6102.
12 *Langer* Grundlagen einer internationalen Wirtschaftsverfassung, S. 104.
13 *Hatje* in: v. Bogdandy (Hrsg.) Europäisches Verfassungsrecht, S. 692.

der Wirtschaftspolitik, wobei die Grundsätze des Art. 3 EUV gewahrt bleiben müssen. In diesem Zusammenhang hat der EuGH konstatiert, die aufgezählten Normen enthielten „keine Bestimmungen die den Mitgliedstaaten klare und unbedingte Verpflichtungen auferlegen, auf die sich die Einzelnen vor den nationalen Gerichten berufen können."[14] Vielmehr wird der Grundsatz der offenen Marktwirtschaft mit freiem Wettbewerb erst durch eine Reihe von Funktionsgarantien in Form konkreter Regelungen justiziabel ausgestaltet.[15] Somit stellt sich der Grundsatz an sich vor allem als Leitprinzip zur Auslegung der wirtschaftlichen Garantien dar.[16] Zu beachten ist weiterhin, dass der Grundsatz der offenen Marktwirtschaft nur auf die wirtschaftspolitischen Kernbereiche Anwendung findet, wohingegen der Bereich der Landwirtschaft starken hoheitlichen Eingriffen unterliegt.

5 Das Wesen der EU ist durch den Binnenmarkt gekennzeichnet. Hauptmerkmal des Binnenmarkts sind die fünf Grundfreiheiten[17] – Warenverkehrs-, Arbeitnehmer-, Niederlassungs-, Dienstleistungs- sowie Kapitalverkehrsfreiheit – welche die Wirtschaftsverfassung der EU maßgeblich prägen. Sie schließen hoheitliche Interventionen in die Freiheit der wirtschaftlichen Betätigung nicht aus, sondern machen diese zu rechtfertigungsbedürftigen Ausnahmen.[18] Die Grundfreiheiten stellen zum einen objektives Recht dar, was die Mitgliedstaaten untereinander und gegenüber der EG verpflichtet, dem grenzüberschreitenden Wirtschaftsverkehr keine größeren Beschränkungen aufzuerlegen als dem inländischen. Zudem verleihen sie den individuellen Marktbürgern subjektive Rechte, welche sie vor nationalen Gerichten unmittelbar geltend machen können.

IV. Die Suche nach einer Weltwirtschaftsverfassung

6 Die Globalisierungsprozesse des letzten Jahrzehnts haben die weltweite Wirtschaftsordnung stark geprägt. So hat der Grad an globaler Wirtschaftsintegration mit dem Inkrafttreten des Übereinkommens zur Errichtung der Welthandelsorganisation und seiner Anhänge ein

---

14 EuGH Rs. C-9/99, *Échirolles*, Slg. 2000, I-8207 Rn. 25.
15 *Hatje* in: v. Bogdandy (Hrsg.) Europäisches Verfassungsrecht, S. 694.
16 *Hatje* in: v. Bogdandy (Hrsg.) Europäisches Verfassungsrecht, S. 693.
17 Siehe *Herdegen* Europarecht, S. 228 ff.; *Badura* Wirtschaftsverfassung und Wirtschaftsverwaltung, S. 49 ff.
18 *Langer* Grundlagen einer internationalen Wirtschaftsverfassung, S. 104.

historisches Hoch erreicht. Dies zeigt sich unter anderem an der ständig steigenden Mitgliederzahl der WTO von mittlerweile 149 sowie den 31 assoziierten Staaten mit Beobachterstatus. Die WTO hat seit ihrer Gründung im Jahre 1995 maßgeblich zur Liberalisierung des Warenhandels beigetragen. Aber auch die Entwicklung des Dienstleistungsverkehrs ist vom Abbau transnationaler Handelsschranken gekennzeichnet. Zudem hat die WTO durch die Verrechtlichung ihres Streitbeilegungssystems ein hohes Maß an Institutionalisierung erreicht. Doch trotz dieser weltwirtschaftlichen Institutionalisierungsprozesse und der stetigen Ausbreitung der Marktwirtschaft als Grundkonzeption nationaler Wirtschaftsgestaltung, liegt das Erreichen eines einheitlichen wirtschaftlichen Bekenntnisses außerhalb derzeitiger Reichweite. Zum einen erfasst die Rechtsordnung der WTO nicht alle Bereiche des Welthandelsrechts.[19] Zum anderen ist etwa ein Viertel der Staaten der Welt nicht WTO-Mitglied. Daneben wird das Rechtsgefüge der Welthandelsorganisation von einer unüberschaubaren Vielzahl bi- und plurilateraler Übereinkommen überlagert, die allegorisch als „Spaghetti Bowl" bezeichnet wird. Schließlich ist auch die Bandbreite wirtschaftspolitischer Ausrichtungen in der Staatenwelt sowie der Grad an außenwirtschaftlicher Handelsliberalisierung zu groß für ein einheitliches wirtschaftspolitisches Bekenntnis.

§ 7. Die Relevanz allgemeiner Rechtsprinzipien für das Öffentliche Wirtschaftsrecht

Kaum ein Rechtsgebiet des Verwaltungsrechts ist so sehr konkretisiertes Verfassungs- und Unionsrecht wie das Öffentliche Wirtschaftsrecht. Obwohl weder das Grundgesetz noch das Unionsrecht eine bestimmte Wirtschaftsordnung vorschreiben (siehe schon → § 6 Rn. 3 ff.), bestimmen vor allem die Grundrechte, aber auch die sonstigen Staatsstrukturprinzipien sowie die EU-Grundfreiheiten die Auslegung und Anwendung des Wirtschaftsverwaltungsrechts nach dem Vorbild einer auf Privatautonomie, Vertragsfreiheit und Privatnützigkeit gegründeten Wirtschaft. Im Folgenden sollen die Rechts- 1

---

19 Allgemein zum bruchstückhaften Charakter weltwirtschaftlicher Rechtstexte *Stober* Ordnungsrahmen und Akteure einer sozialen und ökologischen Markt- und Weltwirtschaft, S. 149 f.

prinzipien entwickelt werden, die für das Öffentliche Wirtschaftsrecht bedeutsam sind.

I. Grundrechte

Literatur: *Alexy,* Theorie der Grundrechte, 4. Auflage 2001; *ders.,* Grundrechte als subjektive Rechte und als objektive Normen, Der Staat 29 (1990), 49; *Böckenförde,* Grundrechtstheorie und Grundrechtsinterpretation, NJW 1974, 1529; *Dreier,* Subjektiv-rechtliche und objektiv-rechtliche Grundrechtsgehalte, Jura 1994, 505; *Jarass,* Funktionen und Dimensionen der Grundrechte, in: Merten/Papier, HGR II, 2006, § 38; *ders.,* Bausteine einer umfassenden Grundrechtsdogmatik, AöR 120 (1999), 345; *Ladeur,* Die objektivrechtliche Funktion der wirtschaftlichen Grundrechte, DÖV, 2007, 1.

1. Allgemeine Lehren

2 a) **Funktionen der Grundrechte.** Die Grundrechte stellen die wirtschaftsverfassungsrechtliche Rahmenvorgabe für staatliches Handeln dar und entfalten sich in mehreren Funktionen. Zunächst lassen sich die Grundrechte nach ihren klassischen Ausformungen im Sinne der Terminologie Georg Jellineks[1] mit den Begriffen des „status negativus", „status positivus" und des „status activus" systematisieren.[2] Inzwischen ist es aber üblich, die Grundrechte nach ihrer subjektivrechtlichen und ihrer objektiv-rechtlichen Funktion zu unterscheiden.[3] In **subjektiv-rechtlicher Hinsicht** stellen die Grundrechte primär **Abwehrrechte** des Bürgers gegen den Staat dar. Sie schaffen eine Distanz des Einzelnen zum Staat („Die Freiheit des Bürgers ist die Freiheit vom Staat"[4]). Dies stellt die klassisch-liberale Sichtweise von der Funktion der Grundrechte dar.[5] Die Grundrechte schützen so vor hoheitlich verantworteten Eingriffen. Aus der Abwehrfunktion der Grundrechte folgt ein Recht auf Unterlassung rechtswidriger Eingriffe und auf Beseitigung von deren Folgen.[6] Diese Funktion ist für das Öffentliche Wirtschaftsrecht sehr bedeutend: Möchte beispielsweise der Staat die Berufsfreiheit eines Wirtschaftsteilnehmers einschränken, etwa indem er für eine zulässige berufliche Tätigkeit

---

1 *Jellinek* System der subjektiven öffentlichen Rechte, 2. Auflage 1919, S. 87, 94 ff.
2 Dazu *Pieroth/Schlink/Kingreen/Poscher* Grundrechte Rn. 75 ff.
3 *Alexy* Der Staat 29 (1990), 49 f.; *Dreier* Jura 1994, 505; *Jarass* AöR 120 (1995), 345, 357.
4 *Kloepfer* Verfassungsrecht, Bd. 2, § 48 Rn. 13.
5 *Böckenförde* NJW 1974, 1529 (1530 f.).
6 *Hufen* Grundrechte § 5 Rn. 4.

§ 7. Relevanz allgemeiner Rechtsprinzipien

eine Genehmigung verlangt, so muss der Staat diesen Eingriff verfassungsrechtlich rechtfertigen. Weiterhin können den Grundrechten über die Abwehrfunktion hinaus weitere Schutzwirkungen entnommen werden. So können aus den Grundrechten auch **positive Handlungspflichten** folgen, insbesondere Leistungs-, Teilhabe- und Verfahrensrechte.[7] Schließlich sind die primär relativ wirkenden **Gleichheitsgrundrechte** zu beachten (zB Art. 3 Abs. 1 und Abs. 3, Art. 6 Abs. 5, Art. 33 Abs. 1).[8]

Beispiele: Im Kontext der Berufsfreiheit sind Verfahrensrechte bei der Ausgestaltung von Prüfungsverfahren von Bedeutung.[9] Teilhaberechte werden vor allem bei staatlichen Allokationsentscheidungen relevant, nämlich dann, wenn mehrere Wettbewerber um den Zugang zu einem begrenzten Kontingent streiten (→ Rn. 30 f.).

Die Grundrechte haben daneben auch eine **objektiv-rechtliche Funktion**. Das folgt bereits daraus, dass sie spiegelbildlich zum subjektiven Recht des Einzelnen die Gestaltungsbefugnis des Staates begrenzen (sog. Negative Kompetenznorm).[10] Mit der objektiv-rechtlichen Funktion der Grundrechte ist aber insgesamt etwas anderes gemeint[11]: Schon sehr früh hat das BVerfG in der *Lüth*-Entscheidung herausgearbeitet, dass den Grundrechten eine **objektive Wertordnung** zu entnehmen ist, die als verfassungsrechtliche Grundentscheidung für alle Bereiche des Rechts gilt.[12] Die Konsequenz dieser Entscheidung ist auch für das Wirtschaftsverwaltungsrecht von herausragender Bedeutung. Die Grundrechte als objektive Werte verpflichten den Gesetzgeber die Rechtsordnung grundrechtskonform auszugestalten. Darüber hinaus folgt für die Exekutive und Judikative das Gebot der **grundrechtskonformen Auslegung der gesamten Rechtsordnung**. Das heißt, dass die Grundrechte stets zu berücksichtigen sind, wenn unterverfassungsrechtliche Normen interpretiert werden.[13] Von dieser Ausstrahlungswirkung der Grundrechte ist selbst das Privatrecht umfasst: Gerichte müssen auch Normen des Privatrechts im Geiste der objektiven Wertordnung der Grundrechte

3

---

7 *Jarass/Pieroth* GG Vorb. vor Art. 1 Rn. 10 ff. mwN.
8 *Jarass/Pieroth* GG Vorb. vor Art. 1 Rn. 9.
9 *Ruffert* BeckOK GG Art. 12 Rn. 125.
10 *Epping* Grundrechte Rn. 11 ff.; *Kloepfer* Verfassungsrecht, Bd. 2, § 48 Rn. 37.
11 Die unterschiedlichen Lesarten der objektiven Funktion der Grundrechte arbeitet *Alexy* Der Staat 29 (1990), 49 (51 ff.), heraus.
12 BVerfGE 7, 7, 198 (Ls. 1) – Lüth.
13 *Kloepfer* Verfassungsrecht, Bd. 2, § 48 Rn. 38 ff.; *Pieroth/Schlink/Kingreen/Poscher* Grundrechte Rn. 101 ff.

auslegen. Darüber hinaus werden aus der objektiven Dimension der Grundrechte auch **Schutzpflichten** hergeleitet.[14]

b) Grundrechtsadressaten.

Literatur: *Dreier,* GG, Bd. 1, 3. Auflage 2013, Art. 1 III Rn. 60 ff.; *Ehlers,* Verwaltung in Privatrechtsform, 1984, S. 212 ff.; *Gurlit,* Grundrechtsbindung von Unternehmen, NZG, 2012, 249; *Ruthig/Storr,* Öffentliches Wirtschaftsrecht, 3. Auflage 2011, Rn. 114 ff.

4   Nach Art. 1 Abs. 3 GG binden die Grundrechte die Gesetzgebung, die vollziehende Gewalt und die Rechtsprechung als unmittelbar geltendes Recht. Dementsprechend ist die Verwaltung regelmäßig grundrechtsverpflichtet, wenn sie dem Bürger als öffentlich-rechtliche Gewalt gegenübertritt, etwa indem sie Verwaltungsakte erlässt oder sonst schlicht-hoheitlich handelt. Aber auch dann, wenn der Staat mit den Mitteln und in den Formen des Privatrechts handelt, bleibt der Staat an die Grundrechte gebunden. Das gilt sowohl für das Verwaltungsprivatrecht, für die Bedarfsdeckungsverwaltung als auch für die erwerbswirtschaftliche Tätigkeit des Staates. Dementsprechend gilt die Grundrechtsbindung aus Art. 1 Abs. 3 GG ohne Rücksicht darauf, ob die Verwaltung in der Form des öffentlichen oder des privaten Rechts tätig wird.[15] Für eine umfassende Geltung der Grundrechte spricht vor allem der enge systematische Zusammenhang von Art. 1 Abs. 3 zu Art. 1 Abs. 1 GG. Wenn hierbei das Grundgesetz von „alle staatliche Gewalt" spricht, lässt dies deutlich die Intention des Grundgesetzes sichtbar werden, den Grundrechten den größtmöglichen Geltungsbereich zu sichern.[16]

5   „**Verwaltungsprivatrecht**" bezieht sich auf eine Konstellation, in der der Staat unmittelbare Verwaltungsaufgaben unter Nutzung der Handlungsformen des Privatrechts erfüllt. Grundsätzlich gilt, dass in den Bereichen der Eingriffsverwaltung ein privatrechtsförmiges Handeln ausgeschlossen ist, da diese regelmäßig auf Zwangsmittel angewiesen sind (zB Ordnungs- und Abgabenverwaltung).[17] Soweit aber gesetzliche Regelungen oder sonstige sachliche Gründe nicht entgegenstehen, darf die Verwaltung dem Bürger in Privatrechtsform ent-

---

14 Vertiefend dazu *Dreier* in: ders. GG Bd. 1, Vorb. Rn. 101 ff.
15 *Dreier* in: ders. GG Bd. 1, Art. 1 III Rn. 66 ff.; *Hesse* Grundzüge des Verfassungsrechts der Bundesrepublik Deutschland, Rn. 348; *Maurer* Allgemeines Verwaltungsrecht § 3 Rn. 4.
16 *Ehlers* Verwaltung in Privatrechtsform, 1984, S. 216.
17 *Maurer* Allgemeines Verwaltungsrecht § 3 Rn. 25.

gegentreten.[18] Dementsprechend kann die Verwaltung ihre Subventionsaufgaben auch mit den Mitteln des Privatrechts (zB Darlehensvertrag) erfüllen. Ebenfalls kann die Gemeinde Aufgaben der Daseinsvorsorge (zB Wasserversorgung) zwar in eigener Regie und so auch öffentlich-rechtlich betreiben, sie kann aber ebenso die Aufgabe durch eine von ihr gegründete Kapitalgesellschaft (GmbH, AG) durchführen lassen. In jedem Falle bleibt die Verwaltung an die Grundrechte gebunden. Das wird regelmäßig mit dem Argument begründet, dass die Wahl der Handlungsform nicht „zu einer Flucht ins Privatrecht"[19] führen dürfe.[20] In der **Fraport-Entscheidung** hat das BVerfG zudem geklärt, dass auch **gemischt-wirtschaftliche Unternehmen** in Privatrechtsform an die Grundrechte gebunden sind, soweit diese von der öffentlichen Hand beherrscht werden (› § 13 Rn. 11).[21]

Schwierig ist die Bestimmung der Grundrechtsbindung in den Fällen des **Bedarfsdeckungs- und Vergabewesens (fiskalische Hilfsgeschäfte)**. Hier stellt sich folgende Frage: Ist der Staat auch dann an die Grundrechte gebunden, wenn er sich wie ein Privater Sachgüter und Dienstleistungen beschafft? Berücksichtigt man aber, dass der Staat mithilfe des Vergabewesens wirtschafts- und sozialpolitische Zwecke verfolgen und Aufträge willkürlich vergeben kann, dann besteht auch in diesen Fällen das Bedürfnis eines umfassenden Grundrechtsschutzes. Der Staat muss deshalb mindestens an den Gleichheitssatz (Art. 3 Abs. 1 GG) gebunden sein.[22] Diese Problematik ist aber inzwischen durch die Vorgaben des Unionsrechts sowie durch die spezialgesetzliche Normierung des Vergaberechts (vgl. § 97 ff. GWB) wesentlich entschärft und daher nur noch bei Aufträgen unterhalb der Schwellenwerte (s. → § 12 Rn. 74) von Bedeutung.

c) Struktur der Grundrechtsprüfung.

Literatur: *Böckenförde,* Schutzbereich, Eingriff, Verfassungsimmanente Schranken, Der Staat 42 (2003), 165; *Kluth,* Das Übermaßverbot, JA, 1999,

---

18 *Kloepfer* Verfassungsrecht, Bd. 2, § 50 Rn. 20.
19 *Fleiner* Institutionen des Deutschen Verwaltungsrechts, 8. Auflage 1928, S. 326.
20 *Kloepfer* Verfassungsrecht, Bd. 2, § 50 Rn. 21; *Stober* Allgemeines Wirtschaftsverwaltungsrecht § 17 III 1a. Vgl. dazu auch BVerwGE 113, 208 (211); BGHZ 52, 325 (327 ff.); BGH DVBl. 2003, 942.
21 BVerfGE 128, 226 (245 ff.) mAnm *Sachs* JuS 2011, 665. Zur Grundrechtsbindung gemischt-wirtschaftlicher Unternehmen ferner *Dreier* in: ders. GG Bd. 1, Art. 1 III Rn. 71 ff.; *Gurlit* NZG 2012, 249.
22 BVerfG NZBau 2006, 791 (794); *Dreier* in: ders. GG Bd. 1, Art. 1 III Rn. 67; *Pieroth/Schlink/Kingreen/Poscher* Grundrechte Rn. 187; *Stober* Allgemeines Wirtschaftsverwaltungsrecht § 17 III 1a. Umfassend dazu *Ehlers* Verwaltung in Privatrechtsform, 1984, S. 212 ff.

606; *ders.*, Grundrechte, 3. Auflage 2013, S. 111 ff.; *Pieroth/Schlink, Kingreen/ Poscher,* Grundrechte, 30. Auflage 2014, Rn. 212 ff.; *Sodan/Ziekow,* Grundkurs Öffentliches Recht, 6. Auflage 2014, § 24; *Stober,* Allgemeines Wirtschaftsverwaltungsrecht, 18. Auflage 2015, § 17 IV; *Voßkuhle,* Grundwissen – Öffentliches Recht: Der Grundsatz der Verhältnismäßigkeit, JuS 2007, 429.

7 Herkömmlicherweise werden die Grundrechte dreistufig geprüft.
- Schutzbereich
- Eingriff
- Verfassungsrechtliche Rechtfertigung

8 Zunächst ist herauszuarbeiten, welches Grundrecht bzgl. einer in Frage stehenden Grundrechtsverletzung in Betracht kommt. Das bestimmt sich nach dem Schutzbereich. Hier muss ausgelegt werden, ob der konkrete Sachverhalt vom Grundrecht umfasst ist. Wenn dann feststeht, dass der Schutzbereich des Grundrechts eröffnet ist, muss als nächstes gefragt werden, ob die gerügte staatliche Maßnahme einen Eingriff darstellt. Ein Eingriff liegt vor, wenn die staatliche Maßnahme das grundrechtlich geschützte Verhalten oder das grundrechtlich geschützte Rechtsgut beeinträchtigt. Ist das der Fall, so muss anschließend geprüft werden, ob dieser Eingriff verfassungsrechtlich gerechtfertigt ist. Das ist erstens nur möglich, wenn das Grundrecht überhaupt eingeschränkt werden kann (sog. Schranke). Dementsprechend enthalten die meisten Grundrechte einen Gesetzesvorbehalt, nach dem ein Grundrecht durch Gesetz oder aufgrund eines Gesetzes eingeschränkt werden kann (zB Art. 12 Abs. 1 S. 2 GG). Zweitens können Grundrechte auch durch sog. verfassungsimmanente Schranken eingeschränkt werden.

9 Diese Grundrechtsschranken gelten allerdings nicht uneingeschränkt. Ein Gesetz als Grundrechtsschranke kann ein Grundrecht nur dann wirksam einschränken, wenn es formell und materiell verfassungsgemäß ist. Dieser Prüfungsschritt wird im juristischen Sprachgebrauch „Schranken-Schranke" genannt. In formeller Hinsicht muss das Gesetz vom zuständigen Gesetzgeber (Art. 70 ff. GG) unter Einhaltung des Gesetzgebungsverfahrens (Art. 76 ff. GG) erlassen worden sein. Die materiellen Grenzen ergeben sich unter anderem aus dem Parlamentsvorbehalt (→ Rn. 180), dem Bestimmtheitsgebot (→ Rn. 194 ff.), dem Verbot des einschränkenden Einzelfallgesetzes (Art. 19 Abs. 1 S. 2 GG), dem Zitiergebot (Art. 19 Abs. 1 S. 2 GG), der Wesensgehaltsgarantie (Art. 19 Abs. 2 GG) und vor allem aus dem Grundsatz der Verhältnismäßigkeit („Übermaßverbot").

Das Übermaßverbot stellt die bedeutsamste Schranken-Schranke 10 dar. Es dient der Operationalisierung einer sog. Zweck-Mittel-Kontrolle: Der zur Verfolgung legitimer, dh mit der Verfassungsordnung grundsätzlich in Einklang stehender Zwecke tätige Gesetzgeber soll dafür nur solche Mittel (Instrumente) nutzen, die einerseits eine effektive Zweckverwirklichung ermöglichen, zugleich aber die geringsten Freiheitsbeschränkungen mit sich bringen. Zudem darf die Bedeutung der Freiheitsbeschränkung nicht über die Bedeutung des verwirklichten Zwecks hinausgehen.[23] Der Verhältnismäßigkeitsgrundsatz fordert, dass

- der Staat ein **legitimes Ziel**, also ein legitimes Gemeinwohlziel verfolgt,
- der Einsatz des Mittels zur Erreichung des Zwecks **geeignet** und **erforderlich** ist
- und die Maßnahme nicht zu einem Nachteil führt, der zu dem erstrebten Zweck erkennbar außer Verhältnis steht (Verhältnismäßigkeit i.e. Sinne, **Angemessenheit**).[24]

d) Systematik des umfassenden grundrechtlichen Schutzes der 11 **wirtschaftlichen Betätigung.** Grundsätzlich ist jedes Grundrecht wirtschaftsrelevant.[25] So umfasst etwa die Meinungsfreiheit die geschäftliche Werbung, soweit sie einen wertenden Charakter aufweist.[26] Selbst die Religionsfreiheit kann für die Wirtschaft bedeutend sein, etwa wenn sie religiöse Wirtschaftstätigkeit[27] oder auch religiöse Werbung[28] schützt. Die Grundrechte erfassen damit die wirtschaftliche Betätigung weitgehend lückenlos und garantieren so eine freiheitlich ausgerichtete Wirtschaftsordnung.[29] Gleichwohl muss sich die Darstellung auf die für das Wirtschaftsverwaltungsrecht besonders bedeutsamen Grundrechte konzentrieren. Hierzu gehören die Berufsfreiheit, die Eigentumsgarantie, die Wettbewerbsfreiheit, die Unverletzlichkeit der Wohnung und der Datenschutz. Darüber hinaus sollen die europarechtlichen Grundrechte skizziert werden, namentlich die wirtschaftsrelevanten Grundrechte der EU-Grundrechte-Charta sowie der EMRK.

---

23 *Kluth* Grundrechte, S. 120.
24 Vertiefend dazu *Kluth* JA 1999, 606; *ders.* Grundrechte, S. 119.
25 Dazu *Stober* in: FS-Stern, S. 619 ff.
26 BVerfGE 71, 162 (175); 102, 347 (359).
27 BVerwGE 90, 112; BVerwG GewArch 2010, 29 (30).
28 BVerwG NJW 1999, 805; BVerfG NJW 2000, 1326.
29 *Durner* in: Ehlers/Fehling/Pünder BesVwR, Bd. 1, § 11 Rn. 38; *Stober* Allgemeines Wirtschaftsverwaltungsrecht § 17 II 1.

2. Berufsfreiheit – Art. 12 Abs. 1 GG

12 Die Berufsfreiheit enthält ein für das Arbeits- und Wirtschaftsleben zentrales Freiheitsrecht, das dem **Einzelnen die freie Entfaltung seiner Persönlichkeit zur materiellen Sicherung seiner individuellen Lebensgestaltung ermöglicht**.[30] Sie ist für das Wirtschaftsverwaltungsrecht von fundamentaler Bedeutung. Die Berufsfreiheit stellt in erster Linie ein **Abwehrrecht** des Bürgers gegenüber dem Staat dar. Zusammen mit der Eigentumsgarantie begründet die Berufsfreiheit den verfassungsrechtlichen Grundpfeiler der Wirtschaftsordnung.[31] Während Art. 14 GG das Erworbene schützt, stellt Art. 12 GG den Erwerbsvorgang in den Mittelpunkt.[32] Darüber hinaus schützt die Berufsfreiheit das Recht, keinen bzw. keinen bestimmten Beruf ergreifen zu müssen (negative Berufsfreiheit).[33]

a) Schutzbereich. aa) personeller Schutzbereich.

Literatur: *Ludwigs*, Grundrechtsberechtigung ausländischer Rechtssubjekte, JZ, 2013, 434; *Remmert*, in: Maunz/Dürig, GG, Art. 19 Abs. 3 Rn. 92 ff.; *Wernsmann*, Grundrechtsschutz nach Grundgesetz und Unionsrecht vor dem BVerfG, NZG, 2012, 1241.

13 Art. 12 Abs. 1 GG ist ein **„Deutschengrundrecht"**. Träger des Grundrechts sind damit alle Deutschen im Sinne von Art. 116 GG. Darüber hinaus können sich aber auch EU-Ausländer auf Art. 12 GG berufen, soweit dies unionsrechtlich geboten ist.[34] Das kann der Fall sein, wenn anderenfalls die Nichtanwendung gegen das Diskriminierungsverbot (Art. 18 AEUV) oder gegen die EU-Grundfreiheiten verstoßen würde. Nach einer anderen Ansicht wird die berufliche Betätigung von EU-Ausländern nicht durch Art. 12 GG, sondern über die allgemeine Handlungsfreiheit gem. Art. 2 Abs. 1 GG geschützt. Dabei sollen aber die Schranken der Berufsfreiheit auf Art. 2 Abs. 1 GG übertragen werden.[35] Ebenso kommt die Berufsfreiheit gem. Art. 19 Abs. 3 GG auch **inländischen juristischen Personen** zugute.[36] Das gilt im Übrigen auch für eine nach deutschem

---

30 BVerwGE 81, 242 (254).
31 *Kluth* Jura 2001, 371.
32 BVerfGE 84, 133 (157); 88, 366 (377).
33 *Pieroth/Schlink/Kingreen/Poscher* Grundrechte Rn. 882.
34 *Jarass/Pieroth* GG Art. 12 Rn. 12.
35 BVerfGE 78, 179 (196); *Ruthig/Storr* ÖffWirtR Rn. 158; *Stober* Allgemeines Wirtschaftsverwaltungsrecht § 18 II 1.
36 *Epping* Grundrechte Rn. 377.

Recht gegründete Tochter einer ausländischen Gesellschaft.[37] Mittlerweile hat das BVerfG zudem geklärt, dass sich sogar **sonstige juristische Personen mit Sitz in einem anderen Mitgliedstaat der Europäischen Union** auf Art. 19 Abs. 3 GG berufen können. Methodisch handelt es sich um eine „Anwendungserweiterung" des Art. 19 Abs. 3 GG. Diese ist notwendig, um Kollisionen mit dem allgemeinen Diskriminierungsverbot (Art. 18 AEUV) und den jeweiligen Grundfreiheiten zu vermeiden, die dann entstehen würden, wenn EU-Gesellschaften nicht den gleichen verfassungsrechtlichen Schutz wie inländische juristische Personen erhalten würden.[38]

bb) sachlicher Schutzbereich. Die Berufsfreiheit besteht aus zwei getrennten Tatbeständen. Einerseits schützt Art. 12 GG die **Berufsausübung**. Davon sind die Rahmenbedingungen wirtschaftlichen Handelns, also die Art und Weise der beruflichen Betätigung geschützt („Wie"). Zum anderen schützt Art. 12 Abs. 1 GG auch die **Berufswahl**, also die Entscheidung für einen bestimmten Beruf („Ob"). Auch wenn Art. 12 Abs. 1 GG zwei Tatbestände unterscheidet, geht das BVerfG seit der *Apotheken-Entscheidung* von einem **einheitlichen Schutzbereich** aus, der die Berufsausübung als auch die Berufswahl als ein einheitliches Freiheitsrecht umfasst.[39] Das hat insbesondere für die Schranken folgende Konsequenz: Nicht nur die Berufsausübung, sondern die gesamte Berufsfreiheit kann gem. Art. 12 Abs. 1 S. 2 GG durch ein Gesetz eingeschränkt werden.[40] 14

Unter einem Beruf wird traditionell **jede auf eine gewisse Dauer angelegte, der Schaffung und Erhaltung einer Lebensgrundlage dienende Tätigkeit** verstanden.[41] Die Berufsfreiheit schützt selbständig wie unselbständig ausgeübte Berufe gleichermaßen. 15

- Das Tatbestandsmerkmal der **Dauerhaftigkeit** ist weit zu verstehen: Die Berufsfreiheit ist in hohem Maße zukunftsgerichtet; ausreichend ist also, dass für die Zukunft für eine gewisse Dauer ein

---

37 *Jarass/Pieroth* GG Art. 19 Rn. 21.
38 BVerfG Beschl. v. 19.7.2011 – 1 BvR 1916/09 Rn. 68 ff. Das BVerfG musste diese Frage vor dem Hintergrund des Eigentumsgrundrechts beantworten; die Argumentation ist aber auf die Berufsfreiheit übertragbar. Vgl. zur Problemstellung *Hillgruber* JZ 2011, 1118; *Ludwigs* JZ 2013, 434; *Remmert* in: Maunz/Dürig GG Art. 19 Abs. 3 Rn. 92 ff.; *Wernsmann* NZG 2011, 1241.
39 BVerfGE 7, 377 (401 f.).
40 *Jarass/Pieroth* GG Art. 12 Rn. 27.
41 BVerfGE 7, 377 (397); 105, 252 (265); *Ruffert* in: BeckOK GG Art. 12 Rn. 40.

Beruf ausgeübt werden soll. Selbst Gelegenheitsarbeiter oder Ferienjobber können sich auf die Berufsfreiheit berufen.[42]
- **Schaffung und Erhaltung einer Lebensgrundlage:** Dieses Begriffsmerkmal setzt nicht voraus, dass die Lebensgrundlage tatsächlich durch die Berufstätigkeit gesichert wird. Selbstverständlich umfasst die Berufsfreiheit auch bloße Nebenjobs.

16 Es kommt nicht darauf an, ob die Tätigkeit **erlaubt** ist.[43] Würde man nur „erlaubte" Tätigkeiten vom Schutzbereich der Berufsfreiheit umfassen, dann wäre die Eröffnung des Schutzbereichs der Disposition des Gesetzgebers überlassen.[44] Die Begrenzung des Schutzbereichs kommt daher allenfalls hinsichtlich solcher Tätigkeiten in Betracht, die schon ihrem Wesen nach als verboten anzusehen sind, weil sie aufgrund ihrer Sozial- und Gemeinschaftsschädlichkeit schlechthin nicht am Schutz durch die Berufsfreiheit teilhaben können.[45]

Beispiele: Das gilt vor allem für Berufsverbrecher, also für Taschendiebe, Rauschgifthändler oder Menschenhändler, deren Handlungen schlechthin strafbar sind und deshalb keinen verfassungsrechtlichen Schutz genießen.[46] Von diesen offensichtlichen Fällen aber abgesehen, gelten grundsätzlich alle beruflichen Tätigkeiten als erlaubt, unabhängig, ob sich diese als sozial unwertig oder nicht darstellen. In diesem Sinne ist etwa die Schwarzarbeit, die Veranstaltung eines unerlaubten Glücksspiels (§ 284 StGB)[47] oder auch die Prostitution[48] vom Schutzbereich der Berufsfreiheit umfasst.

17 Die Berufsfreiheit umfasst auch untypische Berufe (zB den Automatenaufsteller). Es entspricht dem Charakter der Berufsfreiheit als Abwehrrecht gegenüber dem Staat, dass Art. 12 GG ein „**Berufserfindungsrecht**" des Bürgers anerkennt. Geschützt sind also nicht nur traditionelle Berufe, sondern auch aus alten Tätigkeitsfeldern neu entstandene oder gänzlich neue erfundene Berufe.[49] Gleichwohl ist der Gesetzgeber befugt, einzelne Tätigkeiten zu bestimmten **Berufsbildern** zusammenzufassen. Er muss dann aber beachten, dass er mit solchen Regelungen in die durch Art. 12 Abs. 1 GG geschützte Berufsfreiheit eingreift.[50]

---

42 *Pielow* in: BeckOK GewO § 1 Rn. 95.
43 BVerfGE 115, 276 (301); BVerwGE 96, 293 (296 f.); aA BVerwGE 87, 37 (40 f.).
44 *Ruffert* in: BeckOK GG Art. 12 Rn. 42.
45 BVerfGE 115, 276 (301); aA *Mann* in: Sachs GG Art. 12 Rn. 53.
46 *Pieroth/Schlink/Kingreen/Poscher* Grundrechte Rn. 880.
47 BVerfGE 115, 276; BVerwGE 114, 92 (97 f.).
48 BVerfG NVwZ 2009, 905.
49 BVerfGE 119, 59 (78).
50 *Rennert* DVBl. 2012, 593 (596).

§ 7. Relevanz allgemeiner Rechtsprinzipien

Beispiele: Die Berufsbildfixierung ist zB im Handwerksrecht von Bedeutung. Ein Handwerksgewerbe kann nur als zulassungspflichtiges Handwerk ausgeübt werden, wenn es gem. § 1 Abs. 2 S. 1 HwO in der Anlage A entsprechend aufgeführt ist. Darüber hinaus sind die einzelnen Berufsbilder auch für die Anwendung der Stufenlehre von Bedeutung (→ Rn. 22).

Im Rahmen der beruflichen Tätigkeit können verschiedene Erscheinungsformen unterschieden werden, die von der Berufsfreiheit geschützt werden. Eine derartige Typisierung ist aber keinesfalls abschließend. Angesichts des vielfältigen technischen und wirtschaftlichen Fortschritts ist die Berufsfreiheit ständigen Entwicklungen unterworfen. Sie ist daher in hohem Maße „zukunftsgerichtet".[51] Die Berufsfreiheit schützt sowohl Arbeitgeber als auch Arbeitnehmer[52]; sie umfasst also selbständig als auch unselbständig ausgeübte Berufe. Zu den selbständig ausgeübten Berufen gehört insbesondere die **Gewerbefreiheit**, die in § 1 GewO konkretisiert und für das Wirtschaftsverwaltungsrecht von größter Bedeutung ist (→ § 15 Rn. 1 ff.). Damit stellt jedes Gewerbe auch einen Beruf im Sinne von Art. 12 GG dar.[53] Umgekehrt muss aber nicht jede Berufsausübung zugleich Ausübung der Gewerbefreiheit sein. Das gilt insbesondere für die freien Berufe (zB Rechtsanwälte, Notare, Steuerberater, Ärzte, Apotheker, usw), die nach traditionellem Verständnis kein Gewerbe ausüben.[54] Im Wirtschaftsverwaltungsrecht ist darüber hinaus umfasst: 18

- die Unternehmerfreiheit[55], also das Recht auf Gründung und Führung eines Unternehmens
- das Recht auf freie Vertrags- und Preisgestaltung[56] jedenfalls dann, wenn Einschränkungen dieser Befugnis sich unmittelbar auf die Berufsausübung beziehen oder aber zumindest eine objektiv berufsregelnde Tendenz haben. Sonst ist dieses Recht durch Art. 2 Abs. 1 GG hinreichend geschützt[57]
- die Werbefreiheit, also das Recht, für seine Produkte werben zu dürfen[58]
- den Schutz von Geschäfts- und Betriebsgeheimnissen[59]

---

51 BVerfGE 30, 292 (334).
52 BVerfGE 98, 365 (395).
53 Ebenso *Ruthig/Storr* ÖffWirtR Rn. 120.
54 *Rennert* DVBl. 2012, 593 (597f.).
55 BVerfGE 50, 290 (363); BVerwGE 71, 183 (189); 89, 281 (283).
56 BVerfGE 88, 145 (159); BVerfG NJW 2007, 51 (54).
57 BVerfG Nichtannahmebeschl. v. 17.10.2007 – BvR 1095/5 Rn. 80.
58 BVerfGE 94, 372 (389); BVerfG NJW 2002, 3091; BVerfG Beschl. v. 7.3.2012 – 1 BvR 1209/11 Rn. 15; zur Werbefreiheit etwa auch *Faßbender* GRUR Int. 2006, 965.
59 BVerfGE 115, 205 (229ff.).

- die Außenwirtschaftsfreiheit[60]
- die Wettbewerbsfreiheit.

b) Eingriff.

Literatur: *Becker/Blackstein,* Der transparente Staat – Staatliche Verbraucherinformation über das Internet, NJW 2011, 490; *Holzner,* Die „Pankower Ekelliste". Zukunftsweisendes Modell oder rechtswidriger Pranger?, NVwZ 2010, 489; *Murswiek,* Das Bundesverfassungsgericht und die Dogmatik mittelbarer Eingriffe, NVwZ 2003, 1; *Ossenbühl,* Verbraucherschutz durch Information, NVwZ 2011, 1357; *Schoch,* Die Schwierigkeiten des BVerfG mit der Bewältigung staatlichen Informationshandelns, NVwZ 2011, 193; *Wollenschläger,* Effektiver Rechtsschutz bei informationellen Maßnahmen der öffentlichen Hand am Beispiel der novellierten Informationsbefugnis im Lebensmittelrecht (§ 40 LFGB), DÖV 2013, 7.

19 Der Staat kann „klassisch" in die Berufsfreiheit eingreifen, wenn die Maßnahme sich final auf die berufliche Betätigung bezieht und sie unmittelbar zum Gegenstand hat.

Beispiele: Der Gesetzgeber kann die **Berufswahl** beschränken; etwa indem er bestimmte berufliche Betätigungen verbietet oder die Aufnahme eines Berufs von bestimmten bestandenen Prüfungen oder Nachweisen abhängig macht (zB durch den Sachkundenachweis im Handwerksrecht; Erfordernis zweier bestandener Staatsexamen für die Möglichkeit als Rechtsanwalt tätig zu sein). Zu nennen sind ferner Bedürfnisklauseln (Taxikonzessionen, Bestellung eines Notars) oder die Errichtung von Verwaltungsmonopolen (Spielbanken). Ebenso kommen Regelungen zur **Berufsausübung** in Betracht. Hier ist etwa die Entgeltregulierung von Netzbetreibern im Regulierungsrecht (→ 18 Rn. 28 f.) oder die Bestimmung von Ladenschlusszeiten zu nennen. Auch die sog. **Indienstnahme** stellt regelmäßig eine Berufsausübungsregelung dar.[61]

20 Für **mittelbare Beeinträchtigungen** gilt Folgendes: Soweit ein klassischer Eingriff nicht vorliegt, kommt es nach der Rechtsprechung des BVerfG darauf an, ob die jeweilige Norm bzw. das sonstige hoheitliche Handeln eine **(objektiv) berufsregelnde Tendenz** aufweist. Die Reduzierung des Eingriffsbegriffs auf berufsregelnde Tendenzen ist notwendig, um solche Vorschriften des Öffentlichen Wirtschaftsrechts auszuklammern, die nur reflexhaft die Berufsfreiheit (mittelbar) beeinträchtigen, ohne aber hieran entsprechend aus-

---

60 BVerfGE 12, 281 (294 f.); *Epping* Die Außenwirtschaftsfreiheit, 1998, S. 68.
61 Dazu BVerfGE 121, 317 (345 f.); BVerwG NVwZ 1995, 484 (485); *Jarass/Pieroth* GG Art. 12 Rn. 14.

§ 7. Relevanz allgemeiner Rechtsprinzipien

gerichtet zu sein. Deshalb schützt Art. 12 nur vor solchen Beeinträchtigungen, „die gerade auf die berufliche Betätigung bezogen sind".[62] Die zugrundeliegende und zur Beeinträchtigung führende Norm hat dabei eine berufsregelnde Tendenz, „wenn sie nach Entstehungsgeschichte und Inhalt im Schwerpunkt Tätigkeiten betreffen, die typischerweise beruflich ausgeübt werden."[63]

Beispiele: So hat das Bundesverfassungsgericht bzgl. des **Nichtraucherschutzgesetzes** Baden-Württemberg das Verbot, in Gaststätten zu rauchen, als einen Eingriff in die Berufsausübungsfreiheit der Gaststättenbetreiber bewertet, obwohl sich das Rauchverbot vornehmlich an die Gäste richtete.[64] Abgelehnt wurde die berufsregelnde Tendenz aber beim Einsatz der polizeilichen Generalklausel gegen das Spiel Laserdrome.[65]

Darüber hinaus kommen auch **faktische Eingriffe** in die Berufsfreiheit in Betracht. Aber auch hier verlangt das BVerfG, dass die zugrundeliegende Norm eine berufsregelnde Tendenz aufweist.[66] Hier ist besonders die Problematik der **staatlichen Informationstätigkeit** angesprochen. Es geht um Fallkonstellationen, in denen der Staat Verbraucherschutz dadurch herstellen möchte, indem er sich durch Verbraucherinformationen selbst an die Bürger wendet. Kennzeichnend für dieses Verwaltungshandeln ist, dass der Staat auf Handlungsinstrumente zurückgreift, die auf unmittelbaren Zwang und Befehl verzichten.[67] Aber auch solche vermeintlich „weichen" Instrumente können in die Grundrechte der betroffenen Unternehmer eingreifen.

Beispiele: In diesem Sinne stellen **Warnungen** vor bestimmten gefährlichen Produkten einen Eingriff in die Berufsfreiheit dar, denn sie können in der Gesellschaft zu einer existenzbedrohenden Pranger- und Stigmatisierungswirkung führen. Etwas anderes soll aber für bloße **Informationen** gelten. So hat das BVerfG in der viel diskutierten **Glykol-Entscheidung** dargelegt, dass die Berufsfreiheit nicht „vor der Verbreitung zutreffender und sachlich gehaltener Informationen am Markt, die für das wettbewerbliche Verhalten der Marktteilnehmer von Bedeutung sein können" schützt.[68] Dagegen stellt wiederum die staatliche Informationstätigkeit dann einen Grundrechtseingriff dar, wenn sie in Zielsetzung und Wirkungen einen Ersatz für einen klassischen Grund-

---

62 BVerfGE 95, 267 (302).
63 BVerfGE 97, 228 (254).
64 BVerfGE 121, 317 (344 f.).
65 BVerwGE 115, 189 (196).
66 BVerfG NVwZ 2009, 1486 (1487).
67 *Ossenbühl* NVwZ 2011, 1357 (1358).
68 BVerfGE 105, 252 (265); krit. etwa *Huber* JZ 2003, 290 ff.; *Murswiek* NVwZ 2003, 1 (3).

rechtseingriff darstellt.[69] Das ist zB für das sog. Smiley-Projekt (früher „Pankower-Ekelliste") anzunehmen. So hat der Stadtteil Berlin-Pankow seit 2009 eine Internetplattform gegründet, auf der die Ergebnisse der Lebensmittelkontrollen veröffentlicht und etwa mit Smileys bewertet werden. Anders als bei der bloßen Warnung vor glykolhaltigen Weinen wird in diesem Projekt das Unternehmen bzw. dessen Produkt konkret bezeichnet. Solche amtlichen Informationen sind als grundrechtsrelevant anzusehen, weil sie auf einen eintretenden nachteiligen Effekt abzielen bzw. einen solchen Effekt zwar nicht beabsichtigen, aber voraussehbar als Nebenfolge in Kauf nehmen.[70] Grundrechtsdogmatisch geht es hier also um das Problem der „Zurechenbarkeit" staatlichen Handelns.[71] Verbraucherinformationen werden regelmäßig auf § 40a LFGB bzw. auf § 6 VIG gestützt. Hierbei stellt sich dann die Frage, ob diese Ermächtigungsgrundlagen vor dem Hintergrund der Grundrechtseingriffe hinreichend bestimmt sind.[72]

c) Verfassungsrechtliche Rechtfertigung.

Literatur: *Breuer,* Staatliche Berufsregelung und Wirtschaftslenkung, in: Isensee/Kirchhof, HStR, Band VIII, 3. Auflage 2010, § 171; *Ipsen,* „Stufentheorie" und Übermaßverbot. Zur Dogmatik des Art. 12 GG, JuS 1990, 634; *Kment,* Ein Monopol gerät unter Druck. Das „Sportwetten-Urteil" des BVerfG, NVwZ 2006, 617; *Ruffert,* in: BeckOK-GG, Art. 12 Rn 73 ff.

22 Eingriffe in die Berufsfreiheit bedürfen gemäß Art. 12 Abs. 1 S. 2 GG einer gesetzlichen Grundlage, die den Anforderungen der Verfassung an grundrechtsbeschränkende Gesetze genügt. Hier wird wieder die Einsicht bedeutsam, dass die Berufsfreiheit seit dem Apotheker-Urteil als ein einheitlicher Tatbestand verstanden wird. Deshalb gilt der Gesetzesvorbehalt des Art. 12 Abs. 1 S. 2 GG sowohl für Einschränkungen der Berufsausübung als auch der Berufswahl.[73] Die gesetzliche Grundlage sind dann mit Art. 12 Abs. 1 S. 1 GG vereinbar, wenn sie durch ausreichende Gründe des Gemeinwohls gerechtfertigt werden und wenn sie dem Grundsatz der Verhältnismäßigkeit entsprechen.[74] Für die Konkretisierung der Verhältnismäßigkeitsprüfung hat das BVerfG schon früh in dem Apothekenurteil die sog. **Drei-Stufen-Lehre** entwickelt.[75] Diese Lehre hat das BVerfG im Kern bis

---

69 BVerfGE 105, 252 (273).
70 BVerwG Urt. v. 7.12. 1995 Rn. 22; OVG Berlin-Brandenburg, NVwZ-RR 2014, 843 (844).
71 *Ossenbühl* NVwZ 2011, 1357 (1359).
72 Hierzu etwa *Becker/Blackstein* NJW 2011, 490 (492 ff.); *Ossenbühl* NVwZ 2011, 1357.
73 BVerfGE 7, 377 (400 ff.).
74 BVerfGE 95, 173 (183).
75 BVerfGE 7, 377 (405 f.).

heute beibehalten.[76] Der Rspr. liegt die Vorstellung zugrunde, dass sich eine Berufsregelung umso intensiver auswirkt und damit einer stärkeren Rechtfertigung bedarf, je mehr die Berufswahl („Ob") und je weniger die Berufsausübung („Wie") betroffen sind.[77] Danach müssen **Berufsausübungsregelungen** einerseits und **subjektive** und **objektive Berufswahlregelungen** andererseits unterschieden werden.

- **Berufsausübungsregelungen** betreffen die Art und Weise der Berufstätigkeit („Wie"). Zu solchen Berufsausübungsregelungen gehören etwa Werbebeschränkungen[78], Ladenschlusszeiten, Sperrzeiten im Gaststättenrecht (vgl. § 18 GastG), Rauchverbote (vgl. die einzelnen Nichtraucherschutzgesetze der Länder), Schutzvorschriften im Produktsicherheits- und Lebensmittelrecht, aber auch die Zugangs- und Entgeltregulierung von Netzbetreibern (→ § 18 Rn. 28f.). Solche Berufsregelungen können verfassungsrechtlich gerechtfertigt werden, „soweit **vernünftige Erwägungen des Gemeinwohls es zweckmäßig erscheinen** lassen."[79]
- **Subjektive Berufswahlregelungen** sind stattdessen nur zulässig, wenn „sie zu dem angestrebten Zweck der ordnungsmäßigen Erfüllung der Berufstätigkeit nicht außer Verhältnis stehen". Es handelt sich um Regelungen, die den Zugang zum Beruf von bestimmten, in der Person selbst liegenden und von dieser selbst beeinflussbaren Voraussetzungen abhängig machen. Das gilt typischerweise für Altersgrenzen, also Mindest- und Höchstalter, die für die Aufnahme oder Fortführung eines Berufs bestimmt werden.[80] Im Wirtschaftsverwaltungsrecht von besonderer Relevanz ist insbesondere die Zuverlässigkeitsprüfung im Gewerberecht (→ § 15 Rn. 116ff.).[81] Ähnlich von Bedeutung sind die bestimmten Befähigungs- und Sachkundenachweise, die etwa im Handwerksrecht und teilweise im Recht der freien Berufe (Rechtsanwalt, Steuerberater) erforderlich sind.
- **Objektive Berufswahlregelungen** stellen den intensivsten Eingriff in die Berufsfreiheit dar. Das BVerfG formuliert in dem Apotheker-Urteil deshalb: „An den Nachweis der Notwendigkeit objekti-

---

76 Aus der jüngeren Rspr. etwa BVerfG Nichtannahmebeschluss vom 18.3.2013 – 1 BvR 2436/11, 1 BvR 3155/11 Rn. 45; vgl. etwa *Breuer* in: HStR VIII § 171 Rn. 14; *Mann* in: Sachs GG Art. 12 Rn. 125ff.
77 *Mann* in: Sachs GG Art. 12 Rn. 125ff.
78 BVerfGE 95, 173 (183).
79 BVerfGE 7, 377 (405).
80 BVerfGE 9, 338 (345).
81 *Leisner* GewArch 2008, 225.

ver Zulassungsvoraussetzungen sind besonders strenge Anforderungen zu stellen; im allgemeinen wird nur **die Abwehr nachweisbarer oder höchstwahrscheinlicher schwerer Gefahren für ein überragend wichtiges Gemeinschaftsgut** diese Maßnahme rechtfertigen können." Hierbei handelt es sich um Bedingungen der Zulassung, die mit der persönlichen Qualifikation des Berufsanwärters nicht zu tun haben und auf die er keinen Einfluss nehmen kann. Die Erfüllung der Berufszulassung ist hierbei „dem Einfluß des Einzelnen schlechthin entzogen."[82] Hierzu gehören vor allem Bedürfnisprüfungen[83], Höchstzahlregelungen, aber auch die Errichtung staatlicher Monopole, die Private von der beruflichen Tätigkeit ausschließen.

Die Drei-Stufen-Lehre wird üblicherweise mit dem Verhältnismäßigkeitsgrundsatz „verwoben". Zuerst muss jeder Eingriff einen **legitimen Zweck** verfolgen.[84]

23 Vielfach wird schon in diesem Prüfungspunkt die Frage der Legitimität des Eingriffs anhand der Drei-Stufen-Lehre vorgenommen.[85] Dies führt indes zu Abgrenzungsschwierigkeiten mit der Angemessenheit. Es erscheint vorzugswürdig, anhand der grundsätzlichen Dogmatik der Verhältnismäßigkeit jeden Gemeinwohlbelang ausreichen zu lassen und die konkrete Abwägung anhand der Drei-Stufen-Lehre auf den Ebenen der Erforderlichkeit und der Angemessenheit vorzunehmen.[86]

24 Anschließend muss der Eingriff zur Erreichung dieses Zwecks **geeignet** sein. Im Rahmen der Geeignetheit überlässt das BVerfG jedoch dem Gesetzgeber weitgehend eine **Einschätzungsprärogative**.[87]

25 Die Argumentationsfigur der Einschätzungsprärogative wurde bereits in der ersten Entscheidung des Bundesverfassungsgerichts zur Handwerksordnung[88] angedeutet und später weiterentwickelt.[89] Das BVerfG trägt hier der Gestaltungsfreiheit des Gesetzgebers zur Bestimmung wirtschaftspolitischer Ziele Rechnung. Allerdings hat der

---

82 BVerfGE 7, 377 (407).
83 BVerfGE 73, 28.
84 BVerfGE 65, 116 (129).
85 BVerfGE 115, 276 (307).
86 So auch *Ipsen* JuS 1990, 634 (636 ff.); *Jarass/Pieroth* GG Art. 12 Rn. 41; *Hufen* Grundrechte § 35 Rn. 35.
87 Vgl. schon BVerfGE 13, 97 (105).
88 BVerfGE 13, 97 (105).
89 Etwa in BVerfGE 53, 135 (45).

§ 7. Relevanz allgemeiner Rechtsprinzipien 67

Einschätzungsspielraum auch Grenzen. So ist der Gesetzgeber verpflichtet, die Auswirkungen der gesetzlichen Regelung zu beobachten und dabei zu kontrollieren, ob sich seine Annahmen und Prognosen über die Wirksamkeit der gewählten Maßnahmen bestätigen. Ist das nicht der Fall, muss der Gesetzgeber die Regelung nachbessern bzw. korrigieren.[90] So hat das Bundesverfassungsgericht in einem Kammerbeschluss Bedenken zur Geeignetheit der bis 2003 geltenden Regelung zum Meisterzwang in der HwO erhoben. Es hat dargelegt, dass für EU-Ausländer der Meisterzwang generell nicht gelte. Der spürbare Konkurrenzdruck aus dem EU-Ausland lasse es deshalb fraglich erscheinen, ob der Meisterzwang nach dem damaligen Regelungsregime der HwO aF „zur Sicherung der Qualität der in Deutschland angebotenen Handwerkerleistungen noch geeignet" gewesen sei.[91] Auch in der aktuellen Fassung der HwO ist es dem Gesetzgeber nicht gelungen, alle verfassungsrechtlichen Bedenken auszuräumen.[92]

Die Drei-Stufen-Lehre findet zuerst bei der **Erforderlichkeit** Anwendung. Im Apotheker-Urteil heißt es nämlich: „Regelungen nach Art. 12 Abs. 1 Satz 2 GG müssen stets auf der ‚Stufe' vorgenommen werden, die den geringsten Eingriff in die Freiheit der Berufswahl mit sich bringt; die nächste ‚Stufe' darf der Gesetzgeber erst dann betreten, wenn mit hoher Wahrscheinlichkeit dargetan werden kann, daß die befürchteten Gefahren mit (verfassungsmäßigen) Mitteln der vorausgehenden ‚Stufe' nicht wirksam bekämpft werden können."[93] Aber auch auf dieser Ebene räumt das BVerfG dem Gesetzgeber insbesondere bei wirtschaftslenkenden Maßnahmen einen Gestaltungsspielraum ein. 26

Im Rahmen der **Angemessenheit** ist dann auf die typischen Rechtfertigungsgründe einzugehen, die das BVerfG in dem Apotheker-Urteil entwickelt hat (→ Rn. 22). Methodisch gesehen stellt die Drei-Stufen-Lehre eine Schematisierung für typische Fallkonstellationen dar („Typisierung"). Dabei muss aber beachtet werden, dass die Grenzen zwischen Berufsausübungs- und Berufswahlregelungen oftmals fließend sind. So können sich Eingriffe in die Berufsausübung ebenso intensiv auswirken, wie Eingriffe in die Berufswahl. Deshalb wird die 27

---

90 *Breuer* in: HStR VIII, 3. Auflage 2010, § 171 Rn. 30; *Kluth* Jura 2001, 371 (376).
91 BVerfG GewArch 2006, 71 (72).
92 *Bulla* GewArch 2012, 470. Für die Vereinbarkeit mit Art. 12 GG aber *Ehlers* in: Ehlers/Fehling/Pünder BesVwR, Bd. 1, 3. Auflage 2012, § 19 Rn. 10 ff.
93 BVerfGE 7, 377 (408).

Drei-Stufen-Lehre nicht starr, sondern **dynamisch gehandhabt**.[94] Folgerichtig hat das Bundesverfassungsgericht auch Berufsausübungsregelungen an den Kriterien der dritten Stufe gemessen, wenn die Intensität des Eingriffs einer Berufswahlregelung nahekommt[95] oder sich die Regelung der Berufsausübung für den Betroffenen als faktisch berufsbeendigend auswirkt[96]

28 Eine besonders intensiv wirkende objektive Berufswahlregelung stellen **absolute Betätigungsverbote** für private Wirtschaftsteilnehmer dar. Solche beruflichen Betätigungsverbote kommen vor allem bei **staatlich gebundenen Berufen** und **staatlichen Monopolen** vor. Als Beispiele können genannt werden: Veranstaltung von Lotto, Toto und Sportwetten, der Betrieb von Spielbanken oder auch Rettungsdiensttransporte[97]. Solche Berufssperren sind grundsätzlich nur gerechtfertigt, wenn hierfür überragend wichtige Gemeinwohlbelange vorgebracht werden. Allerdings hat das BVerfG in jüngerer Zeit die Drei-Stufen-Lehre für solche Berufe modifiziert, die durch „atypische Besonderheiten" geprägt sind. Das soll insbesondere für die vermeintlich „unerwünschten" Berufe im Bereich des Glücksspiels gelten. Staatliche Spielbanken- oder Sportwettenmonopole seien – auch als objektive Berufswahlregelungen – eher zu rechtfertigen, weil sie in der Lage sind, illegales Glücksspiel und Glücksspielsucht zu verhindern.[98] Allerdings hat das BVerfG in der Sportwetten-Entscheidung weiter ausgeführt, dass ein solches Monopol nur mit der Berufsfreiheit vereinbar sei, wenn es konsequent am Ziel der Bekämpfung von Suchtgefahren ausgerichtet ist.[99]

d) Die Bedeutung der Berufsfreiheit für staatliche Verteilungsentscheidungen.

Literatur: *Burgi*, Die künftige Bedeutung der Freiheitsgrundrechte für staatliche Verteilungsentscheidungen, WiVerw 2007, 173; *Rennert*, Konkurrentenklagen bei begrenztem Kontingent, DVBl. 2009, 1333; *Ruthig/Storr*, Öffentliches Wirtschaftsrecht, 3. Auflage 2011, Rn. 112; *Saxinger*, Der Genehmigungswettbewerb nach der PBefG-Novelle, GewArch, 2014, S. 377; *Wollenschläger*, Verteilungsverfahren, 2010.

---

94 *Kluth* Jura 2001, 371 (376).
95 BVerfGE 77, 84 (106).
96 BVerfGE 65, 116 (127 f.).
97 BVerwGE 97, 79 (84); BVerwG NJW 1996, 1608.
98 BVerfGE 102, 197 (205); 115, 276 (292). Dazu krit. *Brüning* JZ 2009, 29 (31 f.).
99 BVerfGE 115, 276 (310 ff.).

Die Berufsfreiheit prägt zudem die Auslegung des einfachen 29
Rechts. Wird etwa die gewerbliche Betätigung von einer Erlaubnis
abhängig gemacht, so folgt aus der Berufsfreiheit regelmäßig ein **Anspruch auf Erteilung der Erlaubnis**, wenn der Gewerbetreibende
die gesetzlichen Voraussetzungen erfüllt. Es handelt sich insofern
um „gebundene" Entscheidungen, die keinen Raum für zusätzliche
Ermessenserwägungen übrig lassen. Auch hier zeigt sich die abwehrrechtliche Funktion der Berufsfreiheit.[100]

Beispiele: Eine Gaststättenerlaubnis darf nur versagt werden, wenn einer
der Versagungsgründe des § 4 Abs. 1 S. 1 GastG vorliegt. Anderenfalls ist die
Genehmigung gem. § 2 Abs. 1 Gast zu erteilen.

Besonderheiten ergeben sich aber, wenn mehrere Bewerber um den 30
Zugang zu einem **begrenzten Kontingent** kämpften. Es geht hierbei
um staatliche Vergünstigungen, die nur in beschränkter Kapazität gewährt werden können. Solche Vergünstigungen kommen im Wirtschaftsverwaltungsrecht häufig vor.

Beispiele: Im Wirtschaftsverwaltungsrecht von besonderer Bedeutung sind
etwa die begrenzte Standplatzvergabe im Marktgewerbe (§ 70 GewO), die
Frequenzzuteilung im Telekommunikationsrecht (§§ 55, 61 TKG), die Konzessionierung von Sportwetten und Spielbanken nach dem Glücksspielstaatsvertrag (GlüStV 2012), aber auch die Erteilung von Taxi- und Linienverkehrsgenehmigungen nach dem PBefG. Staatliche Vergünstigungen werden aber
nicht nur durch Genehmigungen gewährt. Zu diesem Themenfeld gehört
auch die Vergabe öffentlicher Aufträge (vgl. → § 12) oder auch die Aufnahme
in den Krankenhausplan im Krankenhausfinanzierungsrecht nach § 8 KHG.
Außerhalb des Wirtschaftsverwaltungsrechts wird die Problemlage vor allem
im Bereich der Beamtenernennungen (vgl. hierfür Art. 33 Abs. 2 GG) und
bei der Vergabe von Studienplätzen bedeutsam.

Systematisch handelt es sich um **staatliche Verteilungsentschei-** 31
dungen in Knappheitssituationen. Hier muss beachtet werden,
dass aus Art. 12 GG kein Anspruch auf Schaffung und Erweiterung
der vorhandenen Kapazitäten hergeleitet werden kann. Aus der Berufsfreiheit folgt lediglich ein Anspruch auf **Teilhabe** – die abwehrrechtliche Funktion der Berufsfreiheit wandelt sich zum Anspruch
auf Gleichbehandlung durch die zuteilende Behörde.[101] Diesen Anspruch auf Gleichbehandlung hat das BVerfG erstmals in der **nume-**

---

100 *Kingreen/Poscher* Grundrechte Rn. 80 f.
101 *Kingreen/Poscher* Grundrechte Rn. 104 ff.

rus-clausus-Entscheidung[102] entwickelt. Ein staatliches Verteilungsverfahren muss diskriminierungsfrei, transparent und unter Berücksichtigung leistungsbezogener Kriterien ausgestaltet sein. Diese Entscheidung hat das BVerfG auch für das Wirtschaftsverwaltungsrecht übernommen. Für die Zuteilung einer Linienverkehrsgenehmigung hat das BVerfG formuliert: „Wenn sich mehrere Unternehmer um eine Linienverkehrsgenehmigung bewerben, aber nur einer von ihnen die begehrte Genehmigung erhalten kann, dann gewährleistet Art. 12 Abs. 1 iVm Art. 3 Abs. 1 GG, dass jeder Bewerber eine faire Chance erhält, entsprechend den in § 13 PBefG geregelten Genehmigungsvoraussetzungen zum Zuge zu kommen. [...] Art. 12 Abs. 1 GG gebietet [...] eine der Bedeutung der Berufsfreiheit angemessene Verfahrensgestaltung im Vorfeld der Auswahlentscheidung."[103]

e) Schutz vor Konkurrenz?

Literatur: *Brüning,* „Nichts geht mehr?" – Zum grundrechtlichen Schutz der Berufsfreiheit vor staatlicher Wirtschaftstätigkeit, JZ 2009, 29; *Faßbender,* Wettbewerbsrelevantes Staatshandeln und Berufsfreiheit: Quo Vadis, Bundesverfassungsgericht?, NJW 2004, 816; *Hösch,* Öffentlicher Zweck und wirtschaftliche Betätigung von Kommunen, DÖV 2000, 393; *Kluth,* Grenzen kommunaler Wettbewerbsteilnahme (1988); *Pieroth/Hartmann,* Grundrechtsschutz gegen wirtschaftliche Betätigung der öffentlichen Hand, DVBl. 2002, 421; *R. Schmidt,* Konkurrenzschutz durch Grundrechte, in: FS-Stern, 2012, S. 1475; *Schoch,* Konkurrentenschutz im kommunalen Wirtschaftsrecht, in: FS-Wahl (2011), S. 573; *Tettinger,* Rechtsschutz gegen kommunale Wettbewerbsteilnahme, NJW 1998, 3473; *Wendt,* Rechtsschutz privater Konkurrenten gegen wirtschaftliche Betätigungen der Gemeinden, in: Mann/Püttner, Handbuch der kommunalen Wissenschaft und Praxis, Bd. 2, 3. Aufl. 2011, § 42.

Literatur zur Berufsfreiheit:
Breuer, Freiheit des Berufs, in: Isensee/Kirchhof, HStR, Bd. VIII, 3. Auflage 2010, § 170; *ders.,* Staatliche Berufsregelung und Wirtschaftslenkung, in: Isensee/Kirchhof, HStR, Bd. VIII, 3. Auflage 2010, § 171; *Kluth,* Das Grundrecht der Berufsfreiheit – Art. 12 Abs. 1 GG, Jura 2001, 371; *Mann/Worthmann,* Berufsfreiheit (Art. 12 GG) – Strukturen und Problemkonstellationen, JuS 2013, 385; *Rennert,* Das Recht der freien Berufe in der jüngeren Rechtsprechung des Bundesverwaltungsgerichts, DVBl. 2012, 593; *Ruffert,* in: Beck-OK-GG, Art. 12.

32   Die Berufsfreiheit schützt nicht vor **Konkurrenz**; vielmehr sichert sie die Teilhabe am Wettbewerb nach Maßgabe seiner Funktionsbe-

---
102 BVerfGE 33, 303. Vgl. *Ruffert* in: BeckOK GG Art. 12 Rn. 25 ff.
103 BVerfG NZBau 2011, 123.

dingungen.¹⁰⁴ Da Art. 12 GG allen Wirtschaftssubjekten gleichermaßen die Berufsfreiheit gewährt und somit auch den Marktzutritt als solchen schützt, können bereits staatlich zugelassene Unternehmer nicht die Zulassung von anderen Konkurrenten verhindern.¹⁰⁵ Ein solcher Konkurrentenschutz wäre mit der Garantie der Privatwirtschaft nicht vereinbar. Insbesondere vermittelt die Berufsfreiheit „keinen Anspruch auf Erfolg im Wettbewerb und auf Sicherung zukünftiger Erwerbsmöglichkeiten".¹⁰⁶ Etwas anderes gilt aber, wenn der Staat den privaten Konkurrenten etwa durch Subventionen begünstigt. In diesen Fällen kann sich unter Umständen ein Abwehranspruch des nicht begünstigten Konkurrenten ergeben (s. → § 25 Rn. 15 ff.).¹⁰⁷

Fraglich ist aber, ob Art. 12 GG vor **Konkurrenz durch die öffentliche Hand** schützt. Diese Frage stellt sich im Wirtschaftsverwaltungsrecht regelmäßig im Kontext der wirtschaftlichen Betätigung von Gemeinden (→ § 13 Rn. 23 ff.). 33

Beispiel: Wirtschaftliche Betätigung der Gemeinde im Bereich des Bestattungswesens durch ihren Bestattungsordner¹⁰⁸; das Angebot von Nachhilfeunterricht durch kommunale Volkshochschulen¹⁰⁹; der Betrieb eines Fitnessstudios durch eine kreisfreie Stadt¹¹⁰.

In der **Bestattungsordner-Entscheidung** hat das BVerwG diese Frage abgelehnt. Art. 12 GG schütze nicht **vor Konkurrenz, „auch nicht vor dem Wettbewerb der öffentlichen Hand."**¹¹¹ Die Teilnahme der Gemeinde am Wettbewerb vermindere als eine natürliche Folge jeden Wettbewerbs „lediglich die Erwerbschancen anderer Unternehmen." Hierdurch könne aber die Wettbewerbsfreiheit nicht verletzt werden.¹¹² Später hat das BVerwG in dem Hinzutreten des Staates als Konkurrent lediglich eine weitgehend systemimmanente Verschärfung des marktwirtschaftlichen Konkurrenzdrucks, vor dem Art. 12 GG nicht bewahre, gesehen.¹¹³ Art. 12 GG sei nach der Rechtsprechung des BVerwG erst verletzt, wenn die private wirt- 34

---

104 BVerfGE 105, 252 (265).
105 BVerfGE 34, 252 (256); 55, 261 (269); *Jarass/Pieroth* GG Art. 12 Rn. 20; *Pieroth/Schlink/Kingreen/Poscher* Grundrechte Rn. 884; *Ziekow* ÖffWirtR § 3 Rn. 20.
106 BVerfGE 105, 252 (265); *Jarass/Pieroth* GG Art. 12 Rn. 20.
107 *Jarass/Pieroth* GG Art. 12 Rn. 22; *R. Schmidt* Konkurrenzschutz durch Grundrechte, in: FS Stern, 2012, S. 1478.
108 BVerwGE 39, 329.
109 OLG Düsseldorf NVwZ-RR 1998 406.
110 OVG Magdeburg NVwZ-RR 2009, 347.
111 Dazu BVerwGE 39, 329 (336).
112 BVerwGE 39, 329 (337).
113 BVerwG DVBl. 1996, 152 (153).

schaftliche Betätigung unmöglich gemacht oder unzumutbar eingeschränkt wird, etwa bei einem ruinösen Wettbewerb oder bei einer (faktischen) Monopolisierung.[114]

35 Die Auffassung des Bundesverwaltungsgerichts ist umstritten. Teilweise wird gegen sie eingewendet, dass **öffentliche Konkurrenz nicht mit privater Konkurrenz gleichgestellt werden darf.**[115] So wird argumentiert, dass der Staat in Gestalt eines Öffentlichen Unternehmens – anders als ein Privater – keinen Beruf ausübe und sich deshalb nicht auf die Berufsfreiheit berufen könne.[116] Wenn der Staat also selbst als Wettbewerber in das Marktgeschehen eingreift, so liege hier ein typischer Anwendungsfall der klassischen Abwehrfunktion der Grundrechte vor, da Art. 12 GG jedenfalls auch vor **faktischen Grundrechtsbeeinträchtigungen** schütze.[117] Zudem wird die Behauptung des Bundesverwaltungsgerichts kritisiert, die Gemeinde greife nur bei einem Verdrängungswettbewerb oder bei der Errichtung eines (faktischen) Monopols in die Berufsfreiheit ein. In diesen Fällen handele es sich um einen Eingriff in die Berufswahl, da nach Verdrängung des Privaten der Beruf zumindest faktisch nicht mehr ergriffen kann. Da die Berufsfreiheit aber anerkanntermaßen nicht nur die Berufswahl, sondern auch die Berufsausübung schütze, müsse ebenso auch eine weniger intensive Beeinträchtigung der Wettbewerbsstellung des Privaten einen Eingriff in die Berufsfreiheit darstellen. Dies gelte jedenfalls dann, wenn die Beeinträchtigung dem Staat zuzurechnen sei, insbesondere dann, wenn eine berufsregelnde Tendenz vorliege.[118]

3. Eigentumsgewährleistung

36 Auch die Eigentumsgarantie ist für das Wirtschaftsverwaltungsrecht von großer Bedeutung. Paradebeispiel für die Relevanz ist die Diskussion um die Vereinbarkeit des Ausstiegs aus der Kernenergie mit Art. 14 GG. Die Eigentumsgarantie hat die Aufgabe, dem Einzelnen im Gesamtgefüge des Grundgesetzes einen Freiheitsraum im vermögensrechtlichen Bereich sicherzustellen und ihm damit eine eigen-

---

114 BVerwG DVBl. 1996, 152 (153); zustimmend *Jarass/Pieroth* GG Art. 12 Rn. 23; *Pieroth/Hartmann* DVBl. 2002, 421 (423 ff.).
115 *Fassbender* DÖV 2005, 89 (99); *Ruthig/Storr* ÖffWirtR Rn. 690.
116 *Ruthig/Storr* ÖffWirtR Rn. 690.
117 *Stober* Allgemeines Wirtschaftsverwaltungsrecht § 24 V 4.
118 Grundlegend *Tettinger* NJW 1998, 3473 (3474); vgl. *Ruthig/Storr* ÖffWirtR Rn. 691.

§ 7. Relevanz allgemeiner Rechtsprinzipien 73

verantwortliche Gestaltung des Lebens zu ermöglichen.[119] Im Rahmen von Art. 14 Abs. 1 GG werden zwei Garantien unterschieden: Die **Institutsgarantie** sichert einen Grundbestand von Normen, die als Eigentum im Sinne dieser Grundrechtsbestimmung bezeichnet werden. Sie verbietet es, „daß solche Sachbereiche der Privatrechtsordnung entzogen werden, die zum elementaren Bestand grundrechtlich geschützter Betätigung im vermögensrechtlichen Bereich gehören, und damit der durch das Grundrecht geschützte Freiheitsbereich aufgehoben oder wesentlich geschmälert wird."[120] Für das Öffentliche Wirtschaftsrecht besonders wichtig ist aber die **Bestandsgarantie**, die den konkreten Bestand an Rechten und Gütern schützt. Aus dieser Bestandsgarantie ergibt sich auch die häufig verwendete Faustformel: Art. 12 GG schützt den „Erwerb", Art. 14 GG stattdessen das „Erworbene".[121] Gleichwohl darf nicht übersehen werden, dass das Eigentum nicht nur das bloße Erworbene schützt, sondern vor allem auch die Nutzung und die Verfügung über das Eigentum garantiert.[122]

a) Schutzbereich.

Literatur: *Axer*, Eigentumsschutz für wirtschaftliche Betätigung, FS-Isensee, 2002, S. 121; *Ossenbühl*, Verfassungsrechtliche Fragen eines beschleunigten Ausstiegs aus der Kernenergie, 2012; *ders.*, Verfassungsrechtliche Fragen eines Ausstiegs aus der friedlichen Nutzung der Kernenergie, AöR 124 (1999), S. 1; *Schröder*, Verfassungsrechtlicher Eigentumsschutz von Genehmigungen, FS-Papier, 2013, S. 605; *Shirvani*, Abbau von Umweltsubventionen und Grundrechte, FS-Papier, 2013, S. 625.

Die Eigentumsgarantie ist ein normgeprägtes Grundrecht.[123] Sie 37 schützt „alle vermögenswerten Rechte, die dem Berechtigten in der Weise zugeordnet sind, daß er die damit verbundenen Befugnisse nach eigenverantwortlicher Entscheidung zu seinem privaten Nutzen ausüben darf.[124] Geschützt ist nicht nur die sachenrechtliche Zuordnung, sondern auch die Nutzung des eigentumsgeschützten Gegenstandes.[125] Was also Eigentum iSv Art. 14 GG ist, bestimmt sich grundsätzlich nach dem einfachen Recht. Hierzu gehört selbstverständlich das sachenrechtliche Eigentum iSv § 903 BGB. Die Eigen-

---

119 BVerfGE 24, 367 (389).
120 BVerfGE 24, 367 (389).
121 *Manssen* Grundrechte Rn. 675.
122 BVerfGE 105, 17 (30); vgl. dazu auch *Axer* Eigentumsschutz für wirtschaftliche Betätigung, in: FS-Isensee, 2002, S. 121 ff.
123 *Depenheuer* in: v. Mangoldt/Klein/Starck GG Art. 14 Rn. 29 ff.
124 BVerfGE 83, 201 (208); 112, 368 (396).
125 BVerfGE 89, 1 (7).

tumsgarantie geht aber darüber hinaus. So genießen auch Immaterialgüterrechte (etwa Urheber, Patent- und Markenschutzrechte), die Mietwohnung, oder auch Gesellschaftsanteile am Unternehmen verfassungsrechtlichen Schutz.[126] Auch eine **subjektiv-öffentliche Rechtsposition** kann verfassungsrechtlich geschützt sein. Nach der Rechtsprechung des BVerfG ist dafür notwendig, dass es sich um eine vermögenswerte Rechtsposition handelt, die nach Art eines Ausschließlichkeitsrechts dem Rechtsträger privatnützig zugeordnet ist, auf nicht unerheblicher Eigenleistung des Rechtsträgers beruht und seiner Existenzsicherung dient.[127]

38 Diese Rechtsprechung wurde vor allem mit Blick auf sozialversicherungsrechtliche Ansprüche entwickelt. So hat das BVerfG etwa Renten der Sozialversicherung und den jeweiligen Anwartschaften verfassungsrechtlichen Schutz beigemessen.[128] Sie kann aber auch im Wirtschaftsverwaltungsrecht fruchtbar gemacht werden. So hat das BVerwG etwa ein auf der UMTS-Lizenz beruhendes Frequenznutzungsrecht als „Eigentum" iSv Art. 14 Abs. 1 GG angesehen. Ein solches Frequenznutzungsrecht stelle „eine durch Eigenleistung, nämlich den im Wege des Höchstgebots ermittelten Zuschlagspreis, für die Frequenzlaufzeit erworbene und insoweit schutzwürdige Rechtsposition" dar.[129]

39 **Wirtschaftssubventionen** sind nicht eigentumsrechtlich geschützt, da sie ausschließlich auf staatlicher Gewährung und nicht auf der Eigenleistung der Subventionsempfänger beruhen.[130] Diskutiert wird aber, ob **wirtschaftsverwaltungsrechtlich erteilte Genehmigungen** den Schutz von Art. 14 GG genießen.[131] Das BVerfG hat diese Frage noch nicht entschieden, scheint dies aber – jedenfalls für eine erteilte Linienverkehrsgenehmigung nach § 9 PBefG – eher zu verneinen.[132] Die Fachgerichte lehnen den Eigentumsschutz von Genehmigungen überwiegend ab. So hat der BGH einer Taxikonzession keinen verfassungsrechtlichen Schutz eingeräumt.[133] Insgesamt wird argumentiert, dass Genehmigungen vom Staat gewährt und nicht vom Bürger erar-

---

126 BVerfGE 50, 290 (341 f.).
127 BVerfGE 112, 368 (396).
128 BVerfGE 112, 368 (396).
129 BVerwG NVwZ 2012, 168 (171 f.) mAnm *Martini* NVwZ 2012, 149 ff.
130 BVerfGE 72, 175 (195).
131 *Ossenbühl* DÖV 2011, 697 (699 ff.); *Schröder* Verfassungsrechtlicher Eigentumsschutz von Genehmigungen, in: FS-Papier, 2013, S. 605 ff.
132 BVerwG NVwZ 2009, 1426 (1428).
133 BGH NJW 1990, 1354 (1355).

beitet werden und somit nicht das Äquivalent eigener Leistung darstellen.[134] Die Frage verliert aber an Bedeutung, wenn man erkennt, dass jedenfalls die *aufgrund einer* Genehmigung getätigten Investitionen als „privatrechtliches Substrat" eigentumsrechtlich geschützt sind.[135] Das entspricht auch der Rechtsprechung des Bundesverfassungsgerichts, das für den Fall des Bestandsschutzes einer immissionsschutzrechtlich genehmigten Legehennenanlage formuliert hat: „Auf Grund dieser Verknüpfung der verwaltungsrechtlichen Grundlagen des Anlagenbetriebs mit den privatwirtschaftlichen Eigenleistungen des Anlagenbetreibers umfasst der verfassungsrechtliche Eigentumsschutz grundsätzlich auch die durch die immissionsschutzrechtliche Genehmigung vermittelte Rechtsposition."[136] In diesem Sinne resultiert aus Art. 14 GG Vertrauensschutz im vermögensrechtlichen Bereich. In jüngster Zeit wurde dieses Problem bei dem Atomausstieg[137] aber auch im Rahmen der Neuordnung des Spielhallenrechts[138] intensiv diskutiert. Ferner wird der Vertrauensschutz auch auf wirtschaftsverwaltungsrechtlicher Ebene relevant, so etwa bei der gesetzlichen Ausgestaltung des verwaltungsrechtlichen Bestandsschutzes. Deshalb muss der Bestandsschutz bei der Aufhebung von Genehmigungen nach den §§ 48, 49 VwVfG beachtet werden.

Art. 14 GG schützt keine bloßen **Erwerbsmöglichkeiten, Gewinnaussichten, Hoffnungen oder Chancen**.[139] Die Versagung einer berufs- oder gewerberechtlichen Erlaubnis berührt damit nicht „Eigentum" iSv Art. 14 GG.[140] Umstritten ist aber, ob Art. 14 GG ein **Recht am eingerichteten und ausgeübten Gewerbebetrieb** anerkennt. Darunter fasst man üblicherweise die Gesamtheit der sachlichen, persönlichen und sonstigen Mittel in allen ihren Erscheinungsformen und Ausstrahlungen, die in der Hand des Betriebsinhabers zu einem einheitlichen Organismus zusammengefasst sind.[141] Der BGH erkennt dieses Recht als sonstiges Recht iSv § 823 Abs. 1 BGB an. Daher liegt es nahe, das Recht am Gewerbebetrieb als „Eigentum"

40

---

134 *Jarass/Pieroth* GG Art. 14 Rn. 13.
135 *Wendt* in: Sachs GG Art. 14 Rn. 36.
136 BVerfG NVwZ 2010, 771 (772).
137 *Bruch/Greve* DÖV 2011, 794 ff.; *Kloepfer* DVBl. 2011, 1437 ff.; *Ossenbühl* AöR 124 (1999), 1 ff.; *Schröder* NVwZ 2013, 105 ff.; *Wieland* EnWZ 2013, 252 ff.
138 BWStGH Urt. v. 17.6.2014 – 1 VB 15/13, RVGReport 2016, 113; *Ehlers/Pieroth* GewArch 2013, 457 ff.; *Jahndorf/Pichler* GewArch 2012, 377 ff.; *Schneider* GewArch 2011, 457 ff.; *Würtenberger* in: FS Würtenberger, S. 855 ff.
139 BVerfGE 105, 252 (278).
140 *Papier* in: Maunz/Dürig, Art. 14 Rn. 100.
141 *Papier* in: Maunz/Dürig, Art. 14 Rn. 95.

anzuerkennen. Das BVerfG hat diese Frage bisher offen gelassen. Jedenfalls reiche der Schutz nicht weiter als der Schutz seiner wirtschaftlichen und technischen Grundlagen.[142] Diese Aussage ist für das Wirtschaftsverwaltungsrecht von erheblicher Bedeutung: Ist nämlich eine wirtschaftsverwaltungsrechtlich erteilte Genehmigung etwa mit einem Widerrufsvorbehalt, einer Frist oder der Möglichkeit einer nachträglichen Anordnung behaftet, so ist auch das gesamte darauf aufbauende Eigentum von vornherein labil.[143] Demnach kann aus dem Recht am Gewerbebetrieb kein besonderer gewerberechtlicher Bestandsschutz hergeleitet werden, der über die konkrete verwaltungsrechtliche Ausgestaltung hinausgeht.

Beispiel: Nach § 56 Abs. 1 GewO sind bestimmte Tätigkeiten im Reisegewerbe generell verboten (→ § 15 Rn. 144). Die zuständige Behörde hat aber gem. § 56 Abs. 2 S. 3 GewO die Möglichkeit, eine Ausnahmebewilligung für solche Tätigkeiten zu erteilen; die Bewilligung wird dann mit einem Widerrufsvorbehalt und einer Frist von fünf Jahren verbunden. Nach dem Gesagten vermittelt Art. 14 GG kein Recht, das an sich verbotene Reisegewerbe nach Ablauf der fünf Jahre weiter betreiben zu dürfen.

41 Stattdessen ist der eingerichtete und ausgeübte Gewerbebetrieb im Wirtschaftsverwaltungsrecht jedenfalls dann von Bedeutung, wenn die „Sach- und Rechtsgesamtheit" des Gewerbebetriebs betroffen ist.[144] Das ist etwa der Fall, wenn das Unternehmen infolge einer Gesetzesänderung verboten wird und der Betrieb nicht mehr weiter ausgeübt werden kann.[145]

Beispiel: Nach § 7a AtG dürfen Atomanlagen nach Verwertung der Reststrommengen, aber spätestens nach Ablauf der Restlaufzeiten nicht mehr weiter betrieben werden. Das hat zur Folge, dass die Anlagen nach § 7 Abs. 3 AtG stillgelegt werden.[146]

42 Weil die Eigentumsgarantie nicht den Erwerbsvorgang, sondern nur konkrete Rechtspositionen schützt, ist der **gute Unternehmensruf** („Goodwill") nicht von Art. 14 GG geschützt, soweit es sich hierbei nur um Chancen und um günstige Gelegenheiten handeln würde.[147] Ebenso schützt die Eigentumsgarantie nicht den **Kunden-**

---

142 BVerfGE 58, 300 (353).
143 *Papier* in: Maunz/Dürig GG Art. 14 Rn. 105.
144 *Depenheuer* in: v. Mangoldt/Klein/Starck GG Art. 14 Rn. 132, 172.
145 *Ossenbühl* AöR 124 (1999), 1 (8).
146 *Ossenbühl* AöR 124 (1999), 1 (8); *ders.* Verfassungsrechtliche Fragen eines beschleunigten Ausstiegs aus der Kernenergie, S. 27; *Wendt* in: Sachs GG Art. 14 Rn. 47.
147 BVerfGE 105, 252 (278); *Pielow* in: BeckOK GewO § 1 Rn. 128.

stamm als solchen, da sich dieser nur auf bloße Gewinnerwartungen beziehen würde.[148] Vom Recht am eingerichteten und ausgeübten Gewerbebetrieb sind aber die **Betriebs- und Geschäftsgeheimnisse** umfasst.[149]

Demgegenüber ist das **Vermögen** als solches nicht verfassungsrechtlich geschützt.[150] Das hat zur Konsequenz, dass sich die Betroffenen nicht auf die Eigentumsgarantie berufen können, wenn diesen öffentlich-rechtliche Geldleistungspflichten, insbesondere Steuern, auferlegt werden. Eine Ausnahme hiervon wird nur dann zugelassen, wenn von der Steuer eine erdrosselnde Wirkung ausgeht (BVerfGE 78, 232 [243]). Ferner ist die **Geldwertstabilität** im Hinblick auf inflationäre Entwicklungen grundsätzlich nicht Bestandteil der Eigentumsgarantie.[151]

43

b) Beschränkung und Rechtfertigung.

Literatur zur Eigentumsgewährleistung: *Axer,* in: Eigentumsschutz für wirtschaftliche Betätigung, in: FS Isensee, 2002, S. 121; *Brammsen,* Wirtschaftsgeheimnisse als Verfassungseigentum – Der Schutz der Betriebs- und Geschäftsgeheimnisse gem. Art. 14 GG, DÖV 2007, 10; *Engel,* Eigentumsschutz für Unternehmen, AöR 118 (1993), S. 169; *Jasper,* Von Inhalten, Schranken und wichtigen Weichenstellungen, DÖV 2014, 872; *Schwarz,* „Güterbeschaffung" als notwendiges Element des Enteignungsbegriffes?, DVBl. 2013, 133; *Lege,* 30 Jahre Nassauskiesung – Wie das BVerfG die Dogmatik zum Eigentumsgrundrecht aus Art. 14 GG revolutioniert hat, JZ 2011, 1084; *Leisner,* Eigentum, in: HStR VIII, 3. Auflage 2010, § 173; *Ossenbühl,* Verfassungsrechtliche Fragen eines beschleunigten Ausstiegs aus der Kernenergie, 2012; *Stober,* Allgemeines Wirtschaftsverwaltungsrecht, § 22; *Wendt,* Verfassungsfragen der Beendigung der Nutzung der Kernenergie, EnWZ, 2013, 252.

Grundlegend für die Struktur der Eigentumsgarantie ist die Unterscheidung von Inhalts- und Schrankenbestimmung und Enteignung. Das Bundesverfassungsgericht folgt seit dem Nassauskiesungsbeschluss einem formalen Ansatz zur Unterscheidung der beiden Institute. Inhalts- und Schrankenbestimmung und Enteignung sind strikt voneinander zu trennen; auch eine besonders intensive und vielleicht sogar verfassungswidrige Inhalts- und Schrankenbestimmung schlägt nicht in eine Enteignung um.

44

---

148 BVerfGE 105, 252 (277); *Pielow* in: BeckOK GewO § 1 Rn. 127.
149 *Papier,* in: Maunz/Dürig, Art. 14 Rn. 99.
150 BVerfGE 132, 99 (119).
151 BVerfGE 132, 195 (236).

45 Mit der **Enteignung** greift der Staat auf das Eigentum Einzelner zu. Die Enteignung ist auf die vollständige oder teilweise Entziehung konkreter subjektiver, durch Art. 14 Abs. 1 S. 1 GG gewährleisteter Rechtspositionen zur Erfüllung bestimmter öffentlicher Aufgaben gerichtet (BVerfG, Urteil v. 17.12.2013 – 1 BvR 3139/08, 1 BvR 3386/08, Rn. 161, NVwZ 2014, 211). Für die Enteignung ist die Zielrichtung des staatlichen Handelns begriffsbildend. Häufig wird es sich hierbei um **Güterbeschaffungsvorgänge** handeln (BVerfGE 104, 1 [10]), auch wenn solche Vorgänge für den Enteignungsbegriff nicht notwendig sind.[152]

> **Beispiele:** So stellt der **Braunkohletagebau Garzweiler** eine Enteignung dar (BVerfG, Urteil v. 17.12.2013 – 1 BvR 3139/08, 1 BvR 3386/08, NVwZ 2014, 211). Um eine Enteignung handelte es sich auch bei dem **Rettungsübernahmegesetz**, das 2009 vor dem Hintergrund der Finanzkrise beschlossen wurde. Um die Finanzmärkte zu stabilisieren, sollte das RettungsG die staatliche Übernahme von Banken (etwa der Hypo Real Estate Holding AG) ermöglichen. Dazu sah § 1 RettungsG ua die Möglichkeit einer Administrativenteignung von Anteilen an den jeweiligen Unternehmen vor.[153] In jüngster Zeit wurde zudem diskutiert, ob der **Atomausstieg** eine Enteignung darstellt.[154]

46 Die Verfassungsmäßigkeit der Enteignung bestimmt sich nach Art. 14 Abs. 3 GG. Hierfür ist eine gesetzliche Grundlage notwendig. Enteignet der Gesetzgeber den Betroffenen „durch Gesetz", so wird dieser Vorgang „Legalenteignung" genannt. Möglich ist aber auch eine „Administrativenteignung", also die Enteignung „auf Grund eines Gesetzes" (Art. 14 Abs. 3 S. 2 GG). Ferner ist die Enteignung nur „zum Wohle der Allgemeinheit" zulässig (Art. 14 Abs. 3 S. 1 GG). Der Gesetzgeber muss also nachweisen können, dass der Entzug aufgrund eines besonderen Gemeinwohlbedürfnisses notwendig ist. Schlussendlich muss die Enteignung auch verhältnismäßig, also mit Blick auf den legitimen Enteignungszweck geeignet, erforderlich und angemessen sein. Herausragende Bedeutung hat zudem die Entschädigungsregelung (Junktimklausel). Die gesetzliche Grundlage muss Art und Ausmaß der Entschädigung regeln. Mit der Enteignung wandelt sich dann die Bestandsgarantie in eine Wertgarantie.

---

152 *Wendt* in: Sachs GG Art. 14 Rn. 80; *Schwarze* DVBl. 2013, 133 ff.
153 *T. Böckenförde* NJW 2009, 2484 ff.; *Hoffmann* NVwZ 2009, 673 ff.; *Wolfers/Rau* NJW 2009, 1297 ff.
154 Dafür etwa *Ossenbühl* Verfassungsrechtliche Fragen eines beschleunigten Ausstiegs aus der Kernenergie, S. 30 ff.; *Schwarz* DVBl. 2013, 133 ff.; dagegen aber *Kloepfer* DVBl. 2011, 1437 (1439); *Wendt* EnWZ 2013, 252 (256 f.).

§ 7. Relevanz allgemeiner Rechtsprinzipien

Inhalts- und Schrankenbestimmungen legen die Rechte und 47
Pflichten des Eigentümers abstrakt-generell fest.[155] Sie regeln die konkrete Reichweite der Eigentumsgarantie. Bei der Inhalts- und Schrankenbestimmung des Gesetzgebers muss der Gesetzgeber einerseits die grundgesetzliche Anerkennung des Privateigentums nach Art. 14 Abs. 1 S. 1 GG, andererseits aber das Sozialgebot gem. Art. 14 Abs. 2 GG beachten und so die schutzwürdigen Interessen sowie die Belange des Gemeinwohls in einen gerechten Ausgleich und ein ausgewogenes Verhältnis bringen.[156] Es geht also darum, die einzelnen Prinzipien in einen **verhältnismäßigen Ausgleich** zu bringen. Je intensiver das Eigentum beeinträchtigt wird, umso mehr steigen die Anforderungen an die Rechtfertigung. Das BVerfG differenziert nach der Funktion des Eigentums. Soweit es um das Eigentum als Element der Sicherung der persönlichen Freiheit des Einzelnen geht, genießt die Eigentumsgarantie einen besonders ausgeprägten Schutz. Dagegen ist die Befugnis des Gesetzgebers zur Inhalts- und Schrankenbestimmung umso größer, je mehr das Eigentumsobjekt in einem sozialen Bezug und einer sozialen Funktion steht. Aber auch hier fordert Art. 14 GG in jedem Fall die Erhaltung des Zuordnungsverhältnisses und der Substanz des Eigentums.[157] In diesem Rahmen setzt die Institutsgarantie der Regelungsbefugnis des Gesetzgebers Schranken.

Beispiele: Aufgrund der Sozialpflichtigkeit ist die Duldungspflicht nach § 70 TKG mit Art. 14 GG vereinbar.[158] Eigentümer von Grundstücken sind gem. § 70 S. 1 TKG zur Duldung verpflichtet, wenn Telekommunikationsunternehmen Telekommunikationskabel auf dem Grundstück errichten. Aufgrund des Anliegens des Regulierungsrechts, die Voraussetzungen für das tatsächliche Entstehen von Wettbewerb zu schaffen, sei eine solche Regelung im Rahmen der Sozialpflichtigkeit gem. Art. 14 Abs. 2 GG hinzunehmen.[159]

Neben der **Verhältnismäßigkeitsgarantie** sind für die Rechtferti- 48
gung zudem auch der **Gleichheitssatz** sowie der **Vertrauensschutz** von Bedeutung.[160] Letzteres hat nach der Rechtsprechung des Bundesverfassungsgerichts „für die vermögenswerten Güter im Eigentumsgrundrecht eine eigene Ausprägung und Ordnung erfahren."[161]

---

155 BVerfGE 58, 300.
156 BVerfGE 110, 1 (28); 79, 174 (198).
157 BVerfGE 50, 290 (340 f.).
158 BVerfG NJW 2000, 798 ff.
159 BVerfG NJW 2000, 798 (799).
160 *Bryde* in: v. Münch/Kunig GG Art. 14 Rn. 59.
161 BVerfGE 36, 281 (293).

Während der Bürger normalerweise nicht auf den Bestand der ihn begünstigenden Rechtslage vertrauen kann, darf er sich grundsätzlich auf den Fortbestand gesetzmäßig erworbener vermögenswerter Rechte verlassen. Zwar steht der Gesetzgeber bei der Neuordnung des Rechts nicht vor der Alternative, die alten Rechtspositionen zu konservieren oder gegen Entschädigung zu entziehen.[162] Er muss dann aber jedenfalls für einen schonenden Übergang vom alten ins neue Recht sorgen.

49 Das kann einmal durch **Übergangsfristen** geschehen. So wurde etwa in § 7 Ia AtG der legale Betrieb von Atomkraftwerken vor dem Hintergrund des Atomausstiegs[163] an bestimmte Restlaufzeiten geknüpft.[164] Möglich sind aber auch Härtefallklauseln. Dadurch kann der Betroffene – auch nach Ablauf einer Übergangsfrist – weiterhin für eine bestimmte Zeit von bestimmten gesetzlichen Voraussetzungen ausgenommen werden. Das ist etwa im Zuge der Neuordnung im Spielhallenrecht geschehen (§ 29 Abs. 4 S. 3).[165] Schließlich kann sich eine Maßnahme auch trotz Übergangsregelungen als unverhältnismäßig darstellen. Ebenso gibt es Fallgestaltungen, in denen Übergangsregelungen mit dem Regelungsziel nicht vereinbar wären. Für solche Situationen hat das BVerfG in der Pflichtexemplar-Entscheidung[166] das Institut der **„ausgleichspflichtigen Inhaltsbestimmung"** geschaffen. Der Gesetzgeber kann mithilfe einer Entschädigung im Einzelfall übermäßige Belastungen, die mit dem Grundsatz der Verhältnismäßigkeit oder des Vertrauensschutzes nicht vereinbar sind, dadurch abmildern, dass er einen realen oder finanziellen Ausgleich gewährt. Allerdings kommt der Entschädigungsanspruch nur subsidiär in Betracht: Das BVerfG hat inzwischen deutlich gemacht, dass es die Eigentumsgarantie primär verlangt, dass dem Eigentümer der Bestand und die Substanz des Eigentums verbleibt.[167] Im Natur- und Denkmalschutzrecht finden sich häufig solche Entschädigungsregelungen (zB § 68 BNatschG). Im Wirtschaftsverwaltungsrecht hat die ausgleichspflichtige Inhaltsbestimmung hingegen kaum praktische Relevanz; vgl. aber § 8a FStRG, § 42 BImSchG, 74 Abs. 2 S. 3 VwVfG.

---

162 BVerfGE 58, 300 (351); BVerfG NJW-RR 2004, 1282 (1284).
163 Dreizehntes Gesetz zur Änderung des Atomgesetzes vom 31.7.2011, BGBl. I S. 1704.
164 *Kloepfer* DVBl. 2011, 1437 ff.
165 Dazu *Pieroth/Ehlers* GewArch 2013, 457.
166 BVerfGE 58, 137.
167 BVerfGE 100, 226 (245 ff.).

Über Art. 14 Abs. 3 GG hinaus sieht Art. 15 GG eine **Sozialisie-** 50
rungsermächtigung vor. Danach können Grund und Boden, Naturschätze und Produktionsmittel zum Zwecke der Vergesellschaftung in Gemeineigentum oder in andere Formen der Gemeinwirtschaft überführt werden. Das Institut der Sozialisierung ist ebenso wie das der Enteignung nur gegen eine Entschädigung zulässig. Ähnlich wie bei der Enteignung wandelt sich die Bestandsgarantie des Eigentums im Falle einer Sozialisierung in eine Wertgarantie um. Das zwingende Entschädigungsgebot schließt damit ein faktisches Leerlaufen der Eigentumsgarantie aus.[168] Der absolute Entzug des Instituts Eigentum ist somit nach Art. 15 GG nicht möglich. Die praktische Relevanz der Norm ist freilich gering: eine Sozialisierung ist bislang noch nicht vorgekommen.

4. Wettbewerbsfreiheit

Literatur: *Di Fabio,* in: Maunz/Dürig, GG, Art. 2 Rn. 116 ff.

Die Wettbewerbsfreiheit schützt die „Privatautonomie als Selbst- 51
bestimmung des Einzelnen im Rechtsleben".[169] Unter der Wettbewerbsfreiheit versteht man die wirtschaftliche Betätigungsfreiheit und in ihrem Rahmen die Vertragsfreiheit.[170] Sie schützt vor staatlichen Vorgaben, zB durch Kontrahierungszwänge, Abschlussverbote oder Genehmigungsvorbehalte.[171] Das Bundesverfassungsgericht verortet die Wettbewerbsfreiheit in der allgemeinen Handlungsfreiheit nach Art. 2 Abs. 1 GG.[172] Betrifft eine gesetzliche Regelung aber die Vertragsfreiheit gerade im Bereich beruflicher Betätigung, ist die Berufsfreiheit aufgrund ihres spezielleren Regelungsgehalts vorrangig.[173] Mit anderen Worten: Art. 12 Abs. 1 GG schützt die Wettbewerbsfreiheit umfassend, wenn ein Hoheitsträger mit Berufsbezug oder mit berufsregelnder Tendenz in die Wettbewerbsstellung des Einzelnen eingreift. Ist das nicht der Fall, wird die wirtschaftliche Betätigung durch Art. 2 Abs. 1 GG geschützt. Das Bundesverwaltungsgericht verortet die Wettbewerbsfreiheit hingegen in erster Linie als Bestand-

---

168 *Papier* Wirtschaftsverfassung in der Wirtschaftsordnung der Gegenwart, in: FS Selmer, 2004, S. 467 f.
169 BVerfGE 114, 1 (34).
170 BVerfGE 95, 267 (303); 126, 286 (300 Rn. 50).
171 *Dreier* in: ders. GG Bd. 1, Art. 2 Abs. 1 Rn. 35.
172 BVerfGE 95, 267 (303); zust. *Di Fabio* in: Maunz/Dürig GG Art. 2 Rn. 116.
173 BVerfGE, Beschl. v. 25.1.2011 – 1 BvR 1741/09 Rn. 70; BVerfG NJW 2007 51 (54).

teil der allgemeinen Handlungsfreiheit.[174] Die Wettbewerbsfreiheit wird insbesondere dann relevant, wenn ein Unternehmer private oder staatliche Konkurrenz abwehren möchte. Hierauf wurde schon im Rahmen der Berufsfreiheit eingegangen (s. → Rn. 32 ff.).

5. Unverletzlichkeit der Wohnung

Literatur: *Figgener,* Behördliche Betretungs- und Nachschaubefugnisse, 2000; *Papier,* in: Maunz/Dürig, GG, Art. 13 Rn. 3 ff.; *Ruthig,* Die Unverletzlichkeit der Wohnung (Art. 13 GG nF), JuS 1998, 506; *Voßkuhle,* Behördliche Betretungs- und Nachschaurechte. Versuch einer dogmatischen Klärung, DVBl. 1994, 611.

52 Auch Art. 13 GG kann im Öffentlichen Wirtschaftsrecht Bedeutung erlangen. Denn nach der Rechtsprechung des BVerfG umfasst die Unverletzlichkeit der Wohnung auch Arbeits-, Betriebs- und Geschäftsräume.[175] Allerdings muss beachtet werden, dass öffentlich zugängliche Räume (Verkaufsräume, Sportstadien) nicht durch Art. 13 GG geschützt werden.[176] Relevant wird der Schutz der Unverletzlichkeit der Wohnung im Öffentlichen Wirtschaftsrecht, wenn die Behörde die Geschäftsräume während und vor allem außerhalb der Geschäftszeit betrit, um dort Prüfungen und Besichtigungen vorzunehmen. Derartige Eingriffsbefugnisse kommen zB nach § 29 Abs. 2 GewO, 17 Abs. 2 HwO, 22 Abs. 2 GastG in Betracht.

6. Datenschutzgrundrecht

Literatur: *Becker,* Der grundrechtliche Schutz von Geschäftsgeheimnissen, in: FS Stern, 2012, S. 1233; *Gurlit,* Verfassungsrechtliche Rahmenbedingungen des Datenschutzes, NJW 2010, 1035; *Hoffmann-Riem,* Der grundrechtliche Schutz der Vertraulichkeit und Integrität eigengenutzter informationstechnischer Systeme, JZ 2008, 1009; *Luch,* Das neue „IT-Grundrecht", Grundbedingung einer „Online-Handlungsfreiheit", MMR 2011, 75; *Masing,* Herausforderungen des Datenschutzes, NJW 2012, 2305; *Roßnagel,* Die „Überwachungs-Gesamtrechnung" – Das BVerfG und die Vorratsdatenspeicherung, NJW 2010, 1238.

53 Auch der Datenschutz spielt im Öffentlichen Wirtschaftsrecht eine zunehmende Rolle. Allerdings kennt das Grundgesetz kein eigen-

---

174 BVerwG 79, 26 (329).
175 BVerfGE 32, 54 (68 ff.); 96, 44 (51); aA *Hermes* in: Dreier GG Bd. 1, Art. 13 Rn. 26.
176 BVerfG NJW 2003, 2669; aA aber BVerwGE 121, 345 (348).

§ 7. Relevanz allgemeiner Rechtsprinzipien

ständiges Datenschutzgrundrecht; der Schutz von Daten ist vielmehr in mehreren einzelnen grundrechtlichen Bestimmungen enthalten.

Zunächst ist das **informationelle Selbstbestimmungsrecht** zu nennen. Das BVerfG hat dieses Recht als ein Element des allgemeinen Persönlichkeitsrechts aus Art. 2 Abs. 1 iVm Art. 1 Abs. 1 GG hergeleitet.[177] Es schützt das Recht des Einzelnen „selbst über die Preisgabe und Verwendung seiner persönlichen Daten zu bestimmen".[178] Umfasst ist der Schutz vor „jeder Form der Erhebung, schlichter Kenntnisnahme, Speicherung, Verwendung, Weitergabe oder Veröffentlichung von persönlichen Informationen".[179]

54

Soweit das allgemeine Persönlichkeitsrecht aus der Menschenwürde abgeleitet wird, können juristische Personen des Privatrechts sich nicht auf das Grundrecht berufen. Hinsichtlich des Rechts auf informationelle Selbstbestimmung lässt aber das BVerfG auch juristische Personen nach Art. 19 Abs. 3 GG am Schutz teilhaben, soweit sich diese in einer vergleichbaren Gefährdungslage befinden. Für das Wirtschaftsverwaltungsrecht ist das jedoch von geringerer Bedeutung: Sofern nämlich juristische Personen ein Gewerbe betreiben, werden die **Geschäfts- und Betriebsgeheimnisse ohnehin von Art. 12 und 14 GG umfassend geschützt** (vgl. dazu bereits → Rn. 42).[180]

55

Beispiele: Im Gewerberecht hat sich der Datenschutz zB einfachgesetzlich in § 10 GewO konkretisiert. Die Norm setzt das Volkszählungs-Urteil des BVerfG um und regelt, ob und in welchem Umfang personenbezogene Daten erhoben, verarbeitet oder genutzt werden dürfen.[181] Auch im Verwaltungsprozess kann es notwendig sein, dass sensible Daten (ua die Betriebs- und Geschäftsgeheimnisse) nicht öffentlich zugänglich gemacht werden. Damit die Geheimhaltungsbedürftigkeit überprüft werden kann, sieht § 99 Abs. 2 VwGO das sog. **In-camera-Verfahren** vor. Im Regulierungsrecht wird der Geheimnisschutz durch speziellere Normen (§§ 138 TKG, 84 EnWG) modifiziert.

Vor dem Hintergrund der sog. Online-Durchsuchung hat das BVerfG zudem das **Grundrecht auf Gewährleistung der Vertrau-**

56

---

177 BVerfGE 65, 1 (42).
178 BVerfGE 65, 1 (43).
179 BVerfGE 65, 1 (43); 67, 100 (143); *Di Fabio* in: Maunz/Dürig GG Art. 2 Rn. 176.
180 *Di Fabio* in: Maunz/Dürig GG Art. 2 Rn. 176; *Hufen* Grundrechte § 12 Rn. 6; krit. *Becker* Der grundrechtliche Schutz von Geschäftsgeheimnissen, in: FS Stern, 2012, S. 1240.
181 Ausführlich dazu *Marcks* in: Landmann/Rohmer GewO § 11 Rn. 1 ff.

lichkeit und Integrität informationstechnischer Systeme entwickelt (sog. Computergrundrecht).[182]

57 Beide Schutzrechte, also sowohl das Computergrundrecht als auch das Recht auf informationelle Selbstbestimmungen sind aber nicht nur als Abwehrrechte von Bedeutung. In Zeiten von Facebook, Google und Amazon weiß man, dass sensible Daten nicht nur vom Staat, sondern auch von Privaten gleichermaßen erhoben werden können. Angesprochen ist deshalb der **grundrechtliche Datenschutz durch Schutzpflichten und mittelbare Drittwirkung**.[183] Der Datenschutz begrenzt also die unternehmerische Freiheit. Das ist insbesondere der Fall, wenn Unternehmen verpflichtet werden, bestimmte Kundendaten geheim zu halten.

Beispiele: Entsprechend sind Telekommunikationsdienstleister nach §§ 91 ff. TKG verpflichtet, den Datenschutz der Netznutzer zu beachten. Im Arbeitsrecht dürfen Beschäftigtendaten nur nach Maßgabe der §§ 32c ff. BDSG erhoben werden.

58 Ferner wird das **Fernmeldegeheimnis** (oder auch Telekommunikationsgeheimnis) speziell durch Art. 10 Abs. 1 Var. 3 GG geschützt. Umfasst ist die unkörperliche Nachrichtenübermittlung mit Hilfe des Fernmeldeverkehrs. Dazu zählt der gesamte Kommunikationsverkehr im Internet und durch E-Mails. Geschützt werden Verkehrsdaten, also Daten, die bei der Erbringung eines Telekommunikationsdienstes erhoben, verarbeitet oder genutzt werden (vgl. § 3 Nr. 30 TKG). Hierzu gehören sämtliche Informationen, wie Kommunikationspartner, Zeit, Ort und Häufigkeit des Kontakts.[184]

Beispiele: Das Telekommunikationsgeheimnis wurde insbesondere in §§ 88 ff. TKG näher konkretisiert. Hier werden diejenigen, die Telekommunikationsdienstleistungen erbringen oder daran mitwirken, verpflichtet, das Fernmeldegeheimnis zu beachten. Staatliche Behörden bleiben hingegen unmittelbar an Art. 10 GG gebunden.[185] Die §§ 109 ff. TKG regeln dann, in welchem Umfang es zulässig ist, personenbezogene Daten zu erheben und zu verwerten. Zu diesem Themenfeld gehört auch die Diskussion um die Zulässigkeit einer Vorratsdatenspeicherung.[186] Zu erwähnen ist, dass die Verletzung des Telekommunikationsgeheimnisses gem. § 206 StGB strafbar ist.

---

182 BVerfGE 120, 274. Dazu *Luch* MMR 2011, 75.
183 *Masing* NJW 2012, 2305 ff.
184 BVerfGE 67, 157 (172); 115, 166 (183); BVerfG NJW 2010, 833 Rn. 189.
185 *Bock* in: BeckOK TKG § 88 Rn. 1.
186 BVerfGE 125, 260; EuGH Rs. C-293/12, C-594–12 = NVwZ 2014, 709 – Digital Rights Ireland ua.

II. EU-Grundrechtecharta

Literatur: *Bernsdorff,* in: Meyer, Charta der Grundrechte der Europäischen Union, Art. 15, 16; *Durner,* Wirtschaftliche Grundrechte, in: Merten/Papier, HGR, VI/1, § 162; *Ehlers,* Allgemeine Lehren der Unionsgrundrechte, in: ders., Europäische Grundrechte und Grundfreiheiten, 4. Auflage 2014, § 14; *Frenz,* Die Europäische Unternehmerfreiheit, GewArch 2009, 427; *ders.,* Annäherung von europäischen Grundrechten und Grundfreiheiten, NVwZ 2011, 961; *Jarass,* EU-GRCharta, Art. 15, 16; *ders.,* Zum Verhältnis von Grundrechtecharta und sonstigem Recht, EuR 2013, 29; *Lenaerts,* Die EU-Grundrechtecharta: Anwendbarkeit und Auslegung, EuR 2012, 3; *Manger-Nestler/Noack,* Europäische Grundfreiheiten und Grundrechte, JuS, 2013, 503; *Ruffert,* Berufsfreiheit und unternehmerische Freiheit, in: Ehlers, Europäische Grundrechte und Grundfreiheiten, 4. Auflage 2014, § 19; *Schwarze,* Der Schutz der unternehmerischen Freiheit in der Europäischen Union, in: FS Stern, 2012, S. 956 ff.; *Schwier,* Der Schutz der „Unternehmerischen Freiheit" nach Artikel 16 der Charta der Grundrechte der Europäischen Union, 2008; *Thym,* Die Reichweite der EU-Grundrechtecharta – Zu viel Grundrechtsschutz?, NVwZ 2013, 889.

Im Wirtschaftsverwaltungsrecht ist nicht nur der nationale Grundrechtsschutz von Bedeutung. Zunehmend rückt auch der Grundrechtsschutz der Europäischen Union in den Blickpunkt. Die Europäische Union verfolgt das Ziel, im Rahmen der Wirtschafts- und Währungsunion einheitliche wirtschaftliche Rahmenbedingungen zu schaffen. Je mehr aber die Europäische Union die wirtschaftspolitischen Rahmenbedingungen harmonisiert und reguliert, desto stärker wächst das Bedürfnis nach einem effektiven europäischen Grundrechtsschutz.[187]

Allerdings waren im Text der Europäischen Verträge lange Zeit keine Grundrechte ausdrücklich verfasst. Das veranlasste den Europäischen Gerichtshof, EU-Grundrechte als ungeschriebene allgemeine Rechtsgrundsätze des Gemeinschaftsrechts zu entwickeln.[188] Mittlerweile sind EU-Grundrechte primärrechtlich verankert. Art. 6 Abs. 1 EUV verweist auf die EU-GRCharta. Damit erkennt die Europäische Union die schon am 7. Dezember 2000 verfasste EU-GRCharta an und stellt klar, dass die Charta und die Verträge (EUV/AEUV) rechtlich gleichrangig sind. Die EU-Grundrechtecharta begründet so zwischen den Wirtschaftssubjekten und den Or-

---

[187] *Durner* in: Merten/Papier HGR VI/1 § 162 Rn. 2 f.
[188] EuGH Rs. 29/69, Slg. 1969, 419 Rn. 6 f. – Stauder.

ganen der Europäischen Union ein unmittelbares Rechtsverhältnis. Diese Entwicklung ist durchaus bemerkenswert, denn derartige Rechtsbeziehungen sind dem sonstigen Wirtschaftsvölkerrecht fremd.[189]

61 Zentral für die wirtschaftliche Betätigung sind die grundrechtlichen Gewährleistungen in den Art. 15–17 EU-GRCharta, also die Berufsfreiheit, die unternehmerische Freiheit sowie das Eigentumsrecht. Für das Öffentliche Wirtschaftsrecht besonders bedeutsam ist die unternehmerische Freiheit (Art. 16 EU-GrCHarta). Sie schützt vor allem die berufliche Entfaltung von Selbständigen (zB Unternehmer, Gewerbetreibende, Freiberufler), aber darüber hinaus auch die Wettbewerbsfreiheit.[190] Daneben enthalten aber auch weitere Gewährleistungen der Charta wirtschaftsrelevante Akzente. Hierzu gehören etwa:
- der Schutz personenbezogener Daten (Art. 8 EU-GRCharta),
- das Recht auf Bildung (Art. 14 EU-GRCharta) oder
- die Gleichheit vor dem Gesetz (Art. 20 EU-GRCharta).

62 Keine „Grundrechte" nach dem herkömmlichen Verständnis sind die Bestimmungen über den Umwelt- (Art. 37 EU-GRCharta) und den Verbraucherschutz (Art. 38 EU-GRCharta). Es handelt sich hierbei um Grundsätze im Sinne des Art. 52 Abs. 5 EU-GRCharta, die als objektiv-rechtliche Vorgaben die Europäische Union sowie die Mitgliedstaaten, soweit sie Unionsrecht durchführen, zur Förderung der verankerten Ziele verpflichten.[191]

63 **Art. 51 Abs. 1 EU-GRCharta** regelt den **Anwendungsbereich der Grundrechte**. Danach gilt die Charta für „die Organe, Einrichtungen und sonstigen Stellen der Union unter Wahrung des Subsidiaritätsprinzips und für die Mitgliedstaaten ausschließlich bei der Durchführung des Rechts der Union." Die Grundrechte der Charta können also in zwei Konstellationen relevant werden: Einerseits können Maßnahmen der Organe der Europäischen Union die Grundrechte von Unionsbürgern unmittelbar beschränken. Andererseits können die Europäischen Grundrechte auch dann relevant werden, wenn die Mitgliedstaaten bzw. deren Behörden das Recht der Europäischen Union umsetzen oder anwenden (Art. 51 Abs. 1 EU-GRCharta).

---

189 *Stober* Allgemeines Wirtschaftsverwaltungsrecht § 17 IV.
190 EuGH verb. Rs. 133–136/85, Slg. 1987, 2289 Rn. 15 – Rau. Vgl. zu Art. 16 EU-GRCharta auch *Frenz* GewArch 2009, 427; *Jarass* EuGRZ 2010, 360; *Schwier* Der Schutz der „Unternehmerischen Freiheit" nach Artikel 16 der Charta der Grundrechte der Europäischen Union, 2008.
191 *Streinz* Europarecht Rn. 772.

§ 7. Relevanz allgemeiner Rechtsprinzipien 87

Handeln nationale Behörden allein im Rahmen nationaler Kompetenzen, sind die EU-Grundrechte nicht anwendbar; solche Rechtsakte werden nur anhand des Grundgesetzes bzw. der Landesverfassungen überprüft.[192]

Beispiele: Der Begriff des „Organs" ist in Art. 13 EUV und in Art. 223 ff. AEUV festgelegt und umfasst das Europäische Parlament, den Europäischen Rat, den Rat der Europäischen Union, die Europäische Kommission, den Gerichtshof der Europäischen Union, die Europäische Zentralbank und den Rechnungshof. Aber auch sonstige Stellen wie die Europäische Umweltagentur sind ebenso grundrechtsverpflichtet.[193] Grundsätzlich können deshalb alle Sekundärrechtsakte der Organe der Europäischen Union an der Grundrechtecharta gemessen werden. So kann sowohl eine Verordnung als auch eine Richtlinie (Art. 288 Abs. 2, 3 AEUV) in die Grundrechte des Einzelnen eingreifen. Das war etwa bei der Richtlinie 2006/24/EG[194] der Fall, die die Möglichkeit einer **Vorratsdatenspeicherung** anordnete. Der EuGH führte hierzu aus, dass der Unionsgesetzgeber mit der Ausgestaltung der Vorratsdatenspeicherung gegen die Grundrechte aus Art. 7 und 8 EU-GRCharta verstoßen hat.[195] Ebenso sind Beschlüsse der EU-Kommission (Art. 288 Abs. 4 AEUV) an der Charta zu messen. So kann beispielsweise eine **Rückforderungsentscheidung** der EU-Kommission nach Art. 13 VO (EU) Nr. 2015/1589, also die Anordnung an die nationale Behörde, eine bereits gewährte Beihilfe zurückzunehmen, die Grundrechte des betroffenen Unternehmers beschränken (→ § 11 Rn. 55 ff.).

Zur **Durchführung des Rechts der Union** gehören insbes. die 64 Anwendung von Verordnungen, umgesetzten Richtlinien und Entscheidungen der EU-Kommission durch die Mitgliedstaaten. Zum Unionsrecht gehören außer der Grundrechtecharta die Bestimmungen des Primärrechts, alle Rechtsakte, die aufgrund der Verträge erlassen wurden (Sekundärrecht), sowie alle Rechtsvorschriften, die aufgrund sekundärrechtlicher Ermächtigungen ergangen sind (Tertiärrecht).[196] Insgesamt sind die Mitgliedstaaten an die Grundrechte gebunden, wenn sie Unionsrecht in nationales Recht umsetzen oder

---

192 *Jarass* EU-GRCharta, Art. 51 Rn. 11; *Schliesky* Öffentliches Wirtschaftsrecht, S. 73.
193 *Borowsky* in: Meyer Charta der Grundrechte der Europäischen Union, Art. 51 Rn. 19.
194 Richtlinie 2006/24/EG des Europäischen Parlaments und des Rates vom 15. März 2006 über die Vorratsspeicherung von Daten, die bei der Bereitstellung öffentlich zugänglicher elektronischer Kommunikationsdienste oder öffentlicher Kommunikationsnetze erzeugt oder verarbeitet werden, Abl. L 105/54.
195 EuGH Rs. C-293/12 u. C-594/12, Slg. 2014, NVwZ 2014, 709 Rn. 69 – Digital Rights Ireland Ltd, mAnm *Kühling* NVwZ 2014, 681.
196 *Jarass* EU-GrCHarta Art. 51 Rn. 15.

Unionsrecht vollziehen („**agency situation**").[197] Hierfür können folgende Fallgruppen typisiert werden:
- **Durchführung durch normative Akte des nationalen Rechts:** In dieser Kategorie geht es vor allem um die **Umsetzung von Richtlinien** und den Erlass innerstaatlicher Ergänzungs- und Ausführungsnormen.[198] Dementsprechend sind die Mitgliedstaaten bei der Umsetzung von Richtlinien an die EU-Grundrechte gebunden. Soweit allerdings bei der Umsetzung noch andere Belange geregelt werden, die nicht vom Unionsrecht verlangt werden, besteht keine Bindung an die EU-Grundrechte.[199]
- **Administrative Durchführung des Unionsrechts:** Ferner sind die Mitgliedstaaten an die Grundrechtecharta gebunden, wenn sie im Einzelfall Unionsrecht anwenden. Der wichtigste Fall ist die administrative Anwendung von Verordnungen (unmittelbarer Vollzug). Ebenfalls ist die Grundrechtecharta anwendbar, wenn nationale Behörden bereits umgesetzte Richtlinien im Einzelfall anwenden (mittelbarer Vollzug).[200]
- Auch die **Einschränkung von Grundfreiheiten durch die Mitgliedstaaten** ist an den EU-Grundrechten zu messen und diese wirken so als Schranken-Schranke der Grundfreiheiten (→ Rn. 96).[201]

65 In jüngerer Zeit hat der EuGH in der Rechtssache **Åkerberg Fransson** die Frage der Bindung der Mitgliedstaaten konkretisiert: „Da folglich die durch die Charta garantierten Grundrechte zu beachten sind, wenn eine nationale Rechtsvorschrift in den Geltungsbereich des Unionsrechts fällt, sind keine Fallgestaltungen denkbar, die vom Unionsrecht erfasst würden, ohne dass diese Grundrechte anwendbar wären. Die Anwendbarkeit des Unionsrechts umfasst die Anwendbarkeit der durch die Charta garantierten Grundrechte."[202] Der EuGH legt also die Reichweite der Grundrechtecharta sehr großzügig aus, indem er den Anwendungsbereich der Charta als eröffnet ansieht, sobald der jeweilige Sachverhalt einen gewissen Bezug

---

197 *Borowsky* in: Meyer Charta der Grundrechte der Europäischen Union, Art. 51 Rn. 26.
198 EuGH Rs. C-74/95, Slg. 1996, I-6609 Rn. 24f. – X; EuGH Rs. 275/06, Slg. 2008, I-271 Rn. 68 – Promusicae.
199 *Jarass* EU-GRCharta, Art. 51 Rn. 24.
200 *Borowsky* in: Meyer Charta der Grundrechte der Europäischen Union, Art. 51 Rn. 28.
201 EuGH Rs. C-260/89, Slg. 1991, I-2925 Rn. 43 – ERT; *Jarass* EU-GrCharta, Art. 51 Rn. 21; *Streinz* Europarecht Rn. 751; *Manger-Nestler/Noack* JuS 2013, 503 (505 f.).
202 EuGH Rs. C-617/10, Slg. 2013, I-0 Rn. 21 – Åkerberg Fransson.

zum Unionsrecht hat. Kurz darauf sah sich das BVerfG veranlasst, die Auslegung des EuGH richtig zu stellen. In der Entscheidung zur Antiterrordatei wies das BVerfG die großzügige Lesart der Åkerberg-Entscheidung deutlich zurück: Die Entscheidung des EuGH dürfe „nicht in einer Weise verstanden und angewendet werden, nach der für eine Bindung der Mitgliedstaaten durch die in der Grundrechtecharta niedergelegten Grundrechte der Europäischen Union jeder sachliche Bezug einer Regelung zum bloß abstrakten Anwendungsbereich des Unionsrecht oder rein tatsächlicher Auswirkungen auf dieses ausreiche."[203] Dieser „Konflikt" zwischen den beiden Gerichten führte in der Folgezeit zu zahlreichen Stellungnahmen.[204] Inzwischen hat der EuGH die Auslegung von Art. 51 Abs. 1 AEUV präzisiert.[205]

Die aus dem Verfassungsrecht bekannte Unterscheidung von Schutzbereich, Eingriff und Rechtfertigung wird vom Europäischen Gerichtshof weitgehend übernommen. Wann ein Eingriff in ein Grundrecht der Charta gerechtfertigt ist, wird einheitlich in Art. 52 Abs. 1 EU-GRCharta bestimmt. Danach muss jede Einschränkung eines der Grundrechte „gesetzlich vorgesehen sein und den Wesensgehalt dieser Rechte und Freiheiten achten." Ferner dürfen unter Wahrung des Grundsatzes der Verhältnismäßigkeit „Einschränkungen nur vorgenommen werden, wenn sie erforderlich sind und den von der Union anerkannten dem Gemeinwohl dienenden Zielsetzungen oder den Erfordernisses des Schutzes der Rechte und Freiheiten anderer tatsächlich entsprechen." Die methodische Abstimmung zu den einzelnen Grundrechtsquellen (EMRK und nationale Grundrechte) erfolgt nach Art. 52 Abs. 3 und 4 EU-GRCharta.[206]

III. Europäische Menschenrechtskonvention

Literatur: *Grabenwarter/Pabel,* Europäische Menschenrechtskonvention, 6. Auflage 2016, § 25; *Kleine-Cosack,* Menschenrechtsbeschwerde im Berufsrecht der freien Berufe, AnwBl. 2009, 326; *Wegener,* Wirtschaftsgrundrechte, in: Ehlers, Europäische Grundrechte und Grundfreiheiten, 4. Auflage 2014, § 5.

---

203 BVerfG Urt. v. 24.4.2013 – 1 BvR 1215/07 Rn. 91.
204 Vgl. nur *Frenz* DVBl. 2014, 227; *Geiß* DÖV 2014, 265; *F. Kirchhof* NVwZ 2014, 1537; *Lange* NVwZ 2014, 169; *Scholz* DVBl. 2014, 197; *Thym* NVwZ 2013, 889; *ders.* DÖV 2014, 941; *Streinz* JuS 2013, 568 ff.
205 Vgl. dazu EuGH Rs. C-198/13, Slg. 2014, EuZW 2014, 795 – Julian Hernández ua/ Reino de España ua, mAnm *Pötters*; dazu auch *Streinz* JuS 2015, 281 ff.
206 Zur Struktur der Grundrechtsprüfung etwa *Kingreen* Jura 2015, 295 (297 ff.).

67 Die EMRK stellt einen völkerrechtlichen Vertrag dar und hat im deutschen Recht den Rang eines Bundesgesetzes (Art. 59 Abs. 2 GG). Der EMRK kommt also kein Verfassungsrang zu.[207] Gleichwohl orientiert sich das BVerfG in seiner Rechtsprechung an den EMRK-Garantien. Entsprechend gehört zur Bindung an Gesetz und Recht (Art. 20 Abs. 3 GG) „die Berücksichtigung der Gewährleistungen der Konvention zum Schutze der Menschenrechte und Grundfreiheiten und der Entscheidungen des Europäischen Gerichtshofs für Menschenrechte im Rahmen methodisch vertretbarer Gesetzesauslegung. Sowohl die fehlende Auseinandersetzung mit einer Entscheidung des Gerichtshofs als auch deren gegen vorrangiges Recht verstoßende schematische „Vollstreckung" können gegen Grundrechte in Verbindung mit dem Rechtsstaatsprinzip verstoßen."[208] Vor diesem Hintergrund kann auch die EMRK für das Öffentliche Wirtschaftsrecht bedeutsam sein. So schützt Art. 1 des ersten Zusatzprotokolls zur EMRK das Eigentum des Einzelnen. Einen ausdrücklichen Schutz der Berufsfreiheit kennt die EMRK hingegen nicht. Der EGMR sieht aber in der Eigentumsgarantie[209] sowie im Schutz der Wohnung und des Privatlebens[210] (Art. 8), in der Meinungs- und Medienfreiheit[211] (Art. 10), in der Vereinigungsfreiheit (Art. 11), im Diskriminierungsverbot (Art. 14) und im Recht auf ein faires Verfahren[212] (Art. 6) weitere wirtschaftliche Bezüge, die auch die berufliche Tätigkeit mit umfassen können. Besonders im Berufsrecht kommt der Individualbeschwerde zum EGMR eine nicht unerhebliche Bedeutung zu.[213]

IV. EU-Grundfreiheiten

68 Für das Öffentliche Wirtschaftsrecht haben die Grundfreiheiten eine kaum zu überschätzende Bedeutung erlangt. Ihnen kommt die Funktion zu, im Bereich des grenzüberschreitenden wirtschaftlichen Verkehrs die wirtschaftlichen Freiheiten der Unionsbürger zu sichern. Gleichwohl schrumpft die Bedeutung der Grundfreiheiten für

---

207 BVerfGE 111, 307 (317); *Grabenwarter/Pabel* Europäische Menschenrechtskonvention § 3 Rn. 8 ff.
208 BVerfGE 111, 307, Ls. 1.
209 EGMR NJW 2007, 3049 – Gerd Lederer/Deutschland.
210 EGMR NJW 1993, 718.
211 EGMR NJW 2003, 497 – Stambuk/Deutschland.
212 EGMR NJW 2007, 3409 – Oferta Plus SRL/Moldau.
213 *Kleine-Cosack* AnwBl 2009, 326 ff.

das Öffentliche Wirtschaftsrecht. Das liegt an der zunehmenden Konkretisierung der Grundfreiheiten durch europäisches Sekundärrecht (Verordnungen und Richtlinien). Europäisches Sekundärrecht ist gegenüber den Grundfreiheiten vorrangiger Prüfungsmaßstab, weil es die grundfreiheitlichen Verbürgungen in konkrete, abgegrenzte Rechte und Pflichten umsetzt. Insofern führt die Konkretisierung der Grundfreiheiten durch EU-Sekundärrecht zu einer weiteren Harmonisierung des Binnenmarktes. Angesprochen ist damit der Übergang von der negativen Integration durch Grundfreiheiten zu einer positiven Integration durch den Unionsgesetzgeber.[214] Für das Öffentliche Wirtschaftsrecht sind vor allem die Dienstleistungsrichtlinie und die Berufsanerkennungsrichtlinie von besonderer Bedeutung.

1. Allgemeine Lehren

a) Grundlagen.

Literatur: *Frenz*, Annäherung von europäischen Grundrechten und Grundfreiheiten, NVwZ 2011, 961; *Noack/Manger-Nestler,* Europäische Grundfreiheiten und Grundrechte, JuS 2013, 503.

Die Europäische Union ist eine **Wirtschafts- und Währungsunion** (vgl. Art. 3 Abs. 4 EUV). Eines der zentralen Ziele der Union ist es, einen gemeinsamen **Binnenmarkt** zu errichten. Der Binnenmarkt umfasst gem. Art. 26 AEUV „einen Raum ohne Binnengrenzen, in dem der freie Verkehr von Waren, Personen, Dienstleistungen und Kapital gemäß den Bestimmungen der Verträge gewährleistet ist". Der Binnenmarkt ist das Kernstück der Europäischen Integration und zugleich Garant für den Wohlstand in den Staaten der Europäischen Union.[215] Damit aber ein solcher Binnenmarkt geschaffen werden kann, müssen Hindernisse, die dem Konzept des einheitlichen Binnenmarktes entgegenstehen, abgebaut und beseitigt werden (vgl. Art. 26 Abs. 1 AEUV). Um das zu erreichen, sichert das Unionsrecht den Unionsbürgern Grundfreiheiten zu, die den Vorgang der Errichtung des Binnenmarktes grundlegend beeinflussen.[216] Traditionell stellen die Grundfreiheiten Ausprägungen des **allgemeinen Diskriminierungsverbotes** (Art. 18 AEUV) dar. Allerdings geht

69

---

214 Statt vieler *Kingreen* in: Calliess/Ruffert EUV/AEUV Art. 34–36 AEUV Rn. 18 mwN.
215 *Ruffert* in: Calliess/Ruffert EUV/AEUV Art. 3 EUV Rn. 22.
216 Vgl. auch *Streinz* Europarecht Rn. 782.

die Bedeutung der Grundfreiheiten inzwischen wesentlich weiter: die Grundfreiheiten werden heute zunehmend als **Beschränkungsverbote** verstanden (→ Rn. 74 f.).[217]

70 Systematisch lassen sich drei Typen von Grundfreiheiten unterscheiden:
- die Freiheit des Warenverkehrs (Art. 28 ff.),
- die Personenverkehrsfreiheiten, bestehend aus der Arbeitnehmerfreizügigkeit (Art. 45 ff. AEUV) und der Niederlassungsfreiheit (Art. 49 ff. AEUV) und (formell subsidiär) die Dienstleistungsfreiheit (Art. 56 ff. AEUV),
- die Kapitalverkehrsfreiheit (Art. 63 ff. AEUV).

71 Das Recht der Europäischen Union stellt eine eigenständige Rechtsordnung dar, auch in Beziehung auf die Rechtsordnungen der Mitgliedstaaten. Allerdings stehen beide Rechtsordnungen nicht isoliert nebeneinander. Um einen einheitlichen Vollzug des Unionsrechts zu gewährleisten, wird das Verhältnis durch den **Anwendungsvorrang des Unionsrechts** bestimmt.[218] Die Grundfreiheiten sind **unmittelbar anwendbar** – die einzelnen Grundfreiheiten gelten also im innerstaatlichen Recht, ohne dass es einer Umsetzung bedarf.[219] Aber nicht nur das: Seit dem „**van Gend & Loos**"-Urteil des EuGH besteht Einigkeit darüber, dass die Grundfreiheiten dem Schutz des Einzelnen zu dienen bestimmt sind, also ihm die Rechtsmacht einräumen, sich gegenüber den Mitgliedstaaten auf die Grundfreiheiten zu berufen. Die Grundfreiheiten haben daher nicht nur eine objektiv-rechtliche Wirkung, sondern stellen **subjektiv-öffentliche Rechte dar**.[220] Daraus folgt, dass sich der Einzelne gegenüber den Verwaltungsbehörden und den Gerichten unmittelbar auf die Grundfreiheiten berufen kann.[221]

72 Die Grundfreiheiten sind schlussendlich von den Grundrechten abzugrenzen, die der EuGH als allgemeine Rechtsgrundsätze aus der EMRK und aus den gemeinsamen Verfassungsüberlieferungen der Mitgliedstaaten abgeleitet hat (Art. 6 Abs. 3 EUV) und nunmehr in der EU-GRCharta kodifiziert sind (Art. 6 Abs. 1 EUV). Gemein-

---

217 *Ruffert* JuS 2009, 97 (100 ff.).
218 *Jarass/Pieroth* GG Art. 23 Rn. 44.
219 Grundlegend EuGH Rs. 26/62, Slg. 1963, 1 (24 ff.) – van Gend & Loos; dazu *Streinz* Europarecht Rn. 3.
220 EuGH Rs. 26/62, Slg. 1963, 1 (24 ff.) – van Gend & Loos; *Ehlers* in: ders. Europäische Grundrechte und Grundfreiheiten § 7 Rn. 10.
221 *Ehlers* in: ders. Europäische Grundrechte und Grundfreiheiten § 7 Rn. 10.

sam ist beiden Kategorien, dass sie unmittelbar Private berechtigen. Ferner enthalten die Grundfreiheiten, ebenso wie die Grundrechte, sowohl eine gleichheits-, als auch eine freiheitssichernde Komponente.[222] Aber auch wenn sich die Grundfreiheiten und die Europäischen Grundrechte inzwischen dogmatisch durchaus angenähert haben[223], unterscheiden sich diese im Ausgangspunkt: Während die Grundfreiheiten in erster Linie die Mitgliedstaaten verpflichten (zu den Ausnahmen s. unten → Rn. 77 f.), adressiert die Grundrechtecharta in erster Linie die Europäische Union und die Mitgliedstaaten nur insoweit, als sie Unionsrecht durchführen (Art. 51 Abs. 1 EU-GRCharta).[224]

b) Funktionen der Grundfreiheiten. Wie auch den Grundrechten 73 kommen auch den Grundfreiheiten verschiedene Funktionen zu. Traditionell stellen die Grundfreiheiten **Gleichheitsrechte** dar, die es den Verpflichteten der Grundfreiheiten verbieten, die Marktbürger zu diskriminieren. In dieser Funktion konkretisieren die Grundfreiheiten das allgemeine Diskriminierungsverbot des Art. 18 AEUV. Soweit der Schutzbereich einer der Grundfreiheiten eröffnet ist, ist diese gegenüber dem allgemeinen Diskriminierungsverbot „lex specialis", dh das allgemeine Diskriminierungsverbot darf nicht zusätzlich neben der Grundfreiheit geprüft werden.[225]

Zugleich stellen die Grundfreiheiten aber auch **Freiheitsrechte** dar. 74 So hat der EuGH die Grundfreiheiten schrittweise von Diskriminierungs- zu Beschränkungsverboten weiterentwickelt. Diese Entwicklung begann 1974 mit der **Dassonville-Entscheidung** des EuGH für die Warenverkehrsfreiheit. In dieser Grundsatzentscheidung hat der EuGH ausgeführt: „Jede Handelsregelung der Mitgliedstaaten, die geeignet ist, den innergemeinschaftlichen Handel unmittelbar oder mittelbar, tatsächlich oder potentiell zu behindern, ist als Maßnahme mit gleicher Wirkung wie eine mengenmäßige Beschränkung anzusehen".[226] Später hat der EuGH diese Rechtsprechung im Fall van Binsbergen auf die Dienstleistungsfreiheit übertragen.[227] Es folgten entsprechende Urteile für die Arbeitnehmerfreizügigkeit[228] sowie für

---

222 *Schroeder* Grundkurs Europarecht § 14 Rn. 2.
223 *Frenz* NVwZ 2011, 961 ff.
224 *Manger-Nestler/Noack* JuS 2013, 503 (506).
225 EuGH Rs. C-208/05, Slg. 2007, I-181 Rn. 64 – ITC; vgl. dazu auch *Streinz* Europarecht Rn. 799 ff.
226 EuGH Rs. 8–74, Slg. 1974, 852 Rn. 5 – Dassonville.
227 EuGH Rs. 33/74, Slg. 1974, 1291 Rn. 10, 12 – van Binsbergen.
228 EuGH Rs. C-415/93, Slg. 1995, I-4921 Rn. 94 ff. – Bosman.

die Niederlassungsfreiheit[229] (→ näher Rn. 112). Die Kapitalverkehrsfreiheit stellt schon aufgrund des eindeutigen Wortlauts des Art. 63 AEUV ein Beschränkungsverbot dar.

75 Das Verständnis der Grundfreiheiten als Freiheitsrechte ist umstritten. Dieser Einordnung wird entgegengehalten, dass die Deutung der Grundfreiheiten als Beschränkungsverbote, den Charakter der Grundfreiheiten als „transnationale Integrationsnormen" verfehlen. Diese sollen dem „Abbau der spezifisch grenzüberschreitenden Schutzdefizite im Binnenmarkt (föderale Gefährdungslagen) dienen und nicht den grundrechtlichen Anspruch erheben, vor allen unverhältnismäßigen Gefährdungslagen zu schützen[230] Dieser Ansicht ist aber nicht zu folgen: Angesichts des Wortlauts von Art. 56 Abs. 1, aber auch des Art. 34 sowie des inzwischen erreichten Integrationsniveaus, kann den Europäischen Verträgen durchaus die Zielsetzung entnommen werden, allgemein auf die Beseitigung von Hindernissen für den freien Waren-, Personen-, Dienstleistungs- und Kapitalverkehr hinzuwirken. Grundsätzlich ist daher der Deutung des EUGH als Beschränkungsverbot zuzustimmen.[231]

76 Darüber hinaus können aus Grundfreiheiten in besonderen Fallkonstellationen auch Leistungsrechte in Gestalt von **Schutzansprüchen** abgeleitet werden. Leistungsrechte zielen auf positives hoheitliches Handeln ab. Das wird insbesondere bei dem Recht auf hoheitliche Schutzgewähr deutlich. So können Handelshemmnisse nicht nur von den Mitgliedstaaten bzw. von der Europäischen Union selbst, sondern ebenso von Privaten ausgehen. Die Mitgliedstaaten (aber auch die Europäische Union) können daher unter Umständen als Garanten der Grundfreiheiten[232] verpflichtet sein, gegen das rechtswidrige Verhalten von Privaten einzuschreiten. In diesem Sinne hat auch der EuGH staatliche Schutzpflichten anerkannt.[233] Ferner wird zudem diskutiert, ob aus den Grundrechten auch **Verfahrens-**

---

229 EuGH Rs. C-19/92, Slg. 1993, I-1663 Rn. 32 – Kraus; EuGH Rs. C-55/94, Slg. 1995, I-4165 Rn. 37 – Gebhard.
230 *Kingreen* in: Callies/Ruffert EUV/AEUV Art. 34–36 AEUV Rn. 66 ff.; *ders.* Die Struktur der Grundfreiheiten des Europäischen Gemeinschaftsrechts, 1999, S. 115 ff.
231 Vertiefend dazu *Kluth* in: Calliess/Ruffert Art. 56, 57 AEUV Rn. 59 ff.; ebenso *Ehlers* in: ders. Europäische Grundrechte und Grundfreiheiten § 7 Rn. 31; *Ruffert* JuS 2009, 97 (101).
232 *Burgi* EWS 1999, 327 (329 f.).
233 EuGH Rs. C-265/95, Slg. 1997, I-6959 Rn. 1 ff. – Kommission/Frankreich; EuGH Rs. C-112/00, Slg. 2003, I-5659 Rn. 58 ff. – Schmidberger, mAnm *Streinz* JuS 2004, 429 ff.

rechte sowie **Elemente einer objektiven Ordnung** abgeleitet werden können.[234]

c) Allgemeiner Aufbau. aa) Verpflichtete der Grundfreiheiten. 77
Die Grundfreiheiten verpflichten primär die **Mitgliedstaaten**. Hierzu gehören auch **öffentliche Unternehmen** (→ § 13 Rn. 1 ff.). Ebenfalls sind öffentlich-rechtliche Selbstverwaltungskörperschaften, also zB auch die Kammern verpflichtet, die Grundfreiheiten zu beachten.[235] Darüber hinaus sind auch die **Unionsorgane** an die Grundfreiheiten gebunden, insbesondere dann, wenn sie Sekundärrecht erlassen.[236]

Beispiel: So waren etwa die Bestimmungen der Art. 3 und 4 in Verbindung mit Art. 15 der Richtlinie 2002/46/EG zur Angleichung der Rechtsvorschriften der Mitgliedstaaten über Nahrungsergänzungsmittel geeignet, den freien Verkehr von Nahrungsergänzungsmitteln innerhalb der Gemeinschaft zu beschränken. Dementsprechend musste der EuGH prüfen, ob die Bestimmungen mit der Warenverkehrsfreiheit (Art. 34, 36 AEUV) vereinbar sind.[237]

Fraglich ist aber, ob den Grundfreiheiten darüber hinaus auch eine 78 sog. **Drittwirkung** (Bindung von Privaten) zukommt. Grundsätzlich kann das Binnenmarktkonzept der Union auch dadurch gefährdet werden, dass Private ihre wirtschaftliche Überlegenheit gegenüber anderen Privaten ausnutzen. So hat der EuGH eine **unmittelbare Drittwirkung** der Grundfreiheiten in Fällen zugelassen, in denen es um den Schutz einzelner Marktteilnehmer vor der Macht privatrechtlicher Vereinigungen ging. Diese waren aufgrund ihrer Verbandsvorschriften in der Lage, auf den grenzüberschreitenden Wirtschaftsverkehr Einfluss zu nehmen. In diesem Zusammenhang erklärte der EuGH in der *Bosman*-Entscheidung die Transferregeln und Ausländerklauseln von Fußballverbänden mit der Arbeitnehmerfreizügigkeit (Art. 45 AEUV) für unvereinbar.[238] Im Fall *Angonese* ist der EuGH sogar noch einen Schritt weiter gegangen: Nach Ansicht des EuGH stellte es sogar einen Verstoß gegen die Arbeitnehmerfreizügigkeit dar, wenn ein privater Arbeitgeber vor Einstellung einen Zweisprachigkeitsnachweis fordert. Hierzu hat der EuGH ausgeführt: „Das in Art. 48 EGV (Art. 45 AEUV) ausgesprochene Verbot der Diskriminierung auf Grund der Staatsangehörigkeit gilt […] auch für Privat-

---
234 *Ehlers* in: ders. Europäische Grundrechte und Grundfreiheiten § 7 Rn. 41 f.
235 *Kluth* in: Calliess/Ruffert EUV/AEUV Art. 57 AEUV Rn. 41.
236 *Ehlers* in: ders. Europäische Grundrechte und Grundfreiheiten § 7 Rn. 53.
237 EuGH Rs. C-154/04 ua, Slg. 2005, I-6451 Rn. 47 ff. – Alliance for Natural Health.
238 EuGH Rs. C-415/93, Slg. 1995, I-4921 Rn. 82 – Bosman.

personen".²³⁹ Darüber hinaus hat der EuGH eine unmittelbare Drittwirkung etwa auch für die Dienstleistungsfreiheit angenommen²⁴⁰, während er bei der Warenverkehrsfreiheit eine Drittwirkung ausdrücklich ablehnt.²⁴¹ Diese Ausdehnung des Anwendungsbereichs der Grundfreiheiten ist kritisch zu sehen. Gegen die Annahme einer unmittelbaren Drittwirkung spricht etwa schon der Wortlaut der Warenverkehrsfreiheit („zwischen den Mitgliedstaaten"). Darüber hinaus sind die Rechtfertigungsgründe der Grundfreiheiten (zB Öffentliche Sicherheit und Ordnung) nicht auf privates Handeln zugeschnitten. Die Rechtsprechung des EuGH führt daher zwar einerseits zu einer Verstärkung des Schutzes der Grundfreiheiten, andererseits aber auch zu einer Beschränkung der Privatautonomie.²⁴² Ferner ist die Ausdehnung auch nicht nötig: Erstens können private Übergriffe gegebenenfalls staatliche Schutzpflichten auslösen. Zweitens kann die wirtschaftliche Übermacht von Privaten ebenso durch Wettbewerbsrecht (Art. 101 ff. AEUV) als auch durch Sekundärrecht gesteuert werden.²⁴³

79 Ist eine Grundfreiheit durch **Sekundärrecht** (Verordnung, Richtlinie) konkretisiert bzw. näher ausgestaltet worden, so ist ein Rückgriff auf die Grundfreiheit ausgeschlossen. In diesem Fall wird deshalb nur das Sekundärrecht (im Falle einer Verordnung) bzw. das umsetzende nationale Recht (im Falle einer umgesetzten Richtlinie) angewendet.

80 **bb) Schutzbereich der Grundfreiheiten.** Wie auch bei den Grundrechten kann bei dem Schutzbereich zwischen persönlichem und sachlichem Schutzbereich unterschieden werden. Ferner muss selbstverständlich auch der räumliche und zeitliche Schutzbereich eröffnet sein.²⁴⁴ Der persönliche Schutzbereich erfasst alle Unionsbürger. Der freie Kapitalverkehr (Art. 63 Abs. 1 AEUV) schützt darüber hinaus auch den Handel mit Drittstaaten, so dass sich Wirtschaftssubjekte aus diesen Staaten ebenfalls auf die Kapitalverkehrsfreiheit berufen

---

239 EuGH Rs. C-281/98, Slg. 2000, I-4139 Rn. 36 – Angonese.
240 EuGH Rs. 36774, Slg. 1974, 1405 Rn. 16/19 – Walrave; EuGH Rs. 13/76, Slg. 1976, 1333 Rn. 17/18 – Donà.
241 EuGH Rs. C-311/85, Slg. 1987, 3801 Rn. 30 – VVR/Sociale Dienst van de Plaatselijke en Gewestelijke Overheidsdiensten; EuGH Rs. 65/86, Slg. 1988, 5249 Rn. 11 – Bayer ua/Süllhöfer. Vgl. dazu *Kingreen* in: Calliess/Ruffert EUV/AEUV Art. 34–36 Rn. 112 ff., 221.
242 *Kluth* in: Calliess/Ruffert EUV/AEUV Art. 56, 57 AEUV Rn. 50.
243 *Herdegen* Europarecht § 14 Rn. 14 ff.; *Streinz/Leible* EuZW 2000, 459.
244 Dazu näher *Ehlers* in: ders. Europäische Grundrechte und Grundfreiheiten § 7 Rn. 65 f.

§ 7. Relevanz allgemeiner Rechtsprinzipien

können.[245] Bei der Warenverkehrsfreiheit kommt es nur darauf an, dass sich die Waren in der Zollunion der Europäischen Union befinden.

In sachlicher Hinsicht müssen drei Voraussetzungen erfüllt sein. Erstens muss ein grenzüberschreitender Sachverhalt gegeben sein. Zweitens muss die betroffene Verhaltensweise des Einzelnen dem Anwendungsfeld der Grundfreiheit entsprechen. Drittens dürfen keine Bereichsausnahmen vorliegen.

- Regelmäßig ist also ein grenzüberschreitender Bezug notwendig. Das ergibt sich aus dem Ziel des Unionsrechts, Hindernisse für den freien Verkehr von Waren, Personen, Dienstleistungen und Kapital, die dem Konzept des Binnenmarktes zuwiderlaufen, zu beseitigen. Nicht erfasst sind deshalb die Fälle einer bloßen Inländerdiskriminierung, die dann vorliegen können, wenn ein Mitgliedstaat lediglich das Verhalten seiner eigenen Bürger regelt.
- Weiter ist zu beachten, dass die Begriffe, die den Schutzbereich der jeweiligen Grundfreiheiten definieren, unionsrechtlich autonom zu bestimmen sind. Ein Begriff des Unionsrechts darf deshalb nicht aus der Sicht des innerstaatlichen Rechts ausgelegt werden.[246] Regelmäßig muss es sich um eine wirtschaftliche, also entgeltliche Tätigkeit handeln. Dieses Merkmal wird allerdings weit verstanden. Der EuGH hat mittlerweile den Anwendungsbereich erheblich über den Begriff der wirtschaftlichen Tätigkeit ausgedehnt. So hat der EuGH etwa den Anwendungsbereich der Grundfreiheiten bei Tarifen für öffentliche Museen (öffentliche Einrichtungen) für anwendbar erklärt.[247]
- Ferner dürfen keine Bereichsausnahmen vorliegen. Diese dürfen nicht mit den Schranken der Grundfreiheiten verwechselt werden. Im Gegensatz zu den Schranken der Grundfreiheiten, die konkret gerechtfertigt werden müssen, nehmen Bereichsausnahmen eine bestimmte Tätigkeit von vornherein vom Anwendungsbereich der Grundfreiheit aus. So ist etwa die Niederlassungsfreiheit sowie auch die Dienstleistungsfreiheit nicht anwendbar, wenn der Einzelne eine Tätigkeit ausübt, die mit öffentlicher Gewalt verbunden ist (Art. 51 AEUV bzw. Art. 62 iVm Art. 51 AEUV); → Rn. 111. Ebenso findet die Arbeitnehmerfreizügigkeit gem. Art. 45 Abs. 4

---

245 *Ruffert* JuS 2009, 97 f.
246 *Streinz* Europarecht Rn. 795.
247 EuGH Rs. C-388/01, Slg. 2003, I-721 Rn. 15 ff. – Kommission/Italien.

AEUV keine Anwendung auf die Beschäftigung in der öffentlichen Verwaltung.

82 Aufgrund der tatbestandlichen Weite der Grundfreiheiten ist es möglich, dass sich die Schutzbereiche der einzelnen Grundfreiheiten überschneiden. Die Lösung dieses Problems ist eine Frage der **Konkurrenzen**. Für das Verhältnis von Niederlassungs- und Dienstleistungsfreiheit gilt der Grundsatz der Subsidiarität der Dienstleistungsfreiheit (→ Rn. 117). Das folgt bereits aus dem Wortlaut des Art. 57 Abs. 1 AEUV: Dienstleistungen sind danach nur solche Leistungen, die „nicht den Vorschriften über den freien Waren- und Kapitalverkehr und über die Freizügigkeit der Personen unterliegen. Obwohl die Formulierung des Art. 57 Abs. 1 AEUV eine grundsätzliche Subsidiarität der Dienstleistungsfreiheit nahe legt, gilt dieser Grundsatz nach der Rechtsprechung des EuGH für das Verhältnis zwischen Kapitalverkehrsfreiheit und Dienstleistungsfreiheit nicht (s. → Rn. 164 ff.).[248] Ansonsten stellt der EuGH für die Abgrenzung zwischen den Grundfreiheiten auf den **Schwerpunkt der Tätigkeit** ab.[249] In diesem Zusammenhang ist entscheidend, ob im konkreten Fall eine der beiden Freiheiten der anderen gegenüber zweitrangig ist und ihr zugeordnet werden kann.[250]

83 cc) **Eingriff: Beeinträchtigung des Schutzbereichs der Grundfreiheiten.** Bei der Beeinträchtigung des Schutzbereichs ist an die Funktionen der Grundfreiheiten zu erinnern. So stellen Grundfreiheiten einerseits Diskriminierungsverbote, andererseits auch Beschränkungsverbote dar. Hinzu kommt die Funktion der hoheitlichen Schutzgewähr. Letztere Funktion verlangt einen eigenen Prüfungsaufbau, der sich von dem Schema Schutzbereich-Eingriff-Rechtfertigung unterscheidet. Dieses Anliegen kann hier aber nicht verfolgt werden.[251]

84 Der Schutzbereich der Grundfreiheiten kann zunächst nur durch das **Handeln eines Verpflichteten** beeinträchtigt werden. Wie schon unter → Rn. 77 f. dargestellt, sind nicht nur die Mitgliedstaaten, sondern auch die Europäische Union und unter Umständen sogar Privatpersonen an die Grundfreiheiten gebunden. Diese können in die Grundfreiheiten eingreifen, wenn sie den Einzelnen entweder **diskri-**

---

248 EuGH Rs. C-452/04, Slg. 2006, I-9521 Rn. 49 – Fidium Finanz.
249 EuGH Rs. C-275/92, Slg. 1994, I-1039 Rn. 22 ff. – Schindler.
250 EuGH Rs. C-36//02, Slg. 2004, I-9609 Rn. 26 – Omega.
251 *Ehlers* in: ders. Europäische Grundrechte und Grundfreiheiten § 7 Rn. 38 f. mwN.

§ 7. Relevanz allgemeiner Rechtsprinzipien

minieren, oder dessen geschützte Freiheit **unterschiedslos beschränken**.

Eine Diskriminierung ist anzunehmen, wenn ein **grenzüberschreitender Vorgang** notwendig oder typischerweise schlechter als der rein interne behandelt wird. Um zu ermitteln, ob eine Diskriminierung vorliegt, muss der inländische mit dem ausländischen Sachverhalt verglichen werden. Dabei muss stets ein grenzüberschreitender Bezug vorliegen. Das ergibt sich aus dem Ziel der Marktfreiheiten, einen einheitlichen Binnenmarkt zu verwirklichen. Dies kann aber nur erfolgen, wenn Ausländer bei dem grenzüberschreitenden Verkehr, also bei dem Marktzugang nicht schlechter gestellt werden als Inländer. Im Umkehrschluss folgt daraus, dass bloße Inlandssachverhalte nicht an den Grundfreiheiten gemessen werden können (vgl. → Rn. 81). Die Grundfreiheiten verbieten deshalb nicht die sog. **Inländerdiskriminierung**, sondern ausschließlich die **Schlechterstellung von grenzüberschreitenden Vorgängen**.[252]

Das heißt aber nicht, dass die Grundfreiheiten nicht auch den Inländern zugutekommen können. Hat etwa ein Inländer im Ausland eine Qualifikation für einen Beruf erworben und will dieser nunmehr im Inland diesen Beruf ausüben, stellt dieser Vorgang einen grenzüberschreitenden Sachverhalt dar. Der Inländer kann sich deshalb auf die Personenverkehrsfreiheiten berufen.[253] Inzwischen ist diese Problematik weitgehend durch die Berufsanerkennungsrichtlinie (RL 2005/36/EG) geregelt (→ Rn. 134 ff.).[254]

Neben **offenen Diskriminierungen** werden auch **versteckte (mittelbare) Diskriminierungen** erfasst. Eine offene Diskriminierung liegt vor, wenn eine Regelung ausdrücklich einen ausländischen Sachverhalt (zB Staatsangehörigkeit oder eine ausländische Ware) schlechter stellt als den inländischen. Stattdessen handelt es sich um eine versteckte Diskriminierung, wenn zwar nicht ausdrücklich ein EU-Ausländer schlechter gestellt wird, dieser aber typischerweise stärker betroffen ist als ein Inländer.[255]

Darüber hinaus sind aber auch **unterschiedslose Beschränkungen** möglich. Das folgt aus dem Verständnis der Grundfreiheiten als Freiheitsrechte (→ Rn. 74 f.). Das Kriterium der unterschiedslosen Be-

---

252 *Ehlers* in: ders., Europäische Grundrechte und Grundfreiheiten § 7 Rn. 90.
253 EuGH Rs. 115/78, Slg. 1979, 399 (410) – Knoors; EuGH Rs. 246/80, Slg. 1981, 2311 (2329) – Brokmeulen.
254 Dazu *Kluth/Rieger* EuZW 2005, 486; *dies.* GewArch 2006, 1.
255 *Ruffert* JuS 2009, 97 (100).

schränkung hat der EuGH anhand der Warenverkehrsfreiheit entwickelt und mittlerweile auf die anderen Grundfreiheiten übertragen. Nach der **Dassonville-Formel** stellt jede Regelung der Mitgliedstaaten eine Beschränkung dar, wenn sie geeignet ist, „den innergemeinschaftlichen Handel unmittelbar oder mittelbar, tatsächlich oder potentiell zu behindern".[256] Der EuGH fasst den Beschränkungsbegriff sehr weit: für die Beschränkung ist nur die Wirkung der Regelung entscheidend; auf Finalitäts- oder Vorhersehbarkeitskriterien kommt es nicht an.

Beispiele: Diese weite Auslegung des Beschränkungsbegriffs führte dazu, dass nahezu alle mitgliedstaatlichen Maßnahmen, die sich auf den grenzüberschreitenden Verkehr auswirken, an den Grundfreiheiten gemessen wurden und somit rechtfertigungsbedürftig waren. So hat der EuGH etwa das Sonntagsverkaufsverbot in Wales[257] oder eine staatliche Werbekampagne, mit denen der Absatz inländischer Waren gefördert werden soll[258], als eine rechtfertigungsbedürftige Beschränkung der Grundfreiheiten angesehen.

89   Angesichts dieser Weite hat sich der EuGH im Folgenden um eine Eingrenzung des Beschränkungsbegriffs bemüht. In der Rechtssache **Keck** hat der EuGH bloße **Verkaufsmodalitäten** nicht als eine Beschränkung der Warenverkehrsfreiheit aufgefasst, wenn die entsprechenden Bestimmungen für alle Wirtschaftsteilnehmer im Inland gleichermaßen gelten und „sofern sie den Absatz der inländischen Erzeugnisse aus anderen Mitgliedstaaten rechtlich wie tatsächlich in der gleichen Weise berühren."[259] Verkaufsmodalitäten stellen vertriebsbezogene Maßnahmen dar. Hierzu gehören insbesondere allgemeine Regelungen über Öffnungszeiten oder Vertriebswege. Ebenso können auch Werbeverbote als Verkaufsmodalitäten verstanden werden, soweit sie sich nicht auf ein bestimmtes Produkt beziehen. Von Verkaufsmodalitäten sind schlussendlich produktbezogene Maßnahmen zu unterscheiden, die auch nach der Keck-Rechtsprechung weiterhin eine Beschränkung darstellen. Für die Abgrenzung zwischen produkt- und vertriebsbezogenen Maßnahmen dürfte folgender Gedanke maßgeblich sein: Eine Erschwerung des Marktzugangs in einem anderen Mitgliedstaat stellt immer eine Beschränkung der Grundfreiheiten dar; stattdessen ist die Regulierung nach erfolgtem

---
256 EuGH Rs. C-8/74, Slg. 1974 Rn. 5 – Dassonville.
257 EuGH Rs. C-145/, Slg. 1989, 3851 Rn. 12 ff. – Torfaen Borough Council.
258 EuGH Rs. 249/81, Slg. 1982, 4005 Rn. 23 ff. – Buy Irish.
259 EuGH verb. Rs. C-267–268/91, Slg. 1993, I-6097 Rn. 16 – Keck und Mithouard. Dazu *Kingreen* in: Calliess/Ruffert EUV/AEUV Art. 34–36 AEUV Rn. 49 ff.

Zutritt eine bloße Verkaufsmodalität und somit keine Beschränkung der Grundfreiheiten.[260] Der EuGH hat die Grundsätze der Keck-Rechtsprechung im Rahmen der Warenverkehrsfreiheit entwickelt und auf die Dienstleistungsfreiheit übertragen.[261] Es spricht aber nichts dagegen, den Gedanken auch für die anderen Grundfreiheiten anzuwenden.[262]

Ein weiterer Ansatz, um die Dassonville-Formel zu begrenzen, ist es, zwischen der staatlichen Maßnahme und der beschränkenden Wirkung eine gewisse **Nähebeziehung** zu verlangen. Demzufolge können ausschließlich hypothetische Kausalverläufe die Grundfreiheiten nicht beschränken.[263] Ein solcher **hypothetischer Kausalverlauf** wird vom EuGH insbesondere dann angenommen, wenn die Möglichkeit einer Betroffenheit „zu ungewiss und zu mittelbar (ist), als dass eine solche nationale Maßnahme als geeignet angesehen werden könnte, den innergemeinschaftlichen Handel zu behindern."[264]

90

Beispiel: Bedeutung hat dieses Kriterium vor allem für die **Vergabe öffentlicher Aufträge**, die nicht vom Vergaberecht erfasst werden. Der EuGH fordert auch dann eine europaweite Ausschreibungspflicht, wenn das Vergaberecht eine solche nicht regelt. Eine Pflicht den Auftrag auszuschreiben, wird nur dann abgelehnt, wenn die Auswirkungen auf den Binnenmarkt „zu zufällig und mittelbar" wären.[265]

dd) Rechtfertigung einer Beeinträchtigung von Grundfreiheiten.

Literatur: *Ehlers,* Allgemeine Lehren der Grundfreiheiten, in: ders., Europäische Grundrechte und Grundfreiheiten, 4. Auflage 2014, § 7; *Ennuschat,* Konsistenz und Kohärenz im Glücksspielrecht, WRP, 2014, 642; *Frenz,* Kohärente und systematische nationale Normgebung – nicht nur im Glücksspielrecht, EuR, 2012, 344; *Jarass,* Elemente einer Dogmatik der Grundfreiheiten, EuR, 2002, 705; *Manger-Nestler/Noack,* Europäische Grundfreiheiten und Grundrechte, JuS 2013, 503; *Ruffert,* Die Grundfreiheiten im Recht der Europäischen Union, JuS, 2009, 97; *Streinz,* Europarecht (2011), Rn. 782 ff.;

---

260 *Ehlers* in: ders. Europäische Grundrechte und Grundfreiheiten § 7 Rn. 101; *ders.* Jura 2001, 482 (485); *Ruffert* JuS 2009, 97 (101).
261 EuGH Rs. C-384/93, Slg. 1995, I-1141 – Alpine Investments.
262 *Ehlers* in: ders. Europäische Grundrechte und Grundfreiheiten § 7 Rn. 104.
263 EuGH Rs. C-93/92, Slg. 1993, I-5009 Rn. 13 – CMC Motorradcenter; EuGH EuZW 2011, 429 (430).
264 EuGH Rs. 291/09, EuZW 2011, 429 (430) – Guarnieri/Vandevelde. Dazu *Thomas* NVwZ 2009, 1202.
265 EuGH Rs. C-231/03, Slg. 2005, I-7287 Rn. 16 ff. – Coname; vgl. auch EuGH Rs. C-458/03, Slg. 2005, I-8885 Rn. 55 – Parking Brixen; EuGH C-507/03, Slg. 2007, I-9777 Rn. 30 – Kommission/Irland. Dazu *Kühling/Huerkamp* NVwZ 2009, 557 (558 f.); *Wollenschläger* NVwZ 2007, 388 (389 ff.).

Streinz/Leible, Die unmittelbare Drittwirkung der Grundfreiheiten, Überlegungen aus Anlass von EuGH, EuZW 2000, 468 – Angonese, EuZW 2000, 459; *Thomas*, Die Relevanzregel in der europäischen Grundfreiheitendogmatik – Zur Frage eines Spürbarkeitserfordernisses bei der Beeinträchtigung von Grundfreiheiten, NVwZ 2009, 1202.

91 Die Beeinträchtigung einer Grundfreiheit ist gerechtfertigt, wenn eine ausdrückliche oder ungeschriebene Schrankenregelung zur Anwendung gelangt und die Schranken-Schranken beachtet wurden. Geschriebene Schrankenregelungen finden sich für die Warenverkehrsfreiheit in Art. 36 AEUV, für die Arbeitnehmerfreizügigkeit in Art. 45 Abs. 3 AEUV, für die Niederlassungsfreiheit in Art. 52 Abs. 1 AEUV, für die Dienstleistungsfreiheit in Art. 62 iVm 52 Abs. 1 AEUV und für die Kapitalverkehrsfreiheit in Art. 65 Abs. 1 AEUV. Gemeinsam ist all diesen Schrankenbestimmungen, dass sie eine Einschränkung der Grundfreiheiten aus Gründen der öffentlichen Ordnung und Sicherheit ermöglichen (**ordre-public-Klausel**). Daneben sehen die Vorschriften – bis auf Art. 65 Abs. 1 AEUV – auch eine Schrankenregelung aus Gründen der Gesundheit vor. Diese Schranken stellen Ausnahmeregelungen dar.[266] Daraus folgt, dass die jeweiligen Begriffe eng auszulegen sind. So ist etwa die öffentliche Ordnung nur dann betroffen, wenn eine tatsächliche und hinreichend schwere Gefährdung vorliegt, die ein Grundinteresse der Gesellschaft berührt.[267]

92 Der EuGH hat aber über die ausdrücklichen Schrankenregelungen hinaus, **ungeschriebene Schranken** zugelassen. Diese Entwicklung wurde aufgrund der Weite des Beschränkungsbegriffs (→ Rn. 88) notwendig: einerseits ist der Beschränkungsbegriff relativ weit gefasst, andererseits sind die geschriebenen Schrankenregelungen eng auszulegen. Da darüber hinaus die geschriebenen Schrankenregelungen nicht alle denkbaren Rechtfertigungsgründe umfassen (zB Verbraucherschutz, Umweltschutz), sah sich der EuGH in der Entscheidung **Cassis de Dijon** dazu veranlasst, die Palette der in Betracht kommenden Rechtfertigungsgründe zu erweitern. Nationale Regelungen, die die Grundfreiheiten beeinträchtigen, können demnach gerechtfertigt werden, „soweit diese Bestimmung notwendig sind, um zwingenden Erfordernissen gerecht zu werden, insbesondere den Erfordernissen

---

266 EuGH Rs. C-348/96, Slg. 1999, I-11 Rn. 23 – Calfa; *Bröhmer* in: Calliess/Ruffert EUV/AEUV Art. 52 AEUV Rn. 1; *Ehlers* in: ders. Europäische Grundrechte und Grundfreiheiten § 7 Rn. 113.
267 EuGH Rs. C-326/07, Slg. 2009, I-2291 Rn. 70 – Kommission/Italien; EuGH Rs. C-54/99, Slg. 2000, I-1335 Rn. 17 – Église de scientologie.

§ 7. Relevanz allgemeiner Rechtsprinzipien

einer wirksamen steuerlichen Kontrolle, des Schutzes der öffentlichen Gesundheit, der Lauterkeit des Handelsverkehrs und des Verbraucherschutzes".[268]

Keine „zwingenden Erfordernisse" stellen rein wirtschaftlich protektionistische Zielsetzungen dar: solche Zielsetzungen stehen dem Binnenmarktkonzept (Art. 26 Abs. 2 AEUV) entgegen und können die Beeinträchtigung von Grundfreiheiten nicht rechtfertigen.[269] Stattdessen kommen im Öffentlichen Wirtschaftsrecht vor allem folgende zwingende Gemeinwohlinteressen in Betracht:

- der Arbeitnehmerschutz[270],
- der Verbraucherschutz[271],
- die Vermeidung von Spielsucht und Prävention von Straftaten[272] und
- die Beachtung des Standesrechts.[273]

Die „Cassis de Dijon"-Rechtsprechung wurde mit Blick auf die Warenverkehrsfreiheit entwickelt, aber inzwischen auch auf die anderen Grundfreiheiten übertragen.[274] Dabei muss jedoch beachtet werden, dass die Cassis-Rechtsprechung nach bislang herrschender Meinung nur für unterschiedslose Beschränkungen gilt – offene oder versteckte Diskriminierungen können daher nur gerechtfertigt sein, wenn hierfür eine entsprechende ausdrückliche Schrankenregelung besteht.[275]

In der Rechtssache **Gebhard** hat der EuGH schlussendlich den Prüfungsaufbau für beschränkende Maßnahmen dargestellt: „Aus der Rechtsprechung des Gerichtshofes ergibt sich […], daß nationale Maßnahmen, die die Ausübung der durch den Vertrag garantierten grundlegenden Freiheiten behindern oder weniger attraktiv machen können, vier Voraussetzungen erfüllen müssen: Sie müssen in nichtdiskriminierender Weise angewandt werden, sie müssen aus zwingenden Gründen des Allgemeininteresses gerechtfertigt sein, sie müssen

---

268 EuGH Rs. 120/78, Slg. 1979, 649 Rn. 8 – Cassis de Dijon.
269 EuGH Rs. C-400/08, Slg. 2011, I-1915 Rn. 98 – Kommission/Spanien; EuGH Rs. C-212/07, Slg. 2011, I-5633 Rn. 52 – Zeturf mAnm *Reichelt* EuZW 2011, 679 ff.
270 EuGH Rs. C-79/01, Slg. 2002, I-8923 Rn. 31 – Payroll.
271 EuGH verb. Rs. C-34–36/95, Slg. 1997, I-3843 Rn. 46 – de Agostini.
272 EuGH Rs. C-243/01, Slg. 2003, I-13031 Rn. 65 ff. – Gambelli.
273 EuGH Rs. C-96/85, Slg. 1986, I-1475 Rn. 18 – Kommission/Frankreich.
274 So vor allem sehr früh für die Dienstleistungs- und Niederlassungsfreiheit: EuGH Rs. 33/74, Slg. 1974, 1299 Rn. 10, 12 ff. – van Binsbergen; EuGH Rs. C-9/02, Slg. 2004, I-2409 Rn. 37 – De Lasteyrie du Saillant; EuGH Rs. C-42/07, Slg. 2009, I-7633 Rn. 55 ff. – Liga Portuguesa de Futebol Profissional.
275 *Herdegen* Europarecht § 145 Rn. 17; *Streinz* Europarecht Rn. 840.

geeignet sein, die Verwirklichung des mit ihnen verfolgten Zieles zu gewährleisten, und sie dürfen nicht über das hinausgehen, was zur Erreichung dieses Zieles erforderlich ist".[276]

96 Maßnahmen, die auf ausdrückliche oder ungeschriebene Rechtfertigungsgründe gestützt werden, müssen also dem **Diskriminierungsverbot** und dem **Verhältnismäßigkeitsgrundsatz** genügen. Offene Diskriminierungen, können nur gerechtfertigt werden, wenn hierfür ein besonderer Rechtfertigungsgrund vorliegt (zB Art. 36 AEUV). Im Rahmen der Verhältnismäßigkeit prüft der EuGH nur die Geeignetheit und Erforderlichkeit einer mitgliedstaatlichen Beschränkung – auf die Frage der Angemessenheit der Regelung kommt es also nicht an. Dabei sind bei der Verhältnismäßigkeit die vertraglichen Beschränkungsmöglichkeiten im Lichte der Grundrechte, über die der EuGH zu wahren hat, unter Einbeziehung der Europäischen Menschenrechtskonvention auszulegen.[277] Das heißt, dass im Rahmen der Rechtfertigung von Beschränkungen der Grundfreiheiten die EU-Grundrechtecharta über Art. 51 Abs. 1 EU-GRCharta zu berücksichtigen ist.[278]

97 Zunehmend rückt der Gedanke der **Kohärenz** mitgliedstaatlicher Regelung in den Blickpunkt des Wirtschaftsverwaltungsrechts: Grundsätzlich räumt der EuGH den Mitgliedstaaten einen **Gestaltungsspielraum** ein, wenn diese ein bestimmtes Schutzniveau regeln, das noch nicht (sekundärrechtlich) harmonisiert ist. Das betrifft vor allem Rechtsgebiete, die in kultureller oder sittlicher Hinsicht herkömmlicherweise national geprägt sind. In diesem Zusammenhang nimmt der EuGH beispielsweise einen Gestaltungsspielraum in den Bereichen des Gesundheitsschutzes[279] und der „sozialen Ordnung" an. Im Bereich der sozialen Ordnung wird diese Frage vor allem bei gewaltverherrlichenden Unterhaltungsangeboten[280] und bei der Bekämpfung des Glücksspiels[281] bedeutsam. Es geht darum, ob die Mitgliedstaaten sozial unerwünschte bzw. verbotene Tätigkeiten regulieren und so die Grundfreiheiten beeinträchtigen dürfen. In diesen

---

276 EuGH Rs. C-55/94, Slg. 1995, I-4165 Rn. 37 – Gebhard.
277 EuGH Rs. 36/02, lg. 2004, I-9609 Rn. 33 – Omega; *Herdegen* Europarecht § 14 Rn. 5.
278 *Jarass* EU-GRCharta, Art. 51 Rn. 21; *Manger-Nestler/Noack* JuS 2013, 503 (505 f.).
279 EuGH Rs. C-171/07, Slg. 2009, I-4171 Rn. 19 – Apothekenkammer des Saarlandes; EuGH Rs. C-141/07, Slg. 2008, I-6935 Rn. 46 – Kommission/Deutschland.
280 EuGH Rs. C-36/02, Slg. 2004, I-9609 Rn. 23 ff. – Omega.
281 EuGH Rs. C-42/07, Slg. 2009, I-7633 Rn. 57 – Liga Portuguesa de Futebol Profissional; dazu *Frenz* NVwZ 2005, 48.

§ 7. Relevanz allgemeiner Rechtsprinzipien

Bereichen nimmt der EuGH seine gerichtliche Kontrolle erheblich zurück: „In Ermangelung einer Harmonisierung des betreffenden Gebiets durch die Gemeinschaft ist es Sache der einzelnen Mitgliedstaaten, in diesen Bereichen im Einklang mit ihrer eigenen Wertordnung zu beurteilen, welche Erfordernisse sich aus dem Schutz der betroffenen Interessen ergeben".[282]

Allerdings gewährt der EuGH diese weiten Gestaltungsspielräume nicht schrankenlos. Je größer die Gestaltungsspielräume der Mitgliedstaaten sind, umso höher sind die Anforderungen an die Kohärenz der Maßnahmen (**Kohärenzgebot**). Eine Maßnahme ist inkohärent, wenn der nationale Gesetzgeber das System staatlicher Beschränkungen (etwa Gesundheitsschutz) nicht konsequent verfolgt. Das ist dann der Fall, wenn ein Mitgliedstaat ein Sachgebiet im Sinne seiner Schutzziele bestimmten rechtlichen Maßgaben unterwirft, ein vergleichbares Sachgebiet mit entsprechenden Anliegen und vor allem Gefahren für dieselben Schutzziele hingegen weitaus schwächer verfolgt.[283] Das Kohärenzgebot fordert also die widerspruchsfreie, folgerichtige und stimmige Ausgestaltung eines rechtlichen Systems. 98

Der EuGH prüft das Kohärenzgebot vor allem aus dem Blickwinkel der Geeignetheit. So führt der EuGH in der Rechtssache *Hartlauer* aus, dass eine Maßnahme nur dann geeignet ist, „die Verwirklichung des geltend gemachten Ziels zu gewährleisten, wenn sie tatsächlich dem Anliegen gerecht wird, es in kohärenter und systematischer Weise zu erreichen.[284] Teilweise wird das Kohärenzgebot aber auch als eine selbständige Schranken-Schranke aufgefasst, die von dem Verhältnismäßigkeitsprinzip zu unterscheiden ist.[285] 99

Beispiel: Besonders deutlich zeigte sich die Relevanz des Kohärenzgebotes im **Glücksspielrecht**. Zahlreiche private Glücksspielanbieter haben nicht nur vor dem BVerfG[286] (s. → § 15 Rn. 63 ff.), sondern auch vor dem EuGH die Staatsmonopole in den Bereichen Lotterie, Sportwette und Spielbank attackiert. Der EuGH hob zunächst hervor, dass die Mitgliedstaaten berechtigt seien, frei zu entscheiden, welche Maßnahmen zur Bekämpfung der Kriminalität und des pathologischen Spielverhaltens notwendig sind. Nach Ansicht

---

[282] EuGH Rs. C-42/07, Slg. 2009, I-7633 Rn. 57 – Liga Portuguesa de Futebol Profissional.
[283] *Frenz* EuR 2012, 344 (348).
[284] EuGH Rs. C-169/07, Slg. 2009, I-1721 Rn. 55 – Hartlauer; ebenso etwa EuGH Rs. C-46/08 Rn. 68 – Carmen Media.
[285] *Lippert* EuR 2012, 92 f; krit. *Pache* in: Ehlers Europäische Grundrechte und Grundfreiheiten, 4. Auflage 2014, § 7 Rn. 135.
[286] BVerfGE 115, 276.

des EuGH seien grundsätzlich auch Totalverbote oder auch Staatsmonopole mit der Niederlassungs- und Dienstleistungsfreiheit vereinbar.[287] Allerdings ist nach Auffassung des EuGH eine Monopolregelung, die auf die Bekämpfung der Spielsucht und den Spielerschutz als zwingende Gründe des Allgemeininteresses gestützt wird, nur verhältnismäßig, wenn sie ebenso wie ihre Anwendung in der Praxis geeignet ist, die Verwirklichung dieser Ziele in dem Sinne zu gewährleisten, dass sie kohärent und systematisch zur Begrenzung der Wetttätigkeit beiträgt.[288] Hierbei überprüfte der EuGH nicht nur die folgerichtige Umsetzung im Bereich der Sportwetten, sondern des gesamten Glücksspielrechts.[289] Das heißt, dass der EuGH für die Kohärenzprüfung auf alle Glücksspielsektoren (Lotterie, Sportwette, Spielhalle, Spielbank) abstellt.[290] Insgesamt bezweifelte der EuGH die Kohärenz des deutschen Sportwettenmonopols.[291] Vor diesem Hintergrund erklärten mehrere Oberverwaltungsgerichte das Sportwettenmonopol in seiner Ausgestaltung durch den GlüStV 2008 für unionsrechtswidrig, also mit der Niederlassungs- und Dienstleistungsfreiheit für unvereinbar.[292] Die Oberverwaltungsgerichte führten aus, das die Monopolregelungen durch die mitgliedstaatliche Politik in anderen Glücksspielbereichen konterkariert wird. Hierfür haben die einzelnen Oberverwaltungsgerichte im Wesentlichen zwei Punkte aufgeführt: Erstens sei es inkonsequent, dass das Sportwettenmonopol mit der Eindämmung des Glücksspiels begründet wird, aber zugleich im Bereich der Staatsmonopole eine expansive Glücksspielpolitik betrieben wird.[293] Zweitens sei das Sportwettenmonopol auch deswegen inkohärent umgesetzt, weil andere Glücksspielsektoren, die eine größere Suchtgefahr aufweisen (ua das gewerbliche Automatenspiel), nicht verschärft, sondern sogar liberalisiert wurden.[294]

100   Derzeit gilt der GLüStV 2012. Seine Änderungen betreffen ua die Reform des Spielhallenrechts (§§ 24 ff. GlüStV), die Regelung von Pferdewetten (§ 27 GlüStV), die Liberalisierung des Online-Glücksspiels (§ 4 GlüStV) sowie die probeweise Einführung eines Konzessionsmodells im Bereich der Sportwetten (§ 10a GlüStV). Bis auf Schleswig-Holstein haben alle Länder den GlüStV 2012 umgesetzt.

---

287 EuGH Rs. C-243/01, Slg. 2003, I-13031 Rn. 63 – Gambelli; EuGH verb. Rs. C-660/11 und 8/12 Rn. 41 – Biasci.
288 EuGH Rs. 316/07, Slg. 2010, I-8069 Rn. 88 – Markus Stoß; vgl. auch EuGH C-46/08 Rn. 68 – Carmen Media; dazu auch BVerwG NVwZ-RR 2014, 181 (184).
289 EuGH Rs. 316/07, Slg. 2010, I-8069 Rn. 107 – Markus Stoß.
290 Dazu näher *Kluth* Die Unvereinbarkeit des deutschen Lotteriemonopols nach dem Glücksspielstaatsvertrag mit dem Unions- und Verfassungsrecht, 2018; *Frenz* EuR 2012, 344; vgl. auch BVerwG NVwZ-RR 2014, 181; krit. *Hartmann* EUZW 2014, 814.
291 EuGH Rs. 316/07, Slg. 2010, I-8069 Rn. 106 – Markus Stoß.
292 BayVGH Urt. v. 21.3.2011 – 10 AS 10.2499 = ZfWG 2011, 197; BayVGH Urt. v. 12.1.2012 – 10 BV 10.22771, juris Rn. 53; OVG NRW Urt. v. 29.9.2011 – 4 A 17/08. Weitere Nachweise bei *Hecker* WRP 2012, 523 (525).
293 OVG NRW Urt. v. 29.9.2011 – 4 A 17/08, juris Rn. 46 ff.; gebilligt durch BVerwG, Urt. 20.6.2013 – 8 C 10/12 Rn. 43 ff.
294 OVG NRW Urt. v. 29.9.2011 – 4 A 17/08, juris Rn. 86.

Ob die Neugestaltung des Glücksspielrechts nunmehr unionsrechtskonform ist, ist noch offen.[295]

Auch wenn der EuGH das Kohärenzgebot anhand der Niederlassungs- und Dienstleistungsfreiheit entwickelt hat, kann durchaus davon ausgegangen werden, dass diese Argumentationsfigur für alle Grundfreiheiten Geltung beansprucht.[296] So ist der EuGH beispielsweise im Zusammenhang mit der Warenverkehrsfreiheit ebenfalls auf das Kohärenzgebot eingegangen.[297] 101

2. Niederlassungsfreiheit

Literatur: *Bröhmer*, in: Calliess/Ruffert, EUV/AEUV, 4. Auflage 2011, Art. 49 AEUV; *Frenz*, Handbuch Europarecht, Europäische Grundfreiheiten, Band 1, 2. Auflage 2012, Rn. 2130 ff.; *ders.*, Grundfragen der Niederlassungs- und Dienstleistungsfreiheit im neuen Gewande, GewArch, 2007, 98; *Henssler/Kilian*, Das deutsche Notariat im Europracht, Zeitenwende durch den EuGH oder „business as usual"?, NJW 2011, 481; *Tietje*, Niederlassungsfreiheit, in: Ehlers, Europäische Grundrechte und Grundfreiheiten, 4. Auflage 2014, § 10.

Die Niederlassungsfreiheit schützt die Freizügigkeit der unternehmerischen Tätigkeit und die Freiheit der Standortwahl des Unternehmers.[298] Sie adressiert besonders die Selbständigen, dh die Gewerbetreibenden einschließlich des Handwerks und die Freiberufler. Hieraus folgt auch die besondere Bedeutung der Niederlassungsfreiheit für das Wirtschaftsverwaltungsrecht. Das Handwerksrecht wie auch das Recht der freien Berufe sind nach wie vor durch subjektive Zulassungsschranken geprägt: Wer sich in diesen Bereichen wirtschaftlich betätigen will, muss oft bestimmte Qualifikationen erfüllen. So muss etwa der Rechtsanwalt gem. § 4 BRAO die Befähigung zum Richteramt vorweisen, also ein rechtswissenschaftliches Studium an einer Universität mit der ersten Prüfung und einen anschließenden Vorbereitungsdienst mit der zweiten Staatsprüfung abgeschlossen haben (§ 5 DRiG). Werden nun aber Abschlüsse, die im Ausland erworben wurden, im Inland nicht anerkannt, liegt ein Hindernis für die Verwirklichung des Binnenmarktes vor (s. → Rn. 86). Um dieses Hin- 102

---

[295] Zur aktuellen Rechtslage im Bereich des Glücksspiels: *Ennuschat* WRP 2014, 642; *Frenz* GewArch 2014, 465; *Hartmann* EuZW 2014, 814 ff.; *Koenig/Bovelet-Schober* GewArch 2013, 59 ff.; *Pagenkopf* NJW 2012, 2918 ff.; *Schneider* WiVerw 2014, 165 ff.; *Windoffer* DÖV 2012, 257 ff.
[296] *Frenz* EuR 2012, 344 (345).
[297] EuGH Rs. C-161/09, Slg. 2011, I-915 Rn. 42 ff. – Kakavetsos-Fragkopoulos.
[298] *Herdegen* Europarecht § 16 Rn. 22. Zur Bedeutung der Niederlassungsfreiheit *Tietje* in: Ehlers Europäische Grundrechte und Grundfreiheiten § 10 Rn. 1 ff.

dernis zu beseitigen, gebietet die Niederlassungsfreiheit, EU-Ausländer im Inland gleich zu behandeln. Das kann dadurch geschehen, dass die Mitgliedstaaten Abschlüsse aus dem Ausland auch im Inland anerkennen. Entsprechend ist es auch Rechtsanwälten aus dem EU-Ausland möglich, sich in der Bundesrepublik niederzulassen.[299] Der rechtliche Rahmen ist mittlerweile durch die Richtlinie 98/5/EG[300] (Rechtsanwaltsniederlassungsrichtlinie) und durch die Richtlinie 2005/36/EG[301] (Berufsanerkennungsrichtlinie) unionsrechtlich geregelt und im deutschen Recht durch das EuRAG[302] umgesetzt.[303] Auch hier zeigt sich die zunehmende Bedeutung von Harmonisierungsrichtlinien, die den Gehalt der Grundfreiheiten zunehmend ausformen (positive Integration, s. → Rn. 68).

103 Die Niederlassungsfreiheit gilt sowohl für natürliche als auch für juristische Personen (Art. 54 Abs. 1 AEUV). Auffällig ist, dass sich auch juristische Personen des öffentlichen Rechts gem. Art. 54 Abs. 2 AEUV auf die Niederlassungsfreiheit berufen können. Voraussetzung ist aber, dass diese einen Erwerbszweck verfolgen, also ihre Produkte oder Dienstleistungen gegen Entgelt anbieten müssen. Nach dieser Vorschrift kann sich also auch ein Eigenbetrieb einer Gemeinde auf die Niederlassungsfreiheit berufen, wenn sie zB grenzüberschreitende Leistungen anbietet (etwa im Bereich der Abfall-, Energie- oder Wasserwirtschaft).[304]

104 In sachlicher Hinsicht zählt die Niederlassungsfreiheit (Art. 49 ff. AEUV) zu den **Personenverkehrsfreiheiten** (s. → Rn. 70). Sie umfasst „die Aufnahme und Ausübung selbständiger Erwerbstätigkeiten sowie die Gründung und Leitung von Unternehmen" vorbehaltlich der Vorschriften über den freien Kapitalverkehr (Art. 49 Abs. 2 AEUV).

105 Die Niederlassungsfreiheit erfasst sowohl die primäre als auch die sekundäre Niederlassung. Unter einer primären Niederlassung versteht man den grenzüberschreitenden Wechsel der beruflichen Tätig-

---

299 Vgl. dazu EuGH Rs. 2/74, Slg. 1974, 631 – Reyners.
300 Richtlinie des Europäischen Parlaments und des Rates vom 16. Dezember 1998 zur Erleichterung der ständigen Ausübung des Rechtsanwaltsberufs in einem anderen Mitgliedstaat als dem, in dem die Qualifikation erworben wurde, Abl. L 77/36.
301 Richtlinie 2005/36/EG des Europäischen Parlaments und des Rates vom 7. September 2005 über die Anerkennung von Berufsqualifikationen, Abl. 255/22.
302 Gesetz über die Tätigkeit europäischer Rechtsanwälte in Deutschland vom 9.3.2000, BGBl. I S. 182.
303 Dazu *Frenz/Wübbenhorst* NJW 2011, 1262 ff.
304 *Bröhmer* in: Calliess/Ruffert EUV/AEUV Art. 54 AEUV Rn. 3; *Kronawitter* NVwZ 2009, 936 f.

keit von natürlichen Personen oder Gesellschaften (Art. 54 Abs. 1 AEUV). Ebenso stellt auch die erstmalige Aufnahme der beruflichen Tätigkeit in einem anderen Mitgliedstaat eine primäre Niederlassung dar. Von einer sekundären Niederlassung spricht man hingegen, wenn einzelne Betriebsteile in einen anderen Mitgliedstaat verlagert werden, ohne in dem anderen EU-Staat den eigentlichen Betriebsschwerpunkt aufzugeben. Das kann einmal dadurch geschehen, dass in dem Mitgliedstaat Tochterunternehmen gegründet werden. Ebenso ist aber auch die Errichtung von unselbständigen Niederlassungen, insbesondere die Gründung von Agenturen und Zweigniederlassungen möglich. Da Art. 49 Abs. 1 AEUV ausdrücklich auch die sekundäre Niederlassungsfreiheit der primären gleichstellt, ist die Unterscheidung eher von geringer Bedeutung.[305]

Der Begriff der Niederlassung ist weit auszulegen. Er umfasst die tatsächliche Ausübung einer wirtschaftlichen Tätigkeit mittels einer festen Einrichtung in einem anderen Mitgliedstaat auf unbestimmte Zeit.[306] Der Begriff der Niederlassung ist also durch drei Begriffe geprägt:
1. grenzüberschreitende wirtschaftliche Tätigkeit
2. feste Einrichtung
3. unbestimmte Zeit in einem anderen Mitgliedstaat.

Daraus folgt, dass erstens – wie bei allen Grundfreiheiten – ein grenzüberschreitender Bezug notwendig ist. Zu den wirtschaftlichen Tätigkeiten gehören jene, die dem Gewerberecht, dem Recht der freien Berufe sowie der Urproduktion unterfallen.[307] Entscheidend ist, dass der Selbständige entgeltlich handelt (s. → Rn. 103). Die Niederlassungsfreiheit schützt also keine bloß karitativen Tätigkeiten.[308]

Aus dem Begriff der unbestimmten Zeit folgt, dass die Niederlassungsfreiheit auf dauerhafte Tätigkeiten beschränkt ist. Das Merkmal der **Dauerhaftigkeit** dient der Abgrenzung zur Dienstleistungsfreiheit, die gem. Art. 57 Abs. 3 AEUV auch vorübergehende Tätigkeiten umfasst. Sobald die wirtschaftliche Tätigkeit dauerhaft erfolgt, ist die Niederlassungsfreiheit gegenüber der Dienstleistungsfreiheit lex specialis – die Dienstleistungsfreiheit wird dann durch die Niederlas-

---

305 Vertiefend dazu: *Frenz* Handbuch Europarecht, Europäische Grundfreiheiten, Band 1 Rn. 2232 ff.
306 EuGH Rs. C-221/89, Slg. 1991, I-3905 Rn. 20 – Factortame.
307 *Ruthig/Storr* ÖffWirtR Rn. 71.
308 *Ruffert* JuS 2009, 97 (98); *Tietje* in: Ehlers Europäische Grundrechte und Grundfreiheiten § 10 Rn. 22.

sungsfreiheit verdrängt.[309] Ob aber eine dauerhafte Tätigkeit vorliegt, bemisst sich gemäß der Rechtsprechung des EuGH nicht nur nach der Dauer, sondern auch nach der Häufigkeit, der regelmäßigen Wiederkehr und der Kontinuität der Dienstleistung.[310] Diese Abgrenzungskriterien können nicht nur für die Niederlassungsfreiheit fruchtbar gemacht werden; so wurden diese gem. Art. 5 Abs. 2 UAbs. 2 der Berufsanerkennungsrichtlinie[311] sowie dem Erwägungsgrund 77 der Dienstleistungsrichtlinie[312] zugrunde gelegt (s. → Rn. 137).

109 Das Kriterium der festen Einrichtung dient ebenfalls der Abgrenzung zur Dienstleistungsfreiheit. Hierzu gehören vor allem bauliche Einrichtungen wie etwa Produktionsstätten, Lager- und Büroräume.[313] Etwas anderes gilt aber, wenn der Selbständige erst die Niederlassung in einem anderen Mitgliedstaat plant – dann kann von ihm nicht erwartet werden, dass er bereits über eine Einrichtung verfügt. In diesen Fällen ist dann darauf abzustellen, wie nach seiner Planung die Tätigkeit ausgeübt werden soll.[314]

110 Von der Arbeitnehmerfreizügigkeit unterscheidet sich die Niederlassungsfreiheit anhand des Kriteriums der Selbständigkeit.[315] Ein Berufstätiger ist selbständig, wenn er unternehmerisch, also weisungsunabhängig handelt. Dagegen ist die Arbeitnehmerfreizügigkeit einschlägig, wenn der Einzelne in einem Abhängigkeitsverhältnis zu seinem Dienstherrn steht.[316] Für die Frage der Selbständigkeit spielt auch die Höhe des Einkommens keine Rolle. So handeln etwa Fußballprofis weisungsgebunden und sind daher nicht selbständig erwerbstätig.[317]

111 Wie bereits dargestellt, enthält Art. 51 AEUV eine Bereichsausnahme für solche Tätigkeiten, die in einem Mitgliedstaat dauernd oder zeitweise mit **öffentlicher Gewalt** verbunden sind. Es handelt sich hierbei um eine **Bereichsausnahme** (s. → Rn. 81). Da es sich bei Bereichsausnahmen generell um Ausnahmebestimmungen handelt,

---

309 EuGH Rs. C-3/95, Slg. 1996, I-6511 Rn. 19 – Reisebüro Broede; EuGH C-55/94, Slg. 1995, I-4165 Rn. 22 – Gebhard.
310 EuGH Rs. C-215/01, Slg. 2003, I-14847 Rn. 28 – Schnitzer.
311 RL/2005/36/EG des Europäischen Parlaments und des Rates vom 7. September 2005 über die Anerkennung von Berufsqualifikationen.
312 RL/2006/123/EG des Europäischen Parlaments und des Rates vom 12. Dezember 2006 über Dienstleistungen im Binnenmarkt.
313 *Bröhmer* in: Calliess/Ruffert EUV/AEUV Art. 49 AEUV Rn. 12.
314 EuGH Rs. C-338/09, Slg. 2010, I-13927 Rn. 35 ff. – Yellow Cab; *Forsthoff* in: Grabitz/Hilf/Nettesheim EU, Art. 49 AEUV Rn. 36.
315 EuGH C-152/03, EuZW 2006, 179 Rn. 19 – Ritter Coulais.
316 *Bröhmer* in: Calliess/Ruffert EUV/AEUV Art. 49 Rn. 11.
317 EuGH Rs. C-415/93, Slg. 1995, I-4921 Rn. 97 – Bosman.

§ 7. Relevanz allgemeiner Rechtsprinzipien

sind die einzelnen Tatbestandsmerkmale eng auszulegen. Deshalb schließt Art. 51 AEUV nur dann die Niederlassungsfreiheit aus, wenn die Tätigkeit „eine unmittelbare oder spezifische Teilnahme an der Ausübung öffentlicher Gewalt" darstellt.[318]

Beispiele: Das kann für den **Beliehenen** gelten. Hier muss jedoch beachtet werden, dass der Beliehene nur dann iSv Art. 51 AEUV öffentliche Gewalt ausübt, wenn ihm tatsächlich öffentlich-rechtliche Befugnisse übertragen wurden. Das gilt für den **TÜV** – allerdings nur, wenn er tatsächlich öffentliche Gewalt ausübt, etwa wenn er Prüfbescheinigungen erteilt bzw. verweigert.[319] Nicht mit der Ausübung hoheitlicher Gewalt verbunden, ist aber die Tätigkeit des **Rechtsanwalts**. Rechtsanwälte können sich deshalb auf die Niederlassungsfreiheit berufen; allerdings ist die Rechtsanwaltstätigkeit mittlerweile weitgehend durch EU-Sekundärrecht harmonisiert.[320] Ferner hat der EuGH inzwischen die lange anhaltende Diskussion entschieden, ob ein **Notar** öffentliche Gewalt iSv Art. 51 AEUV ausübt. In der Rechtssache *Kommission/Deutschland* ging es um die Frage, ob es mit der Niederlassungsfreiheit vereinbar ist, für den Zugang zum deutschen Notarberuf ausschließlich die deutsche Staatsangehörigkeit zu verlangen. In dieser Entscheidung sprach sich der EuGH dafür aus, dass die Bereichsausnahme des Art. 51 AEUV nicht auf den Notar anwendbar ist. Entscheidend sei nicht der Status, sondern die Tätigkeit, die keine Ausübung öffentlicher Gewalt iSv Art. 51 AEUV darstelle.[321] Damit stellte der EuGH fest, dass das deutsche Staatsangehörigkeitserfordernis für den Zugang zum Notarberuf eine verbotene Diskriminierung auf Grund der Staatsangehörigkeit darstellt, die mit der Niederlassungsfreiheit nicht vereinbar sei.[322] Ob aber mit der Entscheidung die gegenwärtige deutsche Notariatsverfassung als solche nicht mehr zu halten ist, kann der Entscheidung freilich nicht entnommen werden.[323]

Die Niederlassungsfreiheit umfasst sowohl ein **Diskriminierungsverbot** als auch ein **Beschränkungsverbot** (s. → Rn. 74). Als Diskriminierungsverbot gewährleistet die Niederlassungsfreiheit dem Einzelnen das Recht, in einem anderen Mitgliedstaat eine dauerhafte und selbständige Tätigkeit zu den gleichen Bedingungen wie ein Inländer auszuüben (Inländergleichbehandlung).[324] Deshalb sind die Mitgliedstaaten auch verpflichtet, äquivalente Kenntnisse und Fähigkeiten, die im Ausland erworben wurden, im Inland angemessen zu

---

318 EuGH Rs. 2/74, Slg. 1974, 631 Rn. 44/45 – Reyners.
319 *Frenz* Handbuch Europarecht, Europäische Grundfreiheiten, Bd. 1, Rn. 2407 ff.
320 EuGH Rs. 2/74, Slg. 1974, 631 Rn. 54/55 – Reyners; dazu näher *Frenz/Wübbenhorst*, NJW 2011, 1262.
321 EuGH Rs. 54/08, Slg. 2011, I-4355 Rn. 116 – Kommission/Deutschland.
322 EuGH Rs. 54/08, Slg. 2011, I-4355 Rn. 117 – Kommission/Deutschland.
323 Dazu etwa *Henssler/Kilian* NJW 2012, 481.
324 *Streinz* Europarecht Rn. 908.

berücksichtigen.³²⁵ Die Konsequenzen für die Tätigkeit des Rechtsanwalts wurden eingangs schon erwähnt (s. → Rn. 102). Aber auch im Handwerksrecht zeigen sich die Auswirkungen der Niederlassungsfreiheit: So werden Handwerker auch dann gem. § 9 HwO in die Handwerksrolle eingetragen, wenn sie ihre Qualifikationen innerhalb der Europäischen Union erworben haben (s. → Rn. 143).

113 Die Niederlassungsfreiheit stellt darüber hinaus ein Beschränkungsverbot dar. Rechtfertigungsbedürftig ist danach jede nationale Maßnahme, „die die Ausübung der durch den Vertrag garantierten grundlegenden Freiheiten behinder[t] oder weniger attraktiv mach[t]".³²⁶ Aber auch hier sind wiederum die Grundsätze der Keck-Rechtsprechung zu beachten (s. → Rn. 89). Übertragen auf die Niederlassungsfreiheit stellen also nur niederlassungsbezogene Maßnahmen eine Beschränkung dar, die sich auf das „Ob" der Niederlassung beziehen. Bloße Modalitäten, also Maßnahmen, die das „Wie" der bereits erfolgten Niederlassung betreffen, stellen hingegen keine Beschränkung dar.³²⁷

Beispiele: Deshalb stellen solche Maßnahmen, die keinen Bezug zur Niederlassung haben, keine Beschränkung der Niederlassungsfreiheit dar. Hierzu gehören etwa Ladenschlusszeiten oder auch Regelungen, die sich auf die Einrichtung von Gaststätten beziehen. Typische Beschränkungen der Niederlassungsfreiheit sind aber insbesondere Genehmigungs- und Erlaubnispflichten, weil sie die Niederlassung eines Wirtschaftsteilnehmers in einem anderen Mitgliedstaat von bestimmten Voraussetzungen abhängig machen.³²⁸

114 Solche Beschränkungen sind nur dann gerechtfertigt, wenn sie in nichtdiskriminierender Weise angewendet werden (1.), aus zwingenden Gründen des Allgemeininteresses gerechtfertigt sind (2.), geeignet sind, die Verwirklichung des mit ihnen verfolgten Zwecks zu gewährleisten (3.), und schlussendlich nicht über das hinausgehen, was zur Erreichung dieses Zieles erforderlich ist (4.).³²⁹ Die Rechtfertigung von Eingriffen in die Niederlassungsfreiheit bemisst sich also nach allgemeinen Grundsätzen (s. → Rn. 91 ff.).

---

325 EuGH Rs. C-61/89, Slg. 1990, I-3551 Rn. 11 ff. – Bouchoucha; EuGH Rs. C-330/03, Slg. 2006, I-801, 23 ff. – Colegio.
326 EuGH Rs. C-55/94, Slg. 1995, I-4165 Rn. 37 – Gebhard; vgl. dazu *Herdegen* Europarecht § 16 Rn. 31.
327 Vgl. *Frenz* Europarecht Rn. 293 ff.
328 EuGH verb. Rs. –C-171–172/07, Slg. 2009, I-4171 Rn. 23 – Apothekerkammer des Saarlandes ua.
329 EuGH Rs. C-55/94, Slg. 1995, I-4165 Rn. 37 – Gebhard.

§ 7. Relevanz allgemeiner Rechtsprinzipien 113

Beispiele: Um einen Grenzfall zwischen Diskriminierung und Beschränkung handelte es sich in der Rechtssache *Klopp*. Der Fall betraf das **Verbot der Zweitniederlassung für Rechtsanwälte**. Ein deutscher Rechtsanwalt wollte in Frankreich eine Zweitniederlassung gründen. Nach damaligem französischem Recht war es aber verboten, im Gebiet der Union nur eine Kanzlei zu unterhalten. Vor diesem Hintergrund entschied der EuGH, dass es gegen die Niederlassungsfreiheit verstößt, wenn das nationale Recht einem Rechtsanwalt verbietet, im Aufnahmeland eine Niederlassung zu gründen, wenn er bereits im Heimatland über eine Niederlassung verfügt.[330] Andererseits sind aber **Anzeigepflichten im Gewerberecht** (zB § 14 GewO) mit der Niederlassungsfreiheit vereinbar. Zwar stellen diese eine Beschränkung der Niederlassungsfreiheit dar, sie verfolgen aber einen legitimen Zweck und sind darüber hinaus gerechtfertigt, weil sie es der Behörde ermöglichen, sich zum Zwecke einer wirksamen Überwachung einen Überblick über die Art und Zahl der in ihrem Bezirk tätigen Gewerbetreibenden zu verschaffen (s. → § 15 Rn. 27 ff.)[331] Ebenso verfolgen die Mitgliedstaaten einen legitimen Zweck, wenn sie die zulässige Gewerbeausübung an die **Zuverlässigkeit** des Gewerbetreibenden knüpfen (zB § 35 GewO).[332] Auch ist es nach der Rechtsprechung des EuGH grds. gerechtfertigt, dass das nationale Recht den Handwerker nach erfolgter Niederlassung verpflichtet, sich in die **Handwerksrolle** einzutragen (vgl. aber die rechtliche Bewertung im Falle der Dienstleistungsfreiheit, s. → Rn. 127).[333] Selbst **Bedürfnisprüfungen zur Zulassung von privaten Krankenhäusern** können gerechtfertigt sein, wenn die Behörde das Auswahlverfahren transparent gestaltet und ihr Beurteilungsspielraum begrenzt ist.[334]

Ferner stellt sich die Frage, ob die gesetzliche Pflichtmitgliedschaft 115 in einer Kammer und die damit verbundene Beitragspflicht (s. → § 9 Rn. 43 ff.) mit der Niederlassungsfreiheit vereinbar ist. Insgesamt führt der Kammerzwang zu einer Gleichstellung mit den im Inland ansässigen Unternehmern und Freiberuflern. Darüber hinaus eröffnet die Pflichtmitgliedschaft den Zugang zu Partizipationsrechten und Dienstleistungen, die mit der Kammer verbunden sind. Insoweit ist schon fraglich, ob der Kammerzwang tatsächlich zu einer Beschränkung der Niederlassungsfreiheit führt. Im Ergebnis wäre aber eine solche Beschränkung im Falle der dauerhaften Niederlassung jedenfalls gerechtfertigt. Das folgt auch aus dem Umkehrschluss aus Art. 6 lit. a der Berufsanerkennungsrichtlinie (RL 2005/36/EG) sowie durch

---
330 EuGH Rs. C-107/83, Slg. 1984, 2971 Rn. 18 f. – Klopp.
331 Vgl. EuGH Rs. C-55/94, Slg. 1995, I-4165 Rn. 36 – Gebhard. Dazu *Ruthig/Storr* ÖffWirtR Rn. 75.
332 BVerwG GewArch 1993, 323; GewArch 1996, 411.
333 EuGH Rs. C-58/98, Slg. 2000, I-7919 Rn. 45 – Corsten.
334 EuGH Rs. C-169/07, Slg. 2009, I-1721 Rn. 64 ff. – Hartlauer. Vgl. auch zur Bedürfnisprüfung für die Bestellung eines Notars EuGH C-54/08, Slg. 2011, I-4355 Rn. 98 – Kommission/Deutschland.

Art. 16 Abs. 2 Dienstleistungsrichtlinie (RL 2006/123/EG), die die Unvereinbarkeit mit der Niederlassungsfreiheit gerade nicht festlegen (vgl. zur Vereinbarkeit mit der Dienstleistungsfreiheit → § 9 Rn. 49).[335]

3. Dienstleistungsfreiheit

Literatur: *Frenz*, Menschenwürde und Dienstleistungsfreiheit, NVwZ 2005, 48; *Kluth*, in: Calliess/Ruffert, EUV/AEUV, Art. 56, 57 AEUV; *Oppermann/Classen/Nettesheim*, Europarecht, 6. Auflage 2014, § 25; *Pache*, Dienstleistungsfreiheit, in: Ehlers: Europäische Grundrechte und Grundfreiheiten, 4. Auflage 2014, § 11.

116 Möchte der Einzelne (oder ein Unternehmen) sich nicht dauerhaft in einem anderen Mitgliedstaat niederlassen, sondern nur vorübergehend Leistungen erbringen, dann ist die **Dienstleistungsfreiheit** einschlägig. Der Begriff der Dienstleistung ist in Art. 57 Abs. 1 AEUV legaldefiniert. Darunter sind Leistungen zu verstehen, die in der Regel gegen Entgelt erbracht werden. Dazu gehören vor allem gewerbliche, kaufmännische, handwerkliche sowie freiberufliche Tätigkeiten (Art. 57 Abs. 2 AEUV). In persönlicher Hinsicht können sich sowohl natürliche Personen als auch Gesellschaften auf die Dienstleistungsfreiheit berufen (Art. 62 iVm Art. 54 S. 1 AEUV).

117 Die Dienstleistungsfreiheit ist von den anderen Grundfreiheiten abzugrenzen. Aus Art. 57 Abs. 1 und 3 AEUV geht hervor, dass die Dienstleistungsfreiheit grundsätzlich subsidiären Charakter hat.[336] Indem die Dienstleistungsfreiheit den grenzüberschreitenden Wirtschaftsverkehr auch ohne eine dauerhafte Wohnsitzverlagerung (s. → Rn. 108) ermöglicht, ergänzt die Dienstleistungsfreiheit die Personenverkehrsfreiheiten (Niederlassungsfreiheit, Arbeitnehmerfreizügigkeit). Von der Warenverkehrsfreiheit unterscheidet sich die Dienstleistungsfreiheit dadurch, dass sie sich auf **unkörperliche Leistungen** beschränkt.[337] Bezieht sich die Tätigkeit auf körperliche Leistungen, so kommt es nach der Rechtsprechung des EuGH auf den Schwerpunkt der Tätigkeit an. In diesem Zusammenhang ist entscheidend, ob im konkreten Fall eine der beiden Freiheiten der anderen gegenüber zweitrangig ist und ihr zugeordnet werden kann.[338]

---

335 Dazu näher *Kirchberg* NJW 2009, 1313; *Kluth* in: Ehlers/Fehling/Pünder BesVwR, Öffentliches Wirtschaftsrecht, Bd. 1, 3. Auflage 2012, § 15 Rn. 41 ff.
336 Im Einzelnen *Kluth* in: Calliess/Ruffert EUV/AEUV Art. 56, 57 AEUV Rn. 15 ff.
337 *Pielow* in: Landmann/Rohmer GewO Einleitung EU Rn. 68; vertiefend zur Subsidiarität *Kluth* in: Calliess/Ruffert EUV/AEUV Art. 56, 57 AEUV Rn. 15 ff.
338 EuGH Rs. C-36//02, Slg. 2004, I-9609 Rn. 26 – Omega.

§ 7. Relevanz allgemeiner Rechtsprinzipien

Beispiele: So werden zwar – im Sinne der Warenverkehrsfreiheit – Waren eingeführt, wenn ein ausländischer Lottoveranstalter Werbe- und Anmeldeformulare versendet. Da aber der ausländische Anbieter hierbei bezweckt, die Teilnahme an einer Lotterie zu ermöglichen, ist schwerpunktmäßig die Dienstleistungs- und nicht die Warenverkehrsfreiheit betroffen.[339] Ebenso stellt eine Einfuhrbeschränkung von Ausrüstungen, die für das Spiel „Laserdrome" entwickelt wurden, keine Beschränkung der Warenverkehrs-, sondern der Dienstleistungsfreiheit dar. Zur Begründung führt der EuGH aus, dass die Einfuhrbeschränkung unmittelbar aus dem Verbot der Spielvariante als Dienstleistung folge (s. → Rn. 159).[340]

Unverzichtbare Elemente der Dienstleistungsfreiheit stellen die **Entgeltlichkeit der Dienstleistung** und die **Grenzüberschreitung** dar. Knüpft man an das Kriterium der Grenzüberschreitung an, so lassen sich folgende Erscheinungsformen der Dienstleistungsfreiheit typisieren: 118

- Aktive Dienstleistungen (Dienstleistungserbringungsfreiheit)
- Passive Dienstleistungen (Dienstleistungsempfangsfreiheit)
- Korrespondenzdienstleistungen
- Leistungsaustausch in einem anderen Mitgliedstaat.

Die Dienstleistungsfreiheit umfasst sowohl den Dienstleistungserbringer als auch den Dienstleistungsempfänger. Geht es um die Dienstleistungserbringung, so wird dieser Vorgang typischerweise als **aktive Dienstleistungsfreiheit** geschützt. In diesen Fällen überschreitet der Dienstleister die Grenze zum anderen Mitgliedstaat, hält sich dort vorübergehend auf und erbringt seine Dienstleistung (zB ein in Belgien ansässiger Rechtsanwalt vertritt seinen Mandanten vor dem VG Leipzig).[341] Die aktive Dienstleistungsfreiheit umfasst ferner auch vorbereitende Maßnahmen. So ist die Angebotsabgabe für einen späteren Dienstleistungsauftrag von der Dienstleistungsfreiheit umfasst. Diese Konsequenz ist ua für das Vergaberecht bedeutsam: Indem die Dienstleistungsfreiheit die Angebotsabgabe schützt, ist die Vergabe öffentlicher Aufträge an der Dienstleistungsfreiheit zu messen.[342] Ebenso erfasst die Dienstleistungsfreiheit die Werbung für Dienstleistungen.[343] 119

---

339 EuGH Rs. C-275/92, Slg. 1994, I-1039 Rn. 22 ff. – Schindler.
340 EuGH Rs. C-36//02, Slg. 2004, I-9609 Rn. 27 – Omega.
341 *Kluth* in: Calliess/Ruffert EUV/AEUV Art. 56, 57 AEUV.
342 *Kluth* in: Calliess/Ruffert EUV/AEUV Art. 56, 57 AEUV Rn. 2.
343 EuGH Rs. C-384/93, Slg. 1995, I-1141 Rn. 28 – Alpine Investment.

120 Von **passiver Dienstleistungsfreiheit** ist hingegen die Rede, wenn der Einzelne sich in einen anderen Mitgliedstaat begibt, um dort die angebotenen Dienstleistungen in Empfang zu nehmen (zB ein Belgier sucht einen Rechtsanwalt in Deutschland auf). Ebenfalls erfasst ist die Entgegennahme von Leistungen im Heimatstaat des Empfängers, wenn die Leistung durch einen Gewerbetreibenden oder Freiberufler erfolgt, der in einem anderen Mitgliedstaat ansässig ist.[344] Diese Erweiterung des Anwendungsbereichs ist bemerkenswert: Indem die Dienstleistungsfreiheit auch den Empfang der Leistung im Heimatstaat schützt, löst sich die Dienstleistungsfreiheit von der Fixierung der Grundfreiheiten auf aktiv am Wirtschaftsleben teilnehmende Personen; sie erfasst nunmehr auch den Unionsbürger als Verbraucher.[345]

121 Ferner schützt die Dienstleistungsfreiheit alle Vorgänge, in denen die Leistung und nicht die Person die Grenze überschreitet (**sog. Korrespondenzdienstleistungen**).[346] Geschützt sind also beispielsweise Bankgeschäfte[347], die grenzüberschreitende Ausstrahlung von Fernseh- oder Werbesendungen sowie sonstige Telekommunikationsdienstleistungen[348], aber auch das Angebot von Glücksspielen über das Internet[349].

122 Zuletzt ist nach Auffassung des EuGH auch der **Leistungsaustausch in einem anderen Mitgliedstaat** von der Dienstleistungsfreiheit umfasst. Hier begeben sich sowohl der Dienstleistungserbringer als auch der Dienstleistungsempfänger in einen anderen Mitgliedstaat, um dort die Leistungen auszutauschen. Das gilt vor allem für die „Mitnahme eigener Reiseführer".[350]

123 Da Art. 62 AEUV auf die Vorschriften der Niederlassungsfreiheit verweist, gelten gem. Art. 62 iVm Art. 51 Abs. 1 AEUV die **Bereichsausnahmen** der Niederlassungsfreiheit auch für die Dienstleistungsfreiheit. Entsprechend sind Dienstleistungen, die mit der Ausübung öffentlicher Gewalt verbunden sind, nicht vom Schutzbereich der Dienstleistungsfreiheit umfasst (s. → Rn. 111).

124 Für Eingriffe in die Dienstleistungsfreiheit gelten die allgemeinen Grundsätze (s. → Rn. 83 ff.). Die Dienstleistungsfreiheit enthält zu-

---

344 EuGH verb. Rs. 286/82 und 26/83, Slg. 1984, 377 Rn. 10 (Luisi und Carbone).
345 *Kluth* in: Calliess/Ruffert EUV/AEUV Art. 56, 57 AEUV Rn. 31.
346 *Kluth* in: Calliess/Ruffert EUV/AEUV Art. 56, 57 AEUV Rn. 27 ff.
347 EuGH Rs. 15/78, Slg. 1978, 1971 Rn. 3 – Koestler.
348 EuGH Rs. 155/73, Slg. 1974, 409 Rn. 6 – Sachhi.
349 EuGH Rs. C-46/08, Slg. 2010, I-8149 Rn. 39 ff. – Carmen Media.
350 EuGH Rs. C-198/89, Slg. 1991, I-727 Rn. 11 – Kommission/Griechenland.

nächst ein **offenes und verstecktes Diskriminierungsverbot**. Es gilt der Grundsatz der **Inländergleichbehandlung**: Ausländische Dienstleister bzw. deren Produkte dürfen nicht schlechter gestellt werden als die inländischen. **Offene Diskriminierungen** knüpfen an die Staatsangehörigkeit des Dienstleisters bzw. der dienstleistenden Gesellschaft an und können personen- oder produktbezogen erfolgen. Typische **versteckte Diskriminierungen** sind Niederlassungs- bzw. Präsenzpflichten.[351] Es handelt sich hierbei um Vorschriften, die zwar nicht direkt an die Staatsangehörigkeit anknüpfen, aber gleichwohl nur von Inländern erfüllt werden können. So entspricht es etwa einer versteckten Diskriminierung, einen dauerhaften privaten Wohnsitz oder eine Niederlassung zu fordern, um eine Dienstleistung zu erbringen.[352]

Beispiele: § 27 BRAO verpflichtet den Rechtsanwalt im Bezirk der Rechtsanwaltskammer, deren Mitglied er ist, eine Kanzlei einzurichten und zu unterhalten. Dieses Erfordernis kann regelmäßig nur von Inländern erfüllt werden und stellt deshalb eine versteckte Diskriminierung dar.[353] Deshalb sieht § 29a Abs. 2 BRAO eine Befreiung zugunsten von Rechtsanwälten mit ausschließlichem Sitz in anderen Staaten vor.

Darüber hinaus umfasst die Dienstleistungsfreiheit aber auch ein **125** **umfassendes Beschränkungsverbot**. Dieses geht bereits aus dem Wortlaut des Art. 56 Abs. 1 AEUV („Die Beschränkungen") hervor. Auch der EuGH hat bereits sehr früh in der Rechtssache **van Binsbergen** die Dienstleistungsfreiheit als ein allgemeines Beschränkungsverbot verstanden.[354] Tatsächlich versteht der EuGH den Beschränkungsbegriff sehr weit: Eine Beschränkung liegt schon dann vor, wenn die nationale Maßnahme „geeignet ist, die Tätigkeit des Dienstleistungserbringers, der in einem anderen Mitgliedstaat ansässig ist […], zu unterbinden, zu behindern oder weniger attraktiv zu machen".[355]

Beispiele: In diesem Sinne stellen gewerberechtliche **Genehmigungserfordernisse** Beschränkungen der Dienstleistungsfreiheit dar.[356] Wenn aber schon bloße Genehmigungserfordernisse eine Beschränkung darstellen, so wird erst

---

351 Dazu näher *Schöne* Dienstleistungsfreiheit in der EG und deutsche Wirtschaftsaufsicht, S. 166 ff.
352 EuGH Rs. C-114/97, Slg. 1998, I-6717 Rn. 31 – Kommission/Spanien; dazu *Tiedje/Troberg* in: GS EUV/EGV, Art. 49 EGV Rn. 43.
353 EuGH Rs. 427/85, Slg. 1988, 1123 Rn. 39 ff. – Kommission/Deutschland.
354 EuGH Rs. 33/74, Slg. 1974, 1299 Rn. 10, 12 – van Binsbergen.
355 EuGH Rs. C-3/95, Slg. 1996, I-6511 Rn. 25 – Reisebüro Broede.
356 EuGH Rs. C-470/11, Slg. 2012, NVwZ 2012, 1162 Rn. 34 – SIA Garkalns.

recht in die Dienstleistungsfreiheit eingegriffen, wenn ein Mitgliedstaat bestimmte Dienstleistungen generell verbietet, also etwa **Internet-Glücksspiele**[357] oder auch **gewaltverherrlichende Tötungsspiele**[358] untersagt. Aber auch die **gesetzliche Pflichtmitgliedschaft** in einer Kammer und die damit verbundene Beitragspflicht kann die Dienstleistungsfreiheit beschränken, wenn die wirtschaftliche Tätigkeit nur vorübergehend erbracht werden soll (s. → § 9 Rn. 49 sowie ferner zur Niederlassungsfreiheit → Rn. 48).[359]

126 Wie alle anderen Grundfreiheiten wird auch die Dienstleistungsfreiheit nicht unbeschränkt gewährleistet. So gelten die geschriebenen Schrankenregelungen der Niederlassungsfreiheit auch für die Dienstleistungsfreiheit (Art. 62 iVm Art. 52 Abs. 1 AEUV). Namentlich sind Eingriffe in die Dienstleistungsfreiheit aus Gründen der öffentlichen Ordnung, Sicherheit und Gesundheit gerechtfertigt (s. → Rn. 91). Aber auch ansonsten gilt für Beschränkungen der Dienstleistungsfreiheit die herkömmliche Schrankendogmatik (vgl. → Rn. 92 ff.).

Beispiel: An dieser Stelle kann die Argumentation des EuGH zur Rechtfertigung von Registrierungspflichten anhand des Falles **Corsten**[360] verdeutlicht werden: Josef Corsten beauftragte ein Handwerksunternehmen aus den Niederlanden, um in Deutschland Estricharbeiten vorzunehmen. Dieses Unternehmen durfte zwar Handwerkerleistungen in den Niederlanden vornehmen, war aber in Deutschland nicht in die Handwerksrolle gem. § 1 Abs. 1 HwO eingetragen. Die zuständige Ordnungsbehörde sah in der Beauftragung dieses niederländischen Unternehmens eine Ordnungswidrigkeit nach dem SchwarzArbG und erteilte Josef Corsten einen Bußgeldbescheid. Dieser erhob vor dem AG Heinsberg Einspruch gegen den Bescheid. Das AG Heinsberg bezweifelte jedoch die Vereinbarkeit der Eintragungspflicht nach § 1 Abs. 1 HwO mit der Dienstleistungsfreiheit und legte die Frage dem EuGH vor.

127 Grundsätzlich stellt die Registrierungspflicht eine Beschränkung der Dienstleistungsfreiheit dar, weil die handwerkliche Leistung nur vorübergehend erbracht werden soll und durch die Registrierung die grenzüberschreitende Tätigkeit erschwert wird. Allerdings stellt das Ziel der Eintragung, nämlich die Qualität der durchgeführten handwerklichen Arbeiten zu sichern und deren Abnehmer vor Schaden zu bewahren, einen zwingenden Grund des Allgemeininteresses dar, der eine Beschränkung der Dienstleistungsfreiheit rechtfertigen kann.

---

357 EuGH Rs. C-42/07, Slg. 2009, I-7633 Rn. 52 – Liga Portuguesa de Futebol Profissional.
358 EuGH Rs. C-36//02, Slg. 2004, I-9609 Rn. 27 – Omega, mAnm *Frenz* NVwZ 2005, 48.
359 EuGH C-58/98, Slg. 1999, I-7919 Rn. 38 ff. – Corsten.
360 EuGH Rs. C-58/98, Slg. 2000, I-7919 – Corsten, mAnm *Streinz* JuS 2001, 388.

Anschließend führt der EuGH aus, dass die Eintragungspflicht nicht verhältnismäßig ist: Insgesamt ist mit der Registrierung ein verfahrensmäßiger, zeitlicher und finanzieller Aufwand verbunden; der Dienstleistungsverkehr wird also erheblich erschwert oder verzögert. Besonders kleinere Vorhaben wären nicht mehr wirtschaftlich attraktiv, wenn bei einer einmaligen oder nur vorübergehenden handwerklichen Tätigkeit Verwaltungskosten und sonstige Beitragszahlungen an die Kammern anfallen. Insgesamt würde die Eintragungspflicht dazu führen, dass Unternehmen nicht mehr von der Dienstleistungsfreiheit Gebrauch machen würden. Der EuGH hat deshalb entschieden, dass eine Eintragungspflicht jedenfalls bei nur gelegentlicher Betätigung nicht zulässig ist.[361] Mittlerweile ist die Problematik durch die Berufsanerkennungsrichtlinie (RL 2005/36/EG) entschärft, denn Art. 6 lit. a der Richtlinie sieht als milderes Mittel die Einführung einer sog. pro-forma-Mitgliedschaft bzw. automatischen Mitgliedschaft in Kammern ohne Beitragspflichten vor (s. → Rn. 144).[362]

4. Liberalisierung im Bereich der Niederlassungs- und Dienstleistungsfreiheit durch Sekundärrecht, insbesondere Berufsanerkennungsrichtlinie und Dienstleistungsrichtlinie

Um die Grundfreiheiten und den damit verbundenen einheitlichen Binnenmarkt (Art. 26 Abs. 2 AEUV) zu verwirklichen, sieht das Unionsrecht drei Instrumente vor: 128
1. Die Aufhebung von Beschränkungen durch die Mitgliedstaaten, insbesondere durch die Gewährleistung des Grundsatzes der Inländergleichbehandlung,
2. die Gewährleistung eines Mindeststandards durch die unmittelbare Anwendung der Grundfreiheiten und
3. die Beseitigung von Beschränkungen durch Liberalisierungsmaßnahmen des sekundären Unionsrechts[363]

Besonders im Bereich der Niederlassungs- und Dienstleistungsfreiheit stellte sich heraus, dass die bloßen primärrechtlichen Gewährleistungen der Grundfreiheiten alleine nicht genügen, den Binnenmarkt zu verwirklichen. Schon am 14. Juni 1985 legte die Kommission ihr Weißbuch zur „Vollendung des Binnenmarktes" vor. Dort stellte die Kommission ernüchtert fest, dass im Bereich der Niederlassungsfrei- 129

---

361 EuGH Rs. C-58/98, Slg. 2000, I-7919 Rn. 45 ff. – *Corsten*.
362 *Kluth/Rieger* EuZW 2005, 486 (489).
363 *Kluth* in: Calliess/Ruffert EUV/AEUV Art. 59 AEUV Rn. 1.

heit sowie der Dienstleistungsfreiheit „noch wenig erreicht" wurde.[364] Die Europäische Union beeinflusst daher zunehmend das nationale Recht der Mitgliedstaaten und wählt dafür einen proaktiven Ansatz: Nicht mehr EU-Kommission und EuGH sollen in schwerfälligen Verfahren die vorhandenen und den Grundfreiheiten widersprechenden Hindernisse im mitgliedstaatlichen Recht bekämpfen, sondern die Mitgliedstaaten werden verpflichtet, ihre bestehenden Regelungen grundlegend und umfassend auf ihre Vereinbarkeit mit den grundfreiheitlichen Vorgaben hin zu überprüfen.[365]

130 Deshalb werden die Grundfreiheiten im Bereich des Wirtschaftsverwaltungsrechts zunehmend durch zahlreiche sekundärrechtliche Regelungen konkretisiert. Dabei sind einerseits branchenspezifische Regelungen möglich (zB Rechtsanwaltsniederlassungsrichtlinie); viel umfassender kann aber das Wirtschaftsverwaltungsrecht durch sektorenübergreifende Regelungen ausgestaltet werden. Von besonderer Bedeutung sind vor allem die Berufsanerkennungsrichtlinie[366] (BARL) und die Dienstleistungsrichtlinie[367] (DLRL): sie konkretisieren die Maßgaben der Dienstleistungs- und Niederlassungsfreiheit und enthalten dadurch zahlreiche Vorgaben für das Gewerberecht, für das Handwerksrecht und für das Recht der freien Berufe. Im Folgenden soll ein Überblick über die Dienstleistungs- und die Berufsanerkennungsrichtlinie gegeben werden.

131 a) **Die Struktur von Richtlinien.** Beide Rechtsakte stellen Richtlinien iSv Art. 288 Abs. 3 AEUV dar. Richtlinien sind für jeden Mitgliedstaat, an den sie gerichtet werden, hinsichtlich des zu erreichenden Ziels verbindlich, überlassen jedoch den innerstaatlichen Stellen die Wahl der Form und der Mittel. Richtlinien enthalten also finale Vorgaben für die Mitgliedstaaten, die diese durch Akte der Umsetzung zu realisieren haben.[368] Anders als die Verordnung (Art. 288 Abs. 2 AEUV) besitzt die Richtlinie also keine unmittelbare Geltung im nationalen Recht. Sie bedarf daher einer Umsetzung durch die Mitgliedstaaten. Dabei enthalten Richtlinien regelmäßig eine Umsetzungsfrist, innerhalb dieses Zeitraums die Richtlinie umgesetzt werden muss. Die konkrete Umsetzung erfolgt dann häufig durch ein

---

364 Dok. Kom (85) 310 Rn. 91, 95.
365 *Kluth* in: Leible Die Umsetzung der Dienstleistungsrichtlinie, S. 132.
366 Richtlinie 2005/36/EG des Europäischen Parlaments und des Rates vom 7. September 2005 über die Anerkennung von Berufsqualifikationen, Abl. L 252/22.
367 Richtlinie 2006/123/EG des Europäischen Parlaments und des Rates vom 12. Dezember 2006 über Dienstleistungen im Binnenmarkt, Abl. L 376/36.
368 *Ruffert* in: Calliess/Ruffert EUV/AEUV Art. 288 AEUV Rn. 23.

Gesetz.³⁶⁹ Wird die Richtlinie innerhalb der Frist nicht umgesetzt, kann eine Richtlinie aber auch unmittelbare Wirkung entfalten. Der Grund liegt darin, dass anderenfalls die praktische Wirksamkeit („effet utile") einer Richtlinie erheblich beeinträchtigt wäre, wenn jeder Mitgliedstaat in der Lage wäre, die Rechtswirkungen der Richtlinie zu vereiteln. Damit eine Richtlinie unmittelbare Wirkung erzeugt, müssen folgende Voraussetzungen erfüllt sein:
1. Die Richtlinie muss so hinreichend genau formuliert sein, dass aus ihr unmittelbar Rechte abgeleitet werden können, ohne dass der nationale Gesetzgeber Umsetzungsspielräume hat (self-executing-Charakter der Richtlinie).
2. Als nächstes muss nach Ablauf der Umsetzungsfrist die Richtlinie nicht vollständig umgesetzt sein.
3. Schließlich darf die unmittelbare Wirkung der Richtlinie nicht zu einer Verpflichtung eines Bürgers gegenüber dem Staat oder einer unmittelbaren Verpflichtung gegenüber einem anderen Einzelnen führen.³⁷⁰

Darüber hinaus ist das Verhältnis der Dienstleistungs- und Berufsanerkennungsrichtlinie zur Niederlassungs- und Dienstleistungsfreiheit durchaus problematisch. So ist auch der EuGH noch unentschlossen, wie das Verhältnis zwischen Grundfreiheiten und EU-Sekundärrecht zu bestimmen ist.³⁷¹ Letztlich spricht aber viel dafür, Richtlinien als alleinigen Maßstab heranzuziehen.³⁷² Für die exklusive Prüfung der Richtlinie müssen aber folgende Voraussetzungen erfüllt sein:
- Die Richtlinie darf nicht Primärrecht verletzen; sie muss also insbesondere mit den Grundfreiheiten vereinbar sein. Diese Voraussetzung ist von vornherein einsichtig, da auch die EU-Organe bei dem Erlass von Sekundärrechtsakten an die Grundfreiheiten gebunden sind.³⁷³

---
369 Zu den Einzelheiten *Streinz* Europarecht Rn. 481.
370 *Streinz* Europarecht Rn. 494; *Ruffert* in: Calliess/Ruffert EUV/AEUV Art. 288 AEUV Rn. 47 ff. Zu weiteren Einzelfragen *Oppermann/Classen/Nettesheim* Europarecht § 9 Rn. 82 ff.
371 Krit. *Streinz/Leible* in: Schlachter/Ohler Europäische Dienstleistungsrichtlinie, Einleitung Rn. 86.
372 *Kingreen* Die Struktur der Grundfreiheiten des Europäischen Gemeinschaftsrechts, 1999, S. 151; *Streinz/Leible* in: Schlachter/Ohler Europäische Dienstleistungsrichtlinie, Einleitung Rn. 86.
373 *Ehlers* in: ders. Europäische Grundrechte und Grundfreiheiten § 7 Rn. 9.

- Die Richtlinie muss tatsächlich eine speziellere und abschließende Regelung enthalten. Ob die Richtlinie einen Sachverhalt abschließend regelt, kann aber nicht pauschal, sondern muss für jede Norm des sekundären Unionsrechts gesondert geprüft werden.[374]

133 b) Verhältnis von Dienstleistungs- und Berufsanerkennungsrichtlinie. Auch wenn sowohl die Berufsanerkennungsrichtlinie als auch die Dienstleistungsrichtlinie die Dienstleistungs- und Niederlassungsfreiheit konkretisieren, unterscheiden sich beide Richtlinien in ihrem Regelungsbereich. Die Berufsanerkennungsrichtlinie betrifft weitgehend die Person des Berufstätigen und dessen Zugang zur Ausübung seiner Freiheit („Ob"). Vor allem regelt die Berufsanerkennungsrichtlinie die Frage, welche Qualifikationen bei der grenzüberschreitenden Tätigkeit zu berücksichtigen sind, also welche Abschlüsse und Berufserfahrungen im Inland anerkannt werden (vgl. auch Erwägungsgrund 31 der DLRL). Die Dienstleistungsrichtlinie bestimmt hingegen die Anforderungen an eine zulässige berufliche Tätigkeit („Wie"). Allerdings wird die Abgrenzung dadurch erschwert, dass die Dienstleistungsrichtlinie zugleich auch Vorschriften enthält, die den Marktzugang betreffen. Für diese Fälle gilt die Kollisionsregel des Art. 3 Abs. 1 lit. d DLRL. Die Dienstleistungsrichtlinie ist grundsätzlich gegenüber anderen spezifischeren Richtlinien subsidiär; sie tritt also im Falle einer Konkurrenz zurück. Für Angelegenheiten, die die Dienstleistungsfreiheit betreffen, wird die Subsidiarität der Dienstleistungsrichtlinie gegenüber der Berufsanerkennungsrichtlinie ferner durch Art. 17 Nr. 6 DLRL bestimmt.[375]

c) Berufsanerkennungsrichtlinie.

Literatur: Frenz, Die Berufsanerkennungsrichtlinie und verbliebene sektorale Richtlinien, GewArch 2011, 377; *Kluth/Rieger,* Die neue EU-Berufsanerkennungsrichtlinie – Regelungsgehalt und Auswirkungen für Berufsangehörige und Berufsorganisation, EuZW 2005, 486; *dies.,* Die gemeinschaftsrechtlichen Grundlagen und berufsrechtlichen Wirkungen von Herkunftslandprinzip und Bestimmungslandprinzip – Eine Analyse am Beispiel von Dienstleistungs- und Berufsanerkennungsrichtlinie, GewArch 2006, 1; *Pielow,* in: Landmann/Rohmer, GewO, Einleitung EU Rn. 80 ff.

134 Viele Mitgliedstaaten setzen für die berufliche Tätigkeit bestimmte Qualifikationen voraus. Damit es selbständig Erwerbstätigen möglich

---

374 Zum Ganzen *Streinz/Leible* in: Schlachter/Ohler Europäische Dienstleistungsrichtlinie, Einleitung Rn. 86 ff.
375 *Leible* in: Schlachter/Ohler Europäische Dienstleistungsrichtlinie, Art. 3 Rn. 3 ff.

ist, ihre Leistungen grenzüberschreitend erbringen zu können, müssen deshalb deren Befähigungen unionsweit anerkannt werden. Dieses Anliegen greift die Berufsanerkennungsrichtlinie auf. Die Berufsanerkennungsrichtlinie wurde auf der Grundlage von Art. 53 und 62 AEUV erlassen. Sie regelt, welche im Ausland erworbenen Berufsqualifikationen im Inland zu berücksichtigen sind (vgl. Art. 1 Abs. 1 BARL). Zu diesen Berufsqualifikationen zählen sowohl Ausbildungsnachweise für Abschlüsse als auch Befähigungsnachweise im Sinne von anderweitigen Prüfungszeugnissen oder Berufserfahrungen. Dabei verfolgt die Richtlinie einen **sektorübergreifenden Ansatz**: Sie vereinheitlicht die früheren Anerkennungsrichtlinien, die etwa für Ärzte oder Architekten galten, und erfasst nunmehr alle reglementierten Berufe. Nach Art. 3 Abs. 1 lit. a BARL sind **reglementierte Berufe** solche Tätigkeiten, deren Aufnahme oder Ausübung direkt oder indirekt durch Rechts- und Verwaltungsvorschriften an den Besitz bestimmter Berufsqualifikationen gebunden sind. Die Definition des reglementierten Berufs verdeutlicht den sektorübergreifenden Ansatz der Berufsanerkennungsrichtlinie, denn sie erfasst sowohl Freiberufler als auch Berufe aus den Bereichen Handel, Industrie und Handwerk.[376]

Die Wirkung der Anerkennung regelt Art. 4 Abs. 1 BARL. Danach ermöglicht die Anerkennung der Berufsqualifikationen durch den Aufnahmemitgliedstaat „es den begünstigten Personen, in diesem Mitgliedstaat denselben Beruf wie den, für den sie in ihrem Herkunftsmitgliedstaat qualifiziert sind, aufzunehmen und unter denselben Voraussetzungen wie Inländer auszuüben." In dieser Norm werden zwei Prinzipien formuliert – **das Prinzip der gegenseitigen Anerkennung von Berufsqualifikationen** zum Zwecke des Marktzugangs und das **Bestimmungslandprinzip**, also das Gebot der Inländergleichbehandlung für das Marktverhalten nach dem Zugang.[377] Damit gelten die Regelungen des Mitgliedstaates, in dem der Beruf ausgeübt wird.

aa) **Regelungen zum Marktzugang.** Der Marktzugang setzt aufgrund der Reglementierung der Berufe die Anerkennung der Berufsqualifikationen voraus. Hierbei unterscheidet die Berufsanerkennungsrichtlinie danach, ob die grenzüberschreitende Tätigkeit in

---
376 *Kluth/Rieger* EuZW 2005, 486 (487).
377 *Kluth/Rieger* EuZW 2005, 486 (487). Vertiefend dazu: *Kluth/Rieger* GewArch 2006, 1 ff.

Ausübung der **Dienstleistungsfreiheit** (Titel II) oder der **Niederlassungsfreiheit** (Titel III) erfolgt.

137 Die **Ausübung der Dienstleistungsfreiheit** ist im Titel II in den Art. 5 ff. BARL geregelt. Der Anwendungsbereich des Titels setzt eine vorübergehende und gelegentliche Ausübung des Berufs voraus. Für die Abgrenzung der Dienstleistungsfreiheit zur Niederlassungsfreiheit wird dann auf die Dauer, Häufigkeit, regelmäßige Wiederkehr und Häufigkeit der Dienstleistung abgestellt (Art. 5 Abs. 2 BARL). Diese Abgrenzungskriterien orientieren sich dabei an der EuGH-Rechtsprechung zu den Grundfreiheiten (s. → Rn. 108). Ist die Dienstleistungsfreiheit einschlägig, dann darf diese gem. Art. 5 Abs. 1 BARL nicht eingeschränkt werden, wenn:
1. der Dienstleister zur Ausübung desselben Berufs rechtmäßig in einem Mitgliedstaat niedergelassen ist und
2. der Dienstleister diesen Beruf mindestens ein Jahr[378] während der letzten zehn Jahre ausgeübt hat, sofern der Beruf im Niederlassungsmitgliedstaat nicht reglementiert ist.

138 Die Berufsanerkennungsrichtlinie treibt damit die Liberalisierung des grenzüberschreitenden Dienstleistungsverkehrs deutlich voran. Die Mitgliedstaaten können nach Art. 7 BARL lediglich verlangen, dass der Dienstleister die vorherige Tätigkeit den zuständigen Behörden schriftlich mitteilt. Diese Vorgaben wurden im Gewerberecht in § 13a GewO umgesetzt. Aber auch das Handwerksrecht ist entsprechend harmonisiert. So dient die **EU/EWR-Handwerk-Verordnung**, erlassen auf Grundlage des § 9 HwO, der Umsetzung der Berufsanerkennungsrichtlinie. Möchte ein Handwerker nur vorübergehend in Deutschland Handwerkerleistungen erbringen, so genügt es nach § 8 EU/EWR-Handwerk-VO, die Tätigkeit bei der zuständigen Handwerkskammer schriftlich anzuzeigen und die Voraussetzungen einer rechtmäßigen Dienstleistung nachzuweisen. Damit greift das Handwerksrecht die Vorgaben des EuGH in der **Rechtssache Corsten** auf (dazu schon → Rn. 127).

139 Titel III regelt, welche Berufsqualifikationen anzuerkennen sind, wenn der Einzelne sich in einem anderen Mitgliedstaat niederlassen möchte. Die Vorschriften untergliedern sich in vier Kapitel, die drei Anerkennungsmodalitäten unterscheiden. Dabei ist Kapitel I gem. Art. 10 BARL subsidiär gegenüber den übrigen Kapiteln. Die Unter-

---

378 Nach der älteren Fassung der BARL bis zum 16. Januar 2014 wurden noch zwei Jahre verlangt.

scheidung knüpft an den unterschiedlichen Harmonisierungsgrad bei den einzelnen Berufen an.

So regelt Kapitel III die automatische Anerkennung von Berufsqualifikationen von solchen Berufen, die im Anhang V im Einzelnen genannt werden. Diese Berufe wurden bereits vor Erlass der Berufsanerkennungsrichtlinie bereichsspezifisch harmonisiert. Hierzu gehören unter anderem Ärzte (Art. 24 ff. BARL), Apotheker (Art. 44 f. BARL) oder auch Architekten (Art. 46 ff. BARL).

Im Unterschied dazu regelt Kapitel II die Anerkennung von Berufserfahrung (Art. 16 BARL). Es handelt sich um Berufe in den Bereichen Handwerk, Industrie und Handel. Welche konkreten Berufserfahrungen anerkannt werden, richtet sich dann nach den Art. 17 ff. BARL; für die konkrete Zuordnung verweist die Berufsanerkennungsrichtlinie auf den Anhang IV, der wiederum in drei Verzeichnisse unterteilt ist.

Wird eine Berufsqualifikation nicht nach dem Kapitel II oder III anerkannt, so findet Kapitel I des Titels III Anwendung (Art. 10 ff. BARL). Danach müssen die Mitgliedstaaten Berufsqualifikationen, die in anderen Mitgliedstaaten erworben wurden, gem. Art. 13 BARL anerkennen. Das jeweilige Qualifikationsniveau ist dann in Art. 11 BARL bestimmt. Hinsichtlich der Anerkennung von Befähigungs- und Ausbildungsnachweisen werden fünf verschiedene Gruppen nach dem Niveau der Befähigungsnachweise unterschieden: diese reichen von der allgemeinen Schulbildung (Art. 11 lit. a BARL) bis hin zum Hochschulabschluss (Art. 11 lit. e BARL). Grundlegend für die gegenseitige Anerkennung der Qualifikationen ist die Vermutung, dass die im Ausland erworbenen Qualifikationen denen entsprechen, die im Inland gefordert werden (Art. 13 Abs. 3 BARL).[379] Allerdings ermöglicht Art. 14 BARL es den Mitgliedstaaten, unter bestimmten Voraussetzungen von dem Niederlassenden Ausgleichsmaßnahmen wie Anpassungslehrgänge zu verlangen.

Diese Vorgaben sind ebenfalls wirtschaftsverwaltungsrechtlich umgesetzt: Im Gewerberecht wurde **§ 13c GewO** eingefügt; diese Norm regelt, unter welchen Voraussetzungen ausländisch erworbene Befähigungsnachweise anerkannt werden. Damit öffnet sich die Gewerbeordnung für die grenzüberschreitende gewerbliche Tätigkeit. Ist also ein Sachkundenachweis für die gewerbliche Tätigkeit notwendig, dann muss nunmehr stets § 13c GewO herangezogen werden, um

---

[379] *Frenz* GewArch 2011, 379 (380).

die Gleichwertigkeit ausländischer Qualifikationen zu ermitteln.[380] Ebenfalls sind die Vorgaben der Berufsanerkennungsrichtlinie auch im Handwerksrecht umgesetzt. So regeln die **§§ 1–6 EU-EWR-Handwerk-VO**, nach welchen Maßgaben eine Ausnahmebewilligung gem. § 9 HwO zu erteilen ist.

144 bb) **Regelungen zum Marktverhalten.** Auch wenn die Berufsanerkennungsrichtlinie vorwiegend den Marktzugang regelt, enthält sie auch Bestimmungen, die für das Marktverhalten bedeutend sind. Die Regelungen zum Marktverhalten der Berufsträger werden gem. Art. 4 Abs. 1 BARL vom **Grundsatz der Inländergleichbehandlung** getragen. Damit gilt für das Marktverhalten das **Bestimmungslandprinzip**, also das Recht des Landes, in dem der Beruf ausgeübt wird.[381] Ausnahmen gelten jedoch für Sachverhalte, die durch die Dienstleistungsfreiheit geprägt sind. Hier sieht Art. 6 lit. a BARL für Wirtschaftstätige, die nur vorübergehend Dienstleistungen erbringen wollen, eine Befreiung vom Kammerzwang vor (s. → § 9 Rn. 49). Zwar dürfen die Mitgliedstaaten Anzeigepflichten gem. Art. 7 Abs. 1 BARL verlangen, die Anzeige darf aber nicht zu einer beitragspflichtigen Mitgliedschaft in einer Selbstverwaltungskörperschaft führen. Diese Vorgaben sind in der EU-EWR-Handwerk-VO entsprechend umgesetzt. Im Rahmen der Niederlassungsfreiheit gibt es hingegen keine Ausnahmen vom Bestimmungslandprinzip. Daraus folgt, dass sowohl die Behörden als auch die jeweiligen Kammern alle Unionsbürger nach den Rechtsvorschriften für Inländer behandeln dürfen – vor allem ist auch der Kammerzwang unionskonform, wenn der Einzelne eine dauerhafte Niederlassung in dem Bestimmungsland beabsichtigt (s. → § 9 Rn. 48).[382]

145 cc) **Verfahrensbestimmung.** In der Berufsanerkennungsrichtlinie finden sich auch Vorgaben für die Ausgestaltung der Verfahren und die Verwaltungszusammenarbeit:
- Art. 51 Abs. 1 BARL fordert, dass das Verfahren zur Anerkennung der Berufsqualifikationen nach spätestens drei Monaten abgeschlossen sein muss. Diese Vorgabe ist beispielsweise in § 13c Abs. 5 S. 2 GewO übernommen.
- Art. 8 und 56 BARL enthalten Vorgaben zur Verwaltungszusammenarbeit, die in § 11b GewO umgesetzt wurden.

---

380 *Pielow* in: Landmann/Rohmer GewO Einleitung EU Rn. 85.
381 *Kluth/Rieger* EuZW 2005, 486 (489).
382 *Kluth* in: Ehlers/Fehling/Pünder BesVwR, Bd. 1, 3. Auflage 2012, § 15 Rn. 42.

d) Dienstleistungsrichtlinie.

Literatur: *Eisenmenger,* Das Öffentliche Wirtschaftsrecht im Umbruch – Drei Jahre Dienstleistungsrichtlinie in Deutschland, NVwZ 2010, 337; *Kluth,* Auswirkungen der Dienstleistungsrichtlinie auf die Handwerks- und Gewerbeordnung, in: Leible (Hrsg.), Die Umsetzung der Dienstleistungsrichtlinie – Chancen und Risiken für Deutschland, 2008, S. 131; *Lemor,* Auswirkungen der Dienstleistungsrichtlinie auf ausgesuchte reglementierte Berufe, EuZW 2007, 135; *Mann,* Randnotizen zur Umsetzung der Dienstleistungsrichtlinie im Gewerberecht, GewArch 2010, 93; *Pielow,* in: Landmann/Rohmer, GewO, Einleitung EU, Rn. 80 ff.; *Reichelt,* Änderungen im Verwaltungsverfahren im Zuge der Umsetzung der EU-Dienstleistungsrichtlinie, LKV 2010, 97; *Shirvani,* Grenzüberschreitende Gewerbeausübung im Lichte der Dienstleistungsrichtlinie, DVBl. 2012, 1338; *Streinz,* Die Ausgestaltung der Dienstleistungs- und Niederlassungsfreiheit durch die Dienstleistungsrichtlinie – Anforderungen an das nationale Recht, in: Leible (Hrsg.), Die Umsetzung der Dienstleistungsrichtlinie – Chancen und Risiken für Deutschland, 2008, S. 95.

Mit der Dienstleistungsrichtlinie nimmt das Recht der Europäischen Union in einer bislang nicht bekannten Breite und Tiefe Einfluss auf das Wirtschaftsverwaltungsrecht.[383] Sie hat in den letzten Jahren zu einem erheblichen Anpassungsbedarf geführt, und das in verwaltungsorganisatorischer, in verwaltungsverfahrensrechtlicher und in materiell-rechtlicher Hinsicht.[384] Die Dienstleistungsrichtlinie wurde – wenn auch begleitet von einem Vertragsverletzungsverfahren[385] – im deutschen Recht weitgehend umgesetzt. Für den hier relevanten Zusammenhang sind vor allem folgende Gesetze zu nennen:
- Viertes Gesetz zur Änderung verwaltungsverfahrensrechtlicher Vorschriften (4. VwVfÄndG) vom 11. Dezember 2008[386] und das
- Gesetz zur Umsetzung der Dienstleistungsrichtlinie im Gewerberecht und in weiteren Rechtsvorschriften vom 17. Juli 2009[387].

Die Dienstleistungsrichtlinie ist eines der Kernelemente der „Lissabon-Strategie". Die Richtlinie verpflichtet die einzelnen Mitgliedstaaten, Hürden für die berufliche Betätigung abzubauen und so die Verwirklichung des Binnenmarktes im Bereich des Dienstleistungsverkehrs voranzutreiben. Das Ziel der Dienstleistungsrichtlinie lässt

---

[383] *Kluth* Auswirkungen der Dienstleistungsrichtlinie auf die Handwerks- und Gewerbeordnung, in: Leible (Hrsg.) Die Umsetzung der Dienstleistungsrichtlinie, S. 132.
[384] *Eisenmenger* NVwZ 2010, 337.
[385] Vgl. Pressemitteilung der EU-Kommission IP/11/1283 vom 27. Oktober 2011.
[386] BGBl. 2008 I S. 2418.
[387] BGBl. 2009 I S. 2091.

sich Art. 1 Abs. 1 DLRL deutlich entnehmen: „Diese Richtlinie enthält allgemeine Bestimmungen, die bei gleichzeitiger Gewährleistung einer hohen Qualität der Dienstleistungen die Wahrnehmung der Niederlassungsfreiheit durch die Dienstleistungserbringer sowie den freien Dienstleistungsverkehr erleichtern sollen."

148 Nach Auffassung der Kommission stellt die Komplexität sowie die Langwierigkeit von Verwaltungsverfahren ein Haupthindernis für die Verwirklichung des Binnenmarktes dar (vgl. Erwägungsgrund 3 und 43 der DLRL). Deshalb beinhaltet die Dienstleistungsrichtlinie weitreichende Vorgaben zur Vereinfachung des Verwaltungshandelns. Entsprechend ist die Dienstleistungsrichtlinie sektorenübergreifend ausgestaltet und erfasst so sämtliche Dienstleistungsberufe. Allerdings sind nach Art. 2 Abs. 2 DLRL bestimmte Tätigkeiten vom Anwendungsbereich der Richtlinie ausgeschlossen. Nicht von der Dienstleistungsrichtlinie erfasst sind beispielsweise nicht-wirtschaftliche Tätigkeiten (Art. 2 Abs. 2 lit. a DLRL), Glücksspiele (Art. 2 Abs. 2 lit. h DLRL) sowie sämtliche Tätigkeiten in Ausübung öffentlicher Gewalt (Art. 2 Abs. 2 lit. i DLRL).

149 Die Dienstleistungsrichtlinie setzt folgende Schwerpunkte:
- Kapitel II: Verwaltungsvereinfachung (Art. 5–8 DLRL)
- Kapitel III: Niederlassungsfreiheit der Dienstleistungserbringer (Art. 9–15 DLRL)
- Kapitel IV: Freier Dienstleistungsverkehr (Art. 16–21 DLRL)
- Kapitel V: Qualität der Dienstleistungen (Art. 22–27 DLRL)
- Kapitel VI: Verwaltungszusammenarbeit (Art. 28–36 DLRL)
- Kapitel VII: Konvergenzprogramm (Art. 37–43 DLRL).

150 Zunächst enthält die Dienstleistungsrichtlinie im Kapitel II Vorgaben zur **Verwaltungsvereinfachung**. Im Vordergrund dieses Kapitels steht die Einführung eines **Einheitlichen Ansprechpartners** (Art. 6 DLRL). EU-Dienstleister können behördliche Verfahren und Formalitäten, die für die Aufnahme und Ausübung der Dienstleistung erforderlich sind, über einen einheitlichen Ansprechpartner abwickeln. Geplant ist damit ein sog. **One-Stop-Shop-Modell**: Dienstleistungserbringer haben die Möglichkeit, mit nur einer Behörde in Kontakt zu treten (vgl. Erwägungsgrund 48 DLRL).[388] Art. 6 Abs. 2 DLRL stellt darüber hinaus klar, dass die einheitlichen Stellen keine Vollzugsfunktionen ausüben; sie haben also lediglich die Aufgabe,

---

[388] *Shirvani* DVBL. 2012, 1338 (1339); *Ziekow/Windoffer* in: Schlachter/Ohler (Hrsg.) Europäische Dienstleistungsrichtlinie, Art. 6 Rn. 6f.

§ 7. Relevanz allgemeiner Rechtsprinzipien 129

Anträge entgegenzunehmen, diese an die zuständigen Behörden weiterzuleiten und den Dienstleistern gegenüber Informationen iSv Art. 7 Abs. 1 DLRL zugänglich zu machen. Flankiert werden die Vorschriften zur Veraltungsvereinfachung durch das Gebot, die Verfahrensabwicklung elektronisch durchzuführen (Art. 8 DLRL). Diese Vorgaben wurden etwa in §§ 71a ff. VwVfG, § 6b GewO und in § 5b HwO umgesetzt.

Verwaltungsorganisatorisch kommen als einheitliche Stellen mehrere Optionen in Betracht.[389] So können kommunale Selbstverwaltungskörperschaften, beispielsweise Landkreise oder kreisfreie Städte (zB Nordrhein-Westfalen), aber auch Selbstverwaltungskörperschaften der Wirtschaft sowie der freien Berufe (zB Baden-Württemberg) die Aufgaben als einheitliche Stelle wahrnehmen. Ebenfalls ist es möglich, die Aufgabe Landesbehörden zu übertragen, so etwa Regierungspräsidien (Hessen) oder dem Landesverwaltungsamt (Sachsen-Anhalt). 151

Anschließend regelt Kapitel III (Art. 9 ff. DLRL) die Vorgaben, wenn der Einzelne sich in Ausübung der Niederlassungsfreiheit wirtschaftlich betätigt. Hierbei regeln Art. 9 und 10 DLRL, unter welchen Voraussetzungen die Mitgliedstaaten Genehmigungsregelungen aufstellen dürfen. Für das Wirtschaftsverwaltungsrecht bedeutsam sind aber vor allem die Regelungen zur **zeitlichen Befristung des Verwaltungsverfahrens**. So fordert Art. 13 Abs. 3 DLRL, dass das Genehmigungsverfahren für eine berufliche Tätigkeit unverzüglich und binnen einer bestimmten Frist bearbeitet werden muss. Entscheidet die Behörde nicht innerhalb dieser Frist, so soll die Genehmigung gem. Art. 13 Abs. 4 DLRL als erteilt gelten. Geregelt ist also eine **Genehmigungsfiktion**: Der begünstigende Verwaltungsakt wird nach Ablauf der Frist fingiert; der Antragsteller wird also so gestellt, als hätte die zuständige Behörde ihm die Genehmigung tatsächlich erteilt. Diese Vorgabe wurde beispielsweise in § 42a VwVfG, § 6a GewO oder auch in § 10 **Abs. 1 S. 2, 3 HwO** umgesetzt. 152

Für das Verständnis der Genehmigungsfiktion ist entscheidend, dass die Genehmigungsfiktion nicht die Rechtmäßigkeit der beruflichen Tätigkeit fingiert. § 42a Abs. 1 S. 2 VwVfG stellt zudem klar, dass die Vorschriften über die Bestandskraft von Verwaltungsakten entsprechend auf die Genehmigungsfiktion anwendbar sind. Daraus 153

---

389 Zum Folgenden *Ziekow/Windoffer* in: Schlachter/Ohler (Hrsg.) Europäische Dienstleistungsrichtlinie, Art. 5 Rn. 20 ff.

folgt, dass eine Genehmigungsfiktion entsprechend den Voraussetzungen der §§ 48 ff. VwVfG aufhebbar ist.[390] Im Übrigen kommt die Wirkung der Genehmigungsfiktion allen Wirtschaftssubjekten zugute und vermeidet somit die Diskriminierung von Inländern.[391]

154 Art. 14 DLRL untersagt die Normierung bestimmter Anforderungen, die vor allem nach der Rechtsprechung des EuGH mit der Niederlassungsfreiheit unvereinbar sind. Hierzu gehören beispielsweise Staatsangehörigkeitserfordernisse (Art. 14 Nr. 1 DLRL) oder das Verbot, eine Niederlassung in mehr als einem Mitgliedstaat zu errichten (Art. 14 Nr. 2 DLRL). Die Vorschrift des Art. 14 DLRL gilt schlussendlich nicht nur für die Niederlassungsfreiheit, sondern auch für die Dienstleistungsfreiheit: Wenn Art. 14 DLRL schon die strengen Anforderungen für dauerhafte Niederlassungen statuiert, müssen diese auch erst recht für Tätigkeiten gelten, die nur vorübergehender Natur sind, also die Dienstleistungsfreiheit betreffen. Dementsprechend gilt Art. 14 DLRL auch, wenn der Einzelne in Ausübung der Dienstleistungsfreiheit handelt.[392]

155 Kapitel IV (Art. 16 ff. DLRL) beinhaltet die Vorgaben zum freien Dienstleistungsverkehr und konkretisiert so die Ausübung der Dienstleistungsfreiheit. Zentrale materiell-rechtliche Norm der Dienstleistungsfreiheit ist Art. 16 DLRL. So ist ua bestimmt, dass das nationale Recht die grenzüberschreitende Tätigkeit eines in einem anderen Mitgliedstaat niedergelassenen Dienstleistungserbringers nicht von einer Genehmigung abhängig machen darf (Art. 16 Abs. 2 lit. b DLRL). Ebenfalls sind Niederlassungspflichten verboten (Art. 16 Abs. 2 lit. a DLRL). Die Mitgliedstaaten dürfen von diesen Vorgaben gem. Art. 16 Abs. 3 DLRL nur abweichen, wenn Beschränkungen des Dienstleistungsverkehrs aus Gründen der öffentlichen Ordnung, der öffentlichen Sicherheit, der öffentlichen Gesundheit oder des Umweltschutzes gerechtfertigt sind. Damit zeigt sich, dass die Dienstleistungsrichtlinie die Möglichkeit der Beschränkung der Dienstleistungsfreiheit deutlich reduziert; die Dienstleistungsfreiheit kann vor allem nicht mehr nach den etwas lockeren Vorgaben des EuGH zur Dienstleistungsfreiheit beschränkt werden (s. → Rn. 92 ff.), so zB nicht mehr aus Gründen des Verbraucherschutzes.[393]

---

390 Vertiefend dazu: *Guckelberger* DÖV 2010, 109; *Reichelt* LKV 2010, 97; *Weidemann/Barthel* JA 2011, 221.
391 *Pielow* in: Landmann/Rohmer GewO Einleitung EU Rn. 95.
392 *Cornils* in: Schlachter (Hrsg.) Europäische Dienstleistungsrichtlinie, Art. 14 Rn. 2.
393 *Lemor* EuZW 2007, 135 (138 f.).

Der Bundesgesetzgeber hat die Vorgaben aus Art. 16 Abs. 2 DLRL 156
in § 4 GewO umgesetzt. § 4 Abs. 1 GewO listet für den Fall der
grenzüberschreitenden Dienstleistungserbringung alle Vorschriften
der GewO auf, die in diesen Fällen nicht zur Anwendung gelangen.[394]
Besonders hervorzuheben ist vor allem, dass § 4 Abs. 1 GewO nicht
nur Genehmigungspflichten betrifft, sondern schon die gewerberechtliche Anzeigepflicht (§ 14 GewO) für grundsätzlich unanwendbar erklärt.[395]

Ferner ist noch darauf hinzuweisen, dass die Dienstleistungsricht- 157
linie im Kapitel V Vorschriften zur Qualität der Dienstleistung enthält. Danach sollen Dienstleistungserbringer verpflichtet werden, die
Dienstleistungsempfänger über die Art und Weise der Ausübung der
Dienstleistung zu informieren. Diese Maßgaben sind zB in § 6c
GewO umgesetzt. Darüber hinaus bestimmt Kapitel VI die Vorgaben
zur Europäischen Verwaltungszusammenarbeit, die durch den Bundesgesetzgeber in §§ 8a ff. VwVfG geregelt wurden.[396]

5. Weitere Grundfreiheiten

Schlussendlich sollen noch die weiteren Grundfreiheiten genannt 158
werden: die Warenverkehrsfreiheit, die Kapitalverkehrsfreiheit sowie
die Arbeitnehmerfreizügigkeit. Die genannten Grundfreiheiten sind –
anders als die Niederlassungs- und Dienstleistungsfreiheit – für das
Wirtschaftsverwaltungsrecht von geringerer Bedeutung und können
deshalb entsprechend kurz betrachtet werden.

a) **Warenverkehrsfreiheit.** Ursprünglich stand die **Warenver-** 159
kehrsfreiheit (Art. 34 ff. AEUV) im Zentrum der Rechtsprechung
des EuGH. Vor diesem Hintergrund wurden die allgemeinen Lehren
der Grundfreiheiten anhand der Warenverkehrsfreiheit entwickelt.
Allerdings hat sich mit der Weiterentwicklung der Volkswirtschaften
zu dienstleistungsorientierten Ökonomien das Schwergewicht verlagert.[397] Das zeigt sich auch im Wirtschaftsverwaltungsrecht: hier ist
die Warenverkehrsfreiheit eher von geringerer Bedeutung. Entsprechend prüft der EuGH nationale Maßnahmen, die sowohl die
Warenverkehrsfreiheit als auch die Dienstleistungsfreiheit betreffen,

---
394 *Shirvani* DVBl. 2012, 1338 (1340 ff.).
395 Dazu *Mann* GewArch 2010, 93 (95 f.).
396 *Schliesky/Schulz* DVBl. 2010, 601.
397 *Ruffert* JuS 2009, 97 (98).

vorrangig anhand der Dienstleistungsfreiheit, wenn die Warenverkehrsfreiheit dieser gegenüber zweitrangig ist (→ Rn. 117).[398]

160 Die Warenverkehrsfreiheit nach Art. 34 ff. AEUV schützt das Recht, Waren „zu erwerben, anzubieten, auszustellen oder feilzuhalten, zu besitzen, herzustellen, zu befördern, zu verkaufen, entgeltlich oder unentgeltlich abzugeben, einzuführen oder zu verwenden."[399] Unter Waren werden solche Erzeugnisse verstanden, die einen Geldwert haben und Gegenstand von Handelsgeschäften sein können.[400] Auf die Warenverkehrsfreiheit können sich sowohl natürliche als auch juristische Personen berufen. Darüber hinaus gilt die Warenverkehrsfreiheit gem. Art. 28 Abs. 2 AEUV auch für Waren aus Drittstaaten.

161 Die Warenverkehrsfreiheit verbietet mengenmäßige Ein- und Ausfuhrbeschränkungen sowie alle Maßnahmen gleicher Wirkungen zwischen Mitgliedstaaten (Art. 34 ff. AEUV). Unter Ein- und Ausfuhrbeschränkungen sind alle Maßnahmen zu verstehen, die die Einfuhr, Durchfuhr oder Ausfuhr einer Ware der Menge oder dem Wert nach ganz oder teilweise untersagen.[401] Dazu gehören vor allem Kontingente, die die Menge der ein- oder ausgeführten Waren begrenzen. In der Praxis kommen aber solche Beschränkungen kaum noch vor; sehr viel bedeutsamer sind deshalb die „Maßnahmen gleicher Wirkung": Eine Maßnahme gleicher Wirkung stellen sowohl offene und versteckte Diskriminierungen als auch sonstige Beschränkungen im Sinne der Dassonville Formel dar (→ Rn. 85 ff.). Eine Beschränkung stellt danach „jede Handelsregelung der Mitgliedstaaten [dar], die geeignet ist, den innergemeinschaftlichen Handel unmittelbar, oder mittelbar, tatsächlich oder potenziell zu behindern" (→ Rn. 74, 88). Allerdings gelten für Beschränkungen die Einschränkungen nach der Keck-Rechtsprechung des EuGH. Die Warenverkehrsfreiheit schützt danach nur vor produktbezogenen Maßnahmen; bloße Verkaufsmodalitäten, wie etwa Ladenöffnungszeiten stellen keinen Eingriff in die Warenverkehrsfreiheit dar. Greift ein Mitgliedstaat in die Warenverkehrsfreiheit eines Einzelnen ein, dann muss dieser Eingriff gerechtfertigt sein. Das ist einerseits über die geschriebenen Schrankenregelungen nach Art. 36 AEUV möglich. Darüber hinaus kann der Eingriff aber auch iSd Cassis-Rechtsprechung durch zwingende Er-

---

398 EuGH Rs. C-36//02, Slg. 2004, I-9609 Rn. 26 – Omega.
399 EuGH Rs. C-293/94, Slg. 1996, I-3159 Rn. 6 – Brandsma.
400 EuGH Rs. 7/68, Slg. 1968, 633 (642) – Kommission/Italien.
401 *Kingreen* in: Calliess/Ruffert EUV/AEUV Art. 34–36 AEUV Rn. 126.

fordernisse des Gemeinwohls gerechtfertigt werden. In jedem Fall muss aber der Eingriff dem Verhältnismäßigkeitsgrundsatz entsprechen. Für die Einzelheiten kann auf → Rn. 92 ff. verwiesen werden.[402]

b) Arbeitnehmerfreizügigkeit. Die Arbeitnehmerfreizügigkeit (Art. 45 ff. AEUV) zählt systematisch – so wie die Niederlassungsfreiheit – zu den Personenverkehrsfreiheiten. Ziel der Arbeitnehmerfreizügigkeit ist es, allen Bürgern eine freie, von der jeweiligen Staatsangehörigkeit unabhängige Standortwahl für die Ausübung ihrer Tätigkeit zu ermöglichen.[403] Ein Arbeitnehmer im Sinne von Art. 45 ff. AEUV ist, wer während einer bestimmten Zeit für einen anderen nach dessen Weisung Leistungen erbringt und dafür als Gegenleistung eine Vergütung erhält.[404] Die Arbeitnehmerfreizügigkeit grenzt sich so von der Niederlassungsfreiheit anhand des Kriteriums der Selbständigkeit ab (→ Rn. 110). Nach der Rechtsprechung des EuGH ist der Begriff des Arbeitnehmers im Sinne einer möglichst umfassenden Freizügigkeit weit auszulegen.[405] Das führt dazu, dass sich sogar Familienangehörige auf die Arbeitnehmerfreizügigkeit berufen können. Im Einzelnen ergeben sich die Rechte von Angehörigen aus der Richtlinie 2004/38/EG und aus Art. 10 VO (EU) 492/2011.[406] Keine Anwendung findet die Arbeitnehmerfreizügigkeit aber gem. Art. 45 Abs. 4 AEUV auf die Beschäftigung in der öffentlichen Verwaltung; dogmatisch handelt es sich wiederum um eine sog. Bereichsausnahme (s. → Rn. 81, 111). 162

Die Arbeitnehmerfreizügigkeit enthält ein Diskriminierungs- und seit dem Bosman-Urteil auch ein Beschränkungsverbot.[407] Deshalb greifen nicht nur Diskriminierungen, sondern auch jegliche Behinderungen der Freizügigkeit, die die grenzüberschreitende Mobilität von Arbeitnehmern behindern, in die Grundfreiheit ein.[408] Liegt ein Eingriff in die Arbeitnehmerfreizügigkeit vor, so kann dieser aus Gründen der öffentlichen Ordnung, Sicherheit und Gesundheit gerechtfertigt werden (Art. 45 Abs. 3 AEUV). Daneben findet aber auch die Cassis-Rspr. des EuGH auf die Arbeitnehmerfreizügigkeit Anwendung, um unterschiedslose Beschränkungen rechtfertigen zu können. 163

---

402 Zu den Einzelheiten *Kingreen* in: Calliess/Ruffert EUV/AEUV Art. 34–36 Rn. 117 ff.; *Stober* Allgemeines Wirtschaftsverwaltungsrecht § 9 V.
403 *Ziekow* ÖffWirtR § 3 Rn. 68.
404 StRspr: EuGH 66/85, Slg. 1986, 2121 Rn. 17 – Lawrie-Blum; EuGH Rs. 197/86, Slg. 1988, 3205 Rn. 21 – Brown.
405 EuGH Rs. 53/81, Slg. 1982, 1035 Rn. 13 – Levin.
406 Dazu *Brechmann* in: Calliess/Ruffert EUV/AEUV Art. 45 AEUV Rn. 29 ff.
407 EuGH Rs. C-415/93, Slg. 1995, I-4921 Rn. 94 ff. – Bosman.
408 *Ziekow* ÖffWirtR § 3 Rn. 69.

c) Kapitalverkehrsfreiheit.

Literatur: *Scheidler,* Die Grundfreiheiten zur Verwirklichung des europäischen Binnenmarktes – ein Überblick, GewArch 2010, 1; *Streinz,* Europarecht, Rn. 855 ff., 896 ff.

164 Die Kapitalverkehrsfreiheit (Art. 63 ff. AEUV) regelt zwei Verhaltensweisen: einerseits die Kapitalverkehrsfreiheit und andererseits die Zahlungsverkehrsfreiheit. Bei der **Kapitalverkehrsfreiheit** (Art. 63 Abs. 1 AEUV) geht es um den grenzüberschreitenden Transfer von Geld- und Sachkapital, und das vorwiegend zu Anlage- und Investitionszwecken.[409] Die Kapitalverkehrsfreiheit nimmt also primär Finanzgeschäfte in den Blick und verwirklicht so einen einheitlichen Kapitalmarkt.

165 Die **Zahlungsverkehrsfreiheit** (Art. 63 Abs. 2 AEUV) schützt hingegen die rechtsgeschäftliche Erfüllung einer Schuld durch Geldmittel.[410] Der Gedanke hinter der Zahlungsverkehrsfreiheit ist folgender: Es ist nur möglich, die Warenverkehrs-, Personen- oder Dienstleistungsfreiheit effektiv auszuüben, wenn hierfür als Gegenleistung eine entsprechende Vergütung in Geld ermöglicht wird; ohne einen entsprechenden Schutz des freien Transfers von Entgelten und Erträgen wären die genannten Marktfreiheiten inhaltlich wirkungslos. Die Zahlungsverkehrsfreiheit steht daher zu diesen Grundfreiheiten in einem engen systematischen Zusammenhang.[411] Wie der Wortlaut des Art. 63 AEUV deutlich macht, schützt die Zahlungs- und Kapitalverkehrsfreiheit nicht nur vor Diskriminierungen, sondern vor allem vor Beschränkungen dieser Freiheiten. So sind nach Art. 63 ff. AEUV alle Beschränkungen des Kapital- und Zahlungsverkehrs verboten. Eingriffe in diese Grundfreiheiten können aber nach Art. 65 AEUV gerechtfertigt werden.

Beispiele: Die Kapitalverkehrsfreiheit ermöglicht also beispielsweis in anderen Mitgliedstaaten Immobilien frei zu erwerben, Finanzgeschäfte durchzuführen oder Darlehensverträge aufzunehmen bzw. zu vergeben. Der freie Zahlungsverkehr wurde in jüngster Zeit mit dem Erlass der Richtlinie 2007/64/EG deutlich vorangetrieben. Eingeführt wurde ein Einheitlicher Euro-Zahlungsverkehrsraum (SEPA), der den bargeldlosen Zahlungsverkehr innerhalb der EU, der EWR und der Schweiz ermöglicht.

---

409 *Ruffert* JuS 2009, 97 (99).
410 *Scheidler* GewArch 2010, 1 (7).
411 *Scheidler* GewArch 2010, 1 (7); *Stober* Allgemeines Wirtschaftsverwaltungsrecht § 9 IX 1.

Eine Besonderheit der Kapitalverkehrsfreiheit besteht darin, dass 166
sie nicht auf den Binnenmarkt beschränkt ist, sondern auch den Kapital- und Zahlungsverkehr mit **Drittstaaten** einschließt.

V. Rechtsstaatsprinzip

Das Rechtsstaatsprinzip ist die Grundentscheidung für die Ordnung und die Gestaltung des staatlichen und gesellschaftlichen Lebens nach Maßgabe des Rechts.[412] Auch wenn – von Art. 28 Abs. 1 S. 1 GG einmal abgesehen – das Rechtsstaatsprinzip im Grundgesetz nicht ausdrücklich verfasst ist, so besteht doch Einigkeit, dass das Rechtsstaatsprinzip zu den „elementaren Prinzipien des Grundgesetzes"[413] gehört. Dementsprechend wird das Rechtsstaatsprinzip nicht in einer einzelnen Norm verortet, sondern abgeleitet „aus einer Zusammenschau der Bestimmungen des Art. 20 Abs. 3 GG über die Bindung der Einzelgewalten und der Art. 1 Abs. 3, 19 Abs. 4, 28 Abs. 1 Satz 1 GG sowie aus der Gesamtkonzeption des Grundgesetzes".[414] In jüngster Zeit beschränkt sich das BVerfG allerdings darauf, lediglich auf Art. 20 Abs. 3 GG abzustellen.[415] 167

Das Rechtsstaatsprinzip folgt aus der Idee der Mäßigung des Staates und der Abwehr absoluter Machtansprüche der Staatsgewalt zugunsten der persönlichen und politischen Freiheit.[416] Nach *Konrad Hesse* können insgesamt fünf Funktionen des Rechtsstaatsprinzips unterschieden werden: 168

Erstens begründet und festigt der Rechtsstaat politische Einheit sachlich durch seine Legitimität, indem er die staatliche Gewalt an das Recht bindet und Menschenrechte und weitere fundamentale Rechtsgrundsätze sichert (**Legitimationsfunktion**). Zweitens begründet der Rechtsstaat politische Einheit, indem er Funktionen und Kompetenzen schafft und zuordnet. Dadurch werden die Voraussetzungen geregelt, die für die staatliche Tätigkeit von Bedeutung sind (**Ordnungsfunktion**). Indem der Rechtsstaat das Recht begründet, stabilisiert es die Rechtsordnung unabhängig von politischen Führungsgruppen und der politischen Gesamtrichtung. Der Rechtsstaat 169

---

412 *Schmidt-Aßmann* HStR II, 3. Auflage 2004, § 26 Rn. 21; *R. Schmidt* Öffentliches Wirtschaftsrecht, Allgemeiner Teil, S. 173; *ders./Vollmöller* Kompendium Öffentliches Wirtschaftsrecht Rn. 16.
413 BVerfGE 20, 323 (331).
414 BVerfGE 2, 380 (403); 49, 148 (163 f.).
415 BVerfGE 95, 64 (82); krit. *Maurer* Staatsrecht I § 8 Rn. 4
416 *Kloepfer* Verfassungsrecht I § 10 Rn. 1.

ist deshalb – drittens – auch eine Form der Herstellung von Kontinuität (**Kontinuitätsgewährleistungsfunktion**). Viertens rationalisiert der Rechtsstaat das staatliche Leben, indem das Recht dem staatlichen Leben „Geformtheit, Verstehbarkeit, Übersichtlichkeit und Klarheit" vermittelt (**Rationalisierungsfunktion**). Und letztendlich ist der Rechtsstaat auch eine Form der Begrenzung staatlicher Macht, indem das Recht den Staat mäßigt und die Freiheit durch eine freiheitliche Gesamtordnung sichert (**Freiheitsgewährleistungsfunktion**).[417]

170 Auch für das Öffentliche Wirtschaftsrecht kommt dem Rechtsstaatsprinzip eine grundlegende Bedeutung zu. Eine funktionsfähige Wirtschaft setzt einen funktionsfähigen Rechtsstaat voraus, der die wirtschaftliche Freiheit garantiert und das Wirtschaftsverwaltungsrecht durch die Herrschaft des Gesetzes diszipliniert. Das Rechtsstaatsprinzip lässt sich am besten begreifen, wenn man auf die einzelnen Elemente des Rechtsstaatsprinzips zurückgreift, die das BVerfG und das Schrifttum entwickelt haben.[418] Für das Öffentliche Wirtschaftsrecht von besonderer Bedeutung sind die Prinzipien der Gesetzmäßigkeit der Verwaltung, der Vorhersehbarkeit und des Vertrauensschutzes sowie die Grundsätze der Bestimmtheit und der Verhältnismäßigkeit.

1. Gesetzmäßigkeit des Verwaltungshandelns

171 „Die Gesetzgebung ist an die verfassungsmäßige Ordnung, die vollziehende Gewalt und die Rechtsprechung sind an Gesetz und Recht gebunden." Art. 20 Abs. 3 GG begründet für die Verwaltung den Grundsatz der Gesetzmäßigkeit des Verwaltungshandelns. Dieser Grundsatz betrifft zwei Anforderungen: Erstens ist die Verwaltung an die Gesetze gebunden; sie darf also nicht gegen bestehende Gesetze verstoßen (**Vorrang des Gesetzes**). Zweitens darf die Verwaltung grundsätzlich nicht ohne eine gesetzliche Ermächtigung tätig werden (**Vorbehalt des Gesetzes**).

a) Vorrang des Gesetzes.

Literatur: *Ehlers,* in: Erichsen/Ehlers (Hrsg.), Allgemeines Verwaltungsrecht, 14. Auflage 2010, § 2 Rn. 99 ff.; *Demleitner,* Die Normverwerfungskompetenz der Verwaltung bei entgegenstehendem Gemeinschaftsrecht, NVwZ

---

417 *Hesse* Grundzüge des Verfassungsrechts der Bundesrepublik Deutschland Rn. 187 ff.
418 Übersicht bei *Schulze-Fielitz* in: Dreier GG Bd. 2, 2. Auflage 2006, Art. 20 (Rechtsstaat) Rn. 66 ff.

2009, 1525; *Hummel,* Die Missachtung des parlamentarischen Gesetzgebers unter dem Deckmantel des Anwendungsvorrangs des europäischen Rechts, NVwZ 2008, 36; *F. Kirchhof,* Nationale Grundrechte und Unionsgrundrechte. Die Wiederkehr der Frage eines Anwendungsvorrangs unter anderer Perspektive, NVwZ 2014, 1537; *Maurer,* Der Anwendungsvorrang im Normensystem, in: FS Stern, 2012, S. 101 ff.; *Polzin,* Das Rangverhältnis von Verfassungs- und Unionsrecht nach der neuesten Rechtsprechung des BVerfG, JuS 2012, 1; *Streinz,* Europarecht, Rn. 197 ff.; *Streinz/Herrmann,* Der Anwendungsvorrang des Gemeinschaftsrechts und die „Normverwerfung" durch deutsche Behörden, BayVBl. 2008, 1; *Terhechte,* Grundwissen – Öffentliches Recht: Der Vorrang des Unionsrechts, JuS 2008, 403.

aa) Allgemeines. Dieser Grundsatz begründet die Bindung der Verwaltung an Gesetz und Recht und sichert so die Rangfunktion der einzelnen Rechtsquellen. Der Vorrang des Gesetzes bedeutet also, dass „die exekutiven Staatsorgane diejenigen Regeln einhalten, welche die legislativen Staatsorgane gesetzt haben."[419] Kurz: **Kein Verwaltungshandeln gegen das Gesetz.** Aus dem Grundsatz folgt, dass Handlungen der Verwaltung (etwa Verwaltungsakte oder Satzungen) fehlerhaft sind, sofern sie einem ranghöheren Rechtssatz widersprechen.[420] Dabei gilt, dass rechtswidrige Außenrechtssätze (Satzungen, Rechtsverordnungen) grundsätzlich nichtig sind, sofern der Gesetzgeber keine Ausnahme von diesem Grundsatz festgelegt hat. Rechtswidrige Verwaltungsakte bleiben im Übrigen ab dem Zeitpunkt der Bekanntgabe wirksam und sind nur nichtig, wenn ein Nichtigkeitsgrund gem. § 44 VwVfG vorliegt oder der Verwaltungsakt aufgehoben oder erledigt ist (§ 43 Abs. 2 VwVfG). 172

bb) Anwendungsvorrang des Unionsrechts und Verwerfungskompetenz der Verwaltung. Zum Themenfeld des Vorrangs des Gesetzes gehört auch das Rangverhältnis zwischen Unionsrecht und nationalem Recht. Das Unionsrecht hat Vorrang gegenüber dem nationalen Recht.[421] Hierzu gehört sowohl das Primärrecht (EUV, AEUV) als auch das Sekundärrecht (zB Verordnung, Richtlinie). Schon sehr früh hat der EuGH in der Leitentscheidung **Costa/ E.N.E.L.** im Jahre 1964 diese Vorrangstellung deutlich zum Ausdruck gebracht.[422] 173

---

419 *Grimm* JZ 2009, 596.
420 *Wolff/Bachof/Stober/Kluth* Verwaltungsrecht I § 30 Rn. 5.
421 Zur Herleitung im Einzelnen: *Ehlers* in: Allgemeines Verwaltungsrecht, 14. Auflage 2010, § 2 Rn. 99 ff.; *Streinz* Europarecht Rn. 197 ff.
422 EuGH Rs. 6/64, Slg. 1964, 1253 (1269 ff.) – Costa/ENEL.

174 Der Vorrang betrifft einen Anwendungsvorrang, aber keinen Geltungsvorrang.[423] Ein Geltungsvorrang beträfe die Nichtigkeit der unterrangigen Norm. So ist etwa in Art. 31 GG festgelegt: „Bundesrecht bricht Landesrecht". Ist also ein Landesgesetz mit Bundesrecht unvereinbar, ist dieses automatisch nichtig. Von diesem Geltungsvorrang unterscheidet sich der Anwendungsvorrang: Widerspricht das nationale Recht dem Unionsrecht, so ist dieses zwar *nicht* nichtig, es darf lediglich im konkreten Fall nicht angewendet werden. Daraus folgt, dass außerhalb des Kollisionsbereichs das nationale Recht weiterhin Geltung beansprucht.[424]

175 Das BVerfG musste sich in mehreren Urteilen bzgl. des Verhältnisses des Grundgesetzes zum Unionsrecht positionieren.[425] Das BVerfG hat den Anwendungsvorrang des Unionsrechts im Grundsatz anerkannt. Die unmittelbare Geltung und Wirkung des Unionsrechts ergibt sich aus deutscher Sicht aus dem Rechtsanwendungsfehl des Zustimmungsgesetzes zu den EU-Verträgen, die auf der verfassungsrechtlichen Ermächtigung des Art. 23 GG beruhen.[426] Allerdings geht das BVerfG davon aus, dass das Grundgesetz eine Übertragung von Hoheitsrechten auf zwischenstaatliche Einrichtungen nicht schrankenlos zulässt. Die materiellen Schranken einer Kompetenzübertragung ergeben sich vor allem aus Art. 23 Abs. 1 S. 3 GG. In dem Lissabon-Urteil hat das BVerfG den Prüfungsmaßstab für die Verfassungsmäßigkeit der Übertragung von Hoheitsrechten präzisiert und hierfür auf drei Kategorien Bezug genommen: Die Grundrechtskontrolle, die Ultra-Vires-Kontrolle (sog. ausbrechender Rechtsakt) und die Identitätskontrolle.[427]

176 Für alle sonstigen Fälle gilt uneingeschränkt der **Anwendungsvorrang des Unionsrechts**. Er verpflichtet die Verwaltung und die Gerichte zu prüfen, ob entscheidungserhebliche deutsche Normen mit dem Unionsrecht vereinbar sind. Gegebenenfalls muss das nationale

---

423 EuGH verb. Rs. C-10–22/97, Slg. 1998, I-6307 Rn. 21 – IN.CO.GE.90; *Maurer* Allgemeines Verwaltungsrecht § 4 Rn. 77; *ders.* Der Anwendungsvorrang im Normensystem, in: FS Stern, S. 101 ff.; *Oppermann/Classen/Nettesheim* Europarecht § 10 Rn. 10 ff.
424 BVerfGE 123, 267 (398) – Lissabon; *Oppermann/Classen/Nettesheim* Europarecht § 10 Rn. 33.
425 Zu den Einzelheiten *Streinz* Europarecht Rn. 222.
426 BVerfGE 73, 339 (375) – Solange II. Zum Zeitpunkt der Entscheidung ergab sich die Übertragung hoheitlicher Kompetenzen noch aus Art. 24 GG.
427 Vgl. dazu BVerfGE 123, 267 (357 ff.) – Lissabon. Zur Ultra-vires-Rspr.: BVerfG 128, 286 – Honeywell. Zum Stand der Rechtsprechung *Polzin* JuS 2012, 1.

§ 7. Relevanz allgemeiner Rechtsprinzipien

Recht unionsrechtskonform ausgelegt werden.[428] Ist eine unionsrechtskonforme Auslegung nicht möglich und widerspricht das nationale Recht tatsächlich dem Unionsrecht, so dürfen die unionsrechtswidrigen Rechtsvorschriften nicht angewendet werden.[429] Im Ergebnis folgt daraus für die Verwaltung eine Normverwerfungskompetenz; eine Befugnis, die dem deutschen Rechtssystem fremd ist und die Stellung der Verwaltung innerhalb der Funktionenordnung aufwertet.[430] Diese Normverwerfungskompetenz ist aber alles andere als unproblematisch: Darf etwa die Verwaltung eine Norm schon dann verwerfen, wenn sie die Unionsrechtswidrigkeit lediglich bezweifelt, diese aber nicht eindeutig feststeht? Der EuGH hat hierzu noch keine Kriterien entwickeln können.[431] Insgesamt erscheint es vorzugswürdig, im Interesse der Rechtssicherheit eine besonders sorgfältige Prüfung der Nichtanwendung nationalen Rechts zu verlangen. Danach ist es jedenfalls dann geboten, das nationale Recht außer Acht zu lassen, wenn sich der Verstoß gegen Unionsrecht bereits zwingend aus der Rechtsprechung des EuGH ergibt.[432] Im Übrigen steht auch den Gerichten eine solche Normverwerfungskompetenz zu. Dabei ist zu beachten, dass eine konkrete Normenkontrolle gem. Art. 100 Abs. 1 GG regelmäßig nicht zulässig ist, da das BVerfG im Rahmen der Normenkontrolle nur die Vereinbarkeit eines Gesetzes mit der Verfassung überprüfen darf.

Hinsichtlich des Anwendungsvorrangs muss noch zwischen der direkten und indirekten Kollision unterschieden werden. Im Falle der direkten Kollision ordnet das nationale Recht eine Rechtsfolge an, die dem europäischen Recht widerspricht. Aus der Kollision folgt dann die Unanwendbarkeit des nationalen Rechts. In den Fällen der indirekten Kollision behindert vor allem das nationale Organisations-, Verfahrens- oder Prozessrecht die wirksame Anwendung des Unionsrechts. Hier hilft ein Rückgriff auf das in Art. 4 Abs. 3 EUV veran-

---

428 *Canaris* Die richtlinienkonforme Auslegung und Rechtsfortbildung im System der juristischen Methodenlehre, in: FS Bydlinski, 2001, S. 47 ff.
429 BVerwGE 31, 145 (174).
430 *Wolff/Bachof/Stober/Kluth* Verwaltungsrecht I, 12. Auflage 2007, § 26 Rn. 10.
431 Kriterien sollten eine Vorlagefrage des VG des Saarlandes im Fall Apothekerkammer des Saarlandes ua (Doc Morris II) liefern: EuGH verb. Rs. C-171/07 und 172/07, Slg. 2009, I-4171 Rn. 62 – Apothekerkammer ua; dazu *Streinz/Herrmann* BayVBl. 2008, 1 ff. Die Frage war aber nicht entscheidungserheblich, da der EuGH im konkreten Fall keinen Unionsrechtsverstoß sah.
432 *Streinz* Europarecht Rn. 259; *ders./Herrmann* BayVBl. 2008, 1 (7 f.). Vgl. auch *Oppermann/Classen/Nettesheim* Europarecht, 6. Auflage 2014, § 10 Rn. 35, die auf die „Offensichtlichkeit" der Europarechtswidrigkeit abstellen.

kerte Äquivalenz- und Effektivitätsprinzip.[433] Allerdings ist die Unterscheidung von direkter und indirekter Kollision nur von dogmatischem Interesse, denn auch im Falle der indirekten Kollision gilt uneingeschränkt der Vorrang des Unionsrechts.[434]

178 Hinzuweisen ist aber noch auf Folgendes: Die Normverwerfungskompetenz gilt grundsätzlich nur gegenüber abstrakt-generellen Normen. Sollten konkret-individuelle Maßnahmen (etwa Verwaltungsakte) dem Unionsrecht widersprechen, sind diese nach den Grundsätzen der §§ 44, 48, 49 VwVfG entweder nichtig oder aufzuheben.[435] Verstößt etwa eine Subvention gegen die Beihilfevorschriften der Art. 107, 108 AEUV, so ist die Subvention rechtswidrig und muss daher nach § 48 VwVfG zurückgenommen werden (→ § 11 Rn. 49 ff.).

b) Vorbehalt des Gesetzes. aa) Allgemeines.

Literatur: *Maurer/Waldhoff*, Allgemeines Verwaltungsrecht, 19. Auflage 2018, § 6; *Ossenbühl*, Vorrang und Vorbehalt des Gesetzes, in: Isensee/Kirchhof, HStR, Bd. V, 3. Auflage 2007, § 101; *Voßkuhle*, Grundwissen – Öffentliches Recht: Der Grundsatz des Vorbehalts des Gesetzes, JuS 2007, 118.

179 Um tätig zu werden, muss sich die Verwaltung grundsätzlich auf eine gesetzliche Ermächtigungsgrundlage berufen; auf eine Kurzformel gebracht: **Kein Verwaltungshandeln ohne Gesetz.** Der Grundsatz des Vorbehalts des Gesetzes wird einerseits aus dem Rechtsstaatsprinzip, andererseits aber auch aus den konkret betroffenen Grundrechten und aus dem Demokratieprinzip hergeleitet, das für jedes Verwaltungshandeln eine demokratische Legitimation fordert. Der Grundsatz gilt unzweifelhaft für die Eingriffsverwaltung. Wenn also durch Verwaltungshandeln ein Eingriff in Freiheitsrechte zu befürchten ist, darf die Verwaltung nur aufgrund einer Befugnisnorm tätig werden. Eine bloße Aufgabenzuweisung genügt nicht den Anforderungen des Vorbehalts des Gesetzes.

bb) Gesetzesvorbehalt in der Leistungs- und Subventionsverwaltung.

Literatur: *Bleckmann*, Der Gesetzesbegriff des Grundgesetzes. Zur Funktion des Haushaltsplanes im Subventionsrecht, DVBl. 2004, 333; *Ehlers,*

---

433 *Oppermann/Classen/Nettesheim* Europarecht § 10 Rn. 36; Zu dem Effektivitäts- und Äquivalenzprinzip *von Bogdandy/Schill* in: Grabitz/Hilf/Nettesheim Art. 4 EUV Rn. 84 ff.
434 *Ehlers/Eggert* JZ 2008, 585 (586); *Ehlers* in: Erichsen/Ehlers Allgemeines Verwaltungsrecht § 2 Rn. 107.
435 *Pielow* in: Landmann/Rohme, GewO Einleitung EU Rn. 21.

Rechtsfragen des Subventionsrechts, DVBl. 2014, 1; *Kühling*, in: Ehlers/Fehling/Pünder, Besonderes Verwaltungsrecht, Bd. 1, 3. Auflage 2012, § 29 Rn. 7 ff.

Über die Eingriffsverwaltung hinaus, ist aber die Reichweite des Vorbehalts des Gesetzes problematisch. Das BVerfG versucht die Reichweite anhand der Wesentlichkeit staatlichen Handelns zu bestimmen. Der Gesetzgeber müsse „in grundlegenden normativen Bereichen, zumal im Bereich der Grundrechtsausübung [...] alle wesentlichen Entscheidungen selbst" treffen.[436] Mithilfe der Wesentlichkeitslehre hat das BVerfG einen Parlamentsvorbehalt begründet. Es verlangt nunmehr, dass alle wesentlichen Entscheidungen vom Parlament getroffen werden müssen.[437]

180

Besonders bei der Leistungsverwaltung ist noch nicht abschließend geklärt, ob und inwieweit eine Ermächtigungsgrundlage notwendig ist. Im Öffentlichen Wirtschaftsrecht wird diese Fragestellung vor allem bei der **Vergabe von Subventionen** diskutiert. Die ältere Lehre vom Totalvorbehalt ging davon aus, dass bei der Leistungsverwaltung (also auch bei der Subventionsvergabe) eine gesetzliche Grundlage nötig sei.[438] Stattdessen ist nach Ansicht der Rechtsprechung bei der Leistungsverwaltung grundsätzlich keine gesetzliche Grundlage erforderlich. Bei der Subventionsvergabe genüge die Bereitstellung der Mittel im Haushaltsplan, wenn im Haushaltsplan umrissen ist, für welche Zwecke die Leistungen ausgegeben werden.[439] Eine gesetzliche Grundlage sei nur dann notwendig, wenn durch die Subventionsvergabe die Möglichkeit besteht, dass die Verwaltung durch die Vergabe der Subvention Grundrechte anderer beeinträchtigt bzw. es sich bei der Subventionsvergabe um eine wesentliche Entscheidung handelt, die der Gesetzgeber treffen müsste.

181

Beispiel: Eine gesetzliche Grundlage wurde etwa für **Pressesubventionen**[440] und bei Subventionen im Bereich der **Religionsfreiheit**[441] angenommen. In

---

436 BVerfGE 49, 89 (126).
437 BVerfGE 47, 46 (78 ff.); 49, 89 (126); 58, 257 (268 ff.); dazu *Ossenbühl* HStR V § 101 Rn. 14, 41 ff.
438 *Jesch* Gesetz und Verwaltung, 2. Auflage 1968, S. 205; *Rupp* Grundfragen der heutigen Verwaltungsrechtslehre, 2. Auflage 1991, S. 113 ff. So aber auch noch *Maurer* Allgemeines Verwaltungsrecht Rn. 21 ff.
439 Vgl. BVerwGE 6, 282 (287); 90, 112 (126); BVerwG NJW 1977, 1838 f.; *Stober* GewArch 1993, 136 und 187; *ders.* Allgemeines Wirtschaftsverwaltungsrecht § 7 Abs. 12a dd. Ob der Haushaltsplan als gesetzliche Grundlage geeignet ist, ist umstritten, vgl. *Bleckmann* DVBl. 2004, 333 (337 ff.).
440 BVerfGE 80, 124 (131 ff.).
441 BVerwGE 90, 112 (122 ff.).

jüngerer Zeit hat das OVG Berlin-Brandenburg bzgl. der **Förderung von Jugendorganisationen** politischer Parteien eine formel-gesetzliche Ermächtigungsgrundlage verlangt und sich hierbei maßgeblich auf das Demokratieprinzip berufen.[442] Ferner stellt sich die Frage, ob eine gesetzliche Grundlage ebenso vorausgesetzt werden muss, wenn die Subventionsvergabe einem bestimmten **Konkurrenten** einen Wettbewerbsvorteil verschafft. Hier stellt sich wiederum das Problem des „Eingriffs durch Konkurrenz" (→ Rn. 32). Ein aus Art. 12 Abs. 1 GG abgeleitetes Recht auf Abwehr des Begünstigten wird man nur annehmen können, wenn sich die Subventionsvergabe als ein **mittelbar-faktischer Eingriff** darstellt, also durch die Vergabe die Möglichkeit eines Konkurrenten, sich wirtschaftlich zu betätigen, in einem erheblichen Maße eingeschränkt wird.[443]

cc) Rechtssetzungskompetenz von Wirtschafts- und Berufskammern.

Literatur: *Kluth,* Funktionale Selbstverwaltung, 1997, S. 489 ff.; *ders.,* Verfassungs- und europarechtliche Grundlagen des Kammerrechts, in: *ders.* (Hrsg.), Handbuch des Kammerrechts, 2. Auflage 2011, § 5 Rn. 116 ff.; *Ossenbühl,* Satzung, in: Isensee/Kirchhof, HStR, Bd. V, 3. Auflage 2007, § 105; *Petersen,* Das Satzungsrecht von Körperschaften gegenüber Externen, NVwZ 2013, 841; *Tettinger,* Kammerrecht, 1997, S. 96 ff., 187 ff.

182 Wirtschafts- und Berufskammern sind der Funktionalen Selbstverwaltung zuzurechnen und sind als rechtsfähige Körperschaften des öffentlichen Rechts konstituiert. Charakteristisch für die Selbstverwaltung der Wirtschaft und der freien Berufe ist, dass den gesetzlich verpflichteten Berufsträgern demokratische Partizipationsrechte zugewiesen werden und diese so zur eigenverantwortlichen Erledigung der eigenen Angelegenheiten berufen sind (→ § 9 Rn. 8 ff.).[444] Es leuchtet daher ein, dass es im Wesen der Selbstverwaltungsgarantie und des Autonomiegedankens liegt, dass die Kammerangehörigen die sie betreffenden Regeln selbst formulieren dürfen. Deshalb steht den Selbstverwaltungsträgern eine „Regelungsautonomie" zu.[445] Im Vordergrund der Rechtssetzungskompetenz steht der Erlass von Satzungen. Wesentliche Bedeutung gewinnen solche Satzungen vor allem für die Festlegung von Berufsordnungen, in denen die Kammern

---

442 OVG Berlin-Brandenburg NVwZ 2012, 1265 (1267) mAnm *Merten* NVwZ 2012, 228.
443 *Ehlers* DVBl. 2014, 1 (4); *ders.* JZ 2012, 623 (624 f.); *Jarass/Pieroth* GG Art. 20 Rn. 51; *Kühling* in: Ehlers/Fehling/Pünder BesVwR, Bd. 1, 3. Auflage 2012, § 29 Rn. 13 ff.
444 *Kluth* in: Ehlers/Fehling/Pünder BesVwR, Bd. 1, 3. Auflage 2013, § 15 Rn. 2.
445 BVerfG NJW 1990, 2122; *Tettinger* Kammerrecht, S. 187.

die Rechte und Pflichten eines Berufsstandes niederlegen (zB Werbeverbote). Ferner können etwa geregelt werden[446]:
- Zulassungsordnungen, also Regelungen, durch die die Ausübung einer bestimmten beruflichen Betätigung vom Nachweis bestimmter Qualifikationen abhängig gemacht wird,
- Ausbildungs- und Prüfungsordnungen,
- Berufs- und Weiterbildungsordnungen,
- Beitrags- und Gebührenordnungen oder
- Honorarordnungen.

Regeln aber die Kammern etwa die Zulassung für die Ausübung der beruflichen Tätigkeit durch Satzung, so beschränken diese Vorschriften die Berufsfreiheit (Art. 12 Abs. 1 GG) der Berufsträger. Gleichwohl verbietet der Vorbehalt des Gesetzes es den Kammern nicht, solche Satzungen zu erlassen. Notwendig ist jedoch, dass die Satzung auf einer gesetzlichen Grundlage beruht.[447] Der Vorbehalt des Gesetzes fordert deshalb, dass solche Eingriffe auf ein Gesetz zurückzuführen sind.[448]

Für die konkrete Reichweite der Satzungsbefugnis ist noch heute die Facharzt-Entscheidung des Bundesverfassungsgerichts maßgebend.[449] Das BVerfG hatte in diesem Fall darüber zu befinden, ob die Entscheidungen von zwei Berufsgerichten für Heilberufe und ihre rechtlichen Grundlagen in den Berufsordnungen der jeweiligen Ärztekammern mit der Verfassung vereinbar sind. Die Beschwerdeführer waren jeweils wegen Verletzung von Berufspflichten bestraft worden, die ihre Grundlage in von den Kammern erlassenen Facharztordnungen hatten. Das BVerfG nahm die Verfassungsbeschwerden zum Anlass, sich grundsätzlich zur Regelungsbefugnis von Heilberufskammern zu äußern und folgerte aus dem Rechtsstaats- und Demokratieprinzip: „Der Gesetzgeber darf seine vornehmste Aufgabe nicht anderen Stellen innerhalb oder außerhalb der Staatsorganisation zur freien Verfügung überlassen. Das gilt besonders, wenn der Akt der Autonomieverleihung dem autonomen Verband nicht nur allgemein das Recht zu eigenverantwortlicher Wahrnehmung der übertragenen Aufgaben und zum Erlass der erforderlichen Organisationsnormen einräumt, sondern ihn zugleich zu Eingriffen in den

---

446 Vgl. *Kluth* Funktionale Selbstverwaltung, S. 506 ff.
447 *Ossenbühl* in: HStR V § 105 Rn. 28 ff.; *Ruffert* Berufsrecht, in: Handbuch des Kammerrechts, 2. Auflage 2011, § 9 Rn. 6 ff.; *Tettinger* Kammerrecht, S. 187 f.
448 BVerfGE 76, 171 (184); *Scholz* in: Maunz/Dürig, GG Art. 12 Rn. 310.
449 BVerfGE 33, 125.

Grundrechtsbereich ermächtigt"[450]. Vor allem sei das Parlament dazu geeignet und berufen, „Hüter des Gemeinwohls gegenüber Gruppeninteressen zu sein"[451]. Das BVerfG bestimmt also die Grenze der Rechtssetzungskompetenz von Kammern nach der Lehre vom Parlamentsvorbehalt. Für die Facharztordnungen heißt das, dass diese wegen der Auswirkungen auf Berufswahl und -ausübung als auch der betroffenen Interessen der Allgemeinheit einer gesonderten Regelung bedürfen, die in ihren Grundzügen durch das Parlament vorzuzeichnen ist.[452] Vor allem die Gefahr der Dominanz sachfremder berufspolitischer Interessen sowie widerstreitender Gruppeninteressen mache dies erforderlich. Daraus folgt, dass sog. **statusbildende Normen** in ihren Grundzügen durch ein förmliches Gesetz geregelt werden müssen.[453] Zu diesen Normen zählt das BVerfG etwa „diejenigen Regeln, welche die Voraussetzungen der Facharztanerkennung, die zugelassenen Facharztrichtungen, die Mindestdauer der Ausbildung […] sowie endlich auch die allgemeine Stellung der Fachärzte innerhalb des gesamten Gesundheitswesens betreffen". Aber auch „Berufspflichten, die sich von statusbildenden Normen unterscheiden, aber in mehr oder minder starkem Maße die freie Berufsausübung einschränken, bedürfen, einer gesetzlichen Grundlage"[454].

185 Der Entscheidung ist nur teilweise zuzustimmen. Zutreffend ist, dass das Facharztwesen eine eigenständige Sachmaterie darstellt, deren Regelung auf eine besondere gesetzliche Ermächtigung angewiesen ist, da sie sich aufgrund der implizierten Berufswahl- und -ausübungsregelungen als grundrechtserheblich erweist. Allerdings hat es das BVerfG versäumt, darzutun, ob nach seiner Ansicht eine generelle Vermutung besteht, dass solche Gefährdungen im Falle der Normsetzung durch die Kammern eintreten, oder ob insoweit nur bei Vorliegen konkreter Anhaltspunkte von einer besonderen parlamentarischen Verantwortung auszugehen ist.[455] Als tragfähige Erkenntnisse des Facharztbeschlusses bleiben demnach die Ausführungen zur Begründung und Umschreibung des Parlamentsvorbehaltes, während seine Umsetzung für den Bereich der funktionalen Selbstverwaltung mit der Annahme der Erforderlichkeit eines prinzipiellen

---

450 BVerfGE 33, 125 (158).
451 BVerfGE 33, 125 (159).
452 BVerfGE 33, 125 (162 f.).
453 BVerfGE 33, 125 (163).
454 BVerfGE 33, 125 (163).
455 *Kluth* Funktionale Selbstverwaltung, 1997, S. 500.

Gebotes parlamentarischer Regelung der statusbildenden Fragen aufgrund von Begründungsdefiziten nicht zu überzeugen vermag.[456] Für die Lösung des Problems muss die besondere Qualität der demokratischen Legitimation der Selbstverwaltungsträger berücksichtigt werden. Regelungen durch Selbstverwaltungsträger ermöglichen, dass das Selbstverständnis der Grundrechtsträger (also der Kammermitglieder) unmittelbar zur Geltung kommt. Die Reichweite der Regelungsbefugnisse der Kammern korrespondiert demnach mit der sachlichen Rechtfertigung des Selbstverwaltungsprivilegs: der Regelung der eigenen Angelegenheiten durch die Grundrechts-Betroffenen und ihre besondere Sachkunde.[457] Insgesamt wird man deshalb unterscheiden müssen: Gegenüber Mitgliedern besitzen die Träger funktionaler Selbstverwaltung eine weitreichende Regelungsbefugnis, die auch den Erlass statusbildender Normen einschließt. Es bedarf insoweit einer gesetzlichen Ermächtigung, die das Regelungsthema hinreichend bestimmt umreißt, jedoch nicht, wie es das Bundesverfassungsgericht verlangt, die Einzelheiten der Zulassung selbst regelt. Gegenüber Externen erreichen die Kammern hingegen nicht das erhöhte Legitimationsniveau, das bei der Regelung von eigenen Angelegenheiten erreicht wird. Deshalb kann für Zulassungsregelungen gegenüber Externen, grundsätzlich nicht von einer vergleichbar weitgehenden Regelungskompetenz ausgegangen werden. In diesem Falle ist nach den in der Facharztentscheidung entwickelten Grundsätzen der Erlass der statusbildenden Norm dem Parlament vorbehalten.[458]

186

2. Vorhersehbarkeit und Vertrauensschutz

Literatur: *Maurer,* Kontinuitätsgewähr und Vertrauensschutz, in: HStR IV, 3. Auflage § 79 (2006); *ders.,* Staatsrecht I, 6. Auflage 2010, § 8 Rn. 46 ff.; *Papier,* Veranlassung und Verantwortung aus verfassungsrechtlicher Sicht, DVBl. 2011, 189; *Schröder,* Verfassungsrechtlicher Investitionsschutz beim Atomausstieg, NVwZ 2013, 105; *Stober,* Handbuch des Wirtschaftsverwaltungs- und Umweltrechts, 1989, § 10 III; *ders.,* Allgemeines Wirtschaftsverwaltungsrecht, § 7 II.

Wirtschaftsakteure sind von staatlichen Entscheidungen abhängig. Jeder Unternehmer ist darauf angewiesen, dass er von der Rechtslage Kenntnis hat und er vor allem auf die Zuverlässigkeit der einmal ge-

187

---
456 *Kluth* Funktionale Selbstverwaltung, 1997, S. 500.
457 *Kluth* Funktionale Selbstverwaltung, 1997, S. 502 f.
458 Zu den Einzelheiten: *Kluth* Funktionale Selbstverwaltung, 1997, S. 499 ff.

troffenen staatlichen Entscheidungen vertrauen darf. An dieser Stelle kommt das rechtsstaatliche Prinzip der **Rechtssicherheit** zum Tragen. Die Funktionsfähigkeit der Wirtschaft beruht weitgehend darauf, dass wirtschaftsverwaltungsrechtliche Maßnahmen voraussehbar sind. Nur in einer solchen Situation kann der Einzelne seine Handlungen vernünftigerweise nach dem geltenden Recht ausrichten und entsprechende Dispositionen treffen. Die **Voraussehbarkeit der Rechtsordnung** ist damit eine wesentliche Bedingung für Investitions- und Innovationsbereitschaft.[459] So hat das BVerfG formuliert: „Verläßlichkeit der Rechtsordnung ist wesentliche Voraussetzung für Freiheit, das heißt die Selbstbestimmung über den eigenen Lebensentwurf und seinen Vollzug."[460] Die Voraussehbarkeit setzt daher die Beständigkeit staatlicher Regelungen voraus.[461]

Beispiele: Tätigt der Unternehmer Investitionen auf der Grundlage von Subventionen oder steuerlichen Vergünstigungen, so muss sich der Unternehmer darauf verlassen können, dass die jeweiligen staatlichen Entscheidungen nicht abrupt widerrufen und dadurch dessen Investitionen entwertet werden.

188 Für den Einzelnen bedeutet Rechtssicherheit vor allem **Vertrauensschutz**. Der Vertrauensschutz wird einerseits aus dem Rechtsstaatsprinzip, andererseits aus den konkret betroffenen Grundrechten hergeleitet. Das gilt vor allem für die Eigentumsgarantie (vgl. → Rn. 36 ff.). So entspricht es ständiger Rechtsprechung des Bundesverfassungsgerichts, dass „der rechtsstaatliche Grundsatz für die vermögenswerten Güter im Eigentumsgrundrecht eine eigene Ausprägung und verfassungsrechtliche Ordnung erfahren hat".[462] Aber auch die Berufsfreiheit und – sofern keine spezielleren Grundrechte einschlägig sind – die allgemeine Handlungsfreiheit aus Art. 2 Abs. 1 GG können als Grundlage des Vertrauensschutzes in Betracht kommen.[463]

189 Der Vertrauensschutzgedanke wird vor allem bei der Rückwirkung von Gesetzen relevant. Das BVerfG unterscheidet zwei Arten von Rückwirkungen: Die echte (auch „Rückbewirkung von Rechtsfolgen") und die unechte Rückwirkung („tatbestandliche Rückanknüpfung"). Die **echte Rückwirkung** greift nachträglich in abgewickelte, der Vergangenheit angehörende Tatbestände ein.[464] Die **unechte**

---

459 *Stober* Allgemeines Wirtschaftsverwaltungsrecht § 7 II 1.
460 BVerfGE 63, 343 (357); 72, 200 (257).
461 *Sachs* in: ders. GG Art. 20 Rn. 131.
462 BVerfGE 45, 142 (168); 53, 257 (309).
463 *Papier* DVBl. 2011, 189 (191).
464 BVerwG NVwZ 2010, 771 (776 Rn. 81).

§ 7. Relevanz allgemeiner Rechtsprinzipien

Rückwirkung wird hingegen dann angenommen, wenn eine Rechtsnorm zwar nur für die Zukunft gilt, dabei aber auf gegenwärtige noch nicht abgeschlossene Sachverhalte und Rechtsbeziehungen für die Zukunft einwirkt und damit zugleich die betroffene Rechtsposition nachträglich entwertet.[465]

Beispiele: Echte Rückwirkung: Die Gewerbesteuer für das Jahr 2013 wird durch ein Gesetz vom 1. April 2014 nachträglich erhöht. **Unechte Rückwirkung:** Durch Gesetz vom 1. April 2014 wird die Gewerbesteuer für das Jahr 2014 erhöht.

Die **unechte Rückwirkung ist verfassungsrechtlich grundsätzlich zulässig.** Allerdings können sich aus dem Grundsatz des Vertrauensschutzes und dem Verhältnismäßigkeitsprinzip Grenzen der Zulässigkeit ergeben. Diese sind erst überschritten, wenn die vom Gesetzgeber angeordnete unechte Rückwirkung nicht geeignet oder erforderlich ist, um den Gesetzeszweck zu erreichen, oder wenn die Bestandsinteressen gegenüber den Änderungsinteressen des Gesetzgebers überwiegen.[466] Dabei können bestehende Bedenken etwa durch Übergangs- und Ausgleichsregelungen ausgeräumt werden.[467]

Beispiele: Die aufgrund von § 45 HwO erlassenen Verordnungen bzgl. der einzelnen Meisterprüfungen stellen eine unechte Rückwirkung dar, wenn die Voraussetzungen für die Zukunft neu geregelt werden. Um die Verhältnismäßigkeit und den Vertrauensschutz zu gewährleisten, enthalten die einzelnen Verordnungen oft folgende Regelungen: „Die bei Inkrafttreten dieser Verordnung laufenden Prüfungsverfahren werden nach den bisherigen Vorschriften zu Ende geführt" (vgl. § 6 BäckMstrV[468]). Auch das Erlöschen einer Genehmigung durch Gesetzesänderung stellt hinsichtlich der bisher erfolgten Investitionen eine unechte Rückwirkung dar. So enthält etwa § 29 Abs. 4 GlüStV bzgl. der Neuausrichtung des Spielhallenrechts entsprechende Übergangsregelungen.[469]

Stattdessen ist die **echte Rückwirkung grundsätzlich unzulässig.** Sie ist nur dann ausnahmsweise zulässig, wenn
- der Bürger mit der Regelung rechnen musste,
- die geltende Rechtslage unklar und verworren war,

---

465 BVerfGE 95, 64 (86); 101, 239 (263); BVerwG NVwZ 2010, 771 (776 Rn. 80).
466 BVerfGE 95, 64 (86).
467 BVerfGE 43, 242 (288); 67, 1 (15); 76, 256 (359); 78, 249 (285).
468 Verordnung über das Berufsbild und über die Prüfungsanforderungen im praktischen und im fachtheoretischen Teil der Meisterprüfung für das Bäcker-Handwerk (Bäckermeisterverordnung), BGBl. 1997 I S. 393.
469 Vgl. dazu BWStGH Urt. v. 17.6.2014 – 1 VB 15/13, RVGReport 2016, 113.

- eine nichtige Bestimmung durch eine verfassungsmäßige ersetzt wird,
- die Rückwirkung nur einen geringfügigen Fall betrifft (Bagatellvorbehalt), oder
- eine rückwirkende Beseitigung erforderlich ist, weil überragende Belange des Gemeinwohls, die dem Prinzip der Rechtssicherheit vorgehen, eine rückwirkende Beseitigung erfordern.[470]

192 Von der Rückwirkung von Gesetzen ist das Vertrauen in den künftigen Fortbestand des geltenden Rechts zu unterscheiden. Diese Fragestellung wird mitunter unter dem Gesichtspunkt der **„Plangewährleistung"** diskutiert. Nach ständiger Rechtsprechung schützt der Vertrauensgrundsatz nicht die generelle Hoffnung, dass die Rechtslage auch für die Zukunft fortbesteht. Das ist grundsätzlich richtig, da anderenfalls Reformen nicht möglich wären und somit die Rechtsordnung erstarren würde. Der Staat wäre dann zur Untätigkeit gezwungen und politische Kurswechsel blieben ohne Folgen – eine Konsequenz, die mit dem Demokratieprinzip kaum vereinbar wäre.[471]

Beispiel: Dem Gesetzgeber ist es möglich, ein bisher genehmigungsfreies Verhalten für die Zukunft einer Genehmigungspflicht zu unterwerfen. Das ist etwa im Umweltrecht bei der Einführung des Emissionshandelssystems für Treibhausgase durch die Richtlinie 2003/87/EG und der Umsetzung in nationales Recht (TEHG) geschehen. Seitdem ist für bestimmte Anlagen für die Emission von Treibhausgasen eine Genehmigung nach § 4 Abs. 1 TEHG notwendig.[472]

193 Der Grundsatz des Vertrauensschutzes wird ferner bei der Aufhebung von Verwaltungsakten durch §§ 48 ff. VwVfG konkretisiert. Im Wirtschaftsverwaltungsrecht ist die Aufhebung von Verwaltungsakten teilweise spezialgesetzlich geregelt (zB § 15 GastG oder § 33e Abs. 2 GewO).

3. Bestimmtheitsgrundsatz

Literatur: *Stober,* Handbuch des Wirtschaftsverwaltungs- und Umweltrechts, 1989, § 10 V.

---

470 BVerfGE 101, 239 (263f.); ausführlich dazu *Schulze-Fielitz* in: Dreier GG Bd. 2, 2. Auflage 2006, Art. 20 (Rechtsstaat) Rn. 158 ff.
471 *Kloepfer* Verfassungsrecht I § 10 Rn. 168.
472 BVerwGE 124, 51; VG Würzburg NVwZ 2005, 471; *Weinreich/Marr* NJW 2005, 1078 (1079 f.).

Die Bestimmtheit der Gesetze ist im Wirtschaftsverwaltungsrecht unerlässlich, damit Wirtschaftsteilnehmer disponieren und sich so auf die jeweiligen rechtlichen Rahmenbedingungen einstellen können.[473] Der Bestimmtheitsgrundsatz gebietet deshalb, dass das Handeln der Verwaltung messbar und in gewissem Ausmaße für den Bürger voraussehbar und berechenbar ist, so dass eine Gerichtskontrolle ermöglicht wird.[474] Alle wirtschaftsverwaltungsrechtlichen Gesetze und Maßnahmen müssen hinreichend nach Inhalt, Gegenstand, Zweck und Ausmaß bestimmt sein. Die Adressaten müssen wissen, wozu sie berechtigt bzw. verpflichtet sind, damit sie sich entsprechend verhalten können.[475] Positivrechtlich ist der Bestimmtheitsgrundsatz in Art. 103 Abs. 2 GG und in Art. 80 Abs. 1 GG geregelt.

Der Bestimmtheitsgrundsatz verbietet dem Gesetzgeber nicht, Generalklauseln oder unbestimmte Rechtsbegriffe zu verwenden oder der Verwaltung Ermessensspielräume einzuräumen. Besonders im Wirtschaftsverwaltungsrecht muss sich der Gesetzgeber abstrakter und unbestimmter Formulierungen bedienen, um Verwaltungsbehörden in die Lage zu versetzen, bei der Bewältigung ihrer Aufgaben den besonderen Umständen des einzelnen Falles und den schnell wechselnden Situationen des wirtschaftlichen Lebens gerecht zu werden.[476]

Beispiele: Der Begriff der Zuverlässigkeit im Gewerberecht stellt einen unbestimmten Rechtsbegriff dar, der mit dem Bestimmtheitsgrundsatz vereinbar ist (→ § 15 Rn. 121).[477] Zu unbestimmt und deshalb verfassungswidrig war jedoch die gesetzliche Regelung zu Mitfahrzentralen.[478]

Höhere Anforderungen sind indes an konkret-individuelle Maßnahmen, insbesondere an Verwaltungsakte zu stellen. Hier verlangt der Grundsatz der Bestimmtheit, dass insbesondere für den Adressaten des Verwaltungsakts die von der Behörde getroffene Regelung so vollständig, klar und unzweideutig erkennbar ist, dass er sein Verhalten danach richten kann.[479]

---

473 *R. Schmidt* Öffentliches Wirtschaftsrecht, Allgemeiner Teil, S. 175.
474 BVerfGE 110, 33 (53 ff.).
475 BVerwG NVwZ-RR 1997, 534 (535).
476 BVerfGE 8, 274 (326).
477 *Leisner* GewArch 2008, 225.
478 BVerfGE 17, 306 (314 ff.); 110, 33 (53 ff.).
479 BVerwG GewArch 1993, 117; BVerwGE 31, 15 (18).

4. Grundsatz der Verhältnismäßigkeit

Literatur: *Heusch*, Der Grundsatz der Verhältnismäßigkeit im Staatsorganisationsrecht, 2003; *Kluth*, Das Übermaßverbot, JA 1999, 606; *ders.*, Grundrechte, 3. Auflage 2013, S. 119 ff.; *Stober*, Allgemeines Wirtschaftsverwaltungsrecht, 18. Auflage 2015, § 17 IV; *Voßkuhle*, Grundwissen – Öffentliches Recht: Der Grundsatz der Verhältnismäßigkeit, JuS 2007, 429.
Literatur zum Rechtsstaatsprinzip:
Grimm, Stufen der Rechtsstaatlichkeit, JZ 2009, 569; *Schulze-Fielitz*, in: Dreier, GG, Bd. 2, 3. Auflage 2015, Art. 20 (Rechtsstaat); *Schmidt-Aßmann*, Der Rechtsstaat, in: Isensee/Kirchhof, HStR, Bd. II, 3. Auflage 2003, § 26; *Stober*, Handbuch des Wirtschaftsverwaltungs- und Umweltrechts, 1989, § 10; *ders.*, Allgemeines Wirtschaftsverwaltungsrecht, 18. Auflage 2015, § 7.

197 Es wurde bereits die Bedeutung des Verhältnismäßigkeitsgrundsatzes als Schranken-Schranke für Grundrechtseingriffe dargestellt (s. → Rn. 10). Das Bundesverfassungsgericht hat aber darüber hinaus in weiteren Entscheidungen formuliert, dass der Grundsatz der Verhältnismäßigkeit eine „übergreifende Leitregel allen staatlichen Handelns" darstellt.[480] So wendet das BVerfG den Grundsatz ua auch auf staatliche Eingriffe in das kommunale Selbstverwaltungsrecht und auf zahlreiche weitere Rechtspositionen des innerstaatlichen Bereichs an.[481]

VI. Sozialstaatsprinzip

1. Rechtliche Struktur als Staatszielbestimmung

198 Die Bundesrepublik Deutschland bekennt sich zum Sozialstaat.[482] Zwar geht das nicht ausdrücklich aus dem Grundgesetz hervor, dennoch kann der Sozialstaatsgrundsatz aus den Einzelbestimmungen des Grundgesetzes geschlussfolgert werden. So bestimmt das Grundgesetz in Art. 20 Abs. 1 GG, dass die Bundesrepublik Deutschland ein „sozialer Bundesstaat" ist. In Art. 28 Abs. S. 1 GG verlangt es ferner, dass die verfassungsmäßige Ordnung in den Ländern den Grundsätzen des „sozialen Rechtsstaates im Sinne dieses Grundgesetzes" entsprechen muss.[483]

---

480 BVerfGE 23, 127 (133).
481 Im Einzelnen *Heusch* Der Grundsatz der Verhältnismäßigkeit im Staatsorganisationsrecht, 2003, S. 93 ff.
482 BVerfGE 1, 97 (105).
483 BVerfGE 1, 97 (105).

Die ethische Grundlage des Sozialstaats stellt das Prinzip der Soli- 199
darität dar, das auf sozialen Ausgleich und Umverteilung gerichtet
ist.[484] Der Sozialstaatssatz ist als **Staatszielbestimmung** formuliert.
Darunter sind Verfassungsnormen mit rechtlich bindender Wirkung
zu verstehen, die der Staatstätigkeit die fortdauernde Beachtung oder
Erfüllung bestimmter Aufgaben vorschreiben.[485] Daraus folgt ein Gestaltungsauftrag; die Verwirklichung des Sozialstaats wird als **Staatsaufgabe** bestimmt. Typischerweise verpflichtet das Sozialstaatsprinzip den Staat zu sozialer Sicherheit und zu sozialer Gerechtigkeit.
Teilweise wird zudem noch der Aspekt des sozialen Ausgleichs diskutiert.[486]

Aber auch wenn das Sozialstaatsprinzip eine Staatsaufgabe begrün- 200
det, folgt daraus nicht, „wie diese Aufgabe im Einzelnen zu verwirklichen ist."[487] Das Sozialstaatsprinzip enthält infolge seiner Weite und
Unbestimmtheit regelmäßig keine unmittelbare Handlungsanweisungen, die durch die Gerichte ohne gesetzliche Grundlage in einfaches
Recht umgesetzt werden könnten. Der Sozialstaatssatz ist deshalb ein
Prinzip, das im Einzelnen durch den Gesetzgeber ausgestaltet werden
muss.[488] Der Sozialstaatssatz verpflichtet den Gesetzgeber jedenfalls
nicht, eine bestimmte Wirtschaftsordnung und eine bestimmte sozialstaatliche Gesetzgebung zu verwirklichen. Selbst die Wirtschaftsordnung der sozialen Marktwirtschaft folgt nicht aus dem Sozialstaatsprinzip.[489] Der Sozialstaatsgrundsatz kann deshalb die These von der
wirtschaftspolitischen Neutralität des Grundgesetzes nicht erschüttern (→ § 6 Rn. 3).

Das Sozialstaatsprinzip adressiert sowohl den Gesetzgeber als auch 201
die Verwaltung und die Rechtsprechung; es richtet sich aber vor allem
an den Gesetzgeber, der im Rahmen seiner Gestaltungsfreiheit aufgerufen ist, die Sozialstaatlichkeit zu präzisieren und zu realisieren.[490]
Aus dem Charakter des Sozialstaatsprinzips als Staatszielbestimmung
folgt ferner, dass es objektiv-rechtlich ausgerichtet ist – der Bürger

---

484 *Schöbener/Knauff* Allgemeine Staatslehre Rn. 174 ff.; *Stober* Allgemeines Wirtschaftsverwaltungsrecht § 6 I 2.
485 *Scheuner* Staatszielbestimmung, in: FS Forsthoff (1972), S. 325; *Badura* DÖV 1989, 491 (493).
486 *Gröschner* in: Dreier GG Art. 20 (Sozialstaat) Rn. 38 f.
487 BVerfGE 52, 283 (298); 59, 231 (262 f.).
488 BVerfGE 65, 182 (193); 71, 66 (80).
489 *Stober* Allgemeines Wirtschaftsverwaltungsrecht § 6 II 1.
490 BVerfGE 65, 182 (193); 70, 278 (288).

kann also aus dem Sozialstaatsprinzip keine subjektiven Rechte herleiten.[491]

202 Das Bundesverfassungsgericht hat aber von diesem Grundsatz Ausnahmen zugelassen: So hat das Bundesverfassungsgericht zuletzt in der Hartz IV-Entscheidung aus der Menschenwürde in Verbindung mit dem Sozialstaatsprinzip einen Anspruch auf Gewährleistung eines menschenwürdigen Existenzminimums hergeleitet, das jedem Hilfsbedürftigen diejenigen materiellen Voraussetzungen zusichert, die für seine physische Existenz und für ein Mindestmaß an Teilhabe am gesellschaftlichen, kulturellen und politischen Leben unerlässlich sind.[492] Darüber hinaus nimmt das BVerfG in der numerus-clausus-Entscheidung auf das Sozialstaatsprinzip Bezug, um einen unmittelbar gerichteten Anspruch auf chancengleichen Zugang zu staatlichen Studienplätzen zu begründen (s. → Rn. 31).[493]

2. Sachliche Relevanz für das Öffentliche Wirtschaftsrecht

Literatur: *Badura*, Der Sozialstaat, DÖV 1989, 491; *Forsthoff*, Die Verwaltung als Leistungsträger (1938); *Pielow*, Öffentliche Daseinsvorsorge zwischen „Markt" und „Staat", JuS 2006, 692; *Stober*, Allgemeines Wirtschaftsverwaltungsrecht, § 6.

203 Auch bzgl. des Öffentlichen Wirtschaftsrechts ist Zurückhaltung geboten, wenn es darum geht, aus dem Sozialstaatsprinzip konkrete Verfassungsaufträge für den Bereich der Wirtschaft herzuleiten.[494] Gleichwohl wirkt sich das Sozialstaatsprinzip in vielen Bereich des Öffentlichen Wirtschaftsrechts aus. So veranlasst der Sozialstaatssatz den Gesetzgeber **sozialversicherungsrechtliche Vorkehrungen** zu treffen, für den **Arbeitnehmerschutz** einzutreten oder auch den **wirtschaftlichen Wettbewerb** zu sichern, etwa indem marktbeherrschende Marktmacht begrenzt wird.[495] Ferner hat auch das Erfordernis des **gesamtwirtschaftlichen Gleichgewichts (Art. 109 Abs. 2 GG)** eine sozialstaatliche Verankerung, das dem Staat die Verantwortung für den Gesamtzustand der Volkswirtschaft überträgt und somit auch zur Wirtschaftsförderung verpflichtet. Im Wirtschaftsverwal-

---

491 BVerfGE 26, 33 (61); *Kloepfer* Verfassungsrecht, Bd. 1, 2010 § 11 Rn. 76.
492 BVerfGE 125, 175 (222 ff.).
493 BVerfGE 33, 303 (331 ff.).
494 Zur restriktiven Auslegung des Sozialstaatsprinzips insbesondere *Herzog* in: Maunz/Dürig GG Art. 20 Rn. 18 ff.
495 Vgl. die Auflistung in *Stober* Handbuch des Wirtschaftsverwaltungs- und Umweltrechts § 9 I 2.

tungsrecht wird dies etwa relevant, wenn der Staat Subventionen vergibt und hierbei bestimmte öffentliche Zwecke verfolgt. Ebenso entspricht es einem sozialstaatlichen Anliegen, bei der Vergabe von öffentlichen Aufträgen vornehmlich mittelständische Interessen (§ 97 Abs. 3 S. 1 GWB) oder sonstige sozialpolitische Kriterien zu berücksichtigen.[496]

Ein weiterer wichtiger Anwendungsfall für das Öffentliche Wirtschaftsrecht ist der Bereich, der herkömmlicherweise als **„Daseinsvorsorge"** (*Ernst Forsthoff*) bezeichnet wird.[497] Die Daseinsvorsorge betrifft die Versorgung der Bevölkerung mit lebenswichtigen Gütern und Leistungen, zB mit Wasser, Elektrizität, öffentlichen Verkehrs- und Nachrichtenmitteln, usw. Für das Öffentliche Wirtschaftsrecht von sachlicher Relevanz sind vor allem die Bereiche des Öffentlichen Personen- und Nahverkehrs, der Energieversorgung und der Telekommunikation, Post und Eisenbahn. Das Sozialstaatsprinzip gebietet, eine ausreichende Netzinfrastruktur in diesen Bereichen zu gewährleisten. Dieser zunächst allgemein gehaltene infrastrukturelle Gewährleistungsauftrag wird im Grundgesetz durch Einzelbestimmungen bereichsspezifisch konkretisiert.[498] Entsprechend statuiert Art. 87e Abs. 4 S. 1 GG für das Eisenbahnwesen eine Gewährleistungsverantwortung. Ebenso verlangt Art. 87f Abs. 1 GG für die Bereiche des Postwesens und der Telekommunikation „flächendeckend angemessene und ausreichende Dienstleistungen". Diese Staatsaufgaben werden vor allem im Regulierungsrecht umgesetzt (→ § 18 Rn. 12). 204

VII. Umweltstaatsprinzip

Literatur: *Caspar/Geißen*, Das neue Staatsziel „Tierschutz" in Art. 20a GG, NVwZ 2002, 913; *Groß*, Die Bedeutung des Umweltstaatsprinzips für die Nutzung erneuerbarer Energien, NVwZ 2011, 129; *Schink*, Umweltschutz als Staatsziel, DÖV 1997, 221; *Schmidt/Vollmöller*, Kompendium Öffentliches Wirtschaftsrecht, § 2 Rn. 30 ff.; *Schmidt/Kahl/Gärditz*, Umweltrecht, 9. Auflage 2014, § 3 Rn. 1 ff.; *Westphal*, Art. 20a GG – Staatsziel „Umweltschutz", JuS 2000, 339.

Art. 20a GG enthält zwei Bestimmungen: den **Umweltschutz** und den **Tierschutz**. Das Prinzip normiert – ähnlich wie bei dem Sozial- 205

---
496 Zu den Voraussetzungen *Opitz* in: Dreher/Motzke Beck'scher Vergaberechtskommentar § 97 Abs. 5 GWB Rn. 39 f. mwN.
497 Hierzu *Pielow* JuS 2006, 692 ff.
498 *Möstl* in: Maunz/Dürig GG Art. 87f. Rn. 68.

staatsprinzip – eine **Staatszielbestimmung**.[499] Das Umweltstaatsprinzip adressiert sowohl den Gesetzgeber als auch die Verwaltung und die Rechtsprechung. Dem Charakter einer Staatszielbestimmung entsprechend verlangt das Umweltstaatsprinzip vom Gesetzgeber, auf die Verwirklichung des Umweltschutzes hinzuwirken. Aus dem Umweltstaatsprinzip folgt also ein Gestaltungsauftrag, der aber dem Gesetzgeber weitgehend die Entscheidung überlässt, wie der Umweltschutz konkret zu verwirklichen ist. Für die anderen Staatsgewalten ist das Staatsziel für die Auslegung von Rechtsnormen, für Abwägungsentscheidungen und für die Ermessensausübung bedeutend.[500] Darüber hinaus ist das Umweltstaatsprinzip auch im Unionsrecht anerkannt (Art. 3 Abs. 3 S. 2 EUV, Art. 11 und 191 Abs. 2 UAbs. 1 S. 2 AEUV sowie Art. 37 EU-GRCharta).[501]

206 Das Umweltstaatsprinzip schützt die natürlichen Lebensgrundlagen und verleiht diesen einen verfassungsrechtlichen Status.[502] Dazu gehören alle natürlichen – also nicht vom Menschen geschaffenen – Grundlagen des menschlichen, tierischen und pflanzlichen Lebens, also Luft, Wasser, Boden einschließlich der Bodenschätze sowie lebende Organismen.[503] Ferner umfasst das Umweltstaatsprinzip auch die Verantwortung für die künftigen Generationen, deren natürliche Lebensgrundlagen und Ressourcen geschont werden müssen („**Nachweltschutz**").[504]

207 Das Umweltstaatsprinzip fordert die Umweltverträglichkeit wirtschaftlichen Handelns. Für das Wirtschaftsverwaltungsrecht heißt das: Es ist die Aufgabe des Staates, ökologische und ökonomische Konflikte und Interessen zum Ausgleich zu bringen und insofern **praktische Konkordanz herzustellen**.[505] Daraus folgt, dass das Umweltstaatsprinzip bei Eingriffen in Grundrechte (zB in Art. 12 und 14 GG) berücksichtigt werden muss. Selbst bei schrankenlos garantierten Grundrechten kommt dieses als verfassungsimmanente Schranke in Betracht.[506]

---

499 BVerfGE 102, 1 (18); *Kluth* in: Friauf/Höfling GG Art. 20a Rn. 57 ff.
500 *Murswiek* NVwZ 1994, 222 (229); *Caspar/Geißen* NVwZ 2002, 913 ff.
501 Dazu *Schmidt/Kahl/Gärditz* Umweltrecht § 2 Rn. 1 ff.
502 *Kluth* in: Friauf/Höfling GG Art. 20a Rn. 57.
503 *Huster/Rux* BeckOK GG Art. 20a Rn. 12.
504 *Schmidt/Kahl/Gärditz* Umweltrecht § 3 Rn. 7; *Schulze-Fielitz* in: Dreier GG Bd. 2, 2. Auflage 2006, Art. 20a Rn. 35 ff.
505 *Stober* Allgemeines Wirtschaftsverwaltungsrecht § 9 II.
506 BVerwG DVBl. 1985, 899 (900); BVerwG NJW 1995, 2648 mAnm *Vesting* NJW 1996, 1111 ff.; *Schmidt/Kahl/Gärditz* Umweltrecht § 3 Rn. 5, 9.

Besonders relevant ist das Umweltstaatsprinzip bei allen Materien, 208
die klassischerweise zum Umweltrecht gezählt werden. Hierzu gehört ua das Immissionsschutzrecht, das ursprünglich unter dem Titel der „Überwachungspflichtigen Anlagen" in den §§ 16–28 GewO geregelt wurde und mit der Zeit aus der Gewerbeordnung „herausgewandert" ist (→ § 1 Rn. 22). Darüber hinaus sind etwa noch das BNatSchG, das KrWG oder auch § 5 Abs. 1 Nr. 3 GastG zu nennen. Aber auch das Energiewirtschaftsrecht verfolgt Ziele, die dem Umweltstaatsgedanken zuzurechnen sind. Entsprechend fordert § 1 Abs. 1 EnWG eine *umweltverträgliche* Versorgung.

Auch im **Vergaberecht** kann das Umweltschutzprinzip eine Rolle 209
spielen, nämlich dann, wenn die öffentliche Hand über den Zweck der Beschaffung hinaus beschaffungsfremde Kriterien (**Sekundärzwecke**) verfolgt und so ökologische Gesichtspunkte in das Vergabeverfahren einbezieht (→ § 12 Rn. 21, 32 ff.).[507] Ebenfalls kommt der Umweltstaatsgedanke bei der Förderung Erneuerbarer Energien zur Geltung. Vor diesem Hintergrund hat die EU-Kommission die EEG-Umlage nach dem EEG 2012 als Beihilfe angesehen und diese – soweit Sie nach den §§ 40 ff. EEG 2012 Industrierabatte für stromintensive Unternehmen gewährte – teilweise als mit dem Binnenmarkt für unvereinbar erklärt.[508] Mittlerweile ist das EEG 2014 am 1. August 2014 in Kraft getreten.[509] Aber auch wenn das EEG 2012 mittlerweile durch das EEG 2014 ersetzt und das Beihilfeverfahren beendet wurde, zeigt sich hieran sehr deutlich, dass das Umweltstaatsprinzip zwar als Prinzip im Wirtschaftsverwaltungsrecht zur Geltung kommt, aber nicht grenzenlose Wirksamkeit beanspruchen kann.

VIII. Subsidiaritätsprinzip

1. Regelungsgehalt auf staatlicher und unionsrechtlicher Ebene

Das Subsidiaritätsprinzip betrifft den Autonomievorrang der klei- 210
neren vor der größeren Einheit. Die größere Einheit darf eine Aufgabe nur dann an sich ziehen, wenn die kleinere Einheit zur Erfüllung der Aufgabe nicht in der Lage ist. Dieser Gedanke stammt aus

---

507 *Frenz* in: Willenbruch/Wieddekind Vergaberecht § 97 GWB Rn. 86; *Heyne* ZUR 2011, 578; *Schneider* NVwZ 2009, 1057; *Kahl/R. Schmidt* JZ 2006, 125 (128 f.).
508 *Burgi/Wolff* EuZW 2014, 647.
509 Hierzu: *Wustlich* NVwZ 2014, 1113.

der katholischen Soziallehre. So heißt es in der Enzyklika, Quadragesimo anno (*Pius XI.*, 1931), 79, 80:

„Wie dasjenige, was der Einzelmensch aus eigener Initiative und mit seinen eigenen Kräften leisten kann, ihm nicht entzogen werden und der Gesellschaftstätigkeit zugewiesen werden darf, so verstößt es gegen die Gerechtigkeit, das, was die kleineren und untergeordneten Gemeinwesen leisten und zum guten Ende führen können, für die weitere und übergeordnete Gemeinschaft in Anspruch zu nehmen; [...] je besser durch strenge Beobachtung des Prinzips der Subsidiarität die Stufenordnung der verschiedenen Vergesellschaftungen innegehalten wird, um so stärker stehen gesellschaftliche Autorität und gesellschaftliche Wirkkraft da, um so besser und glücklicher ist es auch um den Staat bestellt."

211 Der Gedanke der Subsidiarität kann zunächst als eine politische Klugheitsregel verstanden werden, der es darum geht, in einem demokratischen System Akzeptanz und Bürgernähe zu schaffen.[510] Das Prinzip betrifft zunächst die **Beziehung des Staates zur Gesellschaft**, also ua auch zur Privatwirtschaft. In diesem Kontext ist der Subsidiaritätsgedanke Ausdruck eines Individualprinzips, das die Stärkung der Eigenverantwortung und Eigeninitiative im privaten und wirtschaftlichen Bereich bezweckt.[511] Kurz: Das Subsidiaritätsprinzip überlässt der privatwirtschaftlichen Eigenverantwortung den Vorrang vor staatlicher Regulierung und Eigenwirtschaft. Darüber hinaus beschreibt das Subsidiaritätsprinzip auch das **Verhältnis zwischen Staatsorganen**. Hierzu zählen vor allem der Vorrang der Selbstverwaltung (Gemeinde, Landkreis, funktionale Selbstverwaltung) vor dem Staat, der Vorrang der Länder vor der Kompetenz des Bundes und der Vorrang der einzelnen Mitgliedstaaten vor dem Zugriff der Europäischen Union (Art. 23 GG, Art. 5 Abs. 1 und 3 EUV). Vor diesem Hintergrund befürwortet das Prinzip eine dezentrale Staatsorganisation und den Vorrang von Selbstverwaltungsträgern.[512] In diesem Zusammenhang stellt sich das Subsidiaritätsprinzip als eine Kompetenzausübungsregelung dar.[513]

212 Allerdings ist – von Art. 23 GG abgesehen – das Subsidiaritätsprinzip nicht ausdrücklich im Grundgesetz verankert. Deshalb ist fraglich, ob das Grundgesetz das Subsidiaritätsprinzip als ein durchgän-

---

510 *Gaß* Das Subsidiaritätsprinzip – Einige Anmerkungen aus Sicht der Verwaltungspraxis, in: FS Knemeyer, 2012, S. 47 ff.
511 *Stober* Handbuch des Wirtschaftsverwaltungs- und Umweltrechts § 15 I.
512 *Stober* Allgemeines Wirtschaftsverwaltungsrecht § 12 I 1.
513 *Gaß* Das Subsidiaritätsprinzip – Einige Anmerkungen aus Sicht der Verwaltungspraxis, in: FS Knemeyer, 2012, S. 48.

gig verbindliches Rechtsprinzip anerkennt. Berücksichtigt man insbesondere die „wirtschaftspolitische Offenheit des Grundgesetzes" (→ § 6 Rn. 3) spricht viel dafür, das Subsidiaritätsprinzip lediglich als eine politische Klugheitsregel aufzufassen.[514] Leider ist hier nicht der Raum, um sich vertieft mit dem Problem zu beschäftigen.

2. Konkretisierung für Einzelbereiche des Öffentlichen Wirtschaftsrechts

Literatur zum Subsidiaritätsprinzip: *Ernst/Piotrowski,* Selbstverwaltung und Subsidiarität in der Wirtschaftsverfassung – Wechselwirkungen zwischen zwei modernen Rechtsprinzipien, NVwZ 2004, 924; *Gaß,* Das Subsidiaritätsprinzip – Einige Anmerkungen aus Sicht der Verwaltungspraxis, 2012, S. 47; *Herzog,* Subsidiaritätsprinzip und Staatsverfassung, Der Staat 2 (1963), S. 399; *Isensee,* Subsidiaritätsprinzip und Verfassungsrecht, 2. Auflage 2001; *Jahn,* Subsidiarität und Solidarität am Beispiel der IHK Selbstverwaltungskörperschaften, FS Knemeyer, 2012, S. 61; *Oppermann,* Subsidiarität als Bestandteil des Grundgesetzes, JuS 1996, 569; *Stober,* Handbuch des Wirtschaftsverwaltungs- und Umweltrechts, 1989, § 15; *ders.,* Allgemeines Wirtschaftsverwaltungsrecht, § 12.

Dennoch ist das Subsidiaritätsprinzip in vielen Einzelbereichen gesetzlich konkretisiert. So ist der Gedanke des Subsidiaritätsprinzips in der Selbstverwaltungsgarantie verankert, das die Allzuständigkeit der Gemeinde in Angelegenheiten der örtlichen Gemeinschaft und der Gemeindeverbände gewährleistet. In diesem Zusammenhang sichert das Subsidiaritätsprinzip den Vorrang der kommunalen Selbstbestimmung vor staatlicher Fremdbestimmung.[515] Auch im Bereich der Funktionalen Selbstverwaltung[516] ist der Subsidiaritätsgedanke von wesentlicher Bedeutung. Für das Öffentliche Wirtschaftsrecht sind vor allem die Kammern der freien Berufe (zB Rechtsanwaltskammer oder Ärztekammer) sowie die Kammern des Handwerks- und Gewerberechts (Handwerks- und Industrie- und Handelskammer) zu nennen. Die als Körperschaften des öffentlichen Rechts organisierten Kammern verwirklichen „ein Stück wirtschaftliche Autonomie für die Region"[517]. So werden Berufsträgern demokratische

213

---

514 *Herzog* Der Staat 2 (1963), 399; *ders.* Allgemeine Staatslehre, 1971, S. 151; *Stober* Allgemeines Wirtschaftsverwaltungsrecht § 12 I 1. Das entspricht auch der Rechtsprechung: BVerwGE 23, 304 (306 f.). Für die Anerkennung des Subsidiaritätsprinzips etwa *Oppermann* JuS 1996, 569 (570 f.).
515 *Isensee* Subsidiaritätsprinzip und Verfassungsrecht, 2. Auflage 2001, S. 364.
516 Zum Begriff *Kluth* Funktionale Selbstverwaltung, 1997, S. 123 ff.
517 *Stober* Allgemeines Wirtschaftsverwaltungsrecht § 8 II 2.

Partizipationsrechte zugewiesen, die sie eigenverantwortlich ausüben dürfen. Die Existenz von Kammern der Wirtschaft und der freien Berufe drücken deshalb eine dezentrale und subsidiäre Verwaltungsorganisation aus.[518]

214 Ferner ist die Subsidiarität der wirtschaftlichen Betätigung des Staates gegenüber der Privatwirtschaft von Bedeutung. Sowohl die jeweiligen Gemeindeordnungen der Länder als auch § 65 Abs. 1 BHO/LHO setzen voraus, dass der Zweck nicht besser oder wirtschaftlicher auf andere Weise erfüllt werden darf (dazu → § 13 Rn. 20 ff.). Nicht zuletzt sehen die jeweiligen Mittelstandsförderungsgesetze der Länder zwar eine Förderung der mittelständischen Wirtschaft grundsätzlich vor, diese haben jedoch subsidiären Charakter und sollen nur dort eingesetzt werden, „wo Selbsthilfe und Eigeninitiative nicht ausreichen, um bestehende Wettbewerbsnachteile auszugleichen und künftige zu vermeiden" (vgl. etwa § 2 Abs. 1 MFG LSA).

§ 8. Wirtschaftspolitik

I. Gegenstand und Abgrenzung der Wirtschaftspolitik

1 Unter **Wirtschaftspolitik** werden alle Maßnahmen staatlicher und supranationaler Organe verstanden, mit denen bestimmte Ziele im Bereich der Wirtschaft verfolgt werden.[1] Damit wird sachgegenständlich und instrumentell ein sehr weiter Bereich erfasst. Vor diesem Hintergrund hat sich eine Untergliederung der Wirtschaftspolitik in einzelne Teilbereiche oder Politikfelder etabliert:

2 Wirtschaftspolitische Maßnahmen, die unmittelbar und kurzfristig auf die Beeinflussung der Konjunktur (dh der Produktivitätsentwicklung innerhalb der vier Phasen des Konjunkturzyklus[2]) abzielen, werden entsprechend als **Konjunkturpolitik** bezeichnet. Dazu gehören klassischerweise Maßnahmen der Beschäftigungs-, Preis- und Zinspolitik. Die Konjunkturpolitik steht im Kontext der verfassungs- und gemeinschaftsrechtlichen Vorgaben zur Verwirklichung des gesamtwirtschaftlichen Gleichgewichts.

---

518 *Kluth* in: Ehlers/Fehling/Pünder BesVwR, Bd. 1, 3. Auflage 2012, § 15 Rn. 1.
1 *Schmidt* in: Achterberg/Püttner/Würtenberger § 1 Rn. 94 mwN.
2 Im Anschluss an *Schumpeter* werden folgende Phasen unterschieden: (1) Prosperität (2) Rezession (3) Depression, (4) Erholung. Die Konjunkturpolitik zielt auf die „Glättung" dieser Zyklen ab. Siehe zu Einzelheiten *Schmidt* Öffentliches Wirtschaftsrecht AT, S. 309 ff.

Von grundsätzlicher Bedeutung sind die wirtschaftspolitischen 3
Entscheidungen, die sich auf die Auswahl des volkswirtschaftlichen
Lenkungssystems für die Gesamtwirtschaft oder einzelne Wirtschaftszweige beziehen, etwa die Reichweite des staatlichen Sektors oder die Wettbewerbspolitik. Diesen Bereich bezeichnet man als **Ordnungspolitik**.[3] Durch die Vorgaben des Gemeinschaftsrechts (siehe → § 4 Rn. 3 f.) ist der Gestaltungsspielraum der Mitgliedstaaten in diesem Bereich erheblich eingeschränkt worden, doch verbleiben weiterhin bedeutsame Freiräume, die sich in wichtige strukturellen Unterschiede der mitgliedstaatlichen Wirtschaftsstrukturen niederschlagen. Das betrifft unter anderem die Zahl und Bedeutung der öffentlichen bzw. staatlichen Unternehmen und Beteiligungen.

Unter **Strukturpolitik** versteht man Maßnahmen, die darauf abzie- 4
len, die Entwicklung einzelner Wirtschaftsräume zu steuern und zu fördern. Je nach Zielsetzung kann zwischen einer **sektoralen** und einer **regionalen Strukturpolitik** unterschieden werden. Beide Ansätze spiegeln sich ua im EU-Beihilfenrecht und den sektorenbezogenen Politiken (Industriepolitik, Agrarpolitik etc) sowie der EU-Regionalpolitik wider. Die Lissabon-Agenda zielt zB auf die Stärkung der Wettbewerbfähigkeit kleiner und mittlerer Dienstleistungsunternehmen ab und ist damit ebenfalls durch einen strukturpolitischen Ansatz geprägt.

Als **Prozesspolitik** werden Maßnahmen bezeichnet, die auf kurz- 5
fristige Wirkungen mit Hilfe von Detailsteuerungen abzielen (im Gegensatz zu global wirkenden Maßnahmen).[4] Dazu gehören unter anderem der gezielte Einsatz der Haushalts- und Außenwirtschaftspolitik (zB Ausfuhrbürgschaften).

II. Zuständigkeiten im Bereich der Wirtschafts- und Währungspolitik

Die **Zuständigkeit für die Wirtschaftspolitik** liegt ausweislich der 6
ausdrücklichen Regelung in Art. 120 S. 1 AEUV weiterhin bei den Mitgliedstaaten. Diese werden aber bei der Wahrnehmung ihrer Kompetenz zur Orientierung an den Zielen der Gemeinschaft gem. Art. 3 EUV sowie zur Koordinierung ihrer Wirtschaftspolitik nach

---

3 *Schmidt* Öffentliches Wirtschaftsrecht AT, S. 301.
4 *Schmidt* Öffentliches Wirtschaftsrecht AT, S. 301.

den näheren Maßgaben des Art. 121 AEUV verpflichtet. Die so begründete Einbindung der mitgliedstaatlichen Wirtschaftspolitik in den gemeinschaftspolitischen Kontext bringt Art. 121 Abs. 1 AEUV auf den prägnanten Nenner: „Die Mitgliedstaaten betrachten ihre Wirtschaftspolitik als eine Angelegenheit von gemeinsamem Interesse und koordinieren sie im Rat nach Maßgabe des Artikels 120."

7 Die Koordinierung der Wirtschaftspolitik ist in Art. 120 Abs. 2 bis 5 AEUV als mehrstufiger Prozesse in verfahrensrechtlicher und instrumenteller Hinsicht näher geregelt. Das Initiativrecht für die Grundsätze der gemeinsamen Wirtschaftspolitik liegt bei der Kommission. Der Rat entscheidet darüber mit qualifizierter Mehrheit und bereitet einen Bericht für den Europäischen Rat vor. Der Europäische Rat erörtert auf der Grundlage dieses Berichts eine Schlussfolgerung zu den Grundzügen der gemeinsamen Wirtschaftspolitik. Auf der Grundlage dieser Schlussfolgerung verabschiedet der Rat mit qualifizierter Mehrheit eine Empfehlung, in der diese Grundzüge dargelegt werden.

8 Um die Wirksamkeit der Koordinierung zu erhöhen, sieht Art. 121 Abs. 3 AEUV ein besonderes Überwachungsverfahren vor, das auf Berichten der Kommission basiert, deren Erstellung die Mitgliedstaaten durch die Übermittlung von Angaben zu wichtigen einzelstaatlichen Maßnahmen auf dem Gebiet ihrer Wirtschaftspolitik unterstützen. Auf der Grundlage dieser Berichte überwacht der Rat die wirtschaftliche Entwicklung in den einzelnen Mitgliedstaaten und in der Gemeinschaft. Er überprüft weiter, ob die Wirtschaftspolitik der einzelnen Mitgliedstaaten im Einklang mit den nach Absatz 2 beschlossenen Grundzügen steht. Zudem nimmt der Rat in regelmäßigen Abständen eine Gesamtbewertung vor.

9 Stellt der Rat fest, dass die Wirtschaftspolitik eines Mitgliedstaats nicht mit den beschlossenen Grundzügen in Einklang steht oder das ordnungsgemäße Funktionieren der Wirtschafts- und Währungsunion zu gefährden droht, so kann er gem. Art. 121 Abs. 4 AEUV mit qualifizierter Mehrheit auf Empfehlung der Kommission die erforderlichen Empfehlungen an den betreffenden Mitgliedstaat richten und diese veröffentlichen.

§ 9. Die Organisation der Wirtschaftsverwaltungsbehörden

I. Die staatliche Wirtschaftsverwaltung in Bund und Ländern

1. Unmittelbare Bundesverwaltung

Die thematisch für den Bereich des Wirtschaftsverwaltungsrechts 1
zuständigen Bundesministerien, insbesondere das Bundesministerium für Wirtschaft und Energie, das Bundesministerium der Finanzen (wenn man das Währungsrecht einbezieht), das Bundesministerium für Verkehr und digitale Infrastruktur und das Bundesministerium für Umwelt, Naturschutz und nukleare Sicherheit, markieren die hierarchische Spitze der Wirtschaftsverwaltung auf Bundesebene, wobei sich die Zuständigkeiten immer wieder verschieben.

Die herausgehobene Bedeutung der Ministerien beruht darauf, dass 2
dort die zentralen Weisungsbefugnisse verortet sind[1] und sie in der Regel auch für die Ausarbeitung und den Erlass von Rechtsverordnungen[2] und Verwaltungsvorschriften[3] zuständig sind. Ihnen kommt damit neben dem Deutschen Bundestag die zentrale Funktion der exekutiven Rechtsetzung sowie der zentralen und vereinheitlichenden Steuerung der Gesetzesanwendung zu.

Den einzelnen Bundesministerien sind in unterschiedlichem Um- 3
fang zT rechtlich selbständige, überwiegend aber rechtlich unselbständige (Fach-)Behörden nachgeordnet[4], die auch unmittelbar ausführende Tätigkeiten wahrnehmen. Dazu gehören unter anderem:
- Im Geschäftsbereich des Bundesministeriums für Wirtschaft das Bundeskartellamt (Bonn), das Bundesamt für Wirtschaft und Energie und Ausfuhrkontrolle (Eschborn, Bochum), die Bundesnetzagentur für Elektrizität, Gas, Telekommunikation, Post und

---

[1] Zur Bedeutung der Weisungsbefugnisse im Einzelnen *Kluth* in: Wolff/Bachof/Stober/Kluth Verwaltungsrecht II, 7. Auflage 2010, § 83 Rn. 146 ff.; *Peilert* in: Wolff/Bachof/Stober/Kluth Verwaltungsrecht II, 7. Auflage 2010, § 84 Rn. 39 ff.
[2] *Stober* in: Wolff/Bachof/Stober/Kluth Verwaltungsrecht I, 13. Auflage 2017, § 25 Rn. 40 ff.
[3] *Stober* in: Wolff/Bachof/Stober/Kluth Verwaltungsrecht I, 13. Auflage 2017, § 24 Rn. 18 ff.
[4] Zu Einzelheiten der verfassungsrechtlichen Zulässigkeit dieser Behörden siehe *Dittmann* Die Bundesverwaltung, 1983, S. 85 ff.

Eisenbahnen (Bonn), die Bundesanstalt für Materialforschung und -prüfung (Berlin).
- Im Geschäftsbereich des Bundesministeriums für Verkehr und digitale Infrastruktur das Bundesaufsichtsamt für Güterverkehr (BAG, Köln), das Bundesamt für Seeschifffahrt und Hydrographie (Hamburg), das Eisenbahn-Bundesamt (Bonn), die Wasser- und Schifffahrtsverwaltung des Bundes (mit sieben regionalen Verwaltungssitzen und weiteren nachgeordneten Behörden).
- Im Geschäftsbereich des Bundesministeriums der Finanzen die Bundesanstalt für Finanzdienstleistungsaufsicht (BaFin, Bonn).
- Im Geschäftsbereich des Bundesministeriums für Umwelt, Naturschutz und nukleare Sicherheit das Umweltbundesamt[5] (UBA, Dessau-Roßlau) mit der Deutschen Emissionshandelsstelle (DEHSt, Berlin).

2. Berufskammern auf Bundesebene

4   Im Bereich der rechts- und wirtschaftsberatenden Berufe wurden mit der Patentanwaltskammer (mit Sitz in München) und der Wirtschaftsprüferkammer (mit Sitz in Berlin) für zwei Berufe mit einer überschaubaren Zahl von Berufsträgern (derzeit gibt es in Deutschland ca. 2.300 Patentanwälte und ca. 13.800 Wirtschaftsprüfer) Kammerorganisationen mit bundesweiter Zuständigkeit geschaffen. Darüber hinaus wurden für die bundesgesetzlich auf Landesebene oder regional organisierten Notarkammern, Rechtsanwaltskammern, Steuerberaterkammern und Lotsenbrüderschaften jeweils eine Dachorganisation in der Rechtsform einer bundesunmittelbaren Körperschaft des öffentlichen Rechts geschaffen, denen unter anderem die Aufgabe des Erlasses von Berufsordnungen zukommt.

II. Behörden der Wirtschaftsverwaltung auf Landesebene

1. Unmittelbare Landesverwaltung

5   Auf Landesebene bilden in gleicher Weise wie auf Bundesebene die sachlich für den Bereich der Wirtschaftsverwaltung **zuständigen Ministerien**, vor allem die Wirtschaftsministerien, die höchste zuständige Verwaltungsebene. Direkt wahrgenommen werden durch die

---

5 Zu dessen Zuständigkeiten siehe auch *Reicherzer* NVwZ 2005, 875 ff.

§ 9. Die Organisation der Wirtschaftsverwaltungsbehörden

Ministerien vor allem Aufgaben der Rechtsetzung (Erlass von Rechtsverordnungen), die Subventionsvergabe, Aufsichtsaufgaben sowie die Steuerung der landesweit einheitlichen Anwendung des einschlägigen Rechts durch Verwaltungsvorschriften, soweit nicht bereits Verwaltungsvorschriften des Bundes zur Anwendung kommen.

Im Unterschied zur Bundesverwaltung ist die Landesministerialverwaltung durch einen umfangreichen **Verwaltungsunterbau** geprägt, der ein- oder zweistufig ausgestaltet ist (mit oder ohne Mittelinstanz in Form eines Landesverwaltungsamtes, mehrerer Fach- bzw. Gebietsdirektionen oder Bezirksregierungen) und auf der untersten Ebene in den meisten Bundesländern auch die Landkreise und kreisfreien Städte einbezieht, soweit sie Aufgaben des übertragenen Wirkungskreises wahrnehmen. Dies wirkt sich auch bei den Zuständigkeiten für Aufgaben der Wirtschaftsverwaltung aus.

2. Kommunalverwaltungen

Damit sind bereits die Kommunalverwaltungen angesprochen, denen im übertragenen Wirkungskreis vor allem Aufgaben als Genehmigungs- und Überwachungsbehörden zugewiesen sind.[6] Insbeson-

---

6 **Baden-Württemberg:** Verordnung der Landesregierung über Zuständigkeiten nach der Gewerbeordnung (GewOZuVO) vom 16.12.1985, BWGVBl. 1985 S. 582; **Bayern:** Verordnung zur Durchführung der Gewerbeordnung (GewV) vom 9.2.2010, GVBl. 2010 S. 103; **Berlin:** Anlage zum Allgemeinen Sicherheits- und Ordnungsgesetz, Zuständigkeitskatalog Ordnungsaufgaben (ZustKat Ord), GVBl. 2006 S. 930; **Brandenburg:** Verordnung über Zuständigkeiten im Gewerberecht (Gewerberechtszuständigkeitsverordnung – GewRZV) vom 17.8.2009, GVBl. 2009 II S. 527; **Bremen:** Verordnung über Zuständigkeiten nach der Gewerbeordnung vom 23.10.1990 (GewOZustV BR), GVBl. 1990 S. 441; **Hamburg:** Gesetz zur Betrauung sonstiger Stellen mit Aufgaben nach der Gewerbeordnung vom 25.1.2011 (GewOAufgG HA), GVBl. 2011 S. 41; **Hessen:** Verordnung über Zuständigkeiten nach der Gewerbeordnung, dem Hessischen Gaststättengesetz und dem Hessischen Spielhallengesetz vom 20.6.2002, GVBl. 2002 I S. 395;**Mecklenburg-Vorpommern:** Landesverordnung über die Regelung von Zuständigkeiten im allgemeinen Gewerberecht – GeWRZustVO – vom 21.7.2014, GVOBl. 2014, S. 396; **Niedersachsen:** Verordnung über Zuständigkeiten auf dem Gebiet des Wirtschaftsrechts sowie in anderen Rechtsgebieten (ZustVO-Wirtschaft) vom 18.11.2004, GVBl. 2004 S. 482; **Nordrhein-Westfalen:** Verordnung zur Übertragung von Ermächtigungen, zur Regelung von Zuständigkeiten und Festlegungen auf dem Gebiet des Gewerberechts (Gewerberechtsverordnung – GewRV) vom 17.11.2009, GVBl. 2009, 626; **Rheinland-Pfalz:** Landesverordnung über Zuständigkeiten im Gewerberecht vom 30.1.2001 (GewRZustV RP), GVBl. 2001 S. 43; **Saarland:** Verordnung über Zuständigkeiten zur Durchführung der Gewerbeordnung vom 21.10.2014 (GewOZVO), Amtsblatt 2014, S. 394; **Sachsen:** Verordnung der Sächsischen Staatsregierung zur Durchführung der Gewerbeordnung (SächsGewODVO) vom 28.1.1992, GVBl. 1992 S. 40; **Sachsen-Anhalt:** Verordnung über die Regelung von Zuständigkeiten im Immissionsschutz-, Gewerbe- und Arbeitsschutzrecht sowie in anderen Rechtsgebieten (ZustVO GewAIR) vom 14.6.1994, GVBl. 1994 S. 636; **Schleswig-Holstein:** Landesverordnung zur Bestimmung der zuständigen Behörden nach der Gewerbeordnung (GewO-ZustVO) vom 19.1.1988, GVOBl. 1988 S. 27;

dere werden in den meisten Bundesländern die Aufgaben nach der Gewerbeordnung durch die Landkreise und kreisfreien Städte wahrgenommen. Den Gemeinden sind nur wenige Aufgaben aus dem Bereich der Wirtschaftsverwaltung zugewiesen. Die Aufgaben werden als solche des übertragenen Wirkungskreises unter **Fachaufsicht** nach näherer Maßgabe der jeweiligen Fachgesetze wahrgenommen.

III. Die funktionale Selbstverwaltung der Wirtschaft durch Kammern

1. Begriff der (funktionalen) Selbstverwaltung

8   Neben den staatlich getragenen Behörden und Einrichtungen der Wirtschaftsverwaltung ist die deutsche Wirtschaftsverwaltungsorganisation von Beginn ihrer Entstehung in der zweiten Hälfte des neunzehntens Jahrhunderts an[7] durch die Existenz von Selbstverwaltungsträgern, den Kammern der Wirtschaft und der freien Berufe, geprägt. Diese als Personalkörperschaften des öffentlichen Rechts[8] verfassten Einrichtungen verwirklichen den zu Beginn des neunzehnten Jahrhunderts im kommunalen Bereich entfalteten Gedanken der Selbstverwaltung als Ausdruck einer dezentralen und subsidiären Verwaltungsorganisation und weisen den Berufsträgern (Unternehmer, Freiberufler usw) Partizipationsrechte bei der Aufgabenerfüllung zu.[9]

9   Daran anknüpfend kann die funktionale Selbstverwaltung in den Kammern als **demokratische Betroffenen-Selbstverwaltung** spezifiziert werden, die durch folgende Merkmale bestimmt ist: (1) Die Zuweisung von demokratischen Partizipationsrechten an (2) durch Gesetz verpflichtete (und legitimierte) Berufsträger als Mitglieder, (3) die zur eigenverantwortlichen Erledigung der sachlich und personell ei-

---

Thüringen: Thüringer Verordnung zur Regelung von Zuständigkeiten und Übertragung von Ermächtigungen im allgemeinen Gewerberecht, Handwerksrecht, Schornsteinfegerrecht und nach dem Textilkennzeichnungsgesetz, Kristallglaskennzeichnungsgesetz sowie Schwarzarbeitsbekämpfungsgesetz (Thüringer Zuständigkeitsermächtigungsverordnung Gewerbe – ThürZustErmGeVO) vom 9.1.1992, GVBl. 1992 S. 45.

7 Zur Entstehung und Entwicklung *Hendler* in: HStR VI, 3. Auflage 2008, § 143 Rn. 2 ff.; *Kluth* Funktionale Selbstverwaltung, 30 ff.; *Will* Selbstverwaltung der Wirtschaft, 137 ff.

8 Aufgrund dieser Eigenschaft als Körperschaft des öffentlichen Rechts und weiterer hinzutretender Tatbestandsmerkmale sind die Kammern auch an das Vergaberecht gebunden, dazu ausführlich *Heyne* in: Kluth (Hrsg.) Handbuch des Kammerrechts § 12.

9 Zum Selbstverwaltungsprinzip vertiefend *Hendler* in: HStR VI, 3. Auflage 2008, § 143 Rn. 12 ff.; *Kluth* Funktionale Selbstverwaltung, 18 ff.; *Will* Selbstverwaltung der Wirtschaft, 12 ff.

genen Angelegenheiten berufen sind und (4) deshalb über letztverantwortliche Entscheidungsfreiräume verfügen, die (5) durch eine Beschränkung der staatlichen Aufsicht auf eine Rechtsaufsicht gesichert werden.

Stellt man die funktionale Selbstverwaltung in den Kammern der kommunalen Selbstverwaltung gegenüber, so werden folgende **Unterschiede** deutlich: Anknüpfungspunkt für die Konstituierung der Körperschaft ist bei den Kommunen die Ansässigkeit im Gebiet, bei der funktionalen Selbstverwaltung die Ausübung eines bestimmten Berufs (so bei den wirtschaftlichen und berufsständischen Kammern) oder einer bestimmten Funktion (so etwa bei den Hochschulen) bzw. die Betroffenheit von einer bestimmten Aufgabe (so etwa bei den Realkörperschaften und der sozialen Selbstverwaltung).[10] Mit diesem Unterschied ist auch ein zweiter Aspekt verknüpft: Während bei der kommunalen Selbstverwaltung der allgemeine Bürgerstatus die Grundlage für die ehrenamtliche Mitwirkung darstellt, wird bei der funktionalen Selbstverwaltung an den spezifischen Sachverstand angeknüpft, der durch die Zugehörigkeit zu einem Berufsstand oder die Betroffenheit von einer Aufgabe vorausgesetzt wird. Bei den Trägern funktionaler Selbstverwaltung kann auch nicht von einer wie immer gearteten Allzuständigkeit ausgegangen werden. Ihre **Verbandskompetenz** ist grundsätzlich **thematisch eng** gefasst und bei den Kammern auf die jeweilige Berufsausübung bezogen. Umgekehrt ist ihr Gebietszuschnitt in den meisten Fällen weiter als bei den Kommunen, regelmäßig auf ein ganzes Land oder bei großen Flächenstaaten einen Teil des Landes (Region) bezogen.

Die Aussagen in der Rechtsprechung des Bundesverfassungsgerichts[11] lassen deutlich erkennen, dass das Prinzip der Selbstverwaltung in der funktionalen Selbstverwaltung der Kammern vor allem an den besonderen Sachverstand der Angehörigen von Berufsgruppen oder anderweitig von konkreten Aufgaben betroffenen Personen und Organisationen anknüpft und durch ihre eigenverantwortliche Einbeziehung in die Aufgabenerfüllung zu einer bürgerfreundlichen Staatsentlastung führt.[12] Zugleich wird an vielen Stellen deutlich,

---

10 Zu Einzelheiten der verschiedenen Erscheinungsformen der funktionalen Selbstverwaltung *Kluth* Funktionale Selbstverwaltung, 30 ff.
11 Siehe nur BVerfG NVwZ 2017, 1282 ff.; BVerfGE 107, 59 ff. mit Nachweisen zur früheren Rechtsprechung sowie *Kluth* Funktionale Selbstverwaltung, 276 ff.
12 Zu den einzelnen „Entstehungsgründen" vertiefend *Kluth* Funktionale Selbstverwaltung, 219 ff.

dass daraus bestimmte Anforderungen an die innere Struktur der Organisationen abzuleiten sind. Es kann deshalb von einer **spezifischen, aufgaben- und interessengerechten Organisationsstruktur** der Träger funktionaler Selbstverwaltung gesprochen werden, die es im Einzelnen zu entfalten gilt.

2. Erscheinungsformen der Selbstverwaltung im öffentlichen Wirtschaftsrecht im Überblick

12 Das deutsche Kammerwesen wird anknüpfend an die jeweils erfassten Berufe und die damit zum Teil verbundenen Unterschiede in der Struktur der Mitglieder und der Binnenstruktur der Kammern sowie der wahrgenommenen Aufgaben im Sinne einer Typologie in drei unterschiedlich große Gruppen unterteilt:

13 **a) Die Wirtschaftskammern.** Die nach Zahl der Organisation und Mitglieder bedeutsamste Gruppe stellen die Wirtschaftskammern dar, zu denen die **Industrie- und Handelskammern** (79 regionale Kammern mit ca. 3 Millionen Mitgliedern), die **Handwerkskammern** (53 regionale Kammern mit ca. 960.000 Mitgliedern) sowie die **Landwirtschaftskammern** (7 Landeskammern mit ca. 200.000 Mitgliedern) gehören.

14 Die Wirtschaftskammern konzentrieren sich auf gewerbliche Tätigkeiten und die Urproduktion im Bereich der Landwirtschaft, wobei inzwischen wegen der Industrialisierung sowohl des Handwerks als auch der Landwirtschaft Überschneidungen und Mehrfachmitgliedschaften immer häufiger anzutreffen sind. Im Hinblick auf die Struktur sind die Industrie- und Handelskammern sowie die Landwirtschaftskammern als Arbeitgeber- oder Unternehmerorganisationen verfasst, während bei den Handwerkskammern auch die Angestellten (Meister, Gesellen, Lehrlinge) in die Kammerorganisation einbezogen sind. Dafür besteht neben den Handwerkskammern in Gestalt der Innungen eine weitere Unternehmerorganisation, die jedoch auf einer freiwilligen Mitgliedschaft beruht. Die Kammern treten auch nicht als Tarifparteien auf, während dies den Innungen erlaubt ist und von diesen praktiziert wird.

15 Im Vordergrund der Tätigkeiten stehen bei den Wirtschaftskammern die Interessenvertretung, die Unterstützung der Mitglieder durch Beratung und berufsbezogene Dienstleistungen sowie die Mitwirkung im Aus- und Weiterbildungswesen. Die Landwirtschafts-

kammern sind zudem in die (staatliche) Agrarverwaltung (Subventionsvergabe) einbezogen.

b) Die Kammern der freien Berufe. Die zweite Gruppe bilden die 16 Kammern der freien Berufe, die ihrerseits in die Untergruppen der Heilberufskammern (Ärzte, Zahnärzte, Tierärzte, Apotheker, Psychotherapeuten), der rechts- und wirtschaftsberatenden Berufe (Notare, Rechtsanwälte, Patentanwälte, Steuerberater, Wirtschaftsprüfer), der technischen freien Berufe (Architekten und Ingenieure) sowie der Seelotsen untergliedert werden können.[13] Die Mitgliederzahlen variieren bei diesen Kammern erheblich. Sie sind in den meisten Fällen auf Landesebene organisiert. Die Mitgliedschaft ist unabhängig davon, ob der Beruf selbständig oder in abhängiger Beschäftigung ausgeübt wird.

Die Aufgaben der Berufskammern sind sehr stark an der **Berufs-** 17 **zulassung** und **Berufsausübung** der Kammermitglieder orientiert. Deshalb kommt Aufgaben der Berufsaufsicht und der Berufsbildung einschließlich der Qualitätssicherung eine herausgehobene Bedeutung zu. Hinzu kommen auch hier die Bereiche der Interessenvertretung und Dienstleistung.

In unterschiedlich enger Verbindung zu den Berufskammern beste- 18 hen zudem **Versorgungseinrichtungen**, die an die Stelle der staatlichen Alterssicherung treten.[14]

c) Die Arbeitnehmerkammern.

Literatur: *Cramer,* Zur Frage gesetzlicher Vertretungskörperschaften für Arbeitnehmer, RdA 1959, 459; *Gass,* Zur verfassungsrechtlichen Problematik der saarländischen Arbeitskammer und der bremischen Arbeitnehmerkammer, DÖV 1960, 778; *Heimann,* Besteht ein Bedürfnis für Arbeitnehmerkammern?, BB 1956, 852; *Mronz,* Körperschaften und Zwangsmitgliedschaft. Die staatsorganisations- und grundrechtliche Problematik aufgezeigt am Beispiel von Arbeitnehmerkammern, 1973; *Peters,* Arbeitnehmerkammern in der Bundesrepublik Deutschland?, 1973; *Trinkhaus,* Bremisches Arbeitnehmerkammergesetz, BB 1956, 688; *Zacher,* Arbeitnehmerkammern im demokratischen und sozialen Rechtsstaat, 1971.

Das Konzept der Arbeitnehmerkammer als Pendent zu den „Un- 19 ternehmerkammern" hat sich in Deutschland nur in zwei Bundesländern, in Bremen und im Saarland, etablieren können und bislang eine

---
13 Überblick bei *Mann* in: HStR VI, 3. Auflage 2008, § 146.
14 Zu den Versorgungswerken der freien Berufe näher *Butzer* in: Kluth (Hrsg.) Handbuch des Kammerrechts § 16.

geringe praktische und politische Bedeutung erlangt. Deshalb beschränkt sich die Darstellung auch auf wenige Hinweise zu den Aufgaben.

20   **Aufgabe** der Arbeitnehmerkammern ist in erster Linie die Wahrnehmung und Förderung des Gesamtinteresses der Kammermitglieder. Die davon betroffenen Bereiche werden in beiden Gesetzen durch eine Auflistung von Sachgebieten konkretisiert. Erwähnt werden in **Bremen** die wirtschaftlichen, beruflichen, sozialen und die die Gleichberechtigung der Geschlechter fördernden Belange. Die Aktivitäten müssen im Einklang mit dem Allgemeinwohl stehen. Im **Saarland** werden zusätzlich die ökologischen und kulturellen Interessen angeführt. Zudem wird explizit erwähnt, dass die Kammer die wissenschaftliche Forschung zur Unterstützung heranziehen kann.

21   Beide Gesetze sehen weiter vor, dass die Kammern Anregungen, Vorschläge, Stellungnahmen und Gutachten erstellen bzw. abgeben, um auf diese Weise die Arbeit der öffentlichen Stellen des Landes zu unterstützen. Schließlich können Fördermaßnahmen ergriffen und diesem Zweck dienende Einrichtungen begründet werden.

22   Die Kammern finanzieren sich durch **Beiträge** ihrer Mitglieder, deren Erhebung durch spezielle Beitragsordnungen im Detail geregelt wird. In Bremen ist zudem ausdrücklich die Erhebung von Gebühren vorgesehen. Im Saarland ist diese auf der Grundlage besonderer Rechtsgrundlagen möglich.

23   **d) Privatrechtliche Zusammenschlüsse von Kammern.** Da die Kammern mit Ausnahme der rechts- und wirtschaftsberatenden Kammern nur regional oder auf Landesebene als Körperschaften des öffentlichen Rechts organisiert sind, zentrale Aspekte der ihre Mitglieder betreffenden Sachfragen aber durch den Bundesgesetzgeber und auf Unionsebene beraten und entschieden werden, sind sie auf handlungsfähige Strukturen auf eben diesen Ebenen angewiesen. Deshalb wurden von allen Kammerorganisationen privatrechtliche Spitzen- oder Dachorganisationen gegründet, die diese Aufgaben in Berlin und Brüssel wahrnehmen.[15] Dies entspricht im Übrigen der kommunalen Praxis (Städte- und Gemeindebund, Deutscher Städtetag, Deutscher Landkreistag) Mit dem Deutschen Industrie- und Handelskammertag (DIHK) und der Bundesärztekammer[16] existieren

---

15 *Kluth* Funktionale Selbstverwaltung, 477 ff.
16 Zu ihr näher *Berger* Die Bundesärztekammer, 2005.

dabei zwei Akteure, die im politischen Alltag das deutsche Kammerwesen am stärksten medial repräsentieren, obwohl es sich bei beiden nicht um Kammern im Rechtssinne handelt.

Die Mitgliedschaft der Kammern in diesen Organisationen ist 24 grundsätzlich zulässig und in einigen Kammergesetzen (vor allem bei Heilberufskammern) auch ausdrücklich zugelassen.[17] Die Kammern müssen aber dafür Sorge tragen, dass die Organisationen ausschließlich solche Aufgaben wahrnehmen, die in ihre eigene Verbandskompetenz fallen.[18]

e) **Abgrenzung der Kammern von den Berufs- und Wirtschafts-** 25 **verbänden.** In allen Berufsfeldern, für die Kammern errichtet wurden, existieren zugleich private Berufs-, Wirtschafts- und Fachverbände, die ua als Tarifparteien tätig sind. Nur in wenigen Bereichen sind die beiden Organisationsformen in Dachverbänden zur gemeinsamen Interessenwahrnehmung integriert. Beispiele für diese spezifische Form des Vorgehens sind der Zentralverband des Deutschen Handwerks (ZDH) und die Bundesvereinigung Deutscher Apothekerverbände (ABDA), die jeweils Kammern und Verbände als Mitglieder aufweisen.[19] In den übrigen Bereichen besteht zwischen Kammern und Verbänden ein Wettbewerbsverhältnis, das sich vor allem im Bereich der Interessenvertretung und der Darbietung von Dienstleistungen[20] bemerkbar macht und nicht immer frei von Spannungen ist. Während die Kammern gesetzlich zugewiesene Aufgaben wahrnehmen und dabei ua an die Grundrechte gebunden und in besonderem Maße zur Objektivität verpflichtet sind,[21] können sich die Verbände ihrerseits auf die Grundrechte berufen und unterliegen derartigen Beschränkungen nicht.

3. Aufgabentypologie der Kammern

a) **Zur Rechtsnatur der Kammeraufgaben.** Für die rechtliche 26 Einordnung der Kammeraufgaben ist zunächst eine allgemeine Verortung erforderlich. Dabei ist zu betonen, dass mit der Gründung von Kammern zwar ein Berufsstand körperschaftlich organisiert und

---

17 BVerwGE 154, 296 ff.; *Kluth* in: ders. (Hrsg.), Handbuch des Kammerrechts § 11 Rn. 42 ff.
18 Siehe auch BVerwG GewArch 2010, 400, 401; *Jahn* GewArch 2009, 434, 438.
19 Zur ABDA siehe BayVGH GewArch 2007, 417.
20 Zu Beispielen aus der Praxis *Ehlers/Lechleitner* Die Aufgaben der Rechtsanwaltskammern, 89 ff.
21 BVerfG GewArch 2010, 400, 402.

mit der Wahrnehmung von ihn betreffenden Aufgaben betraut wird (sogenannte Betroffenen-Selbstverwaltung). Das bedeutet indes nicht, dass es sich auch um eine Selbstorganisation von Privatrechtssubjekten handelt, die in Ausübung grundrechtlich geschützter Freiheit diese Aufgaben wahrnehmen. Vielmehr besteht heute allgemeines Einvernehmen, dass die Kammern auch im Bereich der Interessenvertretung staatlich zugewiesene („delegierte")[22] Aufgaben wahrnehmen.[23] Kammeraufgaben sind insoweit vor dem Hintergrund der Dichotomie von Staat und Gesellschaft[24] immer staatliche Aufgaben und lediglich innerhalb der Typologie staatlicher Aufgaben „eigene" Aufgaben der Berufsangehörigen als die Kammern tragenden Mitglieder. Daraus folgt zugleich, dass ein grundrechtlicher Schutz der Kammern im Zusammenhang mit der Aufgabenwahrnehmung nicht in Betracht kommt.[25]

27 **b) Hoheitliche Rechtssetzungs- und Aufsichtsaufgaben.** Den Kern der hoheitlichen Tätigkeit der Kammern stellen die delegierten Aufgaben im Bereich der berufsbezogenen Rechtsetzung und der damit verbundenen Aufgaben bei der Berufszulassung[26] und Berufsaufsicht[27] dar. Dieser Aufgabenbereich ist vor allem bei den Berufskammern stark ausgeprägt (ua Berufsordnungen, Gebührenordnungen, Fortbildungsordnungen usw), während bei den Wirtschaftskammern die rechtsetzende Tätigkeit in berufsrechtlichen Fragen nur von untergeordneter Bedeutung ist. Bei allen Kammern erstreckt sich die Rechtsetzung auf organisatorische Grundsatzfragen (Hauptsatzung mit Detailregelungen insbesondere zu den Organen)[28] sowie die Heranziehung zu Mitgliedsbeiträgen.[29]

28 **c) Beratung und Interessenvertretung.** Ein weiterer Kernbereich der Kammeraufgaben wird mit den Stichworten Beratung staatlicher Stellen und Vertretung der Interessen der Mitglieder umschrieben und erfasst.[30] In diesen beiden Aufgabenbereichen kommt zudem

---

22 Zu den Anforderungen an die Delegationsnormen siehe *Kluth* Funktionale Selbstverwaltung, 487 ff.
23 Siehe nur BVerwG GewArch 2010, 400 f.
24 Zu dieser *Rupp* in: HStR II, 3. Auflage 2004, § 31.
25 Dazu auch *Heusch* in: Kluth (Hrsg.) Jahrbuch des Kammer- und Berufsrechts 2009, 2010, 135, 136 unter Bezugnahme auf BVerfG GewArch 2009, 310.
26 Zu Einzelheiten *Ruffert* in: Kluth (Hrsg.) Handbuch des Kammerrechts § 9.
27 Zu Einzelheiten *Ruffert* in: Kluth (Hrsg.) Handbuch des Kammerrechts § 10.
28 Zu Einzelheiten *Groß* in: Kluth (Hrsg.) Handbuch des Kammerrechts § 13.
29 Zu Einzelheiten *Rieger* in: Kluth (Hrsg.) Handbuch des Kammerrechts § 13 Rn. 70 ff.
30 Zu Einzelheiten *Eisenmenger* in: Kluth (Hrsg.) Handbuch des Kammerrechts § 8.

die besondere Wechselwirkung zwischen Aufgabenzuweisung und gesetzlicher Pflichtmitgliedschaft zum Ausdruck, denn in beiden Fällen ist die Mitgliedschaft aller Berufsträger eine Funktionsbedingung für die Aufgabenwahrnehmung. Denn sowohl bei der Beratung als auch bei der Interessenvertretung soll der besondere Sachverstand des gesamten Berufsstandes genutzt werden.[31] Besonders deutlich wird der Zusammenhang bei der Aufgabe der **Gesamtinteressenvertretung**, wie sie den Industrie- und Handelskammern zugewiesen ist. Ein solches Gesamtinteresse kann durch die Vollversammlungen nur ermittelt und formuliert werden, weil alle in der Region vertretenen Gewerbezweige repräsentiert sind.[32] Der hoheitliche Charakter insbesondere der Interessenvertretung zeigt sich unter anderem daran, dass die Kammern bei der Abfassung ihrer Stellungnahmen ein Höchstmaß an Sachlichkeit wahren und gegebenenfalls auch auf Minderheitenvoten verweisen müssen.[33]

d) Dienstleistungen für Mitglieder. Ein breites Spektrum an Dienstleistungen, deren gemeinsamer Fokus die Beratung in berufsbezogenen Fragen einschließlich Rechtsberatung[34] darstellt, gehört bei allen Kammern zum klassischen Aufgabenrepertoire. Bei den wirtschaftsbezogenen Kammern spielen zudem Ausbildungsdienstleistungen eine gewichtige Rolle. Für die Berufskammern stehen dagegen Weiterbildungsangebote im Vordergrund, da die Ausbildung in diesem Bereich den Hochschulen zugewiesen ist. 29

Die Erbringung der Dienstleistungen wird vor allem bei Wirtschaftskammern durch rechtlich selbständige Organisationen privaten Rechts durchgeführt. Damit ist auch der Vorteil getrennter Haushaltsführungen und der Vermeidung von Quersubventionierungen verbunden. 30

e) Aufgaben im Bereich der beruflichen Aus- und Weiterbildung. Neben der Bereitstellung von Aus- und Weiterbildungsangeboten wirken die Kammern im Bildungsbereich auch durch die Erstellung und den Erlass von Ausbildungs- und Prüfungsordnungen sowie die Abnahme und Organisation von Prüfungen mit. 31

---

31 Dazu näher und aus entstehungsgeschichtlicher Perspektive *Kluth* Funktionale Selbstverwaltung, 219 ff.
32 BVerfG, NVwZ 2017, 1282 (1286 ff.); BVerwG, GewArch 2010, 400, 401; *Möllering* WiVerw 2001, 25 ff.
33 BVerwG, GewArch 2010, 400, 401.
34 Dazu ausführlich *Schöbener* GewArch 2011, 49 ff.

32 **f) Sonstige übertragene Aufgaben.** Die Kammern nehmen weiter Aufgaben im Bereich der Qualitätssicherung (zB Ärztekammern Aufgaben nach der Röntgenverordnung) und weitere vom Staat übertragene Aufgaben wahr, wie zB die Landwirtschaftskammern im Bereich der Verwaltung von Agrarsubventionen.

4. Verfassungs- und unionsrechtliche Grundlagen und Rahmenbedingungen der Kammerorganisation

33 **a) Die Verortung der Gesetzgebungskompetenz für die Einrichtung von Kammern.** Die Gründung eines Trägers funktionaler Selbstverwaltung als einer rechtsfähigen Verwaltungseinheit stellt sich – unabhängig von der konkret gewählten Rechtsform – als Ausübung der zwischen Verwaltung und Parlament geteilten[35] staatlichen Organisationsgewalt[36] dar. Sie bedarf nach heutigem Erkenntnisstand einer gesetzlichen Grundlage.[37] Insofern ergibt sich unabhängig davon, welche Spielräume der Exekutive in diesem Zusammenhang von Verfassungs wegen verbleiben dürfen oder müssen[38], die Frage nach der **Gesetzgebungszuständigkeit**.

34 Die meisten Träger funktionaler Selbstverwaltung, nämlich die Rechtsanwaltskammern, die Notarkammern, die Steuerberaterkammern, die Patentanwaltskammer, die Wirtschaftsprüferkammer, die Industrie- und Handelskammern, die Handwerkskammern[39], die Lotsenbrüderschaften, die Forstbetriebsverbände, die Jagdgenossenschaften, die Wasserverbände[40], die Sozialversicherungsträger, die Kassenärztlichen Vereinigungen und die Bundesagentur für Arbeit beruhen auf **bundesrechtlicher Rechtsgrundlage**.[41] Es stellt sich dabei die Frage, ob die materielle Gesetzgebungszuständigkeit nach den Art. 70 ff. GG als Grundlage für die Errichtung eines Selbstverwaltungsträgers ausreicht oder ob jeweils zusätzlich auch die Organisationszuständigkeit des Bundes nach Art. 84 Abs. 1, 85 Abs. 1, 87 Abs. 2 und 3 GG in Anspruch genommen werden muss. Wird letzte-

---

35 Dazu *Schmidt-Aßmann* in: FS Ipsen, 1977, 332 ff.
36 Zum Begriff *Butzer* Die Verwaltung 27 (1994), 157 ff.; *Kluth* in: Wolff/Bachof/Stober/Kluth Verwaltungsrecht II, 7. Auflage 2010, § 81 Rn. 4 ff.
37 *Schmidt-Aßmann* in: FS Ipsen, 1977, 332, 342 f.; *Krebs* HStR V, 3. Auflage 2007, § 108 Rn. 70 f.
38 Dazu *Janssen* Über die Grenzen legislativen Zugriffsrechts, 1990.
39 Nebst Innungen und Kreishandwerkerschaften.
40 Ausgenommen die sondergesetzlichen Wasserverbände nach Landesrecht.
41 Teilweise mit ergänzenden bzw. ausführenden landesrechtlichen Regelungen.

§ 9. Die Organisation der Wirtschaftsverwaltungsbehörden   173

res bejaht, dann hat das zur Folge, dass es sich durchweg[42] um zustimmungsbedürftige Regelungen handelt.

Allerdings wird auch die Ansicht vertreten, dass organisationsrechtliche Regelungen ausschließlich auf materielle Gesetzgebungszuständigkeiten gestützt werden können.[43] So hat das Bundesverfassungsgericht angenommen, dass die konkurrierende Gesetzgebungszuständigkeit des Bundes aus Art. 74 Nr. 17 GG auch die Befugnis zur „Regelung der Organisation und Auflösung [...] und der Rechtsstellung der Mitglieder" von Wasser- und Bodenverbänden umfasst.[44]   35

Nach der Systematik des Grundgesetzes ist davon auszugehen, dass die **Errichtungskompetenz** und die **Sachregelungskompetenz** grundsätzlich voneinander zu unterscheiden und zu trennen sind.[45] Dies entspricht dem Normalfall, den der Verfassungsgeber bei Art. 84 Abs. 1 und 85 Abs. 1 GG wohl vor Augen hatte und bei dem im Falle der „Einrichtung der Behörden" einem bereits existierenden Verwaltungsträger (des Landes) eine (neue) Aufgabe zur Wahrnehmung zugewiesen wird.[46] Dass es sich dabei immer um Aufgaben handelt, für die eine materielle Gesetzgebungskompetenz des Bundes besteht, wird nach der Systematik der Art. 83 ff. GG, die nur die Ausführung von Bundesgesetzen regeln, vorausgesetzt.   36

Dem Bund stehen bei Vorliegen einer materiellen Gesetzgebungszuständigkeit nach den Art. 73 ff. GG im Allgemeinen mehrere Wege offen. Er kann die organisatorischen Regelungen den gesetzesausführenden Ländern überlassen (Normalfall des Art. 84 GG), er kann stattdessen auch bei Gesetzesausführung durch die Länder selbst die Einrichtung der Behörden und das Verwaltungsverfahren regeln.[47] Im Einzelfall kann er aber auch – unter den restriktiven Voraussetzungen des Art. 87 Abs. 3 GG – die Ausführung bundesunmittelbaren Kör-   37

---

42 Außer in den Fällen der Art. 87 Abs. 2 u. Abs. 3 GG.
43 Früh bereits *Haas* AöR 80 (1955/1956), 81, 98 f.; vgl. dazu auch *Schneider* AöR 83 (1958), 1, 21 ff. Ähnlich *Huber* Wirtschaftsverwaltungsrecht II, 2. Auflage 1954, 762 für die Landwirtschaftskammern: „Das Recht der Landwirtschaftskammern könnte bundesgesetzlich auf Grund der Kompetenznorm des Art. 74 Nr 17 GG geregelt werden".
44 BVerfGE 58, 45, 61; ebenso bereits die Gesetzesbegründung, BT-Drs. 11/6764, 22.
45 BVerfGE 14, 197, 214.
46 Zur Unterscheidung von Wahrnehmungszuständigkeit und Sachkompetenz vgl. BVerfGE 81, 310, 332.
47 Analog gilt dies für Art. 85 GG.

perschaften zuweisen und diese – soweit sie nicht bereits existieren – zu diesem Zweck ins Leben rufen.[48]

38 Im Falle der Träger funktionaler Selbstverwaltung ist das Verhältnis von materieller und organisatorischer Regelung jedoch insofern ein besonderes, als die Wahl der Organisationsform sich unmittelbar auf die materiell-rechtliche Regelung auswirkt bzw. sich beide gegenseitig bedingen. So kann die Aufgabe der Interessenvertretung nur einem Verwaltungsträger zugewiesen werden, in dem die zu repräsentierende Gruppe auch tatsächlich vertreten ist und Möglichkeiten der Interessenartikulation bestehen. Ähnliches gilt für die Verwirklichung genossenschaftlicher Prinzipien. Die organisatorische Umsetzung des Selbstverwaltungsgedankens steht damit in unlösbarem Zusammenhang mit der materiellen Regelung.

39 Mit der Feststellung der engen Verknüpfung beider Aspekte der gesetzlichen Regelung von Trägern funktionaler Selbstverwaltung ist die Frage, ob der Bund sich allein auf seine **materielle Gesetzgebungszuständigkeit** stützen kann, noch nicht entschieden. Denn dogmatisch steht auch in einem solchen Fall dem Rückgriff auf eine doppelte Ermächtigung nichts im Wege. Fraglich ist nur, ob damit nicht den Ländern über die Verweigerung der Zustimmung im Bundesrat ein zu großer Einfluss auf die Ausübung von materiellen Gesetzgebungsbefugnissen des Bundes eingeräumt werden könnte. Dem ist entgegenzuhalten, dass es dem Bundesrat auch sonst im Rahmen von Zustimmungsgesetzen erlaubt ist, seine Ablehnung auf Bedenken gegenüber materiellen Regelungen zu stützen, die das Zustimmungserfordernis selbst nicht begründen.[49] Weiter ist zu bedenken, dass durch die Einführung von landesunmittelbaren[50] Selbstverwaltungsträgern nicht nur in den organisatorischen Gestaltungsfreiraum eingegriffen wird, der den Ländern bei der Ausführung von Bundesgesetzen grundsätzlich zusteht, sondern ihnen überdies die Aufgabe der Aufsichtsführung zufällt, so dass ihr Rechtskreis auch insofern tangiert ist.[51]

40 Ein anderer, weitergehender Einwand will die Errichtung von Trägern funktionaler Selbstverwaltung aus dem Anwendungsbereich der

---

48 Vgl. *Hohrmann* Bundesgesetzliche Organisation landesunmittelbarer Selbstverwaltungskörperschaften, 1967, 47 ff.
49 Vgl. BVerfGE 37, 363, 381.
50 Für diese alleine lösen Art. 84 Abs. 1 GG und Art. 85 Abs. 1 GG ein Zustimmungserfordernis aus.
51 So auch *Schneider* AöR 83 (1958), l, 23.

Art. 83 ff. GG mit der Begründung herausnehmen, es handle sich bei ihnen nicht um **staatliche Verwaltungsträger**.[52] Ihm liegt, wie noch im Einzelnen zu zeigen sein wird, ein verkürztes Verständnis der Gesetzesausführung iSv Art. 83 ff. GG bzw. der öffentlichen Verwaltung zugrunde. Er ist aus diesem Grunde abzulehnen. Zudem zeigt Art. 87 Abs. 3 GG sehr deutlich, dass die (Selbstverwaltungs-) Körperschaften[53] von der Systematik der Art. 83 ff. GG sehr wohl erfasst sind. Die Errichtung von landesunmittelbaren Trägern funktionaler Selbstverwaltung durch den Bundesgesetzgeber bedarf deshalb gem. Art. 84 Abs. 1 GG der Zustimmung durch den Bundesrat.[54] Sie kann nicht allein auf die materielle Gesetzgebungskompetenz des Bundes gestützt werden.[55]

Nicht zustimmungsbedürftig sind bei isolierter Betrachtungsweise[56] demgegenüber Regelungen, durch die bundesunmittelbare Verwaltungsträger gem. Art. 87 Abs. 3 S. 1 GG gegründet werden. Es handelt sich dabei zum einen um die sog. Dachverbände, wie die Bundesrechtsanwaltskammer, die Bundesnotarkammer, die Bundessteuerberaterkammer und die Bundeslotsenkammer, zum anderen um bundesweite Kammern, nämlich die Patentanwaltskammer und die Wirtschaftsprüferkammer.

Soweit es an einer Gesetzgebungskompetenz des Bundes mangelt, sind nach der Grundregel der Art. 30, 70 GG die Länder zuständig. Sie haben von ihrer Gesetzgebungs- und Organisationszuständigkeit in den verbleibenden Bereichen der funktionalen Selbstverwaltung Gebrauch gemacht und auf dieser Grundlage zahlreiche weitere Träger funktionaler Selbstverwaltung ins Leben gerufen.

b) Die gesetzliche Pflichtmitgliedschaft in Kammern. Die Überprüfung organisationsrechtlicher Maßnahmen am Maßstab der Freiheitsgrundrechte ist ungewöhnlich. Gleichwohl hat sich in Rechtsprechung und Lehre die Ansicht durchgesetzt, dass im Falle der Gründung von Trägern der funktionalen Selbstverwaltung eine Ausnahme zu machen ist. Das **Bundesverfassungsgericht** zieht in ständiger Rechtsprechung Art. 2 Abs. 1 GG, die **allgemeine Handlungs-**

---
52 *Haas* AöR 80 (1955/1956), 80, 98.
53 Vgl. zu diesen Selbstverständnis der Vorschrift *Jestaedt* Demokratieprinzip und Kondominialverwaltung, 539 ff.
54 Ebenso *Schneider* AöR 83 (1958), 1, 23 f.; *Hohrmann* (Fn. 48), 173 f.
55 So die überwiegende Praxis, vgl. zB Wirtschaftsprüferkammer: BT-Drs. 3/201, 33.
56 Das Bundesverfassungsgericht stellt bei der Beurteilung der Zustimmungsbedürftigkeit einer Regelung auf das gesamte Regelwerk ab, vgl. BVerfGE 24, 184, 197 f.; 37, 363, 381; 48, 127, 177 f.; 55, 274, 319.

freiheit, als Prüfungsmaßstab heran, wenn durch Gesetz für einen bestimmten Personenkreis zwingend die Mitgliedschaft in einem Träger funktionaler Selbstverwaltung begründet wird.[57] Die Verwaltungsgerichtsbarkeit[58] und der überwiegende Teil der Lehre haben sich dem angeschlossen.[59] Eine abweichende Ansicht will dagegen Art. 9 Abs. 1 GG, das Grundrecht der **Vereinigungsfreiheit** als Prüfungsmaßstab heranziehen.[60] Das hat wegen der engeren Schranken des Art. 9 Abs. 1 GG auch Konsequenzen für die Verfassungsmäßigkeit der Pflichtmitgliedschaft.[61]

44 Beide Positionen verkennen indes, dass es bei der Gründung eines Trägers funktionaler Selbstverwaltung in erster Linie um die Eröffnung von **demokratischen Partizipationsmöglichkeiten** und damit um die Zuweisung von Rechten an die betroffene Personengruppe im Hinblick auf sie betreffende Angelegenheiten bzw. Aufgaben geht.[62] So wie etwa bei der Gründung einer Verbandsgemeinde niemand auf den Gedanken kommt, diesen Rechtsakt an Art. 2 Abs. 1 oder Art. 9 Abs. 1 GG zu überprüfen, ist dies auch bei den Trägern funktionaler Selbstverwaltung nicht zutreffend. Soweit die einzelnen Mitglieder Pflichten treffen, sind diese nicht durch den Organisationsakt, sondern die zugewiesenen Aufgaben begründet. Die Aufgabenzuweisung und die damit etwaig verbundenen Pflichten und Belastungen und nicht die organisatorische Maßnahme als solche sind deshalb an den Grundrechten zu messen.[63] Nur diese differenzierende Betrachtung ist geeignet, das verfassungsstaatliche Grundanliegen des Organisationstypus zu verdeutlichen, das in der Eröffnung demokratischer Partizipation und nicht in der Beschränkung staatsbürgerlicher Freiheit liegt.[64]

---

57 BVerfGE 10, 89; 10, 354; 11, 105; 12, 319; 15, 235; 38, 281; NVwZ 2002, 335 ff.; NVwZ 2017, 1282 ff.
58 Siehe BVerwGE 107, 169 ff.
59 Aus der kaum noch überschaubaren Literatur sei stellvertretend auf die ausführliche Erörterung bei *Erichsen* HStR VI, 1989 § 152 Rn. 68 ff. und die dortigen Nachweise verwiesen.
60 Dazu ausführlich *Schöbener* VerwArch 91 (2000), 374, 385 ff. mwN.
61 Siehe etwa den pauschalen Hinweis von *Höfling* in: Sachs (Hrsg.) Grundgesetz Kommentar, 6. Auflage 2018, Art. 9 Rn. 23 „Angesichts der engen Schrankenklauseln des Art. 9 Abs. 2 dürften etliche öffentlich-rechtliche Zwangsvereinigungen verfassungsrechtlich kaum zu rechtfertigen sein."
62 Ausführlich *Kluth* Funktionale Selbstverwaltung, 298 ff.
63 Dazu näher *Kluth* Funktionale Selbstverwaltung, 308 ff.
64 Eine genauere Analyse der mit der Mitgliedschaft verbundenen Pflichten ergibt, dass diese nicht an die Mitgliedschaft als solche, sondern an wahrgenommene Aufgaben anknüpfen.

Aus den angeführten Gründen geht es bei dem Meinungsstreit 45
auch nicht um ein dogmatisches Glasperlenspiel, sondern um die zutreffende Vermittlung des verfassungstheoretischen und gesellschaftspolitischen Gehalts dieser besonderen Organisationsform. Die grundrechtsfixierte Betrachtungsweise verdeckt die elementare Einsicht, dass demokratische Legitimation die Mitwirkung aller Betroffenen verlangt, da sie ansonsten gegen das demokratische Grundprinzip egalitärer, dh keinen Betroffenen ausschließender Partizipation verstoßen würde.[65] Aus diesem Grunde kann der Meinungsstreit auch nicht mit dem Hinweis bagatellisiert werden, dass beide Sichtweisen im Ergebnis nicht weit auseinander liegen, da auch das Bundesverfassungsgericht bei der Prüfung der Eingriffsrechtfertigung auf die zugewiesenen Aufgaben abstellt.[66] Eine punktuelle Annäherung kann erst dem Kammerbeschluss vom 7.12.2001 entnommen werden, da dort von der „legitimatorischen und freiheitssichernden Funktion" der Pflichtmitgliedschaft die Rede ist.[67] Aber auch in diesem Beschluss wird der Aspekt der Partizipation im Anschluss an die Grundrechtsprüfung gewissermaßen ergänzend und zur Abrundung des Bildes angeführt.

Ausgehend von der Qualifikation der Kammern als Träger einer 46
funktionalen Betroffenen-Selbstverwaltung kann auch der Organisationstypus insgesamt aus dem Blickwinkel der **mitgliedschaftlichen Rechte** betrachtet werden. Die Kammern und die ihnen zugrunde liegende gesetzliche Pflichtmitgliedschaft „dienen" so der Einräumung von Partizipationsrechten. Dieser Gesichtspunkt kann auch nicht mit dem Hinweis darauf relativiert werden, dass die Einwirkungsmöglichkeiten des einzelnen Mitglieds beschränkt sind und vor allem bei kleinen und mittleren Unternehmen die zeitlichen Möglichkeiten des Engagements eng begrenzt sind. Die über hundertjährige Erfahrung des deutschen Kammerwesens beweist vielmehr, dass eine wirksame Partizipation erfolgreich möglich und nicht von der Unternehmens- oder Betriebsgröße abhängig ist. Zudem ist demo-

---

65 *Kluth* Funktionale Selbstverwaltung, 326 f.
66 In gewisser Hinsicht hat der verfehlte dogmatische Ansatz auch die Entwicklung einer zutreffenden Eigenwahrnehmung der Organisationen und ihrer Mitglieder verhindert oder doch zumindest behindert. Hätten Bundesverfassungsgericht und Wissenschaft früher und konsequenter auf den demokratisch-partizipatorischen Aspekt hingewiesen, so wäre es möglich gewesen, mit Reformüberlegungen an diesem Punkt anzuknüpfen und nicht in erster Linie die völlige Abschaffung der Kammern in den Vordergrund zu stellen.
67 BVerfG NVwZ 2002, 335, 337.

kratische Mitwirkung immer auf die Mehrheitsfindung innerhalb einer Gruppe angewiesen. Umso bedeutsamer sind deshalb die Transparenz des Meinungsbildungsverfahrens sowie die Förderung der Beteiligung an den Wahlen zu den Kammerorganen.

47 Durch die gesetzliche Pflichtmitgliedschaft in einer Kammer und die damit verbundenen weiteren Verhaltenspflichten (Beitragspflicht, Unterwerfung unter das Satzungsrecht usw) kann für Unternehmen und Freiberufler, die in anderen Mitgliedstaaten ansässig sind,[68] die Aufnahme einer Tätigkeit in Deutschland erschwert werden. Deshalb erscheint es möglich, dass durch die gesetzliche Pflichtmitgliedschaft die Dienstleistungsfreiheit aus Art. 56, 57 AEUV bzw. die Niederlassungsfreiheit aus Art. 49 AEUV beschränkt[69] wird.

48 Im Falle der **Niederlassungsfreiheit** führt die gesetzliche Pflichtmitgliedschaft zu einer Gleichstellung mit den im Inland ansässigen Unternehmen und Freiberuflern und eröffnet überdies erst den Zugang zu den Partizipationsrechten und Dienstleistungen, die mit der Kammermitgliedschaft verbunden sind. Insoweit ist es bereits fraglich, ob überhaupt von einer beschränkenden Wirkung der gesetzlichen Pflichtmitgliedschaft ausgegangen werden kann.[70] Inzwischen ist für reglementierte Berufe durch Art. 6 lit. a der Berufsanerkennungsrichtlinie 2005/36/EG[71] sowie durch Art. 16 Abs. 2 EU-Dienstleistungsrichtlinie 2006/123/EG[72] – jeweils im Umkehrschluss aus der fehlenden Statuierung einer Unvereinbarkeit – klargestellt, dass die gesetzliche Pflichtmitgliedschaft in Fällen der dauerhaften Niederlassung mit dem Unionsrecht vereinbar ist.[73]

49 Anders verhält es sich in den Fällen einer zeitlich begrenzten grenzüberschreitenden Dienstleistungstätigkeit und ihren Auswir-

---

68 Zu der Existenz und spezifischen Ausprägung von Kammern in anderen Mitgliedstaaten der EU siehe *Heyne* in: Kluth (Hrsg.) Handbuch des Kammerrechts § 4.
69 Zur Wirkung beider Grundfreiheiten als Beschränkungsverbote siehe *Ehlers* in: ders. (Hrsg.) Europäische Grundrechte und Grundfreiheiten § 7 Rn. 28.
70 Siehe dazu auch EuGH Rs. 271/81, Slg. 1983, 2727 Rn. 18 (Auer); *Kluth* Verfassungsfragen der Privatisierung von Industrie- und Handelskammern, 30 ff.; *Kluth/Goltz* Kammern der berufsständischen Selbstverwaltung in der EU, 59 ff. Für eine Lösung auf Rechtfertigungsebene *Scheidtmann* Wirtschafts- und berufsständische Kammern im europäischen Gemeinschaftsrecht, 118 ff.
71 Dazu im Überblick *Kluth/Rieger* EuZW 2005, 486 ff.
72 Dazu *Schmidt-Kessel* in: Schlachter/Ohler (Hrsg.) Europäische Dienstleistungsrichtlinie, 2008, Art. 16 Rn. 54.
73 *Kluth* in: Calliess/Ruffert (Hrsg.) EUV/AEUV Art. 56, 57 Rn. 82. Zu den Auswirkungen beider Richtlinien auf das Berufsrecht siehe näher *Waschkau* EU-Dienstleistungsrichtlinie und Berufsanerkennungsrichtlinie, 2008.

kungen auf die **Dienstleistungsfreiheit** aus Art. 56, 57 AEUV.[74] Für den Fall einer grenzüberschreitenden Tätigkeit eines Handwerkers hatte der EuGH in der Entscheidung Corsten bereits entschieden, dass eine mit bürokratischen Verfahren und Beitragspflicht verbundene Mitgliedschaft in einer Kammer mit dieser Grundfreiheit wegen ihrer unverhältnismäßigen Erschwerung des Marktzugangs nicht vereinbar ist.[75] Für diese Fälle finden sich nunmehr differenzierende Regelungen im Sekundärrecht. Für reglementierte Berufe sieht Art. 6 lit. a EU-Berufsanerkennungsrichtlinie 2005/36/EG vor, dass der Dienstleister sich bei der zuständigen Aufsichtsbehörde (in Deutschland in der Regel die zuständige Kammer) melden und dass der nationale Gesetzgeber für diese Fälle eine sog. Pro-forma-Mitgliedschaft bzw. eine automatische Mitgliedschaft in der Kammer anordnen kann (aber nicht muss). Diese Regelung vermeidet den ansonsten entstehenden bürokratischen Aufwand und ist für den Dienstleister nicht mit Kosten verbunden. Für die nicht reglementierten Berufe, also vor allem die allgemeinen gewerblichen Tätigkeiten, statuiert Art. 16 Abs. 2b EU-Dienstleistungsrichtlinie 2006/123/EG dagegen ein generelles Verbot einer gesetzlichen Pflichtmitgliedschaft in einer Berufsorganisation.[76]

Die deutschen Kammergesetze wurden diesen differenzierenden 50 Vorgaben inzwischen angepasst.[77] Dabei haben die zuständigen Gesetzgeber im Bereich der reglementierten Berufe allerdings kaum von der Möglichkeit der Einführung einer Pro-forma-Mitgliedschaft bzw. automatischen Mitgliedschaft Gebrauch gemacht, sondern in verfassungsrechtlich bedenklicher Art und Weise die Geltung des Berufsrechts auf die zeitlich begrenzt anwesenden Dienstleister als Nichtmitglieder ausgeweitet.

c) **Demokratische Legitimation der Kammern.** Angesichts der 51 großen Bedeutung, die nach dem hier zugrunde gelegten Verständnis der funktionalen Selbstverwaltung dem **Demokratieprinzip** zukommt, ist die dogmatische Konstruktion der Legitimationsbegründung und Legitimationsvermittlung bei der funktionalen Selbstver-

---

74 Dazu auch *Scheidtmann* Wirtschafts- und berufsständische Kammern im europäischen Gemeinschaftsrecht, 96 ff.
75 EuGH Rs. C-58/98, Slg. 1999, I-7919 Rn. 38 ff. (Corsten); bestätigt durch EuGH Rs. C-215/01, Slg. 2003, I-14847 (Schnitzer).
76 *Kluth* in: Calliess/Ruffert (Hrsg.) EUV/AEUV Kommentar, 4. Auflage 2011, Art. 56, 57 Rn. 82.
77 Übersicht bei *Rieger* in: Kluth (Hrsg.) Jahrbuch des Kammer- und Berufsrechts 2007, 2008, 388 ff.; *Lemor/Haake* EuZW 2009, 65 ff.

waltung – wie bei der Exekutive insgesamt[78] – von erheblicher und weit reichender Bedeutung. Die Tatsache, dass dieser Aspekt lange Zeit vernachlässigt wurde, ist sicher eine der Hauptursachen dafür, dass der Typus insgesamt nur geringe Beachtung gefunden hat.

52 Das **Bundesverfassungsgericht** hat sich in einem Beschluss vom 5. Dezember 2002, der die Arbeitnehmermitbestimmung in einem **nordrhein-westfälischen Wasserverband** betraf, erstmals ausführlicher mit der demokratischen Legitimation der Träger funktionaler Selbstverwaltung beschäftigt.[79] Zunächst wird in diesem Beschluss bestätigt, dass der Gesetzgeber außerhalb der unmittelbaren Staatsverwaltung und der gemeindlichen Selbstverwaltung vom grundsätzlichen, aus Art. 20 Abs. 2 GG folgenden Gebot lückenloser personeller demokratischer Legitimation aller Entscheidungsbefugten abweichen darf. Dadurch wird nach Ansicht des Senats die Möglichkeit eröffnet, abgegrenzte Bereiche der Erledigung öffentlicher Aufgaben durch Gesetz Trägern funktionaler Selbstverwaltung zuzuweisen. Diese Organisationsform „ergänzt und verstärkt" das demokratische Prinzip. Der Gesetzgeber dürfe ein „wirksames Mitspracherecht der Betroffenen schaffen und verwaltungsexternen Sachverstand aktivieren, einen sachgerechten Interessenausgleich erleichtern und so dazu beitragen, dass die von ihm beschlossenen Zwecke und Ziele effektiver erreicht werden". Schließlich müssen im Errichtungsgesetz die den Trägern funktionaler Selbstverwaltung zugewiesenen Aufgaben „ausreichend vorherbestimmt" sein und staatlicher (Rechts-) Aufsicht unterliegen, damit das Selbstbestimmungsrecht des Staatsvolkes auch in diesem Bereich gewahrt ist.[80] Mit dieser Entscheidung sind auch für die Kammern die in der Literatur geäußerten Zweifel an ihrer ausreichenden demokratischen Legitimation zurückgewiesen worden. Es besteht deshalb auch wegen der Bindungswirkung dieser Feststellungen nach § 31 BVerfGG insoweit für die Fachgerichte und den Gesetzgeber kein Anlass, die bestehenden Regelungen in Zweifel zu ziehen.

53 Die Besonderheiten bei der Vermittlung demokratischer Legitimation sind bei den Trägern funktionaler Selbstverwaltung nicht auf die Herstellung der Verbindung zum Staatsvolk beschränkt. Vielmehr

---

78 Gesamtbetrachtung bei *Schmidt-Aßmann* AöR 116 (1991), 329 ff.
79 BVerfGE 107, 59 ff.; dazu Besprechung und Kritik bei *Jestaedt* in: Kluth (Hrsg.) Jahrbuch des Kammerrechts 2003, 2004, 9 ff.; *Musil* DÖV 2004, 116 ff. Siehe auch BVerfG NVwZ 2017, 1282 ff.
80 Vorstehende Aussagen finden sich sämtlich in BVerfGE 107, 59 Leitsätze 1 bis 3.

§ 9. Die Organisation der Wirtschaftsverwaltungsbehörden

birgt auch die **Legitimationsvermittlung im Binnenbereich** einige Probleme, die besondere Aufmerksamkeit verdienen. Neben der problematischen Praxis der Friedenswahl[81] ist vor allem auf das Gruppen-Wahlrecht bei gruppenplural und gruppenantagonistisch verfassten Kammern einzugehen.

Das Wahlrecht ist auch jenseits der Parlaments- und Kommunalwahlen aufgrund der Ausstrahlung des im Demokratieprinzip verankerten Grundsatzes egalitärer Gleichheit[82] von Verfassungs wegen durch die Grundsätze der Allgemeinheit und Gleichheit der Wahl geprägt.[83] Deshalb ist die ua in den Industrie- und Handelskammern, Handwerkskammern sowie Wirtschaftsprüferkammern praktizierte **Gruppenwahl**,[84] bei der es zu Verschiebungen des Stimmengewichts kommt, problematisch und rechtfertigungsbedürftig. Das gleiche gilt für die Stimmgewichtung in Wasser- und Bodenverbänden.[85] 54

Das **Bundesverfassungsgericht** hat in seiner einschlägigen Rechtsprechung jedoch außerhalb parlamentarisch-demokratischer Wahlen **Abweichungen** vom Gebot strikt formaler Gleichheit mit der Begründung **zugelassen**, dass in diesen Fällen nicht die staatsbürgerliche Gleichheit auf dem Spiel stehe.[86] So hat es bei Wahlen in Hochschulen unter Hinweis auf Art. 5 Abs. 3 GG gewisse Einschränkungen der Wahlrechtsgleichheit akzeptiert.[87] Man kann diesen Gedanken in dem Sinne verallgemeinern, dass andere für die Repräsentation in der jeweiligen Organisation wesentliche Merkmale eine Modifikation der Wahlrechtsgleichheit ausnahmsweise rechtfertigen können. Dabei sind hohe Anforderungen zu stellen. Denk- und hinnehmbar ist eine Differenzierung nach dem Grad der finanziellen Belastung in den sehr kostenintensiven Wasser- und Bodenverbänden sowie nach Berufsgruppen in den wirtschaftlichen Kammern, da in 55

---

81 Dazu weitere Einzelheiten bei BVerwG, GewArch 1980, 296; *Kluth* Funktionale Selbstverwaltung, 459 f.
82 Zu ihm *Böckenförde* HStR II, 3. Auflage 2004, § 24 Rn. 42 ff.
83 Zur allgemeinen Geltung der Grundsätze vgl. BVerfGE 47, 253, 276; 51, 222, 235. Zu den Wahlrechtsgrundsätzen näher *Schreiber* in: Höfling/Friauf (Hrsg.) Berliner Kommentar zum Grundgesetz, Art. 38 Rn. 56 ff. und 80 ff.
84 § 5 Abs. 3 IHKG; § 93 Abs. 1 HwO.
85 Siehe dazu am Beispiel der sondergesetzlichen Wasserverbände in NRW *Kluth* Funktionale Selbstverwaltung, 174 f. Bei ihnen bestimmt sich das Stimmrecht bzw. die Zahl der zu entsendenden Delegierten nach der Höhe der Beitragspflicht. Damit wird die finanzielle Betroffenheit zum Maßstab der Stimmgewichtung gemacht. Das wird dadurch gerechtfertigt, dass es bei Wasserverbänden in erster Linie um die Finanzierung von Maßnahmen der Wasserregulierung geht, so dass die finanzielle Betroffenheit bei allen Beschlüssen im Vordergrund steht.
86 BVerfGE 39, 247, 254; 41, 1, 12.
87 BVerfGE 39, 247, 254.

diesen eine Mindestrepräsentanz der einzelnen Berufsgruppen für die Aufgabenwahrnehmung unerlässlich ist und bei einheitlicher Wahl eine Majorisierung durch starke Berufsgruppen droht.[88]

56 **d) Finanzierung der Kammern.** Die Tätigkeit der Kammern wird im Kern durch Mitgliederbeiträge finanziert und ist deshalb von den allgemeinen Staatsfinanzen unabhängig. Dieser Finanzierungsmodus ist zugleich der zentrale Anknüpfungspunkt für eine grundsätzliche, finanzverfassungsrechtliche Kontroverse und Auslöser zahlreicher verwaltungsgerichtlicher Verfahren, in denen die Verfassungsmäßigkeit der gesetzlichen Pflichtmitgliedschaft in den Kammern angegriffen wird.

57 Der Grundsatzstreit betrifft die Einordnung der Kammerbeiträge als „Beiträge im Rechtssinne", wie sie vom Bundesverwaltungsgericht in ständiger Rechtsprechung vertreten wird.[89] Eine abweichende Ansicht sieht in den Kammerbeiträgen demgegenüber eine mitgliedschaftsbezogene Abgabe sui generis, die auch als Verbandslast bezeichnet wird.[90] Vereinzelt wird zudem die Ansicht vertreten, dass die Beitragsfinanzierung durch die Kammern finanzverfassungsrechtlich unzulässig ist, weil die Kammeraufgaben wegen ihres Gemeinwohlbezugs durch Steuern zu finanzieren seien.[91]

58 Im Zentrum des Meinungsstreits steht der Nachweis eines potentiellen Vorteils, der den Mitgliedern durch die Kammertätigkeit bereits auf Grund der Mitgliedschaft zugerechnet werden kann, da Beiträge im Rechtssinne einen solchen zurechenbaren wirtschaftlichen Vorteil voraussetzen. Rechtsprechung und herrschende Meinung sehen diesen Vorteil insbesondere darin, dass die Kammern durch ihre Tätigkeit die Interessen der Mitglieder fördern. Dabei komme es nicht darauf an, dass dies den einzelnen Mitgliedern jeweils unterschiedlich zugutekomme. Es reiche aus, dass es einen nachvollziehbaren gruppenbezogenen Vorteil gebe. Die unterschiedliche Größe des Vorteils werde durch die differenzierte Bemessung der Beitragserhebung ausreichend berücksichtigt. Diese pauschale Zurechnung wird von den Gegenansichten indes für nicht ausreichend tragfähig gehalten, führt aber zu unterschiedlichen Schlussfolgerungen. Während die

---

88 *Kluth* Funktionale Selbstverwaltung, 461 ff.
89 BVerwGE 39, 100, 107; 107, 169, 176. Siehe ausführlich zur Begründung dieser Sichtweise *Rieger* in: Handbuch des Kammerrechts § 13 Rn. 7 ff.
90 Dazu näher *Bauersfeld* Die Verbandslast, 2010; *Merkt* Die mitgliedschaftsbezogene Abgabe des öffentlichen Rechts, 1989; *Axer* GewArch 1996, 453 ff.
91 *Hey* StuW 2008, 289 ff.

Vertreter der Verbandslast auf die Vorteilzurechnung verzichten wollen und in der Mitgliedschaft als solcher einen ausreichenden Rechtfertigungsgrund für die Beitragserhebung sehen[92] und dabei auf die Grundsätze der Sonderabgabendoktrin zurückgreifen,[93] sieht eine weitere Ansicht keine tragfähige Begründung für eine Beitragsfinanzierung und verlangt deshalb, die Kammertätigkeit aus Steuern zu finanzieren.[94]

Im Ergebnis ist der Qualifikation der Kammerbeiträge als Beiträgen im Rechtssinne grundsätzlich zu folgen. Die positiven „Effekte" der allgemeinen Kammertätigkeit stellen einen ausreichend konkreten zurechenbaren Vorteil für die Mitglieder dar, auch wenn dies nicht in jedem Einzelfall konkret nachweisbar sein mag. Eine gewisse Abstraktion und Typisierung in der Vorteilszurechnung gehört aber zum Wesen des Beitrags, dem insoweit auch eine begrenzte umverteilende Wirkung eigen ist. Dass auch ein allgemeines Interesse an der Kammertätigkeit besteht, steht der Finanzierung durch die Mitglieder nicht entgegen, da der Gesetzgeber auf diesem Weg lediglich eine Gemeinwohlverpflichtung der Berufsträger geltend macht. Allerdings erweist sich die Argumentation nur dann als schlüssig, wenn die Kammern zugleich verpflichtet werden, alle Dienstleistungen, die auch durch die Erhebung von Gebühren und Entgelten finanziert werden können, nicht aus dem Beitragsaufkommen zu finanzieren. Dadurch wird gewährleistet, dass die umverteilenden Effekte der Beitragsfinanzierung auf das erforderliche Maß begrenzt werden.[95] Zudem werden damit auch **beihilfenrechtliche Konflikte** vermieden, die entstehen können, wenn Dienstleistungen der Kammern, die in Konkurrenz zu privaten Anbietern erbracht werden, aus Mitgliederbeiträgen finanziert werden.[96]

Jenseits der abgabenrechtlichen Grundsatzfragen, die sich auf die Praxis der Kammerfinanzierung bislang nicht ausgewirkt haben, stellen sich zahlreiche Fragen im Zusammenhang mit der Beitragsbemessung. Dies betrifft insbesondere die Bestimmung des Beitragsmaßstabs, die Zulässigkeit und Grenzen der Freistellung von der Beitragspflicht sowie die Erforderlichkeit einer Beitragshöchstgrenze.

---

92 *Merkt* Die mitgliedschaftsbezogene Abgabe des öffentlichen Rechts.
93 So *Bauersfeld* Die Verbandslast, 66 ff.
94 *Hey* StuW 2008, 289 ff.
95 Siehe dazu auch *Kluth* Funktionale Selbstverwaltung, 317 ff.
96 Siehe dazu auch *Hövelberndt* Kammern als Wettbewerber, 111 ff.

61 Die Praxis der Ausgestaltung von Mitgliedsbeiträgen weist erheblich Unterschiede auf. Am häufigsten werden die Mitgliedsbeiträge in Abhängigkeit von dem wirtschaftlichen Erfolg bemessen, also umsatz- oder gewinnabhängig gestaltet. Es gibt aber auch (Berufs-) Kammern, die von allen Mitgliedern Beiträge in gleicher Höhe verlangen.[97]

62 Die Vermutung, dass bei einem höheren Umsatz auch die Vorteile aus der Kammertätigkeit höher sind, wird von der Rechtsprechung grundsätzlich gebilligt.[98] Der häufig erhobene Einwand, dass vor allem große Industriebetriebe weniger auf die Kammertätigkeit angewiesen sind, als kleine und mittelständische Unternehmen, so dass ihre (deutlich) höhere Belastung mit Beitragslasten nicht gerechtfertigt sei, konnte sich bislang in der Rechtsprechung nicht durchsetzen.

63 Die Erhebung von Mitgliedsbeiträgen muss auch dem allgemeinen Gleichheitssatz aus Art. 3 Abs. 1 GG genügen, der bereits bei der Bestimmung der Bemessungsgrundlage zu beachten ist. Vor allem aber kommt er zur Geltung, wenn bestimmte Gruppen von Mitgliedern durch eine vollständige oder vorübergehende **Freistellung** von der Beitragserhebung begünstigt werden. Dies spielt vor allem bei den Industrie- und Handelskammern eine große Rolle, da § 3 Abs. 3 S. 4 IHKG vorsieht, dass im Falle von Neugründungen für einen Zeitraum von mindestens zwei Jahren keine Mitgliedsbeiträge erhoben werden.[99]

64 Wird die Höhe des Kammerbeitrags am Gewinn oder Umsatz bemessen, so stellt sich die Frage, ob dieser Maßstab auch dann angemessen ist, wenn aus besonderen Gründen wie zum Beispiel dem Verkauf von Unternehmsteilen ein atypisch hoher Gewinn entsteht.[100] Dahinter steht die grundsätzliche Frage, ob jenseits bestimmter Umsatzhöhen von einer weiteren Steigerung des Vorteils nicht mehr ausgegangen werden kann. Die verwaltungsgerichtliche Rechtsprechung hat für die IHK-Beitragssatzungen die Einführung einer Beitragshöchstgrenze bislang nicht gefordert. Einen Anhaltspunkt für eine entsprechende Notwendigkeit könnte sich indes aus der neueren Rechtsprechung des Bundesverfassungsgerichts zu Vorzugslas-

---

97 Zum „Kopfbeitrag" *Bauersfeld* Die Verbandslast, 126 f.
98 BVerwGE 39, 100, 107 f.; 107, 169, 176 f.; 108, 169, 179. Vertiefend *Rieger* in: Handbuch des Kammerrechts § 13 Rn. 37 ff.
99 Zu Einzelheiten *Rieger* in: Handbuch des Kammerrechts § 13 Rn. 153 ff.
100 Zu einem Beispiel *Hey* StuW 2008, 289.

ten ergeben.[101] In einer Entscheidung zur Erhebung von Gebühren an Hochschulen hat das Gericht ausgeführt, dass die Erhebung einer Gebühr dann verfassungsrechtlich nicht sachlich gerechtfertigt ist, wenn sie in einem „groben Missverhältnis"[102] zu den verfolgten legitimen Gebührenzwecken steht. Daraus kann man eine Verpflichtung ableiten, in Fällen eines atypisch hohen Umsatzes oder Gewinns eine Höhenbegrenzung der Beiträge einzuführen.

Neben den „normalen" Mitgliedsbeiträgen (Grundbeitrag) sehen 65 die Kammergesetze zum Teil auch die Möglichkeit der Erhebung von weiteren Beiträgen für spezielle Finanzierungszwecke vor. So können zum Beispiel nach § 113 Abs. 2 HwO Zusatzbeiträge und Sonderbeiträge erhoben werden, zB für die Finanzierung der überbetrieblichen Ausbildungsstätten.[103] Ähnlich sieht § 3 Abs. 3 S. 5 IHKG die Möglichkeit der Erhebung von Umlagen und § 3 Abs. 5 IHKG die Erhebung von Sonderbeiträgen vor.[104]

e) **Staatsaufsicht über Kammern.** Als bundes- oder landesunmit- 66 telbare Körperschaften des öffentlichen Rechts unterstehen die Kammern einer Staatsaufsicht, die durchweg als Rechtsaufsicht ausgestaltet ist.[105] Dabei sind die Aufsichtsinstrumente in den meisten Kammergesetzen nur spärlich geregelt, so dass sich die Frage des Rückgriffs auf ungeschriebene Regeln zu den Aufsichtsinstrumenten stellt.[106] Eine darüber hinausgehende Fachaufsicht ist lediglich bei den Landwirtschaftskammern, die große Teile der Agrarsubventionen verwalten, sowie punktuell bei den Heilberufskammern und in weiteren Einzelfällen von den Kammern zusätzlich übertragenen staatlichen Aufgaben anzutreffen. Umstritten war die Erforderlichkeit der Einführung einer Fachaufsicht im Zusammenhang der Einbeziehung der Kammern in die Tätigkeit als einheitliche Stelle nach § 71a VwVfG.[107]

---

101 BVerfGE 108, 1, 18 ff. Dazu *Schiller* NVwZ 2003, 1337 ff.; *Schaffarzik* NJW 2003, 3250 ff.
102 Dazu wird auf BVerfGE 83, 363, 392 und BVerwGE 109, 272, 274 sowie BVerwG NVwZ-RR 2000, 533, 535 verwiesen.
103 *Honig/Knörr* HwO, 4. Auflage 2008, § 113 Rn. 18.
104 Dazu näher *Jahn* in: Frentzel/Jäkel/Junge IHKG, 7. Auflage 2009, § 3 Rn. 58 ff. und Rn. 114 ff.
105 *Heusch* in: Handbuch des Kammerrechts § 15 Rn. 20.
106 Zu Einzelheiten *Heusch* in: Handbuch des Kammerrechts § 15 Rn. 58 ff. Siehe auch *Kahl* Staatsaufsicht, 2000, 284 ff.
107 Zur Thematik näher *Kluth* in: ders. (Hrsg.) Jahrbuch des Kammer- und Berufsrechts 2007, 122 ff.

67 **f) Wettbewerbsrechtliche Grenzen der Aufgabenwahrnehmung.** Da in den Kammern Unternehmer bzw. am Markt tätige Freiberufler zusammengeschlossen sind, behandeln das europäische und deutsche Wettbewerbsrecht die Kammern (auch) als Unternehmensvereinigungen und unterwerfen sie insoweit dem Wettbewerbsrecht.[108] Allerdings betrifft dies nur solche Aktivitäten der Kammern, die nicht zwingend durch staatliche Gesetze determiniert sind. Wo aber ausreichende Gestaltungsspielräume bestehen, können auch Satzungen und andere hoheitliche Maßnahmen der Kammern am Maßstab des Wettbewerbsrechts überprüft werden. Vor diesem Hintergrund haben die EU-Kommission und der EuGH[109] mehrfach von Kammern erlassene Gebührenordnungen einer unionsrechtlichen Kontrolle unterworfen.

IV. Wirtschaftsverwaltungsbehörden der Europäischen Union

1. Unionsbehörden und Agenturen

68 In der Europäischen Union sind ausführende Zuständigkeiten der Unionsorgane gegenüber Bürgern und Unternehmen die Ausnahme, die Ausführung durch die mitgliedstaatliche Verwaltung die Regel.[110] Gleichwohl stehen der **EU-Kommission** und den einzelnen **Generaldirektionen** eine Reihe bedeutsamer Entscheidungsbefugnisse zu, die teilweise durch die erlassende Stelle selbst oder durch die Mitgliedstaaten umgesetzt werden. Dies betrifft insbesondere das Beihilfen- und Wettbewerbsrecht sowie die Verwaltung der Strukturfonds.

69 Daneben wurden in den letzten Jahrzehnten mit wachsender Intensität sog. **Europäische Agenturen** gegründet, bei denen es sich um rechtlich und fachlich teilverselbständigte Verwaltungseinheiten handelt, deren Status jedoch nicht einheitlich ausgestaltet ist.[111] Zuständigkeiten im Bereich der Wirtschaftsverwaltung besitzen ua die Europäische Chemikalienagentur, die Europäische Arzneimittelagen-

---

108 Dazu *Waldhorst* Die Kammern zwischen Kartell- und Verwaltungsorganisationsrecht, 71 ff.
109 EuGH Rs. C-35/99, Slg. 2002, I-1529 (Arduino); Rs. C-309/99, Slg. 2002, I-1577 (Wouters).
110 *Kluth* in: Wolff/Bachof/Stober Verwaltungsrecht II, 7. Auflage 2010, § 88 Rn. 18 ff.; *v. Danwitz* Europäisches Verwaltungsrecht, 2008, 467 ff.
111 Zu Einzelheiten *Fischer-Appelt* Agenturen der Europäischen Gemeinschaften, 1999; *Koch* Die Externalisierungspolitik der Kommission, 2004; *Wolff/Bachof/Stober/Kluth* Verwaltungsrecht II § 88 Rn. 3 ff. Eine vollständige Aufstellung findet sich unter: http://europa.eu/agencies/regulatory_agencies_bodies/index_de.htm.

§ 9. Die Organisation der Wirtschaftsverwaltungsbehörden

tur, die Europäische Eisenbahnagentur und die Europäische Behörde für Lebensmittelsicherheit.

2. Vertikale Kooperation

Überall dort, wo die Mitgliedstaaten Entscheidungen der EU-Kommission oder anderer zuständiger und entscheidungsbefugter Stellen der Europäischen Union umsetzen müssen, kommt es zu sog. **vertikaler Kooperation**. Diese ist die erste wichtige Säule des Europäischen Verwaltungsverbundes.[112] Dabei richtet sich die innerstaatliche Zuständigkeit nach nationalem Recht, das Verfahrensrecht wird durch unionsrechtliche Anforderungen überlagert.[113] Praktisch besonders bedeutsam sind das Beihilfenrecht und das Zollrecht. Im Rahmen der vertikalen Kooperation stehen der EU-Kommission verschiedene Kontrollbefugnisse, ua Informations- und Auskunftspflichten und das Recht zur Durchführung von Inspektionen, zu.[114]

70

3. Horizontale Kooperation

Wachsende Bedeutung kommt der europäischen Verwaltungszusammenarbeit zwischen den Mitgliedstaten, der sog. **horizontalen Kooperation**, zu. Deren Struktur kann exemplarisch am Beispiel der grenzüberschreitenden Berufsaufsicht nach der EU-Berufsanerkennungsrichtlinie 2005/36/EG[115] (BARL) verdeutlicht werden.

71

Die EU-Berufsanerkennungsrichtlinie 2005/36/EG sieht in Art. 5 Abs. 3 unter anderem vor, dass in Fällen einer vorübergehenden grenzüberschreitenden Erbringung von Dienstleistungen durch Angehörige reglementierter Berufe die Berufsaufsicht durch die zuständige Behörde des Zielstaates auszuüben ist. Damit dies möglich ist, können die Dienstleister gem. Art. 7 BARL verpflichtet werden, die Behörden des Zielstaates über ihre Tätigkeit zu informieren und dabei

72

---

112 *Schmidt-Aßmann/Haubold-Schöndorf* (Hrsg.) Der Europäische Verwaltungsverbund, 2005; *Sydow* Verwaltungskooperation in der Europäischen Union, 2004; *Ruffert* DÖV 2007, 761 ff.; *Siegel* Entscheidungsfindung im Verwaltungsverbund, 2009, S. 320 ff.; *Hoffmann* Rechtsschutz und Haftung im Verwaltungsverbund, 2004; *von Danwitz* Europäisches Verwaltungsrecht, 2008, S. 609 ff. Exemplarisch vertiefend: *Sommer* Verwaltungskooperation am Beispiel administrativer Informationsverfahren im Europäischen Umweltrecht, 2003.
113 *von Danwitz* Europäisches Verwaltungsrecht, 2008, S. 495 ff.; *Wolff/Bachof/Stober/Kluth* Verwaltungsrecht II § 88 Rn. 44 ff.
114 *von Danwitz* Europäisches Verwaltungsrecht, 2008, S. 618 ff.
115 Richtlinie 2005/36/EG des Europäischen Parlaments und des Rates vom 27. September 2005 über die Anerkennung von Berufsqualifikationen, ABl. EU Nr. L 255/22. Dazu im Überblick *Kluth/Rieger* EuZW 2005, 486 ff.

auch die für sie im Herkunftsland zuständige Überwachungsbehörde anzugeben. Die Behörden des Zielstaates werden dadurch ihrerseits in die Lage versetzt, zu prüfen, ob der Dienstleister über die erforderliche Qualifikation verfügt. Dieser komplexe Überwachungsmechanismus bedingt eine Kooperation zwischen den Wirtschaftsverwaltungsbehörden der einzelnen Mitgliedstaaten, zu der Art. 8 BARL die Mitgliedstaaten verpflichtet und die in Art. 56 BARL näher ausgestaltet ist. Um die dabei bestehenden Kommunikationsprobleme zu vermindern hat die EU-Kommission ein besonderes Kommunikationssystem mit Übersetzungsfunktion entwickelt, das Internal Market Information System (IMI).[116] Detaillierte verfahrensrechtliche Vorgaben für die Durchführung der europäischen Verwaltungszusammenarbeit finden sich inzwischen in den §§ 8a bis 8e VwVfG.[117]

V. Einbeziehung Privater in die Wirtschaftsverwaltung

73   Das öffentliche Wirtschaftsrecht gehört traditionell zu den Bereichen, in denen sich der Staat durch die Einbeziehung Privater in die Wahrnehmung hoheitlicher Aufgaben entlastet hat. Das Kammerwesen ist eine spezifische Form einer solchen Staatsentlastung[118], die indes zur Gründung eigenständiger Verwaltungsträger geführt hat. Darüber hinaus gehören die Beleihung sowie die Inpflichtnahme privater Unternehmen zu den klassischen Erscheinungsformen der Einbeziehung Privater in die Wirtschaftsverwaltung. In neuerer Zeit sind weitere Formen der Kooperation sowie der Selbstregulierung durch private Wirtschaftsverbände als weitere Handlungsformen mit einer geringen institutionellen und normativen Einbindung zu verzeichnen.

1. Beleihung Privater

74   Unter Beleihung versteht man die auf gesetzlicher Grundlage erfolgende Ermächtigung privater Rechtssubjekte zur selbständigen Ausübung von Hoheitsgewalt im eigenen Namen.[119] Subjekte der Belei-

---

116 *Riedel* in: Bader/Ronellenfitsch (Hrsg.) BeckOK VwVfG § 8b Rn. 6 ff.
117 Dazu näher *Schliesky/Schulz* DVBl 2010, 610 ff.; *Schmitz/Prell* NVwZ 2009, 1121 ff.; *Wolff/Bachof/Stober/Kluth* Verwaltungsrecht II § 83 Rn. 135 ff.; siehe auch *Schliesky* Die Europäisierung der Amtshilfe, 2008.
118 Dazu *Kluth* Funktionale Selbstverwaltung, 1997, 227.
119 BVerwG DVBl. 1990, 612; *Stober* in: Wolff/Bachof/Stober/Kluth Verwaltungsrecht II § 90 Rn. 4; *Heintzen* in: VVdStRL 62 (2003), 220 (240): „Befugnisbeteiligung".

§ 9. Die Organisation der Wirtschaftsverwaltungsbehörden

hung können neben natürlichen Personen und privatrechtlichen Organisationen, die von Privaten oder dem Staat getragen werden, nach neuerer und umstrittener Ansicht und Praxis auch Verwaltungsträger[120] sein, deren Verbandskompetenz durch die Beleihung erweitert wird.[121] Umstritten ist zudem die Praxis, nach einer Privatisierung den privaten Rechtsträger durch eine Beleihung zum Träger anderer öffentlich-rechtlicher Organisationseinheiten zu bestimmen.[122] Problematisch ist schließlich die Beleihung zur Rechtsetzung, wie sie im Bereich des Gesundheitswesens praktiziert wird.[123]

Der Beliehene übt **Hoheitsgewalt im eigenen Namen** aus und ist deshalb als Verwaltungsträger zu qualifizieren. Das hat unter anderem zur Folge, dass er der Amtshaftung nach § 839 BGB iVm Art. 34 GG unterliegt.[124] Als verselbständigte Verwaltungsträger unterstehen Beliehene der **Staatsaufsicht,** die in der Regel als Fachaufsicht ausgestaltet ist und sein muss.[125] 75

Bekannte **Erscheinungsformen** der Beleihung im Wirtschaftsverwaltungsrecht sind ua die Bezirksschornsteinfeger, die öffentlich bestellten Vermessungsingenieure, die Seeschifffahrtskapitäne, Sachverständige nach § 21 StVZO („TÜV"), Lebensmittelsachverständige und Fischereiaufseher. 76

Voraussetzung einer Beleihung sind neben der gesetzlichen Grundlage[126] vor allem der Nachweis einer ausreichenden Sachkunde und Zuverlässigkeit des bzw. der Beliehenen. Diese wird durch den Nachweis einer entsprechenden Ausbildung und Berufspraxis sowie durch das Fehlen von Rechtsverstößen und in einigen Bereichen auch durch den Nachweis von Berufshaftpflichtversicherungen erbracht. 77

Kann eine Tätigkeit ausschließlich im Status der Beleihung ausgeübt werden und ist zugleich der Marktzugang begrenzt, wie dies bis vor wenigen Jahren bei den Bezirksschornsteinfegern nach dem SchornsteinfegerG der Fall war[127], so muss nach unionsrechtlichen 78

---

120 ZB Handwerkskammern hinsichtlich der Durchführung des § 14 GewO, vgl. Gesetz v. 5.10.2007, RP GVBl. 2007 S. 188.
121 Dazu *Schmidt am Busch* DÖV 2007, 553 ff.; *Stober* in: Wolff/Bachof/Stober/Kluth Verwaltungsrecht II § 90 Rn. 4.
122 So im Falle der Beleihung der Bay. Finanzholding AG mit der Anstaltsträgerschaft der Bayerischen Landesbank. Dazu *Wolfers/Kaufmann* DVBl. 2002, 507 ff.; *Freitag* Das Beleihungsverhältnis, 2005, 44 ff.
123 Zu Beispielen *Schmidt am Busch* DÖV 2007, 553 ff.
124 *Stober* in: Wolff/Bachof/Stober/Kluth Verwaltungsrecht II § 90 Rn. 61 f.
125 *Stober* in: Wolff/Bachof/Stober/Kluth Verwaltungsrecht II § 90 Rn. 49.
126 *Stober* in: Wolff/Bachof/Stober/Kluth Verwaltungsrecht II § 90 Rn. 47.
127 Zu Entwicklung und Neuregelung unter dem Einfluss des Unionsrechts *Sydow* GewArch 2009, 14 ff.

Vorgaben des Art. 11 Abs. 1 lit. b EU-Dienstleistungsrichtlinie 2006/123/EG nunmehr die Beleihung zeitlich begrenzt werden und die begrenzte Zahl der Beleihungen durch eine regelmäßige Neuvergabe wettbewerblich zugewiesen werden.[128] Auf diese Weise wird die Entstehung von örtlichen/regionalen Monopolen verhindert und der Marktzugang für Newcomer gesichert.[129]

2. Inpflichtnahme Privater

79 Unter einer **Inpflichtnahme** oder **Indienstnahme Privater** versteht man die gesetzliche Auferlegung von Handlungs- und Organisationspflichten im Zusammenhang mit der Erfüllung von Verwaltungsaufgaben.[130] Die Inpflichtnahme kann auf die Vornahme von Handlungen, auf die Bevorratung oder Abnahme[131] von Gütern oder die Bereitstellung von Infrastrukturen ausgerichtet sein. Von der Inpflichtnahme zu unterscheiden ist die vertragliche Einbeziehung Privater bzw. privaten Sachverstandes in die Vorbereitung oder Ausführung von Verwaltungshandeln, die sog. **Verwaltungshilfe**.[132]

80 Als bekannte Erscheinungsformen sind ua Bevorratungspflichten (zB für Erdöl gem. § 25 ErdölbevorratungsG[133]), Abgabeneinzugspflichten[134] (zB nach § 43 AO), Absperrungs- und Kennzeichnungs- und Warnpflichten[135] und die Bereitstellung von Abhörtechnik durch TK-Unternehmen[136] zu nennen.

81 Nach der Rechtsprechung des Bundesverfassungsgerichts hat der Gesetzgeber einen weiten Gestaltungsspielraum, welche Pflichten

---

128 *Cornils* in: Schlachter/Ohler (Hrsg.) Europäische Dienstleistungsrichtlinie, 2008, Art. 11 Rn. 8 ff.
129 Zu Einzelheiten *Stober* in: Wolff/Bachof/Stober/Kluth Verwaltungsrecht II § 90 Rn. 45 f.
130 *Stober* in: Wolff/Bachof/Stober/Kluth Verwaltungsrecht II § 91 Rn. 48 ff.; *Heintzen* in: VVdStRL 62 (2003), 220 (255): „Aufgabenbeteiligung"; *Schulze-Fielitz* in: Hoffmann-Riem/Schmidt-Aßmann/Voßkuhle (Hrsg.) Grundlagen des Verwaltungsrechts I, 2007 § 12 Rn. 107 „öffentlich-rechtliche Bürgerpflichten"; *Strauß* Verfassungsfragen der Kostenüberwälzung bei staatlichen Indienstnahmen privater Unternehmen, 2009, 48 ff.
131 So im Falle der Pflicht der Stromkonzerne, Ökostrom von privaten Kleinerzeugern zu einem gesetzlich festgesetzten Preis abzunehmen. Dazu *Oschmann* NVwZ 2009, 263 ff.
132 Dazu eingehend *Stober* in: Wolff/Bachof/Stober/Kluth Verwaltungsrecht II § 91 Rn. 1 ff.; *Seidel* Privater Sachverstand und staatliche Garantenstellung im Verwaltungsrecht, 2000. Zu einer Grenzfigur zwischen Beleihung und Verwaltungshilfe: *Scholl* Der private Sachverständige im Verwaltungsrecht, 2005.
133 Dazu BVerfGE 30, 292 ff.
134 Dazu BVerfGE 22, 360 ff. (Kuponsteuer); 44, 103 ff. (Kirchensteuereinzug).
135 Dazu BVerfGE 95, 173 (187) (Warnpflichten der Tabakindustrie).
136 Dazu BVerfGE 125, 260 ff.

zur Sicherstellung von Gemeinwohlbelangen er Privaten im Rahmen ihrer Berufstätigkeit auferlegt.[137] Der Gesetzgeber ist auch nicht darauf beschränkt, Private nur dann in die Pflicht zu nehmen, wenn von ihrer Tätigkeit unmittelbar Gefahren ausgehen oder sie ein Verschulden trifft. Es reicht vielmehr eine hinreichende Sach- und Verantwortungsnähe zwischen der beruflichen Tätigkeit und der Indienstnahme aus.[138]

Von der (Zulässigkeit der) Inpflichtnahme zu unterscheiden ist die Frage, ob der dadurch verursachte finanzielle Aufwand durch die privaten Unternehmen zu tragen ist (sog. Kostenabwälzung) oder ob der Staat zur Kostenübernahme verpflichtet ist.[139] Das Bundesverfassungsgericht hat bislang auch umfangreiche Kostenabwälzungen zugelassen, wenn diese in einem vertretbaren Verhältnissen zu den Gesamtumsätzen und Gewinnen der betroffenen Branchen stehen.[140] In seiner Entscheidung zur Vorratsdatenspeicherung, in der auch über die Kostenabwälzung zu befinden war, führt das Gericht dazu aus: „Der Gesetzgeber verlagert auf diese Weise die mit der Speicherung verbundenen Kosten entsprechend der Privatisierung des Telekommunikationssektors insgesamt in den Markt. So wie die Telekommunikationsunternehmen die neuen Chancen der Telekommunikationstechnik zur Gewinnerzielung nutzen können, müssen sie auch die Kosten für die Einhegung der neuen Sicherheitsrisiken, die mit der Telekommunikation verbunden sind, übernehmen und in ihren Preisen verarbeiten. Die den Unternehmen auferlegten Pflichten stehen in engem Zusammenhang mit den von ihnen erbrachten Dienstleistungen und können als solche nur von ihnen selbst erbracht werden. Auch werden hierbei nicht einzelnen Diensteanbietern einzelfallbezogen Sonderopfer auferlegt, sondern in allgemeiner Form die Rahmenbedingungen für die Erbringung von Telekommunikationsdiensten ausgestaltet. Es ist damit verfassungsrechtlich nicht zu beanstanden, wenn die Unternehmen hierfür dann auch die anfallenden Kosten grundsätzlich zu tragen haben. Allein die gemeinwohlbezogene Zielsetzung gebietet es nicht, hierfür einen Kostenersatz vorzusehen (vgl. BVerfGE 30, 292 (311)). Ein Gesetz, das die Berufsaus-

---

137 BVerfGE 109, 64 (85).
138 BVerfGE 125, 260 (385 – Absatz Nr. 301) unter Bezugnahme auf BVerfGE 95, 173 (187).
139 Dazu *Strauß* Verfassungsfragen der Kostenüberwälzung bei staatlichen Indienstnahmen privater Unternehmen, 2009.
140 BVerfGE 30, 292 ff. zur Erdölbevorratung. Siehe zu dieser Problematik auch *Hey* FR 1998, 497 ff.

übung in der Weise regelt, dass es Privaten bei der Ausübung ihres Berufs Pflichten auferlegt und dabei regelmäßig eine Vielzahl von Personen betrifft, ist nicht bereits dann unverhältnismäßig, wenn es einzelne Betroffene unzumutbar belastet, sondern erst dann, wenn es bei einer größeren Betroffenengruppe das Übermaßverbot verletzt (vgl. BVerfGE 30, 292 (316)). Dass die Kostenlasten in dieser Weise erdrosselnde Wirkungen haben, ist weder substantiiert vorgebracht noch erkennbar."[141] Dieser Maßstab ist auch auf vergleichbare Fallgestaltungen anzuwenden.

3. Private Wirtschaftsverbände

83 Eine weitere Form der Einbeziehung Privater in die Wirtschaftsverwaltung, die jedoch nicht durch gesetzliche Pflichten, sondern Kooperation gekennzeichnet ist, stellt die Zusammenarbeit mit privaten Wirtschaftsverbänden dar. Es handelt sich dabei um ein weites Spektrum, das von der Anhörung der privaten Verbände im Rahmen von Gesetzgebungs- und sonstigen Rechtsetzungsverfahren[142] bis hin zur gesetzlichen Anerkennung einer Selbstregulierung der Wirtschaft bzw. Verbände[143] reicht. Für die Selbstregulierung in Gestalt von Verhaltenskodizes wird auch durch Art. 37 EU-Dienstleistungsrichtlinie 2006/123/EG ein rechtlicher Rahmen bereitgestellt.[144]

84 Die Normsetzung durch Private Verbände[145] hat in Deutschland eine lange Tradition, die mit dem Deutschen Institut für Normung (**DIN**) eng verbunden ist.[146] Inzwischen gibt es entsprechende Strukturen auf europäischer Ebene (**CE**).[147] Es handelt sich dabei um privatverbandliche Strukturen, die eigenen Transparenzregeln unterliegen und durch die Zusammenführung von Sachverstand gekennzeichnet sind. In zahlreichen gesetzlichen und untergesetzlichen

---

141 BVerfGE 125, 260 (385 – Absatz Nr. 302).
142 Früher wurde dies unter die Überschrift „Organisierte Einwirkung auf die Verwaltung" subsumiert; vgl. *Schmidt* und *Bartelsberger* in: VVdStRL 33 (1975), 183 ff. und 221 ff.
143 Dazu *Heintzen* und *Voßkuhle* in: VVdStRL 62 (2003), 200 ff. und 266 ff.; *Frenz* Selbstverpflichtung der Wirtschaft, 2001.
144 *Ziekow/Windoffer* in: Schlachter/Ohler (Hrsg.) Europäische Dienstleistungsrichtlinie, 2008, Art. 37 Rn. 2 ff.
145 Dazu vertiefend *F. Kirchhof* Private Normsetzung, 1987; *Brennecke* Normsetzung durch private Verbände, 1996.
146 Zu Einzelheiten des rechtlichen Rahmens *Schulze-Fielitz* in: Schulte/Schröder (Hrsg.) Handbuch des Technikrechts, 2. Auflage 2011, 473 f., 499 ff.; *Lamb* Kooperative Gesetzeskonkretisierung, 1995.
147 *Schulze-Fielitz* in: Schulte/Schröder (Hrsg.) Handbuch des Technikrechts, 2. Auflage 2011, 468 f.

Regelungen des öffentlichen Wirtschaftsrechts wird auf die Ergebnisse dieser privaten Normsetzung Bezug genommen, so dass ihnen mittelbar durch die staatliche Rechtsordnung Verbindlichkeit verliehen wird.[148]

---

148 *F. Kirchhof* Private Normsetzung, 1987, 138 ff.

4. Teil. Der Staat als Akteur des Wirtschaftslebens

§ 10. Allgemeine Wirtschaftslenkung

I. Begriff und Erscheinungsformen der Wirtschaftslenkung

1 Die Überlegungen zu den Grundbegriffen des Öffentlichen Wirtschaftsrechts, insbesondere zu Markt und Wettbewerb, haben bereits deutlich werden lassen, dass es kein Idealbild eines von jeglicher staatlicher Einflussnahme freien Marktgeschehens gibt, sondern dass es sich dabei um eine auch unter idealen Annahmen irrige Vorstellung handelt. Es bedarf in jedem Fall eines rechtlichen Rahmens für das Marktgeschehen und den Wettbewerb. Damit sind zugleich auch Einflussnahmen des Gesetzgebers auf das Wirtschaftsgeschehen unerlässlich. Um diese aber nach ihrer Intensität und Zielrichtung zu unterscheiden, bedarf es einer weiteren Differenzierung in Sache und Begriff:

2 Zielt das staatliche Handeln nur darauf ab, einen verlässlichen Rahmen für das Marktgeschehen zur Verfügung zu stellen und die Institution Wettbewerb zu schützen, so kann von **Marktrahmenrecht** gesprochen werden, das nicht auf eine Steuerung der wirtschaftlichen Prozesse in eine bestimmte Richtung abzielt.

3 Greift der Staat durch normative Vorgaben und Realhandeln in den Marktprozess ein, um bestimmte Ziele zu verwirklichen, so spricht man von **Wirtschaftslenkung**. Diese schließt auch die **Wirtschaftsförderung** ein.

4 Schwierig ist die klare begriffliche Fassung der **Wirtschaftsüberwachung**, die ebenfalls im Zusammenhang mit der Wirtschaftslenkung zu sehen ist. Geht es bei der Wirtschaftsüberwachung nur um die Einhaltung der rechtlichen Rahmenbedingungen des Wettbewerbsprozesses, so sind mit ihr keine wirtschaftslenkenden Effekte verbunden. Ist die Wirtschaftsüberwachung aber selbst auf die Verfolgung bestimmter Ziele und Vorgaben festgelegt, wie es im Bereich der Regulierungsverwaltung der Fall ist, so hat sie zugleich einen wirtschaftslenkenden Charakter.

Weniger bedeutsam als die begriffliche Einordnung erweist sich indes die rechtliche Qualifizierung der einzelnen Maßnahmen. Dabei geht es vor allem um die Frage, ob und inwieweit staatliche Maßnahmen der Wirtschaftslenkung sich als **grundrechtsrelevant** erweisen. Davon hängen entscheidend die Anforderungen an die Rechtsgrundlagen und die Rechtfertigungen der Maßnahmen ab.

II. Ziele, Methoden und Instrumente der Wirtschaftslenkung

1. Ziele der Wirtschaftslenkung

Um die Wirtschaftslenkung richtig einzuordnen ist es zunächst wichtig, sich ihrer **Vielgestaltigkeit** bewusst zu werden. Die wirtschaftslenkende Gesetzgebung dient nicht nur der allgemeinen Wirtschafts- und Beschäftigungsförderung sowie der Sicherung des Wettbewerbs (etwa durch Mittelstandsförderung), sondern zielt auch auf allgemeinere Ziele wie die Infrastruktursicherung, den Umwelt- und Gesundheitsschutz sowie weitere soziale Staatszwecke ab.[1] Diese thematische Weite der wirtschaftslenkenden Gesetzgebung ist auch eine Folge der zunehmenden ökonomischen Prägung vieler Lebensbereiche, die eine solche Vorgehensweise erst möglich macht.[2] Vor allem aber hängt sie damit zusammen, dass viele Zwecksetzungen an der Ursache, nämlich bei der Entwicklung und Produktion von Gütern und Dienstleistungen, ansetzen und der Staat sich nicht auf die Verhaltenssteuerung durch Ordnungs- und Strafrecht beschränkt. Das wird besonders am Beispiel des Kreislaufwirtschafts- und Abfallrechts und der dort verankerten Produktverantwortung[3] sowie die Einführung des Treibhausgasemissionshandels[4] deutlich. In beiden Fällen werden durch tiefe Eingriffe in wirtschaftliche Abläufe umweltpolitische Zielsetzungen verfolgt. Wie klassischerweise das Immissionsschutzrecht zeigt, das sich aus der Gewerbeordnung heraus entwickelt und verselbständigt hat, ist die Zuordnung von Rechtsmaterien zum Wirtschaftsverwaltungs- oder Umweltrecht eine Frage der Akzentuierung von Haupt- und Nebenzwecken.

---

1 Zu Einzelheiten *Kluth* ZHR 1998, 657 ff.
2 Exemplarisch zum Gesundheitswesen: *S. Rixen* Sozialrecht als Öffentliches Wirtschaftsrecht, 2005.
3 Vertiefend *Kluth/Nojack* JbUTR 2003, 261 ff.
4 Dazu BVerfG 118, 79 ff.

7 Will man den Begriff der Wirtschaftslenkung nicht völlig aufweichen, so bedarf es angesichts dieser Entwicklungen einer Orientierung nicht nur an den Effekten, sondern dem **Schwerpunkt der Zielsetzung** der in Frage stehenden Maßnahmen. Der Wirtschaftslenkung sind sie demnach zuzuordnen, wenn sie im Schwerpunkt oder hauptsächlich auf die Beeinflussung wirtschaftlicher Abläufe und nicht auf außerökonomische Zwecke abzielen, die lediglich mit Hilfe von ökonomischen Belastungen verwirklicht werden sollen, wie dies zB bei den künstlichen Preisen für die Emission von CO_2 der Fall ist.

2. Ebenen der Wirtschaftslenkung

8 Maßnahmen der Wirtschaftslenkung können auf ganz unterschiedlichen Ebenen getroffen werden und wirken. Dies hat auch Konsequenzen für die Eingriffsintensität und die Rechtfertigungsanforderungen.

9 An erster Stelle ist die so genannte **Globalsteuerung** zu erwähnen, bei der vor allem durch die Mittel der Geld- und Zinspolitik auf die wirtschaftliche Entwicklung und Investitionstätigkeit Einfluss genommen werden kann.

10 An zweiter Stelle sind **bereichsspezifische Steuerungsmaßnahmen** zu nennen, die sich auf einen Wirtschaftsbereich oder eine Region beziehen, um dort bestimmte Veränderungen zu bewirken.

11 An dritter Stelle sind Maßnahmen der (präventiven) **Einzelsteuerung** zu erwähnen.

3. Instrumente der Wirtschaftslenkung

12 Maßnahmen der Wirtschaftslenkung können vor allem durch normative Maßnahmen der Verhaltenssteuerung erfolgen, also durch Gesetz und Verordnung. Sie müssen durch Gesetz erfolgen, wenn sie grundrechtsrelevant sind.

13 Darüber hinaus kommen finanzielle Fördermaßnahmen in Betracht, also vor allem die verschiedenen Formen der Subvention und Beihilfe (dazu nachstehend → § 11).

§ 11. Subventions- und Beihilfenrecht

I. Begriffsklärungen und Rechtsgrundlagen des Subventionsrechts

Staatliche Förderungen bestimmter Unternehmen oder Wirtschaftszweige stellen das wichtigste haushaltsrechtliche Förder- und Lenkungsinstrument dar. Mit ihrer Hilfe kann der Staat lenkend in wirtschaftliche Prozesse eingreifen, um im öffentlichen Interesse liegende Zwecke zu erreichen.[1]

1. Subvention, Beihilfe, Zuschuss

Der **Begriff der Subvention** ist in § 264 Abs. 7 StGB nur für den Bereich des Strafrechts legaldefiniert. Auch § 14 HGrG, § 23 BHO, die lediglich den Begriff der Zuwendung definieren, können zur Bestimmung des Subventionsbegriffes nicht herangezogen werden. Eine allgemein gültige Legaldefinition existiert daher nicht.

Subventionen im Sinne des Wirtschaftsverwaltungsrechts sind vermögenswerte Leistungen einer rechtsfähigen Einrichtung der öffentlichen Hand an eine natürliche Person, eine juristische Person des Privatrechts oder – unter bestimmten Voraussetzungen – des öffentlichen Rechts ohne marktmäßige Gegenleistung zur Verwirklichung im öffentlichen Interesse liegender Ziele.[2] Das Vermögen des Subventionsempfängers erfährt durch die staatliche Leistung also einen Zuwachs. Es handelt sich um eine (zumindest teilweise) einseitige Leistung des Staates, da entweder gar keine Gegenleistung erfolgt oder die erbrachte Gegenleistung unter dem liegt, was am Markt für die gewährte Leistung aufzuwenden gewesen wäre. Zweck der Subvention ist ein bestimmtes Verhalten des Subventionsempfängers, das öffentliche Zwecke, bspw. den Erhalt von Arbeitsplätzen oder die Unterstützung strukturschwacher Regionen, fördert. Diese offene Definition umfasst verschiedene Subventionsarten:

---

1 vgl. *Ziekow* ÖffWirtR 4. Auflage 2016, § 6 Rn. 1; zur wirtschaftlichen Bedeutung vgl. *Bungenberg/Motzkus* WiVerw 2013, 76, 77 ff.
2 *Ziekow* ÖffWirtR 4. Auflage 2016 § 6 Rn. 5; eine ähnliche Definition findet sich auch in der Rechtsprechung des BVerfG, vgl. dazu BVerfGE 72, 175, 193.

- Zahlungssubventionen, also nicht zurückzuzahlende Geldleistungen, die auch als „verlorene Zuschüsse" bezeichnet werden.
- Darlehenssubventionen, die in Form eines Darlehens ausgezahlt werden.
- Gewährleistungssubventionen, bei denen der Staat bspw. Bürgschaften übernimmt.
- Realsubventionen, die in Form kostenloser oder vergünstigter Sachleistungen zur Verfügung gestellt werden.
- Verschonungssubventionen, bei denen die zu tragenden Belastungen, bspw. Steuerleistungen, vermindert werden.

4 Der unionsrechtliche Begriff der Beihilfe wurde durch den EuGH ausgeformt und ist nicht deckungsgleich mit dem Subventionsbegriff des deutschen Rechts.

2. Rechtsgrundlagen des Subventionsrechts

5 Das europäische Beihilfenrecht ist durch die europäischen Grundfreiheiten und das Diskriminierungsverbot so verfestigt und dicht geregelt, dass kein allgemeines nationales Subventionsrecht mehr erforderlich ist. Auf der Ebene des Primärrechts finden sich allgemeine Regelungen in den **Art. 107 ff. AEUV**. Daneben bestehen sektorale Sonderbestimmungen, beispielsweise für den Bereich der Landwirtschaft in Art. 42 AEUV. Auf sekundärrechtlicher Ebene ist besonders die Verordnung (EU) Nr. 2015/1589[3] zu nennen.

6 Im nationalen Recht finden sich nur partiell gesetzlich ausgeformte Regelungen, bspw. im Filmförderungsgesetz. Die nationalen Regelungen werden weitgehend durch das EU-Beihilfenrecht überlagert, da insbesondere die sekundärrechtlichen Verordnungen unmittelbare Geltung beanspruchen und keiner nationalen Umsetzung bedürfen.

II. Verfassungsrechtlicher Rahmen

7 Das Grundgesetz belässt dem Parlament und den Verwaltungsbehörden im Rahmen der leistungsgewährenden Staatstätigkeit einen großen Entscheidungsspielraum. Auch im Lichte des allgemeinen Gleichheitssatzes besteht die weitgehende Freiheit, darüber zu ent-

---

3 Verfahrensverordnung, im Folgenden VVO.

scheiden, welche Personen oder Unternehmen durch finanzielle Zuwendungen des Staates gefördert werden sollen.[4]

1. Vorbehalt des Gesetzes

Für die Vergabe von Subventionen fehlen bis auf wenige Ausnahmen (bspw. im Rahmen der Filmförderung) gesetzliche Vorgaben. Die Gewährung erfolgt in der Regel durch die Ausweisung der Mittel im Haushaltsplan des Bundes oder eines Landes, während Einzelheiten häufig in sogenannten Subventionsrichtlinien, die als ermessenslenkende Verwaltungsvorschriften ohne unmittelbare Außenwirkung erlassen werden, geregelt sind. Umstritten ist, ob dies als Rechtsgrundlage für die Gewährung von Subventionen ausreicht. Dahinter steht die Frage, inwiefern auch für die staatliche Leistungsverwaltung der Vorbehalt des Gesetzes aus Art. 20 Abs. 3 GG gilt. Dies ist insbesondere im Verhältnis zu Dritten problematisch, wo eine Beeinträchtigung der Chancengleichheit in Betracht kommt.

Die Rechtsprechung geht davon aus, dass ein formell-materielles Gesetz als Ermächtigungsgrundlage nur dann erforderlich ist, wenn es sich um eine sogenannte **wesentliche Subvention** handelt, die gesamtwirtschaftliche Bedeutung hat, eine enorme Höhe erlangt, Auswirkungen auf verfassungsrechtlich geschützte Institutionen (bspw. Rundfunkanstalten) hat oder in Grundrechte Dritter (insbesondere Art. 3 GG) eingreift. In allen anderen Fällen ist eine Ausweisung im Haushaltsplan ausreichend. Diese Lösung erscheint sachgerecht da zum einen die Grundrechte Dritter gewahrt bleiben, zum anderen die Verwaltung aber genug Flexibilität behält, um in Bedarfssituationen in der Regel schnell handeln zu können.

2. Zuständigkeit zur Regelung und Vergabe von Subventionen

Für die Abgrenzung der Zuständigkeit für die Vergabe von Subventionen zwischen der EU und den Mitgliedstaaten gilt gemäß Art. 5 EUV der Grundsatz der begrenzten Einzelermächtigung. Die Möglichkeit von Unionsbeihilfen muss sich demnach aus den Verträgen ergeben. So regelt bspw. Art. 162 AEUV die Einrichtung eines Europäischen Sozialfonds.

Die föderale Kompetenzverteilung zwischen dem Bund und den Ländern auf nationaler Ebene richtet sich nach den allgemeinen Re-

---

4 BVerfG NVwZ-RR 2009, 655, 656.

geln der Art. 30, 70 ff., 105 GG. Demnach liegt die Vergabe von Subventionen grundsätzlich in der Hoheit der Länder, wenn das Grundgesetz nicht den Bund für diese Aufgabe für zuständig erklärt. Die Zuständigkeit der Kommunen folgt aus Art. 28 Abs. 2 GG.[5]

3. Anspruch auf Subventionsgewährung

12   Aus den Grundrechten lässt sich kein allgemeiner Anspruch auf den Erhalt von Subventionen ableiten.[6] Ein Anspruch auf Subventionsgewährung besteht nur, wenn dieser spezialgesetzlich vorgesehen ist. Im Übrigen liegt die Vergabe von Subventionen grundsätzlich im Ermessen der zuständigen Behörden. Art. 3 Abs. 1 GG vermittelt dem Einzelnen in Verbindung mit dem Grundsatz der Selbstbindung der Verwaltung jedoch einen Anspruch darauf, dass bei der Entscheidung die Subventionsrichtlinien beachtet werden, sofern dies in vergleichbaren Fällen ebenfalls geschehen ist. Voraussetzung für den Anspruch ist also, dass auf der Grundlage der Subventionsrichtlinie eine vergleichbare Subventionsvergabe bereits erfolgt ist.

13   Zu beachten ist das sogenannte Windhundprinzip. Ein Anspruch auf Gewährung einer Subvention besteht immer nur so lange, wie die bereitgestellten Haushaltsmittel nicht erschöpft sind. Die tatsächliche Erschöpfung haushaltsrechtlich bereitgestellter Mittel vermag also eine Ungleichbehandlung bei der Subventionsvergabe zu rechtfertigen.[7]

4. Änderung und Aufhebung von Subventionsregelungen

14   Grundsätzlich besteht kein Anspruch auf den Fortbestand einer Subventionierung. Die Gewährung ist immer zeitlich begrenzt und von der Haushaltslage abhängig. Unter bestimmten Voraussetzungen, bspw. durch eine Zusage der Behörde, kann aber ein schutzwürdiges Vertrauen des Betroffenen auf Erhalt einer Subvention entstehen. Allein aus der langen Zeitdauer der Subventionierung kann ein solches allerdings nicht abgeleitet werden.

15   Die Aufhebung oder Abänderung ermessenslenkender Verwaltungsvorschriften ist aus sachgerechten Erwägungen jederzeit möglich. Auch eine andere Auslegung der Subventionsrichtlinien kann

---

5 Zur Kompetenzverteilung ausführlich *Bungenberg/Motzkus* WiVerw 2013, 76, 85 f.
6 *Rittner/Dreher* Europäisches und deutsches Wirtschaftsrecht, 3. Auflage 2008, § 26 Rn. 80.
7 *Bungenberg/Motzkus* WiVerw 2013, 76 (85).

zu Änderungen in der Subventionsvergabe führen. Insoweit wird dann die Selbstbindung der Verwaltung durchbrochen.[8]

III. Der unionsrechtliche Rahmen: das EU-Beihilfenrecht

Das Unionsrecht sieht für Beihilfen in Art. 107 ff. AEUV ein Verbot mit Genehmigungsvorbehalt vor. Grundsätzlich soll es Beihilfen, die als wettbewerbsfeindlich eingestuft werden, nicht geben. Als wirksames Förderinstrument, um Ziele des Umweltschutzes, der Regionalpolitik, der Wirtschafts- oder der Sozialpolitik zu verfolgen, sind sie aber ausnahmsweise zulässig.

Art. 107 AEUV bezieht sich nur auf Maßnahmen der Mitgliedstaaten, Beihilfen der EU sind davon dem Wortlaut nach nicht erfasst.[9] Letztere sind nach den allgemeinen vertraglichen Bestimmungen (bspw. den Grundfreiheiten sowie Art. 18 AEUV) sowie dem WTO-Recht zu bewerten. Maßstab sind dabei der Grundsatz des freien Wettbewerbs und die übrigen Ziele der Union.[10]

1. Begriff der Beihilfe

Eine Beihilfe ist nach der Rechtsprechung des EuGH jede freiwillige staatliche Leistung ohne adäquate Gegenleistung an bestimmte Unternehmen oder Unternehmenszweige, die eine Wettbewerbsverfälschung verursacht und einen grenzüberschreitenden Bezug aufweist. Es kann insofern (nach deutschem Recht) Subventionen geben, die (nach europäischem Recht) keine Beihilfen sind, so bspw. rein innerstaatliche Maßnahmen ohne grenzüberschreitenden Bezug.[11]

a) Staatliche Maßnahme. Die Gewährung der Beihilfe muss sich als staatliche Maßnahme oder Maßnahme unter Inanspruchnahme staatlicher Mittel darstellen. Für die Bewertung sind die **Herkunft der Mittel und die Zurechnung der Maßnahme** entscheidend. So führt der EuGH aus, eine Vergünstigung könne nur dann als Beihilfe eingestuft werden, wenn sie „unmittelbar oder mittelbar aus staatlichen Mitteln" gewährt werde und „zum anderen dem Staat zuzurechnen" sei.[12] Maßgeblich ist die Möglichkeit des rechtlichen Zu-

---
8 *Bungenberg/Motzkus* WiVerw 2013, 76 (85).
9 *Cremer* in: Calliess/Ruffert (Hrsg.) EUV/AEUV Art. 107 AEUV Rn. 82.
10 *Cremer* in: Calliess/Ruffert (Hrsg.) EUV/AEUV Art. 107 AEUV Rn. 82.
11 Vgl. *Bungenberg/Motzkus* WiVerw 2013, 76 (95).
12 EuGH Rs. C-482/99, Slg. 2002, I-4397 Rn. 24 – Stardust Marine.

griffs auf die Mittel, also ob der Staat diese jederzeit mit Zwang an sich ziehen kann.[13] Darüber hinaus muss eine Belastung des öffentlichen Haushalts erfolgen.[14] Ohne Bedeutung sind die Gründe oder Ziele, die Anlass für die Maßnahme sind.

20 Das Element der **Staatlichkeit** erfüllen sowohl Bundes- als auch Landes- oder Kommunalbehörden. Auch Beihilfen, die beispielsweise durch die Landesbanken gewährt werden, entstammen „staatlichen Mitteln", da sie die öffentlichen Haushalte belasten.

21 b) **Wirtschaftliche Begünstigung.** Der staatlichen Leistung darf keine adäquate, marktgerechte **Gegenleistung** gegenüberstehen, sodass der Leistungsempfänger eine Begünstigung erfährt. Eine solche liegt vor, wenn der Empfänger einen geldwerten Vorteil von der öffentlichen Hand erhält, den er sonst nicht erhalten hätte. Zur Bestimmung der Marktgerechtigkeit der Gegenleistung wird der „private-investor-test" herangezogen.[15] Danach handelt es sich nicht um eine Beihilfe, wenn sich die staatliche Stelle wie ein privates Unternehmen unter den jeweils geltenden Marktbedingungen im Wettbewerb verhält. Entscheidend ist, ob ein privater Investor von vergleichbarer Größe in einer vergleichbaren Lage ebenso gehandelt hätte wie die staatliche Einheit.

22 Wenn die Gegenleistung für eine erbrachte Tätigkeit des Staates erfolgt, ist die **Angemessenheit der Vergütung** entscheidend. Nach Auffassung des EuGH stellt auch die logistische oder kommerzielle Unterstützung eine Begünstigung dar, wenn die als Gegenleistung erhaltene Vergütung niedriger als die Vergütung ist, die unter normalen Marktbedingungen gefordert worden wäre.[16]

23 Eine Sonderstellung nehmen nach der Altmark Trans-Entscheidung des EuGH die **Dienstleistungen von allgemeinem wirtschaftlichem Interesse** ein.[17] Die Ausgleichsleistungen des Staates für die Erbringung dieser gemeinwirtschaftlichen Leistungen stellen beim Vorliegen bestimmter Kriterien keine Begünstigung dar, sodass der Beihilfecharakter und damit auch die Notifizierungspflicht entfallen. Voraussetzung für diese Privilegierung ist zunächst, dass das Unternehmen tatsächlich mit klar definierten Gemeinwohlpflichten betraut ist. Grundsätzlich sind davon Dienstleistungen erfasst, die das „Un-

---

13 *Schroeder* EuZW 2015, 207 (212).
14 *Bulla* GewArch 2015, 247, 250.
15 *Giesberts/Streit* EuZW 2009, 484.
16 EuGH Rs. C-39/94, Slg. 1996, I-3547 Rn. 62.
17 EuGH Rs. C-280/00, Slg. 2003, I-7747 Rn. 83 ff.

ternehmen, wenn es im eigenen gewerblichen Interesse handelt, nicht oder nicht im gleichen Umfang oder nicht zu den gleichen Bedingungen übernommen hätte".[18] Die Betrauung erfolgt durch einen an das Unternehmen gerichteten Hoheitsakt, in welchem die das Unternehmen treffende Verpflichtung genau definiert wird.[19] Die Parameter für die Berechnung der Ausgleichsleistung sind zuvor objektiv und transparent festzulegen. Eine Überkompensation muss ausgeschlossen sein, der Ausgleich ist also auf die Höhe der Kostendeckung zu beschränken.[20] Darüber hinaus muss ein objektiver Kostenmaßstab gewählt werden, sodass das betraute Unternehmen entweder durch ein Vergabeverfahren auszuwählen ist oder die auszugleichenden Kosten am Maßstab eines durchschnittlich gut geführten Unternehmens zu bestimmen sind.

Ob tatsächlich nach den Altmark Trans-Kriterien der Beihilfecharakter einer Maßnahme entfällt, obliegt der Beurteilung durch den EuGH, sodass aus Gründen der Rechtssicherheit eine Notifizierung dennoch sinnvoll sein kann.[21]

c) Begünstigung bestimmter Unternehmen. Unternehmen im Sinne des Beihilfenbegriffes ist jeder, der eine wirtschaftliche Tätigkeit ausübt, indem er als selbständiger Wirtschaftsteilnehmer Waren oder Dienstleistungen auf einem Markt erbringt. Auch öffentliche Unternehmen, nicht aber private Haushalte, können Beihilfenempfänger sein. Entscheidend ist insofern nur die erwerbswirtschaftliche Tätigkeit im Wettbewerb mit anderen Marktteilnehmern.[22]

Darüber hinaus muss die Beihilfe bestimmte Unternehmen erfassen, also selektiv ausgezahlt werden. Keine Beihilfe sind daher Maßnahmen der allgemeinen Wirtschaftsförderung oder des Infrastrukturausbaus, die der gesamten Wirtschaft zugutekommen.[23]

d) Verursachung einer Wettbewerbsverfälschung. Die staatliche Maßnahme muss eine Wettbewerbsverfälschung verursachen. Eine solche liegt vor, wenn die Leistung in ein bestehendes oder möglicherweise zur Entstehung kommendes Wettbewerbsverhältnis zwischen Unternehmen oder Produktionszweigen eingreift und damit

---

18 Mitteilung der Kommission, ABl. EU C 8 v. 11.1.2012, 4, 11.
19 *Wernsmann/Loscher* NVwZ 2014, 976, 978 mwN.
20 Zu den Anforderungen ausführlich *Koenig* BB 2003, 2185; *Schebstadt*, DVBl. 2004, 737.
21 *Wernsmann/Loscher* NVwZ 2014, 976, 978.
22 *Bulla* GewArch 2015, 247, 250.
23 *Bulla* GewArch 2015, 247, 251.

den Ablauf des Wettbewerbs verändern kann.[24] Die Stellung des Unternehmens muss also gegenüber anderen Unternehmen, die mit dem begünstigten in Wettbewerb stehen, gestärkt werden. Die Kommission muss dabei keine tatsächliche Wettbewerbsverfälschung nachweisen, ausreichend ist die diesbezügliche Eignung der Maßnahme.[25]

28 Eine Wettbewerbsverfälschung kann immer nur für einen bestimmten Markt festgestellt werden, der in räumlicher und sachlicher Hinsicht zu bestimmen ist. Die Bestimmung erfolgt über die Faktoren Austauschbarkeit auf der Nachfrage- und Angebotsumstellungsflexibilität auf der Angebotsseite.[26]

29 **e) Grenzüberschreitender Bezug.** Die Auswirkungen der staatlichen Maßnahme müssen grenzüberschreitend sein, sich also auch auf ausländische Wettbewerber erstrecken. Das Vorliegen eines solchen grenzüberschreitenden Bezugs wird heute wohl nur noch ganz ausnahmsweise zu verneinen sein. Es muss eine Wettbewerbssituation zwischen dem begünstigten Unternehmen und Unternehmen in anderen Mitgliedstaaten bestehen, wobei das begünstigte Unternehmen selbst nicht am Handel innerhalb der EU teilnehmen muss. Ausreichend ist es bereits, wenn Importeure erschwerte Bedingungen vorfinden.

2. Vereinbarkeit mit dem Binnenmarkt

30 Die Vorschriften der Art. 101 ff. AEUV bezwecken den Schutz des freien, redlichen, unverfälschten und wirksamen Wettbewerbs auf dem Binnenmarkt.[27] Art. 107 Abs. 1 AEUV statuiert ein grundsätzliches Beihilfeverbot, das gemäß Art. 106 AEUV für öffentliche und private Unternehmen gilt. Beihilfen sind demnach grundsätzlich mit dem freien Wettbewerb unvereinbar. Gemäß Art. 3 Abs. 1, 2 VO (EU) 1407/2013 davon ausgenommen sind mangels Binnenmarktrelevanz Beihilfen, die innerhalb von drei Jahren einen Gesamtbetrag von 200.000 EUR nicht überschreiten.[28] Diese unterliegen generell nicht der Notifizierungspflicht.[29]

---

24 *Kühling* in: Ehlers/Fehling/Pünder (Hrsg.) BesVwR, Bd. I, 3. Auflage 2012, § 29 Rn. 39.
25 EuGH Rs. T-369/06, Slg. 2009, II-3313 Rn. 37.
26 Zum sog. Bedarfsmarktkonzept ausführlich *Koenig/Paul/Kühling* in: Streinz (Hrsg.) EUV/AEUV 2. Auflage 2012, Art. 107 Rn. 93 f.
27 *Hatje* in: von Bogdandy/Bast (Hrsg.) Europäisches Verfassungsrecht, 2. Auflage 2009, 801, 820.
28 Zur Wirkung *Rittner/Dreher* Europäisches und deutsches Wirtschaftsrecht, 3. Auflage 2008, § 26 Rn. 45.
29 Dazu → § 11 Rn. 34 f.

Art. 107 AEUV regelt Ausnahmen vom generellen Beihilfenverbot, 31
die eng auszulegen sind. Dabei ist zwischen den **Legalausnahmen** in
Art. 107 Abs. 2 AEUV und den **Ermessenausnahmen** in Art. 107
Abs. 3 AEUV zu unterscheiden. Die Entscheidung über das Vorliegen einer solchen Ausnahme obliegt der Kommission.[30]

Die unter eine Legalausnahme fallenden Beihilfen sind immer mit 32
dem Binnenmarkt vereinbar, sodass für diese die Notifizierungspflicht entfällt.[31] Im Bereich der Ermessenausnahmen besteht aufgrund der komplexen wirtschaftlichen Erwägungen ein weiter Ermessensspielraum der Kommission. Dieser unterliegt jedoch wegen
deren verdichteter Genehmigungspraxis häufig einer umfassenden
Selbstbindung[32].

Das Sekundärrecht kennt darüber hinaus konkrete Beihilfeverbote, 33
aber auch weitere Ausnahmen vom grundsätzlichen Verbot nach
Art. 107 Abs. 1 AEUV.[33]

3. Beihilfeverfahrensrecht

Nach Art. 108 Abs. 3 S. 1 AEUV ist für Beihilfen in der Regel eine 34
Notifizierung erforderlich. Sie müssen daher bei der Kommission
angemeldet und dürfen gemäß Art. 108 Abs. 3 S. 3 AEUV erst nach
deren Entscheidung gewährt werden (**Durchführungsverbot**). Eine
nicht notifizierte Beihilfe ist rechtswidrig und muss zurückgefordert
werden.[34] In der Praxis werden die Vorschriften zur Notifizierung
sehr streng gehandhabt, um ihre Einhaltung sicherzustellen. Die Auswirkungen einer bereits ausgezahlten, rechtswidrigen Beihilfe müssen
auch dann beseitigt werden, wenn die Kommission diese nachträglich
genehmigt.[35] Für die Durchführung des Notifizierungsverfahrens
existiert auf nationaler Ebene keine eigenständige zuständige Behörde, allein die technische Abwicklung wird zentral durch das Bundeswirtschaftsministerium geleistet.[36]

---

30 Vgl. *Bungenberg/Motzkus* WiVerw 2013, 76, 95.
31 *Kühling* in: Ehlers/Fehling/Pünder (Hrsg.) BesVwR, Bd. I, 3. Auflage 2012, § 29 Rn. 41.
32 *Kühling* in: Ehlers/Fehling/Pünder (Hrsg.) BesVwR, Bd. I, 3. Auflage 2012, § 29 Rn. 44.
33 Bspw. nach der allgemeinen Gruppenfreistellungsverordnung, Verordnung (EU) Nr. 651/2014; dazu *Bulla* GewArch 2015, 279, 283.
34 Dazu → § 11 Rn. 47 ff.
35 *Ruthig/Storr* ÖffWirtR 4. Auflage 2015, Rn. 967.
36 *Kühling* in: Ehlers/Fehling/Pünder (Hrsg.) BesVwR, Bd. I, 3. Auflage 2012, § 29 Rn. 48.

35 Das Beihilfenkontrollverfahren verläuft in drei Schritten. Zunächst teilt der Mitgliedstaat der Kommission das geplante Beihilfevorhaben mit. Die Kommission nimmt dann nach Art. 4 VVO eine Vorprüfung vor. Dabei kommt sie entweder zu dem Ergebnis, dass keine Beihilfe vorliegt, dass keine Einwände gegen die geplante Beihilfe zu erheben sind, oder dass das förmliche Prüfverfahren zu eröffnen ist. Das förmliche Prüfverfahren kann sein Ende in der Rücknahme der Anmeldung nach Art. 10 VVO finden oder zu dem Ergebnis gelangen, dass keine Beihilfe vorliegt (Art. 9 Abs. 2 VVO). In der Regel endet es allerdings entweder mit der Positiventscheidung nach Art. 9 Abs. 3 VVO, dass die Beihilfe mit dem Binnenmarkt vereinbar ist, oder der Negativentscheidung nach Art. 9 Abs. 5 VVO, dass die Beihilfe unvereinbar mit dem Binnenmarkt ist. Die Entscheidungen der Kommission richten sich unmittelbar an die Mitgliedstaaten, die für ihren Vollzug nach dem nationalen Recht verantwortlich sind (*Bungenberg/Motzkus* WiVerw 2013, 76, 93 f.) Die Kommission nimmt im Rahmen der Beihilfenkontrolle eine ökonomisch orientierte Abwägung vor (sog. **more economic approach**).[37]

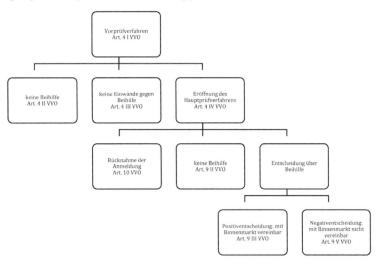

---

37 Zu dessen Maßstäben *Bulla* GewArch 2015, 279, 282 f.

Eine Beihilfenkontrolle findet auch unabhängig von der Notifizierung statt, wenn die Kommission Hinweise auf das Vorliegen einer rechtswidrigen Beihilfe hat. Andernfalls wäre eine Umgehung der Vorschriften möglich.

Die Eröffnungsentscheidung der Kommission über das förmliche Prüfverfahren bindet nach Ansicht des EuGH auch die nationalen Gerichte, die damit befasst sind.[38]

IV. Das Subventionsrechtsverhältnis

Am Subventionsrechtsverhältnis sind auf der einen Seite der **Subventionsgeber**, auf der anderen Seite der **Subventionsempfänger** beteiligt. Subventionsgeber kann jede rechtsfähige Einrichtung der öffentlichen Hand sein, wobei die Leistung nicht aus eigenen Haushaltsmitteln fließen muss. Die Vergabe der Mittel kann auch durch Private, bspw. eine Bank, erfolgen. Der Subventionsempfänger kann jede natürliche Person oder juristische Person des Privatrechts sein. Dies gilt auch für juristische Personen des Privatrechts, an denen die öffentliche Hand beteiligt ist, und für öffentliche Unternehmen, die in Rechtsformen des öffentlichen Rechts geführt werden.[39] Dafür spricht, dass auch bei einer Subventionierung öffentlicher Unternehmen der Wettbewerb verfälscht werden kann. Andernfalls bestünden im Einzelfall erhebliche Abgrenzungsprobleme.

Aufgrund der Formenwahlfreiheit der Verwaltung kann das der Subvention zugrundeliegende Rechtsverhältnis unterschiedlich ausgeformt werden. Die Frage, ob es sich um ein privat- oder öffentlich-rechtliches Rechtsverhältnis handelt, spielt für die Rechtswegzuweisung eine entscheidende Rolle.

1. Einstufige Ausgestaltung des Subventionsrechtsverhältnisses

Das Subventionsrechtsverhältnis kann zunächst auf einem Verwaltungsakt oder einem öffentlich-rechtlichen Vertrag beruhen. Dabei erfolgen Bewilligung und Gewährung bzw. Ausgestaltung der Subvention in einem Akt.

Das Subventionsrechtsverhältnis kann aber auch einstufig privatrechtlich durch privatrechtlichen Vertrag ausgestaltet sein. Im Bereich

---

38 EuGH Rs. C-284/12 Rn. 36 ff.; dazu ausführlich *Karpenstein/Dorn* EuZW 2017, 337; *Martin-Ehlers* EuZW 2014, 247; dagegen *Soltész* NJW 2013, 3773; *Traupel/Jennert* EWS 2014, 1.
39 *Ruthig/Storr* ÖffWirtR 4. Auflage 2015, Rn. 757.

des Verwaltungsprivatrechts bleibt der Staat an die Grundrechte gebunden.

42 Verlorene Zuschüsse werden stets in einstufigen Rechtsverhältnissen gewährt.

2. Zweistufige Ausgestaltung des Subventionsrechtsverhältnisses

43 Im Einzelfall kann das Subventionsrechtsverhältnis auch zweistufig ausgestaltet sein, wobei privat- und öffentlich-rechtliche Elemente kombiniert werden. Die Entscheidung über die Gewährung (das „Ob") der Subvention erfolgt dabei auf erster Stufe durch einen Verwaltungsakt. Auf zweiter Stufe wird die Subventionsabwicklung (das „Wie") in der Regel durch privat- oder öffentlich-rechtlichen Vertrag ausgestaltet.

44 Gegen diese „**Zweistufentheorie**" wird vielfach vorgebracht, sie spalte einen einheitlichen Lebensvorgang in zwei Teile auf. Sie ist daher nur dann anwendbar, wenn die Verwaltung dem Bürger gegenüber auch tatsächlich zweimal in Erscheinung tritt, sich also tatsächlich für ein zweistufiges Vorgehen entscheidet.[40]

45 Die Zweistufentheorie wurde entwickelt, damit der Staat seine verfassungsrechtlichen Bindungen nicht durch die Wahl einer privatrechtlichen Handlungsform umgehen konnte („Keine Flucht ins Privatrecht!"). Heute wird davon ausgegangen, dass dies ohnehin nicht möglich ist[41], sodass die Vorschaltung einer öffentlich-rechtlichen Stufe zumindest nicht erforderlich ist, um die Grundrechtsbindung des Subventionsgebers sicherzustellen. Dennoch besteht weiterhin das Bestreben, öffentlich-rechtlich geprägte Streitigkeiten, wie die Vergabe von Subventionen, von den Verwaltungsgerichten entscheiden zu lassen.[42] Mit Hilfe der Zweistufentheorie kann dafür die Eröffnung des Verwaltungsrechtswegs nach § 40 Abs. 1 S. 1 VwGO bejaht werden.[43]

3. Die Subventionskontrolle

46 § 44 Abs. 1 S. 2 BHO/LHO sehen vor, dass zur abschließenden Erfolgskontrolle ein Verwendungsnachweis über die erhaltenen Subventionen zu erbringen ist. Dadurch soll festgestellt werden, ob und

---

40 *Weißenberger* GewArch 2009, 465, 471.
41 *Wolff/Bachof/Stober/Kluth* Verwaltungsrecht I § 23 Rn. 8.
42 Mit Aufzählung der damit verbundenen Vorteile *Weißenberger* GewArch 2009, 465, 470 mwN.
43 *Weißenberger* GewArch 2009, 465, 471.

wie die verfolgten Ziele erreicht werden konnten. Bewertet werden die Wirtschaftlichkeit der Maßnahme und die Ursächlichkeit der Maßnahme für die Zielerreichung.

V. Rückforderung und Rückabwicklung von Subventionen

Durch eine Rückerstattung soll die Wettbewerbsverfälschung, die durch eine rechtswidrige Beihilfe verursacht wurde, beseitigt werden.[44]

Eine Rückforderung der Subvention ist erst nach der **Aufhebung ihrer rechtlichen Grundlage** möglich, sodass die Wahl der Handlungsform dafür entscheidend ist und sich je nach konkreter Ausgestaltung im Einzelfall Besonderheiten ergeben.

1. Rückforderung und Rückabwicklung nach deutschem Recht

Die Rückforderung der Subvention bedarf stets einer Anspruchsgrundlage, aufgrund derer die Behörde ihr Rückforderungsbegehren geltend machen kann.

a) einstufige Subventionsverhältnisse. Basiert die Subvention auf einem Verwaltungsakt, ist dieser nach §§ 48, 49 VwVfG aufzuheben (actus contrarius). Die Rückforderung erfolgt nach § 49a VwVfG durch Erlass eines Erstattungsbescheids, in dem die zu erstattende Leistung festgesetzt wird. § 49a VwVfG ist nicht abschließend. Daneben bleibt die Möglichkeit der Rückforderung nach den Grundsätzen des allgemeinen öffentlich-rechtlichen Erstattungsanspruchs bestehen.

Hat die Subvention ihren Rechtsgrund in einem privatrechtlichen Vertrag, kommt eine Rückforderung nach §§ 812 ff. BGB in Betracht. Darüber hinaus kann das Recht zur Kündigung des Vertrags bestehen.

Anspruchsgrundlage für die Rückforderung von Subventionen, die auf einem öffentlich-rechtlichen Vertrag beruhen, ist der öffentlich-rechtliche Erstattungsanspruch, der in der Regel durch eine Leistungsklage vor dem Verwaltungsgericht geltend gemacht werden muss. Nur ausnahmsweise ist auch der Erlass eines Leistungsbescheids möglich.

---

44 Zu Ansprüchen des Wettbewerbers gegen Beihilfegeber und -empfänger ausführlich *Fiebelkorn/Petzold* EuZW 2009 323; zu Rechtsschutzfragen siehe → § 25 Rn. 15 ff.

53 **b) zweistufige Subventionsverhältnisse.** Auf zweistufige Subventionsverhältnisse ist § 49a VwVfG nicht anwendbar, da sich der Anspruch auf die Auszahlung der Subvention nicht aus dem Verwaltungsakt ergibt, sondern dieser nur den Anspruch auf Abschluss eines Darlehensvertrags regelt. Anders verhält es sich nur dann, wenn der Verwaltungsakt die Auszahlung der Subvention regelt und im Darlehensvertrag nur weitere Modalitäten geregelt werden.

54 Für eine Rückforderung müssen bei zweistufig ausgestalteten Subventionsrechtsverhältnissen daher in der Regel sowohl der Bewilligungsbescheid als auch die vertragliche Grundlage beseitigt werden. Die Aufhebung des Bewilligungsbescheids erfolgt durch Rücknahme oder Widerruf nach §§ 48, 49 VwVfG. Der Ausführungsvertrag muss als Rechtsgrund für das Behaltendürfen der empfangenen Leistung gekündigt werden.

2. Rückforderung und Rückabwicklung nach europäischem Recht

Literatur: *Birnstiel/Bungenberg/Heinrich* (Hrsg.), Europäisches Beihilfenrecht, 2013; *Ehlers,* Rechtsfragen des Subventionsrechts, DVBl. 2014, 1; *Hilbert,* Die reformierte europäische Beihilfenaufsicht, Jura 2017, 1150; *Kühling/Braun,* Der Vollzug des EG-Beihilfenrechts in Deutschland, EuR 2007, Beiheft 3, 31; *Rennert,* Beihilferechtliche Konkurrentenklagen vor deutschen Verwaltungsgerichten, EuZW 2011, 576; *Scherer-Leydecker/Laboranowitsch,* Die Verjährung subventionsrechtlicher Rückforderungsansprüche, NVwZ 2017, 1837.
Rechtsprechung: EuGH, Slg. 1983, 2633 – Deutsche Milchkontor; EuGH, Slg. 1997, I-1591 – Alcan; EuGH, Slg. 2001, I-2099 – PreussenElektra; EuGH, Slg. 2003, I-7747 – Altmark Trans; EuGH Slg. 2003, I-9975 – Volkswagen; EuGH, EuZW 2014, 19 – Deutsche Lufthansa.

55 Die Rückforderung einer Beihilfe ist erforderlich, wenn die Kommission ihre Unvereinbarkeit mit dem Binnenmarkt feststellt. Die Beihilfe ist europarechtswidrig, wenn sie vor Abschluss des Notifizierungsverfahrens oder entgegen einer Negativentscheidung gewährt wurde.[45] Die Kommission trifft daraufhin gemäß Art. 13 Abs. 2 VVO eine Rückforderungsanordnung, die den Mitgliedstaat verpflichtet, alle notwendigen Maßnahmen zur Rückforderung der Beihilfe zu ergreifen. Sind die Beihilfen nur formell rechtswidrig, sind nur die Zinsen für den Zeitraum der Rechtswidrigkeit zurückzufordern.[46]

---

[45] *Ruthig/Storr* ÖffWirtR 4. Auflage 2015, Rn. 974.
[46] EuGH Rs. C-384/07, Slg 2008, I-10393 Rn. 28 f.; zur Rückabwicklung formell unionsrechtswidriger Beihilfen ausführlich *Finck/Gurlit* Jura 2011, 87.

Europarechtswidrige Beihilfen müssen nach nationalem Recht gemäß Art. 16 Abs. 3 VVO unverzüglich zurückgefordert werden. Dabei darf die Anwendung nationalen Rechts die unionsrechtlich vorgeschriebene Rückforderung nicht praktisch unmöglich machen oder übermäßig erschweren.[47] Insofern sind bei der Aufhebung des Bewilligungsbescheides die nationalen Vorschriften modifiziert anzuwenden[48]: Die Jahresfrist des § 48 Abs. 4 VwVfG ist aufgrund des Anwendungsvorranges des Unionsrechts nicht anwendbar. Nach der Rechtsprechung des EuGH wird darüber hinaus von einem sorgfältigen Gewerbetreibenden erwartet, dass er sich über die Einhaltung des Notifizierungsverfahrens erkundigt. Insoweit kann er sich auf schutzwürdiges Vertrauen nach § 48 Abs. 2 VwVfG nicht berufen, sodass das Fehlverhalten des Mitgliedstaates letztlich dem Beihilfeempfänger zugerechnet wird.[49] Das Ermessen nach § 48 Abs. 1 S. 1 VwVfG kann nicht zugunsten des Beihilfeempfängers ausgeübt werden, da die nationalen Behörden nur die Entscheidung der Kommission durchführen und ihr Ermessen insofern auf Null reduziert ist.[50]

Ein privatrechtlicher Vertrag, der die Gewährung einer Beihilfe vorsieht, ist bei einem Verstoß gegen das Durchführungsverbot gemäß § 134 BGB grundsätzlich nichtig.[51] Die Rückforderung der Beihilfe kann daher auf die §§ 812 ff. BGB gestützt werden. Aus dem europarechtlichen Bezug ergeben sich für die Rückabwicklung des Vertrages keine Besonderheiten.[52] Einzig das OVG Berlin-Brandenburg ging in einer umstrittenen Entscheidung von einer Rückforderungspflicht im Wege des öffentlich-rechtlichen Erstattungsanspruch aus.[53]

Öffentlich-rechtliche Verträge, die eine Beihilfe gewähren, sind bis zur Notifizierung durch die Kommission gemäß § 58 Abs. 2 VwVfG

56

57

58

---

47 Zum Spannungsverhältnis von nationalem Prozessrecht und europarechtlichem Effektivitätsgrundsatz *Koenig/Hellstern* EuZW 2011, 702.
48 Vgl. zum Folgenden grundlegend die *Alcan*-Entscheidung des EuGH, Rs. C-24/95, Slg. 1997, I-1591.
49 *Ruthig/Storr* ÖffWirtR 4. Auflage 2015, Rn. 984.
50 Zu den Voraussetzungen von Rücknahme und Widerruf europarechtswidriger Beihilfebescheide ausführlich *Bungenberg/Motzkus* WiVerw 2013, 76, 106 ff.
51 BGHZ 196, 254, 260 f.; aA (schwebende Unwirksamkeit bis zur abschließenden Entscheidung der Kommission): *Ziekow* ÖffWirtR 4. Auflage 2016, § 6 Rn. 112 f.; *Ehlers* DVBl. 2014, 1, 6.
52 *Weißenberger* GewArch 2009, 465, 466.
53 OVG Berlin-Brandenburg NVwZ 2006, 104; dagegen ua *Bungenberg/Motzkus* WiVerw 2013, 76, 113; *Hildebrandt/Castillon* NVwZ 2006, 298; zur Möglichkeit der sofortigen Rückforderung unter Beachtung verfassungsrechtlicher Vorgaben *Herrmann/Kruis* EuR 2007, 141.

schwebend unwirksam.⁵⁴ Verstöße gegen das Durchführungsverbot werden in der Regel besonders schwerwiegende und offenkundige Fehler im Sinne der § 59 Abs. 2 Nr. 1 iVm § 62 S. 1 iVm § 44 Abs. 1 VwVfG darstellen, sodass der Vertrag gemäß § 59 Abs. 1 VwVfG iVm § 134 BGB nichtig ist.⁵⁵ In diesem Fall ergibt sich vor dem Hintergrund des Art. 16 Abs. 3 VVO ein Wahlrecht zwischen dem öffentlich-rechtlichen Erstattungsanspruch und der zivilrechtlichen Durchsetzung der Rückforderung.⁵⁶

§ 12. Vergaberecht

Literatur: *Bungenberg/Schelhaas,* Die Modernisierung des deutschen Vergaberechts, WuW 2017, 72; *Dobmann,* Das neue Vergaberecht, 2. Auflage 2018; *Eufinger,* Vereinbarkeit der nationalen Anforderungen an eine vergaberechtliche Selbstreinigung mit europarechtlichen Vorgaben, EuZW 2017, 674; *Frenz,* In-House-Geschäfte und interkommunale Zusammenarbeit nach der Vergaberechtsreform, DVBl. 2017, 740; *Hattenhauer/Butzert,* Die Etablierung ökologischer, sozialer, innovativer und qualitativer Aspekte im Vergabeverfahren, ZfBR 2017, 129; *Knauff,* Strukturfragen des neuen Vergaberechts, NZBau 2016, 195; *Krist,* Vergaberechtsschutz unterhalb der Schwellenwerte, VergabeR 2011, 163; *Krönke,* Das neue Vergaberecht aus verwaltungsrechtlicher Perspektive, NVwZ 2016, 568; *Mohr,* Sozial motivierte Beschaffungen nach dem Vergaberechtsmodernisierungsgesetz 2016, EuZA 2017, 23; *Opheys,* Effektiver Rechtsschutz im Vergabeverfahren, Die Zulässigkeit eines Nachprüfungsantrags bezüglich geplanter De-facto-Vergaben, NZBau 2017, 714; *Reichling/Scheumann,* Durchführung von Vergabeverfahren (Teil 2): Die Bedeutung der Eignungskriterien – Neuerungen durch die Vergaberechtsreform, GewArch 2016, 228; *Schmal,* Die Grundrechtsberechtigung Vergaberechtsgebundener, DÖV 2017, 629; *Shirvani,* Optimierung des Rechtsschutzes im Vergaberecht, 2016; *Ziekow,* Der funktionelle Auftraggeberbegriff des § 98 Nr. 2 GWB, VergabeR 2003, 483; *ders.,* Soziale Aspekte in der Vergabe, DÖV 2015, 897.

I. Begriff, Rechtsgrundlagen und Entwicklung des Vergaberechts

1   Das **Vergaberecht** umfasst das Recht der vertraglichen, entgeltlichen Mittelbeschaffung der öffentlichen Hand, vgl. §§ 99, 103 GWB.

---

54 Dazu ausführlicher *Jestaedt/Loest* in: Heidenhain (Hrsg.), Handbuch des Europäischen Beihilfenrechts, 2003 § 52 Rn. 32 ff.
55 Vgl. *Bungenberg/Motzkus* WiVerw 2013, 76, 115 mwN.
56 *Bungenberg/Motzkus* WiVerw 2013, 76, 116.

Es regelt die Kriterien und das Verfahren, wie der Bedarf einer öffentlichen Stelle nach Leistungen befriedigt werden soll, und umfasst deshalb die Regeln und Vorschriften, die bei der Beschaffung von sachlichen Mitteln und Leistungen zur Erfüllung öffentlicher Aufgaben durch die öffentliche Hand zu beachten sind.

Ziel des Vergaberechts ist es, die Bedarfsdeckung der öffentlichen 2 Hand nicht durch die Inanspruchnahme eines „Hoflieferantentums", also privilegierter einzelner Unternehmen, zu erreichen, sondern eine auf Transparenz, Information, Wettbewerb, Sachlichkeit und Chancengleichheit basierende Auswahlentscheidung des wirtschaftlichsten Angebots für die Deckung des bestehenden Bedarfs zu treffen.

Das deutsche Vergaberecht setzt **europäische Vergaberichtlinien** 3 um, allerdings nur für solche Aufträge, die ein bestimmtes Volumen überschreiten. §§ 97 ff. GWB regeln insbesondere die allgemeinen Grundsätze der Vergabe, die wesentlichen Legaldefinitionen, die Vergabearten, Grundzüge des Schutzes der nicht berücksichtigten Bewerber sowie des Rechtsschutzes.

Einzelheiten zum **Vergabeverfahren** sind nicht abschließend im 4 GWB geregelt. § 113 GWB ermächtigt die Bundesregierung dazu, mittels Rechtsverordnung nähere Bestimmungen über das Vergabeverfahren zu treffen. Dazu wurde die Vergabeverordnung (VgV) erlassen, die im Zuge der Vergaberechtsnovelle 2016 neugefasst wurde. Sie regelt die unterschiedlichen Vergabeverfahren näher. Vor allem aber ist sie der Angelpunkt, durch den die Vergabe- und Vertragsordnung für Bauleistungen (VOB/A) Anwendung findet, § 2 VgV. Die Vergabe- und Vertragsordnung für freiberufliche Leistungen (VOF) sowie der 2. Abschnitt der Vergabe- und Vertragsordnung für sonstige Leistungen auf die Vergabe öffentlicher Aufträge (VOL/A) sind seit der Vergaberechtsmodernisierung 2016 in die VgV integriert. Dieser mehrstufige Aufbau (GWB – VgV – VOB/A) wird auch als „**Kaskadensystem**" des Vergaberechts bezeichnet und ist dadurch geprägt, dass die jeweils nachfolgende Stufe detailliertere Regelungen enthält als die vorherige. Während vor der Vergaberechtsnovelle 2016 in der Regel ein dreistufiges Kaskadensystem galt, ist dies jetzt nur noch für Bauleistungen nach der VOB/A der Fall. Im Übrigen ist die Vergabe öffentlicher Aufträge zweistufig ausgestaltet (GWB – VgV).

Überschreitet das Auftragsvolumen nicht den in § 106 GWB nor- 5 mierten **Schwellenwert**, so sind die §§ 97 ff. GWB nicht anwendbar – und deshalb auch die VgV und, sofern es sich um Bauleistungen handelt, wesentliche Bereiche der VOB/A nicht. Deshalb ist für diese so genannten „unterschwelligen Aufträge" auf das Bundes- und Landeshaushaltsrecht, die Landesvergabegesetze sowie die sog. Basisparagrafen der VOB/A und die VOL/A zurückzugreifen.[1] Daneben wurde im Februar 2017 die Unterschwellenvergabeordnung (UVgO) für die Vergabe öffentlicher Liefer- und Dienstleistungsaufträge unterhalb der Schwellenwerte veröffentlicht. Diese ersetzt die VOL/A, soweit dies in der Bundeshaushaltsordnung bzw. in den entsprechenden landesrechtlichen Regelungen angeordnet wird.

II. Allgemeine Strukturen und Grundsätze des Vergaberechts

1. Anwendungsbereich des Vergaberechts

6   Ob der **Anwendungsbereich** des Vergaberechts eröffnet ist, ist von verschiedenen Voraussetzungen abhängig. Zunächst muss der Schwellenwert gem. § 106 GWB erreicht werden, es muss ein öffentlicher Auftrag iSd §§ 103 f. GWB vorliegen und der Auftrag darf von keiner Bereichsausnahme des § 107 GWB erfasst sein.

7   a) **Erreichen der Schwellenwerte gem. § 106 GWB.** Der Anwendungsbereich des Vergaberechts bestimmt sich in einem ersten Schritt nach dem Volumen des Auftrags. Der vierte Teil des GWB ist nach § 106 Abs. 1 S. 1 GWB nur anwendbar, wenn der geschätzte Auftrags- oder Vertragswert des öffentlichen Auftrags die jeweils festgelegten Schwellenwerte erreicht oder überschreitet. Zur Bestimmung dieser Schwellenwerte enthält § 106 Abs. 2 GWB eine dynamische Verweisung auf die jeweils anwendbare europäische Richtlinie.

8   Die Festlegung von Schwellenwerten geht auf die europäischen Vorgaben zurück. Der deutsche Gesetzgeber hat diesen Ansatz übernommen und so die Zweiteilung des Vergaberechts festgeschrieben. Europarechtlich gefordert ist dies nicht, der deutsche Gesetzgeber könnte jeden öffentlichen Auftrag unter den Anwendungsbereich des Vergaberechts fassen und nur eine Bagatellschwelle einführen, bis zu deren Erreichen ein förmliches Vergabeverfahren ausgeschlossen ist. Hintergrund der Schwellenwerte in den europäischen Richtlinien ist die Idee, dass ein förmliches und europaweites Vergabever-

---

[1] Vgl. *Röwekamp* in: Kulartz/Kus/Portz/Prieß (Hrsg.) GWB-Vergaberecht, 4. Auflage 2016, § 106 GWB Rn. 13.

fahren Zeit und Geld in Anspruch nimmt und deshalb erst dann gerechtfertigt ist, wenn ein bestimmter Auftragswert erreicht wird.[2]

b) Öffentlicher Auftrag. Wird der Schwellenwert des § 106 Abs. 2 GWB erreicht, so ist im zweiten Schritt zu prüfen, ob ein öffentlicher Auftrag iSd § 103 Abs. 1 GWB vorliegt. Es muss sich um einen entgeltlichen Vertrag zwischen einem öffentlichen Auftraggeber und einem Unternehmen über die Beschaffung von Leistungen handeln, die die Lieferung von Waren, die Ausführung von Bauleistungen oder die Erbringung von Dienstleistungen zum Gegenstand haben.

Für die Auftragseigenschaft gem. § 103 Abs. 1 GWB kommt es auf die Rechtsnatur des Vertrags nicht an. Auch öffentlich-rechtliche Verträge iSd §§ 54 ff. VwVfG sind Aufträge[3], wenn die übrigen Tatbestandsmerkmale des § 103 Abs. 1 GWB erfüllt sind. Handelt es sich – wie regelmäßig – bei dem Auftrag um einen privatrechtlichen Vertrag, so kommt dieser durch Angebot und Annahme zustande, § 145 BGB. Die Wirksamkeit des Vertrags bestimmt sich ebenfalls nach den zivilrechtlichen Vorschriften. Ein Schriftformerfordernis ist in §§ 97 ff. GWB nicht normiert, sodass die Wirksamkeit des Vertrags nicht von der Form abhängt (vgl. § 125 BGB). Ist der Vertrag jedoch öffentlich-rechtlicher Natur, so ist die Schriftform zu wahren, §§ 57, 62 VwVfG iVm § 125 BGB.

aa) Auftreten am Markt und In-House-Geschäft. § 108 GWB regelt erstmals ausdrücklich den Umgang mit sogenannten In-House-Vergaben.[4] Dieser war bis zur Vergaberechtsreform 2016 nirgendwo normiert, sondern basierte auf den in der Rechtsprechung des EuGH entwickelten Grundsätzen. Aus § 99 Abs. 1 GWB aF wurde geschlossen, dass der öffentliche Auftraggeber auf dem Markt auftreten und die Leistungen einkaufen muss, diese also nicht bei sich selbst nachfragen darf.[5] Dadurch wurden In-House-Geschäfte aus dem Anwendungsbereich des Vergaberechts ausgeschlossen.[6]

Nun schließt § 108 Abs. 1 GWB die Fälle einer klassischen In-House-Konstellation vom Anwendungsbereich der §§ 97 ff. GWB ausdrücklich aus. Das sind solche, in denen ein öffentlicher Auftraggeber einen öffentlichen Auftrag an eine juristische Person des öffent-

---

2 *Kau* in: Burgi/Dreher (Hrsg.) Beck'scher Vergaberechtskommentar, Band 1, 3. Auflage 2017, § 106 GWB Rn. 4.
3 EuGH Rs. C-399/98, Slg. 2001, I-5409 Rn. 73.
4 *Frenz* DVBl. 2017, 740.
5 EuGH Rs. C-107/98, Slg. 1999, I-8121.
6 *Frenz* VergabeR 2010, 147.

lichen oder privaten Rechts, über die er eine ähnliche Kontrolle wie über seine eigenen Dienststellen ausübt, vergibt (Nr. 1). Diese wird gemäß § 108 Abs. 2 S. 1 GWB vermutet, wenn der öffentliche Auftraggeber einen ausschlaggebenden Einfluss auf die strategischen Ziele und die wesentlichen Entscheidungen der juristischen Person ausübt. Weitere Voraussetzung dieses Ausschlusses ist, dass die juristische Person im Wesentlichen für den Auftraggeber tätig wird, wofür ein Grenzwert von 80 % ihrer Tätigkeiten festgelegt wird (Nr. 2). Darüber hinaus darf an der juristischen Person keine direkte, beherrschende private Kapitalbeteiligung bestehen (Nr. 3).

13   Entscheidend für die **Nichtanwendung des Vergaberechts** sind insofern vor allem die Beteiligungsverhältnisse an dem Unternehmen. Das Vergaberecht findet nur dann keine Anwendung, wenn das beauftragte Unternehmen vollständig der Organisation des Auftraggebers zuzurechnen ist, er also sämtliche Anteile an dem Unternehmen hält. Sind Private beherrschend an dem Unternehmen beteiligt (gemischt-wirtschaftliche Unternehmen), so steht der Auftragnehmer außerhalb der Organisation des Auftraggebers, da dieser das Unternehmen dann nicht wie eine Dienststelle kontrollieren kann. Das bedeutet, dass der Auftraggeber die Leistungen am Markt nachfragt und das Vergaberecht deshalb Anwendung findet.[7]

14   Weitere **In-House-Konstellationen** regeln die folgenden Absätze des § 108 GWB. Absatz 3 erfasst dabei Aufträge der Tochter an die Mutter sowie Aufträge im Schwesternverhältnis, auf die die Voraussetzungen des Absatz 1 entsprechend anzuwenden sind. Absätze 4, 5 regeln eine In-House-Vergabe, bei der die Kontrolle der juristischen Person von mehreren öffentlichen Auftraggebern gemeinsam erfolgt. Darüber hinaus erstreckt Absatz 6 den Ausschluss des Vergaberechts auf eine Zusammenarbeit zwischen mehreren öffentlichen Auftraggebern auf horizontaler Ebene (sog. interkommunale Kooperation).

15   bb) **Entgeltlichkeit der Leistung.** Der Vertrag ist entgeltlich, wenn für die nachgefragte Leistung eine geldwerte Gegenleistung versprochen wird. Regelt der Vertrag Leistung und Gegenleistung und ist somit zweiseitig verpflichtend, so ist er entgeltlich.[8]

16   Regelt der Vertrag auch solche Aspekte, die nicht als Auftrag iSv § 103 Abs. 1 GWB anzusehen sind, so ist der Anwendungsbereich

---

7 Vgl. EuGH Rs. C-26/03, EuZW 2005, 86, 90.
8 Vgl. *Eschenbruch* in: Kulartz/Kus/Portz/Prieß (Hrsg.) GWB-Vergaberecht, 4. Auflage 2016, § 103 GWB Rn. 244 ff.

des Vergaberechts dennoch eröffnet. Die strengen vergaberechtlichen Vorschriften sollen nicht durch eine Mischung des Vertrags umgangen werden können. Ist die ausschreibungspflichtige Leistung jedoch ein zu vernachlässigender Nebenaspekt des Vertrags und von ganz untergeordneter Bedeutung, so liegt kein öffentlicher Auftrag vor.[9]

cc) Abgrenzung zur Konzession. Öffentliche Aufträge sind von Konzessionen abzugrenzen, deren Vergabe seit der Vergaberechtsreform 2016 ebenfalls im GWB geregelt ist. Gemäß § 105 Abs. 1 GWB erstreckt sich der Anwendungsbereich des Vergaberechts sowohl auf Bau- als auch auf Dienstleistungskonzessionen. Eine **Baukonzession** liegt vor, wenn die Gegenleistung für die Erbringung von Bauleistungen in dem Recht zur Nutzung des Bauwerkes oder in diesem Recht zuzüglich einer Zahlung besteht. Eine **Dienstleistungskonzession** zeichnet sich dadurch aus, dass der Auftraggeber kein Entgelt für die Erbringung der Leistung entrichtet, sondern dass der Auftragnehmer das Recht erhält, die Dienstleistung zu nutzen bzw. dieses Nutzungsrecht zuzüglich der Zahlung eines Preises besteht. Der Konzessionär erhält somit das Recht, die mit dem Auftrag letztlich bezweckte Dienstleistung Dritten gegen Entgelt anzubieten.[10] 17

Im Unterschied zum öffentlichen Auftrag nach § 103 GWB geht bei der Vergabe einer Konzession das **Betriebsrisiko** für die Nutzung des Bauwerks oder die Verwertung der Dienstleistung daher auf den Konzessionsnehmer über, § 105 Abs. 2 S. 1 GWB. Den Auftragnehmer trifft das wirtschaftliche Risiko des Auftrags. Regelt der Vertrag deshalb kein Entgelt, sondern räumt er dem Auftragnehmer nur die Befugnis ein, seine vertragliche Leistung durch Dritte zu finanzieren (etwa Nutzer einer durch den Auftraggeber betriebenen Einrichtung), so liegt kein öffentlicher Auftrag, sondern eine Dienstleistungskonzession, vor. Die Betriebserlaubnis ist in diesem Fall zwar Voraussetzung für die Möglichkeit, dass der Auftragnehmer seine Leistung anbieten kann, stellt aber noch keine Gewähr für die entgeltpflichtige Inanspruchnahme durch Dritte dar. 18

c) Bereichsausnahmen. Das oberschwellige Vergabeverfahren findet **keine Anwendung** auf Arbeitsverträge und Aufträge, die in § 107 GWB aufgeführt sind. § 107 GWB setzt die in den Vergaberichtlinien festgehaltenen Ausnahmetatbestände in deutsches Recht um. Der Ka- 19

---

9 Offen gelassen von BGH NJW-RR 2005, 1439, 1442.
10 *Frenz* Handbuch Europarecht, Band 3, Beihilfe- und Vergaberecht, 2007 Rn. 2536.

talog des § 107 GWB ist abschließend und restriktiv auszulegen, da es sich um Ausnahmeregelungen handelt.[11]

2. Grundsätze der Vergabe, § 97 Abs. 1, 2 GWB

20 § 97 Abs. 1, 2 GWB normiert als allgemeine Grundsätze systematisch an erster Stelle das Wettbewerbsprinzip, das Transparenzgebot, die Grundsätze der Wirtschaftlichkeit und der Verhältnismäßigkeit, sowie den **Gleichbehandlungsgrundsatz**. Die Systematik verdeutlicht dabei die Bedeutung, die diese Grundsätze für die Vergabe öffentlicher Aufträge haben. Sie sind in allen Phasen des Vergabeverfahrens zu beachten.

21 a) **Wettbewerbsprinzip und Grundsatz der Wirtschaftlichkeit.** Das **Wettbewerbsprinzip** ist ein Grundsatz der Marktwirtschaft, der neben innovativen Ansätzen und einer hohen Qualität der Leistung auch das günstigste Preis-Leistungs-Verhältnis hervorbringen soll. Diese Vorteile sollen auch bei der Befriedigung des öffentlichen Bedarfs genutzt werden. Deshalb sind bei der Auftragsvergabe mehrere Angebote einzuholen, weshalb auch bei der Wahl des nicht offenen Vergabeverfahrens gemäß § 119 Abs. 4 GWB zunächst ein öffentlicher Teilnahmewettbewerb erfolgen muss.[12] Der Auftraggeber soll sich ein umfassendes Bild machen können, mit welchen Leistungen der Bedarf zu welchem Preis und zu welcher Qualität gedeckt werden kann. Nur auf diese Weise kann der öffentliche Auftraggeber dem wirtschaftlichsten Angebot den Zuschlag erteilen, wozu er gem. § 127 Abs. 1 S. 1 GWB, § 58 VgV verpflichtet ist. Der **Grundsatz der Wirtschaftlichkeit** wurde im Zuge der Vergaberechtsreform 2016 auch als allgemeiner Grundsatz der Vergabe in § 97 Abs. 1 S. 2 GWB integriert. Das wirtschaftlichste Angebot ist auf der Grundlage des besten Preis-Leistungsverhältnisses zu ermitteln, wobei neben dem Preis oder den Kosten auch qualitative, umweltbezogene oder soziale Aspekte berücksichtigt werden können, die § 58 Abs. 2 S. 2 VgV in nicht abschließender Weise aufzählt (zum Wirtschaftlichkeitsprinzip als Zuschlagskriterium siehe → Rn. 32).

22 b) **Transparenzgebot.** Das Wettbewerbsprinzip und der Wirtschaftlichkeitsgrundsatz laufen jedoch ins Leere, wenn die Anbieter

---
11 *Röwekamp* in: Kulartz/Kus/Portz/Prieß (Hrsg.) GWB-Vergaberecht, 4. Auflage 2016, § 107 GWB Rn. 6.
12 Zu Einzelheiten der Verfahrensarten → Rn. 53 ff.

nicht nachvollziehen können, dass Bedarf besteht, welcher Bedarf besteht und nach welchen Kriterien der Zuschlag erteilt werden soll. Zudem muss das Vergabeverfahren nachvollziehbar sein. Ohne die **Herstellung von Öffentlichkeit** und die **Dokumentation** des Vergabeverfahrens wird dem Transparenzgebot nicht genügt. Die Auswahlentscheidung muss vollständig nachvollziehbar sein, um sicherzugehen, dass tatsächlich das wirtschaftlichste Angebot den Zuschlag erhält, und um Korruption sowie die ungerechtfertigte Benachteiligung von Wettbewerbern zu verhindern. Daher ist Transparenz eine Voraussetzung dafür, dass der grundrechtlich verankerte Gleichbehandlungsgrundsatz (Art. 3 Abs. 1 GG) ausreichend beachtet wird.[13]

c) Grundsatz der Verhältnismäßigkeit. § 97 Abs. 1 S. 2 GWB verankert seit der Vergaberechtsreform 2016 auch das Verhältnismäßigkeitsprinzip als Grundsatz der Vergabe, wobei es sich nach der Gesetzesbegründung lediglich um eine **Klarstellung** handelt.[14] Die Anforderungen des Verhältnismäßigkeitsgrundsatzes sind insbesondere bei der Leistungsbeschreibung, der Beurteilung der Eignung der Bieter, der Erteilung des Zuschlags und der Formulierung der Ausführungsbedingungen zu berücksichtigen.[15] 23

d) Gleichbehandlungsgrundsatz. § 97 Abs. 2 GWB statuiert ein **Diskriminierungsverbot**. Alle Teilnehmer an einem Vergabeverfahren sind gleich zu behandeln, es sei denn, dass Ungleichbehandlungen aufgrund des GWB ausdrücklich gestattet sind. 24

Der Gleichbehandlungsgrundsatz verlangt in jeder Phase des Verfahrens, dass offene und verdeckte Diskriminierungen unterbleiben. Eine Ausgestaltung des Vergabeverfahrens, die die Möglichkeit des Zuschlags offen oder faktisch vom Sitz des Anbieters abhängig macht, ist untersagt. Eine Diskriminierung aufgrund der Herkunft des Bewerbers muss ausgeschlossen werden, wobei nicht zwischen Bewerbern aus Deutschland, Mitgliedstaaten der EU und Drittstaaten unterschieden wird. Allen Bewerbern müssen die gleichen Informationen zukommen; es müssen für alle Bewerber die gleichen Fristen und Vergabebedingungen gelten; bei der Auswahl müssen an alle Wettbewerber die gleichen Auswahlkriterien angelegt werden. Ändern 25

---

13 *Dörr* in: Burgi/Dreher (Hrsg.) Beck'scher Vergaberechtskommentar, Band 1, 3. Auflage 2017, § 97 Abs. 1 GWB Rn. 30 f.
14 BT-Drs. 18/6281, 67.
15 BT-Drs. 18, 6281, 68.

sich Aspekte der Vergabe, etwa Fristen oder Anforderungen des Auftrags, so sind alle Bewerber zu informieren.[16]

3. Auswahlkriterien

26 § 97 Abs. 3, 4 GWB sowie §§ 122 ff. GWB legen fest, an welchen Kriterien sich die Auswahlentscheidung des Auftraggebers ausrichten darf. Dabei verschwimmen die Kriterien jedoch teilweise durch eine „Politisierung" des Vergaberechts.

27 **a) Eignung der Bieter. Zentrales Kriterium** für den Zuschlag ist die Eignung der Bieter, § 122 Abs. 1 GWB. Der Bieter, der den Zuschlag erhalten soll, muss geeignet, also fachkundig und leistungsfähig, sein und darf nicht nach §§ 123 f. GWB von der Teilnahme am Vergabeverfahren ausgeschlossen worden sein. Der Auftraggeber hat gem. § 122 Abs. 3 GWB die Möglichkeit, die Eignung der Bewerber anhand von Präqualifizierungssystemen zu überprüfen.

28 Die **Geeignetheit eines Unternehmens** bemisst sich gemäß § 122 Abs. 2 GWB abschließend danach, ob es die Befähigung und Erlaubnis zur Berufsausübung besitzt sowie wirtschaftlich und finanziell bzw. technisch und beruflich leistungsfähig ist. Dabei ist auch neu auf dem Markt auftretenden Unternehmen („Newcomern") eine faire Chance zu geben, sodass der Ausschluss wegen mangelnder Fachkunde aufgrund fehlender Erfahrung grundsätzlich unzulässig ist.[17] Der Bieter muss über die notwendigen Ressourcen zum Zeitpunkt der Angebotsbewertung verfügen können; die Möglichkeit, die Kapazitäten für die Auftragserfüllung nach der Auftragsvergabe schaffen zu können, genügt nicht.[18]

29 Mit der Vergaberechtsnovelle von 2016 wurden erstmals **Ausschlussgründe** in das GWB aufgenommen. § 123 GWB enthält eine Aufzählung zwingender Ausschlussgründe, bei deren Vorliegen ein Unternehmen vom Vergabeverfahren ausgeschlossen werden muss. Dazu zählen beispielsweise rechtskräftige Verurteilungen wegen Vermögensdelikten. § 124 Abs. 1 GWB enthält dagegen fakultative Ausschlussgründe, bei deren Vorliegen Unternehmen unter Berücksichtigung des Verhältnismäßigkeitsgrundsatzes vom Vergabeverfahren ausgeschlossen werden können. Der Ausschluss liegt im Ermessen

---

16 Ausführlich *Dörr* in Burgi/Dreher (Hrsg.) Beck'scher Vergaberechtskommentar, Band 1, 3. Auflage 2017, § 97 Abs. 2 GWB Rn. 21 ff.
17 OLGR Celle 2002, 200.
18 VÜA Niedersachsen, ZVgR 1997, 198 f.

des öffentlichen Auftraggebers. Zu den fakultativen Gründen zählen beispielsweise der Verstoß gegen umwelt-, sozial- oder arbeitsrechtliche Pflichten (Nr. 1) oder die Zahlungsunfähigkeit des Unternehmens (Nr. 2). Der Ausschluss ist gemäß § 126 GWB auf fünf bzw. drei Jahre befristet.

§ 125 GWB enthält erstmals die kodifizierte Möglichkeit einer **Selbstreinigung**.[19] In Deutschland war diese bereits zuvor durch die Rechtsprechung anerkannt worden.[20] Sie gibt den Unternehmen, bei denen ein Ausschlussgrund nach §§ 123, 124 GWB vorliegt, die Möglichkeit, dennoch am Vergabeverfahren teilzunehmen. Dazu müssen diese die aufgezählten Maßnahmen ergreifen, um ihre Integrität wiederherzustellen und eine Begehung von Straftaten bzw. vergleichbares Fehlverhalten in Zukunft zu verhindern.[21] Durch die Selbstreinigung entfällt der Grund für den Ausschluss vom Vergabeverfahren; das Unternehmen hat dann einen grundrechtlich geschützten Anspruch darauf, nicht ausgeschlossen zu werden. 30

b) **Mittelstandsförderung.** Bei der Auftragsvergabe sollen die **Interessen des Mittelstandes** gefördert werden, § 97 Abs. 4 GWB. Dies soll ausschließen, dass öffentliche Aufträge, die ein hohes Investitionsvolumen haben, nur durch große Bieter ausgeführt werden können und mittelständische Unternehmen regelmäßig keine Chance auf den Vertragsschluss haben. § 97 Abs. 4 GWB führt zudem das stärkste Instrument zur Mittelstandsförderung auf, nämlich die Vergabe nach Losen (sog. Stückelungsgebot). Ein Auftrag soll demnach grundsätzlich nicht insgesamt an einen Bieter vergeben, sondern so „zerlegt" werden, dass das Volumen auch von mehreren mittelständischen Unternehmen mit den ihnen typischen Ressourcen übernommen und ausgeführt werden kann. Eine weitere Möglichkeit der Mittelstandsförderung besteht darin, den Auftrag an solche mittelständischen Unternehmen zu vergeben, die sich in Bietergemeinschaften organisieren.[22] 31

c) **Wirtschaftlichkeitsprinzip.** Von den Eignungskriterien strikt zu unterscheiden ist das **Zuschlagskriterium** „Wirtschaftlichkeit" gemäß § 127 Abs. 1 GWB.[23] Der öffentliche Auftraggeber soll sich 32

---
19 *Gabriel/Ziekow* VergabeR 2017, 119.
20 Vgl. bspw. OLG Düsseldorf NZBau 2003, 578, 579 ff.
21 BT-Drs. 18/6281, 107.
22 Zu den kartellrechtlichen Aspekten solcher Bietergemeinschaften vgl. OLGR Naumburg 2002, 147.
23 EuGH Rs. 31/87, Slg. 1988, 4635 Rn. 15 ff.

nach rationalen, dh wirtschaftlichen Aspekten für ein Angebot entscheiden und auf diese Weise dem Marktprinzip den Vorzug vor anderen Auswahlmöglichkeiten geben.[24] Das wirtschaftlichste Angebot muss nicht immer das niedrigste sein. Vielmehr kommt es auf das günstigste Preis-Leistungs-Verhältnis an. Dabei können gemäß §§ 127 Abs. 1 S. 4, 97 Abs. 3 GWB auch nicht-monetäre, nämlich qualitative, umweltbezogene und soziale Aspekte berücksichtigt werden. Es handelt sich dabei um eine abschließende Aufzählung von Auswahlkriterien, die neben das Ziel der Wirtschaftlichkeit treten können.

33 Jedoch setzt § 127 Abs. 3 GWB diesen zusätzlichen Anforderungen Grenzen. Demnach können an die Auftragsausführung zusätzliche Anforderungen nur dann gestellt werden, wenn sie im Zusammenhang mit dem Auftragsgegenstand stehen. Die Entscheidungskriterien müssen zudem transparent sein, vgl. § 97 Abs. 1 S. 1 GWB. Deshalb müssen sie den Bietern vor Angebotsabgabe bekannt sein.[25]

34 **d) Berücksichtigung strategischer Aspekte in den Ausführungsbedingungen.** Auch bei der Ausführung des öffentlichen Auftrags können **strategische Anforderungen** im Sinne des § 97 Abs. 3 GWB Berücksichtigung finden. Gemäß § 128 Abs. 2 S. 3 GWB können die Ausführungsbedingungen insbesondere wirtschaftliche, innovationsbezogene, umweltbezogene, soziale oder beschäftigungspolitische Belange oder den Schutz der Vertraulichkeit von Informationen umfassen.[26] § 129 GWB präzisiert die frühere Öffnungsklausel des § 97 Abs. 4 S. 3 GWB aF Zwingend zu berücksichtigende Ausführungsbedingungen, die der öffentliche Auftraggeber dem beauftragten Unternehmen verbindlich vorzugeben hat, dürfen nur aufgrund eines Bundes- oder Landesgesetzes festgelegt werden. Hier kommen insbesondere soziale, beschäftigungspolitische und umweltbezogene Aspekte in Betracht.[27] Einzelne Landesgesetze sehen etwa vor, dass der Bieter, der den Auftrag ausführen soll, Tariflöhne oder ein festgelegtes Mindestentgelt zahlt.[28] Weiterhin ist die Frauenförderung ein Auswahlkriterium (§ 13 Landesgleichstellungsgesetz Berlin).

---

24 *Opitz* in: Burgi/Dreher (Hrsg.) Beck'scher Vergaberechtskommentar, Bd. 1, 3. Auflage 2017, § 127 GWB Rn. 22, 29.
25 EuGH Rs. C-513/99, Slg. 2002, I-7213 Rn. 62, 64.
26 Ausführlich *Reichling/Scheumann* GewArch 2016, 332, 338f.
27 BT-Drs. 18/6281, 114.
28 Exemplarisch § 4 TTG Schleswig-Holstein; §§ 9ff. Tariftreue- und Vergabegesetz Bremen; § 3 LTTG RLP, dazu EuGH Rs. C-115/14, EuZW 2016, 104.

4. Verfahrensarten

Für **oberschwellige Aufträge** nennt § 119 Abs. 1 GWB **fünf Arten des Vergabeverfahrens**: das offene Verfahren, das nicht offene Verfahren, das Verhandlungsverfahren, den wettbewerblichen Dialog und die Innovationspartnerschaft.

35

Für **unterschwellige Aufträge** kennen § 3 VOB/A, § 3 VOL/A die öffentliche Ausschreibung (entspricht dem offenen Verfahren), die beschränkte Ausschreibung (entspricht dem nicht offenen Verfahren) und die freihändige Vergabe (entspricht dem Verhandlungsverfahren).

36

5. Vergabeentscheidung und Auftragserteilung

Der Auftraggeber schließt einen Vertrag mit dem Bewerber, der die oben genannten Auswahlkriterien erfüllt. Bevor der Vertrag abgeschlossen wird, muss der Auftraggeber grundsätzlich jedoch unverzüglich die unterlegenen Wettbewerber in Textform über den Namen des Unternehmens, dessen Angebot angenommen wird, die Gründe für die Nichtberücksichtigung des Bewerbers sowie den frühesten Zeitpunkt des Vertragsschlusses benachrichtigen, § 134 Abs. 1 GWB (**Informationspflicht**). Nach der Absendung der Information müssen die Vertragsparteien noch 15 Tage (bei Fax und E-Mail zehn Tage) abwarten, bis sie den Vertrag schließen dürfen, § 134 Abs. 2 GWB (Stillhaltepflicht). Dies soll den Vergabekammern die Möglichkeit einräumen, das Vergabeverfahren gemäß §§ 155 ff. GWB zu überprüfen. Die recht knappe Frist ist dadurch gerechtfertigt, dass der Auftraggeber einen Bedarf nach bestimmten Leistungen befriedigen will und dies nicht über die Maßen durch eine Stillhaltefrist blockiert werden soll.

37

6. Fehlerfolgen

§ 135 GWB regelt die Folgen, wenn ein Vergabeverfahren fehlerhaft durchgeführt wurde. Dabei führen nur besonders eklatante Verstöße gegen die Vergabevorschriften zur Unwirksamkeit des Vertrags zwischen Auftraggeber und Auftragnehmer.

38

Der Vertrag zwischen Auftraggeber und Auftragnehmer ist gemäß § 135 Abs. 1 GWB unwirksam, wenn gegen das Informations- und Stillhaltegebot gemäß § 134 GWB verstoßen wird (Nr. 1) oder wenn ein Auftrag unmittelbar einem bestimmten Unternehmen erteilt wird, ohne dass andere Unternehmen an dem Vergabeverfahren beteiligt

39

werden, und dies gesetzlich nicht gestattet ist (Nr. 2). In letzterem Falle kann streng genommen schon nicht von einem Vergabeverfahren gesprochen werden; weil alle Grundsätze der Vergabe (Transparenz, Wettbewerb, Information, Sachlichkeit der Auswahlentscheidung) missachtet werden, diese Entscheidung wird deshalb auch als de-facto-Vergabe bezeichnet. Wird der Mangel im Rahmen des Nachprüfungsverfahrens geltend gemacht, führt dies gemäß § 135 Abs. 1 GWB zur Unwirksamkeit des Vertrags.

40   Allerdings ist die **Frist**, binnen derer ein solcher Verstoß gerügt werden muss, recht kurz bemessen. Der nicht berücksichtigte Bewerber muss den Verstoß gemäß § 135 Abs. 2 GWB innerhalb von 30 Tagen, nachdem er von dem Vertragsschluss erfahren hat, bei den Vergabekammern im Nachprüfungsverfahren gem. §§ 155 ff. GWB geltend machen. Dabei endet die Frist unabhängig davon, ob der unterlegene Bieter von dem Vertragsschluss Kenntnis erhält oder nicht, nach sechs Monaten bzw. mit Ablauf einer 30-Tagefrist, nachdem der Auftraggeber die Auftragsvergabe im Amtsblatt der Europäischen Union bekannt gemacht hat. Dies beschränkt die Rechtsschutzmöglichkeiten der unterlegenen Bewerber zugunsten einer effektiven Bedarfsdeckung der öffentlichen Hand.

7. Kündigung öffentlicher Aufträge

41   § 133 Abs. 1 GWB enthält erstmals die Möglichkeit öffentlicher Auftraggeber, einen öffentlichen Auftrag in besonderen Fällen während der Vertragslaufzeit zu kündigen. Zu den **Kündigungsgründen** zählen eine wesentliche Änderung des öffentlichen Auftrags, die nach § 132 GWB ein neues Vergabeverfahren erfordert hätte (Nr. 1), das Vorliegen eines zwingenden Ausschlussgrundes nach § 123 GWB zum Zeitpunkt der Zuschlagserteilung (Nr. 2) sowie eine schwere Verletzung der Verpflichtungen aus dem AEUV oder der §§ 97 ff. GWB, die der EuGH in einem Vertragsverletzungsverfahren festgestellt hat, und aufgrund derer der öffentliche Auftrag nicht an den Auftragnehmer hätte vergeben werden dürfen (Nr. 3). In all diesen Fällen würde ein Festhalten am Vertrag das öffentliche Interesse an der Gesetzmäßigkeit der Verwaltung beeinträchtigen.[29]

---

29 BT-Drs. 18/6281, 120.

III. Einzelheiten des gesetzlichen Vergaberechts oberhalb der Schwellenwerte

1. Auftraggeberbegriff des § 99 GWB

Der zentrale Begriff des Vergaberechts ist der **Auftraggeber** gemäß 42 § 99 GWB. Davon zu unterscheiden sind Sektorenauftraggeber nach § 100 GWB sowie Konzessionsgeber nach § 101 GWB.

a) Klassischer Auftraggeberbegriff, § 99 Nr. 1 GWB. Gemäß § 99 43 Nr. 1 GWB sind Auftraggeber die **Gebietskörperschaften** sowie deren Sondervermögen. Gemeint sind damit Bund, Länder und Gemeinden. Unter **Sondervermögen** sind die Eigenbetriebe der Gebietskörperschaften sowie ihre übrigen Einheiten zu verstehen.[30]
Diese Definition wirft nur selten Auslegungsschwierigkeiten auf. 44 Zu denken ist hier in erster Linie an die Zusammenarbeit zwischen verschiedenen Gebietskörperschaften (sog. koordinierte Beschaffungsvorhaben). Der Zusammenschluss ist jedenfalls dann kein Auftraggeber, solange er keine eigene Rechtspersönlichkeit erlangt hat. In diesem Fall sind die kooperierenden Gebietskörperschaften jeweils als Auftraggeber zu qualifizieren. Allerdings ist zu fragen, ob die Kooperation tatsächlich dazu dient, eine Leistung am Markt nachzufragen, oder ob dadurch vielmehr eine öffentliche Aufgabe erfüllt wird. So sind der Zusammenschluss mehrerer Kommunen und die auf diesen Zusammenschluss erfolgende vertragliche Übertragung der gemeinsamen Abfallentsorgung nicht vergabepflichtig.[31]

b) Funktionaler Auftraggeberbegriff, § 99 Nr. 2 GWB. Größere 45 Auslegungsschwierigkeiten bereitet in der Praxis häufig der funktionale Auftraggeberbegriff gem. § 99 Nr. 2 GWB.[32] Prägend für den **funktionalen Auftraggeberbegriff** ist, dass eine juristische Person des Privatrechts oder öffentlichen Rechts von einer Gebietskörperschaft bzw. deren Sondervermögen (§ 99 Nr. 1 GWB) beherrscht wird und zu dem besonderen Zweck gegründet wurde, im Allgemeininteresse liegende nichtgewerbliche Aufgaben wahrzunehmen.

---

30 Vgl. *Eschenbruch* in: Kulartz/Kus/Portz/Prieß (Hrsg.) GWB-Vergaberecht, 4. Auflage 2016, § 99 GWB Rn. 17 f.
31 EuGH NVwZ 2009, 898.
32 *Schmal* DÖV 2017, 629, 630 ff.; *Ziekow* VergabeR 2003, 483, zum funktionalen Auftraggeberbegriff nach § 98 Nr. 2 GWB aF.

Dabei kann die Beherrschung einerseits organisatorisch ausgestaltet sein, indem über die Leitung der juristischen Person die Aufsicht ausgeübt oder mehr als die Hälfte der Mitglieder eines ihrer zur Geschäftsführung oder zur Aufsicht berufenen Organe bestimmt wird. Andererseits kann die Einflussnahme finanzieller Natur sein, indem die Gebietskörperschaften, deren Sondervermögen oder Verbände, denen sie angehören, die juristische Person durch Beteiligung oder auf sonstige Weise überwiegend finanzieren.

46   Entscheidend ist hierbei, dass die Anwendung des Vergaberechts nicht ausgeschlossen ist, wenn der Auftraggeber in einer privatrechtlichen Organisationsform verfasst ist. Damit wird die „Flucht des Staates in das Privatrecht" vermieden. Zwei Punkte bedürfen der genaueren Betrachtung:

47   **aa) Im Allgemeininteresse liegende Aufgaben nichtgewerblicher Art.** Zum einen muss die juristische Person den speziellen **Gründungszweck verfolgen**, im Allgemeininteresse liegende Aufgaben nichtgewerblicher Art zu erfüllen. Dabei genügt es, wenn die juristische Person bereits gegründet ist und erst später eine solche Aufgabe übernimmt, um eine effektive Umsetzung des europäischen Vergaberechts zu gewährleisten.[33]

48   Die Aufgabe liegt im **allgemeinen Interesse**, wenn sie „eng mit der öffentlichen Ordnung und dem institutionellen Funktionieren des Staates verknüpft" ist.[34] Solange der Staat eine Aufgabe nicht vollständig aus seiner Sphäre in den privaten Bereich übertragen hat und ein öffentliches Interesse an der Erfüllung der Aufgabe besteht, liegt die Aufgabe im allgemeinen Interesse.[35]

49   Für das Tatbestandsmerkmal der **nichtgewerblichen Aufgabenerfüllung** gibt es keine abschließende Definition, sondern nur Annäherungsversuche. So soll eine gewerbliche Aufgabenerfüllung vorliegen, wenn die Aufgabe in einem wettbewerblichen Umfeld erfüllt wird, in dem Gewinnerzielungsabsicht vorherrscht.[36] Ein weiteres Indiz für eine gewerbliche Aufgabenerfüllung ist, dass die juristische Person das finanzielle Risiko ihrer Tätigkeit selbst trägt.[37]

---

33 EuGH NZBau 2003, 162.
34 EuGH Rs. C-44/96, Slg. 1998, I-73 Rn. 24.
35 Vgl. EuGH Rs C-373/00, Slg. 2003, I-1931 Rn. 50 ff.
36 1. Vergabekammer Bund, Beschl. v. 5.9.2001 – VK 1–23/01, IBRRS 2002, 0209.
37 EuGH Rs. C-18/01, Slg. 2003, I-5321 Rn. 59; vgl. auch *Dörr* in: Burgi/Dreher (Hrsg.) Beck'scher Vergaberechtskommentar, Band 1, 3. Auflage 2017, § 99 GWB Rn. 38.

bb) **Überwiegende staatliche Finanzierung.** In der Praxis bereitet 50
insbesondere das Tatbestandsmerkmal der „überwiegenden Finanzierung auf sonstige Weise" Auslegungsschwierigkeiten und war bereits mehrfach Gegenstand der EuGH-Rechtsprechung. Grundlegend ist die Entscheidung „University of Cambridge", in der der EuGH erstmals detailliert zu den Anforderungen der Finanzierung Stellung genommen hat. Demnach ist nicht jede Geldzahlung eine Finanzierung, sondern nur eine solche, für die keine **spezielle Gegenleistung** erbracht wird, die also der allgemeinen Einrichtung und dem Betrieb der juristischen Person dient.[38] Für die Frage der Finanzierung ist deshalb nach einem konkreten vertraglichen Rechtsverhältnis zwischen Staat und juristischer Person zu fragen, innerhalb dessen Leistung und finanzielle Gegenleistung fließen. Erfolgt eine Geldleistung einer der in § 99 Nr. 1 GWB genannten Personen, ohne dass eine Gegenleistung durch die juristische Person iSv § 99 Nr. 2 GWB vereinbart ist, so liegt eine Finanzierung iSd § 99 Nr. 2 GWB vor.

Überwiegend ist die Finanzierung, wenn mehr als 50 % des ge- 51
samten Finanzaufkommens der juristischen Person durch eine in § 99 Nr. 1 GWB genannte Person aufgebracht wird.[39]

Weiterhin kommt es nicht darauf an, dass die Finanzierung **unmit-** 52
telbar durch Geldzahlung von einer Gebietskörperschaft oder ihrem Sondervermögen geleistet wird. Es genügt eine mittelbare Finanzierung, etwa durch Pflichtmitgliedschaften[40] oder durch eine gesetzliche Pflichtgebühr.[41] Dabei muss die bezahlte Leistung nicht auch tatsächlich vom Entgeltpflichtigen in Anspruch genommen werden. Begründet wird dies damit, dass es unerheblich ist, ob zunächst die Geldmittel durch die finanzierende Stelle etwa durch Steuern eingenommen und dann an die juristische Person zur Finanzierung weiter geleitet werden, oder ob die Finanzierung ohne diesen Zwischenschritt erfolgt, indem eine gesetzliche Pflicht zur Mitgliedschaft und/oder Entgeltentrichtung etabliert wird und die Geldzahlungen somit aufgrund der gesetzlichen Pflicht unmittelbar von den Verpflichteten an die juristische Person erfolgen. Zudem muss die finanzierende Stelle keinen **direkten Einfluss** auf die Vergabeentscheidung haben,

---

38 Vgl. EuGH Rs. C-380/98, Slg. 2000, I-8035 Rn. 21, 26.
39 EuGH Rs. C-380/98, Slg. 2000, I-8035 Rn. 33.
40 ZB in der gesetzlichen Krankenversicherung, vgl. EuGH Rs. C-300/07, Slg 2009, I-4779 Rn. 40 ff.
41 Etwa für den öffentlich-rechtlichen Rundfunk, vgl. EuGH Rs. C-337/06, Slg 2007, I-11173 Rn. 41 ff.

damit eine überwiegende staatliche Finanzierung bejaht werden kann.[42]

2. Offenes und nicht-offenes Verfahren

53 Öffentliche Aufträge müssen grundsätzlich im offenen oder im nicht-offenen Verfahren vergeben werden, die anderen Vergabeverfahren sind nur dann anwendbar, wenn dies gestattet ist, § 119 Abs. 2 GWB. Die Gleichstufung von offenem und nicht-offenem Verfahren ist durch die Vergaberechtsreform 2016 als Anpassung an europarechtliche Vorgaben erfolgt.

54 **a) Ablauf des offenen Verfahrens.** Das **offene Verfahren** ist durch eine Ausschreibung des Auftrags an einen unbestimmten Bieterkreis geprägt; die Unternehmen werden zur Abgabe eines Angebots aufgefordert, § 119 Abs. 3 GWB. Jedes interessierte Unternehmen kann ein Angebot abgeben, § 16 Abs. 1 S. 2 VgV. Dabei ist das offene Verfahren in verschiedene Phasen gegliedert.

55 Zunächst ist eine **öffentliche Ausschreibung** des Auftrags erforderlich, um die nötige Transparenz herzustellen und so Wettbewerb zu ermöglichen und die Gleichbehandlung der Unternehmen zu gewährleisten (vgl. § 97 Abs. 1, 2 GWB). Die Bekanntgabe des Bedarfs erfolgt bei oberschwelligen Aufträgen im Amtsblatt der Europäischen Union. Dabei sind Art und Ort der nachgefragten Leistung sowie die Einzelheiten zur Bewerbung (vor allem Bewerbungsfristen) anzugeben und nähere Angaben dazu zu machen, wie die Bewerber die Vergabeunterlagen anfordern können. Nach Anforderung der Vergabeunterlagen durch den Bieter werden ihm diese zugesandt. Die Vergabeunterlagen enthalten die Vertragsbedingungen sowie die Leistungsbeschreibung des Bedarfs gemäß § 121 GWB, § 31 VgV. In der Leistungsbeschreibung ist gemäß § 121 Abs. 1 S. 1 GWB der Auftragsgegenstand so eindeutig und erschöpfend wie möglich zu beschreiben, sodass die Beschreibung für alle Unternehmen im gleichen Sinne verständlich ist und die Angebote miteinander verglichen werden können.

56 An diese Ausschreibungsphase schließt sich das **Angebot des Bewerbers** an. Dieses muss innerhalb der in der Ausschreibung festgelegten, ausreichenden Frist, die gemäß § 15 Abs. 2 VgV mindestens 35 Tage betragen muss, beim Auftraggeber eingehen. Nach Ablauf der

---

42 EuGH Rs. C-337/06, Slg 2007, I-11173 Rn. 51 ff.

Frist werden die Angebote geöffnet, bis zu diesem Zeitpunkt müssen sie geheim gehalten werden, um Chancengleichheit zu gewährleisten. Eine Nachverhandlung über Vertragsinhalte ist nicht zulässig.

Nach der Öffnung der Angebote werden diese **innerhalb einer** 57 **Zuschlagsfrist geprüft** und gewertet. Zunächst werden Angebote ausgesondert, die den formellen Anforderungen (Frist, rechtsgültige Unterschrift des Angebots) nicht genügen. Anschließend kann der öffentliche Auftraggeber gemäß § 42 Abs. 3 VgV entscheiden, ob er zunächst die Angebots- oder die Eignungsprüfung durchführt. Dabei ist das wirtschaftlichste Angebot eines geeigneten Bieters zu ermitteln. Ist demnach ein Angebot eingegangen, das den Anforderungen der Ausschreibung entspricht und ist dieses Angebot das wirtschaftlichste, so ist diesem der Zuschlag zu erteilen. Andernfalls ist die Ausschreibung aufzuheben mit der Folge, dass es keinen Vertragsschluss gibt, vgl. § 63 VgV. Der **Zuschlag** begründet noch nicht den Vertragsschluss, sondern geht ihm vor und bindet den Auftraggeber an seine Auswahlentscheidung. Die unterlegenen Bewerber sind über die Auswahlentscheidung zu informieren, gleichzeitig ist eine Stillhaltefrist bis zum Vertragsschluss einzuhalten.[43]

b) Ablauf des nicht-offenen Verfahrens. Das nicht-offene Verfah- 58 ren zeichnet sich durch eine **öffentliche Bekanntmachung** aus, die Auswahl der Unternehmen, die ein Angebot abgeben können, wird jedoch durch eine Vorauswahl begrenzt, § 119 Abs. 4 GWB. Die Vorauswahl erfolgt durch einen Teilnahmewettbewerb, der gewährleisten soll, dass sich geeignete Unternehmen um die Auftragserteilung bewerben. Es erfolgt eine öffentliche Ausschreibung des Auftrags und die Aufforderung, sich für die Auswahl zu bewerben, wobei die Auswahlkriterien anzugeben sind. Der Auftraggeber wählt aus den Wettbewerbern eine bestimmte Anzahl von Bietern aus, die für die Erfüllung des Auftrags geeignet sind und fordert sie zur Abgabe eines Angebots für den Auftrag aus. Der Zuschlag wird auf das wirtschaftlichste Angebot erteilt, eine Nachverhandlung nach Abgabe des Angebots ist unzulässig.[44]

Da durch diese **Vorauswahl** das Wettbewerbsprinzip erheblich 59 eingeschränkt wird, war das nicht-offene Verfahren bis zur Vergaberechtsreform 2016 gemäß § 101 Abs. 7 S. 1 GWB aF nur ausnahms-

---
[43] § 134 GWB, siehe dazu bereits → Rn. 37.
[44] Zum nicht-offenen Vergabeverfahren *Kulartz* in: ders./Kus/Portz/Prieß (Hrsg.) GWB-Vergaberecht, 4. Auflage 2016, § 119 GWB Rn. 11 ff.

weise zulässig. Nunmehr besteht in Übereinstimmung mit den europarechtlichen Vorgaben in Art. 26 Abs. 2 der Richtlinie 2014/24/EU eine Gleichstufung von offenem und nicht-offenem Verfahren. Dies macht die Teilnahme an Vergabeverfahren insbesondere für kleinere Unternehmen attraktiver. Durch die Zweistufigkeit des nicht-offenen Verfahrens können diese das Ergebnis der Vorauswahl abwarten, bevor sie ein Angebot ausarbeiten.

3. Weitere Verfahrensarten

60 Die Möglichkeit einer Vergabe im Wege des **Verhandlungsverfahrens**, des **wettbewerblichen Dialogs** oder der **Innovationspartnerschaft** steht beispielsweise gemäß § 130 Abs. 1 GWB bei der Vergabe von öffentlichen Aufträgen über soziale und andere besondere Dienstleistungen oder gemäß § 131 Abs. 1 GWB bei der Vergabe von öffentlichen Aufträgen über Personenverkehrsleistungen im Eisenbahnverkehr zur Verfügung.

61 a) Das Verhandlungsverfahren. Das **Verhandlungsverfahren** grenzt sich dadurch von den anderen Verfahrensarten ab, dass sich der Auftraggeber an eines oder mehrere Unternehmen wendet, um über die Auftragsbedingungen zu verhandeln. Dabei ist eine vorangehende öffentliche Ausschreibung möglich, aber nicht zwingend, § 119 Abs. 5 GWB. Das Verhandlungsverfahren findet vor allem dann Anwendung, wenn freiberufliche Leistungen nachgefragt werden, die sich durch besondere Kreativität auszeichnen, was unter anderem in § 74 VgV zum Ausdruck kommt, der das Verfahren für die Vergabe von Architekten- und Ingenieurleistungen regelt. In diesen Fällen wäre keine abschließende Leistungsbeschreibung möglich, diese muss vielmehr erst entwickelt werden. In der ersten Phase des Verhandlungsverfahrens wählt der Auftraggeber geeignete Unternehmen aus, mit denen er in der zweiten Phase Verhandlungen durchführt. Anders als bei offenem und nicht-offenem Verfahren kann im Rahmen des Verhandlungsverfahrens in jeder Phase nachverhandelt werden. Der Auftraggeber ist somit sehr frei in den Modalitäten und den Kriterien der Auswahl, muss jedoch die allgemeinen Auswahlkriterien des § 97 GWB beachten.[45]

---

45 Dazu *Knauff* in: Müller-Wrede (Hrsg.) GWB-Kommentar, 2016 § 119 Rn. 53 ff.

b) **Der wettbewerbliche Dialog.** Der wettbewerbliche Dialog 62
gem. § 119 Abs. 6 GWB kommt bei solchen Aufträgen zur Anwendung, die besonders komplex sind und bei denen sich der Auftraggeber vor der Festlegung der Auftragsanforderungen zunächst einen Überblick über die technischen Möglichkeiten der Auftragserfüllung verschaffen muss. Auftraggeber und Bieter erarbeiten gemeinsam die für den Auftrag beste Lösung; die Auswahl des Vertragspartners erfolgt nach den üblichen Kriterien.[46]

c) **Die Innovationspartnerschaft.** Die Innovationspartnerschaft 63
ist gemäß § 119 Abs. 7 GWB ein Verfahren, bei dem innovative, noch nicht auf dem Markt verfügbare Leistungen entwickelt und anschließend erworben werden sollen. Nach der Durchführung eines Teilnahmewettbewerbs reichen die dazu aufgeforderten Unternehmen gemäß § 19 Abs. 2, 4 VgV ein Angebot in Form von Forschungs- und Innovationsprojekten ein. Über die eingereichten Angebote verhandelt der öffentliche Auftraggeber mit den Bietern mit dem Ziel, diese inhaltlich zu verbessern, § 19 Abs. 5 S. 1 VgV.

Gemäß § 19 Abs. 7 S. 1, 2 VgV wird die Innovationspartnerschaft 64
durch **Zuschlag** auf Angebote eines oder mehrerer Bieter eingegangen, wobei eine Erteilung allein auf der Grundlage des niedrigsten Preises ausgeschlossen ist. Die eingegangene Innovationspartnerschaft gliedert sich gemäß § 19 Abs. 8 S. 1 VgV in eine Forschungs- und Entwicklungsphase und eine anschließende Leistungsphase. Der öffentliche Auftraggeber ist gemäß § 19 Abs. 10 VgV nur dann zum Erwerb der innovativen Leistung verpflichtet, wenn das bei Eingehung der Innovationspartnerschaft festgelegte Leistungsniveau und die Kostenobergrenze eingehalten werden.

4. Rechtsschutzfragen

Oberhalb der Schwellenwerte greift das **Nachprüfungsverfahren** 65
der §§ 155 ff. GWB ein, mit dessen Hilfe sich der nicht berücksichtigte Bieter gegen die Auswahlentscheidung des Auftraggebers vor der Vergabekammer zur Wehr setzen kann. Dazu muss er die Verletzung subjektiver Rechte geltend machen, § 168 Abs. 1 S. 1 GWB. Nicht alle Normen des GWB, der VgV und der Vergabe- und Vertragsordnungen vermitteln subjektive Rechte. Als Faustformel lässt sich festhalten, dass die Verletzung der Normen, die das Gleichbe-

---

46 Vgl. *Knauff* in: Müller-Wrede (Hrsg.) GWB-Kommentar, 2016 § 119 Rn. 65 ff.

handlungsgebot des § 97 Abs. 2 GWB konkretisieren, zur Einleitung eines Nachprüfungsverfahrens berechtigt. Die **Vergabekammern** sind zwar Behörden (§ 158 GWB), aber zugleich unabhängig (§ 157 Abs. 1 GWB). Dies zeichnet im Übrigen nur die Gerichte aus (Art. 97 Abs. 1 GG).

66 Der **Antrag auf Nachprüfung** bewirkt, dass der Auftraggeber den Zuschlag nicht erteilen darf, solange die Vergabekammer keine Entscheidung getroffen hat, § 169 Abs. 1 GWB. In jedem Fall muss der Auftraggeber die Stillhaltefrist des § 134 GWB berücksichtigen, ansonsten ist der geschlossene Vertrag unwirksam, § 135 Abs. 1 Nr. 1 GWB. Gleiches gilt, wenn überhaupt kein Vergabeverfahren stattgefunden hat (de-facto-Vergabe, § 135 Abs. 1 Nr. 2 GWB). Wurde ein Zuschlag jedoch wirksam erteilt (liegt also keiner der genannten Fälle vor), so kann er durch die Vergabekammer nicht mehr aufgehoben werden, § 168 Abs. 2 S. 1 GWB. Dies gilt auch dann, wenn die Auswahlentscheidung unrichtig war oder sonstige Verfahrensmängel vorgelegen haben.

67 Neben dem Anspruch, einen Vertragsschluss zwischen Auftraggeber und Unternehmen zu verhindern, vermittelt § 181 GWB einen **Ersatzanspruch** für einen entstandenen Vertrauensschaden. Dazu muss der Auftraggeber gegen eine dem Schutz des unterlegenen Bewerbers dienende Vorschrift verstoßen und der Bewerber ohne diesen Verstoß eine realistische Chance auf den Zuschlag gehabt haben. Er kann aber über diese Vorschrift nur seine Kosten, die für die Vorbereitung des Angebots oder die Teilnahme am Vergabeverfahren angefallen sind, ersetzt verlangen. Daneben bestehen aber eventuelle Schadensersatzansprüche aus culpa in contrahendo (§§ 311 Abs. 2, 280 BGB), wegen Verletzung des eingerichteten und ausgeübten Gewerbebetriebs (§ 823 Abs. 1 BGB), wegen Verletzung von Schutzgesetzen (§ 823 Abs. 2 BGB iVm § 97 Abs. 6 GWB), aufgrund von Amtshaftung (§ 839 BGB iVm Art. 34 GG) und wegen Missbrauchs einer marktbeherrschenden Stellung (§§ 20, 33 GWB)[47].

---

47 Dazu *Verfürth* in: Kulartz/Kus/Portz/Prieß (Hrsg.) GWB-Vergaberecht, 4. Auflage 2016, § 181 GWB Rn. 40 ff.

IV. Einzelheiten des haushaltsrechtlichen Vergaberechts unterhalb der Schwellenwerte

Erreicht das Auftragsvolumen nicht den in § 106 GWB normierten Schwellenwert, sind die §§ 97 ff. GWB und die VgV nicht anwendbar, § 1 Abs. 1 VgV. Es fehlt daher der gesetzliche Verweis der VgV auf die Vergabe- und Vertragsordnungen. Diese sind insofern als **Verwaltungsvorschriften** ohne unmittelbare Außenwirkung bei unterschwelliger Vergabe nicht rechtsverbindlich. Eine Rechtsverbindlichkeit der Basisparagrafen der VOB/A und der VOL/A ergibt sich daher im Bereich unterschwelliger Aufträge erst aus einer entsprechenden gesetzlichen Anordnung. Dies geschieht durch die Landesvergabe- und Mittelstandsförderungsgesetze, wobei nicht in jedem Bundesland ein solches Gesetz in Kraft ist. Weiterhin sind aufgrund verwaltungsinterner Anweisung die Basisparagrafen der VOB/A von allen Auftraggebern von Bund, Ländern und Gemeinden zu beachten. Die Beachtung der VOL/A hingegen wird nicht in jedem Bundesland durch verwaltungsinterne Anweisung vorgeschrieben, jedoch wird sie in der Vergabepraxis von allen Auftraggebern beachtet, auch wenn ihre Anwendung nicht vorgeschrieben ist. Zudem stellen nationales Recht und Unionsrecht grundsätzliche Anforderungen an die Vergabe. 68

Daneben tritt die UVgO, die die Vergabe **öffentlicher Liefer- und Dienstleistungsaufträge** unterhalb der EU-Schwellenwerte regelt. Sie muss durch einen Anwendungsbefehl in der Bundeshaushaltsordnung bzw. den entsprechenden landesrechtlichen Regelungen in Kraft gesetzt werden und orientiert sich strukturell an der VgV. Innerhalb ihres Anwendungsbereichs ersetzt sie die Regelungen der Basisparagrafen der VOL/A. 69

1. Vergabe nach den Vergabe- und Vertragsordnungen

a) Abgrenzung des Anwendungsbereichs der Vergabe- und Vertragsordnungen. Es gibt die Vergabe- und Vertragsordnung für **Bauleistungen** (VOB) sowie die Vergabe- und Vertragsordnung für **Dienstleistungen** (VOL/A). Der allgemeine Begriff ist die Dienstleistung, weshalb die VOL/A nur bei den Fällen Anwendung findet, die nicht von der VOB/A erfasst sind. Die VOB/A regelt die Einzelheiten der Vergabe für Bauleistungen. Dies umfasst gem. § 1 VOB/A die 70

Herstellung Instandhaltung, Änderung oder Beseitigung einer baulichen Anlage.

71 **b) Verfahrensablauf.** Die Vergabe- und Vertragsordnungen kennen als **Vergabearten** die öffentliche Ausschreibung (entspricht dem offenen Verfahren), die beschränkte Ausschreibung (entspricht dem nicht offenen Verfahren) sowie die freihändige Vergabe (entspricht dem Verhandlungsverfahren). Die Basisparagrafen der §§ 1 ff. VOB/A und die VOL/A unterscheiden sich bzgl. der Verfahrensarten und des Verfahrensablaufs nicht gravierend von den §§ 97 ff. GWB. Außerdem kann die Vergabepraxis über die Selbstbindung der Verwaltung zu einem Anspruch des Bewerbers führen, dass der Auftraggeber das übliche Verfahren und die üblichen Auswahlkriterien anwendet.[48]

72 Auch im Unterschwellenbereich sind deshalb (1) die **Publizitätsphase**, in der der Bedarf veröffentlicht wird, um allen potentiellen Bietern gleiche Wettbewerbschancen auf Zugang zu den öffentlichen Aufträgen zu gewährleisten, (2) die **Angebotsphase**, in der die Bewerber ihre Angebote abgeben und die Angebote geöffnet werden, (3) die **Prüfungs- und Bewertungsphase**, in der die Bewerber aussortiert und die Angebote verglichen werden, und schließlich (4) der **Zuschlag** zu unterscheiden. Die Anforderungen an Öffentlichkeit, das Verbot von Nachverhandlungen und die Kriterien für die Auswahl des Vertragspartners stimmen mit denen des Oberschwellenbereichs überein.

73 Auch das Unionsrecht verlangt im Unterschwellenbereich Beachtung.[49] Weder der freie Warenverkehr, noch die Niederlassungsfreiheit oder die Dienstleistungsfreiheit dürfen verletzt werden. Zudem sind das Diskriminierungsverbot, der Grundsatz der Gleichbehandlung, Transparenz und der Verhältnismäßigkeitsgrundsatz bei der Auswahl im Unterschwellenbereich zu berücksichtigen.[50]

74 Der Auftraggeber darf wegen des allgemeinen **Gleichheitssatzes** gem. Art. 3 Abs. 1 GG weder das Vergabeverfahren noch die Auswahlkriterien willkürlich festlegen.[51] Die Auswahl muss sich an objektiven Kriterien ausrichten und transparent sein. Die Kriterien müssen bei der Bekanntmachung feststehen. Sie dürfen nicht nach-

---
48 BVerfGE 116, 135, 153 f.
49 *Zuleeg* ZEuP 2004, 636, 642.
50 EuGH Rs. C-324/98, Slg. 2000, I-10745 Rn. 60 ff.; EuGH Rs. C-234/03, NVwZ 2006, 187, 189 f.; *Lorff* ZESAR 2007, 104, 108.
51 BVerfGE 116, 135, 153.

träglich abgeändert werden.⁵² Die eingegangenen Angebote müssen vertraulich behandelt und ordnungsgemäß geöffnet werden.⁵³

Um **effektiven Rechtsschutz** zu gewährleisten (Art. 19 Abs. 4 GG) muss den Bewerbern das Ergebnis der Auswahl mitgeteilt und begründet werden. Nur auf diese Weise kann die Auswahlentscheidung gerichtlich überprüft werden.

75

c) Rechtsschutzfragen. Lange Zeit war umstritten, welcher **Rechtsweg** für vergaberechtliche Streitigkeiten eröffnet ist.⁵⁴ Hintergrund war der Charakter der Vergabeentscheidung. Das Bundesverwaltungsgericht hat in einer grundlegenden Entscheidung festgestellt, dass die Vergabeentscheidung nicht öffentlich-rechtlicher, sondern privatrechtlicher Natur, und der Verwaltungsrechtsweg daher nicht eröffnet ist.⁵⁵ Es begründet dies damit, dass der öffentliche Auftraggeber zwar Leistungen für seine Aufgabenerfüllung beschaffen will, jedoch wie ein Privater am Markt auftritt und Leistungen nachfragt. Die Zwei-Stufen-Theorie findet nach Ansicht des Bundesverwaltungsgerichts auf das unterschwellige Vergaberecht keine Anwendung, sodass nicht zwischen einem öffentlich-rechtlichen Verfahren und einem privatrechtlichen Vertrag zu differenzieren ist. Deshalb sind für den Rechtsschutz gegen eine Vergabeentscheidung die Zivilgerichte, in der Regel wegen des Volumens der Aufträge die Landgerichte, zuständig, §§ 23 Nr. 1, 71 Abs. 1 GVG.

76

2. Vergabe nach der UVgO

Die Vergabe öffentlicher **Liefer- und Dienstleistungsaufträge** im Unterschwellenbereich unterfällt teilweise nicht mehr den Basisparagrafen der VOL/A, sondern der UVgO, die nach dem Vorbild der VgV gestaltet wurde. Dadurch kommt es für unterschwellige Vergaben zu Abweichungen zwischen der Vergabe von Bauleistungen einerseits und der Vergabe von Lieferungen sowie Dienstleistungen andererseits.

77

a) Anwendbarkeit. Die Regelungen der UVgO treten erst durch einen **Anwendungsbefehl** in Kraft. Es handelt sich somit nicht um eine Rechtsverordnung, sondern um ein aus sich heraus rechtlich un-

78

---

52 *Sormani-Bastian* Vergaberecht und Sozialrecht, 2007, S. 245.
53 *Wallerath* Öffentliche Bedarfsdeckung und Verfassungsrecht, 1988, S. 323.
54 Für die Eröffnung des Verwaltungsrechtswegs *Huber* JZ 2000, 877, 882; *Pünder* VerwArch 95 (2004) 38, 56 ff.
55 BVerwG NJW 2007, 2275.

verbindliches Regelwerk in Form der Verwaltungsvorschrift. Auf Bundesebene sieht § 55 der Verwaltungsvorschrift zur Bundeshaushaltsordnung (VV-BHO) die Geltung der UVgO für die Vergabe öffentlicher Liefer- und Dienstleistungsaufträge unterhalb der EU-Schwellenwerte vor. Auf Landesebene ist die Anwendung der UVgO derzeit in Hamburg (vgl. § 2a Abs. 1 S. 1 HmbVgG) und Bayern (vgl. Verwaltungsvorschrift zum öffentlichen Auftragswesen (VVöA)) vorgeschrieben.

79 § 1 Abs. 2 UVgO überträgt insbesondere die **Bereichsausnahmen** nach § 107 GWB auf die unterschwellige Vergabe. Für die dort geregelten Sachverhalte ist also weder das ober- noch das unterschwellige Vergabeverfahren anwendbar. Selbiges gilt für In-House-Vergaben im Regelungsbereich des § 108 GWB.

80 Anders als das GWB richtet sich die UVgO nicht an den „öffentlichen Auftraggeber", sondern den „Auftraggeber". Damit wird dem Bund und den Ländern die Möglichkeit eröffnet, den Anwendungsbereich der UVgO neben den „klassischen" öffentlichen Auftraggebern auch auf andere staatliche Stellen zu erstrecken.

81 **b) Vergabeverfahren.** Die **Vergabegrundsätze** nach § 2 UVgO entsprechen den in § 97 Abs. 1, 2 GWB normierten. So sind auch bei der unterschwelligen Vergabe nach der UVgO die Grundsätze von Wettbewerb, Transparenz, Wirtschaftlichkeit und Verhältnismäßigkeit zu wahren und eine Gleichbehandlung der Teilnehmer sicherzustellen.

82 Die **unterschwellige Vergabe** erfolgt nach § 8 Abs. 1, 2 S. 1 UVgO nach Wahl des Auftraggebers entweder durch öffentliche Ausschreibung oder durch beschränkte Ausschreibung mit Teilnahmewettbewerb. Daneben besteht gemäß § 8 Abs. 1, 2 S. 2 UVgO die Möglichkeit einer beschränkten Ausschreibung ohne Teilnahmewettbewerb sowie einer Verhandlungsvergabe mit oder ohne Teilnahmewettbewerb, soweit dies durch die UVgO zugelassen ist. Die Einzelheiten der Verfahrensarten werden in §§ 9 ff. UVgO geregelt, die sich weitgehend an den Regelungen für den Oberschwellenbereich orientieren.

83 Die Vergabe öffentlicher Aufträge erfolgt gemäß § 31 Abs. 1 UVgO an geeignete, also fachkundige und leistungsfähige, Unternehmen. Die Ausschlussgründe der §§ 123, 124 GWB finden entsprechende Anwendung. Das gilt gemäß § 31 Abs. 2 S. 3 UVgO auch für die Selbstreinigung nach § 125 GWB sowie die zulässige Höchst-

dauer des Ausschlusses nach § 126 GWB. Einzelne Eignungskriterien legt § 33 UVgO fest. Diese entsprechen den Kriterien, die § 122 Abs. 2 GWB für den Oberschwellenbereich normiert. Auch die Mittelstandsförderung ist bei der Vergabe gemäß § 2 Abs. 4 UVgO zu berücksichtigen, was sich insbesondere in der Aufteilung der Leistungen nach Losen gemäß § 22 UVgO widerspiegelt. Der Zuschlag wird gemäß § 43 Abs. 1 UVgO auf das wirtschaftlichste Angebot erteilt. Entscheidend ist wie bei der Oberschwellenvergabe das Preis-Leistungs-Verhältnis nach § 43 Abs. 2 S. 1 UVgO. Von der Zuschlagserteilung sind alle Bieter gemäß § 46 Abs. 1 S. 1 UVgO unverzüglich zu unterrichten. Auf Verlangen sind den nicht berücksichtigten Bewerbern und Bietern spätestens innerhalb von 15 Tagen die wesentlichen Gründe für die Ablehnung ihres Angebots und weitere Informationen mitzuteilen.

c) **Rechtsschutzfragen.** Besondere Regelungen zur Nachprüfung der unterschwelligen Vergabeentscheidungen und zum Rechtsschutz enthält die UVgO nicht. Auch im Anwendungsbereich der UVgO sind daher die **Zivilgerichte** für die Rechtsschutzbegehren gegen eine Vergabeentscheidung zuständig. 84

§ 13. Das Recht der öffentlichen Unternehmen und Beteiligungen

Literatur: *D. Ehlers,* Die Zulässigkeit einer erwerbswirtschaftlichen Betätigung der öffentlichen Hand, JURA 1999, 212; *T. Franz,* Gewinnerzielung durch öffentliche Daseinsvorsorge; *W. Kluth,* Grenzen kommunaler Wettbewerbsteilnahme; *L. Krämer,* Wirtschaftliche Betätigung von Kommunen als „Randnutzung" – Rechtliche Grenzen und ein Normierungsvorschlag, LKV 2016, 348; *S. Storr,* Der Staat als Unternehmer.

I. Begriffsklärungen und tatsächlicher Befund

1. Begriffsklärungen

a) **Öffentliche Unternehmen.** Wenn der Staat wirtschaftlich tätig wird, erfolgt dies zumeist durch **öffentliche Unternehmen**. In der Praxis dominieren dabei die **kommunalen Unternehmen**, die vor allem im Bereich der Daseinsvorsorge (Stadtwerke, Verkehrsbetriebe, 1

Sparkassen, aber auch Wohnungsunternehmen und Krankenhäuser) tätig sind.[1] Als Unternehmen hat der EuGH jede eine wirtschaftliche Tätigkeit ausübende Einheit bezeichnet, unabhängig von ihrer Rechtsform und der Art ihrer Finanzierung.[2] Ein solches Unternehmen ist öffentlich, wenn die öffentliche Hand unmittelbar oder mittelbar einen beherrschenden Einfluss ausüben kann.[3] Im deutschen Recht existiert zwar keine Legaldefinition, es haben sich aber bestimmte Kriterien entwickelt.

2   Um das öffentliche Unternehmen von der allgemeinen Verwaltung abzugrenzen, ist eine gewisse **organisatorische Verselbständigung** erforderlich.[4] Umstritten ist deshalb die Einordung des gemeindlichen Regiebetriebs, der allerdings in der Praxis keine große Rolle mehr spielt.[5] Im Übrigen ist die Rechtsform irrelevant. Die Einheit muss wirtschaftlich tätig sein, also Leistungen entgeltlich auf einem Markt anbieten. Einige Kommunalgesetze verlangen darüber hinaus, dass die Tätigkeit ihrer Art nach auch von Privaten mit Gewinnerzielungsabsicht betrieben werden könnte (sog. Popitz-Kriterium)[6], oder bestimmte Einrichtungen der Daseinsvorsorge und sog. Hilfsbetriebe werden qua gesetzlicher Fiktion zu nichtwirtschaftlichen Unternehmen erklärt.[7]

3   Die öffentliche Hand muss einen **bestimmenden Einfluss** auf das Unternehmen ausüben können. Wenn sie nicht alleiniger Träger/Besitzer des Unternehmens ist, ist dafür eine beherrschende Stellung durch Steuerungsmöglichkeiten erforderlich.[8] Dies kann über die Organe einer Gesellschaft, durch Beschränkung der Vertretungsbefugnisse der Gesellschafter, Weisungsrechte oder Beherrschungsverträge geschehen.

4   **b) Beteiligungen.** Anstatt ein öffentliches Unternehmen in öffentlich-rechtlicher oder privater Rechtsform zu gründen und ausschließ-

---

1 Siehe *Wurzel/Schraml/Becker (Hrsg.)* Rechtspraxis der kommunalen Unternehmen, 3. Auflage 2015.
2 EuGH Rs. C-41/90, Slg. 1991, I-1979 – Höfner und Elser Rn. 21; stRspr.
3 Art. 2 lit. b der RL 2006/111/EG über die Transparenz der finanziellen Beziehungen zwischen den Mitgliedstaaten und den öffentlichen Unternehmen, ABl. 2006 L 318/17.
4 Vgl. VGH Mannheim NVwZ-RR 2006, 714 (715); *Kluth* Grenzen kommunaler Wettbewerbsteilnahme, S. 87 f. Einige Kommunalgesetze stellen allerdings nicht auf wirtschaftliche Unternehmen, sondern auf jegliches wirtschaftliches Handeln ab, vgl. § 121 Abs. 1 HessGO, § 91 BbgKVerf.
5 Vgl. *Schliesky* Öffentliches Wettbewerbsrecht, S. 28 f.; für eine Beurteilung als wirtschaftliches Unternehmen BVerwGE 39, 329 (333).
6 § 107 Abs. 1 S. 3 GO NRW; § 91 Abs. 1 S. 1 BbgKVerf.
7 § 102 Abs. 4 GO BW.
8 *Ruthig/Storr* ÖffWirtR Rn. 667.

§ 13. Das Recht der öffentlichen Unternehmen und Beteiligungen 239

lich selbst zu betreiben, kann sich die öffentliche Hand auch an einem Unternehmen beteiligen. Dies kann durch Zusammenwirken mehrerer Träger öffentlicher Verwaltung geschehen – sog. **gemischt-öffentliche Unternehmen** (zum Unterfall Zweckverband → Rn. 8) – oder durch Zusammenwirken eines oder mehrerer Träger öffentlicher Verwaltung mit Privaten – sog. **gemischt-wirtschaftliches Unternehmen**. Dabei sind jeweils öffentlich-rechtliche und privatrechtliche Organisationsformen anzutreffen (→ Rn. 6 ff.).

2. Erscheinungsformen und tatsächliche Bedeutung öffentlicher Unternehmen und Beteiligungen

Öffentliche Unternehmen und Beteiligungen spielen nach wie vor 5 eine große wirtschaftliche Rolle. Auf kommunaler Ebene bieten sie vor allem typische Leistungen der **Daseinsvorsorge** an (zB Wasser- und Energieversorgung, ÖPNV, Abfall- und Abwasserbeseitigung). Auch die Bundesländer beteiligen sich an zahlreichen öffentlichen Unternehmen (zB Landesbanken, Lottogesellschaften, Flughafenbetreibergesellschaften, Kultur- und Tourismusförderung). Der Bund ist zB alleiniger Anteilseigner der Deutschen Bahn AG, aber auch der Bundesgesellschaft für Endlagerung (vgl. § 9a Abs. 3 AtG), und Minderheitsbeteiligter an der Deutschen Telekom AG.

II. Rechtsformen öffentlicher Unternehmen und Beteiligungen

1. Öffentlich-rechtliche Organisationsrechtsformen

a) **Eigenbetrieb.** Eigenbetriebe sind Unternehmen **ohne eigene** 6 **Rechtspersönlichkeit**, die aber gegenüber der Verwaltung über eine organisatorische und finanzielle Selbständigkeit verfügen.[9] Finanzwirtschaftlich werden sie als Sondervermögen geführt. Für die kommunale Ebene wird die interne Organisationsstruktur dieser klassischen Organisationsform in den Gemeindeordnungen[10] oder in

---

9 *Schneider* in: Wurzel/Schraml/Becker (Hrsg.) Rechtspraxis der kommunalen Unternehmen, 3. Auflage 2015, D I.
10 § 93 BbgKVerf; § 127 HGO; § 140 NKomVG; § 114 GO NRW.

Eigenbetriebsgesetzen der Länder[11] geregelt. In Abgrenzung zum Eigenbetrieb weisen Regiebetriebe keine Verselbständigung auf, sie sind Abteilungen der Verwaltung.

7 **b) Rechtsfähige Anstalt des öffentlichen Rechts.** Als juristische Person des öffentlichen Rechts kann durch ein Gesetz oder aufgrund eines Gesetzes eine rechtsfähige Anstalt des öffentlichen Rechts gegründet werden.[12] Ein klassisches Beispiel sind die **Sparkassen.** Durch die Anstaltsgesetze der Länder[13] wird es den Kommunen ermöglicht, neue Anstalten des öffentlichen Rechts zu gründen oder bestehende Regie- oder Eigenbetriebe in solche umzuwandeln. In der Praxis wird davon wegen der damit verbundenen hohen Kosten kaum Gebrauch gemacht.

8 **c) Zweckverband.** Ein Zweckverband ist eine Körperschaft des öffentlichen Rechts, die zur **interkommunalen Zusammenarbeit** gegründet wird. Auch **Private** können einbezogen werden, wenn dadurch der Zweck gefördert wird. Grundlage sind die Gesetze über kommunale Gemeinschaftsarbeit.[14] Dem Zweckverband wird die Erfüllung bestimmter kommunaler Aufgaben übertragen (zB der Betrieb einer Mülldeponie).

2. Privatrechtliche Organisationsrechtsformen

9 Als privatrechtliche Organisationsform kommt grundsätzlich jede Rechtsform in Betracht, die das Gesellschaftsrecht bereithält. Aufgrund der gesetzlich geforderten Haftungsbeschränkung (→ Rn. 34) scheiden Personengesellschaften mit ihrer unbegrenzten persönlichen Haftung aus. Genutzt werden die Rechtsformen der Aktiengesellschaft und der Gesellschaft mit beschränkter Haftung und vereinzelt auch die eingetragene Genossenschaft.[15] Als juristische Personen des Privatrechts unterliegen sie nicht dem öffentlichen Dienstrecht, können aber auch nicht hoheitlich tätig werden (zB durch den Erlass von Gebührenbescheiden), außer sie werden beliehen. Hält die öffentliche

---

11 EigBG LSA.
12 *Schraml* in: in: Wurzel/ders./Becker (Hrsg.) Rechtspraxis der kommunalen Unternehmen, 3. Auflage 2015, D II.
13 ZB AnstG LSA.
14 ZB GKG-LSA.
15 Zu Einzelheiten *Becker* und *Korte* in: Wurzel/Schraml/Becker (Hrsg.) Rechtspraxis der kommunalen Unternehmen, 3. Auflage 2015, D IV bis VI.

§ 13. Das Recht der öffentlichen Unternehmen und Beteiligungen   241

Hand 100 % der Anteile der Gesellschaft, spricht man von einer **Eigengesellschaft**.[16]

3. Beteiligungsformen

Gemischt-öffentliche Unternehmen sind vor allem als Zweckverband verbreitet. Es sind aber auch andere Rechtsformen denkbar (zB die Kreditanstalt für Wiederaufbau, in die der Bund und die Länder Stammkapital eingebracht haben). Beteiligungen an gemischtwirtschaftlichen Unternehmen erfolgen in der Regel durch das Einbringen von Stammkapital (GmbH) oder durch Eigentum an Aktien (AG).

4. Statusfragen öffentlicher Unternehmen

Zur Frage der **Grundrechtsbindung** und Grundrechtsfähigkeit öffentlicher Unternehmen kann auf die allgemeinen Ausführungen zu Adressaten und Berechtigten der Grundrechte verwiesen werden (→ § 7 Rn. 4 ff.). Im Ergebnis sind damit öffentliche Unternehmen unabhängig von der Art ihrer Betätigung (Verwaltungsprivatrecht, erwerbswirtschaftliche Tätigkeit, fiskalische Hilfsgeschäfte) und unabhängig von ihrer Rechtsform an die Grundrechte gebunden und können sich deshalb nicht zugleich auf sie berufen. Bei gemischtwirtschaftlichen Unternehmen mit einer beherrschenden Stellung des Staates trifft nach einer Ansicht die Grundrechtsbindung nur den Staat als Anteilseigner, nicht aber das Unternehmen selbst.[17] Nach wohl überwiegender Auffassung sind auch solche Unternehmen mit privaten Anteilseignern selbst und unmittelbar Adressaten der Grundrechte.[18] Es handelt sich materiell um Aufgabenwahrnehmung durch vollziehende Gewalt im Sinne des Art. 1 Abs. 3 GG.[19] Bei einer Minderheitsbeteiligung des Staates ist hingegen von einer umfassenden Grundrechtsfähigkeit des Unternehmens auszugehen, die eine Grundrechtsverpflichtung ausschließt.[20] **Öffentliche Unternehmen von anderen EU-Mitgliedstaaten** (zB Vattenfall) werden

---

16 Vgl. *Kluth* Grenzen kommunaler Wettbewerbsteilnahme, S. 16 f.
17 *Höfling* in: Sachs (Hrsg.) GG Art. 1 Rn. 108; *Dreier* in: Dreier (Hrsg.) GG Art. 1 III Rn. 71; *Herdegen* in: Maunz/Dürig (Hrsg.) GG Art. 1 III Rn. 96.
18 BVerfG NJW 2011, 1201 (1203); BVerwG NVwZ 1998, 1083 (1084 f.).
19 *Enders* JZ 2011, 577 (578).
20 BVerfG NVwZ 2006, 1041 zur Deutschen Telekom AG; *Jarass/Pieroth* GG Art. 1 Rn. 40.

auf Grund der Vorgaben des Unionsrechts den privaten Unternehmen gleichgestellt und sind deshalb auch Grundrechtsträger.[21]

III. Zulässigkeit öffentlicher Unternehmen und Beteiligungen

1. Bindung an die Verbandskompetenz

12 Die Gründung und der Betrieb eines öffentlichen Unternehmens stehen jedem Träger öffentlicher Verwaltung (nur) im Rahmen seiner Verbandskompetenz zu. Verwaltungsrechtlich handelt es sich um ein Instrument zur Aufgabenerfüllung. Grundsätzlich sind die Kommunen Träger der öffentlichen Verwaltung in ihrem Gebiet (vgl. § 2 Abs. 2 KVG LSA), sodass ihnen die Kompetenz zukommt, alle Angelegenheiten der örtlichen Gemeinschaft zu regeln. Diese Zuständigkeit wird verfassungsrechtlich durch Art. 28 Abs. 2 S. 1 GG gewährleistet. Für den Bereich der wirtschaftlichen Betätigung sind zudem die Regelungen zu wirtschaftlichen öffentlichen Einrichtungen zu beachten (zB § 4 S. 2 KVG LSA), die als Zweckvorschriften die kompetenzielle Ermächtigung zur Leistungsverwaltung enthalten.[22] Für die **überörtliche Betätigung**[23] und die **Betätigung im Ausland** sind die Kommunen auf gesetzliche Ermächtigungen angewiesen, die die Landesgesetzgeber in unterschiedlichem Umfang erteilt haben.[24]

13 Die Kompetenz der Kommunen wird durch die Kompetenzen und Regelungen von Land und Bund begrenzt. Dabei erstreckt sich die Aussage von Art. 30 GG zur vertikalen Aufgabenverteilung auch auf wirtschaftliches Staatshandeln.[25] Eine ausdrückliche Kompetenzzuweisung an den Bund findet sich in Art. 87e Abs. 3 S. 1 GG für den Betrieb von Bahnunternehmen in Privatrechtsform (Deutsche Bahn AG).[26]

---

21 BVerfGE 143, 246 (312 ff.).
22 *Kluth* Grenzen kommunaler Wettbewerbsteilnahme, S. 41 f.
23 Diese ist von den Fällen der kommunalen Gemeinschaftsarbeit zu unterscheiden.
24 *Brüning* NVwZ 2015 689 (693 f.).
25 BVerfGE 12, 205 (244 ff.); *Erbguth* in: Sachs (Hrsg.) GG Art. 30 Rn. 32 f.
26 *Remmert* in: BeckOK GG Art. 87e Rn. 10.

§ 13. Das Recht der öffentlichen Unternehmen und Beteiligungen 243

2. Unterscheidung von wirtschaftlicher und nicht-wirtschaftlicher Betätigung

Dementsprechend differenzieren die Kommunalordnungen der Länder – mit Ausnahme von Bayern und Thüringen – danach, ob sich die Kommune wirtschaftlich oder nicht-wirtschaftlich betätigt.[27] Was unter wirtschaftlichen Unternehmen zu verstehen ist, bestimmt sich vor allem nach dem **Popitz-Kriterium**[28]: Wirtschaftliche Unternehmen sind „Einrichtungen, die auch von einem Privatunternehmen mit der Absicht der Gewinnerzielung betrieben werden können"[29] In einigen Bundesländern werden einige Betätigungen ausdrücklich nicht den Schrankenregelungen unterstellt, so etwa Pflichtaufgaben oder der Betrieb von öffentlichen Einrichtungen. Die Zuordnung ist teilweise wenig überzeugend: So schließt etwa § 107 Abs. 2 Nr. 4 GO NRW ausdrücklich die Abwasserbeseitigung aus, während die Wasserversorgung wiederum eine wirtschaftliche Betätigung darstellen soll.

3. Anforderungen der Schrankentrias

Ist das Unternehmen ein wirtschaftliches, so muss die wirtschaftliche Betätigung der sog. Schrankentrias entsprechen. Diese Vorgaben ähneln § 67 DGO. Exemplarisch kann auf § 128 Abs. 1 KVG LSA zurückgegriffen werden: Die Kommune darf sich in Angelegenheiten der örtlichen Gemeinschaft auch außerhalb ihrer öffentlichen Verwaltung in den Rechtsformen des Eigenbetriebs, der Anstalt des öffentlichen Rechts oder in einer Rechtsform des Privatrechts wirtschaftlich betätigen, wenn
1. ein öffentlicher Zweck die Betätigung rechtfertigt,
2. wirtschaftliche Betätigungen nach Art und Umfang in einem angemessenen Verhältnis zur Leistungsfähigkeit der Kommune und zum voraussichtlichen Bedarf stehen und
3. der Zweck nicht besser und wirtschaftlicher durch einen anderen erfüllt werden wird oder erfüllt werden kann.

Der Verweis auf die „Angelegenheiten der örtlichen Gemeinschaft" stellt sicher, dass eine wirtschaftliche Betätigung nur innerhalb der

---

27 ZB § 128 KVG LSA.
28 *Popitz* Der künftige Finanzausgleich zwischen Reich, Ländern und Gemeinden, 1932, S. 46 ff.
29 BVerwGE 39, 329 (333); vgl. dazu *Lange* Kommunalrecht, Kap. 14 Rn. 14.

Verbandskompetenz der Gemeinde erfolgen darf. Da die Selbstverwaltungsgarantie gem. Art. 28 Abs. 1 S. 1 GG einen Ortsbezug voraussetzt, setzt eine weitergehende wirtschaftliche Tätigkeit eine entsprechende gesetzliche Regelung voraus. Entsprechende Regelungen wurden etwa für die überörtliche Energieversorgung geschaffen (vgl. § 128 Abs. 3, 4 und 5 KVG LSA).[30]

17 a) **Öffentlicher Zweck.** Der Betrieb eines öffentlichen Unternehmens muss einem öffentlichen Zweck dienen. Verfassungsrechtlich ergibt sich diese Pflicht aus der grundsätzlichen Bindung jeden staatlichen Handelns an das **Gemeinwohl**, was eine Rechtfertigung über den Selbstzweck hinaus im Wohl des Volkes verlangt.[31] Einfachgesetzlich hatte schon § 67 DGO von 1935 die Verfolgung eines öffentlichen Zwecks als Voraussetzung für die Errichtung eines kommunalen Unternehmens aufgestellt. Heute verlangen die Kommunalverfassungen, dass ein öffentlicher Zweck die wirtschaftliche Betätigung „rechtfertigt"[32] oder „erfordert"[33]. Gemäß § 65 Abs. 1 Nr. 1 BHO bzw. den Landeshaushaltsordnungen muss für die Beteiligung an privatrechtlichen Unternehmen ein wichtiges Interesse vorliegen, womit ein inhaltlich identischer Verweis auf ein notwendiges Gemeinwohlziel vorliegt.

18 b) **Leistungsfähigkeit und Bedarf.** Die wirtschaftliche Betätigung muss nach Art und Umfang in einem **angemessenen Verhältnis zur Leistungsfähigkeit der Kommune und zum voraussichtlichen Bedarf** stehen.[34] Die Forderung steht in einem Zusammenhang mit dem Grundsatz der sparsamen und wirtschaftlichen Haushaltsführung.[35] Zudem bestimmt etwa § 4 S. 2 KVG LSA, dass Gemeinden nur in den Grenzen ihrer Leistungsfähigkeit die für ihre Einwohner erforderlichen sozialen, kulturellen und wirtschaftlichen Einrichtungen bereitstellen dürfen.

19 Die Beschränkung auf die Leistungsfähigkeit bezweckt in erster Linie den **Schutz der Gemeindefinanzen**; denn die Orientierung an der Leistungsfähigkeit soll die Gemeinde vor einer Überforderung

---

30 Krit. zur Erweiterung der örtlichen Tätigkeit von wirtschaftlichen Unternehmen *Suerbaum* Kommunale und sonstige öffentliche Unternehmen, in: Ehlers/Fehling/Pünder (Hrsg.) BesVwR, Bd. 1, 3. Auflage, § 13 Rn. 63.
31 *Isensee* in: HStR Bd. 3 § 57 Rn. 8; *Mann* JZ 2002, 819 (820).
32 So zB § 128 Abs. 1 KVG LSA.
33 So zB § 107 Abs. 1 GO NRW.
34 ZB § 128 Abs. 1 S. 1 Nr. 2 KVG LSA.
35 ZB § 98 Abs. 2 KVG LSA.

ihrer Verwaltungs- und Finanzkraft schützen.[36] Der Klausel kommt insbesondere im Zusammenhang mit der Überschuldung zahlreicher Kommunen praktische Bedeutung zu: Umso stärker eine Kommune verschuldet ist, desto eher wird sie von wirtschaftlichen Aktivitäten Abstand nehmen müssen, die mit wirtschaftlichen Risiken verbunden sind.[37] In die gleiche Richtung geht auch die notwendige Prüfung des voraussichtlichen Bedarfs. Sie soll gewährleisten, dass dem Unternehmen im Rahmen des öffentlichen Zwecks keine Aufgaben übertragen werden, für die keine Nachfrage besteht.[38] Dabei ist entsprechend dem Örtlichkeitsprinzip auf den Bedarf im Gemeindegebiet abzustellen.

Beispiel: Diese Begrenzung der wirtschaftlichen Tätigkeit wurde in jüngerer Zeit vor allem Hinblick auf sog. kommunale Bürgerwindparks relevant. Viele Kommunen planen, sich an privatrechtlichen Gesellschaften wirtschaftlich zu beteiligen, um einen „Beitrag zur dezentralen Energieerzeugung" zu leisten. In der Rechtsprechung stießen solche Vorhaben bisher nicht nur auf umwelt- und bauplanungsrechtliche, sondern vor allem auch auf kommunalrechtliche Bedenken.[39]

c) Subsidiarität. Die dritte Schranke des kommunalen Wirtschaftsrechts betrifft die Subsidiarität der Betätigung. Die meisten Gemeindeordnungen enthalten entweder eine einfache oder eine verschärfte („echte") Subsidiaritätsklausel.

Bei der **einfachen Subsidiaritätsklausel** („Funktionssperre") setzt die wirtschaftliche Tätigkeit voraus, dass der Zweck nicht besser und wirtschaftlicher durch einen anderen erfüllt wird oder erfüllt werden kann.[40] Es genügt also für ein Tätigwerden, dass das kommunale Unternehmen hinsichtlich der Qualität und der Wirtschaftlichkeit wenigstens gleich gut anbieten kann. Diese Ausgestaltung entspricht der ursprünglichen Fassung der Deutschen Gemeindeordnung (§ 67 Abs. 1 Nr. 3 DGO). Bei den **echten Subsidiaritätsklauseln** steht es der wirtschaftlichen Betätigung schon entgegen, wenn der Zweck des Unternehmens nicht ebenso gut und wirtschaftlich durch einen priva-

---

36 OVG Magdeburg Urt. v. 7.5.2015 – 4 L 163/14 Rn. 54.
37 *Gaß* in: Wurzel/Schraml/Becker (Hrsg.) Rechtspraxis der kommunalen Unternehmen, 3. Auflage 2015, C Rn. 129.
38 OVG Magdeburg Urt. v. 7.5.2015 – 4 L 163/14 Rn. 54; OVG Schleswig Urt. v. 11.7.2013 – 2 LB 32/12 Rn. 102.
39 OVG Magdeburg Urt. v. 7.5.2015 – 4 L 163/14; OVG Schleswig Urt. v. 11.7.2013 – 2 LB 32/12; vgl. dazu auch *Shirvani* NVwZ 2014, 1185; *Zenke/Dessau* KommJur 2013, 288.
40 § 128 Abs. 1 S. 1 Nr. 3 KVG LSA; § 97 Abs. 1 S. 1 Nr. 3 GO SA; § 107 Abs. 1 S. 1 Nr. 3 GO NRW.

ten Anbieter erfüllt werden kann.⁴¹ Das heißt, dass die Kommune nachweisen muss, der privaten Wirtschaftätigkeit sowohl hinsichtlich der Qualität als auch der Wirtschaftlichkeit überlegen zu sein.

22 Zur Beurteilung, ob die Voraussetzungen der jeweiligen Subsidiaritätsschranke vorliegen, steht der Kommune ein **Beurteilungsspielraum** zu.⁴² Einige Bundesländer verpflichten die Kommunen jedoch, ein Markterkundungsverfahren oder eine Marktanalyse durchzuführen.⁴³

23 d) **Konkurrentenschutz.** Macht ein privater Konkurrent des öffentlichen Unternehmens einen Unterlassungsanspruch geltend, so ist entscheidend, ob die einschlägigen Vorschriften iSd Schutznormtheorie zumindest auch dem Schutz des privaten Konkurrenten zu dienen bestimmt sind. Als Grundlage für einen verwaltungsrechtlichen Unterlassungsanspruch kommen einerseits die kommunalrechtlichen Schrankenbestimmungen und im Übrigen die Grundrechte in Betracht. Ein grundrechtlicher Unterlassungsanspruch wird weitgehend vom BVerwG abgelehnt. Im Anschluss an diese Rechtsprechung haben die Verwaltungsgerichte lange Zeit auch den drittschützenden Gehalt der gemeindewirtschaftlichen Normen verneint. Die fehlende Klagebefugnis wurde bis zur Elektrogeräteentscheidung des BGH⁴⁴ dadurch kompensiert, dass die Zivilgerichte einen Unterlassungsanspruch auf Grundlage von § 1 UWG aF annahmen.

24 Traditionell wurde die drittschützende Wirkung der gemeindewirtschaftlichen Bestimmungen mit dem Argument abgelehnt, das Gemeindewirtschaftsrecht diene ausschließlich dem Schutz der Gemeinden vor wirtschaftlichen Risiken.⁴⁵ Inzwischen haben aber einige Verwaltungsgerichte den kommunalrechtlichen Vorschriften eine drittschützende Wirkung entnommen. Eine drittschützende Wirkung der Zweckbindungsklauseln („öffentlicher Zweck") wurde vor allem vom OVG Münster angenommen.⁴⁶ Näher liegt es aber, einen Dritt-

---

41 § 102 Abs. 1 Nr. 3 BWGO; Art. 87 Abs. 1 S. 1 Nr. 4 BayGO.
42 VerfGH Rheinland-Pfalz NVwZ 2000, 801 (803); *Ruthig/Storr* ÖffWirtR Rn. 710.
43 ZB § 71 Abs. 2 Nr. 4 S. 3 ThürKO; § 107 Abs. 5 GO NRW.
44 BGH NJW 2002, 2645.
45 BayVGH BayVBl 1976, 628 (629); VGH BW NJW 1995, 274; *Hellermann* Örtliche Daseinsvorsorge und gemeindliche Selbstverwaltung, 2000, S. 252; *Wieland* Die Verwaltung 36 (2003), 225 (231).
46 OVG Münster NVwZ 2003, 1520 (1521); so auch *Hösch* DÖV 2000, 393 (402); *Lange* Kommunalrecht, Kap. 14 Rn. 125 ff.; krit. *Jungkamp* NVwZ 2010, 546.

schutz in den Subsidiaritätsbestimmungen zu sehen.⁴⁷ Jedenfalls diese Vorschriften belegen, dass der Gesetzgeber das Verhältnis zur Privatwirtschaft in den Blick genommen hat.⁴⁸ Ginge es dem Gesetzgeber nur um den Selbstschutz der Gemeinden vor einer finanziellen Überlastung, dann würde auch eine bloße Risikobegrenzungsklausel genügen. Nicht überzeugend ist ferner die Behauptung, die Subsidiaritätsschranke diene dem Schutz der Privatwirtschaft, nicht aber dem privaten Unternehmer⁴⁹; denn das eine lässt sich nicht von dem anderen trennen.⁵⁰

Im Übrigen wird man umso eher von der Annahme subjektiv-öffentlicher Rechte ausgehen müssen, wenn der Gesetzgeber eine **echte Subsidiaritätsschranke** festlegt.⁵¹ Auch das Erfordernis einer **Marktanalyse** kann ein Indiz für eine drittschützende Wirkung sein.⁵² Schließt man sich der Auffassung an, dass schon die Berufsfreiheit vor Konkurrenz der öffentlichen Hand schützt, dann ist es folgerichtig, eine drittschützende Wirkung der Subsidiaritätsschranke aufgrund der normimmanenten Wirkung der Berufsfreiheit anzunehmen.⁵³ 25

Beispiel: Ein typischer Fall für eine interkommunale Zusammenarbeit ist die Auftragsvergabe an einen Zweckverband (zB für die gebietsüberschreitende Kooperation bei der Abwasserentsorgung). Auch hier muss beachtet werden, dass nach § 108 Abs. 6 GWB das Vergaberecht nur dann nicht anwendbar ist, wenn am Zweckverband ausschließlich öffentliche Mitglieder einschließlich der auftragsvergebenden Kommune beteiligt sind. Unbeachtlich ist jedoch nach dem Wortlaut des § 108 Abs. 6 GWB, ob an den öffentlichen Auftraggebern eine private Kapitalbeteiligung besteht, solange der Auftrag zwischen öffentlichen Auftraggebern geschlossen wird und die übrigen Voraussetzungen des § 108 Abs. 6 GWB erfüllt sind.

4. Einfachgesetzliche zivilrechtliche Schranken

Schwierigkeiten bereitet das Verhältnis des Gemeindewirtschaftsrechts zum Recht des unlauteren Wettbewerbs. Lange Zeit haben die Zivilgerichte die Rechtmäßigkeit des Marktzutritts auch auf Basis des 26

---

47 So etwa auch VGH Mannheim NVwZ-RR 2006, 714 (715); OVG Münster NVwZ-RR 2005, 198 (199); dagegen aber OVG Magdeburg NVwZ-RR 2009, 347 (347f.); OVG Lüneburg NVwZ 2009, 258 (259f.).
48 *Suerbaum* in: Ehlers/Fehling/Pünder (Hrsg.) BesVwR, Bd. 1, § 13 Rn. 79.
49 OVG Magdeburg LKV 2009, 91 (92).
50 *Lange* Kommunalrecht, Kap. 14 Rn. 126.
51 VGH Hessen NVwZ-RR 2005, 425 (427).
52 OVG Münster NVwZ 2003, 1520 (1521).
53 *Ehlers* Gutachten 64. DJT, 2002, S. E 84f.; *Hösch* DÖV 2000, 393 (402).

Wettbewerbsrechts überprüft. Einige Oberlandesgerichte vertraten früher die Auffassung, dass bereits der Verstoß gegen kommunalrechtliche Bestimmungen eine Sittenwidrigkeit iSv § 1 UWG aF (heute § 3 UWG) begründe.[54] Indem nämlich die Gemeinde das kommunale Wirtschaftsrecht missachte, verschaffe sie sich einen „**Vorsprung durch Rechtsbruch**". Diese in der Literatur[55] zu Recht kritisierte Rechtsprechung wurde in zwei grundlegenden Entscheidungen des BGH[56] aufgegeben. Danach sei ein Verstoß gegen kommunalrechtliche Vorschriften nicht zugleich sittenwidrig iSv § 1 UWG aF Insbesondere sei es „nicht Sinn des UWG, den Anspruchsberechtigten zu ermöglichen, Wettbewerber unter Berufung darauf, dass ein Gesetz ihren Marktzutritt verbietet, vom Markt fernzuhalten, wenn das betreffende Gesetz den Marktzutritt nur aus Gründen verhindern will, die den Schutz des lauteren Wettbewerbs nicht berühren"[57].

27 Das Wettbewerbsrecht schützt demnach **nicht vor dem Marktzutritt („Ob"), sondern ausschließlich vor unlauterem Marktverhalten („Wie)**. Dazu räumt das UWG dem Betroffenen gem. § 8 UWG einen Beseitigungs- und Unterlassungsanspruch ein, wenn das öffentliche Unternehmen unzulässige geschäftliche Handlungen iSd § 3 UWG vornimmt. Die Unlauterkeit einer erwerbswirtschaftlichen Tätigkeit einer Gemeinde kann sich insbesondere aus ihrer Eigenschaft als öffentlich-rechtliche Gebietskörperschaft und der damit verbundenen besonderen Stellung gegenüber den anderen Marktteilnehmern ergeben. Das ist etwa der Fall, wenn die amtliche Autorität oder das Vertrauen in die Objektivität und Neutralität der Amtsführung missbraucht oder wenn öffentlich-rechtliche Aufgaben mit der erwerbswirtschaftlichen Tätigkeit vermischt werden.[58] Im Übrigen finden sich auch im Kartellrecht in § 33 GWB weitere Abwehransprüche.

5. Rechtsschutz gegen die wirtschaftliche Betätigung der öffentlichen Hand

28 Bei dem Rechtsschutz gegen die erwerbswirtschaftliche Betätigung der öffentlichen Hand muss unterschieden werden, ob sich der Betroffene gegen den Marktzutritt („Ob") oder gegen das Marktverhalten der öffentlichen Hand („Wie") zur Wehr setzen möchte. Wäh-

---

54 OLG Düsseldorf NJW RR 1997, 1470; OLG Hamm DVBl 1998, 792.
55 *Ehlers* DVBl 1998, 497 (503); *Tettinger* NJW 1998, 3473 f.
56 BGH NJW 2002, 2645; BGH NJW 2003, 586.
57 BGH NJW 2002, 2645 (2646 f.).
58 BGH NJW-RR 2005, 1562 (1563).

rend das Marktverhalten durch die Vorschriften des UWG begrenzt wird und deshalb die Zivilgerichte zuständig sind, ist der Marktzutritt durch die kommunalrechtlichen Vorschriften geregelt, so dass nach der modifizierten Subjekttheorie der Verwaltungsrechtsweg eröffnet ist.[59]

Möchte sich der Betroffene gegen den Marktzutritt der öffentlichen Hand zur Wehr setzen, so muss er dieses Begehren im Wege einer allgemeinen Leistungsklage in Form der Unterlassungsklage geltend machen. Betreibt die Gemeinde hingegen ein rechtlich verselbständigtes Unternehmen, muss der Betroffene ebenfalls eine allgemeine Leistungsklage erheben. In diesem Fall geht es aber um einen Einwirkungsanspruch: Die Gemeinde soll verpflichtet werden, auf das öffentliche Unternehmen einzuwirken, damit dieses die widersprechende Handlung einstellt.[60]

Im Rahmen der allgemeinen Leistungsklage muss der private Konkurrent gem. § 42 Abs. 2 VwGO analog klagebefugt sein, also geltend machen können, durch den Marktzutritt der öffentlichen Hand in seinen Rechten verletzt zu sein. Als Schutznormen kommen einerseits etwa die kommunalrechtlichen Vorschriften zur Zulässigkeit der wirtschaftlichen Betätigung von Gemeinden, andererseits aber auch die Grundrechte in Betracht.

6. Gewinnerzielung durch öffentliche Unternehmen der Daseinsvorsorge

Im Idealfall erwirtschaften auch öffentliche Unternehmen der Daseinsvorsorge Gewinne. Die **Gewinnmitnahme** bei Verfolgung eines öffentlichen Zwecks wird ihnen weder vom Grundgesetz noch von den Kommunalverfassungen verboten, sondern teilweise sogar gefordert.[61] Davon zu unterscheiden ist eine wirtschaftliche Betätigung, die nur der Gewinnerzielung dient, sog. (reine) **erwerbswirtschaftliche Betätigung**. Dieser Zweck steht schon im Widerspruch zum Grundgesetz, das mit seiner Finanzverfassung (Art. 104a–108 GG) und den Wirtschaftsgrundrechten von einer Finanzierung des Staates durch Steuern und einer freien erwerbswirtschaftlichen Betätigung der Bür-

---

59 BVerwGE 17, 306 (313); OVG Münster NVwZ 2008, 1031 (1033); *Suerbaum* in: Ehlers/Fehling/Pünder § 13 Rn. 100; *Wollenschläger* in: Kirchhof/Korte/Magen Öffentliches Wettbewerbsrecht § 6 Rn. 102.
60 *Burg*, Kommunalrecht § 17 Rn. 62; *Suerbaum* in: Ehlers/Fehling/Pünder BesVwR, Bd. 1, § 13 Rn. 75.
61 § 109 Abs. 1 S. 2 GO NRW; § 107 S. 2 BbgKVerf; § 107 S. 2 SHGO; § 75 Abs. 2 KV M-V.

ger ausgeht.[62] Auf einfachgesetzlicher Ebene stellt die Gewinnerzielung keinen öffentlichen Zweck im Sinne der Kommunalverfassungen dar.[63]

7. Die Fälle der Randnutzung

32 Eine wirtschaftliche Betätigung mit Gewinnerzielungsabsicht ist in engen Grenzen bei der sogenannten **Randnutzung** zulässig. Damit ist eine wirtschaftliche Betätigung gemeint, die die öffentliche Hand bei Gelegenheit der Erfüllung ihrer öffentlichen Aufgaben betreibt, um sonst brachliegendes Wirtschaftspotential auszunutzen, das im Übrigen aber öffentlichen Zwecken dient.[64] Zur Verfolgung des öffentlichen Zwecks wurden also Personen eingestellt oder Sachmittel angeschafft, die durch die Hauptnutzung alleine nicht ausgelastet sind und deren Potential nun zur Gewinnmitnahme genutzt werden soll.

33 Die Zulässigkeit der **Gewinnmitnahme** als Randnutzung wird aus dem Grundsatz der Wirtschaftlichkeit hergeleitet (vgl. Art. 95 Abs. 1 BayGO).[65] In seiner Ausprägung als Maximalprinzip gebietet er der öffentlichen Hand, mit den gegebenen Mitteln den größtmöglichen Erfolg zu erzielen. Wichtig ist aber, dass dafür keine neuen Ressourcen aufgebaut werden und dass sich die Randnutzung der eigentlichen Betätigung quantitativ unterordnet. Sonst ließe sich das Erfordernis eines öffentlichen Zwecks umgehen und das wirtschaftliche Risiko wäre nicht mehr durch den Gründungsakt gedeckt und demokratisch legitimiert.[66]

---

62 *Kluth* in: Stober/Vogel (Hrsg.) Wirtschaftliche Betätigung der öffentlichen Hand, S. 25 ff.; *Ehlers* DVBl. 1998, 497 (499); aA *Franz* Gewinnerzielungsabsicht durch kommunale Daseinsvorsorge, S. 58 ff.
63 Ausdrücklich Art. 87 Abs. 1 S. 2 BayGO, § 91 Abs. 2 Nr. 1 BbgKVerf, § 108 Abs. 3 S. 3 SaarKSVG, § 128 Abs. 1 S. 2 KVG LSA; allg. BVerfGE 61, 82 (107); *Lange* Kommunalrecht, S. 853 f.
64 BVerwGE 82, 29 (34); vgl. § 91 Abs. 5 Nr. 2 BbgKVerf.
65 *Krämer* LKV 2016, 348 (350 f.) mwN.
66 *Krämer* LKV 2016, 348 (351 f.).

IV. Steuerung und Kontrolle öffentlicher Unternehmen und Beteiligungen

1. Anforderungen an den Gründungs- und Beteiligungsakt

Auf kommunaler Ebene ist für die Errichtung, Übernahme, wesentliche Erweiterung, Einschränkung oder Auflösung kommunaler Unternehmen, die Beteiligung an Unternehmen in einer Rechtsform des Privatrechts und die Änderung der Beteiligungsverhältnisse sowie die Umwandlung der Rechtsform kommunaler Unternehmen ein Beschluss der Vertretung erforderlich (§ 45 Abs. 2 Nr. 9 KVG LSA). Dabei müssen jedenfalls die Voraussetzungen der Schrankentrias vorliegen; für öffentliche Unternehmen in Privatrechtsform und Beteiligungen gelten zusätzliche Anforderungen, insb. muss die Rechtsform erforderlich sein, die Kommune muss einen angemessenen Einfluss erhalten und ihre Haftung begrenzt sein (§ 129 Abs. 1 KVG LSA). Vor der Errichtung, Übernahme oder Erweiterung eines Unternehmens ist eine umfassende Analyse der Vor- und Nachteile zu erstellen und dem Landesverwaltungsamt ebenso wie die spätere Entscheidung vorzulegen (§ 135 KVG LSA). 34

§ 65 BHO und die Haushaltsordnungen der Länder stellen für Beteiligungen an Unternehmen in Privatrechtsform vergleichbare Schranken auf. Zur Gründung von Unternehmen in öffentlich-rechtlicher Rechtsform mit eigener Rechtspersönlichkeit (zB die KfW) bedarf es nach dem sog. organisationsrechtlichen Gesetzesvorbehalt eines Gesetzes.[67] 35

2. Anforderung an die Steuerung und Kontrolle öffentlicher Unternehmen und Beteiligungen

Die Haushaltsordnungen und die Kommunalgesetze verlangen, dass die Träger die eigenen Unternehmen sowie die Beteiligungen so steuern und kontrollieren, dass der öffentliche Zweck verwirklicht wird und keine unzulässigen Tätigkeiten ausgeübt werden. Zu diesem 36

---

67 *Ehlers* in: Ehlers/Pünder (Hrsg.) Allg. Verwaltungsrecht, S. 95; aA wohl *Ziekow* Öff-WirtR § 7 Rn. 30.

Zweck wird ein Berichts- und Prüfwesen vorgeschrieben.[68] Hinzu kommen Anforderungen an die Compliance.[69]

3. Anforderungen an die Aufgabe von öffentlichen Unternehmen und Beteiligungen

37 Die Veräußerung von Unternehmen oder Beteiligungen (sog. materielle oder Aufgabenprivatisierung) ist von vornherein ausgeschlossen für die den Kommunen durch Gesetz als staatliche Aufgaben zur Erfüllung nach Weisung übertragenen Aufgaben (vgl. § 6 Abs. 1 und § 134 Abs. 1 KVG LSA). Entgegen der Ansicht des BVerwG folgt allerdings aus Art. 28 Abs. 2 S. 1 GG keine Pflicht zur Aufrechterhaltung des Aufgabenbestandes einer Gemeinde, der in den Angelegenheiten der örtlichen Gemeinschaft wurzelt, also der Selbstverwaltungsaufgaben.[70] In der Regel dürfen Unternehmen und Beteiligungen – wie alle Vermögensgegenstände der öffentlichen Hand – nur zu ihrem vollen Wert veräußert werden (vgl. § 115 Abs. 1 S. 2 KVG LSA). Dies entspricht wiederum dem Grundsatz der Wirtschaftlichkeit.

§ 14. Öffentliches Wettbewerbsrecht

Literatur: *Cox* (Hrsg.), Daseinsvorsorge und öffentliche Dienstleistungen in der Europäischen Union, 2000; *Jung*, in: Calliess/Ruffert (Hrsg.), EUV/AEUV, 4. Auflage 2011, Art. 106 AEUV; *Komorowski*, Der allgemeine Daseinsvorsorgevorbehalt des Art. 106 Abs. 2 AEUV, EuR 2015, S. 310–330; *Kluth*, Kommunalwirtschaftliche Aktivitäten als Dienste von allgemeinem wirtschaftlichem Interesse, in: Mann/Püttner (Hrsg.), Handbuch der kommunalen Wissenschaft und Praxis, Bd. 2, 3. Auflage 2011, § 39; *Mestmäcker/Schweitzer*, Europäisches Wettbewerbsrecht, 2. Auflage 2014, § 37; *Wernicke*, Die gewandelte Bedeutung des Art. 106 AEUV: Aus den Apokryphen zum Kanon der Wirtschaftsverfassung, EuZW 2015, 281.

---

68 *Bissinger* in: Wurzel/Schraml/Becker (Hrsg.) Rechtspraxis der kommunalen Unternehmen, 3. Auflage 2015, E 1. Teil; *Flother/Gundlach* NVwZ 2016, 881 ff.
69 *Weber* in: Wurzel/Schraml/Becker (Hrsg.) Rechtspraxis der kommunalen Unternehmen, 3. Auflage 2015, E 2. Teil; Stober/Orthmann (Hrsg.) Compliance, 2015 § 4.
70 BVerwG NVwZ 2009, 1305; krit. auch *Ziekow* ÖffWirtR § 8 Rn. 18; *Ruthig/Storr* ÖffWirtR Rn. 631.

I. Begriffsklärungen und Rechtsgrundlagen

Eng verwandt mit dem Recht der Öffentlichen Unternehmen ist 1
das Öffentliche Wettbewerbsrecht. Nach dem **herkömmlichen Begriffsverständnis** umfasst das Öffentliche Wettbewerbsrecht die wettbewerblichen Vorgaben für die wirtschaftliche Betätigung der öffentlichen Hand.[1]

In jüngerer Zeit hat sich allerdings ein **erweitertes Verständnis** he- 2
rausgebildet, das das Öffentliche Wettbewerbsrecht als **wettbewerbsbezogenes Verwaltungsrecht** versteht.[2] Es beruht auf dem Gedanken, dass der Wettbewerb das Ordnungssystem einer freien Marktwirtschaft darstellt.[3] Das Öffentliche Wettbewerbsrecht umfasst nicht nur die bloße wirtschaftliche Tätigkeit der öffentlichen Hand; es untersucht vielmehr aus einer rechtsgebietsübergreifenden Perspektive, wie die öffentliche Hand auf den Wettbewerb einwirkt.[4] Dabei haben sich vier Fallgruppen herausgebildet: der rechtlich gesicherte Wettbewerb, der rechtlich ermöglichte Wettbewerb, der rechtlich gelenkte Wettbewerb und der rechtlich geschaffene Wettbewerb.

- Die Fallgruppe des **rechtlich gesicherten Wettbewerbs** bezeichnet vor allem die staatliche Verantwortung, einen vorgefundenen Wettbewerb vor wettbewerbsimmanenten Störungen zu schützen. Zu dieser Fallgruppe gehören die wettbewerblichen Vorgaben für öffentliche Unternehmen, das Kartellrecht, die Regulierung des Finanzsektors, die sich vor allem mit dem Schutz vor systemischen Risiken beschäftigt sowie die sog. Wissensregulierung (zB im Lebensmittelrecht, § 40 Abs. 1 LFGB), die darauf ausgerichtet ist, Markttransparenz zu schaffen und Informationsasymmetrien abzubauen.

- Zum zweiten Bereich des Öffentlichen Wettbewerbsrechts gehört der **rechtlich ermöglichte Wettbewerb**. Es geht um den Gedanken, dass es Wirtschaftsbereiche – vor allem die Netzinfrastrukturen – gibt, die ohne eine „Regulierung" keinen wirksamen Wettbewerb entfalten. Das ist insbesondere beim Regulierungsrecht der Fall: Da die Netze in der Regel auf natürlichen Monopolen beru-

---

1 *Ziekow* ÖffWirtR § 7; *Ruthig/Storr* Öffentliches Wettbewerbsrecht § 1 Rn. 20.
2 *Kirchhof/Korte/Magen ua* in: dies. (Hrsg.) Öffentliches Wettbewerbsrecht § 4 Rn. 1. Zuvor schon *Schliesky* Öffentliches Wettbewerbsrecht, 1997.
3 *Schliesky* Öffentliches Wirtschaftsrecht, S. 175.
4 *Kirchhof/Korte/Magen ua* in: dies. (Hrsg.) Öffentliches Wettbewerbsrecht § 4 Rn. 1.

hen, kann sich ein wirksamer Wettbewerb nur mithilfe der öffentlichen Hand entfalten. Das Regulierungsrecht enthält deshalb wettbewerbliche Vorgaben, um einen Wettbewerb zu „ermöglichen". Hierzu gehört die **Netzzugangs- und Netzentgeltregulierung**[5].

- Im **rechtlich gelenkten Wettbewerb** findet die öffentliche Hand einen grundsätzlich funktionierenden Wettbewerb vor. Anders als bei dem rechtlich gesicherten Wettbewerb verfolgt die öffentliche Hand aber nicht das primäre Ziel, einen funktionsfähigen Wettbewerb aufrechtzuerhalten, sondern vor allem, den Wettbewerb in eine bestimmte Richtung zu lenken. Zu dieser Fallgruppe gehört vor allem das Subventionsrecht. Aber auch die Lenkung des Wettbewerbs mittels abgabenrechtlicher Instrumente sowie die sog. Indienstnahmen sind dieser Fallgruppe zuzuordnen.

- Schlussendlich findet die öffentliche Hand im **rechtlich geschaffenen Wettbewerb** keinen Wettbewerb vor; sie schafft vielmehr Wettbewerb in Bereichen, in denen es davor keinen Wettbewerb gab. So schafft die öffentliche Hand erst ein Wettbewerbsverhältnis, wenn sie bestimmte öffentliche Aufträge vergibt. Das **Vergaberecht** ist deshalb ein Fall des rechtlich geschaffenen Wettbewerbs. Andere Beispiele sind das Recht der **handelbaren Emissionszertifikate** sowie die **Versteigerung von Frequenzen** nach dem TKG.[6]

3 Entschließt sich die öffentliche Hand, sich am Markt wirtschaftlich zu betätigen, so muss sie zahlreiche rechtliche Vorgaben beachten. Hierzu gehören vor allem das europäische und nationale Verfassungsrecht, aber auch einfachgesetzliche Vorgaben schränken die Tätigkeit von öffentlichen Unternehmen ein. Zu betrachten sind vor allem die Schranken des kommunalen Wirtschaftsrechts und der Haushaltsordnungen sowie das Wettbewerbsrecht, das vor allem das Marktverhalten öffentlicher Unternehmer steuert.

---

5 *Fetzer* in: Kirchhof/Korte/Magen (Hrsg.) Öffentliches Wettbewerbsrecht § 9 und § 10.
6 Vgl. dazu *Gärditz* in: Kirchhof/Korte/Magen (Hrsg.) Öffentliches Wettbewerbsrecht § 16 und *Magen* in: Kirchhof/Korte/Magen (Hrsg.) Öffentliches Wettbewerbsrecht § 17.

II. Verfassungs- und unionsrechtliche Grundlagen

1. Grundrechtseingriff durch Konkurrenz

Bund, Länder und Kommunen unterliegen auch dann der **Grund-** 4
rechtsbindung aus Art. 1 Abs. 3 GG, wenn sie sich wirtschaftlich betätigen. Selbst die Nutzung von zivilrechtlichen Organisations- und Handlungsformen enthebt die staatliche Gewalt nicht von ihrer Bindung an die Grundrechte.[7] Von der Grundrechtsbindung des Staates ist jedoch die Frage zu unterscheiden, ob privaten Wettbewerbern gegen die staatliche Unternehmertätigkeit **grundrechtliche Abwehr- und Unterlassungsansprüche** zustehen. Als Grundrecht kommt vor allem die Berufsfreiheit nach Art. 12 Abs. 1 GG in Betracht. Daneben sind auch Abwehransprüche aus Art. 14 GG oder Art. 2 Abs. 1 GG denkbar.

Wie bereits beschrieben wurde, wird die Frage eines **grundrecht-** 5
lichen Konkurrentenschutzes nicht einheitlich beantwortet. Während das BVerwG die Auffassung vertritt, Art. 12 GG schütze „nicht vor Konkurrenz, auch nicht vor dem Wettbewerb der öffentlichen Hand"[8], nimmt ein großer Teil im Schrifttum an, die erwerbswirtschaftliche Betätigung des Staates stelle einen faktischen Grundrechtseingriff in die Berufsfreiheit dar. Die Annahme des Grundrechtsschutzes wirkt sich vor allem auf die Frage aus, ob der Wettbewerber gegen die staatliche Unternehmertätigkeit eine Konkurrentenabwehrklage erheben kann.

2. Vorgaben des Art. 106 AEUV

a) Art. 106 Abs. 1 AEUV. Das Unionsrecht steht öffentlichen Un- 6
ternehmen **neutral** gegenüber: Es lässt die Eigentumsordnung in den Mitgliedstaaten unberührt (Art. 345 AEUV) und erkennt öffentliche Unternehmen ausdrücklich an (Art. 106 Abs. 1 AEUV). Grundsätzlich wird deshalb die Tätigkeit öffentlicher Unternehmen durch das Unionsrecht weder gefordert noch ausgeschlossen.[9] Insbesondere

---

[7] BVerfGE 128, 226 (244).
[8] BVerwGE 39, 329 (336).
[9] *Suerbaum* in: Ehlers/Fehling/Pünder (Hrsg.) BesVwR, Bd. 1, 3. Auflage, § 13 Rn. 16; *Wollenschläger* in: Kirchhof/Korte/Magen (Hrsg.) Öffentliches Wettbewerbsrecht § 6 Rn. 40.

enthält das Unionsrecht keine Vorgaben hinsichtlich des „Ob" eines Öffentlichen Unternehmens.[10]

7   Allerdings enthält das EU-Recht Vorgaben hinsichtlich des „Wie" der wirtschaftlichen Betätigung. So verlangt Art. 106 Abs. 1 AEUV auch die **Bindung öffentlicher Unternehmen** an das Wettbewerbsrecht (Art. 101, 102 AEUV), an das Beihilfenrecht (Art. 107, 108 AEUV) sowie an die Grundfreiheiten. Für öffentliche Unternehmen sollen also jedenfalls dieselben Spielregeln gelten wie für private Unternehmen.[11]

8   Die Vorschrift des Art. 106 AEUV folgt einem funktionalen Regelungsansatz: Das Unionsrecht verlangt die größtmögliche Verwirklichung der in Art. 3 Abs. 3 EUV verankerten Ziele der Wirtschafts- und Wettbewerbspolitik innerhalb des Binnenmarktes. Um diese Ziele zu erreichen, normiert und konkretisiert Art. 106 Abs. 1 AEUV den **Grundsatz der Gleichbehandlung privater und öffentlicher Unternehmen**.[12] Auch wenn der Staat in der Gründung öffentlicher Unternehmen frei ist, untersagt das Unionsrecht jedenfalls die Besserstellung öffentlicher Unternehmen gegenüber privaten Unternehmen.[13]

9   **b) Art. 106 Abs. 2 AEUV.** Art. 106 Abs. 2 AEUV enthält jedoch eine **Ausnahme** für solche Unternehmen, die mit Dienstleistungen von allgemeinem wirtschaftlichem Interesse betraut sind. Anders als Art. 106 Abs. 1 AEUV gilt der Absatz 2 nicht nur für öffentliche Unternehmen, sondern für alle Unternehmen, die die Voraussetzungen des Absatzes 2 erfüllen. Die Vorschrift beruht auf dem Gedanken, dass eine strikte Anwendung der EU-Wettbewerbsregeln der Erfüllung von Staatsaufgaben im Bereich der Daseinsvorsorge zuwiderlaufen kann.[14] Deshalb verfügt das Primärrecht mithilfe der Rechtsfigur der Dienstleistungen von allgemeinem wirtschaftlichem Interesse über ein Modell, das Raum für den Ausgleich von Wettbewerb und Solidarität bzw. Markt- und Politiksteuerung von unternehmerischen

---

10 *Burgi* Kommunalrecht § 17 Rn. 23; *Ehlers* in: Wurzel/Schraml/Becker Rechtspraxis der kommunalen Unternehmen, B Rn. 8.
11 *Burgi* Kommunalrecht § 17 Rn. 23.
12 EuGH Rs. 188–190/80, Slg. 1982, 2545 Rn. 12 – Transparenzrichtlinie; vgl. dazu *Kluth* in: Mann/Püttner (Hrsg.) Handbuch der kommunalen Wissenschaft und Praxis, Bd. 2, § 39 Rn. 24.
13 *Kühling* in: Streinz EUV/AEUV Art. 106 AEUV Rn. 2; *Suerbaum* in: Ehlers/Fehling/Pünder (Hrsg.) BesVwR, Bd. 1, 3. Auflage, § 13 Rn. 17; *Ziekow* ÖffWirtR § 7 Rn. 22.
14 *Ehlers* in: Wurzel/Schraml/Becker (Hrsg.) Rechtspraxis der kommunalen Unternehmen, B Rn. 26; *Komorowski* EuR 2015, 310 (313 ff.).

Leistungen lässt.[15] Art. 106 Abs. 2 AEUV stellt folglich eine abwägungsunabhängige, eng begrenzte Bereichsausnahme für die Erfüllung öffentlicher Aufgaben dar.[16]

Der Tatbestand des Art. 106 Abs. 1 AEUV verlangt erstens eine **binnenmarktrelevante Dienstleistung von allgemeinem wirtschaftlichem Interesse**. Die Kommission versteht unter diesem Begriff alle marktbezogenen Tätigkeiten, die im Interesse der Allgemeinheit erbracht und daher von den Mitgliedstaaten mit besonderen Gemeinwohlverpflichtungen verbunden werden können.[17] Hierunter fallen typischerweise alle wirtschaftlichen Aktivitäten zur Sicherung von Infrastruktur und Daseinsvorsorge[18], also ua die Energieversorgung, Verkehrsleistungen, Telekommunikation, Postdienste, Rundfunk, Wasserversorgung und Abfallentsorgung.[19] 10

Zweitens fordert Art. 106 Abs. 2 AEUV die **Betrauung mit besonderen öffentlichen Aufgaben:** Es genügt also nicht, dass das Unternehmen nur Dienste bereitstellt; vielmehr muss die Bereitstellung durch ein besonderes öffentliches Interesse geprägt sein.[20] Darüber hinaus verlangt Art. 106 Abs. 2 AEUV einen **Betrauungsakt:** Der Mitgliedstaat muss dem Unternehmen die Aufgabe durch einen hoheitlichen Akt zuordnen (zB Gesetz, Rechtsverordnung, Satzung, Verwaltungsakt, öffentlich-rechtlicher Vertrag).[21] Das Erfordernis des Betrauungsakts stellt sicher, dass nur staatlich begründete Pflichten Vorrang vor dem Unionsrecht beanspruchen können; insbesondere sollen Unternehmen über ihre Bindung an das Unionsrecht nicht selbst entscheiden dürfen.[22] 11

Zuletzt setzt der Tatbestand des Art. 106 Abs. 2 AEUV eine **Funktionsgefährdung** voraus. Grundsätzlich verlangt Art. 106 AEUV, dass für alle Unternehmen die allgemeinen Wettbewerbsvorschriften gelten. Allerdings ist eine **Durchbrechung** möglich, wenn die Befolgung der Vertragsvorschriften die Erfüllung der jeweils betrauten 12

---

15 *Kluth* in: Mann/Püttner (Hrsg.) Handbuch der kommunalen Wissenschaft und Praxis, Bd. 2, § 39 Rn. 6; *Wernicke* EuZW 2015, 281.
16 *Jung* in: Calliess/Ruffert EUV/AEUV Art. 106 Rn. 34; *Kluth* in: Mann/Püttner (Hrsg.) Handbuch der kommunalen Wissenschaft und Praxis, Bd. 2, § 39 Rn. 37.
17 Mitteilung zu Leistungen der Daseinsvorsorge KOM (2002) 580 endg.
18 *Jung* in: Calliess/Ruffert EUV/AEUV Art. 106 AEUV Rn. 36.
19 Vgl. auch *Wernicke* in: Grabitz/Hilf/Nettesheim Recht der Europäischen Union Art. 106 AEUV Rn. 38.
20 *Kluth* in: Mann/Püttner (Hrsg.) Handbuch der kommunalen Wissenschaft und Praxis Bd. 2, § 39 Rn. 40 ff.
21 *Kluth* in: Mann/Püttner (Hrsg.) Handbuch der kommunalen Wissenschaft und Praxis, Bd. 2, § 39 Rn. 38.
22 *Mestmäcker/Schweitzer* Europäisches Wettbewerbsrecht § 37 Rn. 17.

Aufgabe verhindert.[23] Art. 106 Abs. 2 AEUV verlangt also, dass nur mithilfe der Bereichsausnahme die Erbringung der Dienstleistungen möglich ist. Dabei ist nach Ansicht des EuGH nicht notwendig, dass anderenfalls das Überleben des Unternehmens bedroht ist. Vielmehr soll die Durchbrechung bereits bei einer tatsächlichen oder rechtlichen Gefährdung möglich sein.[24] Ansonsten darf in negativer Hinsicht die Durchbrechung jedenfalls nicht die Entwicklung des Handelsverkehrs beeinträchtigen (Art. 106 Abs. 2 S. 2 AEUV).[25]

13 Die Voraussetzungen im Einzelnen:
1. Binnenmarktrelevante Dienstleistung von allgemeinem wirtschaftlichem Interesse
2. Staatliche Betrauung mit besonderen öffentlichen Aufgaben
3. Funktionsgefährdung
4. Beschränkte Reichweite der Sonderrechte (Art. 106 Abs. 2 S. 2 AEUV).

14 Daneben überwacht die Kommission gem. Art. 106 Abs. 3 AEUV die Anwendung von Art. 106 Abs. 1 und 2 AEUV und richtet erforderlichenfalls geeignete Richtlinien oder Beschlüsse an die Mitgliedstaaten. Der Kommission obliegt insoweit eine **Missbrauchsprüfung**, jedoch keine Kompetenz für eine eigene Wirtschaftspolitik.[26] Ein Beispiel für eine Richtlinie, die auf Grundlage von Art. 106 Abs. 3 AEUV ergangen ist, ist die **Transparenz-Richtlinie**.

3. Bedeutung des Art. 14 AEUV

15 Die Bedeutung der Dienste von allgemeinem wirtschaftlichem Interesse wird durch Art. 14 AEUV unterstrichen. Die Vorschrift wurde im Amsterdamer Vertrag (Art. 16 EGV) eingeführt. Sie soll verdeutlichen, dass die Leistungen der Daseinsvorsorge ein Schlüsselelement des europäischen Gesellschaftsmodells sind.[27] Art. 14 AEUV liefert insbesondere eine Begründung für die Privilegierung von Leistungen der Daseinsvorsorge: Mit ihnen wird der soziale und territoriale Zusammenhalt gefördert. Die Daseinsvorsorge etabliert sich so als gemeinsamer Wert der Europäischen Union und der Mitgliedstaa-

---

23 *Jung* in: Calliess/Ruffert EUV/AEUV Art. 106 AEUV Rn. 47.
24 EuGH Rs. C-157/94, Slg. 1997, I-5699 Rn. 43 – Kommission/Niederlande.
25 Dazu ausführlich *Jung* in: Calliess/Ruffert EUV/AEUV Art. 106 AEUV Rn. 54 ff.
26 *Brüning* in: Schulte/Kloos (Hrsg.) Handbuch Öffentliches Wirtschaftsrecht, 2015 § 5 Rn. 48.
27 Mitteilung der Kommission „Leistungen der Daseinsvorsorge", ABl. Nr. C 17/4, S. 3.

ten.²⁸ Diese Bedeutung hat sich inzwischen auch in der Grundrechte-Charta ausgedrückt: Nach **Art. 36 EU-GRCharta** anerkennt und achtet die Union den Zugang zu Dienstleistungen von allgemeinem wirtschaftlichen Interesse.

---

28 *Kluth* in: Mann/Püttner (Hrsg.) Handbuch der kommunalen Wissenschaft und Praxis, Bd. 2, § 39 Rn. 59.

5. Teil. Gewerberecht

§ 15. Allgemeines Gewerberecht

I. Rechtsgrundlagen

1 Das Gewerberecht als Kernmaterie des Wirtschaftsverwaltungsrechts geht in seiner heutigen Form auf die Gewerbeordnung (GewO) des Jahres 1869[1] zurück, durch die für das Deutsche Reich der **Grundsatz der Gewerbefreiheit** (also des freien Marktzugangs) konsequent umgesetzt wurde und die zur Aufhebung nahezu aller bis dahin geltenden besonderen berufsrechtlichen Regelungen führte (vgl. §§ 7 bis 10 GewO).[2] Die GewO ist damit eines der ältesten geltenden Gesetze überhaupt. Aufgrund der späteren Herauslösung zahlreicher bedeutsamer Einzelmaterien aus der Gewerbeordnung[3] und ihrer Überführung in eigenständige Gesetze (Gaststättenrecht, Handwerksrecht, Anlagenrecht) erfasst die GewO heute nur noch einen Kernbereich gewerblicher Tätigkeiten, die in der Regel keiner Genehmigungspflicht unterliegen. Dadurch fehlt es dem Gesetz auch an der ursprünglichen systematischen Geschlossenheit. Vorschläge zu einer an klaren systematischen Gesichtspunkten orientierten und gleichzeitig deregulierend wirkenden, alle Teilbereiche einbeziehenden Neufassung des Gewerberechts (Kodifikation), konnten sich nicht durchsetzen.[4]

2 Aus der konkurrierenden **Gesetzgebungskompetenz** des Bundes für das Gewerberecht, die aus Art. 74 Abs. 1 Nr. 11 GG „Recht der Wirtschaft" abgeleitet wird, wurden durch die Föderalismusreform 2006 das Recht des Ladenschlusses (→ § 17), der Gaststätten (→ Rn. 177 ff.), der Spielhallen, der Schaustellung von Personen, der

---

1 Gewerbeordnung für den Norddeutschen Bund, Gesetz v. 21.6.1869, BGBl. I S. 245.
2 Zu Einzelheiten *Ziekow* Freiheit und Bindung des Gewerbes, 1992, S. 323 ff.
3 Zur Entwicklung im Einzelnen *Tettinger/Ennuschat* in: TWE GewO Einl. Rn. 9 ff.
4 Siehe insbes. den Vorschlag „Gewerbeordnung 21" von *Stober* NVwZ 2003, 1349 ff. Zu weiteren Vorschlägen siehe *DIHT* WiVerw 1982, 189 ff.; *ders.* NVwZ 1991, 1063 ff.; *Sattler* GewArch. 1991, 417 ff.; *Benda* Gewerberecht und Kodifikation, 1999; *Schönleiter/Viethen* GewArch. 2003, 129 f. Allgemein zur Kodifikationsidee im Verwaltungsrecht *W. Kahl* in: Hoffmann-Riem/Schmidt-Aßmann (Hrsg.) Verwaltungsverfahren und Verwaltungsverfahrensgesetz, 2002, S. 67 (108 f.).

Messen, der Ausstellungen und Märkte (→ Rn. 147 ff.) herausgelöst und ausschließlich den Ländern zugewiesen.[5] Die in diesen Bereichen bestehenden bundesgesetzlichen Regelungen gelten gem. Art. 125a GG als Bundesrecht fort, bis der Landesgesetzgeber von seinem Gesetzgebungsrecht Gebrauch macht. Für die verbliebenen Materien gilt gem. Art. 72 Abs. 2 GG für die Inanspruchnahme der Gesetzgebungskompetenz durch den Bund weiterhin der Subsidiaritätsgrundsatz.[6] Der nachfolgenden Darstellung liegt die Gewerbeordnung in der Fassung der Bekanntmachung vom 22.2.1999 (BGBl. I S. 203), zuletzt geändert durch G. v. 17.10.2017 (BGBl. I S. 3562) zugrunde.

Eine gesetzgebungstechnische Besonderheit der GewO stellt die **Erprobungsklausel** des § 13 GewO dar[7], die 2005 als Ersatz für eine grundlegende Reform eingeführt wurde.[8] Der sachliche Anwendungsbereich dieser Erprobungsklausel ist aber so eng gefasst, dass spürbare Reformen auf diesem Wege nicht bewirkt werden können.

Im Rahmen der Überprüfung der Regelungen der GewO nach Maßgabe der Art. 9 ff. DLRL (→ § 7 Rn. 152 ff.) sind nur wenige Konflikte zu erwarten, da die GewO sehr weit gehend dem Leitbild entspricht, das in der DLRL zugrunde gelegt wird. Hervorzuheben sind insbesondere die Beschränkung der Eröffnungskontrollen (Genehmigungspflicht vor Aufnahme einer Tätigkeit) auf ein Minimum sowie die Verwendung des Instrumentariums der zeitnahen begleitenden Kontrolle nach Anzeige des Beginns einer gewerblichen Betätigung in § 38 GewO.

Der Anwendungsbereich der GewO wird zunächst in § 1 Abs. 1 GewO dahingehend sehr weit gefasst, dass „jedermann" gestattet wird, ein Gewerbe zu betreiben, soweit nicht durch die GewO Ausnahmen oder Beschränkungen vorgeschrieben oder zugelassen sind. **Jedermann** im Sinne dieser Vorschrift sind natürliche und juristische Personen. Dabei spielt es keine Rolle, ob sich diese zusätzlich auf das Grundrecht der Berufsfreiheit berufen können, das Deutschen vorbehalten ist. Die Gewerbefreiheit kommt deshalb auch Juristischen Personen des öffentlichen Rechts, Unionsbürgern und Ausländern (einschließlich juristischer Personen) zugute.[9]

---

5 Dazu *Kluth* in: ders. (Hrsg.) Föderalismusreformgesetz Art. 74 Rn. 39 ff.
6 Zu Einzelheiten *Uhle* in: Kluth (Hrsg.) Föderalismusreformgesetz Art. 72 Rn. 29 ff.
7 Eine inhaltsgleiche Regelung findet sich in § 32 GastG.
8 Dazu *Schönleiter* GewArch 2005, 369 ff.
9 *Ennuschat* in: TWE GewO § 1 Rn. 74 ff.

6 Die Gewerbeordnung wird allgemein als **Sonderordnungs- und Wirtschaftsüberwachungsrecht** qualifiziert, da sie der Wahrung der öffentlichen Sicherheit und Ordnung, insbesondere auch dem Gesundheitsschutz dient.[10] Der **Anwendungsbereich** des Gesetzes wird in § 6 GewO unabhängig vom Vorliegen eines Gewerbes explizit beschränkt. Dabei wird zwischen Tätigkeiten, auf die die GewO keine Anwendung findet (Satz 1) und solchen, auf die die GewO nur bei ausdrücklicher Anordnung zur Anwendung kommt (Satz 2), unterschieden. Die Regelung ist teilweise rein deklaratorisch, da zB eine Anwendung auf Rechtsanwälte und Notare wegen der spezialgesetzlichen und abschließenden Berufsgesetze nicht in Betracht kommt.[11] Soweit ein Gewerbe vorliegt, das spezialgesetzlich geregelt ist (wie zB das Handwerk und das Gaststättenwesen) ist die GewO subsidiär anwendbar, soweit die betreffenden Gesetze keine abschließenden Regelungen enthalten.[12]

7 Die GewO bezieht sich im Übrigen nach § 1 Abs. 1 **nur** auf das „**Ob**" der gewerblichen Betätigung und hindert deshalb nicht **landesrechtliche Regelungen**, durch die das „**Wie**", die Art und Weise der Gewerbeausübung (Berufsausübungs- oder Marktverhaltensregelungen), näher geregelt wird.[13]

II. Begriff des Gewerbes

1. Definition

8 Die Gewerbeordnung enthält keine Legaldefinition des Gewerbes. Die **Begriffsbestimmung** wurde vielmehr durch Rechtsprechung[14] und Lehre[15] entwickelt und wird einvernehmlich folgendermaßen gefasst: Gewerbe ist danach jede erlaubte und nicht sozial unwertige, auf Gewinnerzielung gerichtete und auf Dauer angelegte selbständige Tätigkeit, ausgenommen Urproduktion, freie Berufe sowie bloße Verwaltung und Nutzung eigenen Vermögens.

9 Diese Definition setzt sich aus **positiven und negativen Begriffsmerkmalen** zusammen, die bei der Anwendung auf den Einzelfall

---

10 *Ziekow* ÖffWirtR § 10 Rn. 1.
11 *Ennuschat* in: TWE GewO § 6 Rn. 2.
12 *Ziekow* ÖffWirtR § 10 Rn. 3.
13 BVerwG NVwZ 2006, 1175 (1177); *Ennuschat* in: TWE GewO § 1 Rn. 89 ff.; *Ziekow* ÖffWirtR § 10 Rn. 28.
14 ZB BVerwG NJW 1997, 772; NVwZ 1993, 775; NVwZ 2003, 603 f.
15 *Ennuschat* in: TWE GewO § 1 Rn. 2 ff.; *G. Kahl* in: Landmann/Rohmer I § 1 Rn. 3.

§ 15. Allgemeines Gewerberecht

zudem eine Würdigung vor dem Hintergrund des Gesamtbildes verlangen, das die betreffende Tätigkeit dem Betrachter vermittelt (**Gesamtbildtheorie**).[16] Als über- oder vorgeordnetes Kriterium wird dabei die ordnungsrechtliche Zielsetzung der GewO herangezogen: Es soll darauf ankommen, dass von der betreffenden Tätigkeit gewerbetypische Gefahren ausgehen.[17] Insbesondere **Bagatellfälle** werden auf diesem Weg aus dem Gewerbebegriff und dem Anwendungsbereich der GewO herausgenommen.[18]

2. Gewerbsmäßigkeit

Die positiven Begriffsmerkmale werden in der Gewerbsmäßigkeit zusammengefasst. Diese setzt zunächst voraus, dass die zu beurteilende Tätigkeit erlaubt und nicht sozial unwertig ist. Damit ist der Tatbestand enger als die von Art. 12 Abs. 1 GG erfasste Tätigkeit, die nach heute allgemeiner Ansicht Maßstab eines einfachrechtlichen Verbotes ist und deshalb dieses Merkmal nicht als Begriffsbestandteil in sich aufnehmen kann.[19]

Erlaubt ist eine Tätigkeit, die nicht als solche generell verboten ist. Das Verbot bestimmter Ausführungsmodalitäten alleine (etwa durch Strafgesetze oder Ordnungsrecht) führt nicht zur Unerlaubtheit. Die **soziale Unwertigkeit** einer Tätigkeit wird als ergänzendes Kriterium von der Rechtsprechung verwendet, um Fälle zu erfassen, in denen ein Widerspruch zu den in der Gesellschaft allgemein anerkannten sittlichen und moralischen Wertvorstellungen gegeben ist.[20] Die Anwendungsfälle sind rar und umstritten[21]: Zurschaustellung von Frauen in Gitterkäfigen[22], Zwergenweitwurf[23], Prostitution[24].

10

11

---

16 *Ennuschat* in: TWE GewO § 1 Rn. 3.
17 *Ennuschat* in: TWE GewO § 1 Rn. 4.
18 *Ziekow* ÖffWirtR § 10 Rn. 6.
19 BVerfG DVBl. 2006, 265; BVerwGE 96, 293 (297); anders die ältere Rechtsprechung: BVerfGE 13, 97 (106).
20 BVerwG GewArch 1981, 140; 1993, 196 (197); 1998, 416; zustimmend *G. Kahl* in: Landmann/Rohmer I Einl. Rn. 39; *Ziekow* ÖffWirtR § 10 Rn. 8; kritisch im Hinblick auf die Schwierigkeiten der Konkretisierung *Ennuschat* in: TWE GewO § 1 Rn. 41 ff.
21 Kritisch *Schulze-Filelitz* NVwZ 1993, 1156 (1161).
22 VGH München GewArch 1992, 228 (229).
23 VG Neustadt NVwZ 1993, 98.
24 BVerwG GewArch 1981, 140; siehe jetzt aber BVerwG NVwZ 2003, 603 (604). Dabei ist die „Legalisierung" der Prostitution durch das Gesetz zur Verbesserung der rechtlichen und sozialen Situation der Prostituierten v. 20.12.2001, BGBl. I S. 3983 zu berücksichtigen; dazu *Ziekow* ÖffWirtR § 10 Rn. 8; für eine Beibehaltung der bisherigen Wertung *Pauly* GewArch 2002, 217 ff.

12 Die Tätigkeit muss in **Gewinnerzielungsabsicht** ausgeführt werden. Dadurch soll eigennütziges von gemeinnützigem Handeln abgegrenzt werden. Von einem Gewinn ist auszugehen, wenn ein unmittelbarer oder mittelbarer wirtschaftlicher Vorteil erlangt wird, der als nennenswerter Überschuss über die Deckung der eigenen Aufwendungen hinausgeht.[25] In den Einzelheiten ist vieles umstritten bzw. unklar. So soll es nicht darauf ankommen, ob im konkreten Fall ein Überschuss erzielt wird; es soll ausreichen, dass dies grundsätzlich möglich bzw. als Fernziel angestrebt wird. Bei geringen Überschüssen soll keine Gewerbsmäßigkeit vorliegen (Bagatellklausel).[26]

13 Ebenso umstritten ist die Frage, ob eine unmittelbare und ausschließliche Verfolgung **gemeinnütziger Zwecke**, etwa durch kirchliche Hilfsorganisationen, die Gewerbsmäßigkeit ausschließt.[27] Davon wiederum zu unterscheiden ist die (gemeinnützige) **Gewinnverwendungsabsicht**, die sich nicht auf die Gewerbsmäßigkeit auswirkt.[28] Im Falle von öffentlichen Einrichtungen, die Bund, Länder, Kommunen oder Kammern betreiben, kommt es im Sinne der Gesamtbetrachtung darauf an, ob diese eine **öffentliche Aufgabe** erfüllen. Ist dies der Fall, so liegt keine Gewerbsmäßigkeit vor.[29]

14 Wie bei Art. 12 Abs. 1 GG muss die **Betätigung auf Dauer** angelegt sein, also eine Wiederholungs- und Fortsetzungsabsicht erkennen lassen und nicht nur gelegentlich ausgeübt werden. Es kommt dabei auf die Intention an, da die tatsächliche Dauer einer Betätigung von zahlreichen äußeren Umständen und Unwägbarkeiten (etwa dem wirtschaftlichen Erfolg) abhängt.[30] Eine auf Dauer angelegte Tätigkeit liegt auch bei saisonalen Tätigkeiten vor. Auch eine über mehrere Monate andauernde Tätigkeit an einem Vorhaben kann unter Umständen ausreichen.[31]

15 Weiteres Begriffsmerkmal des Gewerbes ist die **Selbständigkeit**, der Gegenbegriff zur abhängigen Beschäftigung. Gewerberechtlich ist selbständig, wer im Außenverhältnis auf eigene Rechnung und ei-

---

25 *Ennuschat* in: TWE GewO § 1 Rn. 13; *Ziekow* ÖffWirtR § 10 Rn. 9.
26 *Ennuschat* in: TWE GewO § 1 Rn. 13 f. mwN.
27 Bejahend: *G. Kahl* in: Landmann/Rohmer I Einl. Rn. 56; *Ziekow* ÖffWirtR § 10 Rn. 11; ablehnend *Ennuschat* in: TWE GewO § 1 Rn. 18 ff., der darauf hinweist, dass die gemeinnützige Zielsetzung nichts an der Überwachungsbedürftigkeit ändert. Dem ist zuzustimmen.
28 *Ennuschat* in: TWE GewO § 1 Rn. 22; *Ziekow* ÖffWirtR § 10 Rn. 10.
29 *Friauf* in: ders. (Hrsg.) GewO § 1 Rn. 88; *Ennuschat* in: TWE GewO § 1 Rn. 23.
30 *Ennuschat* in: TWE GewO § 1 Rn. 9.
31 Zu einem solchen Fall BayObLG DVBl. 1999, 1060 (1961); BVerwG NJW 1981, 1665 (1666); *Ennuschat* in: TWE GewO § 1 Rn. 10.

gene Gefahr im eigenen Namen auftritt und im Innenverhältnis in persönlicher und sachlicher Unabhängigkeit eigenverantwortlich handelt. Wesentliches Kriterium ist die Übernahme des unternehmerischen Risikos sowie die freie Einteilung und Ausgestaltung der Tätigkeit. Auch hierbei ist auf das Gesamtbild der Tätigkeit abzustellen.[32]

Die Abgrenzung ist auch für das Arbeits- und Sozialrecht von großer Bedeutung, für den Zweck der Gewerbeordnung aber an deren Zielsetzungen und damit unabhängig von den im Arbeits- und Sozialrecht entwickelten Kriterien vorzunehmen.[33] Bei den meisten **Scheinselbständigen** im Sinne des Arbeitsrechts handelt es sich gewerberechtlich um Selbständige.[34]

Sollen die tatsächlichen Verhältnisse in einem Betrieb verschleiert werden, etwa um keine Zweifel an der Zuverlässigkeit aufkommen zu lassen, und wird zu diesem Zweck eine andere Person als der real Weisungsbefugte als Aushängeschild oder **Strohmann** benutzt, so ist auf die tatsächlichen Verhältnisse abzustellen.[35]

3. Gewerbs(un)fähigkeit

Liegen die vorgenannten tatbestandlichen Merkmale und damit ein Gewerbe vor, so kann gleichwohl die Anwendung der GewO ausgeschlossen sein, wenn darüber hinaus eines der so genannten **negativen Tatbestandsmerkmale** vorliegt. Es darf sich weder um Urproduktion, noch um einen freien Beruf oder die (bloße) Verwaltung und Nutzung eigenen Vermögens handeln.

Urproduktion liegt vor, wenn es sich um eine Tätigkeit handelt, die auf die Gewinnung roher Naturerzeugnisse durch planmäßige Nutzung der natürlichen Kräfte des Bodens gerichtet ist. Das ist zB bei Betrieben der Fischerei, des Ackerbaus, des Bergbaus, der Viehzucht, der Forstwirtschaft, des Gartenbaus, des Weinanbaus und der Jagd der Fall. Die klassische Begründung für die Herausnahme aus dem Gewerbebegriff wird darin gesehen, dass diese Tätigkeiten durch den Menschen nicht ausreichend beherrschbar sind (Abhängigkeit von Witterung etc). Etwas anderes soll aber zB für die Viehzucht gel-

---

32 BVerwG GewArch 1997, 14; *Ennuschat* in: TWE GewO § 1 Rn. 32.
33 Dazu eingehend *Ennuschat* in: TWE GewO § 1 Rn. 33 ff.
34 *Ziekow* ÖffWirtR § 10 Rn. 14.
35 *Ennuschat* in: TWE GewO § 1 Rn. 33.

ten, wenn dabei alles gesteuert wird und Fremdfutter verwendet wird.[36]

20 In die Urproduktion werden auch sehr großzügig **Folgetätigkeiten** einbezogen: Bearbeitung und Verkauf der gewonnen Produkte im verkehrsüblichen Rahmen (Keltern von Säften oder Wein aus eigenen Früchten sowie deren Ausschank und Verkauf).[37] Gefordert wird jedoch, dass diese Tätigkeiten im Verhältnis zu der Urproduktion als solcher einen Nebenbetrieb darstellen. Zudem ist ein **betrieblicher Zusammenhang** mit dem Hauptbetrieb in wirtschaftlicher und räumlicher Hinsicht erforderlich.[38]

21 Kein Gewerbe liegt weiterhin vor, wenn ein **freier Beruf** ausgeübt wird. Das ergibt sich teilweise bereits aus den gesetzlichen Legaldefinitionen der einzelnen freien Berufe, ist aber rechtlich nur dann für die Auslegung und Anwendung der GewO bindend, wenn es sich um bundesgesetzliche Normen handelt, wie dies zB bei den Ärzten (§ 1 Abs. 2 BÄO) und den Rechtsanwälten (§ 2 BRAO) der Fall ist. Soweit dies nicht der Fall ist, muss auf ein **allgemeines Begriffsverständnis** des freien Berufs zurückgegriffen werden (→ § 22 Rn. 2 ff.). Die Rechtsprechung stellt darauf ab, dass eine wissenschaftliche, künstlerische oder schriftstellerische Tätigkeit ausgeübt bzw. eine Dienstleistung höherer Art erbracht wird, die eine höhere (idR universitäre) Bildung erfordert.[39]

22 Vor dem Hintergrund mannigfacher Veränderungen bei den freien Berufen sowie der Kooperation der Berufsträger mit gewerblich tätigen Personen und Unternehmen ergeben sich in diesem Bereich zahllose Abgrenzungsfragen, die hier nicht einmal ansatzweise dargestellt werden können.[40] Damit kommt der auf den Einzelfall bezogenen Gesamtwürdigung eine erhebliche Bedeutung zu, was allerdings zugleich einen erheblichen Verlust an Rechtsklarheit und Rechtssicherheit mit sich bringt. Zentrales Kriterium dürfte sein, dass bei der in Frage stehenden Tätigkeit die spezifische Qualifikation des Freiberuflers für die Leistungserbringung unverzichtbar oder zumindest von entscheidender Bedeutung ist.

---

36 VGH Mannheim GewArch 1971, 252 (253).
37 *Ennuschat* in: TWE GewO § 1 Rn. 53 f.
38 Daran fehlt es zB bei einem örtlich getrennten Ladenlokal oder einem ganzjährigen Verkauf, *Ennuschat* in: TWE GewO § 1 Rn. 55 f.
39 BVerwG NJW 1977, 772; OVG Münster DÖV 2001, 829.
40 Zu Einzelheiten *Ennuschat* in: TWE GewO § 1 Rn. 57 ff.

Ausgenommen ist schließlich die **Verwaltung eigenen Vermö-** 23
gens, da es sich dabei um eine Tätigkeit handelt, die der privaten
Sphäre zugeordnet wird, so dass ein Schutz der Allgemeinheit nicht
erforderlich erscheint. Je nach Vermögensgegenständen kann aber
auch hier eine andere Zuordnung auf Grund des Gesamtbildes geboten sein. So stellt sich etwa die Vermietung einer einzelnen Ferienwohnung als Verwaltung eigenen Vermögens[41], die Vermietung von
mehr als zehn Ferienwohnungen dagegen als gewerbliche Tätigkeit
dar.[42]

4. Gewerbetreibender

Vorbehaltlich einer abweichenden gesetzlichen Regelung können 24
nur natürliche oder juristische Personen Gewerbetreibende iSd
GewO sein. Bei juristischen Personen sind nur diese und nicht die
Gesellschafter / Anteilseigner / Mitglieder als Gewerbetreibende zu
qualifizieren. Bei der oHG sind die geschäftsführenden und vertretungsberechtigten Gesellschafter als Gewerbetreibende anzusehen,
bei der KG nur die Komplementäre.[43] Bei einem Verein kann die Gewerbetätigkeit auch darin bestehen, ausschließlich mit den Vereinsmitgliedern Geschäfte zu schließen.[44]

III. Die einzelnen Gewerbearten

Die Gewerbeordnung unterwirft, dem Grundsatz der Verhältnis- 25
mäßigkeit folgend, nicht alle gewerblichen Betätigungen dem gleichen
Aufsichtsregime, sondern differenziert in mehrfacher Hinsicht zwischen verschiedenen Erscheinungsformen der gewerblichen Betätigung. Die wichtigste Unterscheidung betrifft die drei grundlegenden
Gewerbearten: das stehende Gewerbe, das Reisegewerbe und die
Messen, Ausstellungen und Märkte (für die nunmehr eine Landesgesetzgebungskompetenz besteht, → Rn. 147). Innerhalb des stehenden
Gewerbes wird wiederum zwischen anzeigepflichtigen und genehmigungsbedürftigen Betätigungen unterschieden.

---

41 BVerwG GewArch 1977, 62.
42 BVerwG GewArch 1993, 196 (197 f.); *Ennuschat* in: TWE GewO § 1 Rn. 69 f. mit
  weiteren Beispielen.
43 *Ennuschat* in: TWE GewO § 1 Rn. 76; *Hahn* GewArch 1995, 89 f.
44 BVerwG GewArch 1998, 416 ff.; *Hahn* GewArch 1999, 41.

1. Grundsätze des stehenden Gewerbes

26 a) **Begriffsklärung.** In Bezug auf das stehende Gewerbe ist eine positive Definition nicht möglich, insbesondere weil eine Niederlassung iSv § 42 Abs. 2 GewO dafür nicht zwingend erforderlich ist.[45] Deshalb wird eine **Negativdefinition** verwendet: ein stehendes Gewerbe ist jedes Gewerbe, das weder im Reisegewerbe (→ Rn. 136 ff.) noch im Marktverkehr (→ Rn. 147 ff.) ausgeübt wird.

27 b) **Anzeigepflichten.** Nach § 14 Abs. 1 S. 1 GewO muss der **Beginn** des selbständigen Betriebs eines stehenden Gewerbes oder des Betriebs einer Zweigniederlassung oder einer unselbständigen Zweigstelle der für den betreffenden Ort zuständigen Behörde „gleichzeitig" angezeigt werden. Das gleiche gilt nach Satz 2, wenn der **Betrieb verlegt** wird, der **Gegenstand des Gewerbes gewechselt** oder auf Waren oder Leistungen ausgedehnt wird, die bei Gewerbebetrieben der angemeldeten Art nicht geschäftsüblich sind. Schließlich muss auch die **Betriebsaufgabe** angezeigt werden. In den Absätzen 2 und 3 werden weitere Einzelheiten für besondere Betätigungsformen (Handel mit Arzneimitteln, Automatenaufstellung etc) geregelt.

28 Die Anzeigepflicht ist in der Sache eine **Informationspflicht** und wird vor diesem Hintergrund in der Literatur als **wertneutrale Ordnungsvorschrift** bezeichnet.[46] Damit soll zum Ausdruck gebracht werden, dass die Norm keinerlei inhaltliche Bewertung der anzeigepflichtigen Tätigkeit enthält. Deshalb liegt auch keine Beeinträchtigung der Tätigkeit von Religions- und Weltanschauungsgemeinschaften im Rahmen ihrer gewerblichen Tätigkeit vor.[47] In der wertneutralen Pflicht zur Gewerbeanmeldung ist keine Beeinträchtigung der Religions- und Weltanschauungsfreiheit zu sehen.[48]

29 Ein Verstoß gegen die Anmeldepflicht löst wegen der reinen Ordnungsfunktionen auch regelmäßig **keinen Vorwurf der Sittenwidrigkeit** iSd UWG aus, zumal der Nichtanmeldende aus diesem Gesetzesverstoß gewöhnlich keinen Wettbewerbsvorteil gegenüber gesetzestreuen Konkurrenten erzielt.[49]

---

45 VG Lüneburg GewArch 1998, 28; *Ennuschat* in: TWE GewO § 14 Rn. 12.
46 *Ennuschat* in: TWE GewO § 14 Rn. 4.
47 *Hahn* GewArch 1997, 41.
48 BVerwG DÖV 1995, 644 (645); GewArch 1998, 416 f.; OVG Bremen GewArch 1997, 290 (291).
49 OLG Karlsruhe GewArch 1987, 374 zu § 1 UWG aF.

Umstritten ist jedoch, ob die Anmeldepflicht, soweit sie auch für 30
im Inland tätige ausländische Unternehmen ohne inländische Niederlassung oder Zweigstelle gilt, mit dem Gemeinschaftsrecht vereinbar ist. Das ist in Bezug auf die Grundfreiheiten überwiegend verneint worden.[50] Neu zu beurteilen ist dies im Hinblick auf die Vorgaben von Art. 9 ff. DLRL. Nach Art. 4 Nr. 6 DLRL sind als rechtfertigungsbedürftige Genehmigungsregelungen alle Verfahren anzusehen, die einen Dienstleistungserbringer verpflichten, bei einer zuständigen Behörde eine förmliche oder stillschweigende Entscheidung über die Aufnahme oder Ausübung einer Dienstleistungstätigkeit zu erwirken. In Erwägungsgrund 39 DLRL wird dies dahingehend konkretisiert, dass eine Genehmigungsregelung auch dann vorliegt, wenn der Dienstleister die Empfangsbestätigung einer Erklärung abwarten muss, um eine Tätigkeit aufnehmen oder sie rechtmäßig aufnehmen zu können. Die Anzeigepflicht löst aber als solche keine behördliche Entscheidung dieser Art aus und berührt auch nicht die Rechtmäßigkeit der Ausübung des Gewerbes, da eine Gewerbeuntersagung wegen unterlassener Anzeige nicht möglich ist (→ Rn. 37, 110).

Die Anzeigepflicht gilt in erster Linie für den **Beginn eines stehen-** 31
den Gewerbes. Von Beginn ist dann auszugehen, wenn Handlungen getätigt werden, die von einem Außenstehenden als Teilnahme am allgemeinen Wirtschaftsverkehr qualifiziert werden. Dazu gehört auch die Vorbereitung der eigentlichen Gewerbetätigkeit, zB durch Anmietung von Räumen[51] oder den Erwerb der benötigten Waren und Geräte.[52] Von einem solchen Beginn ist aber nur dann auszugehen, wenn die Tätigkeit auch tatsächlich ausgeübt wird oder bei Eingängen von Aufträgen ausgeübt werden soll.[53] **Gleichzeitigkeit** der Anzeige bedeutet, dass die Anzeige unverzüglich, dh binnen einer angemessenen Frist, erstattet werden muss.[54]

Da die Anzeigepflicht an die Person des oder der Gewerbetreiben- 32
den gebunden ist, sind auch **personelle Veränderungen** (Wechsel des Betriebsinhabers, Ein- oder Austritt von Gesellschaftern) und eine Veränderung der Rechtsform eines Gewerbebetriebs (wegen der da-

---

50 *Ennuschat* in: TWE GewO § 14 Rn. 6; VG Lüneburg GewArch 1998, 28; VG Köln GewArch 2002, 242 (243); aA *Füßer/Schiedt* NVwZ 1999, 620 (621 f.).
51 BVerwG GewArch 1993, 156 (157).
52 *Ennuschat* in: TWE GewO § 14 Rn. 39; *Heß* in: Friauf GewO § 14 Rn. 15.
53 OLG Koblenz GewArch 1981, 14.
54 *Heß* in: Friauf GewO § 14 Rn. 10.

mit verbundenen Änderung der juristischen Person) anzeigepflichtig.[55]

33 Zur Anzeige ist jeder verpflichtet, der selbständig das Gewerbe betreibt. Das können bei einer Personengesellschaft mehrere geschäftsführungsbefugte Gesellschafter sein. Bei juristischen Personen müssen nur diese selbst (durch ihre Organe) die Anzeige erstatten.

34 Eine Anzeigepflicht wird weiter ausgelöst durch jede Verlegung des Betriebes (nicht aber die Verlagerung innerhalb eines Gebäudes), wobei Maßstab der örtliche Zuständigkeitsbereich der überwachenden Behörde ist.[56] Eine Verlegung in den Zuständigkeitsbereich einer anderen Behörde stellt eine Schließung und Neueröffnung dar, verlangt also zwei Anzeigen. Anzuzeigen ist weiterhin jeder Wechsel oder jede Ausdehnung des Gegenstandes der Betätigung. Auch die Aufgabe eines Gewerbes ist anzeigepflichtig. Nach § 14 Abs. 1 S. 5 GewO kann die Behörde zudem die Abmeldung von Amts wegen vornehmen.

35 Eine Anzeige hat auch dann zu erfolgen, wenn das betreffende Gewerbe nach anderen Vorschriften **genehmigungspflichtig** ist und die Genehmigung vorliegt. Das hängt damit zusammen, dass die Anzeigepflicht nach § 14 GewO eigenständige Zwecke verfolgt, die durch die sonstige Genehmigungspflicht nicht berührt werden.[57]

36 Die formalen Anforderungen an die Anzeige, wie die sachliche und örtliche Zuständigkeit und die Verwendung von Formularen, sind in § 14 Abs. 4 GewO näher geregelt. Danach können auch besondere Regelungen zur elektronischen Datenverarbeitung vorgeschrieben werden.[58]

37 Die Anzeige als solche ist eine einseitige **empfangsbedürftige verwaltungsrechtliche Willenserklärung**, mit der keine weiteren Rechte oder Pflichten des Anzeigenden begründet werden.[59] Die Unterlassung einer nach § 14 GewO gebotenen Anzeige kann durch die behördliche Aufforderung zur Abgabe der Anzeige, die als Verwaltungsakt zu qualifizieren ist[60], sanktioniert werden. Dieser Verwaltungsakt kann mit Hilfe eines Zwangsgeldes vollstreckt werden.[61] Eine Gewerbeuntersagung nach § 15 Abs. 2 GewO ist bei Verletzung

---

55 *Ennuschat* in: TWE GewO § 14 Rn. 40 ff.
56 *Ennuschat* in: TWE GewO § 14 Rn. 44 ff. – umstritten.
57 *Ennuschat* in: TWE GewO § 14 Rn. 35.
58 Dazu *Schönleiter/Viethen* GewArch 2003, 129 (131).
59 BVerwG NVwZ 2004, 103; *P. Tettinger* in: TW GewO § 14 Rn. 82.
60 BVerwG GewArch 1993, 196 (197).
61 *Ennuschat* in: TWE GewO § 14 Rn. 88 ff.

der Anzeigepflicht nicht zulässig.[62] Möglich ist aber eine Ahndung als Ordnungswidrigkeit nach § 146 Abs. 2 Nr. 1 GewO.[63]

Die Behörde bescheinigt dem Gewerbetreibenden gem. § 15 Abs. 1 GewO binnen dreier Tage den Empfang der Anzeige (sog. **Gewerbeschein**). Es besteht insoweit ein Anspruch des Anzeigenden. Bei dieser Bescheinigung handelt es sich nicht um eine Genehmigung, dh sie enthält keinen Regelungsgehalt und ist deshalb auch nicht als Verwaltungsakt zu qualifizieren, sondern als dokumentarische Erklärung. Der Gewerbeschein dient nur Beweiszwecken.[64] Zum einen gibt sie dem Gewerbetreibenden Gewissheit, dass seine Anzeige bei der Behörde eingegangen ist, zum anderen hilft sie ihm, in einem etwaigen Bußgeldverfahren wegen unterlassener Anzeige (vgl. § 146 Abs. 2 Nr. 1 GewO) nachzuweisen, dass er die Anzeige erstattet hat. Die Bestätigung kann versagt werden, wenn zB die Formvorgaben des § 14 Abs. 4 GewO nicht eingehalten wurden. Grundsätzlich kann die Ausstellung der Empfangsbescheinigung mit einer **Gebühr** belegt werden; die Einzelheiten richten sich nach Landesrecht.[65] 38

Die durch die Anzeige erlangten **Informationen** können nach den näheren Maßgaben des § 14 Abs. 5 bis 11 GewO **an andere öffentliche Stellen übermittelt** und von diesen für die vorgegebenen Zwecke verwendet werden. Die gesetzliche Regelung ist wegen des Gesetzesvorbehalts im Datenschutzrecht erforderlich und enthält auch die erforderlichen verfahrensrechtlichen Regelungen mit ergänzendem Verweis in das Datenschutzrecht der Länder. 39

Für Gewerbetreibende, die eine offene Verkaufsstelle haben, eine Gaststätte betreiben oder eine sonstige offene Betriebsstätte haben, schreibt § 15a GewO aus Gründen des Verbraucherschutzes eine so genannte **Namens- und Firmenpflicht** vor. Eine konkretisierende Verpflichtung zur **Namensangabe im Schriftverkehr** findet sich in § 15b GewO. 40

2. Überwachungspflichtige Anlagen

Die ursprünglich umfassenden Vorgaben der GewO für die Anlagengenehmigung sind durch zahlreiche Ausgliederungen in Spezialgesetze auseinandergerissen worden. In der nachfolgenden Darstel- 41

---

62 *Ziekow* ÖffWirtR § 10 Rn. 32.
63 *Ennuschat* in: TWE GewO § 14 Rn. 91 ff.
64 BVerwGE 38, 160 (161).
65 BVerwGE 38, 160.

lung kann nicht auf alle spezialgesetzlichen Regelungen eingegangen werden. Die Darstellung ist vielmehr auf die praktisch bedeutsamsten Regelungen beschränkt. Sie bezieht zudem die besonders überwachungsbedürftigen Anlagen mit ein.

42 Ursprünglich fanden sich in §§ 16 bis 28 GewO Vorschriften zu den Anlagen, die einer besonderen Überwachung bedürfen. Diese Regelungen sind weggefallen und werden unter anderem durch das Geräte- und Produktsicherheitsgesetz und die Regelungen im BImSchG zu den nicht genehmigungsbedürftigen Anlagen ersetzt. Auf beide Normkomplexe soll deshalb an dieser Stelle eingegangen werden.

43 a) **Geräte- und Produktsicherheitsgesetz.** Das **Geräte- und Produktsicherheitsgesetz** (GPSG) v. 6.1.2004[66] führt die Regelungen zum Gerätesicherheitsrecht und zum Produktsicherheitsrecht in einem Gesetz zusammen und dient vor allem, dem Verbraucherschutz. Es erfasst die in § 1 Abs. 2 iVm § 2 Abs. 7 aufgeführten Anlagen, ua Dampfkesselanlagen, Aufzugsanlagen und Getränkeschankanlagen. Die Überwachung dieser Anlagen richtet sich nach den §§ 14 bis 18 GPSG.

44 Der Gesetzgeber hat in § 14 Abs. 1 GPSG ein **dynamisches Regelungssystem** eingeführt, das keine starren Vorgaben für alle überwachungsbedürftigen Anlagen trifft, sondern dem Verordnungsgeber eine differenzierte Regelung für die einzelnen erfassten Anlagen ermöglicht. Das bedeutet konkret, dass in der Rechtsverordnung Reichweite und Inhalt der Anforderungen anlagenspezifisch konkretisiert werden können, wobei auch die Einführung einer Erlaubnispflicht oder einer Bauartzulassung möglich ist (§ 14 Abs. 1 Nr. 2 u. 2a GPSG). Die Rechtsverordnungen[67] werden getrennt für die einzelnen Anlagentypen erlassen, so dass im Ergebnis ein sehr heterogenes Überwachungsinstrumentarium entstanden ist, das aber den Vorteil hat, auf die einzelnen Anlagen und die von ihnen ausgehenden Gefahren genau angepasst zu sein. Es handelt sich dabei um typisches technisches Sicherheitsrecht.

45 Die Überwachung selbst ist in den §§ 15 bis 18 GPSG arbeitsteilig den zuständigen **Aufsichtsbehörden** (→ § 18 GPSG) und **akkreditie-**

---

66 BGBl. I S. 2, bereinigt S. 219; dazu Überblick bei *Klindt* NJW 2004, 465 ff. Das Gesetz setzt 15 EG-Richtlinien und einen Ratsbeschluss um und ist deshalb richtlinienkonform auszulegen.
67 Eine Übersicht findet sich ua unter http://www.gaa.baden-wuerttemberg.de/servlet/is/16489/.

ren Überwachungsstellen (→ § 17 Abs. 5 bis 8 GPSG) zugewiesen.[68] Die staatliche Aufsichtsbehörde ist für die Erteilung von Erlaubnissen und für die Anordnung der im Einzelfall zur Überwachung erforderlichen Maßnahmen zuständig (§ 15 Abs. 1 GPSG). Es kann auch nach § 15 Abs. 2 GPSG eine Stilllegung der Anlage verfügt oder der Betrieb vorübergehend untersagt werden. Zur Durchführung der Überwachungsmaßnahmen werden in § 16 GPSG die nach Art. 13 GG erforderlichen gesetzlichen Grundlagen für Betretungsrechte des Beauftragten der zugelassenen Überwachungsstellen geschaffen.

b) Überwachungspflichtige Anlagen nach dem BImSchG. Eine 46 weitere rechtliche Grundlage für die Überwachung nicht genehmigungspflichtiger Anlagen findet sich in den §§ 22 f. BImSchG, deren Vorgaben durch zahlreiche Rechtsverordnungen konkretisiert werden. Anders als beim GPSG steht bei diesen Regelungen der Schutz von Mensch und Umwelt im Vordergrund, insbesondere vor Lärmbelästigungen. Erfasst sind alle Anlagen iSd § 3 Abs. 5 BImSchG, die keiner Genehmigungspflicht nach § 4 Abs. 1 BImSchG iVm der 4. BImSchV[69] unterliegen.

Die Betreiber nicht genehmigungsbedürftiger Anlagen werden in 47 § 22 BImSchG zunächst so genannten **allgemeinen Betreiberpflichten** oder Grundpflichten unterworfen.[70] Danach sind die Anlagen (erfasst sind auch hoheitlich betriebene Anlagen[71]) so zu errichten und zu betreiben, dass (1) schädliche Umwelteinwirkungen verhindert werden, die nach dem Stand der Technik vermeidbar sind (**Verhinderungsgebot**)[72], (2) nach dem Stand der Technik unvermeidbare schädliche Umwelteinwirkungen[73] auf ein Mindestmaß beschränkt werden (**Minimierungsgebot**) und (3) die bei dem Betrieb der Anlage entstehenden Abfälle ordnungsgemäß beseitigt werden (**Abfallbeseitigungsgebot**). Weiterhin ermächtigt § 23 BImSchG die Bundesregierung mit Zustimmung des Bundesrates zum Erlass von Rechtsverordnungen, die dazu für einzelne Anlagentypen nähere Einzelheiten regeln. Ein Blick auf die auf dieser Grundlage erlassenen **Rechtver-**

---

68 Nebeneffekt der Regelung ist die Beendigung des Monopols der Technischen Überwachungsvereine, dazu *Ossenbühl* DVBl. 1999, 1301 ff.
69 Verordnung über genehmigungsbedürftige Anlagen v. 14.3.1997, BGBl. I S. 505.
70 Zu Einzelheiten *Jarass* BImSchG § 22 Rn. 12 ff.
71 BVerwGE 117, 1 (3); *Jarass* BImSchG § 25 Rn. 2.
72 Zu den verfassungsrechtlichen Grenzen von Anforderungen *Jarass* BImSchG § 22 Rn. 41 ff.
73 Zum Begriff *Classen* JZ 1993, 1042 ff.

ordnungen⁷⁴ verdeutlicht zugleich die **erfassten Anlagentypen.** Es handelt sich unter anderem um kleine und mittlere Feuerungsanlagen (Heizungen etc), Sportanlagen, Feuerbestattungsanlagen, Anlagen, die elektromagnetische Felder erzeugen, Kraftfahrzeugbetankungsanlagen. Soweit die Bundesregierung von der Verordnungsermächtigung keinen Gebrauch macht, können die Landesregierungen nach Absatz 2 entsprechende Rechtsverordnungen erlassen. Das ist aber nur ganz vereinzelt der Fall.⁷⁵ Soweit für die Anlagen nach anderen Vorschriften Erlaubnispflichten bestehen, bleiben diese gem. § 22 Abs. 2 BImSchG unberührt.

48 Der nach den inhaltlichen Maßgaben der vorgenannten Vorschriften erfolgende Anlagenbetrieb wird durch die zuständigen Behörden durch **Anordnungen im Einzelfall** nach § 24 BImSchG sowie durch **Untersagungsverfügungen** nach § 25 BImSchG überwacht.

3. Personalerlaubnisse

49 a) **Spezialgesetzliche Erlaubnistatbestände.** Neben den durch das BImSchG erfassten Anlagengenehmigungen kommt den Personalerlaubnissen im Gewerberecht traditionell eine erhebliche Bedeutung zu, bei denen es auf die **Eigenschaften der gewerblich tätigen Person** ankommt, weil vor allem von ihrem Verhalten mögliche Gefahren ausgehen können. Diese sind nach wie vor zu einem erheblichen Teil in der GewO selbst geregelt, doch sind auch in diesem Bereich Auswanderungserscheinungen in Spezialgesetze zu verzeichnen gewesen. Das gilt insbesondere für das Recht der freien Berufe (→ §§ 22 ff.) und das Handwerksrecht (→ § 16).

50 b) **Allgemeine Regelung zu Auskunft und Nachschau.** Die Regelungen der §§ 29 ff. GewO zu den Personalerlaubnissen beziehen sich auf eine Vielzahl sehr heterogener Betätigungen, die nur sehr begrenzt einer zusammenfassenden Systematisierung zugänglich sind. Im Folgenden werden deshalb die Schwerpunkte der rechtlichen Problematik der einzelnen Betätigungsfelder knapp skizziert. Für alle erfassten Tätigkeiten gelten aber die Anforderungen des § 29 GewO, auf die deshalb zunächst einzugehen ist.

51 Alle Gewerbetreibenden und sonstigen Personen, die einer Personalerlaubnis nach den §§ 30 ff. GewO bedürfen, nach den §§ 34b oder

---

74 Übersicht bei *Jarass* BImSchG § 23 Rn. 22 ff.
75 *Jarass* BImSchG § 23 Rn. 60 f.

36 GewO öffentlich bestellt sind, ein überwachungsbedürftiges Gewerbe nach § 38 GewO betreiben oder gegenüber denen ein Untersagungsverfahren nach § 35 oder § 59 GewO eröffnet ist, werden in § 29 GewO besonderen Überwachungsbefugnissen unterworfen. Es handelt sich dabei zunächst um die **Auskunftsverpflichtung** nach § 29 Abs. 1 GewO.

Aus dem Wortlaut ergibt sich bereits, dass die verpflichteten Personen nur nach **Aufforderung** durch die zuständige Behörde tätig werden müssen; es besteht demnach keine selbständige Informationsverpflichtung.[76] Das konkrete Auskunftsverlangen, das einen Verwaltungsakt darstellt[77], ist nicht an konkrete tatbestandliche Voraussetzungen geknüpft. Es muss lediglich zur Wahrnehmung der Überwachungstätigkeit der Behörde erforderlich sein.[78] Da die Wirtschaftsüberwachung auch als begleitende Aufsicht ausgestaltet ist, bedarf es dazu keiner konkreten Verdachtsmomente, die einen Rechtsverstoß nahe legen. Anders verhält es sich nur in den Fällen der Nr. 4, da ein Untersagungsverfahren nur bei entsprechenden Anhaltspunkten zulässig ist.[79] Die Auskunft kann nach Maßgabe des Absatzes 3 **verweigert** werden. 52

§ 29 Abs. 2 GewO begründet zur Durchführung der Überwachungstätigkeit zugunsten der Beauftragten der zuständigen Behörde zudem ein sachlich und zeitlich begrenztes **Betretungsrecht**, das nur zu dem Zweck genutzt werden darf, eine Vorlage der geschäftlichen Unterlagen zu verlangen und in diese Einsicht zu nehmen. 53

Gemeinsam ist auch hier allen Erlaubnistatbeständen, dass auf die Erteilung der Erlaubnis ein **Rechtsanspruch** besteht, soweit keine Versagungsgründe gegeben sind. Zudem kann die Erlaubnis mit einer **Nebenbestimmung** versehen werden. Dafür gelten die allgemeinen Maßgaben des § 36 VwVfG. 54

c) **Privatkliniken.** In § 30 GewO findet sich eine personen- und raumbezogene Erlaubnispflicht für **Privatkranken-, Privatentbindungs- und Privatnervenkliniken**. Vor dem Hintergrund der sehr umfangreichen Regelungen zum (öffentlichen und gemeinnützigen) Krankenhauswesen im Gesundheitsrecht ist die systematische Stellung dieser Regelung heute fragwürdig.[80] Sie wirft ob ihrer Kürze 55

---

76 *Thiel* GewArch 2001, 403 (404); *Jarass* BImSchG § 29 Rn. 10 f.
77 BayVGH GewArch 1992, 183.
78 *Jarass* BImSchG § 29 Rn. 16.
79 *Jarass* BImSchG § 29 Rn. 17.
80 *Ennuschat* in: TWE GewO § 30 Rn. 3.

auch zahlreiche Fragen auf.[81] So stellt sich vor dem Hintergrund aktueller Entwicklungen etwa die Frage, ob sie auch Kliniken erfasst, die ganz überwiegend ambulante Behandlungen vornehmen, oder ob sie dem Leitbild der **Klinik mit stationärer Behandlung** folgt.[82] Maßgeblich für die Abgrenzung von stationärer zu ambulanter Behandlung ist, ob die Zeiten ärztlicher Behandlung und begleitender Betreuung den äußeren Tagesablauf eines Patienten entscheidend beherrschen, dh Therapie- und Ruhephasen müssen gegenüber frei verfügbaren Zeiten für die Patienten eindeutig überwiegen.[83] Da das ärztliche Handeln bereits durch das Heilberufsrechts geregelt ist und insoweit auch keine zusätzliche Gefahrenabwehr erforderlich erscheint, zielt die Konzessionspflicht des § 30 auch nicht in erster Linie auf eine Kontrolle ärztlicher Leistungen selbst ab, „vielmehr soll vor den Gefahren geschützt werden, die sich aus der Eingliederung des Patienten in ein betriebliches Organisationsgefüge ergeben".[84] Dies ist auch der Ansatzpunkt für die Beurteilung der Zuverlässigkeit des Betreibers und die Erteilung der Erlaubnis.

56   d) **Schaustellungen von Personen.** Die in § 33a GewO geregelten **Schaustellungen von Personen** fallen seit der Föderalismusreform in die Gesetzgebungszuständigkeit der Länder, doch gilt die Regelung einstweilen nach Art. 125a GG fort. Mit der Schaustellung von Personen sollen Veranstaltungen erfasst werden, in denen die körperlichen Eigenschaften und Fähigkeiten von Menschen zur Schau gestellt werden. Nur die Schaustellung von Menschen ist erfasst, nicht die von Tieren oder Menschen nachgebildeten Wachsfiguren.[85] Ort und Zeit von Darbietung und Betrachtung müssen zusammenfallen, so dass Videoaufzeichnungen bzw. ihre Wiedergabe nicht erfasst werden.[86] Unterschieden wird zwischen erlaubnispflichtigen, erlaubnisfreien und verbotenen Schaustellungen. **Erlaubnispflichtig** ist, wer die Schaustellung in seinen Geschäftsräumen veranstalten oder hierfür seine **Geschäftsräume** zur Verfügung stellen will. Geschäftsraum ist jeder Raum, in dem eine gewerbliche Schaustellung von Personen stattfindet, selbst wenn er außerhalb der Veranstaltung privaten und

---

81 Siehe auch *Braun* NJW 1985, 2739 ff.; *Neft* BayVBl. 1996, 40 ff.
82 Im letzteren Sinne VGH München GewArch 2002, 74 f.; *Ennuschat* in: TWE GewO § 30 Rn. 12 ff.
83 *Ennuschat* in: TWE GewO § 30 Rn. 16.
84 BVerwG NJW 1985, 1414; *Diefenbach* GewArch 1991, 281 (285).
85 *Ennuschat* in: TWE GewO § 33a Rn. 6.
86 *Ennuschat* in: TWE GewO § 33a Rn. 9.

nicht geschäftlichen Zwecken dient.[87] Der Veranstalter ist nur erlaubnispflichtig, wenn die Schaustellung in seinen Räumen stattfindet. Im Vordergrund der Anwendung dieser Vorschrift steht heute die Vereinbarkeit der Darbietungen mit den **guten Sitten**.[88]

Der **Begriff der guten Sitten** beinhaltet zunächst eine ethische Anforderung, die von der Rechtsordnung aber an zahlreichen Stellen in Bezug genommen wird, ua in Art. 2 Abs. 1 GG durch die Bezugnahme auf das Sittengesetz im Rahmen der Schrankentrias.[89] Ähnlich wie beim zivilrechtlichen Begriff der Sittenwidrigkeit und dem sicherheitsrechtlichen Begriff der öffentlichen Ordnung wird auf das Anstandsgefühl aller billig und gerecht Denkenden[90] bzw. die für das gedeihliche Zusammenleben unverzichtbaren sozialen Mindestnormen abgestellt.[91] Versuche der Rechtsprechung, zur Konkretisierung auf die Menschenwürdegarantie des Art. 1 Abs. 1 GG Bezug zu nehmen[92], haben sich nicht bewährt.[93] Deshalb wird heute wieder stärker auf die sozialethischen Vorstellungen der Mehrheit der Bevölkerung Bezug genommen[94], auch wenn diese schwer zu bestimmen sind und sich nicht alleine an den Ergebnissen der Demoskopie orientieren können[95] und der Begriff der guten Sitten seinen normativen Charakter behalten muss.[96] 57

Die Erlaubnis ist weiterhin zu versagen, wenn die Veranstaltung im Hinblick auf die Lage der Räume gegen das **öffentliche Interesse** verstößt[97] oder in sonstiger Weise **Gesetzesverstöße** vorliegen, auch wenn Letzteres in der heutigen Fassung nicht mehr explizit erwähnt wird. 58

e) Glücksspielrecht. Ein sehr weites thematisches Feld, das nur teilweise durch die GewO erfasst und geregelt wird, stellt das **Glücksspielrecht** dar. Es hat durch zahlreiche verfassungsrechtliche und europarechtliche Bedenken in Bezug auf das geltende Recht von 59

---

87 *Ennuschat* in: TWE GewO § 33a Rn. 13.
88 Siehe dazu BVerwGE 64, 280 (284) – Live-Show; BVerwGE 64, 274; 84, 314 (317) – Peep-Show; VG Neustadt, NVwZ 1993, 98 – Zwergenweitwurf; *Schönleiter* GewArch 2000, 319 (323); *Stock* NWVBl. 1994, 195 ff.
89 Dazu eingehend *Kahl* in: FS Merten, 2007, S. 57 ff.
90 BGHZ 10, 228 (232).
91 *Ennuschat* in: TWE GewO § 33a Rn. 32 ff.
92 BVerwGE 64, 274 (276 f.); VG Neustadt NVwZ 1993, 98.
93 *Ennuschat* in: TWE GewO § 33a Rn. 42 ff.
94 BVerwG GewArch 1998, 419 f.; dazu auch *Ennuschat* in: TWE GewO § 33a Rn. 51 f.
95 So auch BVerwG NJW 1996, 1423 (1424); OVG Lüneburg GewArch 1995, 109. Siehe auch *Kempen* NVwZ 2000, 1115 (1119).
96 Zutreffend: *Ennuschat* in: TWE GewO § 33a Rn. 40.
97 BVerwG GewArch 1989, 138 (139).

Bund und Ländern in den letzten Jahren eine erhebliche Aufmerksamkeit in Wissenschaft[98] und Rechtsprechung[99] erfahren. Die Vielzahl der Konstellationen und damit verbundenen Rechtsfragen ist kaum noch überschaubar; grundlegende Klärungen durch die Rechtsprechung stehen teilweise noch aus.

60 **aa) Erscheinungsformen und Gesetzgebungszuständigkeiten.** Das **Glücksspielrecht** umfasst eine weite Palette von Betätigungsformen, die von den Lotterien und (Sport-) Wetten über Spielbanken bis hin zu Spielautomaten und Spielhallen reicht. Sie schließt auch die gewerbliche Glücksspielvermittlung ein. In den letzten Jahren hat sich zudem das Internet-Glücksspiel als eigenständige Erscheinungsform etabliert, wobei das Internet nicht nur als Kommunikationsplattform für bestehende Angebote verwendet wird.

61 Die **praktische Bedeutung** des Glücksspiels erschließt sich nur aus der Zusammenschau von mehreren Gesichtspunkten. Zunächst handelt es sich um eine in den meisten Fällen attraktive Form der wirtschaftlichen Betätigung, wie insbesondere die sehr hohen Umsätze bei Lotterien und Wetten zeigen. Damit verbunden sind aber auch zwei Problemfelder: die Versuchung zu Wettbetrug und die Spielsucht.[100] Schließlich ist von staatlicher Seite das Interesse an den Einnahmen aus dem Glücksspiel zu betonen, da die Einnahmen aus den staatlich betriebenen Lotterien, Wetten und Spielbanken zur Finanzierung von Kultur und Sport (ua der Fußballweltmeisterschaft) verwendet werden. Die staatlichen Haushalte planen deshalb regelmäßig die Einnahmen aus dem Glücksspiel als wichtige Finanzierungsquelle ein.

62 Die **Gesetzgebungskompetenz** für das Glücksspielrecht wird dem Recht der Wirtschaft gem. Art. 74 Abs. 1 Nr. 11 GG zugeordnet und unterliegt damit der Subsidiaritätsklausel des Art. 72 Abs. 2 GG. Durch das Föderalismusreformgesetz wurde das Recht der Spielhallen (derzeit § 33i GewO) in die ausschließliche Gesetzgebungszustän-

---

98 Monografien: *Berberich* Das Internet-Glücksspiel, 2004; *Korte* Das staatliche Glücksspielwesen, 2004; *Vosskuhle/Bumke* Rechtsfragen der Sportwette, 2002; *Wilms* Grenzüberschreitende Lotterien, 2001; *Kluth* Die Unvereinbarkeit des deutschen Lotteriemonopols nach dem Glücksspielstaatsvertrag mit dem Unions- und Verfassungsrecht, 2018. Kommentare: Streinz/Lisching/Hambach (Hrsg.) Glücks- und Gewinnspielrecht in den Medien, 2014; Becker/Hilf/Nolte/Uwer (Hrsg.) Glücksspielregulicrung, 2017.
99 Grundlegend: EuGH Rs. C-275/92 Rn. 25 ff. – Schindler, EuZW 1994, 311; EuGH Rs-C-316/07, C-409/07 u. C-410/07 – Stoß (ua), GewArch 2010, 444; BVerfGE 115, 276 ff.; BVerwG NVwZ 2006, 1175 ff.
100 Zu dieser Wechselwirkung siehe auch BVerfGE 115, 276 ff.

digkeit der Länder verlagert. Das Lotterie- und Wettrecht wird durch einen Staatsvertrag zum Lotteriewesen der Bundesländer koordiniert, auf dessen Grundlage Landesgesetze erlassen wurden.

bb) Lotterie- und Wettrecht der Länder. Das Lotterie- und Wett- 63
recht ist dadurch gekennzeichnet, dass es bis auf wenige Ausnahmen den Bundesländern zur eigenen Ausübung und Konzessionserteilung vorbehalten ist, also als staatliches Monopol ausgestaltet ist. Dieses wird maßgeblich damit begründet, dass nur so eine Bekämpfung der Spielsucht wirksam möglich ist. Das Bundesverfassungsgericht hat jedoch in Bezug auf das Bayerische Lotteriegesetz festgestellt, dass ein solches staatliches Monopol mit dem Grundrecht der Berufsfreiheit des Art. 12 Abs. 1 GG nur vereinbar ist, wenn es auch in der Praxis konsequent am Ziel der Bekämpfung von Suchtgefahren ausgerichtet ist. Da dies derzeit nicht der Fall ist, hat es die gesetzliche Regelung für mit dem Grundgesetz unvereinbar erklärt und eine Neuregelung bis zum 31.12.2007 verlangt.[101] Da die Gesetze der anderen Bundesländer auf Grund ihrer Orientierung am Staatsvertrag inhaltsgleich sind, gilt das Verdikt auch für sie.

Die Bundesländer hatten die Absicht, durch einen neuen **Staats-** 64
vertrag das Lotteriewesen nach Maßgabe der Entscheidung des Bundesverfassungsgerichts[102] neu zu ordnen und dabei die Maßnahmen zur Bekämpfung der Spielsucht zu verstärken.[103] Da es nicht zu einer Einigung kam, wurden die landesgesetzlichen Regelungen zum Lotteriewesen ohne neuen Staatsvertrag den Vorgaben des Bundesverfassungsgerichts angepasst. Dabei wurden die bestehenden Regelungen zT verschärft.

Unabhängig davon hat das Bundeskartellamt den Deutschen 65
Lotto- und Totoblock, den Zusammenschluss der Lottogesellschaften der Bundesländer, als Unternehmensvereinigung iSv Art. 83 EGV und § 1 GWB qualifiziert und das nach Art. 5 Abs. 3 des Staatsvertrags zum Lotteriewesen bestehende **Regionalprinzip** für unvereinbar mit dem EG Wettbewerbsrecht erklärt und die Lottounternehmen dazu aufgefordert, in einen Wettbewerb zueinander einzutreten.

Eine vergleichbare Rechtslage besteht bei **Sportwetten**.[104] So be- 66
steht zB nach dem Sportwettengesetz Nordrhein-Westfalen (Sport-

---
101 BVerfGE 115, 276 ff.
102 BVerfGE 115, 276 ff.
103 Zum umstrittenen Entwurf siehe GewArch 2006, 410.
104 Dazu *Schmid* GewArch 2006, 177 ff.

wettG NW) für Wettunternehmen für sportliche Wettkämpfe ein staatliches Wettmonopol. Das Bundesverfassungsgericht[105] hat dieses Monopol grundsätzlich bestätigt. Das bedeutet, dass nur eine öffentlich-rechtliche Person oder eine privatrechtliche Person mit öffentlich-rechtlichem Mehrheitsanteilseigner eine Sportwettengenehmigung für das eigene Bundesland erhalten kann. Nordrhein-Westfalen hat diese Erlaubnis der Westdeutschen Lotterie GmbH & Co. OHG (kurz: WestLotto) erteilt. Alle weiteren Wettunternehmen sind zur Durchführung von Sportwetten in Nordrhein-Westfalen nicht berechtigt. Auch die Inhaber so genannter DDR-Konzessionen verfügen über keine rechtmäßige Konzession iSd nordrhein-westfälischen Sportwettengesetzes. Eine abweichende Rechtslage gab es auf Grund der Fortgeltung von DDR-Konzessionen übergangsweise in den neuen Bundesländern.

67   cc) **Gewerbliches Spielrecht nach §§ 33c f. GewO.** Die öffentliche **Veranstaltung von Glücksspielen** ist generell erlaubnispflichtig.[106] Wer ohne behördliche Erlaubnis öffentlich ein Glücksspiel veranstaltet oder die Einrichtungen dazu bereitstellt, macht sich nach § 284 Strafgesetzbuch (StGB) strafbar. Auch die Beteiligung an einem öffentlichen Glücksspiel ist strafbar, § 285 StGB. Die **Grundvorschriften** zu den Erlaubnistatbeständen von Spielen mit Gewinnmöglichkeiten sind §§ 33c und 33d GewO. § 33c GewO regelt die Voraussetzungen zur Erlangung der allgemeinen Aufstellererlaubnis für Spielgeräte mit Gewinnmöglichkeit. § 33d GewO enthält Vorschriften zu allen anderen Spielen mit Gewinnmöglichkeiten § 33c GewO regelt das Aufstellen von Spielgeräten, die mit einer den Spielausgang beeinflussenden technischen Vorrichtung ausgestattet sind und die **Möglichkeit eines Gewinnes** bieten.

68   Wer **gewerbsmäßige Spielgeräte**, die mit einer den Spielausgang beeinflussenden technischen Vorrichtung ausgestattet sind und die Möglichkeit eines Gewinnes bieten, aufstellen will, bedarf gemäß § 33c Abs. 1 GewO einer Erlaubnis. Diese berechtigt zur Aufstellung von Geräten, die von der Physikalisch-Technischen Bundesanstalt zugelassen sind. Die Erlaubniserteilung ist von der **Zuverlässigkeit des Antragstellers** abhängig.

---

105 BVerfGE 115, 276 ff.
106 Speziell zur begrenzten Zulässigkeit von Pokerturnieren *Fischhaber* GewArch 2007, 405 ff.

Die Erlaubnis ist **personenbezogen** auf den Aufsteller ausgestellt 69
(Aufstellererlaubnis) und nicht auf konkrete Geräte beschränkt. Einzelheiten zu den Spielgeräten sind in der Verordnung über Spielgeräte und andere Spiele (SpielV) geregelt. Aufsteller ist, wer als Unternehmer oder Mitunternehmer Erfolg und Risiko der Spielgeräte trägt und auf wessen Namen das Gewerbe angemeldet wird. Die Erlaubnis nach § 33c GewO steht selbständig neben anderen Erlaubnissen; sie ist auch dann erforderlich, wenn der Aufsteller bereits eine Gaststättenerlaubnis oder eine Erlaubnis zum Betrieb einer Spielhalle besitzt.

Der Gewerbetreibende darf Spielgeräte mit Gewinnmöglichkeiten 70
nur aufstellen, wenn die zuständige Behörde schriftlich bestätigt hat, dass der **Aufstellungsort** den gesetzlichen Vorschriften entspricht. Danach dürfen Geldspielgeräte in Betrieben auf Volksfesten, Schützenfesten oder ähnlichen Veranstaltungen, Jahrmärkten oder Spezialmärkten, sowie in Trinkhallen, Speiseeiswirtschaften, Milchstuben oder Einrichtungen, die überwiegend von Kindern oder Jugendlichen besucht werden, nicht aufgestellt werden (§ 1 Abs. 2 SpielV). In Schankwirtschaften, Speisewirtschaften, Beherbergungsbetrieben und Wettannahmestellen dürfen höchstens drei Geld- oder Warenspielgeräte aufgestellt werden (§ 3 Abs. 1 SpielV).

In Spielhallen oder ähnlichen Unternehmen, in denen keine alko- 71
holischen Getränke zum Verzehr an Ort und Stelle verabreicht werden, darf je zwölf Quadratmeter Grundfläche höchstens ein Geldspielgerät aufgestellt werden; die Gesamtzahl ist auf zwölf Geräte bzw. bei Betrieben mit Ausschank von alkoholischen Getränken auf drei Geräte beschränkt (§ 3 Abs. 2 SpielV).

§ 33d GewO enthält Regelungen zu Spielen mit Gewinnmöglich- 72
keiten, die nicht unter § 33c GewO fallen. Hierzu zählen **Geschicklichkeitsspiele** ohne technische Spieleinrichtung, bei denen der Spieler den Spielablauf durch eigene Handlung unmittelbar bestimmen kann.

Das Bundeskriminalamt prüft im Rahmen seiner Zuständigkeit für 73
die **Unbedenklichkeitsbescheinigung**, ob es sich beim beabsichtigten Spiel um ein zulässiges Geschicklichkeitsspiel im Sinne von § 33d GewO oder ein unerlaubtes Glücksspiel handelt. Ein **Geschicklichkeitsspiel** liegt vor, wenn man es nach den Spieleinrichtungen und -regeln und der Übung der mitspielenden Teilnehmer mit hoher Wahrscheinlichkeit in der Hand hat, durch Geschicklichkeit den Ausgang des Spiels zu bestimmen. Ein **Glücksspiel** ist gegeben, wenn die Entscheidung über Gewinn und Verlust nicht wesentlich von den Fähig-

keiten und Kenntnissen und dem Grad der Aufmerksamkeit der Spieler bestimmt wird, sondern vom Zufall, nämlich dem Wirken unberechenbarer, dem Einfluss der Beteiligten entzogener Ursachen abhängt. Für solche Glücksspiele kann im Gegensatz zu Geschicklichkeitsspielen keine Erlaubnis erteilt werden; sie sind nach § 284 StGB verboten. Einzelheiten zur Unbedenklichkeitsbescheinigungen des Bundeskriminalamtes (BKA) ergeben sich aus § 33e GewO.

74 Zu beachten sind weiterhin die Vorgaben zum **Veranstaltungsort**. Besteht der Gewinn in Geld, darf das Spiel nur in einer Spielhalle oder einem ähnlichen Unternehmen, also als stehendes Gewerbe, veranstaltet werden, § 4 SpielV. Es dürfen höchstens drei andere Spiele veranstaltet werden. Besteht der Gewinn in Waren, darf das Spiel nur auf Volksfesten, Schützenfesten, Jahrmärkten, Spezialmärkten (als Reisegewerbe) oder in Gaststättenbetrieben veranstaltet werden. Unzulässig ist die Veranstaltung in Trinkhallen, Speiseeiswirtschaften, Milchstuben oder Einrichtungen, die überwiegend von Kindern oder Jugendlichen besucht werden.

75 Dem Veranstalter werden zudem **weitere Pflichten** auferlegt. Er muss am Veranstaltungsort die Spielregeln und den Gewinnplan deutlich sichtbar anbringen und die Unbedenklichkeitsbescheinigung oder deren Abdruck bereithalten, § 6 Abs. 2 SpielV. Er darf zum Zweck des Spiels keinen Kredit gewähren oder durch Beauftragte gewähren lassen und nicht zulassen, dass in seinem Unternehmen Beschäftigte solche Kredite gewähren.

76 dd) **Spielhallen nach § 33i GewO.** Die Gesetzgebungskompetenz für das Recht der Spielhallen ist im Rahmen der Föderalismusreform I auf die Länder übergegangen, wobei die sachliche Reichweite der Verlagerung umstritten ist.[107] Die meisten Bundesländer haben inzwischen eigene Spielhallengesetze erlassen, die im Vergleich zur bisherigen Rechtslage erhebliche Beschränkungen enthalten.[108]

77 Eine **Spielhalle** ist ein Raum, der ausschließlich oder überwiegend der Aufstellung von Spielgeräten, der Veranstaltung anderer Spiele oder der gewerbsmäßigen Aufstellung von Unterhaltungsspielen ohne Gewinnmöglichkeit dient. Wer eine Spielhalle oder ein ähnliches Unternehmen betreiben möchte, bedarf der besonderen Erlaub-

---

107 Dazu *Kluth* Die Gesetzgebungskompetenz für das Recht der Spielhallen nach der Neufassung des Art. 75 Abs. 1 Nr. 11 GG 2010; siehe auch BVerfG NVwZ 2017, 1111 ff.
108 *Schneider* NVwZ 2017, 1073 ff.

nis. Wird ein Betrieb in **mehreren Räumen** ausgeübt, sind dafür **mehrere Erlaubnisse** notwendig, sofern es sich um eigenständig **abgegrenzte Betriebsstätten** handelt. Dies ist der Fall, wenn die Betriebsstätten räumlich so getrennt sind, dass die Sonderung der Räume optisch in Erscheinung tritt, und die Betriebsfähigkeit jeder Betriebsstätte nicht durch die Schließung der anderen beeinträchtigt wird. Werden in einem Nebenraum anderer Gewerbebetriebe, insbesondere Gaststätten, Spielgeräte aufgestellt oder andere Spiele bzw. Unterhaltungsspiele veranstaltet, ist dieser Raum erlaubnispflichtig, wenn sich nach den Gesamtumständen ergibt, dass er mit einer räumlichen und organisatorischen Eigenständigkeit dem Spielzweck gewidmet ist. Das ist zB der Fall, wenn der Nebenraum nach Lage und Gestaltung in erster Linie außerhalb der Gaststätte befindliche Personen wegen der Spielmöglichkeiten anzieht und nicht der Zerstreuung der Gäste der Gaststätte dient.

Der Zusatz „**ähnliches Unternehmen**" im Tatbestand stellt klar, 78 dass es sich bei der Spielhalle um einen eigenständigen Betrieb handeln muss, und soll verhindern, dass die Erlaubnispflicht durch abweichende Bezeichnungen umgangen wird. Er erfasst in erster Linie sog. Spielkasinos, das heißt Räume, in denen ausschließlich oder überwiegend andere Spiele im Sinn des § 33d GewO veranstaltet werden.

Das Bundesverwaltungsgericht hat in Bezug auf ein **Internet-Café** 79 entschieden, dass ein Gewerbetreibender, der in seinen Räumen Computer aufstellt, die sowohl zu Spielzwecken als auch zu anderen Zwecken genutzt werden können, einer Erlaubnis nach § 33i GewO bedarf, wenn der Schwerpunkt des Betriebs in der Nutzung der Computer zu Spielzwecken liegt. Ein Internet-Café sei dann als erlaubnispflichtige Spielhalle oder spielhallenähnliches Unternehmen zu bewerten, wenn die Gesamtumstände darauf schließen ließen, dass die Betriebsräume hauptsächlich dem Spielzweck gewidmet sind und die anderweitige Nutzung der Computer dahinter zurücktritt.[109]

Im Zusammenhang mit der Verschärfung des Spielhallenrechts 80 durch die Länder wurde zur Umsetzung der Vorgaben die unbefristet erteilte Genehmigung nachträglich befristet.[110] Zudem stellt(e) sich das Problem, zur Wahrung der neu eingeführten Mindestabstände

---

109 BVerwG GewArch 2005, 292 f. Dazu auch *Hahn* GewArch 2005, 393 ff.
110 Dazu auch BVerfG NVwZ 2017, 1111 ff.

zwischen einzelnen Spielhallen bei der Neuvergabe von Genehmigungen zu klären, welche Standorte erhalten bleiben und welche geschlossen bleiben müssen. Die Landesgesetzgeber haben es dabei durchweg versäumt, dazu eine gesetzliche Regelung zu treffen.[111]

81 f) **Bewachungsgewerbe.** Die vor allem in Großstädten bedrohliche **Kriminalitätsentwicklung** hat in den letzten beiden Jahrzehnten eine deutliche Zunahme im Bereich des Bewachungsgewerbes ausgelöst.[112] Hinzu kommen Tendenzen zur Privatisierung tradierter staatlicher Aufgaben der Gefahrenabwehr, die vor dem Hintergrund des staatlichen Gewaltmonopols problematisiert werden.[113] Allerdings stehen den privaten Bewachungsfirmen nur die Jedermann zustehenden Notrechte zu, namentlich auf strafrechtlicher Ebene Notwehr und Nothilfe (§ 32 StGB) sowie rechtfertigender und entschuldigender Notstand (§§ 34, 35 StGB), die Jedermann-Befugnis zur vorläufigen Festnahme eines auf frischer Tat Betroffenen oder Verfolgten gemäß § 127 StPO sowie die zivilrechtlichen Notrechte (§§ 227 ff., 859 f., 904 BGB).

82 Die gesetzliche Tolerierung des privaten Bewachungsgewerbes ist jedoch keine neue Erscheinung, sondern geht auf das Jahr 1927 zurück, in dem § 34a in die GewO eingeführt wurde. Es geht – wie bei den anderen Erlaubnissen – in erster Linie um die in einem präventiven Erlaubnisverfahren verankerte Kontrolle der Sicherstellung möglichst hoher Qualitätsstandards im privaten Sicherheitsgewerbe.[114]

83 Nach den Terroranschlägen vom 11. September 2001 ist eine Veränderung der Sicherheitsphilosophie zu beobachten, die auch das Gewerberecht erfasst. In diesem Kontext wurden 2002 die Anforderungen an im Bewachungsgewerbe arbeitende Personen sowie deren Befugnis zum Führen von Schusswaffen restriktiver gefasst. Sicherheit wird zu einem immer umfassenderen **Querschnittsthema,** das alle Bereiche des deutschen Wirtschaftsrechts berührt.[115] Zudem bewirken grenzüberschreitende Aktivitäten des Sicherheitsgewerbes in Europa und das Selbstverständnis der EU als „Raum der Freiheit,

---

111 Dazu näher *Lackner/Pautsch* NordÖR 2017, 473 ff.
112 Siehe dazu umfassend *Stober/Olschok (Hrsg.)* Handbuch des Sicherheitsgewerberechts, 2004.
113 *Stoll* Sicherheit als Aufgabe von Staat und Gesellschaft, 2003; *Bracher* Gefahrenabwehr durch Private, 1987; *Mahlberg* Gefahrenabwehr durch gewerbliche Sicherheitsunternehmen, 1988.
114 *Ennuschat* in: TWE GewO § 34a Rn. 1.
115 *Ennuschat* in: TWE GewO § 34a Rn. 5.

der Sicherheit und des Rechts" (vgl. → Art. 29 ff. EUV) auch eine Zunahme der Bedeutung des Gemeinschaftsrechts.¹¹⁶

Die Erlaubnis ist **personenbezogen** und nicht übertragbar. Für die 84 Stellvertretung gilt § 47 GewO. Eine Erlaubnis kann natürlichen und juristischen Personen erteilt werden. Bei nicht-rechtsfähigen Personenmehrheiten (ua oHG, KG) muss jeder der geschäftsführenden Gesellschafter eine Erlaubnis einholen, da die Gesellschaft als solche nicht Erlaubnisnehmerin sein kann.

Die Erlaubnis ist nicht an einen bestimmten Bewachungsbetrieb 85 gebunden und wird, sofern nichts anderes beantragt wird, **ohne Einschränkung** auf bestimmte Bewachungsobjekte erteilt. In **räumlicher Hinsicht** ist die Erlaubnis unbeschränkt, gilt also in ganz Deutschland. Sie berechtigt zum Betrieb eines Bewachungsgewerbes und ermöglicht ein weites Spektrum von Tätigkeiten (Fahrzeug- und Gebäudebewachung, Schutz militärischer Anlagen, Veranstaltungsdienst, Fluggastkontrolle, Geld- und Werttransporte, Personenschutz). Die Erlaubnis kann mit **Auflagen** – auch nachträglich – verbunden werden, soweit dies zum Schutz der Allgemeinheit oder der Auftraggeber erforderlich ist.

Auf die Erteilung der Erlaubnis besteht ein **Rechtsanspruch**, so- 86 fern nicht die – abschließenden – Versagungsgründe des Satzes 3 vorliegen. Die dort enthaltenen unbestimmten Gesetzesbegriffe unterliegen vollständiger verwaltungsgerichtlicher Überprüfung.

Das Bewachungsgewerbe ist durch **Public-Private-Partnerships** 87 zunehmend auch in die Wahrnehmung von Aufgaben der öffentlichen Gefahrenabwehr einbezogen, etwa auf kommunaler Ebene, auf Flughäfen und bei Strafanstalten.¹¹⁷

g) Immobilienmakler und weitere Vermittlerberufe. Die Erlaub- 88 nispflicht nach § 34c GewO wurde 2017 neu gefasst und erweitert.¹¹⁸ Sie betrifft nunmehr **Immobilienmakler** (Nr. 1), **Darlehensvermittler** (Nr. 2), **Bauträger** (Nr. 3 lit. a) und **Bauvermittler** (Nr. 3 lit. b) sowie **Wohnimmobilienverwalter** (Nr. 4) und damit ein weites berufliches Spektrum. Die Versagungsgründe sind in Absatz 2 abschließend geregelt und stellen in der Sache eine vorweggenommene (Un-)Zuverlässigkeitsprüfung dar. Ein Nachweis besonderer Sachkunde

---

116 *Pitschas* NVwZ 2002, 519 ff.; *Lange* Privates Sicherheitsgewerbe in Europa, 2002. Siehe auch *Oeter/Stober (Hrsg.)* Sicherheitsgewerberecht in Europa, 2003.
117 Zu Einzelheiten *Stober* Gesetzlich normierte Kooperation zwischen Polizei und privaten Sicherheitsdiensten, 2007; *Schönleiter* GewArch 2003, 1 ff.
118 *Drasdo* NVwZ 2018, 31 ff.

wird bei der Aufnahme der Tätigkeit nicht verlangt, weshalb es sich nicht um eine Berufswahlregelung im eigentlichen Sinne handelt, die an persönliche Fähigkeiten anknüpft. Jedoch schreibt Absatz 2a vor, dass Immobilienmakler und Wohnimmobilienverwalter einer **Weiterbildungspflicht** unterliegen. Die Einzelheiten dazu sowie zu weiteren Berufspflichten können nach Absatz 3 in einer Rechtsverordnung geregelt werden. Dies betrifft insbesondere den Umgang mit fremden Vermögenswerten, Informationspflichten und Dokumentationen.

89 **h) Versicherungsvermittler.** Mit dem Gesetz zur Neuregelung des Versicherungsvermittlerrechts[119] hat der deutsche Gesetzgeber die Richtlinie 2002/92/EG des Europäischen Parlaments und des Rates vom 9. Dezember 2002 über Versicherungsvermittlung umgesetzt.[120] Dies ist ein Beispiel dafür, dass die Europäische Union nicht nur Deregulierung verlangt, sondern auch neue berufsrechtliche Regelungen vorschreibt, wenn dafür ein Anlass besteht. In der zugehörigen Verordnung über die Versicherungsvermittlung und -beratung (VersVermV) werden weitere technische Einzelheiten geregelt.[121] Durch das Gesetz wird die gewerbsmäßige Tätigkeit von Versicherungsvermittlern, -maklern und -beratern einer gewerberechtlichen Erlaubnispflicht unterstellt. Außerdem müssen sie sich in ein bundesweites **Register** eintragen lassen. Die Industrie- und Handelskammern sind für Erlaubnisverfahren und Registrierung zuständig. Der **Nachweis der Sachkunde** ist eine Voraussetzung für die Erteilung der Erlaubnis. Es wird eine Sachkundeprüfung bei den Industrie- und Handelskammern eingeführt. Darüber hinaus normiert das Gesetz für den Versicherungsvermittler Beratungs-, Informations- und Dokumentationspflichten. Die Regelungen erstrecken sich auf Versicherungsvermittler und Versicherungsberater. Bei den Versicherungsvermittlern unterscheidet das Gesetz zwischen sogenannten ungebundenen, produktakzessorischen und gebundenen Versicherungsvertretern sowie Versicherungsmaklern.

90 Für Versicherungsmakler, ungebundene Versicherungsvertreter und Versicherungsberater gilt eine **Erlaubnispflicht**. Produktakzessorische Vermittler können eine **Erlaubnisbefreiung** beantragen. Gebundene Versicherungsvermittler bedürfen dagegen keiner Erlaubnis,

---

119 Gesetz v. 22.12.2006, BGBl. I S. 3232.
120 Dazu *Reiff* VersR 2007, 717 ff.; *Schönleiter* GewArch 2007, 265 ff.
121 VO v. 11.5.2007, BGBl. I S. 733.

wenn das Versicherungsunternehmen die uneingeschränkte Haftung für sie übernimmt.

Nach § 34d Abs. 1 GewO ist **erlaubnispflichtig**, wer gewerbsmä- 91 ßig als Versicherungsmakler oder als Versicherungsvertreter den Abschluss von Versicherungsverträgen vermitteln will. Von der Vorschrift erfasst werden Vermittler mit Agenturverträgen mit mehreren Versicherungsunternehmen ohne Ausschließlichkeitsklausel. **Voraussetzungen** für die Erlaubniserteilung sind nach § 34d Abs. 2 GewO (1) persönliche Zuverlässigkeit, (2) geordnete Vermögensverhältnisse, (3) eine Bescheinigung über eine bestehende Berufshaftpflichtversicherung sowie (4) der Nachweise der Sachkunde.

Nach § 34e Abs. 1 S. 1 GewO bedarf einer Erlaubnis, wer gewerbs- 92 mäßig Dritte über **Versicherungen beraten** will, ohne die Provision eines Versicherungsunternehmens zu erhalten oder in einer anderen Weise von ihm abhängig zu sein. Die Erlaubnis beinhaltet die Befugnis, Dritte bei der Vereinbarung, Änderung oder Prüfung von Versicherungsverträgen oder bei der Wahrnehmung von Ansprüchen aus dem Versicherungsvertrag im Versicherungsfall rechtlich zu beraten und gegenüber dem Versicherungsunternehmen außergerichtlich zu vertreten. Voraussetzungen für die Erlaubniserteilung sind auch hier nach § 34e Abs. 2 GewO iVm § 34d Abs. 2 GewO (1) die persönliche Zuverlässigkeit, (2) geordnete Vermögensverhältnisse, (3) Bescheinigung über eine bestehende Berufshaftpflichtversicherung sowie (4) ein Sachkundenachweis.

Versicherungsvermittler sind nach § 34d Abs. 7 GewO verpflichtet, 93 sich in ein bundesweites **Vermittlerregister** eintragen zu lassen, das beim DIHK elektronisch geführt wird. Das Registrierungsverfahren wird mit der Mitteilung der Registernummer abgeschlossen. Sollten die Voraussetzungen für die Registrierung nicht mehr vorliegen – beispielsweise durch Gewerbeuntersagung oder Gewerbeabmeldung – müssen die Industrie- und Handelskammern die Daten des betroffenen Versicherungsvermittlers aus dem Register löschen.

Die ungebundenen und produktakzessorischen Vermittler müssen 94 bei den zuständigen Industrie- und Handelskammern individuell einen Antrag auf Registrierung stellen. Die gebundenen Versicherungsvermittler werden dagegen über das/die Versicherungsunternehmen, für das/die sie ausschließlich tätig sind, registriert. Nach § 80 Abs. 3 des Versicherungsaufsichtsgesetzes (VAG) haben das/die Versicherungsunternehmen auf Veranlassung des Ausschließlichkeitsvertreters die für das Register erforderlichen Angaben der Registerbehörde mitzuteilen. Mit dieser Mitteilung wird zugleich die uneingeschränkte Haftung nach § 34d Abs. 4 Nr. 2 GewO übernommen.

95 **i) Öffentliche Bestellung von Sachverständigen.** Begriff und Konzeption des Sachverständigen tauchen in der Rechtsordnung an zahlreichen Stellen in unterschiedlichen funktionalen Zusammenhängen auf. Von den Anhörungen der Sachverständigen im Gesetzgebungsverfahren über den Sachverständigen als Beweismittel in Gerichtsverfahren bis hin zum öffentlich bestellten Sachverständigen in § 36 GewO. Ein einheitliches Konzept oder gar Berufsrecht des Sachverständigen liegt dabei nicht zugrunde. Allen Erscheinungsformen ist nur gemeinsam, dass es um Personen geht, die über eine **besondere Sachkunde** verfügen.[122] Das Spezifische in § 36 GewO liegt deshalb darin, dass der Sachverständige öffentlich bestellt wird, also seine Sachkunde zunächst einer Prüfung unterzogen wird. **Hauptauftraggeber** für Sachverständigenleistungen sind Gerichte (ca. 40 % der Aufträge), Versicherungen (ca. 20 %) und sonstige private Auftraggeber (ca. 40 %).

96 Die Stellung des öffentlich bestellten Sachverständigen im **Dienstleistungsmarkt** ist in den letzten Jahren durch die Konkurrenz zertifizierter Personen verändert worden. Damit tritt ein privatrechtliches Qualitätssicherungsverfahren in Wettbewerb mit dem herkömmlichen öffentlich-rechtlichen Bestellungsverfahren, das keinen Anspruch auf Ausschließlichkeit erheben kann. Schon bislang konnten die (meisten) Aufgaben des öffentlich bestellten Sachverständigen auch durch andere Sachverständige wahrgenommen werden. Neuere Regelungen, wie zB §§ 4 ff. Altautoverordnung, sprechen beide Sachverständigentypen explizit an.

97 Trotz einer Grundsatzentscheidung des Bundesverfassungsgerichts[123] ist die Beurteilung, dass es sich beim öffentlichen Sachverständigen nicht um ein eigenständiges Berufsbild, sondern nur um eine Form der Berufsausübung handelt, weiterhin umstritten.[124] Angesichts der dynamischen Handhabung des Grundrechts der Berufsfreiheit kommt dieser Kritik aber nur geringes Gewicht zu.

98 Die bis 1994 im Gesetzeswortlaut vorgesehene **konkrete Bedürfnisprüfung** wurde 1994 abgeschafft. Damit sind entsprechende verfassungsrechtliche Bedenken, denen zuvor bereits durch eine verfas-

---

122 Siehe vertiefend *Konstantinou* Die öffentliche Bestellung von Sachverständigen nach § 36 GewO 1993; *Stober* in: FS Friauf, 1996, 543 ff.
123 BVerfGE 86, 28 (33).
124 Kritisch *Frotscher* NVwZ 1996, 33 (36); *Kempen* NVwZ 1997, 243 f.

sungskonforme Auslegung Rechnung getragen wurde, vollständig ausgeräumt.[125] Zulässig ist aber weiterhin die **abstrakte Bedürfnisprüfung** durch die zuständige Stelle in der Form, dass sie den Bedarf zur Bestellung für bestimmte Fachrichtungen abschätzen kann.[126]

Die öffentliche Bestellung ist ein **begünstigender Verwaltungsakt**. Darin kommt die Zuerkennung einer besonderen Qualifikation zum Ausdruck, die gegenüber sonstigen Sachverständigen ein herausgehobenes öffentliches Vertrauen in die besondere Sachkunde und Unparteilichkeit dokumentiert.[127] Das Bundesverfassungsgericht hat die amtliche Bestätigung der fachlichen Kompetenz und der persönlichen Integrität besonders herausgestellt.[128] Sie ermöglicht dem Wirtschaftsverkehr, vor allem aber Behörden und Gerichten, die schnelle und einfache Auswahl von Sachverständigen, ohne im Einzelfall die Qualifikation überprüfen zu müssen. Die öffentliche Bestellung erfolgt damit ausschließlich im **öffentlichen Interesse**.[129] Die Bezeichnung „öffentlich bestellter Sachverständiger" ist gemäß § 132a Abs. 1 Nr. 3 StGB gegen unbefugte Führung strafrechtlich geschützt.

99

Die für die Bestellung **zuständigen Behörden** werden gem. § 36 Abs. 1 S. 1 GewO durch die Landesregierungen oder durch Landesrecht bestimmt. Die Zuständigkeiten sind dabei je nach Gebiet, auf dem der Sachverständige tätig sein will, auf eine Vielzahl von Behörden verteilt; teils handelt es sich um staatliche Behörden, teils um Kammern. Durch die Bestellung wird der Sachverständige zur Erstattung von Gutachten verpflichtet (vgl. §§ 407 Abs. 1 ZPO, 75 Abs. 1 StPO, 98 VwGO, 118 SGG, 82 FGO, 96 Abs. 3 AO); er unterliegt der Schweigepflicht (§ 203 Abs. 2 Nr. 5 StGB). Dabei handelt es sich um eine – auf Grund des Antrags legitime – **Inpflichtnahme Privater**, da der Sachverständige jeder Behörde und jedem Gericht, aber auch jedem Bürger, im Rahmen seiner Arbeitskapazitäten jederzeit zur Verfügung stehen muss. Eine Beleihung liegt jedoch nicht vor, da der Sachverständige weiterhin rein privatrechtlich tätig wird.

100

Nach § 36 Abs. 1 S. 1 GewO wird der Sachverständige für ein **bestimmtes Sachgebiet** öffentlich bestellt. Nach Satz 3 kann die Bestellung **inhaltlich beschränkt** werden. Eine solche Beschränkung muss,

101

---

125 *Ennuschat* in: TWE GewO § 36 Rn. 21 f. Siehe auch BVerfGE 86, 28 (42 f.).
126 *Ennuschat* in: TWE GewO § 36 Rn. 19 ff.; BVerfGE 86, 28 (41).
127 BVerwG GewArch 1990, 355; *Tettinger/Pielow* GewArch 1992, 1.
128 BVerfGE 86, 28 (37).
129 BVerwGE 5, 95 (96); OVG RhPf. GewArch 1985, 195; VG Stade GewArch 1986, 197; *Tettinger/Pielow* GewArch 1992, 1.

wenn eine weitergehende Bestellung beantragt war, sachlich gerechtfertigt werden. Der Sachverständige wird durch die öffentliche Bestellung zur **Eidesleistung** verpflichtet. Die Wirksamkeit der Bestellung ist hiervon zwar unabhängig. Verweigert der Sachverständige den Eid, kann die Bestellung aber nach § 49 Abs. 2 Nr. 3 VwVfG widerrufen werden.

102 Kommt es nach der Bestellung zu **Pflichtverletzungen**, so kommen für Rücknahme und Widerruf der Bestellung die §§ 48 ff. VwVfG als Rechtsgrundlage in Frage. In Betracht kommt namentlich ein Widerruf nach § 49 Abs. 2 Nr. 2 VwVfG, wenn eine Auflage nicht erfüllt wird, oder nach Nr. 3, wenn nachträglich die Bestellungsvoraussetzungen entfallen sind und ohne den Widerruf das öffentliche Interesse gefährdet würde.

4. Überwachungsbedürftige Gewerbe nach § 38 GewO

103 § 38 GewO enthält eine Art. 9 Abs. 1 lit. c DLRL entsprechende **Konzeption einer zeitnahen begleitenden Kontrolle**, durch die einerseits eine präventive Eröffnungskontrolle vermieden, zugleich aber eine wirksame zeitnahe Überwachung gewährleistet wird. Sie wurde 1998 durch das Zweite Gesetz zur Änderung der Gewerbeordnung und sonstiger gewerberechtlicher Vorschriften v. 16.6.1998[130] eingeführt. Bezüglich der Buchführung wird den Ländern eine Ermächtigung zum Erlass von Rechtsverordnungen erteilt (§ 38 Abs. 3 GewO nF), wobei erwartet wurde, dass von dieser Ermächtigung weiterhin nur in geringem Umfange Gebrauch gemacht wird.[131] Ungeregelt war zuvor in der Gewerbeordnung die Überprüfung der Zuverlässigkeit bei den überwachungsbedürftigen Gewerben. Entsprechende Regelungen fanden sich lediglich in der Gewerbeanzeigenverwaltungsvorschrift. Um datenschutzrechtliche Bedenken auszuräumen wurde nunmehr in § 38 Abs. 1 GewO eine gesetzliche Grundlage geschaffen.

104 Die Regelung bezieht sich, ihrer systematischen Stellung folgend, nur auf das **stehende Gewerbe** und die in § 38 Abs. 1 GewO aufgeführten Gewerbezweige. In der gesetzlichen Anordnung der zeitnahen Kontrolle kommt die Einschätzung eines erhöhten Gefahrenpotentials bei diesen Tätigkeiten zum Ausdruck. Kreditinstitute und Finanzdienstleister, für die eine Erlaubnis nach § 32 Abs. 1 KWG er-

---

130 BGBl. I S. 1291.
131 Siehe dazu amtl. Begr. BR-Drs. 634/97, 30 f.

teilt wurde, sind nach Absatz 4 von der Anwendung der Norm ausgenommen.

Nach **Absatz 1** ist die Behörde ohne weiteres berechtigt, die unverzügliche Vorlage eines Führungszeugnisses sowie einer Auskunft aus dem Gewerbezentralregister zu verlangen. Bei anderen als den in Absatz 1 angeführten Gewerben kann dies nach **Absatz 2** dann verlangt werden, wenn die begründete **Besorgnis der Gefahr** (also weniger als eine konkrete Gefahr) einer Verletzung wichtiger Gemeinschaftsgüter, wie zB Eigentum und Gesundheit, vorliegt. 105

Werden im Rahmen der Überwachungstätigkeit **Rechtsverstöße** festgestellt, so sind diese nach den sachlich jeweils einschlägigen Normen (Rücknahme oder Widerruf, Gewerbeuntersagung, Ordnungswidrigkeit) sanktionierbar. § 38 GewO trifft dazu selbst keine weiteren Regelungen. 106

5. Gewerbeuntersagung

a) **Befugnisse im Überblick.** Die Gewerbeordnung sieht in drei verschiedenen Konstellationen **Befugnisse** vor, um eine **Gewerbeausübung zu untersagen**. Erstens für die Fälle, in denen eine gewerbliche Betätigung (ausnahmsweise) erlaubnispflichtig ist und die nötige Erlaubnis nicht vorliegt (§ 15 Abs. 2 S. 1 GewO). Zweitens für den inzwischen seltenen Fall[132], dass eine ausländische juristische Person ein Gewerbe in Deutschland ausübt, deren Rechtsfähigkeit in Deutschland nicht anerkannt ist (§ 15 Abs. 2 S. 2 GewO). Drittens für den Fall, dass der Gewerbetreibende unzuverlässig ist (§ 35 GewO). Hinzu kommen die allgemeinen Befugnisse zur Rücknahme und zum Widerruf von Erlaubnissen nach den §§ 48 ff. VwVfG. 107

Während § 15 Abs. 2 S. 1 GewO rein formal an die Erlaubnispflicht anknüpft und keine nähere materielle Prüfung verlangt, ist nach § 35 GewO eine komplexe Prognoseentscheidung zu treffen, die sich auf die Unzuverlässigkeit bezieht. 108

Die Regelungen unterscheiden sich zudem dadurch, dass § 35 GewO explizit zum Erlass einer vollstreckbaren Untersagungsverfügung ermächtigt, während § 15 Abs. 2 S. 1 GewO nur allgemein davon spricht, dass die zuständige Behörde die Fortsetzung des Betriebes verhindern kann. 109

b) **Die Untersagung nach § 15 GewO.** Der Anwendungsbereich des § 15 Abs. 2 S. 1 GewO ist nur eröffnet, wenn ein Gewerbe, zu 110

---

132 *Ennuschat* in: TWE GewO § 15 Rn. 44.

dessen Ausübung eine Erlaubnis, Genehmigung, Konzession oder Bewilligung (Zulassung) erforderlich ist, ohne diese Zulassung betrieben wird. Eine Anwendung scheidet demnach bei den freien Gewerben, die lediglich der Anzeigepflicht unterliegen, aus.

111 Der Wortlaut der Norm unterscheidet nicht zwischen einer rein formellen Rechtswidrigkeit, bei der es „lediglich" an dem erforderlichen Antrag fehlt, dem ohne weiteres stattgegeben werden könnte, und der materielle Rechtswidrigkeit, bei der es an einem materiellen Zulassungsgrund mangelt.

112 In der Praxis sind vor allem die Fälle einer **rein formellen Rechtswidrigkeit** problematisch, da die gewerbliche Betätigung hier grundsätzlich zulässig ist. Deshalb wird auch aus dem Blickwinkel des Grundsatzes der Verhältnismäßigkeit differenziert: Wurde die Genehmigung nur versehentlich nicht beantragt und dies zeitnah nachgeholt, so soll eine Untersagung unterbleiben. Das gleiche soll gelten, wenn die Behörde einen Antrag nicht bearbeitet hat (hier schafft jedoch § 6a GewO Abhilfe) oder den Antrag zu Unrecht zurückgewiesen hat. Wurde der Gewerbetreibende jedoch zur Antragstellung aufgefordert und ist dem nicht gefolgt, so soll eine Untersagung verhältnismäßig unzulässig sein.[133]

113 Auch in den Fällen einer materiellen Rechtswidrigkeit wird aus dem Grundsatz der Verhältnismäßigkeit abgeleitet, dass zur Wahrung der wirtschaftlichen Interessen der Gewerbetreibenden und vor allem der Beschäftigten zunächst eine Aufforderung zur Legalisierung erfolgen soll, damit eine Fortführung des Betriebs ermöglicht werden kann.[134]

114 Liegen die Voraussetzungen für eine **Untersagung** vor, so kann ein entsprechender Verwaltungsakt erlassen und vollstreckt werden.[135] Nach der Rechtsprechung kann auch die Unzulässigkeit der Betätigung festgestellt werden.[136]

115 Grundsätzlich können **Dritte** keinen Anspruch auf Untersagung geltend machen.[137] Das gilt insbesondere für Konkurrenten. In der Rechtsprechung sind aber Ausnahmefälle anerkannt worden.[138]

---

[133] *Ennuschat* in: TWE GewO § 15 Rn. 22 ff.
[134] *Ennuschat* in: TWE GewO § 15 Rn. 26.
[135] *Ennuschat* in: TWE GewO § 15 Rn. 32 ff.
[136] BVerwG GewArch 1999, 68 (69).
[137] *Ennuschat* in: TWE GewO § 15 Rn. 29 ff.
[138] VGH Kassel GewArch 1992, 344.

c) **Die Gewerbeuntersagung wegen Unzuverlässigkeit nach § 35 GewO.** Die weit gefasste Ermächtigung zur Gewerbeuntersagung in § 35 GewO wird als notwendiges **Korrelat zur Gewerbefreiheit** angesehen.[139] Sie sichert den Schutz der durch eine rechtswidrige Gewerbeausübung betroffenen Rechte Dritter und der Interessen der Allgemeinheit.

Ausweislich der Gesetzessystematik ist § 35 **nur auf das stehende Gewerbe** anwendbar. Für das Reisegewerbe gilt § 59, für den Marktverkehr § 70a. Untersagt eine auf § 35 GewO gestützte Verfügung eine Tätigkeit im stehenden Gewerbe, so erfasst diese Untersagung **nicht** zugleich ausgeübte Tätigkeiten im Bereich des Reisegewerbes oder Marktverkehrs.[140]

Eine **analoge Anwendung** einzelner Teile des § 35 in Untersagungsverfahren nach §§ 59, 70a ist nicht zulässig.[141] Die Gewerbeuntersagung stellt einen massiven Eingriff in das Grundrecht der Berufsfreiheit gem. Art. 12 Abs. 1 GG dar. Die Voraussetzungen einer Untersagung müssen sich daher klar und eindeutig aus dem Gesetz ergeben.[142]

Spezialvorschriften zu § 35 GewO sind zB § 15 GastG (Bund), § 25 PBefG, § 47 WaffG, § 35 Abs. 2 KWG, § 4 ApoG. Dagegen finden etwa § 35 GewO und § 20 BImSchG nebeneinander Anwendung.[143]

§ 35 Abs. 8 GewO bestimmt den **Vorrang spezialgesetzlicher Regelungen**. Grund hierfür ist die größere Sachnähe der auf den jeweiligen Gewerbezweig ausgerichteten Spezialvorschriften. Absatz 8 Satz 1 GewO unterscheidet zwei Varianten: Vorrangig sind erstens besondere Untersagungs- und Betriebsschließungsvorschriften, welche für einzelne Gewerbe gelten und auf die Unzuverlässigkeit des Gewerbetreibenden abstellen. Vorrangig sind zweitens die **Rücknahme- und Widerrufsvorschriften**, wenn sie die Aufhebung einer Zulassung wegen Unzuverlässigkeit des Gewerbetreibenden ermöglichen. Wenn eine – in sich abschließende – Sonderregelung nach Absatz 8 eingreift, werden § 35 Abs. 1 bis 8a vollständig verdrängt. Dies gilt selbst dann, wenn die Spezialvorschrift keine dem § 35 entspre-

---

139 *Ennuschat* in: TWE GewO § 15 Rn. 14 ff., § 35 Rn. 2.
140 OVG NRW OVGE 21, 304; VG Hamburg GewArch 1973, 290; *Hahn* GewArch 1999, 41; aA *Laubinger* VerwArch 89 (1998), 145 (167) sowie VGH BW GewArch 1994, 473 (474 f.).
141 OVG NRW GewArch 1981, 11.
142 OVG NRW OVGE 21, 304 (308).
143 *Jarass* BImSchG § 20 Rn. 45 mwN.

chenden Regelungen bereithält.¹⁴⁴ Aus der Formulierung „soweit" ist jedoch zu folgern, dass § 35 dann ergänzend anwendbar ist, wenn die Spezialnorm keine abschließende Regelung enthält, zB nur bestimmte Formen der Unzuverlässigkeit regelt.¹⁴⁵ Absatz 8 Satz 2 regelt das Verhältnis zu Vorschriften, die Gewerbeuntersagungen durch Strafurteil vorsehen.

121 Der Begriff der Unzuverlässigkeit ist im Gewerberecht nicht legaldefiniert und auch auf eine Konkretisierung durch Regelbeispiele, wie sie sich an anderen Stelle findet, wurde verzichtet. Nach **allgemeiner Ansicht** ist gewerberechtlich unzuverlässig, wer keine Gewähr dafür bietet, dass er in Zukunft sein Gewerbe ordnungsgemäß ausüben wird.¹⁴⁶ Trotz des prognostischen Elementes handelt es sich bei der Unzuverlässigkeit um einen gerichtlich voll überprüfbaren unbestimmten Gesetzesbegriff ohne Beurteilungsspielraum.¹⁴⁷

122 Die Tatsachen, auf die die Unzuverlässigkeit gestützt wird, müssen einen Bezug zur ausgeübten gewerblichen Tätigkeit besitzen. **Tätigkeitsbezug** verlangt nach Gründen, die aus den beobachtbaren Tatsachen auf eine zukünftige unzuverlässige Ausübung der in Rede stehenden Tätigkeit schließen lassen. Er fragt beispielsweise danach, für welche Tätigkeiten Trunkenheitsfahrten ein taugliches Indiz für eine Unzuverlässigkeit bilden. Die grundsätzliche Schwierigkeit besteht dabei darin, dass es um persönliche und damit je individuelle Dispositionen bei zugleich unzähligen Variationsmöglichkeiten geht.¹⁴⁸ Deshalb müssen die Tatsachen einen **Bezug zum ausgeübten Gewerbe** aufweisen. Dies erfordert aber nicht, dass die Tatsachen im Rahmen des Gewerbebetriebes eingetreten sein müssen. Es genügt, dass aus ihnen auf die Unzuverlässigkeit im ausgeübten Gewerbe zu schließen ist. Wenn eine Tatsache zunächst zur Annahme der Unzuverlässigkeit für ein bestimmtes Gewerbe führt, kann sie zugleich die Annahme begründen, dass die Unzuverlässigkeit auch für ein anderes Gewerbe besteht. Die Rechtsprechung und Lehre haben diese Anforderungen durch verschiedene **Fallgruppen** und Hilfskriterien konkretisiert.

---

144 *Marcks* in: Landmann/Rohmer I § 35 Rn. 198; aA *Fröhler/Kormann* GewO § 35 Rn. 127.
145 So amtl. Begr., BT-Drs. 7/111, 7; *Marcks* in: Landmann/Rohmer I § 35 Rn. 196.
146 BVerwGE 65, 1 f. – stRspr; *Ennuschat* in: TWE GewO § 35 Rn. 27 ff.; *Marcks* in: Landmann/Rohmer I § 35 Rn. 29; *Eifert* JuS 2004, 565 ff.; *Laubinger* VerwArch 89 (1998), 145 (148).
147 BVerwGE 28, 202 (209 f.).
148 *Eifert* JuS 2004, 565 (568).

Bei **Straftaten und Ordnungswidrigkeiten** muss ein sachlicher 123
Bezug zu dem betreffenden Gewerbe vorliegen. Beziehen sich die
Verstöße auf einen vom Gewerbe klar trennbaren Bereich (zB Geschwindigkeitsüberschreitungen im Falle eines Gastwirts; anders bei
einem Taxiunternehmer oder Spediteur), so reicht dies für eine Begründung der gewerblichen Unzuverlässigkeit nicht aus. Im Übrigen
regelt § 35 Abs. 3 GewO die Bindung an Strafurteile.

Bei Verstößen gegen **steuer- und sozialversicherungsrechtliche** 124
Pflichten wird jedenfalls die beharrliche Verletzung der Zahlungs-
und Abführungspflicht als hinreichendes Indiz für die Unzuverlässigkeit angenommen.[149] Nicht nur Steuerrückstände, sondern auch **sonstige steuerrechtliche Pflichtverstöße** können zur Annahme der Unzuverlässigkeit führen. Dies gilt etwa für die beharrliche Missachtung
steuerrechtlicher Erklärungspflichten.[150] Zu beachten ist schließlich,
dass die Finanzbehörden den Gewerbeaufsichtsbehörden Verstöße
gegen steuerrechtliche Pflichten mitteilen dürfen.[151] Das Steuergeheimnis ist insoweit durch § 30 Abs. 4 Nr. 5 AO eingeschränkt.[152]

Es ist naheliegend dass auch **mangelnde Sachkunde** die Unzuver- 125
lässigkeit begründen kann; allerdings dürfen dabei keine höheren Anforderungen gestellt werden, als bei der Zulassung. Zudem sind
schlechte Einzelleistungen von der generell fehlenden Sachkunde zu
unterscheiden; zudem sind hier die verbraucherschutzrechtlichen Instrumente passender. Die wenig alltagstauglichen Beispiele in der Literatur (Schwimmlehrer, der nicht schwimmen kann) zeigen, dass der
Anwendungsbereich hier schmal ist.[153]

Schwierig ist auch die Bezugnahme auf **andere Rechtsverletzun-** 126
gen, etwa im zivilrechtlichen Bereich. Einzelne Rechtsverletzungen
reichen hier nicht aus; es muss eine notorische Verletzung von Pflichten vorliegen. Nichts anderes gilt auch für die Verletzung wettbewerbsrechtlicher Vorschriften.[154]

Die mangelnde **wirtschaftliche Leistungsfähigkeit** ermöglicht oft 127
bereits den Widerruf, wenn sie Voraussetzung der Erlaubnis ist. In
den übrigen Fällen ist darauf abzustellen, dass von einem Gewerbetreibenden im Interesse des ordnungsgemäßen und redlichen Wirt-

---

149 BVerwGE 65, 1 (2); BVerwG, GewArch 1992, 22 f.; *Ennuschat* in: TWE GewO § 35
Rn. 51 ff.
150 BVerwG GewArch 1982, 233 (234); BVerwGE 65, 1 (2).
151 BFH GewArch 2004, 155 ff.; *Müller* GewArch 1988, 84 ff.
152 BFH GewArch 2004, 155 ff.; BVerwGE 65, 1 (6); GewArch 1992, 22 (23).
153 *Ennuschat* in: TWE GewO § 35 Rn. 74.
154 *Ennuschat* in: TWE GewO § 35 Rn. 75.

schaftsverkehrs erwartet werden muss, dass er bei anhaltender wirtschaftlicher Leistungsunfähigkeit[155] ohne Rücksicht auf die Ursachen seiner wirtschaftlichen Schwierigkeiten seinen Gewerbebetrieb aufgibt; unterlässt er gleichwohl die Betriebsaufgabe, erweist er sich als unzuverlässig.[156]

128 Eine besondere Konstellation der Unzuverlässigkeit liegt vor, wenn durch einen Gewerbetreibenden die **Mitwirkung eines Unzuverlässigen** in einem Gewerbebetrieb geduldet wird. Das kann etwa der Fall sein, wenn in einer Personengesellschaft ein unzuverlässiger Mitgesellschafter nicht von der Geschäftsführung ausgeschlossen wird oder der unzuverlässige Ehemann Einfluss auf die Geschäftsführung durch seine Frau nimmt.[157] Aus den gleichen Erwägungen kann auch ein **Strohmann** Adressat einer Untersagungsverfügung sein.[158]

129 Für das Gewerberecht kommt es **nicht auf das Verschulden** im Hinblick auf die vorgenannten Tatbestände an. Der Gewerbetreibende kann sich deshalb auch nicht auf Entschuldigungsgründe berufen.[159] Die **materielle Beweislast** für die Tatsachen, welche die Prognose der Unzuverlässigkeit rechtfertigen, liegt bei der Behörde.[160]

130 Bei der Entscheidung muss der **Grundsatz der Verhältnismäßigkeit** beachtet werden. Dabei sind die weit reichenden Auswirkungen der Untersagung nicht nur auf die gewerbliche Betätigung als solche, sondern auf das Grundrecht der Berufsfreiheit in seinen Funktionen der Sicherung des Lebensunterhalts sowie der Persönlichkeitsentfaltung zu berücksichtigen.[161] Es ist deshalb zu prüfen, ob eine **Volluntersagung** erforderlich ist (ultima ratio) oder eine Untersagung einzelner Betätigungen (soweit eine solche Differenzierung möglich ist) ausreicht (**Teiluntersagung**).[162] So ist bei einer Begründung der Unzuverlässigkeit mit der Nichtleistung von Sozialversicherungsabgaben eine Beschränkung auf die Untersagung der Beschäftigung von Arbeitnehmern denkbar.

---

155 Sie liegt bei anhaltender Zahlungsunfähigkeit, spätestens bei Insolvenz vor. Zu Einzelheiten der Konkretisierung *Ennuschat* in: TWE GewO § 35 Rn. 63 ff.
156 So BVerwGE 65, 1 (4).
157 BVerwGE 9, 222 f.; BVerwG NVwZ-RR 1996, 650; *Ziekow* ÖffWirtR § 10 Rn. 57.
158 BVerwG NVwZ 2004, 103 f.; *Ennuschat* in: TWE GewO § 35 Rn. 107 ff.
159 VGH Mannheim GewArch 1991, 28 (29); *Ennuschat* in: TWE GewO § 35 Rn. 34.
160 *Ennuschat* in: TWE GewO § 35 Rn. 35.
161 *Ennuschat* in: TWE GewO § 35 Rn. 117 ff.; *Ziekow* ÖffWirtR § 10 Rn. 60.
162 *Ennuschat* in: TWE GewO § 35 Rn. 145 ff.

Um die wirtschaftlichen Auswirkungen insbesondere auch für die 131
Arbeitnehmer zu begrenzen, sieht § 35 Abs. 2 GewO die Möglichkeit
vor, dass die zuständige Behörde auf Antrag die Fortführung des Gewerbebetriebes durch einen (zuverlässigen) **Stellvertreter** nach § 45
GewO erlaubt.

Nach der stRspr des Bundesverwaltungsgerichts handelt es sich bei 132
der Gewerbeuntersagung um einen **Dauerverwaltungsakt**.[163] Dadurch wird die Schwere des Eingriffs in das Grundrecht der Berufsfreiheit noch einmal verstärkt. Um diese Auswirkungen zu begrenzen, sieht § 35 Abs. 6 GewO seit 1974 vor, dass ein **Antrag auf
erneute Gestattung der Ausübung des Gewerbes** gestellt werden
kann.[164] Der Antrag ist in der Regel frühestens ein Jahr nach der Untersagung zulässig und setzt weiter voraus, dass Tatsachen die Annahme rechtfertigen, dass die Unzuverlässigkeit nicht mehr vorliegt.
Es handelt sich um eine gebundene Entscheidung, dh es besteht ein
Anspruch auf Wiedergestattung, wenn die tatbestandlichen Voraussetzungen vorliegen.[165] Vor Ablauf des Jahres steht die Wiedergestattung im Ermessen der Behörde; dabei ist die Eingriffsschwere ermessensreduzierend zu berücksichtigen.[166]

§ 35 Abs. 1 S. 2 GewO sieht zudem die Möglichkeit der **Erstre-** 133
ckung der Untersagung auf weitere Personen und Bereiche vor. Angeführt werden die Tätigkeit als Vertretungsberechtigter oder Leiter
eines Gewerbebetriebs sowie einzelne oder alle anderen vom Adressaten der Verfügung betriebenen Gewerbe.[167] Voraussetzung ist jeweils, dass die konkreten Gründe der Unzuverlässigkeit sich auch
auf diese Bereiche erstrecken.

Kommt der Gewerbetreibende der Untersagungsverfügung nicht 134
nach, so kann diese mit den Mitteln der **Verwaltungsvollstreckung**
vollzogen werden, ua durch eine Betriebsschließung. Die Nichtbefolgung stellt zudem eine **Ordnungswidrigkeit** nach § 146 Abs. 1 Nr. 1
GewO dar, unter Umständen, insbesondere bei beharrlicher Zuwiderhandlung, auch eine **Straftat** nach § 148 GewO.

Maßgeblicher Zeitpunkt für die Beurteilung der Unzuverlässig- 135
keit im Rahmen der Anfechtung einer Untersagungsverfügung ist

---

163 BVerwGE 22, 16 (23); 65, 1 (3); kritisch *Mager* NVwZ 1996, 134 f.
164 Siehe zur Verfassungsmäßigkeit der Regelung BVerfG NVwZ 1995, 1096; BVerwG
 GewArch 1991, 110 (111).
165 VGH Mannheim GewArch 1990, 326 (327); *Ennuschat* in: TWE GewO § 35
 Rn. 202 ff.
166 *Ziekow* ÖffWirtR § 10 Rn. 67.
167 Zu Einzelheiten *Ennuschat* in: TWE GewO § 35 Rn. 148 ff.

nach der (neueren) Rechtsprechung des Bundesverwaltungsgerichts die letzte Behördenentscheidung.[168] Dies wird damit begründet, dass nachträgliche Änderungen nach § 35 Abs. 6 GewO nur auf Antrag zu berücksichtigen sind, so dass die Qualifikation der Untersagungsverfügung als Dauerverwaltungsakt nicht zu einer anderen Beurteilung führt.[169] Nicht möglich ist es, bei Änderungen zu Lasten des Adressaten auf den Zeitpunkt der gerichtlichen Entscheidung abzustellen.[170] Anders verhält es sich in einem Verfahren, dessen Gegenstand der **Wiedergestattungsanspruch** nach § 35 Abs. 6 GewO ist. In diesen Fällen ist für die Sach- und Rechtslage der Zeitpunkt der letzten mündlichen Verhandlung maßgeblich.[171]

6. Reisegewerbe

136 **a) Begriff und Besonderheiten gegenüber dem stehenden Gewerbe.** Das Reisegewerbe ist in § 55 Abs. 1 GewO **legaldefiniert** und in Absatz 2 einer **allgemeinen Erlaubnispflicht** unterworfen. Darin kommt ein im Vergleich zum stehenden Gewerbe größeres Überwachungsinteresse zum Ausdruck, das vor allem mit dem Verbraucherschutz begründet wird.[172] Zweck des in § 55 Abs. 2 GewO aufgestellten Verbots mit Erlaubnisvorbehalt ist dementsprechend, die Allgemeinheit und die Kunden vor den Risiken zu schützen, die durch eine Geschäftstätigkeit außerhalb einer ständigen gewerblichen Niederlassung oder ohne gewerbliche Niederlassung entstehen, namentlich der erschwerten Greifbarkeit des Reisegewerbetreibenden bei Rückfragen oder Reklamationen Rechnung zu tragen.[173] Ob dies vor dem Hintergrund der Förderung der Dienstleistungsfreiheit durch das Gemeinschaftsrecht noch in dieser Weite gerechtfertigt ist, ist im Rahmen der Überprüfung bestehender Genehmigungsregelungen nach Art. 9 ff. DLRL zu klären.[174] Dabei ist zu beachten, dass jedenfalls die vorübergehende Dienstleistung nach Art. 49, 50 EGV

---

168 BVerwGE 65, 1 (3).
169 Bei Dauerverwaltungsakten wird normalerweise auf den Zeitpunkt der mündlichen Verhandlung im Gerichtsverfahren abgestellt.
170 So aber OVG Lüneburg NVwZ 1995, 185. Dazu kritisch *Mager* NVwZ 1996, 134 ff.
171 VGH Kassel GewArch 1990, 326 (327).
172 Siehe *Schulze-Fielitz* NVwZ 1993, 1157 ff.
173 BVerfG GewArch 2000, 480 (481).
174 Das gilt auch für reines Inlandsreisegewerbe, da die DLRL nicht nur bei grenzüberschreitendem Handeln zur Anwendung gelangt, vgl. *Kluth* in: Leible (Hrsg.) Die Umsetzung der Dienstleistungsrichtlinie – Chancen und Risiken für Deutschland, 2008, S. 131 ff.

gem. Art. 16 Abs. 3 DLRL keinen Beschränkungen auf Grund des Verbraucherschutzes unterworfen werden darf.

Auch der Reisegewerbetreibende ist ein **selbständiger Unternehmer**, der diese Tätigkeit alleine oder zusammen mit anderen ausüben und andere Personen anstellen kann. Durch die Neufassung des § 55 GewO durch Art. 9 Nr. 3 des Zweiten Gesetzes zum Abbau bürokratischer Hemmnisse v. 7.9.2007[175] ist die Reisegewerbekartenpflicht der unselbständig tätigen Personen insgesamt aufgehoben worden. Stattdessen wurde § 60 GewO eingeführt, der eine Gewerbeuntersagung ermöglicht, wenn der Prinzipal Personen beschäftigt, die nicht die für die Tätigkeit erforderliche Zuverlässigkeit besitzen. Der Prinzipal ist nach Maßgabe des § 55d GewO verpflichtet, eine **Haftpflichtversicherung** abzuschließen. 137

Die **Abgrenzung** des Reisegewerbes vom stehenden Gewerbe kann am einfachsten durch die Formel vorgenommen werden, dass bei einem Reisegewerbe der Gewerbetreibende den Kunden aufsucht, während es beim stehenden Gewerbe umgekehrt ist, der Kunde also den Gewerbetreibenden kontaktiert und beauftragt. Entscheidend ist demnach, dass der Gewerbetreibende ohne vorhergehende Bestellung oder Aufforderung durch den Kunden tätig wird und seine Leistungen anbietet. Diese scharfe Abgrenzung hat durch das Internet und die Entwicklung des E-Commerce zwar an Überzeugungskraft verloren, ist im Kern aber weiterhin berechtigt. 138

Maßgebliches Abgrenzungsmerkmal zum stehenden Gewerbe ist folglich die Dienstleistungserbringung „ohne vorhergehende Bestellung außerhalb einer gewerblichen Niederlassung". Eine **Bestellung** ist nur gegeben, wenn Ort und Zeit sowie die Art der Waren oder Leistungen hinreichend bestimmt sind. Zudem muss der Kunde einen Geschäftsabschluss in Aussicht stellen, wobei es unerheblich ist, ob es tatsächlich zu einem Vertragsschluss kommt. Es reicht aber nicht aus, dass der Kunde den Gewerbetreibenden nur zu Informationszwecken zu sich bestellt. Umstritten ist vor allem die Einordnung so genannter **Hausverkauf-Partys**. Die Rechtsprechung geht bei ihnen von einer vorherigen Bestellung aus, weil mit der Nebenabsicht des Warenverkaufs eingeladen werde; damit liegt kein Reisegewerbe iSd § 55 vor.[176] Die Gegenansicht sieht darin eine lebensfremde Kon- 139

---

175 BGBl. I S. 2246.
176 VGH BW GewArch 1997, 333; VG Stuttgart GewArch 1996, 244 (245); *Tschentscher/Madl* GewArch 1996, 448 (453).

struktion, zumal im Hinblick auf erstmalige Teilnehmer, die mit der Eigenart der Partys nicht vertraut sind.[177]

140 Eine besondere Fallkonstellation stellt die **provozierte Bestellung** dar. Ein Provozieren bejahte der BGH in dem Fall, dass der Gewerbetreibende den Kunden anruft und dann der Kunde auf Nachfrage sich mit einem Hausbesuch einverstanden erklärt oder eine Einladung von sich aus ausspricht.[178] Ebenfalls bejaht wurde eine Provokation in dem Fall, dass für den Hausbesuch ein anderer Anlass vorgeschoben wird, etwa die Aushändigung eines Preisausschreibengewinns, um dies zum Anlass für ein Kaufgespräch zu nehmen.[179] Kein Provozieren in diesem Sinne stellt ein Zeitungsinserat des Gewerbetreibenden dar, in dem er Kunden zur Kontaktaufnahme auffordert.[180]

141 **b) Einzelne Anforderungen.** Liegt ein Reisegewerbe vor, so bedarf es nach § 55 Abs. 2 GewO der Erlaubnis, die in der Form der **Reisegewerbekarte** erteilt werden kann. Es besteht ein **Anspruch auf Erteilung**, wenn keine Anhaltspunkte für eine mögliche **Unzuverlässigkeit** des Antragstellers oder spezielle **Versagungsgründe** vorliegen. Dies folgt aus § 57 GewO. Darin ist die (Un-)Zuverlässigkeit in gleicher Weise wie bei § 35 GewO zu verstehen (→ Rn. 146). Hinzu kommen einige spezifische Gründe der Unzuverlässigkeit, die spezifisch mit den Betätigungsformen des Reisegewerbes verbunden sind, wie das wiederholte Erschleichen des Zugangs zur Wohnung des Kunden.[181]

142 Die Erlaubnis kann nach § 55 Abs. 3 GewO **inhaltlich beschränkt** werden, insbesondere befristet und mit Auflagen versehen werden. Dabei ist dem Grundrecht der Berufsfreiheit, das damit beschränkt wird, Rechnung zu tragen. Die Beschränkungen können auch nachträglich verfügt werden.

143 Die Reisegewerbekarte muss gem. § 60c GewO während der Ausübung des Reisegewerbes **mitgeführt** und auf Verlangen der zuständigen Behörden **vorgezeigt** werden. Kann der Reisegewerbebetreibende die Reisegewerbekarte nicht sofort vorlegen, so ist die Tätigkeit bis zur Herbeischaffung einzustellen. Auf Verlangen ist er auch verpflichtet, die mitgeführte Ware vorzulegen, damit die Übereinstimmung mit der Erlaubnis geprüft werden kann. Arbeitet der Reisege-

---

177 *Müller* GewArch 1999, 12 ff.; zustimmend *Ennuschat* in: TWE GewO § 55 Rn. 13.
178 BGH GewArch 1990, 129.
179 *Knauth* WM 1986, 509 (515); *Teske* ZIP 1986, 6245 (633).
180 BGH GewArch 1990, 97; aA OLG Frankfurt NJW 1992, 246 (247).
181 *Ennuschat* in: TWE GewO § 57 Rn. 4.

werbetreibende mit Angestellten, so ist diesen eine Kopie der Reisegewerbekarte auszuhändigen.

Soweit eine im Reisegewerbe ausgeübte Tätigkeit nicht genehmigungspflichtig ist (§ 55a GewO) besteht eine **Anzeigepflicht** nach § 55c GewO. In § 56 GewO werden zudem Tätigkeiten aufgeführt, die nicht in der Form des Reisegewerbes ausgeübt werden dürfen. Umstritten ist, ob ein solches Verbot auch für die Tätigkeiten besteht, die dem zulassungspflichtigen Handwerk zuzuordnen sind. In Bezug auf das Zimmerhandwerk (Erstellen eines Dachstuhls) hat die Rechtsprechung ein solches Verbot zu Unrecht verneint.[182] Das Handwerksrecht entzieht die betreffenden Tätigkeiten insgesamt der Gewerbeordnung. 144

Eine besondere Betätigungsform stellt das in § 56a GewO geregelte **Wanderlager** dar. Es handelt sich dabei um feste Verkaufsstätten, von denen aus vorübergehend reisegewerberechtlich relevante Tätigkeiten ausgeübt werden (zB Kaffeefahrten mit Verkaufsausstellung, Verkaufsveranstaltungen für Gewinner eines Preisausschreibens, Verkaufsausstellungen in Kinosälen). Diese Veranstaltungen müssen nach § 56a Abs. 2 GewO zwei Wochen vorher bei der zuständigen Behörde **angezeigt** werden. Sie können öffentlich angekündigt werden. 145

c) **Einstellungsanordnung und Entziehung der Reisegewerbekarte.** Für das Reisegewerbe bestehen eigenständige Ermächtigungstatbestände zur Sanktionierung von Rechtsverstößen. Wird eine erforderliche Erlaubnis nicht eingeholt, so kann die Behörde die **Einstellung der Reisegewerbetätigkeit** nach § 60c GewO anordnen. Dies entspricht § 15 Abs. 2 GewO. **Rücknahme und Widerrufsmöglichkeiten** bestehen nach den allgemeinen Regelungen der §§ 48, 49 VwVfG. Schließlich besteht die Möglichkeit der **Untersagung** einer reisegewerblichen Tätigkeit nach § 59 GewO. Es wird auf § 35 GewO verwiesen. 146

7. Recht der Messen, Ausstellungen und Märkte

a) **Begriff und Bedeutung.** Mit dem Marktgewerberecht normiert die GewO eine **dritte wirtschaftlich und rechtlich selbständige gewerbliche Betätigungsform**, die auf die historische Marktfreiheit zu- 147

---

182 VGH Mannheim GewArch 2004, 32 ff.; OVG Münster NWVBl. 2003, 311 ff.; aA *Hüpers* GewArch 2004, 230.

rückgeht und im Laufe der Zeit auf Ausstellungen und Großmärkte als neueren Erscheinungsformen ausgedehnt wurde. Das Gesetzgebungsrecht wurde im Rahmen der Föderalismusreform 2006 auf die Länder verlagert.[183] Dies wurde mit dem regionalen Charakter der Veranstaltungen begründet. Ein überzeugender Sachgrund ist das aber nicht, denn gerade in diesem Bereich sind viele Dienstleister überregional tätig, so dass ein ökonomisches Interesse an einem einheitlichen Rechtsregime besteht. Zudem eröffneten die Ausgestaltungsmöglichkeiten für die einzelnen Veranstaltungen auch bislang schon genügend Gestaltungsspielräume. Schließlich wird dadurch auch die Rechtseinheit im Gewerberecht weiter geschwächt.[184] Die Verlagerung ist deshalb rechtspolitisch verfehlt und nur vor dem Hintergrund der politischen Aushandlungsprozesse bei der Föderalismusreform nachvollziehbar. Bislang hat nur Rheinland-Pfalz ein eigenes Landesgesetz erlassen, das weitgehend den bisherigen Regelungen folgt.

148   Die **rechtliche Eigenständigkeit** kommt darin zum Ausdruck, dass mit Ausnahme der in § 71b GewO in Bezug genommenen Normen die Vorschriften über das stehende Gewerbe und das Reisegewerbe nicht zur Anwendung kommen. Insbesondere bedarf der Teilnehmer an den von §§ 64 ff. GewO erfassten Veranstaltungen dafür keiner Reisegewerbekarte.

149   Die §§ 64 ff. GewO unterwerfen die Veranstaltung auch **keiner Erlaubnispflicht**. Es besteht ohne weiteres die Möglichkeit, Märkte und Messen als **private gewerbliche Veranstaltung** („Privatmarkt") durchzuführen, die dann je nach Umständen den Vorschriften des stehenden oder des Reisegewerbes unterliegt.[185] Soweit es an der Gewerblichkeit fehlt, wie zB bei einem kirchlichen Weihnachtsbasar, kommt auch eine Durchführung als nichtgewerbliche Privatveranstaltung in Betracht. Die entscheidende rechtliche Bedeutung der Regelungen ist deshalb darin zu erblicken, dass nur den nach § 69 GewO festgesetzten Veranstaltungen die so genannten **Marktprivilegien** zukommen, die ua steuerlicher und arbeitszeitrechtlicher Natur und in den jeweiligen Fachgesetzen geregelt sind.

150   Eine Überlagerung ist mit dem **Recht der kommunalen öffentlichen Einrichtungen** möglich, wenn eine Kommune Veranstalter von

---

183 *Kluth* in: ders. (Hrsg.) Föderalismusreformgesetz, 2007, Art. 74 Rn. 39 ff.
184 Siehe auch *Schönleiter* GewArch 2006, 371 (373).
185 Dazu *Ennuschat* in: TWE GewO vor §§ 64 ff. Rn. 7.

Messen, Ausstellungen oder Märkten ist. Es ist dann im Einzelfall zu prüfen, ob die Kommune neben der Festsetzung nach § 69 GewO auch eine Widmung als öffentliche Einrichtung vorgenommen hat, was grundsätzlich möglich ist. In diesem Fall überlagern die Teilnahmevorschriften nach § 70 GewO die kommunalrechtlichen Zugangsvorschriften.[186] Sondervorschriften gelten auch für Börsen sowie Schlachtvieh- und Fleischmärkte.[187] Schließlich sind die straßenrechtlichen Regelungen über Sondernutzungen zu beachten, die auch marktähnliche Veranstaltungen erfassen.[188]

Dem Marktgewerberecht kommt im Hinblick auf die Regelung des Marktzugangs durch § 70 GewO auch eine **Vorläuferrolle für das Vergaberecht** und die Ausgestaltung des Marktverhaltens zu. Zudem wird auf Grund der Tatsache, dass Veranstalter von Märkten nicht nur Verwaltungsträger, sondern auch Private sein können (und häufig sind), hier eine übergreifende Regelung getroffen, die schon sehr früh eine an Staat und Private gleichermaßen adressierte Regulierung vorgenommen hat.[189] Das hat auch Folgen für die rechtliche Zuordnung der Zugangsentscheidungen, die in der Praxis häufig nicht richtig entschieden werden. 151

b) **Erscheinungsformen.** Die einzelnen Veranstaltungsformen, für die die Marktprivilegien zur Geltung kommen können, sind in den §§ 64 bis 68 GewO legal definiert. An der Spitze steht in § 64 Abs. 1 GewO die **Messe** als eine zeitlich begrenzte, im Allgemeinen regelmäßig wiederkehrende Veranstaltung, auf der eine Vielzahl von Ausstellern das **wesentliche Angebot** eines oder mehrerer Wirtschaftszweige ausstellt und überwiegend nach Muster an gewerbliche Wiederverkäufer, gewerbliche Verbraucher oder Großhandel vertreibt. Es handelt sich also um das Leitbild der **Gewerbemesse**. Absatz 2 erfasst die **Verbrauchermesse**, die dadurch auch an den Marktprivilegien teilnehmen kann, aber nur, wenn sie auch als Gewerbemesse veranstaltet wird. Reine Verbrauchermessen werden nicht erfasst. 152

---

186 Dazu näher *Burgi* Kommunalrecht, 5. Auflage 2015, § 16.
187 *Ennuschat* in: TWE GewO vor §§ 64 Rn. 9 ff.
188 Dazu VGH Mannheim NVwZ-RR 2001, 159; *Meßmer* JuS 2002, 755 ff.
189 Ob es darüber hinaus einer weitergehenden Privatisierung bedarf, erscheint fraglich, da auch bei einer solchen Privatisierung ein Rest staatlicher Aufsicht verbleiben würde, der jetzt durch die Festsetzung erfolgt. Siehe dazu *Gröpl* GewArch 1995, 367 ff.

153 Die in § 65 GewO geregelte **Ausstellung** unterscheidet sich von der Messe dadurch, dass nur ein **repräsentatives Angebot** eines oder mehrerer Wirtschaftszweige ausgestellt wird.

154 Bei einem **Großmarkt** gem. § 66 GewO handelt es sich um eine Veranstaltung, auf der eine Vielzahl von Anbietern bestimmte Waren oder Waren aller Art im Wesentlichen an gewerbliche Wiederverkäufer, gewerbliche Verbraucher oder Großabnehmer vertreibt. Hier steht demnach der **direkte Verkauf** im Zentrum, doch ist auch ein Vertrieb nach Muster möglich. Der Großmarkt kann als einzige der in Titel IV erfassten Veranstaltungen auch als **Dauereinrichtung** betrieben werden.

155 Der in § 67 GewO geregelte **Wochenmarkt** ist die klassische Erscheinungsform des Marktes, wie sie heute noch an vielen Orten anzutreffen ist. Er muss regelmäßig stattfinden und ebenfalls eine Vielzahl von Anbietern einbeziehen. Das zulässige **Warensortiment** wird in § 67 Abs. 1 GewO angeführt. Es kann nach Absatz 2 durch Rechtsverordnung der Landesregierung den örtlichen Bedürfnissen angepasst werden.

156 Vom Wochenmarkt unterscheiden sich die in § 68 GewO geregelten **Spezial- und Jahrmärkte** durch den größeren zeitlichen Abstand ihrer Veranstaltung sowie die Beschränkung auf bestimmte Waren. Auf diesen Veranstaltungen können auch Dienstleistungen nach § 68 Abs. 3 GewO erbracht werden.

157 Nur für die Märkte trifft § 68a GewO eine Sonderregelung für die Verabreichung von **alkoholfreien Getränken und zubereitete Speisen**, durch die eine Spezialregelung zum GastG getroffen wird. Auf den anderen Veranstaltungen ist die Privilegierung auf **Kostproben** zum Verzehr an Ort und Stelle beschränkt. Im Übrigen gelten für den Verzehr an Ort und Stelle die allgemeinen Vorschriften.

158 c) **Festsetzung.** Die besonderen Rechtswirkungen des Titels IV (Marktprivilegien) werden durch die **Festsetzung der Veranstaltung** nach § 69 GewO ausgelöst.[190] Zuständig ist die durch Landesrecht gem. § 155 GewO bestimmte Behörde.

159 Die Festsetzung erfolgt nur auf **Antrag**. Der Antrag muss die Art der Veranstaltung sowie den Teilnehmerkreis bezeichnen und Angaben darüber machen, wo und wann die Veranstaltung durchgeführt werden soll. Es muss auch dargetan werden, dass die Räumlichkeiten bzw. Örtlichkeiten zur Verfügung stehen.

---

190 *Ennuschat* in: TWE GewO § 69 Rn. 1.

§ 15. Allgemeines Gewerberecht 305

Die **Festsetzung** ist gem. § 69a Abs. 1 GewO zu gewähren, wenn 160
es sich um einen der in §§ 64 bis 68 GewO angeführten Veranstaltungstypen handelt (Nr. 1), der Veranstalter nicht unzuverlässig ist (Nr. 2) und die Durchführung der Veranstaltung nicht dem öffentlichen Interesse widerspricht (Nr. 3). Die Festsetzung kann gem. § 69a Abs. 2 GewO mit einer **Auflage** verbunden werden. Es handelt sich um eine gebundene Entscheidung, die vollständig verwaltungsgerichtlich überprüfbar ist. Der Rechtscharakter als widmungsähnlicher **Verwaltungsakt** steht außer Frage, lediglich hinsichtlich der Charakterisierung als Allgemeinverfügung[191], Organisationsakt[192] gehen die Ansichten auseinander. Gegenüber dem Veranstalter entfaltet die Festsetzung begünstigende (insoweit die Veranstaltung unter Nutzung der Marktprivilegien durchgeführt werden kann) und punktuell belastende (Durchführungs- oder Anzeigepflicht nach Absätzen 2, 3) Wirkung.[193] Durch die Festsetzung wird das **Teilnahmerecht** der potentiellen Beschicker nach § 70 GewO begründet. Ihnen gegenüber liegt demnach eine ausschließlich begünstigende Regelung vor. Sie sind aber nicht Adressaten der Festsetzung. Man kann von einem **Verwaltungsakt mit Mehrfachwirkung** sprechen.[194]

Die Festsetzung erstreckt sich auf Gegenstand, Zeit, Öffnungszei- 161
ten und Platz der durchzuführenden Veranstaltung. Zum Gegenstand zählt namentlich das Warenangebot.[195] Potentielle Teilnehmer haben **keinen Anspruch auf Festsetzung**, auch nicht gegenüber einer Kommune, die eine bestimmte Veranstaltung in der Vergangenheit regelmäßig durchgeführt hat.[196]

Tritt eine **Kommune als Veranstalter** auf, so bedarf es ebenfalls ei- 162
ner Festsetzung, um die Marktprivilegien und das Teilnahmerecht nach § 70 GewO zu begründen. Ist die Kommune zugleich zuständige Behörde, so erfolgt die Festsetzung insoweit als interner Rechtsakt. Im Verhältnis zu den Beschickern liegt nach hM aber gleichwohl eine unmittelbare Außenwirkung und damit insgesamt wegen der Unteilbarkeit der Rechtsnatur ein Verwaltungsakt vor.[197]

---

191 *Wirth* GewArch 1986, 46 (48).
192 *Schönleiter* in: Landmann/Rohmer I § 69 Rn. 12.
193 *Ennuschat* in: TWE GewO § 69 Rn. 21.
194 *Ennuschat* in: TWE GewO § 69 Rn. 24; aA *Hösch* GewArch 1996, 402 (403): einfacher Verwaltungsakt.
195 *Ennuschat* in: TWE GewO § 69 Rn. 19.
196 OVG Koblenz NVwZ-RR 1993, 76.
197 Ebenso *Ennuschat* in: TWE GewO § 69 Rn. 47; *Ziekow* ÖffWirtR § 10 Rn. 85; aA *Hösch*, GewArch, 1996, 402 (404): kein Verwaltungsakt.

163 **Widmet** die Kommune die Veranstaltung zugleich als **öffentliche Einrichtung**, so hat dies keinen Einfluss auf die Anwendung der §§ 69 ff. GewO, die als Bundesrecht vorgehen und nicht durch das Recht der Nutzung kommunaler öffentlicher Einrichtungen verdrängt werden können.

164 Wollen **konkurrierende Veranstalter** zum gleichen Zeitpunkt oder in zeitlicher Nähe eine gleichartige Veranstaltung durchführen (etwa einen Spezialmarkt für den gleichen Warentyp), so kann einer der Anträge aus Gründen des öffentlichen Interesses nur zurückgewiesen werden. Wegen der verfassungsrechtlich gebotenen **Wettbewerbsneutralität** der zuständigen Behörde sind kaum überzeugende Gründe denkbar, die ein Verbot rechtfertigen.[198] Das damit verbundene wirtschaftliche Risiko tragen die Veranstalter.

165 Der Antrag auf Festsetzung setzt den Nachweis voraus, dass der Antragsteller über die nötige **Infrastruktur** (Räume, Platz) verfügt. Soweit dies eine straßenrechtliche oder kommunalrechtliche Zulassungsentscheidung voraussetzt, ist diese zunächst zu beantragen.[199] Soll für die Durchführung der Veranstaltung eine kommunale öffentliche Einrichtung genutzt werden (zB ein Festplatz oder eine Stadthalle), und ist die Kommune zugleich zuständige Behörde, so handelt es sich gleichwohl um zwei zu unterscheidende Anträge bzw. Erlaubnisse. Kommt es hier zu konkurrierenden Anträgen, so ist die Auswahl zur Vermeidung von Wettbewerbsverzerrungen nach dem Prioritätsgrundsatz zu treffen, denn der Kommune steht über die Vergabe der Nutzung der öffentlichen Einrichtung kein Recht zur Einflussnahme auf das Marktwesen zu.

166 Die Marktfreiheit wird durch § 71 GewO zusätzlich dadurch gesichert, dass der **Vergütungsanspruch des Veranstalters** gegenüber den Teilnehmern gesetzlich begrenzt wird. Insbesondere ist eine Umsatz- oder Gewinnbeteiligung oder die Erhebung eines Eintrittsgeldes von den Besuchern ausgeschlossen.[200]

167 **d) Teilnahmeanspruch.** Grundlage der durch §§ 64 ff. GewO verwirklichten **Marktfreiheit** ist der in § 70 GewO verankerte weit gefasste Teilnahmeanspruch: Er erstreckt sich auf jedermann, der dem Teilnehmerkreis der festgesetzten Veranstaltung angehört, und sichert damit Wettbewerb.

---

198 Ähnlich *Ennuschat* in: TWE GewO § 69 Rn. 11. Zu einem Anwendungsfall VGH Kassel NJW 1987, 145.
199 *Ennuschat* in: TWE GewO § 69 Rn. 5.
200 *Ennuschat* in: TWE GewO § 71 Rn. 6.

Bei der Bestimmung des **Teilnehmerkreises** dürfen keine Diskriminierungen erfolgen, die einen Eingriff in die Wettbewerbsfreiheit bewirken könnten. Das gleiche gilt für die Ausgestaltung der **Teilnahmebedingungen** nach § 70 Abs. 2 GewO (nur sachlich gerechtfertigte Einschränkungen zur Erreichung des Veranstaltungszwecks). Ein Ausschluss einzelner Anbieter oder Angebote aus nicht-wirtschaftlichen Gründen (etwa von Kriegsspielzeug bei einer Spielzeugmesse) ist aufgrund des Gewerberechts nach überwiegender Ansicht nicht möglich.[201]

Der grundsätzlich unbeschränkte Zulassungsanspruch im Rahmen der Teilnahmebedingungen kann nach Absatz 3 ausnahmsweise dann beschränkt werden, wenn die Kapazität der Veranstaltung begrenzt ist und die Zahl der Bewerber die zur Verfügung stehenden Räumlichkeiten übersteigt. In diesen Fällen muss ein **Auswahlverfahren** durchgeführt werden, das einen chancengleichen und diskriminierungsfreien Zugang der Teilnehmer ermöglicht. Dies verlangt auch Art. 12 DLRL.

In der Praxis hat sich dazu eine reichhaltige **Kasuistik** entwickelt, die inzwischen zu einem gesicherten Bestand an Gestaltungsformen des Auswahlverfahrens geführt hat. Dabei wird auf einer ersten abstrakten Ebene zwischen zulässigen und unzulässigen Kriterien unterschieden. Auf einer zweiten Ebene werden sodann zulässige und unzulässige Kombinationsformen der verschiedenen Kriterien entwickelt. Leitender Gesichtspunkt sind dabei die Wettbewerbsfreiheit und Chancengleichheit auf der einen Seite und das legitime Interesse des Veranstalters am (wirtschaftlichen) Erfolg[202] andererseits, das eine gewisse Steuerungsmöglichkeit bei der Auswahl der Teilnehmer verlangt. Es geht dogmatisch um die sachgerechte Ermessensbetätigung, wobei jedoch zu beachten ist, dass es sich bei einem privaten Veranstalter nicht um ein verwaltungsrechtliches Ermessen handelt.

Als **generell unzulässig** werden wegen eines eindeutig diskriminierenden Charakters und fehlender sachlicher Rechtfertigung die Kriterien „alt vor neu"[203], „neu vor alt" und „Ortsansässigkeit"[204] eingestuft.

---

201 So *Gröschner* NJW 1983, 2178 (2181).
202 Dieses Interesse ist bei einem privaten Veranstalter durch Art. 12 Abs. 1 GG grundrechtlich geschützt.
203 BVerwG NVwZ 1984, 585; *Heitsch* GewArch 2004, 225 (228).
204 Verstößt bereits gegen den Wortlaut „jedermann" und das Prinzip der Marktfreiheit.

172 Als **grundsätzlich,** oft aber nur in Kombination mit anderen Kriterien, **zulässig** werden die Kriterien „bekannt und bewährt", „Attraktivität", „Reihenfolge der Anmeldung"[205], „Rotationsprinzip", „Losentscheid" und „Ausschluss von Zweitbewerbungen"[206] eingestuft. Bei der Anwendung dieser Grundsätze ist im Einzelnen folgendes zu beachten:

173 Die Orientierung an der Reihenfolge der Anmeldungen[207] sowie der Losentscheid vermeiden als **streng formale Kriterien** am besten einen Einfluss des Veranstalters. Sie sind damit aber auch mit der Gefahr verbunden, dass zu viele gleichartige Angebote gemacht werden, und erlauben keine Steuerung durch den Veranstalter. Deshalb sind sie nur begrenzt praxistauglich.

174 **Wertende Auswahlkriterien** wie „bekannt und bewährt" oder „Attraktivität" sind dann zulässig, wenn sie nicht für alle zu vergebenden Plätze verwendet werden, sondern mit anderen Kriterien wie Losentscheid oder Reihenfolge der Anmeldung verbunden werden. Problematisch ist auch eine alleinige Verwendung des Rotationsgrundsatzes.[208]

175 Diese Übersicht zeigt, dass der Veranstalter eine vergleichsweise große Gestaltungsfreiheit bei der Auswahlentscheidung besitzt. Es kommt deshalb vor allem darauf an, die Auswahlkriterien rechtzeitig und verbindlich festzulegen und darauf zu achten, dass für bestimmte Antragsteller kein völliger Ausschluss von der Teilnahmemöglichkeit verfügt wird, da dies am wenigsten mit dem Grundsatz der Marktfreiheit und der wettbewerblichen Chancengleichheit zu vereinbaren ist.

176 **e) Rechtsnatur der Zulassungs- und Auswahlentscheidung.** Die Zulassungs- bzw. Auswahlentscheidung wird durch den Veranstalter getroffen. Dies kann ein Privater oder ein Verwaltungsträger, namentlich eine Kommune sein. Da ein Privater als Veranstalter nicht beliehen[209] ist, kann seine Entscheidung nur dem **Privatrecht** zugeordnet werden. Dies wird auch allgemein anerkannt.[210] Problematisch ist es

---

205 Bedenken bei *Vosskuhle* Die Verwaltung 32 (1999), 21 ff.
206 Aber unzulässig, wenn auch ein Ehegatte als Zweitbewerber ausgeschlossen wird, vgl. BVerwG NVwZ 1984, 585 (586).
207 Unter der Voraussetzung, dass alle Interessenten einen chancengleichen Informationszugang haben. Siehe dazu auch VGH München GewArch 1982, 236 zur Verwendung als Hilfskriterium.
208 *Heitsch* GewArch 2004, 225 (229).
209 AA jedoch mit nicht überzeugender Argumentation *Hösch* GewArch 1996, 402 (405).
210 *Ennuschat* in: TWE GewO § 70 Rn. 62.

aber, wenn die Entscheidung eines **kommunalen Veranstalters** jedenfalls dann dem öffentlichen Recht zugeordnet wird, wenn dieser öffentlich-rechtliche Teilnahmebedingungen erlassen hat[211] mit der Folge, dass für Rechtsstreitigkeiten der Verwaltungsrechtsweg eröffnet sein soll.[212] Die streitentscheidende Norm des § 70 GewO ändert ihren rechtlichen Charakter nicht dadurch, dass sie das Verhalten einer Kommune steuert. Deshalb ist auch in diesen Fällen von einer privatrechtlichen (Vergabe-) Entscheidung auszugehen. Auch eine Qualifikation der Norm als ambivalente Norm oder ein Rekurs auf die Zwei-Stufen-Theorie kommen nicht in Betracht.[213] Aus verfassungsrechtlicher Sicht bestehen dagegen keine Bedenken, da so oder so ein Rechtsweg eröffnet und wirksamer Rechtsschutz iSd Art. 19 Abs. 4 GG gewährleistet ist. Rechtsstreitigkeiten über Zulassungsentscheidungen nach § 70 GewO sind deshalb entgegen der hM immer vor den ordentlichen Gerichten auszutragen.

IV. Das Gaststättenrecht als besonderes Gewerberecht

1. Entwicklung der Rechtsgrundlagen

Das Gaststättenrecht war ursprünglich in § 33 der Gewerbeordnung 1869 verankert. Es wurde am 8. April 1930 durch den Erlass eines selbständigen Gaststättengesetzes aus der GewO herausgelöst. Dabei wurden die Voraussetzungen für eine Gaststättenerlaubnis erschwert, insbesondere der Jugendschutz verstärkt. Durch Neuerlass des Gaststättengesetzes am 5. Mai 1970 erfolgte eine Anpassung an die veränderte verfassungsrechtliche Lage, da das Bundesverwaltungsgericht in der im alten Recht vorgesehenen Bedürfnisprüfung eine Verletzung der Berufsfreiheit gesehen hatte.[214] Wenig später erklärte das Bundesverfassungsgericht den Sachkundenachweis im Einzelhandel für verfassungswidrig.[215] Diese Entscheidung beeinflusste die Diskussion um die Einführung eines Sachkundenachweises im Gaststättenrecht, der schließlich nicht aufgenommen wurde. Statt eines

---

211 Der Erlass öffentlich-rechtlicher Teilnahmebedingungen kann allenfalls aus dem Kommunalrecht abgeleitet werden, das aber nicht das Gewerberecht beeinflussen kann. Aus § 70 GewO folgt kein Recht, öffentlich-rechtliche Teilnahmebedingungen zu erlassen. Dafür besteht auch kein Bedarf.
212 OVG Hamburg GewArch 1987, 303 (304).
213 So aber *Ennuschat* in: TWE GewO § 70 Rn. 63 ff.; siehe auch VGH Kassel GewArch 1994, 287; BGHZ 41, 264 (268 f.).
214 BVerwGE 1, 48 (52); 1, 269 ff.
215 BVerfGE 19, 330 ff.

solchen wurde ein Unterrichtungsnachweis in § 4 Abs. 1 Nr. 4 GastG eingeführt. Ein Vorschlag des Bundesministeriums der Wirtschaft aus dem Jahr 2005, das Gaststättengesetz aufzuheben und das allgemeine Gewerberecht anzuwenden[216], fand keine politische Mehrheit.

178 Durch die Föderalismusreform 2006 wurde die Zuständigkeit für das Gaststättenrecht in die ausschließliche Länderzuständigkeit überführt.[217] Das geltende Bundesrecht gilt gem. Art. 125a GG fort, bis die Länder eigene Gesetze erlassen haben. Bislang haben die Länder bereits Regelungen zur Sperrzeit erlassen.[218] Bei den **neu erlassenen Gaststättengesetzen der Länder** wird teilweise eine Anzeigepflicht statuiert und teilweise wie bisher eine Genehmigungspflicht geregelt.

179 Das Gesetz zielte ursprünglich auf die Eindämmung des Alkoholismus ab und wurde schrittweise um die Ziele Jugendschutz und Immissionsschutz ergänzt. Zuletzt wurde mit der Vorgabe eines barrierefreien Zugangs in § 4 Abs. 1 S. 1 Nr. 2a GastG auch dem Ziel der Integration von Menschen mit Behinderung Rechnung getragen.

180 Das Gaststättengewerbe kann nach § 1 Abs. 1 GastG in der Form der **Schankwirtschaft** (Verabreichung von Getränken zum Verzehr an Ort und Stelle) und der **Speisewirtschaft** (Verabreichung von zubereiteten Speisen zum Verzehr an Ort und Stelle) betrieben werden. Die dritte Form, das Beherbergungsgewerbe, ist 2005 im Rahmen einer Deregulierung ersatzlos gestrichen worden.[219] Voraussetzung ist in beiden Fällen, dass der Betrieb „jedermann oder einem bestimmten Personenkreis zugänglich ist". Damit sollen rein private Veranstaltungen mit einem überschaubaren Teilnehmerkreis ausgeschlossen werden. Unter einem bestimmten Personenkreis werden Personen verstanden, die durch ein Gruppenmerkmal verbunden sind. Dadurch werden zB Vereine erfasst, zu denen der Beitritt grundsätzlich jedermann offen steht.

181 Die Rechtsprechung musste sich immer wieder mit Abgrenzungsfragen befassen. So reicht es nicht aus, wenn ein Gastwirt die anwesenden Gäste zu „seinen Freunden" erklärt.[220] Auch die Versendung von individuell adressierten und nummerierten Einladungen an eine breite Kundschaft hebt die Öffentlichkeit nicht auf.[221]

---

216 *Schönleiter* GewArch 2005, 371 ff.
217 *Kluth* in: ders. (Hrsg.) Foderalismusreformgesetz, 2007, Art. 74 Nr. 39 ff.
218 Siehe dazu auch BVerwG GewArch 1977, 24.
219 *Pöltl* GewArch 2005, 353 ff.
220 VGH München BayVBl. 2004, 565 (566).
221 *Ziekow* ÖffWirtR § 12 Rn. 8.

Das Tatbestandsmerkmal **„zum Verzehr an Ort und Stelle"** grenzt 182
den Gaststättenbetrieb vom Lebensmittelverkauf ab, bei dem die Speisen und Getränke gerade nicht an Ort und Stelle verzehrt werden. Verlangt wird ein nach der Lebenserfahrung anzunehmender Verzehr an Ort und Stelle. Danach wird beim Verkauf von Speiseeis, belegten Brötchen an Tankstellen und Imbissständen ohne Stehtische (!) davon ausgegangen, dass diese **nicht** an Ort und Stelle verzehrt werden[222], während dies bei Fischbrötchen[223] der Fall sein soll. Es soll ohne Belang sein, wenn zB an Tankstellen der Autofahrer im Einzelfall die gekauften Speisen und Getränke vor Ort verzehrt.[224]

An die Tatbestandsmerkmale der **Zubereitung** und des **Verabrei-** 183
chens werden keine besonders anspruchsvollen Anforderungen gestellt. Es reichen schlichte Betätigungsformen aus. So liegt eine Zubereitung vor, wenn ein Dosenöffner benutzt wird, um eine Fertigspeise zu erwärmen. Ein Verabreichen wird bereits angenommen, wenn der Zimmervermieter Getränke zum Konsum durch Freier und Prostituierte auf dem Zimmer zur Verfügung stellt.[225]

2. Erlaubnispflichten

a) Reichweite der Erlaubnispflicht. Das Gaststättengewerbe wird 184
in § 2 Abs. 1 S. 1 GastG einer **Erlaubnispflicht** unterworfen, die als präventives Verbot mit Erlaubnisvorbehalt ausgestaltet ist. Es handelt sich um eine **gebundene Erlaubnis**. Die **Versagungsgründe** sind in § 4 GastG abschließend geregelt. Diese sind an Art. 9 DLRL zu überprüfen, insbesondere im Hinblick auf lit. c, der den Nachweis verlangt, dass der gleiche Effekt nicht durch eine (zeitnahe) begleitende Kontrolle erreicht werden kann, wie sie auch § 38 Abs. 1 GewO vorsieht.

Die sachliche Reichweite der Erlaubnispflicht ist begrenzt. So sind 185
bestimmte Formen des Gaststättenbetriebs **genehmigungsfrei**. Werden zB zum Verzehr an Ort und Stelle ausschließlich (1) alkoholfreie Getränke, (2) unentgeltliche Kostproben, (3) zubereitete Speisen oder (4) in Verbindung mit einem Beherbergungsbetrieb Getränke und zubereitete Speisen an Hausgäste angeboten, so ist dies nach § 2 Abs. 2 GastG erlaubnisfrei. Erlaubnisfrei ist nach §§ 14, 26 GastG iVm Lan-

---
222 VG Würzburg GewArch 1997, 164.
223 OVG Münster GewArch 1984, 130.
224 *Metzner* GastG § 1 Rn. 46; *Ruthig* in: Ruthig/Storr ÖffWirtR § 4 Rn. 287.
225 BVerwG DVBl. 1961, 885; OVG Hamburg GewArch 1974, 203.

312   5. Teil. Gewerberecht

desrecht auch der Betrieb so genannter **Straußwirtschaften**.²²⁶ Es bleibt auch in diesem Fall bei der Anzeigepflicht nach § 14 GewO.

186 **b) Voraussetzungen der Erlaubniserteilung.** Antragsteller und **Erlaubnisinhaber** können gem. § 2 Abs. 1 S. 2 GastG (nur) natürliche Personen, juristische Personen (auch ausländische) sowie nichtrechtsfähige Vereine sein. Die Aufnahme der nichtrechtsfähigen Vereine hat historische Gründe, da viele Sport-, Gesangs- und sonstige Kulturvereine, die als Idealvereine organisiert sind, Gaststätten betreiben (Vereinslokale). Bei (in- und ausländischen) Personenvereinigungen ohne eigene Rechtspersönlichkeit kann von den einzelnen Gesellschaftern die Erlaubnis beantragt werden.²²⁷ Damit ist auch der Niederlassungsfreiheit aus Art. 49, 54 EGV genügt.

187 Die Erlaubnis kann gem. § 3 Abs. 1 S. 1 GastG nur für eine **bestimmte Betriebsart** und für **bestimmte Räume** beantragt und erteilt werden. Beides muss deshalb in dem Antrag genau bezeichnet werden.²²⁸ Die Räume müssen **genau** und **einzeln** bezeichnet werden und bei der Erlaubniserteilung jedenfalls vorhanden sein. Nicht erforderlich ist, dass sie schon fertiggestellt sind. Es muss prüfbar sein, ob die Räume nach ihrer Lage, Beschaffenheit und Ausstattung oder Einteilung für den Betrieb geeignet sind, ob sie insbesondere den notwendigen Anforderungen zum Schutze der Gäste und der Beschäftigten gegen Gefahren für Leben, Gesundheit oder Sittlichkeit oder den sonst zur Aufrechterhaltung der öffentlichen Sicherheit oder Ordnung notwendigen Anforderungen genügen, oder ob die Verwendung der Räume dem öffentlichen Interesse widerspricht, insbesondere erhebliche Nachteile, Gefahren oder Belästigungen für die Allgemeinheit befürchten lässt.²²⁹ Lässt sich dies alles hinlänglich übersehen (etwa durch Vorlage von Bauplänen, eingehende Beschreibung der Betriebsart usw), so ist eine Erlaubniserteilung möglich.²³⁰ Der Antragsteller braucht zur Zeit des Antrags noch nicht im Besitz der Räume zu sein, für die er die Erlaubnis beantragt. Es genügt der

---

226 Dazu näher *Gornig/Deutsch* GewArch 1997, 8 ff.
227 *Metzner* GastG § 2 Rn. 28.
228 *Metzner* GastG § 3 Rn. 66.
229 Wegen dieser erheblichen Bedeutung der Räumlichkeiten für die Zulassung des Gaststättenbetriebs liegt auch eine zulässige Ausnahme vom Grundsatz des landesweiten Geltung von Genehmigungen nach Art. 10 Abs. 4 DLRL vor. Zu prüfen ist allerdings, ob es nicht geboten ist, die persönliche Zulassung von der Zulassung des Betriebs in bestimmten Räumen zu trennen.
230 *Metzner* GastG § 3 Rn. 68.

Nachweis, dass er bei Betriebsbeginn darüber verfügen kann.[231] Gelingt dies nicht, so fehlt es zugleich am Sachbescheidungsinteresse bezüglich der Erlaubnis, so dass die Behörde nicht über den Antrag in der Sache entscheiden muss.[232]

Die **weiteren Bewilligungsvoraussetzungen** sind in § 4 GastG negativ in Gestalt von Versagungsgründen konkretisiert. Die Erlaubnis ist also – abgesehen von den bereits angeführten Voraussetzungen – zu erteilen, wenn keiner der Versagungsgründe vorliegt. Dabei ist zwischen personenbezogenen (Nrn. 1 und 4) und sachbezogenen Anforderungen (Nrn. 2, 2a, 3) zu differenzieren. Daraus folgt zugleich, dass sowohl bei einem Personen- als auch Raumwechsel eine neue Erlaubnis erforderlich ist.[233] 188

Eine Erlaubnis ist nach § 4 Abs. 1 Nr. 1 GastG zu versagen, wenn der Antragsteller nicht die für den Gaststättenbetrieb erforderliche **Zuverlässigkeit** besitzt. Diese aus der GewO bekannte Anforderung wird jedoch durch Regelbeispiele konkretisiert, die spezifisch mit dem Gaststättengewerbe zusammenhängen. Bei der Anwendung ist die beantragte Betriebsart zu berücksichtigen. Entscheidend ist, ob der Gewerbetreibende nach den gesamten Umständen (dem Gesamtbild seines Verhaltens), also unter Würdigung aller mit seiner Person und seinem Betrieb zusammenhängenden Umstände – natürlich auch und gerade unter Berücksichtigung seines früheren Verhaltens – willens und in der Lage ist, in Zukunft seine beruflichen Pflichten zu erfüllen.[234] Nicht willens zum ordnungsgemäßen Geschäftsbetrieb ist ua, wer das persönliche Gewinnstreben bedenkenlos über die Belange der Allgemeinheit und Dritter stellt, zB Täuschungshandlungen vornimmt und das Vermögen anderer schädigt. Nicht in der Lage zum ordnungsgemäßen Betrieb ist, wer, aus welchen Gründen auch immer, außerstande ist, seinen Betrieb in Übereinstimmung mit den Anforderungen der öffentlichen Sicherheit und Ordnung zu führen. Ordnungsgemäßes Verhalten nach Entzug der Gewerbeerlaubnis oder Untersagung der Gewerbeausübung oder während eines Verfahrens in Bezug auf eine gewerbliche Tätigkeit (nachträgliches Wohlverhalten) ist für die Beurteilung der Zuverlässigkeit im allgemeinen weniger bedeutsam als das Verhalten des Gewerbetreibenden vor diesen Maßnahmen. Gewerberechtliche Maßnahmen dürfen sich nicht 189

---
231 *Metzner* GastG § 3 Rn. 69.
232 BVerwGE 42, 115; *Metzner* GastG § 4 Rn. 6.
233 *Metzner* GastG § 4 Rn. 2.
234 BVerwGE 65, 1 (4).

gegen die politische Gesinnung und deren Äußerung sowie gegen die Unterstützung nicht verbotener politischer Parteien richten (Art. 5 Abs. 1, Art. 12 Abs. 1 GG, Diskriminierungsverbot des Art. 3 Abs. 3 GG). Sie sind erst bei Verstößen gegen die öffentliche Ordnung, insbesondere §§ 84 bis 86, 130, 188 StGB zulässig.[235]

190 Eine zweite personenbezogene Anforderung findet sich in Nr. 4, die einen Nachweis der IHK verlangt, dass der Antragsteller oder sein Stellvertreter (nach § 9 GastG) über die Grundzüge der für den beantragten Betrieb notwendigen **lebensmittelrechtlichen Kenntnisse** unterrichtet wurde und mit ihnen als vertraut gelten kann. Da es sich dabei um eine Unterrichtung ohne jegliche Prüfung handelt, wird die Wirksamkeit dieser Vorgabe zu Recht bezweifelt und eine Änderung in einen Sachkundenachweis vorgeschlagen.

191 In den Nummern 2 und 2a werden **interne raumbezogene Anforderungen** gestellt, die jedoch ganz unterschiedliche Zwecke verfolgen. Bei Nr. 2 stehen die **Eigenschaften der Räume** im Hinblick auf ihre Nutzung durch Gäste und Beschäftige im Vordergrund. Dabei geht es nicht nur um die Vermeidung von Gefahren für Leben und Gesundheit, sondern auch um den Schutz der Sittlichkeit und die Aufrechterhaltung der öffentlichen Sicherheit und Ordnung. Bei Nr. 2a geht es um die Umsetzung des (bundesgesetzlichen und landesverfassungsrechtlichen) Auftrags zur Ermöglichung einer gleichberechtigten Teilhabe von Menschen mit Behinderung am sozialen und gesellschaftlichen Leben. Zu beiden Bereichen können nach § 4 Abs. 3 GastG die Landesregierungen durch Rechtsverordnung **Mindestanforderungen** festlegen.

192 Die Anforderungen der Nr. 3 beziehen sich demgegenüber auf die Wirkungen des Gaststättenbetriebs auf die (nähere) Umgebung, so dass von **externen Anforderungen** gesprochen werden kann. Dabei sind die Maßstäbe des öffentlichen Baurechts und des Immissionsschutzrechts zugrunde zu legen, wobei deren Anwendung durch die zuständigen Behörden unberührt bleibt. Darüber hinaus sind aber auch **sozialschädliche Auswirkungen** zu berücksichtigen. So wird etwa der Betrieb einer Gaststätte mit Biergarten in direkter Nähe eines Friedhofes oder Krankenhauses für unzulässig erachtet.[236]

193 Die Erlaubnis kann nicht erteilt werden, wenn einer der Versagungsgründe vorliegt. Es kommt dabei auch nicht auf ein Verschul-

---

[235] VG Schleswig GewArch 2001, 44.
[236] *Metzner* GastG § 4 Rn. 277.

den an. Zur Wahrung der Verhältnismäßigkeit muss jedoch geprüft werden, ob die betreffende Gefahr mit den weniger einschneidenden Instrumenten nach §§ 5, 21 GastG bekämpft werden kann; das gilt vor allem bei einem nachträglichen Entzug, der in der Regel wegen der bereits eingegangenen finanziellen Verpflichtungen schwerer wiegt als die Verweigerung einer Eröffnungserlaubnis.

Nach § 5 GastG kann die Erlaubnis mit einer **Auflage** verbunden werden, deren Inhalt Absatz 1 näher bestimmt; dabei steht die **Gefahrenabwehr** im Vordergrund. Es handelt sich aber nicht um eine abschließende Regelung, so dass insbesondere ergänzend auf § 36 VwVfG zurückgegriffen werden kann. Im Verhältnis zu § 21 GastG, der Maßnahmen in Bezug auf beschäftige Personen regelt, tritt § 5 GastG zurück. Auflagen können der Erlaubnis **beigefügt** oder **nachträglich erlassen** werden. Der Erlass nachträglicher Anordnungen bezweckt die Anpassung der Erlaubnis an die jeweilige technische Entwicklung und die Berücksichtigung der berechtigten schutzwürdigen Interessen der in § 5 GastG aufgeführten Personen.[237] Gegenüber nicht erlaubnispflichtigen Gaststättenbetrieben sind nach § 5 Abs. 2 GastG **selbständige Anordnungen** zulässig. In allen Fällen muss die Verhältnismäßigkeit gewahrt sein. **194**

Die Erlaubnis nach § 3 GastG entfaltet **keine Konzentrationswirkung**, so dass die nach anderen Gesetzen erforderlichen Genehmigungen nicht eingeschlossen sind, sondern selbständig beantragt werden müssen. Das gleiche gilt für Anzeigepflichten. **195**

Wegen der raumbezogenen Komponente der gaststättenrechtlichen Erlaubnis ist deren Verhältnis zu den Entscheidungen der Bauaufsichtsbehörde (Bindungswirkung), insbesondere zur Baugenehmigung, von besonderer Bedeutung.[238] Dabei sind verschiedene Fallkonstellationen zu unterscheiden. An eine **erteilte Baugenehmigung** ist die für die Erteilung der Gaststättenerlaubnis zuständige Behörde gebunden, soweit diese sachlich reicht.[239] Die Gaststättenerlaubnis darf deshalb aus diesen Gründen nicht versagt werden, weil die zuständige Behörde die Rechtslage anders beurteilt als die Bauaufsichtsbehörde. Dagegen besteht keine Bindungswirkung an eine **abgelehnte Baugenehmigung**, da das GastG es nicht verbietet, die Gaststättenerlaubnis vor einer etwa erforderlichen Baugenehmigung **196**

---

237 *Stober* JuS 1983, 843 (847).
238 Siehe zu Einzelheiten *Metzner* GastG § 4 Rn. 350 ff.
239 Dabei sind die unterschiedlichen Prüfungsmaßstäbe der Landesbauordnungen zu berücksichtigen, vgl. BVerwGE 84, 11.

zu erteilen.[240] Fehlt es zum Zeitpunkt der Entscheidung über die Gaststättenerlaubnis noch an einer Entscheidung der Bauaufsichtsbehörde, so sind die baurechtlichen Zulässigkeitsfragen durch die Gewerbeaufsichtsbehörde selbständig zu prüfen, ohne dass die Bauaufsichtsbehörde daran gebunden ist. Bei baurechtlich nicht genehmigungsbedürftigen Vorhaben erfolgt ebenfalls die selbständige Prüfung der baurechtlichen Zulässigkeit im gaststättenrechtlichen Erlaubnisverfahren.

197 c) **Vorläufige Erlaubnis.** Um die Übernahme eines Gaststättenbetriebs zu beschleunigen, sieht § 11 GastG die Möglichkeit der Erteilung einer vorläufigen Erlaubnis vor. Dadurch soll die **Kontinuität des Gaststättenbetriebs** ermöglicht und die Abwanderung der Gäste verhindert werden.[241] Voraussetzung dafür sind eine bestehende Erlaubnis für den bisherigen Gaststättenbetrieb (insbesondere die raumbezogenen Komponenten), die Übernahmeabsicht und das laufende Erlaubnisverfahren für den Übernehmer.[242] Ähnlichen Zwecken dienen die Stellvertretererlaubnis nach § 9 GastG und die Weiterführungsregelung im Todesfall nach § 10 GastG.

198 d) **Wirkungen der Erlaubnis.** Mit der Erteilung (Bekanntgabe) der Erlaubnis wird der Betrieb der Gaststätte durch den Antragsteller erlaubt (Freigabewirkung). Die Erlaubnis ist auf die genehmigte Betriebsart und die von der Genehmigung erfassten Räume beschränkt. Weitere Beschränkungen können sich aus Auflagen ergeben. Der Betreiber ist zudem an sonstige öffentlich-rechtliche Rechtsvorschriften gebunden, die auf den Gaststättenbetrieb zur Anwendung kommen. Zivilrechtliche Wirkungen sind mit der Erlaubnis nicht verbunden.

199 Soweit die bei der Erteilung der Erlaubnis anzuwendenden Normen **nachbarschützenden Charakter** besitzen, sind Drittwiderspruch und Drittanfechtungsklage gegen die erteilte Erlaubnis zulässig.[243] Vor allem im Hinblick auf die immissionsrechtlichen Normen kommt ein solcher Nachbarschutz in Betracht. Daran ändert auch der Umstand nichts, dass im Rahmen der Erteilung der Erlaubnis das öffentliche Interesse im Vordergrund steht.

200 Nicht zulässig ist dagegen eine Anfechtung der Erlaubnis durch konkurrierende Betreiber anderer Gastwirtschaften, da die Zulas-

---

240 BVerwGE 84, 11 (16 f.).
241 *Metzner* GastG § 11 Rn. 1.
242 *Metzner* GastG § 11 Rn. 4 ff.
243 *Metzner* GastG § 2 Rn. 74.

sungsanforderungen nicht dem Schutz vor Wettbewerb dienen und eine solche Zielsetzung zudem mit Art. 12 Abs. 1 und Art. 2 Abs. 1 GG nicht vereinbar wäre.[244]

3. Rücknahme und Widerruf der Gaststättenerlaubnis

Das GastG enthält in § 15 eine spezielle Rechtsgrundlage für Rücknahme und Widerruf einer erteilten Erlaubnis; für die Unterscheidung gelten die allgemeinen Grundsätze. In Absatz 1 ist eine **Rücknahmepflicht** geregelt. Diese besteht, sobald bekannt wird, dass es bei Erteilung der Erlaubnis an der persönlichen Zuverlässigkeit gefehlt hat. Die Rücknahme ist auch dann geboten, wenn der Gastwirt zwischenzeitlich zuverlässig geworden ist; er muss dann eine neue Erlaubnis beantragen.[245] 201

Nach Absatz 2 besteht eine **Widerrufspflicht**, wenn nachträglich Tatsachen eintreten, die die Versagung der Erlaubnis wegen Unzuverlässigkeit rechtfertigen. Tatsachen, die bereits vor Erteilung der Erlaubnis vorlagen, dürfen dabei mit berücksichtigt werden.[246] Inwieweit durch die Auswechslung einer unzuverlässigen vertretungsberechtigten Person einer juristischen Person die Zuverlässigkeit der juristischen Person begründet und einem Erlaubniswiderruf vorgebeugt werden kann, ist Tatfrage und anhand der Umstände des Einzelfalles zu entscheiden.[247] 202

Unterbleiben Rücknahme und Widerruf, soweit sie zwingend sind, kann das die **Strafbarkeit** des zuständigen Amtsträgers zur Folge haben, wenn die Erlaubnis zur Begehung von Straftaten ausgenutzt wird.[248] 203

In § 15 Abs. 3 GastG werden Fallgruppen geregelt, in denen der Widerruf der Erlaubnis im **Ermessen** der Behörde steht. Dabei handelt es sich um Verstöße gegen gaststättenrechtliche Bestimmungen, aus denen nicht zwingend die Unzuverlässigkeit des Erlaubnisinhabers gefolgert werden kann. Dementsprechend muss im Einzelfall dargelegt werden, dass die Schwere der Verstöße den Widerruf im Hinblick auf den damit verbundenen Eingriff in das Grundrecht der Berufsfreiheit rechtfertigt. Eine ausreichende Schwere kann sich auch 204

---
244 OVG Koblenz GewArch 1994, 256; *Metzner* GastG § 4 Rn. 328 ff.
245 *Metzner* GastG § 15 Rn. 5 f.
246 *Metzner* GastG § 15 Rn. 7.
247 *Metzner* GastG § 15 Rn. 9.
248 BGH GewArch 1987, 36; OLG Düsseldorf NVwZ-RR 1990, 11.

aus einer größeren Zahl von für sich betrachtet weniger schweren Verstößen ergeben.

205 Der Rückgriff auf die Rücknahmeregelung des § 48 VwVfG ist neben § 15 Abs. 1 GastG nicht ausgeschlossen und bemisst sich nach dessen Vorgaben, insbesondere auch hinsichtlich des Vertrauensschutzes und der Rücknahmefrist. Die Regelungen zum Widerruf in den Absätzen 2 und 3 werden demgegenüber als abschließende Regelungen qualifiziert, so dass eine Anwendung des § 49 VwVfG ausscheidet.[249] Eine Gaststättenerlaubnis kann demnach nicht widerrufen werden, wenn nachträglich Tatsachen für die Versagungsgründe des § 4 Abs. 1 Nrn. 2, 2a und 3 GastG eintreten. Verliert die Gaststätte aus Gründen des § 4 Abs. 1 Nrn. 2–3 GastG ihre Erlaubnisfähigkeit, bleibt der Behörde aber die Möglichkeit nachträglicher Anordnungen nach § 5 GastG.

§ 16. Handwerksrecht

I. Rechtsgrundlagen und Grundsatzfragen

1. Rechtsgrundlagen und Rechtsentwicklung

1 Das Handwerksrecht war ursprünglich, wie das Gaststättenrecht, in der GewO in Titel VI und VIa geregelt. Es hat sich 1953 durch den Erlass der Handwerksordnung[1] formal, aber auch konzeptionell verselbständigt. Diese Eigenständigkeit ist vor allem in der Abkehr vom Gedanken der Gewerbefreiheit und der Orientierung am **Zweck des Mittelstandsschutzes** zu erblicken. Es ging dem Gesetzgeber darum, neben der Abwehr von Gefahren das Handwerk im Hinblick auf seine volkswirtschaftliche und gesellschaftliche Relevanz (ua wegen der besonderen Ausbildungsleistungen der Handwerksbetriebe) zu schützen und zu fördern.[2]

2 Zentrales Element der Handwerksordnung ist der so genannte **Große Befähigungsnachweis** in Gestalt des Meistererfordernisses. Danach durfte nur ein Meister Inhaber eines Handwerksbetriebes sein. Aufgrund der langwierigen Ausbildungswege und hohen Kos-

---

249 BVerwGE 81, 74 (78); BVerwG, GewArch 1998, 254 (255); *Metzner* GastG § 15 Rn. 44 ff.; aA *Pöltl* GastR § 15 Rn. 9.
1 Gesetz zur Ordnung des Handwerks v. 17.9.1953, BGBl. I S. 1411.
2 BT-Drs. I/1428, 25; BVerfGE 13, 97 (108 ff.).

ten war damit eine hohe Zugangshürde zur selbständigen beruflichen Betätigung errichtet, die von Beginn an Widerspruch provozierte. Dies führte zu einer grundlegenden Entscheidung des Bundesverfassungsgerichts, das die Konzeption des Gesetzgebers billigte.[3] Zugleich machte das Gericht aber in dieser[4] und vor allem in späteren Entscheidungen[5] deutlich, dass die hohen Zugangshürden zur selbständigen Berufsausübung verfassungsrechtlich nur haltbar sind, wenn auch **Ausnahmeregelungen** für andere Zugänge zur Selbständigkeit existieren. Auf diese Weise fanden weitreichende Ausnahmetatbestände Eingang in die HwO (Alt-Gesellenregelung in § 7a HwO sowie Ausnahmen nach § 8 HwO), insbesondere auch für Personen aus anderen EU-Mitgliedstaaten, die in Deutschland Dienstleistungen erbringen oder sich niederlassen wollen (§ 9 HwO).

Im Jahr 2003 hat der Bundesgesetzgeber vor dem Hintergrund eines weit reichenden Strukturwandels und im Kontext einer allgemeinen Deregulierungs- und Liberalisierungstendenz eine weit reichende Reform der Handwerksordnung[6] vorgenommen, die im Wesentlichen folgende Elemente umfasste: 3

(1) Die **Zulassungspflichtigkeit** und das **Meistererfordernis** nach § 7 HwO wurde auf 41 Handwerke der Anlage A beschränkt, die allerdings die deutliche Mehrheit der Betriebe repräsentieren; die übrigen 53 Handwerke der Anlage B sind zulassungsfrei; bei ihnen dient der Meistertitel (nur noch) als Qualitätssiegel.
(2) Das **Inhaberprinzip** (der Inhaber muss Handwerker/Meister sein) wurde aufgegeben; es reicht aus, dass der Betriebsleiter über die erforderliche Qualifikation verfügt. Damit wird in der Sache ein Fremdbesitz ermöglicht, der auch der Kapitalverkehrsfreiheit des Art. 63 AEUV genügt.
(3) **Existenzgründer** werden in den ersten vier Jahren abgestuft von den Kammerbeiträgen befreit.
(4) Die selbständige Ausführung einfacher handwerklicher Tätigkeiten wurde erleichtert.

Obwohl die Reform im Zeichen der Stärkung und Sicherung des Handwerksrechts erfolgte, führte sie in der Sache zu einer Zweitei- 4

---

3 BVerfGE 13, 97 ff. Dazu → Rn. 7 ff.
4 BVerfGE 13, 97 (107).
5 BVerfG 25, 236 (247); 73, 301 (316 ff.); 93, 213 (235).
6 Dazu eingehend *Stober* GewArch 2003, 393 ff.; *Müller* NVwZ 2004, 403 ff.

lung des Handwerks[7] und in Bezug auf das von Anlage B erfasste zulassungsfreie Handwerk zu einer (Rück-) Annäherung an die GewO und den Grundsatz der Gewerbefreiheit.[8]

5   Bei denjenigen Handwerken, für die weiterhin die Zulassungspflicht gilt, wurde zudem die Begründung modifiziert. Der früher verwendete Rechtfertigungszweck der Mittelstandsförderung ist durch das Ziel der Gefahrenabwehr[9] und die hohe Ausbildungsleistung ersetzt worden.[10]

6   Neben diesen strukturellen Veränderungen des Berufsrechts wird die „Lage" des Handwerks durch eine anhaltende berufspolitische Krise der Handwerksorganisation(en) geprägt. Diese hängt damit zusammen, dass es an jüngeren Fachkräften fehlt. Die **volkswirtschaftliche Bedeutung des Handwerks** ist gleichwohl ungebrochen hoch.

2. Vereinbarkeit mit Verfassungsrecht

7   Von Beginn an wurde die Vereinbarkeit des großen Befähigungsnachweises mit dem **Grundrecht der Berufsfreiheit** in Frage gestellt[11]; im Zusammenhang mit der Entwicklung des Binnenmarktes ist das Argument der (unzulässigen) Inländerdiskriminierung hinzugetreten, während die Vereinbarkeit mit dem Gemeinschaftsrecht selbst nur verhalten in Frage gestellt wird. Das Bundesverfassungsgericht hat die grundsätzliche Vereinbarkeit des großen Befähigungsnachweises seit seiner Grundsatzentscheidung aus dem Jahr 1961[12] immer wieder betont[13], dabei jedoch auch auf die Unverzichtbarkeit von Ausnahmeregelungen hingewiesen. In einem die alte Rechtslage vor der Handwerksreform 2003 betreffenden Kammerbeschluss wurde zudem erstmalig das Vorliegen einer unzulässigen **Inländerdiskriminierung** für möglich gehalten.[14]

---

7 *Müller* NVwZ 2004, 403 (412): Systembruch; siehe dort auch die Hinweise zu verfassungsrechtlichen Bedenken gegenüber der Novelle.
8 *Thiel* in: Honig/Knörr/Thiel HwO § 1 Rn. 4.
9 Dazu vertiefend *Müller* GewArch 2007, 361 ff.
10 *Müller* NVwZ 2004, 403 (404, 407 f.), wobei der zweite Grund erst im Gesetzgebungsverfahren (Vermittlungsausschuss) eingebracht wurde, um die Zahl der zulassungspflichtigen Handwerke zu erhöhen.
11 Siehe exemplarisch *Pieroth/Störmer* GewArch 1997, 305 ff.
12 BVerfGE 13, 97 (120 f.).
13 BVerfGE 25, 236 (247); 73, 301 (316 ff.); 93, 213 (235).
14 BVerfG GewArch 2006, 71 ff. Dazu *Dürr* GewArch 2007, 18 ff.; *Rieger* DÖV 2006, 685 ff.; *Riese/Noll* NVwZ 2007, 516 ff. Ablehnend *Frenz* Handwerkliche Qualifikation und EU-Recht, 2006, S. 84 ff.

II. Handwerksbegriff

1. Handwerksfähigkeit und Handwerksmäßigkeit

Die Handwerksordnung trifft eine spezialgesetzliche Regelung für den Bereich des **stehenden Gewerbes** (→ § 15 Rn. 26 ff.). Von der Handwerksordnung erfasst wird ein stehendes Gewerbe, wenn es gem. § 1 Abs. 2 HwO **handwerksfähig** ist und **handwerksmäßig betrieben** wird.

Die **Handwerksfähigkeit** liegt vor, wenn ein Gewerbe von Anlage A der HwO erfasst wird. Es bedarf insoweit für die Zuordnung keiner weiteren definitorischen Klärung, wohl aber der Zuordnung der jeweiligen Tätigkeit zu dem in Anlage A nur durch den Namen bezeichneten **Berufsbild**. Dieses kann mit Hilfe der nach § 25 HwO erlassenen Ausbildungsordnungen sowie nach § 45 HwO erlassenen Prüfungsordnungen konkretisiert werden. Dabei begründet die Zuordnung zu diesen Regelungen eine widerlegliche Vermutung, dass eine Tätigkeit dem jeweiligen Berufsbild zuzuordnen ist. Es muss sich aber um den **Kernbereich** des jeweiligen Handwerks handeln und ihm sein wesentliches Gepräge geben (wesentliche Tätigkeiten).[15] Um die Abgrenzung in diesem Bereich zu erleichtern, hat der Gesetzgeber in § 1 Abs. 2 S. 2 HwO Regelkriterien dafür angeführt, wann **keine wesentlichen Tätigkeiten** vorliegen. Das ist zunächst der Fall, wenn die betreffenden Tätigkeiten in weniger als drei Monaten erlernt werden können, oder, wenn die Anlernzeit länger andauert, die für das Gesamtbild des betreffenden Handwerks nebensächlich sind. Damit sind die Abgrenzungsschwierigkeiten im Einzelfall aber nicht restlos gelöst. Es bleibt weiterhin ein nicht unerheblicher dezisionistischer Anteil der Zuordnung.

Ebenfalls schwierig gestaltet sich die Konkretisierung bei der **Handwerksmäßigkeit**, mit deren Hilfe die Abgrenzung von der **industriellen Betätigungsform** (und der damit verbundenen Zuordnung zur IHK) vorgenommen wird. Die Abgrenzung wird ausgehend vom Industriebetrieb vorgenommen. Dieser unterscheidet sich vom Handwerksbetrieb vor allem durch die deutliche **Trennung von Leitungs- und Ausführungsbereich**, durch die größere **Arbeitsteilung** der Mitarbeiter untereinander, durch die umfangreichere

---

15 So zunächst die Rspr. – zB BVerwG GewArch 1993, 250 – und daran anknüpfend jetzt § 1 Abs. 2 S. 1 HwO.

Anwendung **technischer Hilfsmittel**, durch verhältnismäßig größeren **Kapitaleinsatz** und Ähnliches. Für die Abgrenzung beachtlich sind ferner die Unternehmensgröße, der berufliche Werdegang des Inhabers, die Art der Aufträge (Serien- oder Individualfertigung), die Art des Absatzes.[16] Die Grenzen zwischen handwerklichen Großbetrieben und Industriebetrieben sind fließend; die Entscheidung der organisatorischen Zugehörigkeit zum Handwerk kann immer nur in jedem Einzelfall anhand der jeweiligen konkreten Strukturmerkmale und des Gesamtbildes der Tätigkeiten getroffen werden (**dynamischer Handwerksbegriff**).[17] Dabei sind auch durch den technischen und sonstigen Fortschritt bedingte Veränderungen zu berücksichtigen.

11 Für die **zulassungsfreien Handwerke** und **handwerksähnlichen Gewerbe** erfolgt die Zuordnung zur Handwerksordnung mit Hilfe ihrer Aufnahme in Anlage B der HwO (Abschnitt 1: zulassungsfreie Handwerke, Abschnitt 2: handwerksähnliche Gewerbe). Auch hier muss zusätzlich ein handwerksmäßiges Betreiben vorliegen.

2. Betriebsformen

12 a) **Hauptbetrieb und Zweigstellen.** Die Zuordnung eines stehenden Gewerbes zum Handwerk erfolgt zunächst im Hinblick auf eine Betriebsstätte, die auch als **Hauptbetrieb** qualifiziert werden kann. Dieser kann auch mit **Zweigstellen** betrieben werden, für die die HwO ebenfalls zur Anwendung kommt.

13 Nach Art. 10 Abs. 4 DLRL muss eine Genehmigung im gesamten Mitgliedstaat gelten, also im Falle von mehreren Niederlassungen eines Betriebs für alle diese Niederlassungen. Etwas anderes gilt nur dann, wenn zwingende Gründe des Allgemeininteresses, wie zB ortsbezogene Umweltschutzaspekte, eine Genehmigung für jede einzelne Betriebsstätte rechtfertigen. Da bei der Zulassung zu Handwerken der Anlage A die örtlich-räumlichen Gegebenheiten keine Rolle spielen, liegt eine bundesweite Geltung vor, so dass Art. 10 Abs. 3 DLRL genügt wird. Die Anzeigepflicht nach § 14 GewO, die bei der Eröffnung weiterer Betriebsstätten zu erfolgen hat, stellt keine Genehmigung iSd Art. 4 Nr. 6 DLRL dar.

---

16 Zu den einzelnen Merkmalen und der dazu ergangenen Rechtsprechung *Thiel* in: Honig/Knörr/Thiel HwO § 1 Rn. 37 ff.
17 VG Halle GewArch 2001, 421; OVG Magdeburg GewArch 2001, 201.

b) **Öffentlich-rechtliche Betriebe.** In § 2 Nr. 1 HwO wird zur 14
Herstellung gleicher Rahmenbedingungen für den wirtschaftlichen
Wettbewerb, aber auch zur Absicherung der mit der Zulassungspflicht verfolgten Ziele (insbesondere Gefahrenabwehr) **klargestellt,**
dass auch gewerbliche Betriebe des Bundes, der Länder, der Gemeinden und der sonstigen juristischen Personen des öffentlichen Rechts
den Vorschriften der HwO unterliegen. Dies ergibt sich bereits aus
§ 1 HwO, so dass es nur um eine Klarstellung geht. Praktisch relevant ist deshalb vor allem die Gewerblichkeit der Betätigung in diesen Betrieben.

In § 2 Nr. 2 HwO werden – insoweit **konstitutiv** – auch nichtge- 15
werblich tätige Institutionen bzw. Einrichtungen mit ihren handwerklichen Nebenbetrieben der HwO unterworfen. Exemplarisch
erwähnt werden die Einrichtungen der Daseinsvorsorge wie Wasserversorgung und Abwasserbeseitigung, aber auch Gefängnisse und
Schulen.

Durch § 2 Nr. 3 HwO werden schließlich **handwerkliche Neben-** 16
betriebe von nicht handwerklich tätigen Unternehmen (Industrie,
Handel, Landwirtschaft) und Freiberuflern[18] (zB Ärzte und Ingenieure) erfasst. Erfasst werden dabei auch Nebenbetriebe eines anderen
zulassungspflichtigen Handwerks.

c) **Nebenbetriebe.** Der in § 2 HwO verwendete **Begriff des Ne-** 17
benbetriebs wird in § 3 HwO zusammen mit und in Abgrenzung
zu dem Hilfsbetrieb konkretisiert. Für diese Konkretisierung ist zunächst der Blick auf die Rechtsfolgen wichtig. Diese bestehen darin,
dass der Nebenbetrieb handwerksrechtlich als eigenständiger Betrieb
qualifiziert wird, so dass im Falle eines Handwerks nach Anlage A
die Meister- bzw. Betriebsleiterpflicht eingreift. Es reicht nicht aus,
dass der zugeordnete Hauptbetrieb durch einen Meister geleitet wird.

Ausgangspunkt für die Definition des Nebenbetriebs ist die bereits 18
im Wortlaut verankerte Einsicht, dass ein handwerklicher Nebenbetrieb nicht für sich allein stehen kann; es muss immer eine **Verbindung zu einem anderen Unternehmen** vorhanden sein. Diese Verbindung darf aber wiederum nicht so eng sein, dass letztlich alles als
eine Einheit zu sehen ist. Deshalb liegt auch kein Nebenbetrieb vor,
wenn in einem Industriebetrieb gewisse handwerkliche Arbeiten mit
vorkommen, ohne dass wegen der engen Verbindung eine Tren-

---

18 Siehe dazu exemplarisch *Schwannecke/Webers* NJW 1998, 2697 ff.; *Kluth/Nuckelt*
SGb 2003, 425 ff.

nungslinie gezogen werden könnte.[19] Auch ein Zweigbetrieb kann Haupt- oder zur Gänze handwerklicher Nebenbetrieb sein.[20] Ein räumlicher Zusammenhang wird nicht vorausgesetzt. Mehrere Filialen eines einzigen Hauptbetriebs sind nicht in ihrer Gesamtheit, sondern jede für sich zu betrachten.[21]

19 Die Rechtsfolge, dass der Nebenbetrieb den Vorschriften für das zulassungspflichtige Handwerk unterliegt, wird nicht ausgelöst, wenn die so genannte **Unerheblichkeitsgrenze** des § 3 Abs. 2 HwO nicht überschritten wird. Mit der im Rahmen der Handwerksnovelle von 2003 eingeführten Regelung wollte der Gesetzgeber eine Kontraindikation und dadurch die Folgen für die Betriebsinhaber begrenzen. Das verwendete Kriterium der durchschnittlichen Jahresarbeitszeit ist aber kaum zu kontrollieren und trägt deshalb nicht zu der beabsichtigten Rechtssicherheit bei.[22]

20 d) **Hilfsbetriebe.** Anders als der Nebenbetrieb, aber wie der unerhebliche Nebenbetrieb unterliegen die Hilfsbetriebe, die thematisch einem Handwerk der Anlage A zuzuordnen sind, nach § 3 Abs. 1 HwO ebenfalls nicht den Vorschriften über das zulassungspflichtige Handwerk. Wann ein solcher Hilfsbetrieb vorliegt, ergibt sich aus § 3 Abs. 3 HwO, wobei zwischen **zwei Fallgruppen** unterschieden wird.

21 In Absatz 3 Nr. 1 wird die Qualifikation als Hilfsbetrieb aus der **Zuordnung zu einem Hauptbetrieb** abgeleitet. Es muss sich um unselbständige, der wirtschaftlichen Zweckbestimmung des Hauptbetriebs handelnde Tätigkeiten handeln, wobei es sich auch um mehrere Betriebe handeln kann, die einem Inhaber ganz oder überwiegend gehören. Ein Beispiel dafür ist eine Reparaturwerkstatt, die die Fahrzeuge eines Taxiunternehmens, eines Autoverleihs und eines Transportunternehmens repariert, die alle einem Inhaber gehören.

22 Die zweite, in Absatz 3 Nr. 2 geregelte Variante stellt dagegen alleine auf die **Wertigkeit der Tätigkeit** ab, wobei die Grenzziehung hier schwieriger ist als bei Nr. 1.

---

[19] VG Stuttgart GewArch 1970, 274.
[20] VG Kassel GewArch 1962, 136.
[21] OVG Koblenz GewArch 1972, 15.
[22] *Tillmanns* in: Honig/Knörr/Thiel HwO § 3 Rn. 18.

3. Ausbildung, Berufsbild und Berufsrecht im Handwerk

Während in der Gewerbeordnung keine Berufsbilder fixiert und der Erwerb der notwendigen Sach- und Fachkenntnisse den Bildungs- und Ausbildungseinrichtungen überlassen werden, finden sich in der HwO zahlreiche Regelungen zur beruflichen Bildung, die ua durch das Berufsbildungsgesetz ergänzt werden. Vor allem ist das Handwerksrecht durch die Ausbildung der zahlreichen Berufsbilder für die einzelnen Handwerke geprägt.

Die Grundlage für die **Herausbildung der einzelnen Berufsbilder** des Handwerks bilden zum einen die in den Anlagen A und B aufgeführten einzelnen Handwerke. Der Inhalt der Berufsbilder dieser Handwerke erschließt sich sodann mit Hilfe der **Ausbildungsordnungen** nach §§ 25 ff. HwO, vor allem aber des **Meisterprüfungsberufsbildes**, das nach § 45 HwO durch Rechtsverordnung des Bundesministeriums für Wirtschaft und Energie im Einvernehmen mit dem Bundesministerium für Bildung und Forschung erlassen wird.

Die so genannte duale, die Berufsausübung begleitende Aus-, Fort- und Weiterbildung nach der HwO wird in Art. 11 lit. c ii BARL als besonders strukturierte Ausbildung qualifiziert und für die zulassungspflichtigen Handwerke – nach einer Korrektur – auf dem Niveau c eingeordnet.[23]

Die Ausbildung erfolgt durch verschiedene Träger, insbesondere die Innungen bzw. Innungsverbände und die Handwerkskammern, die entsprechende Berufsbildungseinrichtungen unterhalten. Die Bedeutung der dualen Ausbildung ist in den letzten Jahren durch den nach § 7 Abs. 2 HwO eröffneten Berufszugang über ein fachlich **aquivalentes Fachhochschul-** oder (seltener) Universitätsstudium in einigen Handwerken deutlich relativiert worden. Dabei ist zu berücksichtigen, dass der Weg zum selbständigen Betriebsinhaber und -leiter auf diese Weise nicht nur verkürzt wird, sondern sich auch als finanziell günstiger erweisen kann.

---

23 Siehe Anhang II Nr. 2 BARL, der ursprünglich nur die Gesundheitshandwerke anführte, so dass die übrigen Meistertitel auf Niveau b einzustufen waren.

III. Das zulassungspflichtige Handwerk

1. Die Eintragung in die Handwerksrolle

27 Die Erlaubnis zur Ausübung eines zulassungspflichtigen Handwerks wird durch die **Eintragung in die Handwerksrolle** gem. § 6 HwO erteilt, die somit **konstitutiv** ist. Es handelt sich dabei um eine historisch bedingte Vorgehensweise, die sich aber sachlich von sonstigen Formen der Erlaubniserteilung nicht unterscheidet. Bei der Handwerksrolle handelt es sich um ein Verzeichnis bzw. Register, das mit **öffentlichem Glauben** ausgestattet ist und für und gegen jedermann Beweis über die Richtigkeit der darin enthaltenen Tatsachen erbringt. Es gibt den Organen des Handwerks, öffentlichen Stellen und der Öffentlichkeit Auskunft über die ein Handwerk selbständig betreibenden Betriebe (**Informationsfunktion**).[24] Es besteht nach § 6 Abs. 2 HwO ein Anspruch auf **Einzelauskunft**, wenn ein berechtigtes Interesse glaubhaft gemacht wird.

28 **Vorlage- und beweispflichtig** für die Angaben, die für die Eintragung in die Handwerksrolle erforderlich sind, ist der Antragsteller, dh der Betriebsinhaber. Dieser muss nach der Änderung des § 7 Abs. 1 HwO nicht selbst die fachlichen Anforderungen des betreffenden Handwerks (Meistertitel oder Ausnahme nach § 7b und § 8 HwO) erfüllen; es reicht aus, wenn er einen entsprechend **qualifizierten Betriebsleiter** benennt. Dadurch können auch juristische Personen Betriebsinhaber sein.

29 **Eintragungspflichtig** ist, wer im Bezirk der Handwerkskammer den selbständigen Betrieb eines zulassungspflichtigen Handwerks beginnen will, gleichgültig ob Deutscher oder Ausländer. § 16 Abs. 3 begründet eine entsprechende Anzeigepflicht. Ein selbständiges Handwerk im Bezirk der Kammer übt auch aus, wer dort lediglich eine Zweigniederlassung betreibt. Übt ein Handwerker mehrere Handwerke aus, so muss er mit jedem in der Handwerksrolle eingetragen sein; es handelt sich jedoch auch in diesem Fall um einen einzigen Handwerksbetrieb.[25]

30 Der **Betriebsleiter** muss die fachliche und technische (nicht die betriebswirtschaftliche) Leitung des Handwerkbetriebs tatsächlich beherrschen. Dies muss sich, wenn er nicht zugleich Inhaber ist, auch

---

24 BVerwGE 95, 363 ff.; BVerwG GewArch 1992, 339.
25 BVerwG GewArch 1960, 138.

in seinem Arbeitsvertrag und den innerbetrieblichen Weisungsrechten niederschlagen. Ihm kommt eine **umfassende Leitungs- und Kontrollpflicht** in Bezug auf die Arbeitsabläufe und die Mitarbeiter zu.[26]

2. Meisterprüfung und Ausnahmetatbestände

Die HwO geht in § 7 Abs. 1a davon aus, dass die bestandene Meisterprüfung (sog. großer Befähigungsnachweis) die Regelvoraussetzung für die Eintragung in die Handwerksrolle darstellt. In § 7 Abs. 2 HwO werden andere Berufsqualifikationen dem Meistertitel gleichgestellt, insbesondere Ingenieure (mit Universitäts- oder Fachhochschulabschluss), Absolventen von technischen Hochschulen usw. 31

Für Antragsteller aus anderen Mitgliedstaaten der EU kommt die Berufsanerkennungsrichtlinie zur Anwendung, die für den Bereich des Handwerks in § 9 HwO umgesetzt wurde. 32

Im Hinblick auf die vergleichsweise hohe Zugangshürde und die Rechtsprechung des Bundesverfassungsgerichts hat der Gesetzgeber weitere Ausnahmetatbestände eingeführt. Dies betrifft zum einen die so genannte **Altgesellenregelung** in § 7b HwO sowie die allgemeiner gefasste **Ausnahmebewilligung** nach § 8 HwO. 33

Die sogenannte **Altgesellenregelung** in § 7b HwO geht davon aus, dass eine langjährige (mindestens sechs Jahre) Berufserfahrung, dabei auch in leitender Stellung (mindestens vier Jahre), ebenfalls zur selbständigen Führung eines Betriebes qualifiziert. Das entspricht auch der Tendenz in der BARL, die praktische Berufserfahrung im Verhältnis zur (theoretischen) Ausbildung stärker zu gewichten, als dies bisher in den meisten mitgliedstaatlichen Regelungen zum Berufsrecht der Fall ist. Diese Regelung kommt nicht auf alle zulassungspflichtigen Handwerke zur Anwendung; insbesondere die Gesundheitshandwerke (Nrn. 33 bis 37) sind ausgenommen. 34

Die **Ausnahmebewilligung** nach § 8 HwO darf nur dann erteilt werden, wenn zwei zentrale Anforderungen erfüllt sind: Erstens muss ein Nachweis der erforderlichen Kenntnisse und Fertigkeiten in anderer Weise als durch eine Meisterprüfung erfolgt sein (**Befähigungsnachweis**); zweitens muss ein **Ausnahmegrund** vorliegen. Nur wenn beide gleichwertigen[27] Voraussetzungen vorliegen und geprüft sind, kann eine positive Entscheidung, die als solche im Ermessen der zuständigen Behörde steht, getroffen werden. 35

---

26 VGH München GewArch 1997, 75.
27 *Knörr* in: Honig/Knörr/Thiel HwO § 8 Rn. 3.

36 Erstes zentrales und unverzichtbares Element der Ausnahmebewilligung ist der Befähigungsnachweis.[28] Dabei kann aus systematischen und teleologischen Gründen nicht genau das verlangt werden, was Gegenstand der Meisterprüfung ist; es muss genügen, dass vor allem vor dem Hintergrund der bereits vorliegenden Berufspraxis eine „meistergleiche" Befähigung „im Wesentlichen" oder „in etwa" vorliegt.[29] Die Befähigung muss sich sowohl auf die handwerkliche Tätigkeit selbst, als auch auf die Betriebsführung (kaufmännische, betriebswirtschaftliche und allgemein-rechtliche Kenntnisse) beziehen.[30] Anders als im Falle der Meisterprüfung, bei der auf Grund eines besuchten Lehrgangs oder einer Meisterschule eine berechtigte Zukunftserwartung begründet wird, muss bei der Ausnahmebewilligung der Nachweis auf in der Vergangenheit liegende Berufspraxis gestützt werden.[31] Insoweit muss die Behörde den Sachverhalt von Amts wegen ermitteln. Bei der Bewertung muss die besondere Bedeutung des jeweiligen Handwerks im Kontext seiner unmittelbaren Auswirkungen auf die betroffenen Rechtsgüter angemessen berücksichtigt werden.

37 Die zweite zwingende tatbestandliche Voraussetzung ist das Vorliegen eines Ausnahmegrundes. In ihm muss sich die besondere Härte des Einzelfalles, der eine Verweisung auf das Regelerfordernis der Meisterprüfung als unverhältnismäßig erscheinen lässt, widerspiegeln. Früher wurde angenommen, dass der gesamte berufliche Werdegang betrachtet werden muss. Wer es jahrelang versäumt hatte, einen Meisterkurs zu besuchen, kann nicht ohne weiteres eine unbillige Härte geltend machen.[32] Auch die schweren wirtschaftlichen Folgen, die zB dann eintreten können, wenn ein Familienbetrieb nicht fortgeführt werden kann, reichen als solche nicht aus. Dies wird heute anders beurteilt.[33] Es kommt also auf die unbillige Härte in der aktuellen Entscheidungssituation an.

38 Der Ausnahmegrund ist **rein personenbezogen** zu betrachten, weil auch der Befähigungsnachweis in der Person wurzelt.[34] Der Verweis auf allgemeine wirtschaftliche, betriebliche und familiäre Gegebenhei-

---

28 BVerfG GewArch 1991, 137.
29 OVG NRW GewArch 1976, 268.
30 *Knörr* in: Honig/Knörr/Thiel HwO § 8 Rn. 11 ff.
31 Dazu auch *Knörr* in: Honig/Knörr/Thiel HwO § 8 Rn. 13 ff.
32 *Knörr* in: Honig/Knörr/Thiel HwO § 8 Rn. 27.
33 OVG Münster GewArch 1996, 287.
34 *Knörr* in: Honig/Knörr/Thiel HwO § 8 Rn. 28.

ten ist deshalb mit großer Vorsicht zu handhaben.³⁵ Dazu ist auf die umfangreiche Kasuistik der Rechtsprechung zu verweisen. Diese hat auch ein Alter von 45 bis 47 Jahren als zureichenden Grund dafür angenommen, dass die Ablegung einer Meisterprüfung nicht mehr zugemutet werden kann.³⁶

Der **Nachweis der Befähigung** wird in der Regelung durch einen Nachweis zum bisherigen beruflichen Werdegang des Antragstellers und die vorgelegten Zeugnisse geführt. Reicht dies nicht aus, so kann und muss ein besonderer Eignungstest durchgeführt werden, der aber nicht mit den strengen schulmäßigen Anforderungen der Meisterprüfung, die ja gerade ersetzt werden soll, weitgehend identisch sein darf.³⁷ Nach der Rechtsprechung soll in einer zwanglosen Form versucht werden, das richtige Bild über die Befähigung des Bewerbers zu finden.³⁸ 39

Keiner Ausnahme bedarf ein Dienstleister, der aus einem anderen Mitgliedstaat eine vorübergehende Dienstleistung in einem zulassungspflichtigen Handwerk in Deutschland erbringen will. Für ihn gilt nach Art. 5 BARL die besondere Maßgabe, dass er tätig werden kann, wenn er zur Ausübung desselben Berufs rechtmäßig in einem Mitgliedstaat niedergelassen ist und diesen Beruf mindestens zwei Jahre innerhalb der letzten zehn Jahre ausgeübt hat; das gilt nicht, wenn der Beruf im anderen Mitgliedstaat ebenfalls reglementiert ist. Es besteht in diesen Fällen aber eine Meldepflicht des Dienstleisters nach Art. 7 BARL. Die Einzelheiten dazu sind in einer Rechtsverordnung auf der Grundlage von § 9 Abs. 1 Nr. 2 HwO geregelt. 40

3. Erweiterungen des Betätigungsfeldes durch § 5 HwO

Die Regelungstechnik der Handwerksordnung begründet für die einzelnen zulassungspflichtigen Handwerke **Vorbehaltsbereiche bzw. -aufgaben**. Da in der beruflichen Praxis eine genaue Trennung der einzelnen Betätigungsfelder nur sehr schwer zu verwirklichen ist, würde dies in der Praxis dazu führen, dass selbst für geringfügige Arbeiten ein zweiter Handwerker beauftragt werden müsste bzw. der einzelne Handwerker eine zeit- und kostspielige Ausbildung auch in den angrenzenden Handwerken absolvieren müsste. Aus diesem Grunde ermöglicht § 5 HwO Arbeiten in anderen zulassungspflichti- 41

---

35 VGH Kassel DÖV 1974, 677; *Knörr* in: Honig/Knörr/Thiel HwO § 8 Rn. 29.
36 *Knörr* in: Honig/Knörr/Thiel HwO § 8 Rn. 34 mwN.
37 *Knörr* in: Honig/Knörr/Thiel HwO § 8 Rn. 17.
38 So bereits OVG Münster GewArch 1965, 58; siehe auch BVerwG GewArch 1962, 95.

gen Handwerken, „wenn sie mit dem **Leistungsangebot** seines Gewerbes technisch und fachlich zusammenhängen oder es wirtschaftlich **ergänzen**".

Beispiel: Bei der Aufstellung einer Schrankwand oder dem Einbau eines Bades müssen einzelne Elektroarbeiten durchgeführt werden.

42 **Voraussetzung für die Anwendung** von § 5 HwO ist, dass eine Beauftragung im Bereich des Haupthandwerks vorliegt, für das der Handwerker gem. § 7 HwO zugelassen ist. § 5 ist dagegen nicht anzuwenden, wenn der Handwerker Arbeiten in einem fremden Handwerkszweig ausführt, ohne dass sie der Ergänzung einer konkreten Tätigkeit im eigenen Handwerk dienen.[39] Nicht zur Anwendung kommt § 5 HwO, wenn der Hauptauftrag nicht ein zulassungspflichtiges Handwerk betrifft. Wenn mit industriellen, zulassungsfreien, handwerksähnlichen oder Handelstätigkeiten handwerkliche Arbeiten zusammenhängen (zB Maurerarbeiten bei Landschaftsgärtner), dann gelten nur die Regeln der §§ 2, 3 HwO. Sofern nicht die Voraussetzungen eines unerheblichen Nebenbetriebs oder eines Hilfsbetriebs gegeben sind, bedarf es daher in diesen Fällen der Handwerksrolleneintragung, auch wenn die Arbeiten mit den Tätigkeiten des berechtigterweise ausgeübten Gewerbes zusammenhängen und wenn im Übrigen die Voraussetzungen des § 5 erfüllt wären.

4. Handwerkskarte und weitere Anzeigepflichten

43 Die Eintragung in die Handwerksrolle erfolgt auf Antrag, kann aber gem. § 10 Abs. 1 HwO auch von Amts wegen erfolgen. Wird eine beantragte Eintragung abgelehnt, weil nach Ansicht der Handwerkskammer die Voraussetzungen nicht gegeben sind, so können Verpflichtungswiderspruch und Verpflichtungsklage erhoben werden.[40] Von Amts wegen kann eine Eintragung erfolgen, wenn der Handwerker bewusst oder unbewusst keinen Antrag stellt und die Eintragungsvoraussetzungen vorliegen.[41]

44 Die **Handwerkskarte** ist die Bescheinigung über die Eintragung in der Handwerksrolle. Der Inhalt folgt aus § 10 Abs. 2 S. 2 HwO. Im Rahmen der Anlage D können weitere Informationen in die Hand-

---

39 OVG Münster GewArch 1964, 168. Siehe auch VGH Mannheim GewArch 1997, 417.
40 Es wird ein begünstigender Verwaltungsakt begehrt, da die Eintragung die Berufsausübung ermöglicht.
41 BVerwG GewArch 1961, 65.

werkskarte aufgenommen werden, zB die Berechtigung zur Führung des Meistertitels. Weicht der Inhalt der Handwerkskarte von der Handwerksrollen-Eintragung ab, so ist letztere maßgebend.[42] Dies kommt nicht selten vor, zB bei Eintragungen nach § 8 HwO, weil eine Befristung nicht auf der Handwerkskarte vermerkt werden muss. Auch die Eintragung in die Handwerksrolle selbst hat nur Ausweisfunktion und begründet für sich genommen keine Rechte.[43] Die Ausstellung der Handwerkskarte ist ebenso wie die Eintragung in die Handwerksrolle **gebührenpflichtig**. § 113 HwO kommt zur Anwendung.

Auf die Ausstellung der Handwerkskarte hat der in der Handwerksrolle Eingetragene einen **Anspruch**. Bei Löschung der Eintragung hat er nach § 13 Abs. 4 HwO die Handwerkskarte **zurückzugeben**. 45

Die Eintragung in die Handwerksrolle ist nach § 11 HwO auch der Industrie- und Handelskammer mitzuteilen, wenn der Gewerbetreibende dieser angehört. Dies ist ua in beitragsrechtlicher Hinsicht gem. § 3 Abs. 4 IHKG relevant. Vor diesem Hintergrund erklärt sich auch die Eröffnung des Verwaltungsrechtsweges für Anfechtungsklagen gegen die Eintragung in die Handwerksrolle zu Gunsten der Industrie- und Handelskammern in § 12 HwO. 46

5. Stellvertretung und Fortführung

Für die Stellvertretung bei der Führung eines Handwerksbetriebs sowie die (vorübergehende) Fortführung im Todesfall sieht die HwO keine eigenen Regelungen vor, so dass insoweit die allgemeinen Vorschriften der §§ 45, 46 GewO zur Anwendung kommen. 47

IV. Zulassungsfreie Handwerke und handwerksähnliche Gewerbe

1. Begriffsbestimmung

Auf Grund der Unterscheidung zwischen zulassungspflichtigen und zulassungsfreien Handwerken sowie der Zuordnung des handwerksähnlichen Gewerbes zur Handwerksordnung bedarf es einer 48

---

42 OVG Münster GewArch 1964, 165.
43 VGH Kassel GewArch 1966, 86.

Abgrenzung auch in diesen Bereichen. Zu diesem Zweck sind die Anlage B 1 für das zulassungsfreie Handwerk und die Anlage B 2 für das handwerksähnliche Gewerbe zugrunde zu legen. Auch in diesen Fällen hat eine Gesamtwürdigung im Einzelfall nach dem Schwerpunkt der Tätigkeit zu erfolgen.

2. Anwendung der Handwerksordnung

49 Für die zulassungsfreien Handwerke und handwerksähnlichen Gewerbe gilt materiellrechtlich der Grundsatz der Gewerbefreiheit. Wer sie betreiben will bedarf keiner Zulassung, muss aber auch nicht über eine spezifische Berufsausbildung verfügen bzw. diese nachweisen. Dass diese Berufstätigkeiten nach § 18 HwO gleichwohl der Handwerkskammer anzuzeigen und nach § 90 Abs. 1 HwO gesetzliche Pflichtmitglieder der Handwerkammer sind, wird damit begründet, dass auch für diese Berufe das Ausbildungsrecht der HwO gilt und sie auf Grund der fachlichen Nähe besser durch die Handwerkskammern als durch die IHKn betreut werden können.[44]

50 Die zulassungsfreien Handwerke und handwerksähnlichen Gewerbe werden von der Handwerkskammer in besonderen **Verzeichnissen** nach § 19 HwO geführt. Mit der Eintragung sind keine konstitutiven Rechtswirkungen für den Gewerbetreibenden verbunden. Die Regelungen über die Einsicht nach § 6 Abs. 2 bis 5 HwO gelten entsprechend.

51 Auf die Betätigungen sind nach § 20 HwO im Übrigen nur wenige Vorschriften der HwO entsprechend anwendbar. Dies betrifft insbesondere die formalen Gesichtspunkte wie die Eintrag und das Verzeichnis sowie die Mitteilungs-, Auskunfts- und Kontrollpflichten.

52 Auch für die zulassungsfreien Handwerke und handwerksähnlichen Gewerbe besteht die Möglichkeit, die **Meisterprüfung** abzulegen. Dieser kommt in solchen Fällen aber nur die Bedeutung eines **Gütesiegels** zu, wie sich aus § 51a HwO ergibt. Entscheidender Unterschied ist, dass hier keine staatlichen Ausschüsse die Prüfung abnehmen. Die Meisterprüfungsausschüsse für Handwerke der Anlage B hat vielmehr die Handwerkskammer zu errichten, die auch hier die Kosten trägt.

---

44 BVerwG GewArch 1998, 36. Siehe auch BVerfG GewArch 1972, 64.

V. Wirtschaftsüberwachung im Handwerksrecht

1. Handwerksrechtliche Untersagung und Schließung

a) Löschung in der Handwerksrolle. Liegen die Voraussetzungen für eine Eintragung in der Handwerksrolle nicht mehr vor, so ist nach § 13 Abs. 1 HwO auf Antrag oder von Amts wegen die Löschung vorzunehmen. Damit erlischt zugleich das Recht zur Ausübung des zulassungspflichtigen Handwerks. Wird der Gewerbebetrieb nicht handwerksmäßig betrieben, so kann auch die IHK die Löschung nach Absatz 2 beantragen. Die Löschung stellt einen belastenden Verwaltungsakt dar.

b) Überwachung. Mit der Ausübung eines zulassungspflichtigen Handwerks sind weitreichende Rechtsfolgen verbunden. Da die Zuordnung vor allem in Grenzbereichen von einer genauen Kenntnis der tatsächlichen Umstände der Ausübung des Gewerbes abhängt und sich die Handwerkskammer in diesem Bereich nicht alleine auf die Angaben des Gewerbetreibenden verlassen kann und darf, werden ihr in § 17 HwO Überwachungsrechte in Gestalt von Auskunftspflichten und Zutrittsrechten eingeräumt. Adressat der Regelung sind sowohl bereits in die Handwerksrolle eingetragene Gewerbetreibende als auch – praktisch bedeutsamer – „in diese einzutragende Gewerbetreibende". Damit erfasst die Norm nicht nur Betriebe, deren Eigenschaft als Handwerksbetrieb feststeht, sondern sie soll gerade auch die Prüfung derjenigen ermöglichen, deren Struktur ungewiss erscheint.[45]

Auskunftspflichtig nach Absatz 1 ist jeder Gewerbetreibende, sofern nicht offensichtlich ist, dass er kein Handwerk oder handwerksähnliches Gewerbe betreibt. Nach Ansicht der Rechtsprechung soll es auch nicht darauf ankommen, dass eine Eintragung in die Handwerksrolle erforderlich ist. Auch die Pflicht zur Einhaltung anderer Normen der HwO soll ausreichen.[46] Es geht gerade darum, Klarheit über die Reichweite der Anwendbarkeit der HwO zu schaffen.[47] Im Falle einer unberechtigten Auskunftsverweigerung (dazu Absatz 3) liegt eine Ordnungswidrigkeit nach § 118 Abs. 1 Nr. 2 HwO vor.

---
45 VG Stuttgart GewArch 2001, 127.
46 VG Würzburg GewArch 2005, 259 (260).
47 *Knörr* in: Honig/Knörr/Thiel HwO § 17 Rn. 5.

56 Damit die Auskünfte eingeholt und die Angaben überprüft werden können, begründet Absatz 2 ein **Zutrittsrecht** zugunsten der Beauftragten der Handwerkskammer, das sich an § 29 Abs. 2 GewO als Maßgabenorm anlehnt. Für den speziellen Fall, dass ein Gewerbetreibender seine Dienste nur telefonisch anbietet, sieht Absatz 4 einen Auskunftsanspruch gegenüber Telekommunikationsunternehmen vor.

57 c) **Handwerksrechtliche Untersagung.** Wird der selbständige Betrieb eines zulassungspflichtigen Handwerks als stehendes Gewerbe entgegen den Vorschriften der HwO ausgeübt, so kann die nach Landesrecht zuständige Behörde die Fortsetzung des Betriebs nach § 16 Abs. 3 HwO untersagen. Vor Erlass der Verfügung sind die Handwerkskammer und die IHK in einem aufwendig geregelten Verfahren nach § 16 Abs. 3 bis 5 HwO anzuhören. Die durch die Eintragung in die Handwerksrolle begründete formelle Rechtmäßigkeit kann auf diesem Wege nicht in Frage gestellt werden, wohl aber einzelne Verstöße gegen die HwO.[48]

2. Gewerberechtliche Untersagung

58 Der Rückgriff auf § 35 GewO ist nicht ausgeschlossen, da § 16 Abs. 3 HwO nicht auf die Zuverlässigkeit abstellt. Deshalb kommt auch eine gewerberechtliche Untersagung nach § 35 GewO in Betracht, wenn Anhaltspunkte für eine Unzuverlässigkeit des Gewerbetreibenden vorliegen.

§ 17. Ladenöffnungsrecht

I. Rechtsgrundlagen

1 Das Ladenschlussgesetz gehörte bis zur Föderalismusreform des Jahres 2006 zu den wirtschafts- und gesellschaftspolitisch besonders umstrittenen Regelungen. Nachdem das Bundesverfassungsgericht die Erforderlichkeit einer bundeseinheitlichen Regelung und damit die Gesetzgebungskompetenz des Bundes in Frage gestellt hatte[1], wurde durch das Föderalismusreformgesetz die Gesetzgebungskom-

---

48 VGH Mannheim GewArch 1987, 28 (29).
1 BVerfGE 111, 10 ff. Dazu *Lindner* NJW 2005, 399 ff.; *Uhle* DÖV 2006, 370 ff.

petenz für den Ladenschluss insgesamt aus Art. 74 Abs. 1 Nr. 11 GG ausgegliedert und den Ländern zugewiesen. Diese haben mit Ausnahme von Bayern auch von ihrer Gesetzgebungskompetenz Gebrauch gemacht.[2]

Als Problem erweist sich in diesem Zusammenhang, dass das Ladenschlussgesetz des Bundes sich nicht auf die Regelung der Ladenschlusszeiten beschränkte, sondern auch arbeitszeitrechtliche Komponenten enthielt, in Bezug auf die die Gesetzgebungskompetenz nicht auf die Länder übergegangen ist.[3]

II. Länderregelungen im Überblick

1. Allgemeine Ladenöffnungszeiten

Die **Länderregelungen** unterscheiden sich in der Freigabe der Ladenöffnungszeiten an **Werktagen**, also von Montag bis Samstag (Allgemeine Ladenöffnungszeiten). Während Baden-Württemberg, Berlin, Brandenburg, Bremen, Hamburg, Hessen, Niedersachsen, Nordrhein-Westfalen und Schleswig-Holstein die Ladenöffnungszeiten werktags frei geben, Verkaufsstellen dort also von 0 bis 24 Uhr geöffnet haben können, müssen die Verkaufsstellen samstags in Sachsen-Anhalt und Thüringen bereits um 20 Uhr, in Mecklenburg-Vorpommern um 22 Uhr schließen. In Rheinland-Pfalz, dem Saarland und in Sachsen dürfen die Verkaufsstellen werktags in der Regel nur von 6 bis 22 Uhr geöffnet sein.

In den Ländern, die die Ladenöffnungszeiten **werktags** nicht frei geben, sind Ausnahmen mit längeren Öffnungszeiten möglich. Im Saarland kann an einem Werktag im Jahr aus Anlass von besonderen Ereignissen die Ladenöffnung bis 24 Uhr zugelassen werden (§ 3 Nr. 2). In Rheinland-Pfalz ist dies durch Rechtsverordnung bei besonderen Einkaufsbedürfnissen der Bevölkerung, des Fremdenverkehrs sowie örtlicher und regionaler Gegebenheiten an bis zu acht Werktagen bis 6 Uhr möglich, vor Sonn- und Feiertagen nur bis 24 Uhr, nicht jedoch vor Karfreitag, Ostersonntag, Pfingstsonntag und Neujahr (§ 4). Aus den gleichen Gründen können in Sachsen nach § 3 Abs. 3 an bis zu fünf Werktagen die Ladenöffnungszeiten mit der gleichen Berücksichtigung von Werktagen vor Feiertagen ver-

---
2 Siehe dazu *Tegebauer* GewArch 2007, 49.
3 Dazu *Horstmann* NZA 2006, 1246 ff.; *Kämmerer/Thüsing* GewArch 2006, 266 ff.; aA *Kingreen/Pieroth* NVwZ 2006, 1221 (1224).

längert werden. Über die in Rheinland-Pfalz besonders geschützten Feiertage hinaus ist die Erweiterung der Ladenöffnungszeit an Werktagen vor Christi Himmelfahrt, dem Reformationstag und Buß- und Bettag ausgeschlossen.

5   An **Sonn- und Feiertagen** ist im Gegensatz zu Werktagen der ganztägige Ladenschluss in allen Bundesländern die Regel. Allein in Berlin durften ursprünglich an den Adventssonntagen Verkaufsstellen zwischen 13 und 20 Uhr öffnen, außer ein solcher fällt auf den 24. Dezember. Diese Regelung hat das Bundesverfassungsgericht wegen eines Verstoßes gegen Art. 4, 140 GG iVm Art. 139 WRV aufgehoben.[4]

2. Ladenöffnung im Ausnahmefall

6   Von diesen Grenzen der Ladenöffnung sehen alle Gesetze **Ausnahmen** vor, die sich entweder auf bestimmte Produkte, bestimmte Verkaufsstellen, bestimmte Orte oder bestimmte Tage beziehen, an denen aus einem bestimmten Anlass oder einem sonstigen öffentlichen Interesse eine Ausnahme besteht bzw. gesondert angeordnet werden kann.

7   Ausnahmen gelten für **Produkte**, wie Back- und Konditoreiwaren, Milch und Milcherzeugnisse, Pflanzen, Zeitungen und Zeitschriften, die von Verkaufsstellen angeboten werden, die ausschließlich oder im Wesentlichen diese Produktpalette im Angebot haben, für Waren zum sofortigen Verzehr auf dem Gelände von Kultur- und Sporteinrichtungen, während deren Öffnungszeiten, sowie für selbst erzeugte oder verarbeitete landwirtschaftliche Produkte. Verkaufsstellen mit diesem Angebot können in den meisten Bundesländern bis zu fünf Stunden an Sonn- und Feiertagen öffnen[5] bzw. in Rheinland-Pfalz, Sachsen und im Saarland bereits vor 6 Uhr morgens an Werktagen. Diese Gruppe von produktbezogenen Ausnahmen übernimmt die Ausnahmeregelung des § 12 des Gesetzes über den Ladenschluss (Bund), der für diese Produkte eine Verordnungsermächtigung enthält.

8   Apotheken, Tankstellen und **Verkaufsstellen** auf Bahnhöfen, Flughäfen und überregionalen Fährhäfen können neben Arznei- und Pflegemitteln bzw. Reisebedarf, insbesondere Waren des täglichen Bedarfs oder im Fall von Flughäfen auch Bekleidung und Schmuck

---

4 BVerfGE 125, 39 ff.
5 Vgl. § 4 Abs. 1 Nr. 3 NLöffVZG – drei Stunden.

§ 17. Ladenöffnungsrecht 337

außerhalb der Allgemeinen Ladenöffnungszeiten anbieten.[6] Waren des touristischen und sonstigen täglichen Bedarfs dürfen in Verkaufsstellen in **Kur-, Erholungs-, Wallfahrts-, Ausflugs- und Badeorten** außerhalb der Allgemeinen Ladenöffnungszeiten bis zu acht Stunden täglich angeboten werden. Dabei wird diese Möglichkeit entweder auf höchstens 40 Sonn- und Feiertage im Jahr[7] oder auf einen bestimmten Zeitraum[8] beschränkt. In Mecklenburg-Vorpommern dürfen zudem in Orten, die weniger als 15 km zur nächstgelegenen Grenzübergangsstelle zur Republik Polen gelegen sind, an Sonntagen, die keine Feiertage sind, ohne behördliche Zulassung Waren verkauft werden.[9]

Für Veranstaltungen, wie örtliche Feste, Märkte oder Messen, können nach Entscheidung der zuständigen Behörde, teilweise auch nur nach vorheriger Anmeldung der Verkaufsstelleninhaber,[10] Verkaufsstellen an drei[11], vier[12] oder sechs[13] **Sonn- und Feiertagen** im Jahr in einem bestimmten Zeitraum für fünf bis sieben Stunden öffnen. Die Ladenöffnungszeiten sollen außerhalb der Zeit des Hauptgottesdienstes liegen. Diese Regelung entspricht § 14 Ladenschlussgesetz (Bund). Baden-Württemberg, Hamburg, Hessen, Rheinland-Pfalz und Schleswig-Holstein haben die Möglichkeit der Ladenöffnung an Adventssonntagen sowie an Sonntagen, auf die ein oder nur bestimmte Feiertage fallen, ausgeschlossen. In Mecklenburg-Vorpommern, Thüringen und Nordrhein-Westfalen gilt dies nur für die Adventssonntage außer dem 1. Advent bzw. drei Adventssonntage. Darüber hinaus besteht in Berlin die Möglichkeit aus Anlass besonderer Ereignisse, wie Firmenjubiläen und Straßenfesten, an zwei **weiteren Sonntagen** zu öffnen. Hierüber entscheidet nicht die zustän-

9

---

6 Vgl. nur § 4 Abs. 1 Nr. 1 NLöffVZG.
7 So § 7 LadÖG BW; § 5 Abs. 2 BbgLöG; § 8 Abs. 1 LadÖffnG HH; § 6 Abs. 2 LÖG NRW; § 6 Abs. 1 NLÖffVZG mit der Alternative an diesen Orten nicht an 40 Sonn- und Feiertagen für acht Stunden, sondern an allen Sonn- und Feiertagen für sechs Stunden zu öffnen, wobei jeweils Karfreitag, Ostersonntag, Volkstrauertag und Totensonntag ausgenommen sind.
8 Bspw. vom 15.12.–31.10. in § 4 Abs. 1 Nr. 2 NLÖffVZG; § 9 Abs. 1 LÖffZG S.-H. – so genannte Bäderregelung.
9 § 5 Abs. 4 LöffG M-V.
10 So § 8 Abs. 1 LÖG Saarl.
11 § 8 LadÖG BW.
12 § 6 BerlLadÖffG; § 8 LadÖffnG HH; § 6 Abs. 1 HessLöG; § 6 Abs. 1 LöffG M-V; § 5 Abs. 1 NLÖffVZG; § 6 Abs. 1 LÖG NRW; § 10 LöffG Rhl.-Pfalz; § 8 Abs. 1 LÖG Saarl.; § 8 Abs. 1 SächsLadÖffG; § 7 Abs. 1 LöffZeitG LSA; § 5 LÖffZG S.-H.; § 10 ThürLadÖffG.
13 § 5 Abs. 1 BbgLöG.

dige Behörde. Es besteht lediglich eine Anzeigepflicht seitens des Verkaufsstelleninhabers.

10 In **Einzelfällen** kann die zuständige Behörde überdies befristete Ausnahmen von den Ladenschlussvorschriften zulassen, soweit diese im öffentlichen Interesse erforderlich[14] oder dringend nötig sind[15] oder ein Einzelfall von herausragender Bedeutung vorliegt[16]. Aufgrund der bisherigen missbräuchlichen Inanspruchnahme der Regelung in § 23 Ladenschlussgesetz (Bund) hat Sachsen auf eine entsprechende Regelung verzichtet.[17]

11 Für den 24. Dezember gelten Sonderregelungen. Wenn dieser auf einen Werktag fällt, schließen die Geschäfte um 14 Uhr; an einem Sonntag können Verkaufsstellen, bei denen Weihnachtsbäume sowie überwiegend Lebens- und Genussmittel verkauft werden, drei bzw. vier Stunden bis spätestens 14 Uhr öffnen.

12 Die Einhaltung der Ladenschlusszeiten wird durch **Bußgeldvorschriften** abgesichert, wobei teilweise Verstöße gegen die Schutzvorschriften zugunsten der Arbeitnehmer im Vergleich zu Verstößen gegen die Ladenschlusszeiten mit höheren Bußgeldern geahndet werden können.[18]

3. Schutz der Arbeitnehmer

13 An Sonn- und Feiertagen dürfen die Arbeitnehmer nur zu den Verkaufszeiten ggf. mit kurzer Vor- und Nachbereitungszeit beschäftigt werden. Auf Antrag ist den Arbeitnehmern ein freier Samstag im Monat zu gewähren, dem ein arbeitsfreier Sonntag folgen soll. Arbeitnehmern mit einem Kind unter zwölf Jahren im Haushalt oder pflegebedürftigen Personen sollen auf Antrag von der Arbeit nach 20 Uhr sowie an Sonn- und Feiertagen freigestellt werden, soweit die Betreuung nicht anderweitig gewährleistet ist. Über die Einhaltung dieser Regelungen hat der Arbeitgeber ein Verzeichnis zu führen.

---

14 Vgl. nur § 5 Abs. 2 NLÖffVZG.
15 So § 11 Abs. 1 LadÖG BW.
16 So § 10 LÖG NRW.
17 Vgl. Gesetzentwurf und Begründung, LT-Drs. 4/6839, 7.
18 Vgl. nur § 13 LÖG NRW – bis zu 500 Euro bei Verstoß gegen die Ladenschlusszeiten, bis zu 15.000 Euro für Verstöße gegen Arbeitsschutzvorschriften. Dagegen § 11 LadÖffnG HH einheitlich 5.000 Euro.

III. Ausgewählte Einzelfragen

1. Antragsrechte von Verkaufsstelleninhabern

Während die meisten Ladenöffnungsgesetze die Entscheidung über Ausnahmen an Sonntagen den zuständigen Behörden zuweisen, hat Niedersachsen in § 5 Abs. 1 NLöffVZG eine Regelung geschaffen, die einer den örtlichen Einzelhandel vertretenden Personenvereinigung oder auch der Mehrheit der Verkaufsstelleninhaber ein Antragsrecht zugesteht, wobei die Behörde auf diesen Antrag hin im Regelfall verpflichtet ist, diesem stattzugeben (intendiertes Ermessen durch „soll"-Regelung). Diese Regelung zeigt, dass den Einzelhändlern hier ein subjektiv-öffentliches Recht auf die Öffnung an den Sonntagen zuerkannt wird, das sie gegenüber den Behörden vor den Verwaltungsgerichten durchsetzen können.

2. Rechte der Religionsgemeinschaften

Neben den Rechten der Inhaber der Verkaufsstellen haben die Religionsgemeinschaften spezifische Interessen an den **Sonn- und Feiertagsregelungen**, die den Interessen der Verkaufsstelleninhaber gegenüberstehen. Die Interessen der Religionsgemeinschaften am Ladenschluss an Sonn- und Feiertagen wurden in den Ladenöffnungsgesetzen zum einen in einer je nach Bundesland unterschiedlichen Anzahl an möglichen verkaufsoffenen Sonn- und Feiertagen, in den Öffnungszeiten an diesen Tagen, die regelmäßig außerhalb der Zeiten der Gottesdienste liegen, sowie durch Regelungen zum Schutz bestimmter, zumindest für die christlichen Kirchen besonders hoher Feiertage, an denen eine Ladenöffnung ausgeschlossen ist, berücksichtigt. Teilweise finden sich in den Regelungen zur Ladenöffnung außerhalb der Allgemeinen Ladenöffnungszeiten auch Anhörungsrechte der Religionsgemeinschaften,[19] die ihnen Verfahrensrechte zugestehen und damit ihre Stellung zur Wahrung der Interessen der Bevölkerung an einer ungestörten Religionsausübung betonen.

---

19 Vgl. nur §§ 4, 10 LadöffnG Rhl.-Pfalz; § 8 LadÖG BW.

3. Antragsrechte von Gewerkschaften, Arbeitgeber- und Wirtschaftsverbänden, Kammern

16 Soweit den Religionsgemeinschaften Anhörungsrechte zugestanden werden, sind nach den gesetzlichen Regelungen auch die übrigen Vertreter von Gruppeninteressen, wie Gewerkschaften, Arbeitgeber- und Wirtschaftsverbände sowie die Handwerkskammern und Industrie- und Handelskammern vor Erlass einer Regelung über die Ladenöffnung außerhalb der Allgemeinen Ladenöffnungszeiten anzuhören.

6. Teil. Regulierungsverwaltungsrecht

§ 18. Grundlagen des Regulierungsverwaltungsrechts

Literatur: *Bauer/Seckelmann,* Zentral, dezentral oder egal? – Eine rechtliche und verwaltungswissenschaftliche Analyse der Aufteilung der Regulierungsaufgaben zwischen Bundesnetzagentur und Landesregulierungsbehörden –, DÖV 2014, 951; *Broemel,* Regulierungskonzept als Kontrollmaßstab in der Telekommunikationsregulierung, JZ 2014, 286; *Decher,* Die Klagebefugnis Dritter im Regulierungsverwaltungsrecht, 2014; *Fehling/Ruffert* (Hrsg.), Regulierungsrecht, 2010; *Franke,* Rechtsschutzfragen der Regulierungsverwaltung, DV 49 (2016), 25; *Frenzel,* Das Regulierungsverwaltungsrecht als öffentliches Recht der Netzwirtschaften, JA 2008, 868; *Gärditz,* „Regulierungsermessen" und verwaltungsgerichtliche Kontrolldichte, NVwZ 2009, 1005; *ders.,* Regulierungsermessen im Energierecht, DVBl. 2016, 399; *Götz,* Die Evolution des Geheimnisschutzes im Regulierungsverwaltungsprozess, Ein Beitrag zu § 138 TKG idF der TKG-Novelle 2012, N&R 2012, 215; *Knauff,* Regulierungsverwaltungsgerichtlicher Rechtsschutz, VerwArch 2007, 382; *Kresse/Vogl,* Der Rechtsweg in regulierungsrechtlichen Streitigkeiten – Vereinheitlichung durch Zuweisung an die ordentliche Gerichtsbarkeit, WiVerw 2016, 275; *Ludwigs,* Die Bundesnetzagentur auf dem Weg zur independent agency? Europarechtliche Anstöße und verfassungsrechtliche Grenzen, DV 44 (2011), 41; *ders.,* Regulierungsermessen: Spielräume gerichtlich eingeschränkter Kontrolle im Regulierungsrecht, RdE 2013, 297; *Sachs/Jasper,* Regulierungsermessen und Beurteilungsspielräume – Verfassungsrechtliche Grundlagen, NVwZ 2012, 649; *Winkler,* Bundesnetzagentur und Beurteilungsspielraum, DVBl. 2013, 156; *Würtenberger,* Entscheidungen über den Marktzugang nach Regulierungsermessen?, GewArch 2016, 6.

Fall 1: Nach vorherigem Schriftwechsel verpflichtete die Bundesnetzagentur die B-AG, die bundesweit Wartungseinrichtungen für Fahrzeuge des Schienenverkehrs betreibt, Nutzungsbedingungen für diese Serviceeinrichtungen nach Maßgabe des § 19 Abs. 4 S. 1 ERegG aufzustellen. Hat die zuständige Behörde gehandelt?

Fall 2: Der Bundeswirtschaftsminister weist die zuständige Beschlusskammer der Bundesnetzagentur an, die Netzentgelte der T-AG nur einer Ex post-Regulierung nach § 38 TKG zu unterwerfen. Die Weisung wird im Bundesanzeiger veröffentlicht. Ist die Weisung rechtmäßig? → Rn. 21 ff.

Fall 3: Die Bundesnetzagentur genehmigte gemäß § 23a EnWG die Entgelte, die der Verteilnetzbetreiber A für die Netznutzung verlangt. Im Verwaltungsverfahren war auch die B-GmbH, die die Netze des A nutzen möchte, gemäß § 66 Abs. 2 Nr. 3 Alt. 1 EnWG beigeladen. Die B-GmbH möchte gerichtlich gegen die in ihren Augen zu hohen Netzentgelte vorgehen. Ist sie beschwerdebefugt?

I. Entwicklung und Begriff des Regulierungsverwaltungsrechts

1. Begriff der Regulierung

1   Obwohl das Regulierungsverwaltungsrecht bislang keine übergreifende Regelung in einem einheitlichen Gesetz gefunden hat[1], lassen sich für diese Rechtsmaterie einige übergreifende Strukturen herausarbeiten.

2   Der Begriff der „Regulierung" ist geprägt von zahlreichen Unschärfen und kann daher in der rechtswissenschaftlichen Literatur keineswegs als geklärt gelten.[2] Regulierung kann am besten umschrieben werden als „das hoheitliche Handeln, mit dem die Verwaltung auf einen Wirtschaftssektor [...] einwirkt, um sowohl Bedingungen für Wettbewerb zu schaffen und aufrechtzuerhalten als auch anstelle einer staatlichen Eigenvornahme die Gemeinwohlsicherung im betreffenden Sektor [...] zu garantieren".[3] „Regulierung" stellt also insbesondere ein Mittel dar, das der Staat einsetzt, um bestimmte Ziele zu erreichen.

2. Historische Entwicklung

3   Regulierung findet ihren Ursprung im US-amerikanischen Recht und erstreckt sich in den 1980er Jahren bis in den angelsächsischen Raum. Der Begriff der *regulation* wird dabei sehr weit verstanden und bezieht auch die hoheitliche Beeinflussung im nichtwirtschaftlichen Bereich („social regulation") mit ein.[4]

4   In die **deutsche Rechtsordnung** hat die Regulierung in den frühen 1990er Jahren mit der Regulierungsgesetzgebung der Europäischen

---
1 *Storr* DVBl. 2006, 1017.
2 Nachweise bei *Ruffert* in: Ehlers/Fehling/Pünder (Hrsg.) BesVwR, Bd. I, 3. Auflage 2012, § 21 Rn. 1 ff.
3 *Ruffert* in: Fehling/Ruffert (Hrsg.) Regulierungsrecht, 2010, § 7 Rn. 58.
4 *Kühling* Sektorspezifische Regulierung in den Netzwirtschaften, 2004, S. 14.

Union Einzug gehalten. Diese begann mit der Liberalisierung des Telekommunikationssektors, indem die vormals staatlichen Monopole aufgelöst wurden. Es folgten verschiedene Binnenmarktrichtlinien in den einzelnen Netzwirtschaften (Eisenbahn, Energie, Telekommunikation), durch die die Harmonisierung weiter vorangetrieben wurde.

3. Anlass der Regulierung

Die Volkswirtschaftslehre geht davon aus, dass der Markt sich durch Angebot und Nachfrage selbst steuert und dadurch Allokationseffizienz eintritt, die vorhandenen knappen Güter also bestmöglich zugeordnet werden. Staatliche Einmischungen in das Marktgeschehen stellen daher stets begründungsbedürftige Ausnahmen dar. Im Falle der Regulierung netzgebundener Wirtschaftssektoren kommen vor diesem Hintergrund zur Begründung grundsätzlich zwei Ansätze in Betracht: Marktversagen einerseits und Staatsversagen andererseits.

a) Marktversagen. Es sind Konstellationen denkbar, in denen der Markt nicht in der Lage ist, sich eigenständig zu steuern und eine optimale Güterallokation sicherzustellen. Diese Defizite versucht der Staat durch das Regulierungsverwaltungsrecht zu kompensieren.

Von einem Marktversagen[5] wird in folgenden Situationen gesprochen: (1) Es liegen externe Effekte vor, die den Preis nicht beeinflussen und daher „künstlich" in den Preis einbezogen werden müssen (bspw. durch Steuern oder Subventionen); (2) es existieren (de-)meritorische Güter, deren Nutzen unter- bzw. überschätzt wird und die daher zu gering oder zu stark nachgefragt werden; (3) der Staat muss Kollektivgüter (öffentliche Güter) bereitstellen; (4) es besteht ein natürliches Monopol; (5) es besteht eine Informationsasymmetrie zwischen Anbieter und Nachfrager (bspw. im Bereich des Verbraucherschutzes).

Für die Regulierung von Netzwirtschaften am bedeutendsten ist das **natürliche Monopol**. Dieses zeichnet sich durch hohe Fixkosten und stark fallende Durchschnittskosten bei steigender Nutzerzahl aus. Zudem stellen sogenannte sunk costs eine hohe Markteintrittsbarriere dar, da neue Marktteilnehmer zunächst hohe Investitionen tätigen müssen, deren Amortisation nicht vorausgesagt werden kann.

---

5 *Leschke* in: Fehling/Ruffert (Hrsg.) Regulierungsrecht, 2010, § 6 Rn. 23 ff.

9 Die **Leitungsnetze** (Strom- und Gasnetze, Telefonfestnetz, Schienenwege etc) bilden solche natürlichen Monopole. Aus technischen, ökonomischen sowie ökologischen Gründen lassen sich die Netze nicht duplizieren, da Bau und Unterhalt mehrerer konkurrierender Netze zu teuer und volkswirtschaftlich nicht sinnvoll wäre.[6] Der Netzbetreiber nimmt daher stets eine Monopolstellung ein, die er bei der Preisbildung missbrauchen könnte.

10 b) **Staatsversagen.** Gelegentlich führt auch erst der Einfluss des Staates auf einen Markt zu einer ineffizienten Güterallokation. Diese Gefahr birgt besonders die wirtschaftliche Betätigung des Staates durch **öffentliche Unternehmen,** bei der es häufig nicht primär um die Erfüllung öffentlicher Aufgaben, sondern die Befriedigung einflussreicher Interessengruppen geht. Auch staatlich gesicherte Monopole können Ursache für eine ineffiziente Ressourcenallokation sein.[7]

4. Ziele und Funktionen von Regulierung

11 Das Primärziel des Regulierungsrechts liegt in der Schaffung eines **wirksamen Wettbewerbs**, insbesondere in den monopolgeprägten Netzwirtschaften, in denen ein solcher ohne ein Eingreifen des Staates nicht entstehen und aufrechterhalten werden kann. So enthalten bspw. § 2 Abs. 2 Nr. 2 TKG, § 1 Abs. 2 EnWG und § 3 Nr. 2 ERegG entsprechende Zielsetzungen.

12 Daneben ist Regulierungsrecht auch Privatisierungsfolgenrecht, denn in den Bereichen der Daseinsvorsorge (Energie, Telekommunikation, Post, Eisenbahn) dient die Regulierung monopolgeprägter Strukturen dazu, den Verzicht des Staates auf eigene Leistungserbringung und deren Übernahme durch Private auszugleichen.[8] Der Staat trägt hier die **Gewährleistungsverantwortung** und stellt die Versorgung der Bevölkerung mit Gütern der Daseinsvorsorge sicher. Regulierungsverwaltungsrecht hat in diesem Zusammenhang die Funktion, die Verbindung zwischen Aufgabenverantwortung und Aufgabenerfüllung zu wahren.

13 Schließlich dient die Regulierung bestimmter Märkte auch dem **Schutz der Verbraucher,** da insbesondere durch die natürliche Monopolstruktur der Netze die Gefahr besteht, dass die Netzbetreiber

---
6 *Lepsius* in: Fehling/Ruffert (Hrsg.) Regulierungsrecht, 2010, § 19 Rn. 15.
7 *Ruffert* in: Ehlers/Fehling/Pünder (Hrsg.) BesVwR, Bd. I, 3. Auflage 2012, § 21 Rn. 15 ff.
8 *Knauff* VerwArch 2007, 382, 383.

überhöhte Entgelte für die Netznutzung fordern, die dann direkt oder indirekt zu Preissteigerungen beim Endkunden führen.

II. Unions- und verfassungsrechtlicher Rahmen

1. Unionsrechtliche Rahmenbedingungen

Gestützt auf die **Binnenmarktkompetenz** des Art. 114 AEUV hat die EU eine Vielzahl an Richtlinien und Verordnungen zur Verwirklichung des Binnenmarktes erlassen, die in den Mitgliedstaaten ein ähnliches Regulierungsniveau herstellen sollen. 14

Vielfach bestehen auch **enge administrative Verzahnungen** zwischen den nationalen Regulierungsbehörden und der Europäischen Kommission (Europäischer Verwaltungsverbund), die entweder am Regulierungsverfahren beteiligt ist oder punktuell eingreifen kann (bspw. bei der Zertifizierung von Transportnetzbetreibern nach § 4a Abs. 5 EnWG). 15

2. Verfassungsrechtliche Rahmenbedingungen

Bezogen auf die Netzwirtschaften finden sich explizite Gewährleistungspflichten des Bundes lediglich in den Art. 87e GG (Eisenbahnen) sowie Art. 87f GG (Post und Telekommunikation). Begrenzt werden die Regulierungsbefugnisse des Gesetzgebers ua durch die Grundrechte, insbesondere Art. 12 Abs. 1, 14 Abs. 1, 3 Abs. 1 GG.[9] 16

III. Regulierungsbehörden und Regulierungsverfahren

1. Regulierungsbehörden

Allen Regulierungsentscheidungen liegt ein komplexes Bewertungs- und Entscheidungsprogramm mit erhöhten Anforderungen zugrunde. Die zuständigen Behörden müssen die verschiedenen Belange gegeneinander abwägen und haben dabei nicht nur die Gesetze zu vollziehen, sondern insbesondere auch das Marktgeschehen aktiv 17

---

9 Zu Einzelheiten *Lepsius* in: Fehling/Ruffert (Hrsg.) Regulierungsrecht, 2010, § 4 Rn. 45 ff.

zu steuern und zu begleiten. Das Regulierungsverfahren wird daher von **besonderen Regulierungsbehörden** durchgeführt.

18 Die Zuständigkeit für die Regulierungsentscheidungen variiert je nach Rechtsgebiet:
- Im Bereich des Telekommunikationsrechts ist gemäß § 116 TKG die Bundesnetzagentur für die ihr nach dem TKG zugewiesenen Aufgaben und Befugnisse zuständig.
- Die Bundesnetzagentur ist gemäß § 54 Abs. 1 EnWG auch im Energiesektor grundsätzlich die zuständige Regulierungsbehörde. Daneben sind nach Maßgabe des § 54 Abs. 2 EnWG die Landesregulierungsbehörden für bestimmte Regulierungsentscheidungen zuständig, soweit regionale Energieversorgungsunternehmen betroffen sind, an deren Elektrizitäts- oder Gasverteilernetz jeweils weniger als 100.000 Kunden angeschlossen sind.[10]
- Für den Bereich des Eisenbahnrechts gilt ebenfalls eine geteilte Zuständigkeit. Auf Bundesebene überwacht gemäß § 4 Abs. 1 S. 1 BEVVG die Bundesnetzagentur die Einhaltung der Rechtsvorschriften über den Zugang zur Eisenbahninfrastruktur gemäß §§ 10 ff. ERegG, während das Eisenbahn-Bundesamt gemäß § 3 BEVVG für die übrigen Aufgaben, wie bspw. die Planfeststellung oder die Aufsicht, zuständig ist.[11] Die Rechts- und Fachaufsicht führt das Bundesministerium für Verkehr und digitale Infrastruktur bzw. das Bundesministerium für Wirtschaft und Energie (§§ 2 Abs. 1, 4 Abs. 1 BEVVG). In die Zuständigkeit der Länder fallen gemäß § 5 AEG nur noch wenige Aufgaben im Bereich der Eisenbahnaufsicht. Diese sind allerdings von dem überwiegenden Teil der Bundesländer gemäß § 5 Abs. 2 AEG auf den Bund übertragen worden.[12]

19 Da die Aufstellung von Nutzungsbedingungen für Serviceeinrichtungen die Eisenbahninfrastrukturbetreiber im Zusammenhang mit der Verpflichtung, die diskriminierungsfreie Benutzung der von ihnen betriebenen Eisenbahninfrastruktur zu gewähren, trifft, handelt es sich um eine Frage des Zugangs nach §§ 10 ff. ERegG. Die Bundesnetzagentur war daher im **Fall 1** gemäß § 4 Abs. 1 S. 1 BEVVG zuständig.

---

10 Zu dieser Aufteilung vertiefend *Bauer/Seckelmann* DÖV 2014, 951.
11 Kritisch zu dieser geteilten Zuständigkeit *Kühling/Ernert* NVwZ 2006, 33, 38.
12 Vgl. *Hermes* in: Ehlers/Fehling/Pünder (Hrsg.) BesVwR, Bd. I, 3. Auflage 2012, § 25 Rn. 107.

Die „Bundesnetzagentur für Elektrizität, Gas, Telekommunikation, Post und Eisenbahnen" ist aus der 1996 errichteten „Regulierungsbehörde für Telekommunikation und Post" (RegTP) hervorgegangen und heute die zentrale Regulierungsbehörde auf Bundesebene, die für die meisten Netzsektoren zuständig ist. Gemäß § 1 S. 2 BEGTPG handelt es sich um eine **selbständige Bundesoberbehörde** im Geschäftsbereich des Bundesministeriums für Wirtschaft und Energie. 20

Vielfach diskutiert wurde die Frage, inwiefern die Bundesnetzagentur an Weisungen der übergeordneten Bundesministerien gebunden ist. Die **Weisungsfreiheit** der Behörde wurde dabei unter Hinweis auf das Demokratieprinzip häufig verneint.[13] 21

Angesichts dessen, dass das Europarecht nunmehr ausdrücklich ein solches Weisungsrecht ausschließt[14], ist die Diskussion überholt.[15] Unabhängig davon sprechen auch gute Gründe für die Weisungsfreiheit der Bundesnetzagentur: Für die zu treffenden Regulierungsentscheidungen muss allein der ökonomische Sachverstand der Beteiligten entscheidend sein, die Entscheidungen müssen also entpolitisiert werden. Dies widerspricht auch nicht per se dem Demokratieprinzip, das zwar die demokratische Legitimation der handelnden Behörden verlangt, die konkrete Umsetzung aber nicht starr vorschreibt, sondern nur ein „hinreichendes Legitimationsniveau" erfordert.[16] 22

Aufgrund der europarechtlichen Vorgaben, die der deutsche Gesetzgeber bisher nicht in nationales Recht umgesetzt hat, kann den Vorschriften § 117 TKG sowie § 61 EnWG, nach denen Weisungen veröffentlicht werden müssen und daher grundsätzlich zulässig sind, bei europarechtskonformer Auslegung kein Weisungsrecht mehr entnommen werden. Zulässig sind nach dem neuen europäischen Rechtsrahmen nur noch „**allgemeine politische Leitlinien**" der Re- 23

---

13 *Gärditz* NVwZ 2009, 1005, 1007 mwN.
14 Für das Telekommunikationsrecht Art. 3 Abs. 3a RahmenRL [Richtlinie 2002/21/EG in der Fassung der Änderungsrichtlinie 2009/140/EG vom 25. November 2009 über einen gemeinsamen Rechtsrahmen für elektronische Kommunikationsnetze und -dienste]; für das Energierecht Art. 35 Abs. 4 S. 2, Abs. 5 EltRL [Richtlinie 2009/72/EG vom 13. Juli 2009 über gemeinsame Vorschriften für den Elektrizitätsbinnenmarkt und zur Aufhebung der Richtlinie 2003/54/EG]; für das Eisenbahnrecht Art. 55 Abs. 3 EisenbahnRL [Richtlinie 2012/34/EU in der Fassung der Änderungsrichtlinie vom 14. Dezember 2016 zur Schaffung eines einheitlichen europäischen Eisenbahnraums].
15 *Bauer/Seckelmann* DÖV 2014, 951, 956 f.
16 Lösungsvorschlag bei *Ludwigs* DV 44 (2011), 41, 46 ff., der stattdessen eine Stärkung der parlamentarischen Kontrolle erwägt.

gierung.¹⁷ Auch für den Eisenbahnsektor sieht § 4 Abs. 1 S. 2 BEVVG weiterhin vor, dass das Bundesministerium für Verkehr und digitale Infrastruktur die Fachaufsicht wahrnimmt, die ausweislich § 4 Abs. 3 BEVVG zumindest das Recht enthält, allgemeine Weisungen zu erteilen. Hier kann aber im Vergleich zu § 117 TKG sowie § 61 EnWG nichts anderes gelten, sodass auch in diesem Regulierungsgebiet Weisungen europarechtlich ausdrücklich ausgeschlossen sind.¹⁸

24 Obwohl die Einzelweisung des Bundeswirtschaftsministers in **Fall 2** im Bundesanzeiger veröffentlicht wurde und daher den Anforderungen des § 117 S. 1 TKG entspricht, ist sie bei europarechtskonformer Auslegung der Vorschrift rechtswidrig.

25 Im Energie- (vgl. § 59 Abs. 1 S. 1 EnWG), im Telekommunikations- (vgl. § 132 Abs. 1 S. 1 TKG) und in der Regel auch im Eisenbahnrecht (vgl. § 77 Abs. 1 ERegG) werden die Entscheidungen der Bundesnetzagentur von den Beschlusskammern getroffen.

26 Die Beschlusskammern sind mit einem Vorsitzenden und zwei Beisitzern besetzt, die die Befähigung zum Richteramt oder für eine Laufbahn des höheren Dienstes haben müssen (§ 59 Abs. 2 EnWG, § 132 Abs. 3 TKG, § 77 Abs. 2 ERegG). Die auf diese Weise getroffene Kollegialentscheidung ist von hohem Sachverstand getragen und durch die gegenseitige Kontrolle der Mitglieder der Beschlusskammer gekennzeichnet.

27 Darüber hinaus hat das Beschlusskammerverfahren, dessen Vorbild im Kartellrecht zu finden ist, einen justizähnlichen Charakter. In der Regel findet eine öffentliche, mündliche Verhandlung statt (§ 67 Abs. 3 EnWG, § 135 Abs. 3 TKG, § 77 Abs. 6 S. 3 ERegG), die auch der Öffentlichkeit die Möglichkeit gibt, die getroffene Entscheidung zu kontrollieren.

2. Instrumente des Regulierungsverwaltungsrechts

28 Um einen wirksamen Wettbewerb in den Netzwirtschaften herzustellen und zu erhalten, haben die Regulierungsbehörden im Wesentlichen drei mögliche Ansatzpunkte:
– Die Regulierung des **Marktzugangs**, zum einen durch Anzeige- bzw. Genehmigungsverfahren, zum anderen durch die Regulierung des Netzzugangs.

---

17 *Ludwigs* DV 44 (2011), 41, 44 f.
18 So auch *Ludwigs* RdE 2013, 297, 301.

- Die Regulierung des **Marktverhaltens**, also insbesondere die Regulierung von Entgelten, damit keine Monopolrenditen erzielt werden können.
- Die Verpflichtung bestimmter Unternehmen zu **Universaldienstleistungen**, damit auch die unrentablen Bereiche der Daseinsvorsorge aufrechterhalten werden.

Zugangs- und Entgeltregulierung stehen dabei nicht getrennt nebeneinander, sondern können nur in ihrem Zusammenwirken einen funktionierenden Wettbewerb bewirken. 29

§ 19. Telekommunikationsrecht

Literatur: *Ellinghaus*, Die Regulierungsverfügung in der verwaltungsgerichtlichen Praxis, CR 2009, 87; *Holznagel*, Das neue TKG: Im Mittelpunkt steht der Verbraucher, NJW 2012, 1622; *Holznagel/Enaux/Nienhaus*, Telekommunikationsrecht, Rahmenbedingungen – Regulierungspraxis, 2. Auflage 2006; *Kühling/Elbracht*, Telekommunikationsrecht, 2. Auflage 2014; *Scherer/Heinickel*, Die TKG-Novelle 2012, NVwZ 2012, 585.

Fall 1: Die Bundesnetzagentur hat festgestellt, dass die T-AG, die einen Großteil des Telefonfestnetzes betreibt, über beträchtliche Marktmacht verfügt. Welche Regulierungsmaßnahmen kann die Behörde ergreifen?

I. Grundlagen

1. Rechtsgrundlagen

Das nationale Telekommunikationsrecht basiert auf Vorgaben der 1 Europäischen Union. Hervorzuheben ist ein Bündel an **Richtlinien**:
(1) Die Zugangsrichtlinie (Richtlinie 2002/19/EG über den Zugang zu elektronischen Kommunikationsnetzen und zugehörigen Einrichtungen sowie deren Zusammenschaltung, in der Fassung durch die Änderungsrichtlinie 2009/140/EG);
(2) die Genehmigungsrichtlinie (Richtlinie 2002/20/EG über die Genehmigung elektronischer Kommunikationsnetze und -dienste, in der Fassung durch die Änderungsrichtlinie 2009/140/EG);
(3) die Rahmenrichtlinie (Richtlinie 2002/21/EG über einen gemeinsamen Rechtsrahmen für elektronische Kommunikationsnetze

und -dienste, in der Fassung durch die Änderungsrichtlinie 2009/140/EG);
(4) die Universaldienstrichtlinie (Richtlinie 2002/22/EG über den Universaldienst und Nutzerrechte bei elektronischen Kommunikationsnetzen und -diensten, in der Fassung durch die Änderungsrichtlinie 2009/136/EG);
(5) die ePrivacy-Richtlinie (Richtlinie 2002/58/EG über die Verarbeitung personenbezogener Daten und den Schutz der Privatsphäre in der elektronischen Kommunikation, in der Fassung durch die Änderungsrichtlinie 2009/136/EG).

2   Auf **verfassungsrechtlicher Ebene** ist Art. 87 f GG zu beachten, der dem Bund die Gewährleistungsverantwortung für flächendeckend angemessene und ausreichende Dienstleistungen im Telekommunikationsbereich auferlegt.

3   Einfachgesetzlich ist das Telekommunikationsrecht umfassend im **Telekommunikationsgesetz** (TKG) und darauf basierenden Rechtsverordnungen geregelt.

2. Begriff der Telekommunikation

4   § 3 Nr. 22 TKG enthält eine Legaldefinition des Begriffs „Telekommunikation". Es handelt sich demnach um den **technischen Vorgang** des Aussendens, Übermittelns und Empfangens von Signalen mittels Telekommunikationsanlagen, wobei Telekommunikationsanlagen ausweislich der Legaldefinition des § 3 Nr. 23 TKG technische Einrichtungen oder Systeme sind, die als Nachrichten identifizierbare elektromagnetische oder optische Signale senden, übertragen, vermitteln, empfangen, steuern oder kontrollieren können.

5   **Telekommunikation** bezeichnet also den Austausch von Informationen über gewisse Entfernungen mit Hilfe bestimmter technischer Mittel. Der Begriff beschränkt sich dabei auf die technischen Aspekte, die Regulierung der Inhalte ist insofern nicht Gegenstand des TKG.

3. Besonderheiten des Telekommunikationssektors

6   Durch technische Innovationen konnte in Teilbereichen des Telekommunikationsmarktes schneller als in anderen Netzsektoren der Weg vom Monopol zum Oligopol beschritten werden. So haben die Kunden heute bspw. die Wahl zwischen mehreren Mobilfunkanbie-

tern, sodass sogar ein echter Infrastrukturwettbewerb in diesem Sektor entstehen konnte. Eine wachsende Rolle nehmen auch die sogenannten over-the-top-player ein, in deren Handlungsfeldern sich die klaren Sektorengrenzen verschieben und auflösen. So haben Kommunikationsanbieter wie WhatsApp einen steigenden Einfluss im Telekommunikationsmarkt, der zu einem intersektoralen Wettbewerb führt.[1]

Das Telekommunikationsrecht verfolgt einen **asymmetrischen** Regulierungsansatz und beschränkt sich weitgehend auf eine **sektorspezifische** Sonderregulierung von Anbietern mit beträchtlicher Marktmacht. Das bedeutet, dass Regulierungsmaßnahmen nicht für alle Unternehmen gleichermaßen gelten, sondern die Regulierungsbehörde spezifische Anordnungen für solche Märkte trifft, in denen ein Regulierungsbedarf festgestellt wurde und ein Unternehmen über beträchtliche Marktmacht verfügt. Dieser Ansatz führt in der Regel zu einer weitergehenden Kontrolle über den ehemaligen Monopolisten bei gleichzeitigem Schutz von Neuanbietern vor zu stark behindernder Regulierung.

Längerfristig wird angestrebt, auch die sektorspezifische Marktregulierung ganz abzubauen und den Telekommunikationssektor vollständig dem allgemeinen Wettbewerbsrecht zu unterwerfen, vgl. Erwägungsgrund 5 der RahmenRL.

4. Ziele der Regulierung

§ 2 Abs. 2 TKG legt die Regulierungsziele für den Telekommunikationssektor fest. Demnach sollen zunächst die Nutzer- und insbesondere Verbraucherinteressen sowie das Fernmeldegeheimnis gewahrt werden (Nr. 1). Damit korreliert das Ziel, eine flächendeckende gleichartige Grundversorgung mit Telekommunikationsdiensten zu erschwinglichen Preisen zu gewährleisten (Nr. 4). Darüber hinaus sollen der chancengleiche Wettbewerb sichergestellt und wettbewerbsorientierte Märkte gefördert werden (Nr. 2). Neben weiteren Zielen wird zudem angestrebt, den europäischen Binnenmarkt zu fördern (Nr. 3) und den Ausbau hochleistungsfähiger öffentlicher Telekommunikationsnetze der nächsten Generation zu fördern (Nr. 5).

---

1 *Monopolkommission* Sondergutachten 73, Telekommunikation 2015: Märkte im Wandel, S. 60 ff.

II. Marktstrukturregulierung

1. Eröffnungskontrolle

10 § 6 Abs. 1 TKG knüpft an die Aufnahme, Änderung und Beendigung der Tätigkeit als Betreiber öffentlicher Telekommunikationsnetze oder der gewerblichen Erbringung von öffentlich zugänglichen Telekommunikationsdiensten eine **Informationspflicht**. Es handelt sich somit um Tätigkeiten, für die es keiner gesonderten Genehmigung bedarf. Eine Untersagung ist nur repressiv gemäß § 126 Abs. 3 TKG möglich, wenn ein Unternehmen seine Verpflichtungen aus dem TKG in schwerer oder wiederholter Weise verletzt oder den von der Bundesnetzagentur angeordneten Abhilfemaßnahmen nicht nachkommt.

2. Verteilung knapper Güter

11 Eine zentrale Aufgabe der Regulierungsbehörden besteht darin, knappe Güter unter den Wettbewerbern zu verteilen, um damit gleiche Wettbewerbschancen zu schaffen.[2] Ein Beispiel dafür bildet die Zuteilung von Frequenzen. Insbesondere die Mobilfunkunternehmen sind darauf angewiesen, Funkfrequenzen nutzen zu können. Da diese nicht unbegrenzt verfügbar sind, obliegt es der Bundesnetzagentur für eine sinnvolle Verteilung zu sorgen, die einerseits eine effiziente Nutzung gewährleistet und andererseits keinen Wettbewerber unangemessen benachteiligt, vgl. § 52 Abs. 1 TKG.

12 Die Verteilung von Funkfrequenzen vollzieht sich in drei Schritten: Es ist zunächst Aufgabe der Bundesregierung, in einer **Frequenzverordnung** die Frequenzzuweisung vorzunehmen, § 53 Abs. 1 TKG. Die Frequenzverordnung bedarf der Zustimmung des Bundesrates. Darin wird in allgemeiner Weise geregelt, welche Frequenzbereiche für welche Anwendungen genutzt werden. Auf dieser Grundlage erstellt die Bundesnetzagentur einen **Frequenznutzungsplan**, in dem sie festlegt, welche Frequenzen zu welchen Zwecken genutzt werden dürfen, § 54 Abs. 1 S. 1 TKG.

13 Als letzter Schritt folgt dann die eigentliche **Frequenzzuteilung** gemäß § 55 TKG. Dabei sind grds. zwei mögliche Situationen zu unterscheiden:

---

2 *Schneider* in: Fehling/Ruffert (Hrsg.) Regulierungsrecht, 2010, § 8 Rn. 30.

(1) Es sind ausreichend Frequenzen für alle Interessenten vorhanden. In diesem Fall findet in der Regel eine Allgemeinzuteilung nach § 55 Abs. 2 TKG statt. Ausnahmsweise kann auch eine Einzelzuteilung an bestimmte Personen erfolgen, § 55 Abs. 3 S. 1 TKG. Das kommt insbesondere dann in Betracht, wenn die Gefahr von funktechnischen Störungen nicht anders ausgeschlossen werden kann oder wenn dies zur Sicherstellung einer effizienten Frequenznutzung notwendig ist, § 55 Abs. 3 S. 2 TKG.
(2) Wenn die Bundesnetzagentur feststellt, dass Frequenzknappheit herrscht, also mehr Interessenten als zur Verfügung stehende Frequenzen vorhanden sind, kann sie gemäß § 55 Abs. 10 TKG ein Vergabeverfahren anordnen. Dieses ist in § 61 TKG geregelt und dient der Feststellung, welcher Antragsteller am besten geeignet ist, die vorhandenen Frequenzen effizient zu nutzen, § 61 Abs. 3 S. 1 TKG. Die Bundesnetzagentur hat die Wahl, ob sie dabei das Versteigerungsverfahren nach § 61 Abs. 4 TKG oder das Ausschreibungsverfahren nach § 61 Abs. 5 TKG anwendet, wobei gemäß § 61 Abs. 2 S. 1 TKG grds. das Versteigerungsverfahren den Vorrang genießt.[3]

Eine erhebliche **Flexibilisierung** erfährt das System der Frequenzzuteilung durch § 62 TKG, der unter Aufsicht durch die Bundesnetzagentur den Handel, die Vermietung und die kooperative, gemeinschaftliche Nutzung (Frequenzpooling) von Frequenzen ermöglicht.

3. Marktregulierungsverfahren

Es ist Ausdruck des asymmetrischen Regulierungsansatzes, dass der Regulierungsbedarf auf bestimmten Märkten zunächst positiv festgestellt werden muss. Dieses Verfahren regeln die §§ 9 ff. TKG. Im Vergleich zu früheren Fassungen des TKG ist in diesem Bereich die Vorstrukturierung der Regulierung durch den Gesetzgeber zugunsten eines **weiten Beurteilungsspielraumes** der Bundesnetzagentur stark zurückgenommen worden, sodass sich auch die gerichtliche Überprüfung angesichts der größeren Sachkompetenz der Behörde auf die Einhaltung der Verfahrensvorschriften beschränkt.[4] Dieses

---
3 Zu Entscheidungsspielräumen im Rahmen der Frequenzregulierung vgl. *Attendorn* NVwZ 2012, 135 ff.
4 BVerwG Urt. v. 2.4.2008 – 6 C 16/07 Rn. 14 ff., BeckRS 2008, 35853; bestätigt durch BVerfG, Nichtannahmebeschluss vom 8.12.2011 – 1 BvR 1932/08 Rn. 27 ff., NVwZ 2012, 694.

System ermöglicht durch das Instrument der Regulierungsverfügung eine dynamische und flexible Regulierung. Dem dient auch die – anlassbezogene und anlassunabhängige – Überprüfung der getroffenen Regulierungsentscheidungen gemäß § 14 TKG.

16   a) **Marktdefinition.** Der erste Schritt des Marktregulierungsverfahrens ist die Marktdefinition gemäß § 10 TKG. Dafür sind zunächst Telekommunikationsmärkte nach räumlichen und sachlichen Kriterien voneinander **abzugrenzen**, wobei gemäß Art. 15 Abs. 3 RahmenRL die Empfehlung[5] und die Leitlinien der Kommission[6] zu berücksichtigen sind.[7] Neu auftretende Anbieter werden dabei auf ihre Substitutionsfähigkeit überprüft und so in die Marktbetrachtung einbezogen.

17   Die so bestimmten Märkte überprüft die Bundesnetzagentur dann gemäß § 10 Abs. 2 TKG auf ihre Regulierungsbedürftigkeit. Dabei bedient sie sich eines „**Drei-Kriterien-Tests**": Regulierungsbedürftig sind demnach Märkte, die durch beträchtliche und anhaltende strukturell oder rechtlich bedingte Marktzutrittsschranken gekennzeichnet sind, längerfristig nicht zu wirksamem Wettbewerb tendieren und auf denen die Anwendung des allgemeinen Wettbewerbsrechts allein nicht ausreicht, um dem betreffenden Marktversagen entgegenzuwirken, § 10 Abs. 2 S. 1 TKG. Die Bundesnetzagentur muss also überprüfen, ob das allgemeine Wettbewerbsrecht ausreicht, um wirksamen Wettbewerb herzustellen oder ob dazu die sektorspezifische Regulierung nach dem TKG erforderlich ist. Dabei obliegt ihr ein weiter Beurteilungsspielraum, § 10 Abs. 2 S. 2 TKG.

18   b) **Marktanalyse.** Auf die Marktdefinition baut gemäß § 11 TKG die Marktanalyse auf. Die Bundesnetzagentur überprüft, ob auf dem definierten Markt wirksamer Wettbewerb besteht, § 11 Abs. 1 S. 1 TKG. Das ist dann nicht der Fall, wenn der Markt von einem Unternehmen mit beträchtlicher Marktmacht beherrscht wird, § 11 Abs. 1 S. 2 TKG. Die Kriterien, die hierbei zu beachten sind, werden im We-

---

5 Empfehlung 2007/879/EG der Kommission vom 17.12.2007 über relevante Produkt- und Dienstmärkte des elektronischen Kommunikationssektors, die aufgrund der Richtlinie 2002/21/EG des Europäischen Parlaments und des Rates über einen gemeinsamen Rechtsrahmen für elektronische Kommunikationsnetze und -dienste für eine Vorabregulierung in Betracht kommen, AblEG L 344 vom 28.12.2007, S. 65 ff.
6 Leitlinien 2002/C 165/03 der Kommission zur Marktanalyse und Ermittlung beträchtlicher Marktmacht nach dem gemeinsamen Rechtsrahmen für elektronische Kommunikationsnetze und -dienste, Abl. EG C 165 vom 11.7.2002, S. 6 ff.
7 Zur Marktabgrenzung *Schütz* in: Geppert/Schütz (Hrsg.) Beck'scher TKG-Kommentar, 4. Auflage 2013, § 10 Rn. 5 ff.

sentlichen von der Europäischen Kommission aufgestellt, vgl. § 11 Abs. 3 TKG. Beträchtliche Marktmacht wird in der Regel ab einem Marktanteil von 40 % vermutet.[8] Existiert kein Unternehmen mit beträchtlicher Marktmacht, findet auf diesem Markt keine Regulierung statt.

c) **Konsultations- und Konsolidierungsverfahren.** Nach Abschluss von Marktdefinition und -analyse erstellt die Bundesnetzagentur einen Entwurf der Ergebnisse dieser Verfahrensschritte. Alle interessierten Parteien, bspw. die betroffenen Unternehmen, haben grundsätzlich gemäß § 12 Abs. 1 S. 1 TKG die Gelegenheit, zu diesem Entwurf Stellung zu nehmen (**Konsultationsverfahren**).

Darüber hinaus ist die Bundesnetzagentur gemäß § 12 Abs. 2 Nr. 1 TKG verpflichtet, den Entwurf der Europäischen Kommission, dem GEREK und den anderen Mitgliedstaaten zur Verfügung zu stellen und davon zu unterrichten, sofern die Ergebnisse Auswirkungen auf den Handel zwischen den Mitgliedstaaten haben. Die darauf ergehenden Stellungnahmen sind weitestgehend in den Entwurf einzuarbeiten, der dann wieder der Europäischen Kommission zuzuleiten ist, § 12 Abs. 2 Nr. 2 TKG. Darüber hinaus hat die Kommission ein Vetorecht, wenn die Bundesnetzagentur einen Markt abweichend von der Märkte-Empfehlung der Kommission definiert oder das Bestehen beträchtlicher Marktmacht feststellt, § 12 Abs. 2 Nr. 3 TKG (**Konsolidierungsverfahren**).

d) **Regulierungsverfügung.** § 13 TKG ermöglicht der Bundesnetzagentur das flexible Reagieren auf die Ergebnisse der Marktanalyse. Die Bundesnetzagentur kann den betroffenen Unternehmen im Rahmen einer Regulierungsverfügung Verpflichtungen nach den §§ 19, 20, 21, 23, 24, 30, 39 oder § 42 Abs. 4 S. 3 TKG auferlegen bzw. solche ändern, beibehalten oder widerrufen. Die Regulierungsverfügung ergeht als Beschlusskammerentscheidung in Form eines Verwaltungsaktes, § 132 Abs. 1 S. 1, 2 TKG. Dabei bildet sie einen einheitlichen Verwaltungsakt mit den Ergebnissen von Marktdefinition und -analyse, § 13 Abs. 5 TKG.

Der Bundesnetzagentur stehen vielfältige Regulierungsinstrumente zur Verfügung, die auf unterschiedliche Weise ausgeformt und gestaltet werden können. Das Bundesverwaltungsgericht geht unter Bezugnahme auf das Regulierungsermessen der Bundesnetzagentur da-

---

8 Leitlinien der Kommission 2002/C 165/03 Rn. 75.

von aus, dass ihr zwar kein Entschließungsermessen in Bezug auf das regulatorische Tätigwerden in einem regulierungsbedürftigen Markt zukommt, aber ein **umfassender Auswahl- und Ausgestaltungsspielraum** besteht, welche der vorgesehenen Maßnahmen sie ergreift und kombiniert.[9]

23 In **Fall 1** kann die Bundesnetzagentur auswählen, welche Verpflichtungen sie der T-AG auferlegt, um wirksamen Wettbewerb auf dem Markt für Festnetztelefonanschlüsse herzustellen.

III. Marktverhaltensregulierung

24 Die Regulierung des Marktverhaltens besteht im Wesentlichen darin, das „ob" und „wie" der Netznutzung zu regeln. Kernbestandteile bilden dabei die Netzzugangs- und die Entgeltregulierung. Der Bundesnetzagentur obliegt die Aufgabe, einen angemessenen Weg zwischen der diskriminierenden Erschwerung des Netzzugangs durch die Netzbetreiber und einem zu günstigen Zugang, der die Investitionsanreize der Netzbetreiber schmälert, zu finden.[10] Im Telekommunikationssektor findet vorrangig eine Regulierung der Vorleistungsmärkte, also des Verhältnisses von Netzbetreiber und Netznutzer, statt, während die Endkundenmärkte nur ganz ausnahmsweise der Regulierung unterliegen.

1. Netzzugang

25 Um überhaupt am Wettbewerb teilnehmen zu können, ist es für die Anbieter von Telekommunikationsdiensten ohne eigene Netzinfrastruktur erforderlich, **Zugang zum Telekommunikationsnetz** zu erhalten. Zugang wird in § 3 Nr. 32 TKG legaldefiniert als „die Bereitstellung von Einrichtungen oder Diensten für ein anderes Unternehmen unter bestimmten Bedingungen zum Zwecke der Erbringung von Telekommunikationsdiensten".

26 Zunächst trifft alle Netzbetreiber gemäß § 16 TKG in Form der **Zusammenschaltung** eine Kooperationspflicht. Diese findet ihre Legaldefinition in § 3 Nr. 34 TKG. Zusammengefasst geht es darum, dass öffentliche Telekommunikationsnetze so miteinander verbunden werden müssen, dass auch Nutzer verschiedener Unternehmen mit-

---

9 BVerwGE 130, 39, 48.
10 *Schneider* in: Fehling/Ruffert (Hrsg.) Regulierungsrecht, 2010, § 8 Rn. 41.

einander kommunizieren können. § 16 TKG zielt dabei auf eine privatautonome Einigung ab, indem er alle Betreiber eines öffentlichen Telekommunikationsnetzes, unabhängig von einer marktmächtigen Stellung, verpflichtet, anderen Betreibern ein Angebot auf Zusammenschaltung zu unterbreiten. Ein Kontrahierungszwang ist damit nicht verbunden. In den Fällen des § 18 TKG kann die Bundesnetzagentur die Netzbetreiber zur Zusammenschaltung verpflichten.

Daneben besteht die Möglichkeit, einem Unternehmen mit beträchtlicher Marktmacht **Netzzugangsverpflichtungen** nach § 21 TKG aufzuerlegen, sodass dieses gemäß § 22 TKG verpflichtet ist, anderen Unternehmen ein Angebot auf Zugang zu unterbreiten. 27

Durch staatliche Anordnung kann der Zugang nur subsidiär über § 25 TKG erlangt werden, wenn keine Einigung über den Zugang erzielt werden kann, § 25 Abs. 2 TKG. Die **Zugangsanordnung** ist ein privatrechtsgestaltender Verwaltungsakt, der das Privatrechtsverhältnis zwischen Netzbetreiber und Netznutzer unmittelbar beeinflusst. Gegenstand einer Zugangsanordnung können gemäß § 25 Abs. 5 TKG alle Bedingungen einer Zugangsvereinbarung sowie die Entgelte sein. Bei der Entscheidung über die Festlegung der Bedingungen einer Zugangsvereinbarung nach § 25 Abs. 5 S. 1, 2 TKG ist der Bundesnetzagentur allerdings kein Regulierungsermessen, sondern ein allgemeines Rechtsfolgeermessen eingeräumt.[11] 28

a) Netzzugangsverpflichtung nach § 21 TKG. Im Rahmen der Regulierungsverfügung gemäß § 13 TKG kann die Bundesnetzagentur Betreiber öffentlicher Telekommunikationsnetze, die über beträchtliche Marktmacht verfügen, verpflichten, anderen Unternehmen Zugang zu den Telekommunikationsnetzen zu gewähren, § 21 Abs. 1 S. 1 TKG. Gemäß § 22 TKG müssen die Netzbetreiber dann anderen Unternehmen, die Zugang zum Netz begehren, unverzüglich ein Angebot auf einen entsprechenden Zugang unterbreiten. Die konkrete Ausgestaltung des Nutzungsverhältnisses obliegt also dem privatautonomen Verhandlungsspielraum von Netzbetreiber und Netznutzer. 29

Im **Fall 1** könnte die Bundesnetzagentur die T-AG also gemäß § 21 Abs. 1 S. 1 TKG verpflichten, anderen Unternehmen Zugang zum Telefonfestnetz zu gewähren. 30

---

11 BVerwG Beschl. v. 5.5.2014 – 6 B 46/13 Rn. 10, NVwZ 2014, 1034.

31 Ergänzt wird die Zugangsverpflichtung durch die Vorschriften §§ 19f. TKG. So besteht gemäß § 19 TKG im Rahmen der Zugangsvereinbarungen ein Diskriminierungsverbot und gemäß § 20 TKG die Pflicht, für die zum Zugang berechtigten Unternehmen alle für die Inanspruchnahme der entsprechenden Zugangsleistungen benötigten Informationen zu veröffentlichen.

32 **b) Zusammenschaltungsverpflichtung nach § 18 TKG.** Auch unabhängig vom Vorliegen einer marktbeherrschenden Stellung kann die Bundesnetzagentur unter den Voraussetzungen des § 18 TKG eine Zusammenschaltungsverpflichtung aussprechen, wenn Betreiber öffentlicher Telekommunikationsnetze den Zugang zu Endnutzern kontrollieren („Teilnehmernetzbetreiber"). Ausweislich der Gesetzesbegründung muss vor der Anordnung einer Zusammenschaltungsverpflichtung keine Marktdefinition und -analyse durchgeführt werden, sondern es genügt, wenn Konsultations- und Konsolidierungsverfahren nach § 12 TKG eingehalten wurden.[12]

33 Insgesamt ist der praktische Anwendungsbereich des § 18 TKG nur gering, da in den meisten Fällen die Teilnehmernetzbetreiber zugleich eine marktbeherrschende Stellung einnehmen und somit vorrangig nach § 21 TKG reguliert werden.[13]

2. Entgeltregulierung

34 Wie bereits angedeutet, wird die Regulierung des Netzzugangs durch eine Regulierung des dafür zu zahlenden Entgeltes ergänzt. Dies ist unerlässlich, um die Abschöpfung von Monopolrenditen durch den Netzbetreiber zu verhindern, was auch in § 27 Abs. 1 TKG zum Ausdruck kommt, der die Verhinderung einer missbräuchlichen Ausbeutung, Behinderung oder Diskriminierung von Wettbewerbern und Endnutzern durch preispolitische Maßnahmen von Unternehmen mit beträchtlicher Marktmacht zum Ziel der Entgeltregulierung erklärt. Besondere Bedeutung hat dabei das **Konsistenzgebot** des § 27 Abs. 2 S. 1 TKG, wonach die Bundesnetzagentur darauf zu achten hat, dass die Entgeltregulierungsmaßnahmen in ihrer Gesamtheit aufeinander abgestimmt sind. Bei der Entscheidung über Regulierungsmaßnahmen müssen also die Auswirkungen einzelner Maßnahmen aufeinander im Vorfeld untersucht und beachtet

---

[12] BT-Drs. 17/5707, 58 zu Nr. 14.
[13] *Eifert* in: Ehlers/Fehling/Pünder (Hrsg.) BesVwR, Bd. I, 3. Auflage 2012, § 23 Rn. 73.

werden.[14] Auch zwischen den Beschlusskammern müssen gemäß § 132 Abs. 4 TKG entsprechende Abstimmungen vorgenommen werden.

§ 28 Abs. 1 S. 1 TKG enthält ein **allgemeines Missbrauchsverbot**. Unternehmen mit beträchtlicher Marktmacht sowie Betreibern öffentlicher Telekommunikationsnetze ist es untersagt, diese Stellung bei der Forderung und Vereinbarung von Netznutzungsentgelten missbräuchlich auszunutzen. § 28 Abs. 1 S. 2 TKG enthält eine nicht abschließende Aufzählung von Missbrauchstatbeständen, § 28 Abs. 2 TKG konkretisiert diese durch eine Vermutungsregelung. 35

Für Entgelte, die für nach § 21 TKG auferlegte Zugangsleistungen erhoben werden, sind gemäß § 30 Abs. 1 TKG zwei verschiedene Regulierungsansätze denkbar: Die Bundesnetzagentur kann die Entgelte entweder einer Genehmigungspflicht unterwerfen („Ex-ante-Regulierung") oder eine nachträgliche Überprüfung durchführen („Ex-post-Regulierung"). § 30 Abs. 1 TKG ordnet als Grundmodell die Ex-ante-Regulierung an, überlässt die Entscheidung über den Regulierungsansatz aber letztlich der Bundesnetzagentur, wobei maßgeblich das Erreichen der Regulierungsziele aus § 2 TKG und die Verhältnismäßigkeit der Maßnahme zu berücksichtigen sind, § 30 Abs. 1 S. 2 TKG. Das Bundesverwaltungsgericht geht davon aus, dass die Bundesnetzagentur die Entscheidung im Rahmen ihres Regulierungsermessens trifft.[15] 36

Wenn die Bundesnetzagentur im **Fall 1** die T-AG verpflichtet, anderen Unternehmen nach § 21 Abs. 1 S. 1 TKG Zugang zum Telefonfestnetz zu gewähren, unterliegen die Entgelte für diese Zugangsleistungen gemäß § 30 TKG der Entgeltregulierung. 37

a) Ex-ante-Regulierung. Für die Ex-ante-Genehmigung von Nutzungsentgelten stehen gemäß § 31 Abs. 1 TKG zwei Möglichkeiten zur Verfügung, um die zulässige Höhe der Entgelte zu bestimmen: 38

(1) Die Orientierung an den **Kosten der effizienten Leistungsbereitstellung**, deren Zusammensetzung und Bestimmung § 32 TKG regelt.

(2) Das sogenannte **Price-Cap-Verfahren** nach § 33 TKG, bei dem mehrere Dienste in einen „Korb" zusammengefasst werden. Die Regulierungsbehörde legt eine Preisobergrenze für die Dienste

---

14 *Holznagel/Enaux/Nienhaus* Telekommunikationsrecht, 2. Auflage 2006, Rn. 270.
15 BVerwGE 131, 41, 73; *Ludwigs* JZ 2009, 290, 296 f.

fest, die dem gewichteten mittleren Preis der zusammengefassten Dienste entspricht. Es handelt sich dabei um eine Form der Anreizregulierung, da das Unternehmen durch Effizienzsteigerungen seine Kosten senken und so höhere Gewinne erzielen kann.[16]

39 Die eigentliche **Genehmigung** ist dann gemäß § 35 Abs. 3 TKG als gebundene Entscheidung zu erteilen, wenn die Entgelte keinen Preismissbrauch gemäß § 28 TKG darstellen und gemäß § 31 Abs. 1 S. 2 TKG die Kosten effizienter Leistungsbereitstellung nicht übersteigen. § 37 TKG ermöglicht eine effektive Durchsetzung der Entgeltgenehmigung, da der regulierte Netzbetreiber nur die genehmigten Entgelte verlangen darf, § 37 Abs. 1 TKG, und selbst vertraglich vereinbarte Abweichungen untersagt sind. Die Entgeltgenehmigung ist somit ein privatrechtsgestaltender Verwaltungsakt.

40 b) **Ex-post-Regulierung.** § 38 TKG regelt die nachträgliche Regulierung von Entgelten, wobei dies streng genommen nur für die Absätze 2–4 der Vorschrift gilt. § 38 Abs. 1 TKG hingegen wirkt in zeitlicher Hinsicht auch ex ante, da der Bundesnetzagentur in diesem Fall die Entgelte für Zugangsleistungen zwei Monate im Voraus vorzulegen sind. Diese werden dann nur am Maßstab des § 28 TKG überprüft, § 38 Abs. 1 S. 2 TKG, sodass insofern ein milderer Prüfungsmaßstab als im Rahmen des § 31 TKG gilt.

41 Eine echte **nachträgliche Überprüfung** der Entgelte findet gemäß § 38 Abs. 2 S. 1 TKG statt, wenn der Bundesnetzagentur Tatsachen bekannt werden, die die Annahme rechtfertigen, dass Entgelte für Zugangsleistungen von Unternehmen mit beträchtlicher Marktmacht nicht den Maßstäben des § 28 TKG genügen. Sofern die Bundesnetzagentur bei der nachträglichen Regulierung einen Preismissbrauch feststellt, erklärt sie die erhobenen Entgelte für unwirksam und kann den Maßstäben des § 28 TKG entsprechende Entgelte anordnen, § 38 Abs. 4 S. 1, 2 TKG.

42 c) **Regulierung von Endnutzerentgelten.** Von **Endnutzern** spricht man, wenn ein Nutzer weder öffentliche Telekommunikationsnetze betreibt noch öffentlich zugängliche Telekommunikationsdienste erbringt, § 3 Nr. 8 TKG. § 39 TKG ermöglicht die Regulierung von Endnutzerentgelten. Diese findet zum einen als Ex-ante-Regulierung statt, wobei gemäß § 39 Abs. 1 S. 3 TKG die Vorschrif-

---

16 *Winzer* in: Geppert/Schütz (Hrsg.) Beck'scher TKG-Kommentar, 4. Auflage 2013, § 33 Rn. 3 f.

ten der §§ 31–37 TKG entsprechend angewendet werden, zum anderen als Ex-post-Regulierung, wobei § 28 Abs. 2–4 TKG entsprechende Anwendung finden, § 39 Abs. 3 S. 1 TKG. Es handelt sich in beiden Fällen um Rechtsfolgenverweisungen.

Die Regulierung auf dem Endnutzermarkt ist dabei **subsidiär** zur Regulierung der Vorleistungsentgelte und soll nur dann zur Anwendung kommen, wenn die Gefahr besteht, dass die Verpflichtungen im Zugangsbereich nicht zur Erreichung der Regulierungsziele nach § 2 TKG führen würden, § 39 Abs. 1 S. 1 TKG. Die Kontrolle der Endnutzerentgelte soll also vorrangig durch den Wettbewerb der Diensteanbieter erfolgen.[17]

Sofern die Verpflichtungen im Zugangsbereich nicht ausreichen, um wirksamen Wettbewerb auf dem Markt für Telefonfestnetzanschlüsse herzustellen, könnte die Bundesnetzagentur im **Fall 1** auch die Endnutzerentgelte der T-AG einer Entgeltregulierung gemäß § 39 TKG unterwerfen.

IV. Entflechtung vertikal integrierter Unternehmen

Seit 2012 sieht § 40 TKG als subsidiäres Instrument hinter Zugangs- und Entgeltregulierung als außerordentliche Maßnahme die Entflechtung von vertikal integrierten Unternehmen vor, wenn wirksamer Wettbewerb anders nicht hergestellt werden kann. Vertikal integrierte Unternehmen sind solche, die auf mehreren Wertschöpfungsstufen tätig sind, im Telekommunikationsbereich handelt es sich also um Unternehmen, die neben Zugangsprodukten und -diensten sogleich Telekommunikationsdienstleistungen auf einem nachgelagerten Markt anbieten und dort mit den Zugangspetenten im Wettbewerb stehen.[18] Sie bergen daher ein hohes Diskriminierungspotential und die Gefahr der Wettbewerbsverzerrung durch verdeckte Quersubventionierungen der Wettbewerbssparte. Um daraus resultierende Wettbewerbshindernisse zu beseitigen, stellt die Entflechtung die **ultima ratio** dar. Die Europäische Kommission ist nach Maßgabe des § 40 Abs. 2, 3 TKG an der Entscheidung zu beteiligen.

§ 41 TKG sieht die **freiwillige Trennung** vertikal integrierter Unternehmen von den Anlagen ihres Ortsanschlussnetzes durch eigen-

---
17 *Schneider* in: Fehling/Ruffert (Hrsg.) Regulierungsrecht, 2010, § 8 Rn. 66.
18 *Schreiber* in: Geppert/Schütz (Hrsg.) Beck'scher TKG-Kommentar, 4. Auflage 2013, § 40 Rn. 147.

tumsrechtliche Entflechtung oder funktionale Trennung vor. Diese ist der Bundesnetzagentur im Vorfeld mitzuteilen, damit diese die Folgen für die bestehenden Verpflichtungen im Bereich der Zugangs- und Entgeltregulierung prüfen und die Verpflichtungen der geänderten Situation anpassen kann.

V. Besondere Missbrauchsaufsicht

47 §§ 42 f. TKG ermöglichen der Bundesnetzagentur im Rahmen der „Besonderen Missbrauchsaufsicht" das Einschreiten gegen das missbräuchliche Ausnutzen einer marktbeherrschenden Stellung. Ein solches liegt gemäß § 42 Abs. 1 S. 2 TKG vor, wenn andere Unternehmen unmittelbar oder mittelbar unbillig behindert oder deren Wettbewerbsmöglichkeiten ohne sachlich gerechtfertigten Grund erheblich beeinträchtigt werden. § 42 Abs. 2, 3 TKG enthalten Vermutungsregelungen für weitere missbräuchliche Verhaltensweisen. Vor dem Ergreifen von Aufsichtsmaßnahmen ist die Durchführung eines Marktregulierungsverfahrens nach §§ 9 ff. TKG erforderlich.[19] **Wirtschaftliche Vorteile** aus der Ausnutzung einer marktbeherrschenden Stellung sollen gemäß § 43 TKG abgeschöpft werden.

VI. Universaldienstleistungen

48 Art. 87 f Abs. 1 GG verpflichtet den Bund, **flächendeckend angemessene und ausreichende Dienstleistungen** zu gewährleisten. Ihre einfachgesetzliche Konkretisierung findet die Gewährleistungsverantwortung im 6. Teil des TKG. §§ 78 ff. TKG regeln die Universaldienstleistungen, die in § 78 Abs. 2 TKG abschließend aufgezählt werden. Es handelt sich in der Regel um Dienstleistungen mit geringen Verdienstmöglichkeiten, an denen die Unternehmen daher nur wenig Interesse haben (bspw. Standardfestnetzanschluss, Verfügbarkeit eines Telefonbuchs, Verfügbarkeit von öffentlichen Münz- und Kartentelefonen, unentgeltliche Notrufe von öffentlichen Münz- und Kartentelefonen). Die §§ 78 ff. TKG sollen daher den Grundversorgungsanspruch der Bevölkerung mit Kommunikationsdienstleistungen erfüllen, beinhalten aber keinen Kontrahierungszwang, sondern sollen nur sicherstellen, dass für die Dienstleistungen erschwingliche Preise gefordert werden.

---

19 BVerwG NVwZ 2008, 84.

Jedes Unternehmen, das auf dem entsprechenden Markt bundes- 49
weit mindestens 4 % der Marktanteile hält oder eine marktbeherrschende Stellung einnimmt, ist gemäß § 80 TKG dazu verpflichtet, zur Erbringung der Universaldienstleistung beizutragen. Wie dies zu erfolgen hat, regeln die §§ 81–83 TKG. Dabei kommt deutlich die Subsidiarität der staatlichen Gewährleistung zum Ausdruck, wie die folgenden Ausführungen verdeutlichen.

Als ersten Schritt veröffentlicht die Bundesnetzagentur die **Fest-** 50
stellung, dass auf einem bestimmten Markt eine Unterversorgung mit einem bestimmten Universaldienst besteht oder zu befürchten ist, § 81 Abs. 1 S. 1 TKG. Die Unternehmen haben dann die Möglichkeit, die Universaldienstleistung freiwillig, ohne Zahlung eines Ausgleiches, zu erbringen, § 81 Abs. 1 S. 2 TKG. Erklärt sich keines der Unternehmen dazu bereit, entscheidet die Bundesnetzagentur gemäß § 81 Abs. 2 TKG nach Rücksprache mit den Unternehmen darüber, welches Unternehmen sie zur Erbringung der Universaldienstleistung verpflichtet. Macht das Unternehmen glaubhaft, dass es im Falle der Verpflichtung einen Ausgleich nach § 82 TKG verlangen kann, schreibt die Bundesnetzagentur die Universaldienstleistung gemäß § 81 Abs. 3 TKG aus und vergibt sie an denjenigen Bewerber, der sich als geeignet erweist und den geringsten finanziellen Ausgleich für die Erbringung der Universaldienstleistung verlangt. Das verpflichtete Unternehmen erhält nach Maßgabe des § 82 TKG einen finanziellen Ausgleich für die Belastung durch die erbrachte Universaldienstleistung. Um diesen zu decken, haben alle Unternehmen, die gemäß § 80 TKG grundsätzlich zur Erbringung der Universaldienstleistung verpflichtet sind, eine Universaldienstabgabe zu entrichten, § 83 TKG.

In der **Praxis** werden die Universaldienstleistungen in Deutschland 51
von der Deutschen Telekom AG freiwillig erbracht, vgl. § 150 Abs. 9 TKG, sodass das ausdifferenzierte Verfahren der §§ 81 ff. TKG bisher nicht zur Anwendung kommen musste.

§ 20. Energierecht

Literatur: *Baur/Salje/Schmidt-Preuß* (Hrsg.), Regulierung in der Energiewirtschaft, Ein Praxishandbuch, 2. Auflage 2016; *Hardach*, Die Anreizregulierung der Energieversorgungsnetze, 2010; *Koenig/Kühling/Rasbach*, Energierecht, 3. Auflage 2013; *Schneider/Theobald*, Recht der Energiewirtschaft,

Praxishandbuch, 4. Auflage 2013; *Starke,* Die Auswirkungen des EuGH-Urteils vom 23.10.2014 auf die Preisanpassungsklauseln in der deutschen Grundversorgung mit Strom und Gas, DVBl. 2015, 746; *Theobald/Gey-Kern,* Das dritte Energiebinnenmarktpaket der EU und die Reform des deutschen Energiewirtschaftsrechts 2011, EuZW 2011, 896.

Fall 1: Die X-AG betreibt einen großen Teil des Verteilernetzes in Norddeutschland und bietet zusätzlich Stromlieferverträge für Endkunden an. Welche Entflechtungsvorgaben muss die X-AG beachten?

Fall 2: Die E-GmbH beliefert in der Stadt H die meisten Haushaltskunden. A möchte gerne einen Stromliefervertrag mit der E-GmbH abschließen. Darf diese den A als Kunden ablehnen?

I. Grundlagen

1. Rechtsgrundlagen

1   Wie im Bereich des Telekommunikationsrechts hat die EU auch für den Energiesektor die strukturprägenden Rechtsakte erlassen. Diese wurden früher auf die Binnenmarktkompetenz des Art. 114 AEUV gestützt. Mittlerweile existiert, eingefügt durch den Vertrag von Lissabon, eine eigene Energiekompetenz der EU in Art. 194 AEUV.[1]

2   Große Bedeutung kommt den drei **Binnenmarktpaketen** der EU zu, die für eine immer weitergehende Liberalisierung des Energiemarktes sorgten: – Das erste Binnenmarktpaket mit der Richtlinie 96/92/EG betreffend gemeinsame Vorschriften für den Elektrizitätsbinnenmarkt und der Richtlinie 98/30/EG betreffend gemeinsame Vorschriften für den Erdgasbinnenmarkt. Das zweite Binnenmarktpaket bestehend aus der Richtlinie 2003/54/EG über gemeinsame Vorschriften für den Elektrizitätsbinnenmarkt und zur Aufhebung der Richtlinie 96/92/EG sowie der Richtlinie 2003/55/EG über gemeinsame Vorschriften für den Erdgasbinnenmarkt und zur Aufhebung der Richtlinie 98/30/EG („Beschleunigungsrichtlinien"). Das dritte Binnenmarktpaket, das insbesondere durch die Richtlinie 2009/72/EG über gemeinsame Vorschriften für den Elektrizitätsbinnenmarkt und zur Aufhebung der Richtlinie 2003/54/EG und die Richtlinie 2009/73/EG über gemeinsame Vorschriften für den Erd-

---
1 *Ehricke/Hackländer* ZEuS 2008, 579.

gasbinnenmarkt und zur Aufhebung der Richtlinie 2003/55/EG geprägt wird.

Das Grundgesetz enthält zum Energiewirtschaftsrecht keine expliziten Aussagen. Die staatliche Verantwortung für die Gewährleistung einer funktionierenden Energieinfrastruktur und Energieversorgung lässt sich aber aus den Grundrechten ableiten.[2]

Auf der Ebene des einfachen Rechts ist das Energiewirtschaftsrecht im EnWG und den darauf basierenden Verordnungen des Bundes geregelt. Zu den wichtigsten Rechtsverordnungen zählen die StromNZV bzw. GasNZV, die StromNEV bzw. GasNEV, die ARegV, die StromGVV bzw. GasGVV sowie die KraftNAV. Insgesamt lässt sich dadurch eine sehr **hohe Regelungsdichte** feststellen.

2. Geschäftsfelder im Energiesektor

Im Energiesektor lassen sich **verschiedene Tätigkeitsbereiche** unterscheiden. An erster Stufe der Wertschöpfungskette steht die Erzeugung (Elektrizität) bzw. Gewinnung (Erdgas) von Energie. Daran schließt sich der Netzbetrieb an, insbesondere durch Transport- und Verteilernetzbetreiber. Schließlich wird die Energie im Wege des Vertriebs durch Strom- und Gaslieferanten an den Letztverbraucher veräußert.

Eine besondere Stellung nehmen in diesem Zusammenhang **vertikal integrierte Energieversorgungsunternehmen** ein. Entsprechend der Legaldefinition des § 3 Nr. 38 EnWG sind das solche Energieversorgungsunternehmen, die sowohl im Bereich des Netzbetriebes als auch auf den vor- und/oder nachgelagerten Wertschöpfungsstufen tätig sind.

Die X-AG in **Fall 1** ist sowohl im Bereich des Netzbetriebs als auch in der nachgelagerten Wertschöpfungsstufe „Vertrieb" tätig. Es handelt sich daher um ein vertikal integriertes Unternehmen.

Der Hauptschwerpunkt der Regelungen des EnWG liegt auf dem Energietransport. Die Netze stellen natürliche Monopole dar.[3] Die Leitungsgebundenheit des Energietransports ist daher ein natürliches Hindernis für eine konkurrierende Energieversorgung.[4]

---

2 *Britz* in: Fehling/Ruffert (Hrsg.) Regulierungsrecht, 2010, § 9 Rn. 1.
3 Zum Begriff siehe → § 18 Rn. 8.
4 *Britz* in: Fehling/Ruffert (Hrsg.) Regulierungsrecht, 2010, § 9 Rn. 15.

3. Zweck und Regulierungsziele

9 § 1 Abs. 1 EnWG regelt den **Zweck des Gesetzes**. Dieses soll demnach eine möglichst sichere, preisgünstige, verbraucherfreundliche, effiziente und umweltverträgliche leitungsgebundene Versorgung der Allgemeinheit mit Elektrizität und Gas sicherstellen. Die angestrebte **Versorgungssicherheit** ist Ausdruck der **Daseinsvorsorge**. § 1 Abs. 1 EnWG bringt damit das sogenannte energiepolitische Zieldreieck zum Ausdruck:

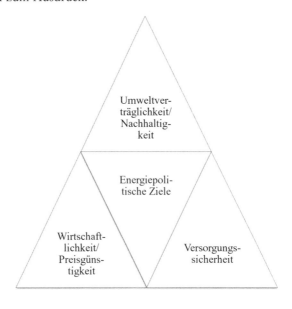

10 § 1 Abs. 2 EnWG enthält eine doppelte Zielsetzung für die Regulierung der Elektrizitäts- und Gasversorgungsnetze. Diese soll zum einen **Wettbewerbssicherung**, zum anderen **Infrastruktursicherung** bewirken.[5]

---

5 *Britz* in: Fehling/Ruffert (Hrsg.) Regulierungsrecht, 2010, § 9 Rn. 7.

II. Regulierung des Marktzutritts

Der Regulierung unterliegt zunächst der Zutritt zum Energiemarkt. Netzbetreiber bedürfen vor Aufnahme ihres Betriebs einer **Genehmigung** gemäß § 4 Abs. 1 EnWG. Diese darf gemäß § 4 Abs. 2 EnWG nur dann versagt werden, wenn dem Antragsteller die personelle, technische und wirtschaftliche Leistungsfähigkeit und Zuverlässigkeit fehlt, um den Netzbetrieb auf Dauer gewährleisten zu können. 11

Abweichende Vorgaben enthalten die §§ 4a ff. EnWG für Transportnetzbetreiber. Diese unterliegen gemäß § 4a Abs. 1 S. 1 EnWG einer **Zertifizierungspflicht**. Im Rahmen des Zertifizierungsverfahrens muss der Transportnetzbetreiber auch nachweisen, dass er nach den Vorschriften über die eigentumsrechtliche Entflechtung entflochten wurde. 12

Für Energieversorgungsunternehmen, die Haushaltskunden mit Energie beliefern, gilt gemäß § 5 EnWG eine **Anzeigepflicht**. Gemäß § 5 S. 3 EnWG ist auch im Rahmen der Anzeige das Vorliegen der personellen, technischen und wirtschaftlichen Leistungsfähigkeit sowie Zuverlässigkeit darzulegen. Wenn diese nicht gewährleistet sind, kann die Regulierungsbehörde die Ausübung der Tätigkeit gemäß § 5 S. 4 EnWG untersagen. Im Vergleich zur Genehmigungspflicht für Netzbetreiber findet in diesem Rahmen also nur eine nachträgliche Kontrolle statt. 13

III. Regulierung des Netzbetriebs

Um erzeugte bzw. gewonnene Energie bis zum Letztverbraucher transportieren zu können, sind die Marktteilnehmer auf die Nutzung des Netzes angewiesen. Sie müssen dazu zunächst an das Netz angeschlossen werden und Zugang zum Netz erhalten. Die dafür verlangten Entgelte bedürfen aufgrund der Monopolstellung des Netzbetreibers einer staatlichen Regulierung. 14

1. Netzanschluss und Netzzugang

§ 17 EnWG enthält eine **allgemeine Netzanschlusspflicht**. Demnach haben alle Betreiber von Energieversorgungsnetzen grundsätz- 15 lich die Pflicht, Letztverbraucher, gleich- oder nachgelagerte Elektrizitäts- und Gasversorgungsnetze sowie -leitungen, Erzeugungs- und Speicheranlagen sowie Anlagen zur Speicherung elektrischer Energie an ihr Netz anzuschließen. Der Netzanschluss stellt also die technisch-physikalische sowie rechtliche Voraussetzung für den Netzzugang und die Netznutzung durch Energieversorgungsunternehmen und Letztverbraucher dar.[6] Es handelt sich im Kern um die technische Anbindung an das vorhandene Leitungsnetz.

16 § 20 EnWG regelt demgegenüber den **Netzzugang**. Dieser ermöglicht die Einspeisung von Energie in das Netz sowie die Entnahme von Energie aus dem Netz und somit den Handel mit Energie.[7] § 20 Abs. 1 S. 1 EnWG schreibt vor, dass alle Betreiber von Energieversorgungsnetzen jedermann diskriminierungsfrei Netzzugang gewähren müssen. Anders als im Telekommunikationsrecht gilt die Verpflichtung also nicht nur für marktmächtige Unternehmen, sondern für den gesamten Energiesektor. Für die Netznutzer ergibt sich aus § 20 EnWG ein Anspruch auf Netzzugang, der deshalb erforderlich ist, weil ohne den Zugang zur Infrastruktur kein Vertrieb von Energie an Letztverbraucher möglich ist.[8] §§ 24 Abs. 1, 25 Abs. 1 StromNZV, § 3 Abs. 2 GasNZV enthalten deshalb einen **Kontrahierungszwang** für Netznutzungsverträge zwischen dem Netzbetreiber und den Netznutzern.

2. Entgeltregulierung

17 §§ 21 ff. EnWG enthalten Vorgaben für die Regulierung von Entgelten für Netzzugangsleistungen. § 21 Abs. 1 EnWG schreibt dabei vor, dass die Bedingungen und die Entgelte für den Netzzugang **angemessen, diskriminierungsfrei und transparent** sein müssen.[9] Die Entgeltregulierung erfolgt entweder gemäß § 23a EnWG durch eine Ex-ante-Genehmigung der geplanten Netzentgelte durch die Regulierungsbehörde oder gemäß § 21a EnWG in der Form der Anreizregulierung.

18 Eine Regulierung von Verbraucherentgelten findet im Rahmen der Energiewirtschaft, anders als im Telekommunikationssektor, nicht statt.

---

6 *Pielow* in: Ehlers/Fehling/Pünder (Hrsg.) BesVwR, Bd. I, 3. Auflage 2012, § 22 Rn. 94.
7 *Pielow* in: Ehlers/Fehling/Pünder (Hrsg.) BesVwR, Bd. I, 3. Auflage 2012, § 22 Rn. 97.
8 *Britz* in: Fehling/Ruffert (Hrsg.) Regulierungsrecht, 2010, § 9 Rn. 37.
9 Dazu *Koenig/Kühling/Rasbach* Energierecht, 3. Auflage 2013, Kap. 4 Rn. 10 ff.

a) **Entgeltgenehmigung.** Gemäß § 23a Abs. 1 S. 1 EnWG besteht 19 ein Anspruch auf die Erteilung einer **Ex-ante-Genehmigung** der Netzentgelte, soweit diese den Anforderungen des EnWG und den auf Grund der Verordnungsermächtigung des § 24 EnWG erlassenen Verordnungen entsprechen. Relevant sind in diesem Zusammenhang insbesondere die StromNEV und die GasNEV. Beide schreiben grundsätzlich eine kostenorientierte Entgeltbildung vor (§ 3 Abs. 1 StromNEV, § 3 Abs. 1 GasNEV). Nur für Gasfernleitungsnetze gilt gemäß §§ 3 Abs. 2, 19 GasNEV eine vergleichsmarktorientierte Entgeltbildung. Daneben gelten die Maßstäbe des § 21 EnWG.

Das genehmigte Entgelt stellt gemäß § 23a Abs. 2 S. 2 EnWG nur 20 einen **Höchstpreis** dar. Der Anspruch auf das Netzentgelt ergibt sich aus dem Vertrag zwischen Netzbetreiber und Netznutzer, in dem auch niedrigere Entgelte vereinbart werden können. Diese müssen dann aber generell und für alle Netznutzer gelten.[10] Die Entgeltgenehmigung stellt daher einen privatrechtsbezogenen Verwaltungsakt dar, der sich auf das Rechtsverhältnis von Netzbetreiber und Netznutzer auswirkt.[11] Der verbleibende privatautonome Gestaltungsspielraum kann im Rahmen einer Billigkeitskontrolle nach § 315 Abs. 3 BGB von den Zivilgerichten überprüft werden.[12]

b) **Anreizregulierung.** Seit dem 1.1.2009 wird die Ex-ante-Geneh- 21 migung durch die **Anreizregulierung** nach § 21a EnWG abgelöst. Diese verfolgt den Zweck, einen „**Als-ob-Wettbewerb**" zwischen den Energienetzbetreibern zu schaffen.[13] Im Rahmen der Anreizregulierung gibt die Regulierungsbehörde auf der Grundlage der Kosten des Netzbetreibers, die nach den Vorgaben des § 6 ARegV ermittelt werden, Obergrenzen für die Gesamterlöse des Netzbetreibers aus den Netzentgelten vor. Diese berücksichtigen gemäß § 21a Abs. 2 S. 1 EnWG iVm § 4 Abs. 1 ARegV auch Effizienzvorgaben. Für jeden Netzbetreiber wird dabei eine eigene Erlösobergrenze bestimmt.[14] Eine Regulierungsperiode dauert gemäß § 3 Abs. 2 ARegV jeweils fünf Jahre.

---

10 *Britz/Herzmann* in: Britz/Hellermann/Hermes (Hrsg.) EnWG, 3. Auflage 2015, § 23a Rn. 8.
11 *Sauerland* RdE 2007, 153.
12 *Sauerland* RdE 2007, 153, 154 f.
13 *Pielow* in: Ehlers/Fehling/Pünder (Hrsg.) BesVwR, Bd. I, 3. Auflage 2012, § 22 Rn. 110.
14 *Hummel* in: Danner/Theobald Energierecht II, ARegV, 80. EL April 2014, § 4 Rn. 12.

22 Durch die Anreizregulierung soll für die Unternehmen ein Anstoß geschaffen werden, effizienter zu arbeiten und gleichzeitig das Qualitätsniveau zu erhalten.[15] Wenn eine Anreizregulierung durchgeführt wird, entfällt daher gemäß § 23a Abs. 1 EnWG die Ex-ante-Entgeltgenehmigung. Stattdessen wandelt der Netzbetreiber die Erlösobergrenzen nach § 17 Abs. 1 S. 1 ARegV in Netzentgelte um.

3. Ausnahmen

23 Das EnWG enthält einige Ausnahmen von der Entgeltregulierung. Dies betrifft zunächst gemäß § 110 Abs. 1 EnWG geschlossene Verteilernetze (früher: „Objektnetze"). Das ist jedes Energieversorgungsnetz, mit dem Energie für die Versorgung von Kunden in einem geografisch begrenzten Energie- oder Gewerbegebiet oder einem Gebiet, in dem Leistungen gemeinsam genutzt werden, verteilt wird, und das von der Regulierungsbehörde als solches eingestuft wurde. Für besonders stromintensive Netznutzer gilt gemäß § 19 Abs. 2 StromNEV ein abweichendes Netzentgelt, das geringer ist als das veröffentlichte.

IV. Entflechtung

24 Die Vorschriften der §§ 6 ff. EnWG regeln die Entflechtung vertikal integrierter Energieversorgungsunternehmen[16] und sollen eine **Trennung des Netzbetriebes von den übrigen Wertschöpfungsstufen** herbeiführen und durch gesteigerte Transparenz dazu führen, dass Diskriminierungen im Netzbetrieb unterbunden und Quersubventionierungen der Wettbewerbssparte weitgehend ausgeschlossen werden.[17] Das kommt auch in § 6 Abs. 1 S. 2 EnWG zum Ausdruck, der zur Gewährleistung von Transparenz und diskriminierungsfreier Ausgestaltung und Abwicklung des Netzbetriebes die Unabhängigkeit der Netzbetreiber von anderen Tätigkeitsbereichen der Energieversorgung fordert. Die Vorgaben zur Entflechtung wurden im Laufe der Zeit in Umsetzung der Binnenmarktrichtlinien der EU immer weiter verschärft und haben zuletzt mit der EnWG-Novelle von 2011 umfassende Änderungen erfahren.

---

15 *Koenig/Kühling/Rasbach* Energierecht, 3. Auflage 2013, Kap. 4 Rn. 23.
16 Zum Begriff siehe → § 19 Rn. 45.
17 *Koenig/Kühling/Rasbach* Energierecht, 3. Auflage 2013, Kap. 5 Rn. 2.

Die Entflechtungsregeln sind letztlich ebenfalls auf die Herstellung 25
wirksamen Wettbewerbs auf den dem Netzbetrieb vor- und nachgelagerten Marktstufen ausgerichtet und flankieren so die Netzzugangs- und Entgeltregulierung.[18]

1. Vorgaben für alle Netzbetreiber

§ 6a EnWG enthält zunächst Vorgaben zur sogenannten **informa-** 26
torischen Entflechtung. Gemäß § 6a Abs. 1 EnWG haben zunächst alle vertikal integrierten Energieversorgungsunternehmen, Transportnetzeigentümer, Netzbetreiber, Speicheranlagenbetreiber sowie Betreiber von LNG-Anlagen die Pflicht, die Vertraulichkeit wirtschaftlich sensibler Informationen, von denen sie in Ausübung ihrer Tätigkeit als Netzbetreiber Kenntnis erlangt haben, sicherzustellen. Diese Informationen werden als Netzkundeninformationen bezeichnet. Demgegenüber betrifft § 6a Abs. 2 S. 1 EnWG die sogenannten Netzinformationen, also eigene wirtschaftlich relevante Informationen, deren Offenlegung diskriminierungsfrei erfolgen muss. Gegenüber anderen Unternehmensteilen müssen diese Informationen gemäß § 6a Abs. 2 S. 2 EnWG vertraulich behandelt werden. Dadurch sollen Informationsvorsprünge der vertikal integrierten Energieversorgungsunternehmen gegenüber den Wettbewerbern ausgeschlossen werden.

Nach § 6b EnWG besteht die Pflicht zur getrennten Rechnungsle- 27
gung und Buchhaltung (**buchhalterische Entflechtung**). Die Führung getrennter Konten für die einzelnen Unternehmenszweige gemäß § 6b Abs. 3 EnWG führt zu einer virtuellen Trennung der Wertschöpfungsstufen.

Die X-AG muss also in **Fall 1** sicherstellen, dass gemäß § 6a 28
EnWG die Vorgaben zur informatorischen Entflechtung beachtet werden. Darüber hinaus muss das vertikal integrierte Unternehmen für den Netzbetrieb einerseits und für den Vertrieb an Endkunden andererseits gemäß § 6b EnWG getrennte Rechnungslegung und Buchführung betreiben sowie getrennte Konten führen.

2. Vorgaben für Verteilernetzbetreiber

Verteilernetzbetreiber, die mit einem vertikal integrierten Energie- 29
versorgungsunternehmen im Sinne von § 3 Nr. 38 EnWG verbunden

---

[18] *Koenig/Kühling/Rasbach* Energierecht, 3. Auflage 2013, Kap. 5 Rn. 6f.

sind, müssen gemäß § 7 EnWG hinsichtlich ihrer Rechtsform unabhängig von anderen Tätigkeitsbereichen der Energieversorgung sein (**rechtliche Entflechtung**). Die vertikal integrierten Unternehmen müssen also ohne Auswirkung auf die Eigentumsverhältnisse in einzelne Gesellschaften aufgegliedert werden, sodass eine unechte strukturelle Trennung der Unternehmensbereiche erfolgt.[19]

30 Darüber hinaus müssen vertikal integrierte Energieversorgungsunternehmen und rechtlich selbständige Netzbetreiber, die im Sinne von § 3 Nr. 38 EnWG mit einem vertikal integrierten Energieversorgungsunternehmen verbunden sind, die Unabhängigkeit ihrer verbundenen Verteilernetzbetreiber hinsichtlich der Organisation, der Entscheidungsgewalt und der Ausübung des Netzgeschäfts nach Maßgabe des § 7a EnWG sicherstellen (**operationelle Entflechtung**). Auf binnenorganisatorischer Ebene ist daher eine Trennung der Netzsparte von den übrigen Unternehmensteilen erforderlich.[20]

31 Entsprechend der De-Minimis-Regelung in §§ 7 Abs. 2, 7a Abs. 7 EnWG sind von diesen Vorgaben Elektrizitäts- und Gasverteilernetze, an die weniger als 100.000 Kunden unmittelbar oder mittelbar angeschlossen sind, ausgenommen.

32 Sofern an das Netz der X-AG in **Fall 1** mehr als 100.000 Kunden angeschlossen sind, muss der Netzbetrieb gemäß § 7 EnWG in eine eigene Netzgesellschaft ausgelagert werden. Gemäß § 7a EnWG muss darüber hinaus die Organisation, die Entscheidungsgewalt und die Ausübung des Netzgeschäftes unabhängig von der Vertriebssparte erfolgen.

3. Vorgaben für Transportnetzbetreiber

33 Durch die EnWG-Novelle von 2011 wurden für Transportnetzbetreiber die Vorgaben für die Entflechtung verschärft. So sind diese grundsätzlich verpflichtet, sich nach § 8 EnWG eigentumsrechtlich zu entflechten, sofern sie nicht von einer der Möglichkeiten in § 9 EnWG oder §§ 10ff. EnWG Gebrauch machen (können). Diese Alternativen stehen dem Unternehmen zur Wahl, wenn das Transportnetz am 3.9.2009 im Eigentum eines vertikal integrierten Unternehmens stand.

34 § 8 Abs. 2 EnWG enthält die Vorgaben für die **eigentumsrechtliche Entflechtung**. Danach muss zunächst der Transportnetzbetrei-

---

[19] *Koenig/Kühling/Rasbach* Energierecht, 3. Auflage 2013, Kap. 5 Rn. 14.
[20] *Koenig/Kühling/Rasbach* Energierecht, 3. Auflage 2013, Kap. 5 Rn. 13.

ber Eigentümer des Transportnetzes sein. Zudem ist es untersagt, dass eine Person Kontrolle über ein Unternehmen, das eine der Funktionen Gewinnung, Erzeugung oder Vertrieb von Energie an Kunden wahrnimmt, und zugleich die Kontrolle über ein Transportnetz oder einen Transportnetzbetreiber oder Rechte daran ausübt. Dieses Verbot gilt auch umgekehrt. Die Bereiche „Netz" und „Erzeugung/Gewinnung und Versorgung" dürfen also konzernrechtlich nicht mehr miteinander verbunden sein.[21] Vertikal integrierte Energieversorgungsunternehmen sind daher verpflichtet, ihre Netzsparte zu veräußern. Zudem dürfen Unternehmen, die in Zukunft in einem der Bereiche Erzeugung/Gewinnung bzw. Vertrieb von Energie oder Netzbetrieb tätig sind, keine Unternehmen bzw. Unternehmensteile der anderen Wertschöpfungsstufe erwerben. Dadurch wird eine echte strukturelle Trennung herbeigeführt.[22] Ausweislich der Legaldefinition des Begriffes Transportnetz in § 3 Nr. 31d EnWG gilt die Verpflichtung zur eigentumsrechtlichen Entflechtung auch energieträgerübergreifend.

Gemäß § 9 EnWG besteht alternativ die Möglichkeit, einen **Unabhängigen Systembetreiber** (Independent System Operator, ISO) zu benennen. Das vertikal integrierte Energieversorgungsunternehmen bleibt dann zivilrechtlich Eigentümer des Netzes, das durch den ISO betrieben wird. Dieser muss dabei die gleiche Eigenständigkeit wie ein eigentumsrechtlich entflochtener Transportnetzbetreiber aufweisen, was durch § 9 Abs. 2–6 EnWG sichergestellt wird. Der Eigentümer des Transportnetzes und das vertikal integrierte Energieversorgungsunternehmen müssen insbesondere die Investitionen in das Netz finanzieren oder der Finanzierung durch Dritte zustimmen, § 9 Abs. 4 S. 2 EnWG. 35

§§ 10 ff. EnWG enthalten die Möglichkeit, einen **Unabhängigen Transportnetzbetreiber** (Independent Transmission Operator, ITO) einzurichten. In diesem Fall verbleiben sowohl das Netzeigentum als auch der Netzbetrieb in der Hand des vertikal integrierten Energieversorgungsunternehmens. Es handelt sich quasi um eine verschärfte Form der operationellen Entflechtung. §§ 10a–10e EnWG schreiben daher bspw. die Unabhängigkeit des Personals von anderen Gesellschaften des vertikal integrierten Energieversorgungsunternehmens, 36

---

21 *Baur* in: Baur/Salje/Schmidt/Preuß (Hrsg.) Regulierung in der Energiewirtschaft, 2. Auflage 2016, Kap. 13 Rn. 10.
22 *Koenig/Kühling/Rasbach* Energierecht, 3. Auflage 2013, Kap. 5 Rn. 15.

die Einrichtung getrennter Geschäftsräume und einen unabhängigen Außenauftritt vor.

V. Missbrauchsaufsicht

37   Betreibern von Energieversorgungsnetzen ist es gemäß § 30 Abs. 1 EnWG verboten, ihre Marktstellung zu missbrauchen. Die Regulierungsbehörde kann gegen solch ein missbräuchliches Verhalten gemäß § 30 Abs. 2 EnWG vorgehen.

38   Auf Antrag eines Betroffenen überprüft die Regulierungsbehörde im Rahmen des besonderen Missbrauchsverfahrens gemäß § 31 EnWG, inwieweit das Verhalten eines Netzbetreibers mit den Vorgaben über Netzanschluss und Netzzugang sowie der Entgeltregulierung übereinstimmt.

39   § 32 EnWG eröffnet dem Betroffenen die Möglichkeit, bei Verstoß gegen die Vorgaben über Netzanschluss, Netzzugang oder Entgeltregulierung einen Anspruch auf Unterlassung oder Schadensersatz geltend zu machen.

40   Gemäß § 33 EnWG kann die Regulierungsbehörde grundsätzlich die aufgrund eines Verstoßes erlangten wirtschaftlichen Vorteile abschöpfen.

VI. Energielieferung an Letztverbraucher

41   Der vierte Teil des EnWG trifft einige Regelungen zur Energielieferung an Letztverbraucher. Die Vorschriften sind als einfachgesetzliche Ausprägung der staatlichen Gewährleistungsverantwortung zu sehen.[23]

42   § 36 EnWG regelt zunächst die **Grundversorgungspflicht**. Für das Energieversorgungsunternehmen, das die Grundversorgung wahrnimmt, besteht ein einseitiger Kontrahierungszwang. Es muss zu vorher festgelegten Bedingungen und Preisen grundsätzlich jeden Haushaltskunden beliefern, § 36 Abs. 1 EnWG. Haushaltskunden sind nach der Legaldefinition in § 3 Nr. 22 EnWG Letztverbraucher, die Energie überwiegend für den Eigenverbrauch im Haushalt oder für den einen Jahresverbrauch von 10.000 Kilowattstunden nicht

---

23 *Pielow* in: Ehlers/Fehling/Pünder (Hrsg.) BesVwR, Bd. I, 3. Auflage 2012, § 22 Rn. 118.

übersteigenden Eigenverbrauch für berufliche, landwirtschaftliche oder gewerbliche Zwecke kaufen. Grundversorger ist gemäß § 36 Abs. 2 S. 1 EnWG immer das Unternehmen, das in einem bestimmten Netzgebiet die meisten Haushaltskunden beliefert. Welches Unternehmen das ist, wird alle drei Jahre festgestellt, § 36 Abs. 2 S. 2 EnWG. Bei einem Wechsel des Grundversorgers bleiben die mit dem alten Grundversorger geschlossenen Verträge gemäß § 36 Abs. 3 EnWG bestehen.

Die E-GmbH in **Fall 2** ist gemäß § 36 Abs. 2 S. 1 EnWG Grundversorger. Sie trifft daher ein einseitiger Kontrahierungszwang, sodass sie verpflichtet ist, den A mit Strom zu beliefern. 43

Demgegenüber entsteht nach § 38 EnWG im Rahmen der **Ersatzversorgung** ein gesetzliches Schuldverhaltnis zwischen dem Energieversorgungsunternehmen und dem Letztverbraucher, wenn dieser Energie bezieht, ohne dass dies einem bestimmten Liefervertrag zuzuordnen ist. Das Schuldverhältnis endet mit dem Abschluss eines Energieliefervertrages, spätestens aber drei Monate nach Beginn der Ersatzversorgung, § 38 Abs. 2 S. 1 EnWG. 44

§ 21. Eisenbahnrecht

Literatur: *Gersdorf,* Schienenpersonenfernverkehr zwischen Eigenwirtschaftlichkeit und staatlicher Gewährleistungsverantwortung, DVBl. 2010, 746; *Ludwigs,* Gesetz zur Stärkung des Wettbewerbs in Eisenbahnrecht, NVwZ 2016, 1665; *Staebe,* Das „Vierte Eisenbahnpaket" der EU und der deutsche Regulierungsrahmen, EuZW 2018, 146.

Fall 1: Die B-AG betreibt eine Bahnstrecke, die mittlerweile nur noch wenig genutzt wird und daher Verluste generiert. Sie möchte den Betrieb daher einstellen. Was muss sie tun?

Fall 2: Die Z-AG möchte im Großraum Halle Eisenbahnverkehrsleistungen erbringen. Ist dies ohne Weiteres möglich?

I. Grundlagen

Im Bereich des Verkehrsrechts ist zu unterscheiden zwischen dem Recht des Öffentlichen Personennahverkehrs (ÖPNV) und dem 1

Fernverkehr. Die folgende Darstellung beschränkt sich auf den Personenfern- und Güterverkehr als Kernmaterie des Eisenbahnrechts.

1. Rechtsgrundlagen

2   Auch im Eisenbahnrecht geht ein Großteil der nationalen Vorschriften auf Vorgaben der EU zurück. Diese hat gemäß Art. 90 ff. AEUV die Kompetenz, im Rahmen einer gemeinsamen Verkehrspolitik tätig zu werden. Auf dieser Grundlage sind zahlreiche Richtlinien und Verordnungen erlassen worden. Hervorzuheben ist insbesondere die Richtlinie 2012/34/EU vom 21. November 2012 zur Schaffung eines einheitlichen europäischen Eisenbahnraums, die die Richtlinie 2001/14/EG vom 26. Februar 2011, die bis dahin die nationalen Vorschriften maßgeblich prägte, ablöst.

3   Am 11.5.2016 wurden Neufassungen der Interoperabilitätsrichtlinie[1] und der Sicherheitsrichtlinie[2] sowie der Verordnung über die Europäische Eisenbahnagentur[3] verabschiedet. Am 14.12.2016 kam es zur Verabschiedung der Bestimmungen über die Marktöffnung im Personenverkehr und die Struktur bzw. Verwaltung der Eisenbahninfrastruktur.[4] Die regulierungsrechtlichen Bestimmungen dieses Vierten Eisenbahnpakets sind größtenteils bereits in den Vorschriften des nationalen Regulierungsrechts enthalten.[5]

4   Auf nationaler Ebene spielt zunächst die verfassungsrechtliche Vorschrift des Art. 87e GG eine zentrale Rolle. Bestrebungen, die unübersichtliche Regelungsstruktur im Eisenbahnrecht durch einen einheitlichen regulierungsrechtlichen Rahmen zu ersetzen, scheiterten

---

1 RL (EU) 2016/797 des Europäischen Parlaments und des Rates v. 11.5.2016 über die Interoperabilität des Eisenbahnsystems in der Europäischen Union (Neufassung), ABl. 2016 L 138, 44.
2 RL (EU) 2016/798 des Europäischen Parlaments und des Rates v. 11.5.2016 über Eisenbahnsicherheit (Neufassung), ABl. 2016 L 1348, 102.
3 VO (EU) 2016/796 des Europäischen Parlaments und des Rates v. 11.5.2016 über die Eisenbahnagentur der Europäischen Union und zur Aufhebung der VO (EG) Nr. 881/2004, ABl. 2016 L 138, 1.
4 RL (EU) 2016/2370 des Europäischen Parlaments und des Rates v. 14.12.2016 zur Änderung der RL 2012/34/EU bezüglich der Öffnung des Marktes für inländische Schienenpersonenverkehrsdienste und der Verwaltung der Eisenbahninfrastruktur, ABl. 2016 L 352, 1; VO (EU) 2016/2338 des Europäischen Parlaments und des Rates v. 14.12.2016 zur Änderung der VO (EG) Nr. 1370/2007 hinsichtlich der Öffnung des Marktes für inländische Schienenpersonenverkehrsdienste, ABl. 2016 L 354, 22, und VO (EU) 2016/2337 des Europäischen Parlaments und des Rates v. 14.12.2016 zur Aufhebung der VO (EWG) Nr. 1192/69 des Rates über gemeinsame Regeln für die Normalisierung der Konten der Eisenbahnunternehmen, ABl. 2016 L 354, 20.
5 Zu Einzelheiten *Staebe* EuZW 2018, 146 ff.

zunächst im Jahre 2013.[6] Mit dem Gesetz zur Stärkung des Wettbewerbs im Eisenbahnbereich vom 29.8.2016[7] ist das Vorhaben im zweiten Anlauf verwirklicht worden. Seither sind die Regelungen im Wesentlichen auf drei Gesetze aufgeteilt: Das **Eisenbahnregulierungsgesetz** (EReGG) behandelt die wettbewerbsezogenen Regelungen, das **Allgemeine Eisenbahngesetz** (AEG) die sonstigen Regelungen und das **Bundeseisenbahnverkehrsverwaltungsgesetz** (BEVVG) ordnet die Zuständigkeit der verschiedenen Behörden. Das daneben zum Teil bestehende Landesrecht hat wegen der umfassenden bundesgesetzlichen Regelung im Rahmen der konkurrierenden Gesetzgebung (Art. 74 Abs. 1 Nr. 23 GG) nur geringe Bedeutung.

2. Begriff

Das AEG enthält keine Legaldefinition des Begriffes „Eisenbahn". 5 Allgemein versteht man darunter das durch technische Merkmale, nämlich die Kombination von Rad und Schiene, gekennzeichnete Verkehrssystem in seiner Gesamtheit.[8]

Die zentralen Begriffsbestimmungen für das Eisenbahnrecht finden 6 sich in §§ 2, 3 AEG. Der Begriff „Eisenbahn" wird dabei in § 2 Abs. 1 AEG als **Oberbegriff** für Eisenbahnverkehrsunternehmen und Eisenbahninfrastrukturunternehmen verwendet.

Eisenbahnverkehrsunternehmen sind demnach öffentliche Einrich- 7 tungen oder privatrechtlich organisierte Unternehmen, die Eisenbahnverkehrsleistungen erbringen. Dazu zählen gemäß § 2 Abs. 2 S. 1 AEG die Beförderung von Personen oder Gütern auf einer Eisenbahninfrastruktur.

Die Eisenbahninfrastrukturunternehmen betreiben demgegenüber 8 gemäß § 2 Abs. 3 AEG die Betriebsanlagen der Eisenbahnen. Eine gesonderte Rolle nehmen dabei die Betreiber der Schienenwege ein, § 2 Abs. 3a AEG. Diese stellen im Vergleich zu Eisenbahninfrastrukturunternehmen ein Minus dar, da sie nur die eigentlichen Gleisanlagen als kleinen Teil der gesamten Eisenbahninfrastruktur betreiben.[9]

Die Unterscheidung spielt insbesondere für die Zugangs- und Ent- 9 geltregulierung eine Rolle, da die Betreiber der Schienenwege häufig strengeren Anforderungen unterliegen. Eine weitere wichtige Rolle spielt der Begriff der „Serviceeinrichtungen". Dazu zählen nach § 2

---

6 Dazu *Scherer/Michalczyk* N&R 2013, 35.
7 BGBl. 2016 I S. 2082. Dazu *Ludwigs* NVwZ 2016, 1665 ff.
8 *Hermes* in: Ehlers/Fehling/Pünder (Hrsg.) BesVwR, Bd. I, 3. Auflage 2012, § 25 Rn. 9.
9 *Kramer* NVwZ 2006, 26, 27.

Abs. 3c AEG unter anderem Einrichtungen für die Brennstoffaufnahme, Bahnhöfe, Abstellgleise und Wartungseinrichtungen. Weiter differenziert das AEG gemäß § 3 AEG zwischen öffentlichen und nichtöffentlichen Eisenbahnen, wobei öffentliche Eisenbahnen regelmäßig strengeren Anforderungen unterliegen.

3. Regulierungsziele

10 § 1 AEG normiert als Ziele des Gesetzes die Gewährleistung eines sicheren Betriebs der Eisenbahn und eines attraktiven Verkehrsangebotes sowie die Sicherstellung eines wirksamen und unverfälschten Wettbewerbs auf der Schiene. Im Vordergrund steht also die „Schaffung und Förderung von Wettbewerb bei gleichzeitiger Implementierung von sozialen und umweltpolitischen Gemeinwohlzielen in Marktprozesse".[10] Einen ebenfalls hohen Stellenwert nimmt die Bereitstellung von Sicherheit ein. Das Eisenbahnbundesamt als dafür zuständige Behörde normiert daher technische Sicherheitsstandards. § 1 AEG kann im Rahmen von Auslegungsschwierigkeiten bei anderen Vorschriften als normierter Wille des Gesetzgebers herangezogen werden.[11]

II. Gewährleistung eines funktionsfähigen Schienennetzes

1. Verfassungsrechtliche Gewährleistungsverantwortung

11 Art. 87e Abs. 4 GG enthält eine **Gewährleistungsverantwortung** des Bundes für das Eisenbahnwesen. Diese bezieht sich in erster Linie auf den Personenverkehr, während der Güterverkehr in stärkerem Maße europarechtlichen Einflüssen unterliegt. Der Bund gewährleistet demnach, dass dem Wohl der Allgemeinheit, insbesondere den Verkehrsbedürfnissen, beim Ausbau und Erhalt des Schienennetzes der Eisenbahnen des Bundes sowie bei deren Verkehrsangeboten auf diesem Schienennetz, Rechnung getragen wird. Die Gewährleistungsverantwortung bezieht sich dabei auf die gesamte Eisenbahninfrastruktur und verpflichtet den Bund, eine **flächendeckende Grundversorgung** sicherzustellen.[12] Im Ergebnis ergibt sich daher aus

---

10 *Fehling* in: Fehling/Ruffert (Hrsg.) Regulierungsrecht, 2010, § 10 Rn. 5.
11 *Kramer* NVwZ 2006, 26, 27; mit dem Hinweis auf Grenzen dieser Argumentationshilfe *Ruge* DVBl. 2005, 1405, 1408.
12 *Hermes* in: Ehlers/Fehling/Pünder (Hrsg.) BesVwR, Bd. I, 3. Auflage 2012, § 25 Rn. 45, 47.

Art. 87e Abs. 4 GG eine Verpflichtung des Bundes zur Regulierung des Eisenbahnsektors.[13]

2. Neu- und Ausbauvorhaben

Gemäß Art. 87e Abs. 4 S. 1 GG trägt der Bund die Gewährleistungsverantwortung für den Ausbau und Erhalt des Schienennetzes. Umstritten ist in diesem Zusammenhang, ob der Ausbau des Schienennetzes auch den Neubau von Schienenwegen beinhaltet. Dafür spricht, dass Art. 87e Abs. 4 S. 1 GG die Notwendigkeit des Ausbaus nur am Maßstab der Verkehrsbedürfnisse und des Wohls der Allgemeinheit misst. Diese können anstelle eines Ausbaus im eigentlichen Sinne auch einen Neubau erfordern.[14] Darüber hinaus bezieht sich der Begriff des „Ausbaus" auf das Schienennetz als Ganzes, sodass der Neubau einzelner Strecken auch vom Wortlaut der Vorschrift umfasst ist. 12

Das **Verfahren für den Ausbau des Schienennetzes** ist im Bundesschienenwegeausbaugesetz (BSWAG) geregelt und vollzieht sich grundsätzlich in zwei Schritten: 13
(1) Auf erster Stufe werden im Bedarfsplan nach § 1 Abs. 1 BSWAG durch Gesetz die erforderlichen Baumaßnahmen festgelegt. Zur Verwirklichung des Ausbaus nach dem Bedarfsplan stellt das Bundesministerium für Verkehr, Bau und Stadtentwicklung gemäß § 5 Abs. 1 BSWAG Fünfjahrespläne auf. Gemäß §§ 8 ff. BSWAG trägt der Bund die Finanzierungsverantwortung für die Investitionen in die Schienenwege der Eisenbahnen des Bundes.
(2) Gemäß § 1 Abs. 2 BSWAG legitimiert der Bedarfsplan die weitere Fachplanung auf der zweiten Stufe, die nach §§ 18 ff. AEG iVm §§ 72 ff. VwVfG erfolgt. Es handelt sich also um ein öffentliches Verwaltungsverfahren, das wegen seiner hohen Raumwirksamkeit durch viele Beteiligte gekennzeichnet ist. Das Verfahren entfaltet dabei zum einen eine Konzentrationswirkung, das heißt alle erforderlichen Entscheidungen werden von der Fachplanungsbehörde getroffen, zum anderen eine Präklusionswirkung, sodass nach der öffentlichen Anhörung alle Einwendungen innerhalb einer bestimmten Frist erhoben werden müssen. Durch

---
13 *Uerpmann-Wittzack* in: Isensee/Kirchhof (Hrsg.) Handbuch des Staatsrechts IV, 3. Auflage 2006, § 89 Rn. 9.
14 Vgl. das Beispiel bei *Burger* Zuständigkeit und Aufgaben des Bundes für den öffentlichen Personenverkehr nach Art. 87e GG, 1998, S. 108 f.

den Fachplanungsvorbehalt wird es der betroffenen Gemeinde untersagt, in einem Bebauungsplan oder in der Darstellung eines Flächennutzungsplans Festsetzungen zu treffen, die der fachplanerischen Zwecksetzung widersprechen.[15] Gemäß § 22 AEG besteht aufgrund der Fachplanung die Möglichkeit der Enteignung.

3. Erhaltung des Bestandsnetzes

14   Art. 87e Abs. 4 GG enthält keine Bestandsgarantie für einzelne Strecken, aber eine Grundentscheidung darüber, dass der Bund das Netz im Ganzen erhalten und verbessern muss.

15   a) **Unterhaltung und Instandsetzung.** Gemäß § 4 Abs. 3 S. 2 AEG sind Eisenbahninfrastrukturunternehmen dazu verpflichtet, ihre Strecken in einem betriebssicheren Zustand zu erhalten.[16] Diese Betriebspflicht sichert den Bestand der Eisenbahninfrastruktur.[17] Gemäß § 8 Abs. 4 BSWAG tragen die Eisenbahnen des Bundes die Kosten der Unterhaltung und Instandsetzung ihrer Schienenwege. Diese werden aus den Netznutzungsentgelten refinanziert. Problematisch ist in diesem Zusammenhang die Abgrenzung zu den „Ersatzinvestitionen" des Bundes nach § 8 Abs. 1 S. 2 BSWAG. In der Praxis wird der überwiegende Teil der Kosten für Unterhaltung und Instandsetzung der Schienenwege aus Haushaltsmitteln des Bundes finanziert.[18]

16   b) **Stilllegung und Freistellung.** Wird der Betrieb einer Strecke wegen unzureichender Trassenerlöse unwirtschaftlich, kommt eine **Stilllegung** nach § 11 AEG in Betracht. Da die Infrastruktur nach Möglichkeit vollständig erhalten bleiben soll, steht diese jedoch unter Genehmigungsvorbehalt. So muss das Eisenbahninfrastrukturunternehmen die dauernde Einstellung des Betriebes einer Strecke gemäß § 11 Abs. 1 S. 1 AEG zunächst bei der zuständigen Aufsichtsbehörde beantragen. Dabei muss das Unternehmen darlegen, dass ihm der Betrieb der Infrastruktur nicht mehr zugemutet werden kann und Verhandlungen mit Dritten, denen die Übernahme der Infrastruktur angeboten wurde, erfolglos geblieben sind, § 11 Abs. 1 S. 2 AEG.

---

15 *Dietrich* DVBl. 2007, 657, 658.
16 Vgl. dazu auch BVerwGE 129, 381, 283 ff. zu den teilweise wortgleichen §§ 2 Abs. 3, 4 Abs. 1 S. 1, 11 Abs. 2 S. 3 AEG aF.
17 *Dietrich* DVBl. 2007, 657, 659.
18 *Hermes* in: Ehlers/Fehling/Pünder (Hrsg.) BesVwR, Bd. I, 3. Auflage 2012, § 25 Rn. 57 f.

Mit der Stilllegung verliert die Anlage ihren öffentlichen Status nach § 3 AEG. Die Betriebs-, Unterhaltungs- und Instandsetzungspflicht des Eisenbahninfrastrukturunternehmens endet und der Zugangsanspruch Dritter aus § 14 AEG entfällt.[19] Die betroffene Infrastruktur darf daher im Anschluss nur noch für die nach § 6 Abs. 1 AEG genehmigungsfreien Nutzungen eingesetzt werden.[20] 17

In **Fall 1** muss die B-AG den Betrieb der Strecke zunächst anderen Eisenbahninfrastrukturunternehmen zur Übernahme anbieten. Erst wenn die Verhandlungen erfolglos verlaufen, kann die B-AG die dauernde Einstellung des Betriebes gemäß § 11 Abs. 1 S. 1 AEG beim Eisenbahnbundesamt als zuständiger Aufsichtsbehörde beantragen. 18

Von der Stilllegung zu unterscheiden ist die **Freistellung** von Bahnbetriebszwecken nach § 23 AEG. Diese dient dazu, den „planungsrechtlichen Normalzustand" nach § 38 BauGB wiederherzustellen, die Grundstücke also wieder der Planungshoheit der Gemeinde zu überlassen.[21] 19

III. Regulierung des Marktzutritts

§ 6 Abs. 1 S. 1 AEG stellt sowohl die Erbringung von Eisenbahnverkehrsleistungen als auch den Betrieb von Schienenwegen unter **Genehmigungsvorbehalt**. Entscheidend für die Erteilung der Genehmigung ist nach § 6 Abs. 2 S. 1 AEG insbesondere, dass der Antragsteller zuverlässig, finanziell leistungsfähig und fachkundig ist und so die Gewähr für eine sichere Betriebsführung gewährleistet. 20

Daneben benötigen Eisenbahnverkehrsunternehmen in der Regel eine Sicherheitsbescheinigung nach § 7a AEG und die meisten Eisenbahninfrastrukturunternehmen eine Sicherheitsgenehmigung nach § 7c AEG. In beiden Fällen handelt es sich um eigenständige Verwaltungsakte, sodass es zu einer Vervielfachung der Sicherheitsnachweise kommt.[22] 21

Im **Fall 2** muss die Z-AG zunächst die Genehmigung zur Erbringung von Eisenbahnverkehrsleistungen gemäß § 6 AEG beantragen. Daneben muss sie nach § 7a AEG eine Sicherheitsbescheinigung be- 22

---

19 *Hermes* in: Ehlers/Fehling/Pünder (Hrsg.) BesVwR, Bd. I, 3. Auflage 2012, § 25 Rn. 60.
20 *Dietrich* DVBl. 2007, 657, 660.
21 *Dietrich* DVBl. 2007, 657, 660.
22 *Fehling* in: Fehling/Ruffert (Hrsg.) Regulierungsrecht, 2010, § 10, Rn. 34.

antragen, sofern sich ihre Verkehrsangebote nicht auf Regionalbahnen im Inland beschränken.

23 Die Genehmigung kann nach § 7 AEG widerrufen und unter den Voraussetzungen des § 48 VwVfG zurückgenommen werden.

IV. Regulierung des Netzbetriebes

24 Die Schienennetzinfrastruktur stellt ein **natürliches Monopol** dar.[23] Grundlage jeden Wettbewerbs auf der Schiene ist daher, dass sich der Betreiber des Schienennetzes im Verhältnis zum Eisenbahnverkehrsunternehmen neutral verhält.[24]

1. Zusammenschluss und Netzzugang

25 § 13 AEG verpflichtet zunächst die Betreiber der einzelnen (Teil-) Netze, sich gegenseitig **Netzanschluss** zu gewähren. Die Vorschrift dient der Gewährleistung einer zusammenhängenden Eisenbahninfrastruktur. Dafür ist die Verbindung der einzelnen Teile zu einem Gesamtnetz notwendig.

26 Daneben schreibt § 14 Abs. 1 S. 1 AEG vor, dass die Eisenbahninfrastrukturunternehmen ihre Einrichtungen zu angemessenen Bedingungen und Entgelten diskriminierungsfrei bereitstellen müssen. Der Netzzugang verleiht konkurrierenden Unternehmen Mitbenutzungsrechte an der Infrastruktur, also insbesondere am Schienennetz und Serviceeinrichtungen.

27 Gemäß § 14 Abs. 6 AEG werden Einzelheiten des Zugangs, insbesondere das zu entrichtende Entgelt, zwischen den Zugangsberechtigten und dem Eisenbahninfrastrukturunternehmen vereinbart. Es handelt sich daher um einen sogenannten **verhandelten Netzzugang** auf vertraglicher Grundlage. Dieser unterliegt nach den Vorgaben der §§ 14 ff. AEG der Kontrolle durch die Bundesnetzagentur.[25] Umstritten ist die Rechtsnatur des Zugangsanspruchs, der sich aus § 14 Abs. 1 AEG ergibt.[26]

---

23 Zum Begriff siehe → § 18 Rn. 8.
24 *Hermes* in: Ehlers/Fehling/Pünder (Hrsg.) BesVwR, Bd. I, 3. Auflage 2012, § 25 Rn. 14.
25 Dazu ausführlich *Kühling/Ernert* NVwZ 2006, 33, 36 ff.; *Ruge* DVBl. 2005, 1405, 1413.
26 Dazu *Ruge* DVBl. 2005, 1405, 1406 f.; *ders.* AöR 131 (2006), 1, 28 ff.

Hinsichtlich des Umfangs der **Zugangsverpflichtung** ist zwischen 28
Eisenbahninfrastrukturunternehmen und Betreibern der Schienenwege zu unterscheiden. Erstere trifft nach § 14 Abs. 1 S. 1 AEG lediglich eine derivative Verpflichtung zur diskriminierungsfreien Erbringung der ohnehin angebotenen Leistungen. Letztere müssen darüber hinaus gemäß § 14 Abs. 1 S. 3 AEG einen Mindestumfang an Leistungen erbringen. Sie trifft also eine originäre Verpflichtung, bestimmte Leistungen überhaupt bereitzustellen.

2. Entgeltregulierung

Die Regulierung des Netzzugangs wird auch im Eisenbahnsektor 29
von der Regulierung der Infrastrukturnutzungsentgelte flankiert. Dieser Bereich wurde 2016 mit dem Erlass des ERegG neu strukturiert. Das ERegG unterscheidet, wie bisher das AEG, zwischen den Betreibern von Schienenwegen und den Betreibern von Serviceeinrichtungen. Für die Schieneninfrastruktur wird aber erstmals eine Ex-ante-Entgeltgenehmigung durch die BNetzA im Rahmen eines Anreizregulierungssystems etabliert. Die Regelungen zu Serviceeinrichtungen folgen dagegen der bisherigen Rechtslage.

Die Entgelte der Schienenwegebetreiber für die Erbringung des in 30
Anlage 2 Nr. 1 definierten Mindestzugangspakets müssen gem. § 45 I 1 ERegG einschließlich der Entgeltgrundsätze nach Anlage 3 Nr. 2 von der Bundesnetzagentur genehmigt werden. Ein Anspruch auf Erteilung der (Fixpreis-)Genehmigung besteht insoweit, wie die Entgeltermittlung den Anforderungen der §§ 24–40 und 46 ERegG und die Entgeltgrundsätze den Vorgaben der Anlage 3 Nr. 2 entsprechen. Klarstellend fügt § 45 Abs. 2 S. 3 ERegG hinzu, dass die genehmigten Entgelte dann auch als billige Entgelte iSd § 315 BGB gelten.

Zunächst ist gem. § 25 Abs. 1 ERegG eine Überprüfung und Fest- 31
legung des vom Schienenwegebetreiber für die Dauer einer fünfjährigen Regulierungsperiode berechneten und mitgeteilten Ausgangsniveaus der Gesamtkosten durch die BNetzA vorzunehmen. Diese Berechnung hat im Wege einer „regulatorischen Kostenermittlung" nach Anlage 4 zu erfolgen. Eine Effizienzkontrolle[27] der entstandenen Kosten ist nicht vorgesehen. Abzustellen ist vielmehr allein auf die tatsächlichen Ist-Kosten des Unternehmens.

---

27 Dazu *Ludwigs* Unternehmensbezogene Effizienzanforderungen im Öffentlichen Recht, 2013.

32 Anschließend erfolgt gem. § 25 Abs. 2 ERegG eine prospektive Bestimmung der (jährlich bestimmten) **Obergrenze der Gesamtkosten** durch Fortschreibung des Ausgangsniveaus mit Blick auf Inflationierung und Produktivitätsfortschritt. Das Ergebnis wird dem jeweiligen Betreiber der Schienenwege – unter Berücksichtigung der tatsächlichen Erreichbarkeit – gem. § 26 Abs. 1 ERegG durch die BNetzA mitgeteilt. Vom Standardverfahren „Kosten plus Inflationsausgleich minus Produktivitätsfortschritt" weicht § 29 Abs. 5 ERegG bei Vorliegen einer qualifizierten Regulierungsvereinbarung ab. Die in einem solchen Vertrag benannte Höhe der eingesetzten Eigenmittel des Betreibers der Schienenwege unterliegt danach gerade *keiner Anpassung* durch Inflationsausgleich oder weiteren Produktivitätsfortschritt.

33 Nach Mitteilung der Obergrenze der Gesamtkosten hat der Schienenwegebetreiber in einem nächsten Schritt die konkreten **Entgelte für die einzelnen Verkehrsdienste** und deren Marktsegmente auf Basis der Preisbildungsvorgaben in den §§ 23 und 31–41 ERegG festzulegen. Dabei darf die mit den Betriebsleistungen nach § 25 Abs. 1 ERegG gewichtete Summe dieser Entgelte die Obergrenze der Gesamtkosten gem. § 26 Abs. 2 ERegG nicht übersteigen. Die Regelung bezweckt die Etablierung einer Preisobergrenze und nicht einer Erlösobergrenze.

34 Abschließend besteht schließlich gem. § 26 Abs. 2 S. 1 iVm § 46 Abs. 2 S. 1 ERegG die Verpflichtung des Schienenwegebetreibers zur fristgebundenen Stellung eines Antrags auf **behördliche Genehmigung** der von ihm festgelegten Entgelte. Wird eine Genehmigung nicht fristgerecht beantragt, kann die BNetzA gem. § 46 Abs. 2 ERegG ein vorläufiges Entgelt festsetzen und von Amts wegen ein Genehmigungsverfahren einleiten.

V. Entflechtung

35 Zugangs- und Entgeltregulierung werden auch im Eisenbahnsektor durch Vorgaben zur Entflechtung ergänzt, um größtmögliche **Neutralität des Eisenbahninfrastrukturbetreibers** herzustellen. In Deutschland besteht insoweit eine Besonderheit, als dass unter dem Dach der DB AG als Holding-Gesellschaft sowohl Eisenbahnverkehrs- als auch -infrastrukturunternehmen vereint sind. Ob diese enge Verknüpfung von Netz und Betrieb mit unionsrechtlichen Vor-

gaben vereinbar ist, war lange Zeit unklar, wurde vom EuGH im Jahr 2013 jedoch für zulässig erachtet.[28]

Die zuvor im AEG normierten **Vorgaben zur Entflechtung** finden sich jetzt in den §§ 7 ff. ERegG. 36

§ 12 ERegG regelt in Umsetzung von Art. 13 Abs. 3 der Recast-RL explizite **Unbundling-Vorgaben für Betreiber von Serviceeinrichtungen**. Substanzielle Änderungen folgen hieraus allerdings nicht. Die Neufassung führt zu einer klareren Strukturierung der Entflechtungsvorschriften und trägt zur Rechtssicherheit bei. 37

In § 7 Abs. 5 ERegG findet sich eine wichtige Klarstellung. Anknüpfend an Art. 6 Abs. 4 der Recast-RL wird gefordert, dass es die Rechnungsführung der verschiedenen Tätigkeitsbereiche ermöglichen muss, „die Einhaltung des Verbots, öffentliche Gelder zugunsten eines der Tätigkeitsbereiche auf einen anderen zu übertragen, [...] zu überprüfen". Bisher kamen die gewährten öffentlichen Gelder für die Infrastruktur weder in der öffentlichen Rechnungslegung der Tochtergesellschaften noch derjenigen der Muttergesellschaft des DB-Konzerns zum Ausdruck. 38

In institutioneller Hinsicht ist neu, dass die **Überwachung** der Entflechtungsvorschriften in Zukunft der BNetzA obliegt. Damit wird die schon immer kritikwürdige, weil systemwidrige Aufteilung der Regulierungsaufgaben zwischen BNetzA und Eisenbahnbundesamt beendet. 39

Eine vollständige eigentumsrechtliche Entflechtung ist im Eisenbahnrecht bisher nicht vorgesehen, wurde aber von der Monopolkommission mehrfach angeregt.[29] 40

VI. Verbraucherschutz im Eisenbahnwesen

Öffentliche Eisenbahnverkehrsunternehmen, die dem Personenverkehr dienen, unterliegen gemäß § 10 AEG grundsätzlich einer Beförderungspflicht. Weitere Fahrgastrechte ergeben sich aus der Verordnung (EG) Nr. 1371/2007. 41

---

28 EuGH, Urt. v. 28.2.2013 – C-556/10 Rn. 58 ff.; dazu kritisch *Kühling* N&R 2013, 139, 139 f.
29 Monopolkommission, Sondergutachten 64, Bahn 2013: Reform zügig umsetzen!, S. 22 ff.

7. Teil. Das Recht der reglementierten freien Berufe

§ 22. Grundkonzeption des freien Berufs

I. Begriff und Erscheinungsformen

1 Mit dem Recht der freien Berufe wird ein Bereich in den Blick genommen, der in der Regel nicht in den einschlägigen Lehr- und Handbüchern des Wirtschaftsverwaltungsrechts behandelt wird. Damit wird ein wesentlicher Bereich der modernen Dienstleistungsgesellschaft ausgeklammert und das Wirtschaftsrecht auf eine industriell-gewerbliche Betrachtungsweise verkürzt. Die von Ärzten, Rechtsanwälten, Steuerberatern, Wirtschaftsprüfern und Notaren erbrachten Dienstleistungen stellen aber einen so bedeutsamen Teil des modernen Wirtschaftslebens dar, dass auch ihr Berufsrecht nicht ausgeklammert werden sollte. Auch die EU-Berufsanerkennungsrichtlinie zeigt, dass dieser Bereich nicht am Rande liegen gelassen werden darf, sondern in das Aufmerksamkeitsfeld der juristischen Ausbildung einbezogen werden muss.

2 Rechtswissenschaft ist auf **klare Begrifflichkeiten** angewiesen. Darin liegt die erste Hürde für die Befassung mit dem Recht der freien Berufe, denn es fehlt nicht nur an einer Legaldefinition, sondern überhaupt an einer anerkannten knappen Begrifflichkeit. Einen Eindruck davon, was sich der Gesetzgeber unter einem freien Beruf vorstellt, vermittelt die Enumeration in § 18 Abs. 1 Nr. 1 EStG:

„1. Einkünfte aus freiberuflicher Tätigkeit. Zu der freiberuflichen Tätigkeit gehören die selbständig ausgeübte wissenschaftliche, künstlerische, schriftstellerische, unterrichtende oder erzieherische Tätigkeit, die selbständige Berufstätigkeit der Ärzte, Zahnärzte, Tierärzte, Rechtsanwälte, Notare, Patentanwälte, Vermessungsingenieure, Ingenieure, Architekten, Handelschemiker, Wirtschaftsprüfer, Steuerberater, beratenden Volks- und Betriebswirte, vereidigten Buchprüfer, Steuerbevollmächtigten, Heilpraktiker, Dentisten, Krankengymnasten, Journalisten, Bildberichtstatter, Dolmetscher, Übersetzer, Lotsen und ähnlicher Berufe. Ein Angehöriger eines freien Berufs im Sinne der Sätze 1 und 2 ist auch dann freiberuflich tätig, wenn er sich der Mithilfe fachlich vorgebildeter Arbeitskräfte bedient; Voraussetzung ist, dass er auf

Grund eigener Fachkenntnisse leitend und eigenverantwortlich tätig wird. Eine Vertretung im Fall vorübergehender Verhinderung steht der Annahme einer leitenden und eigenverantwortlichen Tätigkeit nicht entgegen; [...]".

Eine vergleichbare Liste findet sich in § 1 Abs. 2 PartGG. Beide Listen umfassen ein sehr weites Spektrum an Berufen, die für die Zwecke dieser Darstellung durch ein bedeutsames Merkmal in zwei Gruppen unterteilt werden müssen: die **reglementierten und die nicht reglementierten freien Berufe.** Gegenstand der nachfolgenden Darstellung sind lediglich die reglementierten freien Berufe, also jene Berufe, für deren Ausübung durch Gesetz der Nachweis einer bestimmten fachlichen und persönlichen Qualifikation verlangt wird, die mithin einer Berufszugangsregelung unterliegen. 3

In der Literatur wird wegen der fehlenden Tauglichkeit einer auf zwingenden Merkmalen beruhenden griffigen Definition des (reglementierten) freien Berufs zu den Figuren des **Rahmen- oder Typusbegriffs** Zuflucht genommen.[1] Danach soll ein freier Beruf vorliegen, wenn mehrere Merkmale der vielgliedrigen Definition substanziell vorliegen. Was damit gemeint ist, erschließt sich vor dem Hintergrund der einzelnen Merkmale, die dabei zur Beschreibung des freien Berufs zugrunde gelegt werden. 4

Diese lassen sich mit Hilfe der klassischen Beispiele des niedergelassenen Arztes oder des Einzelrechtsanwalts verdeutlichen. In beiden Fällen handelt es sich um akademisch (universitär) ausgebildete Personen, die **hochwertige Dienstleistungen mit Bedeutung für das Gemeinwohl** (individuelle und Volksgesundheit einerseits und Rechtsberatung bzw. Rechtsdurchsetzung andererseits) als fachlich und wirtschaftlich unabhängige Selbständige im Rahmen eines besonderen Vertrauensverhältnisses persönlich erbringen und dabei die Absicht der Gewinnerzielung hinter der guten Betreuung der Patienten/ Klienten im Zweifel zurückstellen.[2] Soweit es um die gemeinsame Berufsausübung geht, werden aus diesen Merkmalen auch Beschrän- 5

---

[1] Zur Einordnung als Typusbegriff: *Taupitz* Die Standesordnungen der freien Berufe, 1991, S. 23 ff. Zur Einordnung als Rahmenbegriff: *Mann* NJW 2008, 121 (122).
[2] Vertiefend: *Gesellensetter* Die Annäherung des Freien Arztberufs an das Gewerbe, 2007; zu den einzelnen Merkmalen näher *Taupitz* Die Standesordnungen der freien Berufe, 1991, S. 40 ff.; *Pitschas* in: Jahrbuch des Kammer- und Berufsrechts 2005, 2006, S. 349 ff.; zu Kritik und einem modernen Verständnis *Kluth* in: Jahrbuch des Kammer- und Berufsrechts 2006, 2007, S. 265 ff.

kungen des Kooperationsrechts sowie Vorgaben für die Wahl der gesellschaftsrechtlichen Organisationsformen abgeleitet.[3]

6 Von diesen Merkmalen werden Abstriche gemacht, sobald sich Arzt oder Rechtsanwalt in ein **Anstellungsverhältnis** begeben (Aufgabe der wirtschaftlichen Selbständigkeit), die Tätigkeiten des Ingenieurs und Architekten nicht unter gesetzliche Verschwiegenheitsregeln fallen, in großen Berufsgesellschaften (bis hin zur transnationalen Rechtsanwalts-Aktiengesellschaften) und medizinischen Versorgungszentren die beruflichen Dienstleistungen arbeitsteilig gearbeitet werden oder die Tätigkeiten nicht unter Honorarordnungen fallen (Wirtschaftsprüfer). In der Praxis stellt sich vor dem Hintergrund des strukturellen Wandels der Berufsausübung, der auch durch die „Verweiblichung" vor allem der Heilberufe und die Zunahme von Teilzeitbeschäftigung vorangetrieben wird, immer häufiger die Frage, wann die Mindestanforderungen an die Qualifikation als freier Beruf unterschritten werden und inwieweit sich das Berufsrecht bei seinen Regelungen am herkömmlichen Idealbild orientieren darf, obwohl die Berufspraxis sich inzwischen ua durch den Marktzugang ausländischer Anbieter, die keinen vergleichbaren Rechtsregeln unterliegen (so etwa bei Architekten und Ingenieuren), deutlich gewandelt hat.[4] Dabei sollte zudem nicht von der falschen Vorstellung ausgegangen werden, dass alle freien Berufe auf eine lange Tradition zurückblicken können. Selbst die Ärzte und Rechtsanwälte sind als freie Berufe im vorbeschriebenen Sinne erst Mitte des 19. Jahrhunderts entstanden.[5]

7 In der Entstehungszeit wurde auf das antike Leitbild der „operae liberales" zurückgegriffen, bei dem es sich indes nicht um ein Rechtsgebilde handelte. Vielmehr diente dies der Abgrenzung vom 1871 liberalisierten Gewerbe („Heilgewerbefreiheit") und der Begründung der Notwendigkeit einer Reglementierung sowie der Ausweisung von Vorbehaltsaufgaben.[6]

8 Für Ingenieure, Architekten und Steuerberater kann lediglich bis in die Nachkriegszeit zurückgegangen werden, wobei gerade bei diesen jungen freien Berufen von Beginn an nie das volle Leitbild verwirklicht war.

---

3 Zur Kooperation siehe näher *Kluth/Goltz/Kujath* Die Zukunft der freien Berufe in der Europäischen Union, 2005, S. 134 ff.; zu den Vorgaben für die Organisationsformen: *Kluth* in: Jahrbuch des Kammer- und Berufsrechts 2007, 2008, S. 365 ff.
4 Dazu *Kluth* in: Schwarz/Frank/Engel (Hrsg.) Weißbuch der Zahnmedizin, Band 1, 2006, S. 219 ff.
5 *Taupitz* Die Standesordnungen der freien Berufe, 1991, S. 121 ff.
6 Dazu aus anderem Blickwinkel auch *Kluth* MedR 2010, 372 ff.

Bei den Steuerberatern fehlt es zB an der zwingenden Notwendig- 9
keit eines universitären Studiums, bei den Ingenieuren und Architekten ist der Zugang über ein Fachhochschulstudium möglich und es fehlt an gesetzlich geschützten Verschwiegenheitspflichten. Über das Vorliegen von ideellen Leistungen kann man sich bei diesen Berufen bei vielen Tätigkeiten auch trefflich streiten.

Zugleich ist zu beobachten, dass diese jüngeren Berufe nicht das 10
gleiche starke Berufsethos aufweisen, wie es vor allem bei den Heilberufen die Entwicklung des Berufsbildes geprägt hat.[7] Diese historisch-konstruktiven Besonderheiten sind bis heute prägend für Entwicklung und Verständnis des Rechts der freien Berufe und müssen auch bei Vorschlägen zur Neuordnung berücksichtigt werden.

II. Der reglementierte freie Beruf im deutschen und europäischen Recht

1. Zuordnung der Gesetzgebungskompetenzen für das Recht der freien Berufe

Die **Gesetzgebungskompetenz** für die freien Berufe ist auf eine 11
sehr unübersichtliche Art und Weise auf Bund und Länder verteilt. Für die rechts- und wirtschaftsberatenden Berufe folgt die Gesetzgebungszuständigkeit des Bundes aus Art. 74 Abs. 1 Nr. 1 GG (rechtsberatende Berufe) und Nr. 11 (Wirtschaftsprüfer). Für die Heilberufe besitzt der Bund aus Art. 74 Abs. 1 Nr. 9 GG nur eine Gesetzgebungskompetenz für die Zulassung. Die Regelung der Berufsausübung fällt in die Zuständigkeit der Länder. Die Berufsrechte der Architekten und Ingenieure hat der Bund nicht normiert, so dass die Länder tätig werden können. Das gleiche gilt für zahlreiche weitere Berufe. Bei den Heilberufen ist zu beachten, dass auch die Regelungen des Sozialversicherungsrechts ein sog. sekundäres Berufsrecht enthalten, das zur Anwendung kommt, wenn Leistungen der gesetzlichen Krankenversicherung erbracht werden.

Die **Europäische Union** kann auf Grund von Kompetenzen zur 12
Liberalisierung sowie zur Harmonisierung der Grundfreiheiten (Art. 50, 53, 59, 60 AEUV) auf das Recht der freien Berufe zugreifen.

---

[7] Zur Entwicklung bei Architekten und Ingenieuren *Taupitz*, Die Standesordnungen der freien Berufe, 1991, S. 430 ff. und 440 ff.

2. Verkammerung der freien Berufe

13 Die meisten, aber bei weitem nicht alle freien Berufe sind in sog. **Berufskammern** organisiert. Dadurch wird die Möglichkeit der Mitwirkung der Berufsträger an der Ausgestaltung des Berufsrechts durch den Erlass von Berufsordnungen und – in einigen Fällen – die Ausübung der Berufsaufsicht, die Bereitstellung von berufsbezogenen Dienstleistungen sowie die Vertretung der berufsspezifischen Interessen durch eine demokratisch legitimierte Organisation eröffnet. In praktischer Hinsicht wird durch die Verkammerung auch das politische Gewicht der Berufe verstärkt, weshalb „neue" Berufe, wie zB die Altenpfleger, die Errichtung einer eigenen Kammer anstreben.

14 Als zweite bedeutsame berufsbezogene Einrichtung sind die **Versorgungswerke** zu erwähnen, die in unterschiedlicher rechtlicher Beziehung zu den Berufskammern für die klassischen freien Berufe (Ärzte, Notare, Rechtsanwälte) existieren.[8] Sie sorgen im Ergebnis für eine von den übrigen Sicherungssystemen unabhängige und idR bessere soziale Absicherung der Berufsträger und ihrer Familien.

III. Die Einordnung des Berufsrechts und der Berufsordnungen

1. Historische Entwicklung des Berufsrechts

15 Die Gesetzgebung in der konstitutionellen Monarchie der zweiten Hälfte des 19. Jahrhunderts, in der das moderne freiberufliche Berufsrecht entstanden ist, war durch ein anderes Verständnis der Rechtsetzungsdelegation auf Selbstverwaltungsträger geprägt. Dies kommt in Gestalt des durch Art. 140 GG rezipierten Art. 137 WRV für die als Körperschaften des öffentlichen Rechts verfassten Religions- und Weltanschauungsgemeinschaften noch heute zum Vorschein. Selbstverwaltungsträgern wurden Rechtsetzungsbefugnisse in dem Bewusstsein zugestanden oder überlassen, dadurch gesellschaftliche Selbstorganisation zu ermöglichen. Selbst die Weimarer Reichsverfassung war dieser Vorstellung noch verhaftet, als sie die Garantie der kommunalen Selbstverwaltung im Grundrechtsteil (Art. 127 WRV) verortete. Zugleich wurde davon ausgegangen, dass diese Rechtsetzung besondere Bezüge zum öffentlichen Interesse oder Gemeinwohl

---

8 *Butzer* in: Kluth (Hrsg.) Handbuch des Kammerrechts, 2. Auflage 2011, § 16.

aufwies. Die in dieser Zeit erlassenen Standesordnungen der freien Berufe konnten demnach ohne detaillierte gesetzliche Anleitung oder Ermächtigung erlassen werden und dabei den Berufsträgern weitreichende Pflichten und Beschränkungen auferlegen. Da es einen Grundrechtsschutz gegenüber staatlicher Gesetzgebung nicht gab, wurde auch das Fehlen eines effektiven Grundrechtsschutzes gegen die Standesordnungen nicht thematisiert. Das Gleiche galt für die demokratische Legitimation, die allerdings in den Berufskammern einen höheren Standard aufwies als auf der staatlichen Ebene, die noch durch das Dreiklassenwahlrecht bestimmt war.

Indem die **Standesordnungen** von den Berufsorganisationen autonom und in ihrem Kern unter Rückgriff auf eine überkommene (so bei den Ärzten) oder eine neu begrundete (so bei den Rechtsanwälten) Berufsethik erlassen wurden, erlangten sie eine positivrechtliche Steuerungsfunktion: die Standesordnungen waren zugleich Teil der staatlichen Rechtsordnung und Verstöße konnten über eine Generalklausel durch staatliche Behörden und Gerichte sanktioniert werden.[9]

2. Von der Standesordnung zur delegierten staatlichen Rechtsetzung

Diese Organisations- und Regelungsstrukturen haben die Weimarer Republik überdauert und wurden nach 1945 auch in der Bundesrepublik ohne sichtbare Anpassung an den veränderten verfassungsrechtlichen Rahmen auf Länder- und Bundesebene neu etabliert.[10] Während in einigen Bereichen, ua bei den Heilberufen, der Gesetzgeber die Berufspflichten detaillierter regelte und die Berufskammern zum Erlass ausgestaltender Berufsordnungen ermächtigte, blieb es ua bei den Rechtsanwälten bei den überkommenen Standesordnungen, für die es an detaillierten gesetzlichen Vorgaben fehlte. Das Bundesverfassungsgericht hat zunächst die Sanktionierung von Verstößen gegen Vorgaben der Standesordnungen auf der Grundlage von Generalklauseln gebilligt. In einer bis 1987 praktizierten Rechtsprechung wurde dies damit begründet, dass „eine Einzelnormierung weder nötig noch möglich ist, dass vielmehr Generalklauseln deshalb gerecht-

---

9 Ein solches Modell ist bis in die Gegenwart noch in Großbritannien anzutreffen, wo die Berufsorganisationen das Berufsrecht autonom erlassen und anwenden. Siehe dazu *Nuckelt* Die Regelungssysteme der rechts-, steuer- und wirtschaftsberatenden Freien Berufe in Deutschland, England und Wales, 2006 sowie *Nuckelt* in: Jahrbuch des Kammer- und Berufsrechts 2007, 2008, S. 249 (279 ff.).
10 Im Einzelnen *Kluth* in: ders. (Hrsg.) Handbuch des Kammerrechts, 2. Auflage 2011, § 3 Rn. 8 ff.

fertigt sind, weil eine erschöpfende Aufzählung der Berufspflichten unmöglich ist und weil diese im allgemeinen den Berufsangehörigen bekannt sind."[11] Die geringe gesetzliche Regelungsdichte wurde zudem mit dem Hinweis auf die mehrinstanzliche gerichtliche Überprüfung von Maßnahmen der Berufsaufsicht gerechtfertigt.[12] Zudem machte sich das Bundesverfassungsgericht die Sichtweise zu eigen, dass durch die Standesordnung die Berufspflichten lediglich festgestellt werden, es sich also nicht um eine konstitutive Regelung handelt.[13]

18 Diese Rechtsprechung hat das Bundesverfassungsgericht 1987 aufgegeben und auch für das **anwaltliche Berufsrecht** eine ausreichend bestimmte gesetzliche Grundlage gefordert:

„Eingriffe in die Berufsfreiheit setzen Regelungen voraus, die durch demokratische Entscheidungen zustande gekommen sind und die auch materiellrechtlich den Anforderungen an Einschränkungen dieses Grundrechts [der Berufsfreiheit] genügen; im übrigen unterliegt die durch den Grundsatz der freien Advokatur gekennzeichnete anwaltliche Berufsausübung unter der Herrschaft des Grundgesetzes der freien und unreglementierten Selbstbestimmung des Einzelnen [...]. Die deklaratorische Feststellung einer vorhandenen communis oponio kann [...] keine Regelung in diesem Sinne sein, und zwar umso weniger, wenn dabei lediglich auf die Meinung angesehener und erfahrener Standesgenossen abgestellt wird."[14]

19 Der Gesetzgeber hat darauf reagiert und bei der Bundesrechtsanwaltskammer eine Satzungsversammlung eingerichtet und die Vorgaben für den Inhalt der durch diese zu erlassenden Berufsordnung spezifiziert. Im Ergebnis führte das indes nicht zu der erhofften Liberalisierung des Berufsrechts, sondern einer weitgehenden Übernahme der bisherigen Standesrichtlinien in die neue Berufsordnung. Dabei wurde zur Begründung der Beschränkungen der Berufsausübungsfreiheit nicht mehr auf das **Berufsethos der Standesgenossen**, sondern auf – weit gefasste – **Gemeinwohlbelange** und den **Verbraucherschutz** abgestellt.[15] Der ursprünglich prägende Regelungszweck

---

11 BVerfGE 66, 337 (355) unter Verweis auf BVerfGE 26, 186 (204); 41, 251 (264); 44, 105 (115f.); 45, 346 (351f.); 63, 266 (288).
12 BVerfGE 66, 337 (356).
13 Vgl. BVerfGE 66, 337 (356).
14 BVerfGE 76, 171 (188).
15 Zur Rechtfertigung von Gebührenordnungen, Werbebeschränkungen usw *Kämmerer* Die Zukunft der Freien Berufe zwischen Deregulierung und Neuordnung, 2010, S. 65 ff.; *Kluth/Goltz/Kujath* Die Zukunft der freien Berufe in der Europäischen Union, 2005, S. 22 ff. Siehe auch *Cornils* in: Schlachter/Ohler (Hrsg.) Europäische Dienstleistungsrichtlinie, 2008, Art. 15 Rn. 7 ff. zu den entsprechenden Prüfkriterien der Dienstleistungsrichtlinie.

des Ansehens und der Ehre des Berufsstandes steht nicht mehr im Vordergrund.

Analysiert man vor dem Hintergrund der zur Rechtfertigung der 20 Berufsordnungen angeführten gewichtigen Gemeinwohlbelange die **Praxis der Berufsaufsicht**, so fällt auf, dass dabei in den meisten Fällen Verstöße gegen formale Regelungen des Werberechts im Vordergrund stehen, bei denen eine Beeinträchtigung wichtiger Gemeinwohlbelange schwer nachvollziehbar erscheint. Demgegenüber spiegeln sich substanzielle Fehlverhaltensweisen (vor allem bei den Heilberufen) vorwiegend in der haftungsrechtlichen Judikatur wider. Vor diesem Hintergrund ist auch die Effektivität und Objektivität der Berufsaufsicht immer wieder in Frage gestellt worden.[16]

§ 23. Berufszugangsregelungen und Marktverhaltensrecht der freien Berufe

I. Berufszugangsregelungen

1. Zulassungsanforderungen nach deutschem Recht

Aus dem Blickwinkel des deutschen Verfassungsrechts gelten für 1 den Marktzugang bzw. die Berufswahl nach deutschem Verfassungsrecht die Anforderungen des Grundrechts der Berufs- und Unternehmerfreiheit aus Art. 12 GG. Insoweit wird auf die Darstellung in → § 7 Rn. 12 ff. verwiesen. Das Recht der reglementierten freien Berufe ist durchweg durch hohe Anforderungen an die berufliche Qualifikation gekennzeichnet, wobei diese Anforderungen nicht grundlegend in Zweifel gezogen werden. Es handelt sich um **subjektive Berufszulassungsregelungen**, die durch gewichtige Gründe des Gemeinwohls zu rechtfertigen sind. In Bezug auf die Einzelheiten wird auf die Spezialdarstellungen zu den Berufsrechten verwiesen.

---

16 Rechtsvergleichend zur Berufsaufsicht *Eickhoff* Berufsaufsicht der freien Berufe in geteilter Verantwortung von Kammern und Staat, 2007; *Weskott* Berufsaufsicht der Ärzte und Psychotherapeuten, 2009.

2. Anforderungen nach Unionsrecht: Die EU-Berufsanerkennungsrichtlinie 2005/36/EG

2 Der Zugang zu reglementierten beruflichen Betätigungen im Binnenmarkt ist durch die EU-Berufsanerkennungsrichtlinie 2005/36/EG geregelt. Insoweit wird auf die Darstellung in → § 7 Rn. 134 ff. verwiesen.

3. Regelungen für Drittstaatsangehörige

3 Die Anerkennung beruflicher Qualifikationen ist für Drittstaatsangehörige eine Voraussetzung für die Erlangung eines **Aufenthaltstitels** zur Ausübung einer Beschäftigung ua nach § 18 AufenthG. Durch § 17a AufenthG wird in diesem Zusammenhang die Möglichkeit eröffnet, zur Durchführung von Ausgleichsmaßnahmen einen Aufenthaltstitel zu erhalten, der auch zur Ausübung einer Beschäftigung zur Sicherung des Lebensunterhalts während dieser Zeit ermächtigt.[1]

4 Für **Drittstaatsangehörige** haben Bund und Länder für den Bereich der durch sie normierten Berufe gesonderte gesetzliche Regelungen zur Anerkennung von beruflichen Qualifikationen erlassen, die weitgehend dem gleichen Regelungsansatz folgen.

5 Das Vorbild stellt das Gesetz über die Feststellung der Gleichwertigkeit von Berufsqualifikationen (**Berufsqualifikationsfeststellungsgesetz – BQFG**) vom 6.12.2011[2] dar. Es begründet vor allem einen Verfahrensanspruch auf Entscheidung innerhalb einer Frist von drei Monaten (nach Einreichung der vollständigen Unterlagen). Es wird zwischen reglementierten und nicht reglementierten Berufen unterschieden. Entscheidungsmaßstab ist jeweils die **Gleichwertigkeit** der Qualifikation (§§ 4, 9 BQFG). § 11 BQFG sieht die Möglichkeit vor, Qualifikationslücken durch sog. **Ausgleichsmaßnahmen**, also die Teilnahme an Ausbildungsmaßnahmen, zu schließen. Für Fälle **fehlender Nachweise** trifft § 14 BQFG besondere Regelungen. Dabei werden die vorhandenen beruflichen Fertigkeiten in einem besonderen Prüfungsverfahren festgestellt.

---

[1] *v. Harbou* ZAR 2015, 343 ff.
[2] BGBl. I S. 2515. Dazu *Witt* WiVerw 2012, 101 ff.; *Sondermann/Maier* in: Jahrbuch des Kammer- und Berufsrechts 2011, 2012, S. 43 ff.; *Fleuß* in: Kluth/Heusch (Hrsg.) BeckOK Ausländerrecht § 17a Rn. 6 ff.

II. Marktzugang in Fällen vorübergehender Dienstleistungserbringung im Binnenmarkt

Im Bereich der **Dienstleistungsfreiheit** unterliegt ein Dienstleis- 6
tungserbringer im Binnenmarkt ebenso dem Bestimmungslandprinzip, doch werden von diesem Grundsatz aufgrund der nur zeitweiligen Betätigung auf einem fremden Markt in Einklang mit der Rechtsprechung des EuGH zur Dienstleistungsfreiheit, insbesondere in der Rechtssache *Corsten*[3], Ausnahmen vorgesehen:
- Der Dienstleistungserbringer wird von der Pflicht befreit, sich vor der Berufsausübung bei einer Berufsorganisation zuzulassen, eintragen zu lassen oder dort Pflichtmitglied zu sein. Diese Anforderungen würden, insbesondere wenn sie wie die Kammermitgliedschaft mit Kosten verbunden sind, die Ausübung der im Primärrecht verankerten Dienstleistungsfreiheit weniger attraktiv machen und so eine Beschränkung darstellen, die nach der Rechtsprechung des Gerichtshofs durch die damit verfolgten Ziele im Bereich der Dienstleistungsfreiheit nicht zu rechtfertigen ist.
- Der Dienstleistungserbringer muss sich gemäß Art. 7 vor der erstmaligen Dienstleistungserbringung und danach jährlich bei den Behörden des Ziellandes melden, um die Berufsaufsicht auch faktisch zu ermöglichen. Dazu können die zuständigen Behörden gemäß Art. 8 auch Informationen vom Niederlassungsmitgliedstaat anfordern.
- Die Anzeigepflicht darf in den Mitgliedstaaten zwar nicht zur beitragspflichtigen Mitgliedschaft in einer Selbstverwaltungskörperschaft, ausweislich Art. 6 lit. a jedoch zu einer Pro-Forma Mitgliedschaft führen, um die Berufsaufsicht wirksam ausüben zu können.

Darüber hinaus wurde gefordert, dass aufgrund der Problematik 7
der **Abgrenzung** der Anwendungsbereiche von Niederlassungs- und Dienstleistungsfreiheit, der Dienstleistungserbringer zur Errichtung einer Zweitniederlassung verpflichtet werden sollte, wenn die Dienstleistungstätigkeit regelmäßig und immer wiederkehrend ist, damit das Recht des Bestimmungslandes in ausreichender Konsequenz zur Geltung kommen kann. Die vielfach gerügten Abgren-

---

3 EuGH Rs. C-58/98, Slg. 2000, I-7919 – *Corsten*.

zungsprobleme zwischen Dienstleistungs- und Niederlassungsfreiheit liegen in der Rechtsprechung des EuGH begründet und werden durch diesen, im Zweifel im Einzelfall, gelöst. Sie können nicht dadurch gelöst werden, dass eine Pflichtniederlassung eingeführt wird, zumal die Befreiungen, die der Richtlinienentwurf gegenüber den Regelungen zur Niederlassungsfreiheit einräumt, marginal sind und sich allein aus den Mindestanforderungen der Grundfreiheiten ergeben. Zusätzliche Anforderungen, wie eine Pflicht zur Zweitniederlassung wären nicht erforderlich, um den Zweck der Berufsaufsicht zur Geltung zu bringen, und wären so nicht von der primärrechtlichen Ermächtigungsgrundlage gedeckt, da Regelungen, die die uneingeschränkte Geltung der Anforderungen für eine Niederlassung auch für eine Dienstleistung begründen, unzulässig sind.[4] Neben den Anzeigepflichten gegenüber der Marktaufsicht bestehen Informationspflichten der Dienstleistungserbringer gegenüber der Marktgegenseite. Diese beziehen sich auf die Nennung der Behörden der Berufsaufsicht im Heimatstaat, die Umsatzsteueridentifikationsnummer und Einzelheiten zum Versicherungsschutz.

8 An den bei der **Anzeige der Dienstleistungserbringung** vorzulegenden Bescheinigungen wurde im Rechtsetzungsverfahren kritisiert, dass diese nicht positiv feststellen, dass er zu dem Zeitpunkt, in dem der Dienstleistungserbringer beabsichtigt seine Dienstleistung auszuüben, keinen Berufsausübungsbeschränkungen unterliegt. Dieser Kritik ist das Europäische Parlament in der Zweiten Lesung nachgekommen und hat die Vorlage einer entsprechenden Bescheinigung vorgeschrieben. Zudem wird die Beurteilung der Zuverlässigkeit der Berufsträger durch die Berufsaufsicht im Aufnahmemitgliedstaat bei sicherheitsrelevanten Tätigkeiten dadurch sichergestellt, dass eine Bescheinigung vorzulegen ist, die gerichtliche Verurteilungen, auch der jeweiligen Mitarbeiter, enthält.

9 Zudem waren im Rechtsetzungsverfahren insbesondere die **Regelungen zum abwendbaren Berufsrecht** als zu eng kritisiert worden. So lautete Art. 5 Abs. 3 in der Fassung des Gemeinsamen Standpunktes noch: „Begibt sich der Dienstleister in einen anderen Mitgliedstaat, so unterliegt er im Aufnahmemitgliedstaat den berufsständischen oder verwaltungsrechtlichen Disziplinarbestimmungen [...] zu diesen Bestimmungen gehören etwa Regelungen für [...] schwerwiegende berufliche Fehler in unmittelbarem und speziellem Zusammen-

---

4 EuGH Rs. C-58/98 Slg. 2000, I-7919 Rn. 43 – *Corsten*.

§ 23. Berufszugangsregelungen u. Marktverhaltensrecht 397

hang mit dem Schutz und der Sicherheit der Verbraucher." Diese Regelung wurde insbesondere von den Kammern der freien Berufe als zu eng kritisiert und hätte die Schaffung eines speziellen Kodex für Dienstleistungserbringer erfordert.[5] In der beschlossenen Fassung wurde der Anwendungsbereich auf Initiative des Europäischen Parlaments wesentlich erweitert. Nun sind die „berufsständischen, berufsrechtlichen oder verwaltungsrechtlichen Verhaltensregeln" umfasst.[6] Zwar bleibt auch weiterhin die Formulierung der schwerwiegenden beruflichen Fehler erhalten, doch stellt dies ausweislich des Wortlauts nur ein Beispiel dar, das den Anwendungsbereich nicht beschränkt, so dass eine Einführung eines besonderen Kodex nicht erforderlich ist.

Die Berufsanerkennungsrichtlinie enthält selbst keine Regelungen über das **anwendbare Vertragsrecht**.[7] Selbst Art. 4 Abs. 1, der das Bestimmungslandprinzip für das Marktverhalten anordnet, erstreckt sich nicht auf das Privatrecht. Davon ausgenommen sind jedoch die Regelungen, die sich, wie bspw. die Festlegung der Gegenleistung durch wirtschaftsverwaltungsrechtliche Regelungen, auf das Privatrecht auswirken. Grund für die Enthaltsamkeit dürfte das Regelungsziel der Richtlinie, die Anerkennung von Berufsqualifikationen sein, die im Ausland erworben wurden. Dieser Auslandbezug knüpft allein an den Ort des Erwerbs der Berufsqualifikation und nicht an die Herkunft oder den gewöhnlichen Aufenthalt an. 10

Somit gelten die durch das **Schuldvertragsrechtsübereinkommen**[8] inzwischen in allen Mitgliedstaaten harmonisierten Regelungen des Internationalen Privatrechts. Diese knüpfen, anders als die Regelungen der Dienstleistungsrichtlinie, die aufgrund des ausdrücklichen Ausschlusses in Art. 17 Ziff. 8 des Entwurfes nicht auf die Berufsanerkennungsrichtlinie anwendbar sind, nicht an das Herkunftsland, sondern an den gewöhnlichen Aufenthalt bzw. den Niederlassungssitz an, so dass ohne Rechtswahlvereinbarungen außer im Falle von Verbraucherbeteiligung im Grundsatz das Recht der Vertragspartei der charakteristischen Leistung gilt. Im Falle der Ausübung der Dienstleistungsfreiheit käme so, da sich die Niederlassung in einem vom Mitgliedstaat der Dienstleistungserbringung verschiedenen Mit- 11

---

5 Vgl. nur ARGE Heilberufskammern, S. 3.
6 Europäisches Parlament, Änderungsantrag 14.
7 Dazu *Basedow* EuZW 2004, S. 423 f.; *Mankowski* IPrax 2004, S. 385 ff.
8 Übereinkommen von Rom aus dem Jahr 1980 über das auf vertragliche Schuldverhältnisse anzuwendende Recht – Rom I.

gliedstaat befindet, das „ausländische Recht" zur Anwendung. Diese Lösung entspricht nicht zuletzt auch den Erwartungen der Vertragsparteien, wenn ein Vertrag mit einem Dienstleistungserbringer geschlossen wird, der die Dienstleistung durch eine ausländische Niederlassung erbringt.

12 Im Bereich der Niederlassungsfreiheit wird der Berufsträger durch eine Niederlassung im Land der Dienstleistungserbringung tätig. Hier integriert sich der Dienstleistungserbringer so vollständig in den nationalen Markt, dass allein das Privatrecht des Landes der Dienstleistungserbringung gilt.

13 Auch dem **Verbraucherschutz** trägt das Internationale Privatrecht Rechnung, indem es ohne Rechtswahlvereinbarung auf das Recht des Staates verweist, in dem der Verbraucher seinen gewöhnlichen Aufenthalt hat, und bei einer Rechtswahlvereinbarung in der Regel verhindert, dass zwingende Verbraucherschutzregelungen des Staates des gewöhnlichen Aufenthaltes abgewählt werden. Ferner ist darauf hinzuweisen, dass das Verbraucherschutzrecht selbst in großem Umfang in der Europäischen Union harmonisiert ist.

III. Marktverhaltensrecht der reglementierten freien Berufe

1. Bedeutung und Entwicklungslinien der Rechtspraxis

14 Das Berufsrecht der freien Berufe ist anders als das Gewerbe- und Handwerksrecht durch zahlreiche **berufsspezifische Vorgaben für das Marktverhalten** einschließlich der Organisationsformen der beruflichen Betätigung gekennzeichnet. Da diese in den letzten Jahren Gegenstand zahlreicher grundsätzlicher Verfahren vor dem Bundesverfassungsgericht und EuGH waren, gebührt ihnen besondere Aufmerksamkeit.

15 Das Bundesverfassungsgericht hat sich bereits in seinen Klassikern zum Grundrecht der Berufsfreiheit mit dem Recht der reglementierten freien Berufe befasst. Sowohl das für die Dogmatik des Grundrechts aus Art. 12 GG wegweisende Apothekenurteil[9] als auch die Facharztentscheidung[10] betrafen diesen Bereich des Berufsrechts und

---

9 BVerfGE 7, 377 ff.
10 BVerfG 33, 303 ff.

entwickelten grundlegende und praktisch wirksame Maßstäbe in Bezug auf die **Berufswahlfreiheit**.[11]

Als weitaus weniger intensiv erwies sich demgegenüber die verfassungsgerichtliche Kontrolle von **Berufsausübungsregelungen**, zu denen auch der größte Teil des Berufsrechts der reglementierten freien Berufe gehört.[12] Zwar hatte das Bundesverfassungsgericht bereits in seiner Kassenarztentscheidung deutlich gemacht, dass auch bei Berufsausübungsregelungen unter bestimmten Voraussetzungen von einer hohen Eingriffsintensität und damit verbundenen erhöhten Rechtfertigungsanforderungen ausgegangen werden kann.[13] Zu praktisch bedeutsamen Korrekturen berufsrechtlicher Regelungen[14] kam es über viele Jahrzehnte indes nicht.

Beginnend mit einer Entscheidungsserie zum Recht der Werbung von Apothekern ab dem Jahr 1996[15] kam es zu einer **Trendwende**, die zu einer mit **höherer Kontrolldichte** verbundenen Rechtsprechungspraxis führte. Methodisch basierte diese auf einer strengeren Anwendung des Grundsatzes der Verhältnismäßigkeit durch Beschränkung der gesetzgeberischen Gestaltungsfreiheit.[16] Diese Neuausrichtung hat in Abhängigkeit von den das Bundesverfassungsgericht erreichenden Verfahren[17] inzwischen auch die Freiberuflergesellschaft erreicht.

16

17

2. Organisationsbezogene Anforderungen

a) **Verbot des Fremdbesitzes**. Die umstrittenste organisationsbezogene Beschränkung im Recht der freien Berufe war in den letzten Jahren das Fremdbesitzverbot, und dies nicht nur bei den Apothekern, bei denen es durch die *Doc-Morris*-Entscheidung des EuGH besondere öffentliche Aufmerksamkeit erfahren hat.[18] Unter einem **Fremdbesitzverbot** versteht man Regelungen, die die Eigentümer-

18

---

11 Kritische Detailanalyse bei *Lücke* Die Berufsfreiheit, 1994.
12 Zu den wichtigsten Regelungsbereichen näher *Kluth/Goltz/Kujath* Die Zukunft der freien Berufe in der Europäischen Union, 2005, S. 22 ff.
13 BVerfGE 11, 30 (42 f.).
14 Zur Einordnung von Werbeverboten als unproblematischen Berufsausübungsregelungen siehe etwa BVerfGE 71, 162 (172).
15 BVerfGE 94, 372 ff. Zur Entwicklung *Kluth/Goltz/Kujath* Die Zukunft der freien Berufe in der Europäischen Union, 2005, S. 54 ff.; *Wolf* Anwaltliche Werbung, 2011.
16 Dem lag (unausgesprochen) die Annahme einer höheren Eingriffsintensität zugrunde. Zur Wechselwirkung von Kontrolldichte und Eingriffsintensität *Scherzberg* Grundrechtsschutz und Eingriffsintensität, 1989.
17 Einen Überblick zur Rechtsprechung (auch der Fachgerichte und des EuGH) geben die jährlichen Berichte zur berufsrechtlichen Rechtsprechung im Jahrbuch des Kammer- und Berufsrechts.
18 EuGH Urt. v. 19.5.2009 verb. Rs. C-171/07 und C-172/07 – DocMorris.

oder Gesellschafterstellung bei einer freiberuflichen Praxis den Angehörigen des Berufsstandes vorbehalten, also einen Besitz durch berufsfremde Personen ausschließen (deshalb Fremdbesitzverbot). Zu unterscheiden ist zwischen verschiedenen Erscheinungsformen des absoluten und relativen Fremdbesitzverbotes. **Absolut** ist ein Fremdbesitzverbot, wenn eine Beteiligung als Gesellschafter durch Berufsfremde vollständig ausgeschlossen ist. Das ist nur selten der Fall. Beispiele sind etwa die Notare. **Relativ** ist ein Fremdbesitzverbot, wenn die Kapitalmehrheit in der Hand von Berufsträgern liegen muss. Man kann auch Regelungen, bei denen die Gesellschafterstellung auf Berufsträger beschränkt wird, mit denen eine Kooperation eingegangen werden darf, als relative Fremdbesitzverbote bezeichnen. Ergänzt wird in solchen Fällen eine Regelung dahingehend, dass auch die Geschäftsführung durch Berufsträger ausgeübt werden muss. Beispiele dazu finden sich ua in § 59c und § 59f BRAO sowie § 28 Abs. 4 WPO. Eng mit dem Fremdbesitzverbot verbunden sind Vorgaben, die bestimmte Anforderungen an die Rechtsform für die Ausübung einer freiberuflichen Tätigkeit stellen, sowie Regelungen zur multidisziplinären Tätigkeit bzw. deren Beschränkung.

19 Die berufspolitische Bedeutung des Fremdbesitzverbotes erschließt sich nur aus einer Zusammenschau mehrerer Faktoren: Die erste Ebene bezieht sich auf die Berufsausübung. Hier soll verhindert werden, dass die Berufsausübung direkt oder indirekt durch berufsfremde Personen beeinflusst wird. Es soll insbesondere verhindert werden, dass die besonderen berufsrechtlichen Standards in Bezug auf Vertraulichkeit und Gemeinwohlbindung durch einseitig ökonomische Zielvorgaben gefährdet werden. Die zweite Ebene ist ebenfalls stark berufsrechtlich geprägt und zielt auf die Sicherung der persönlichen Leistungserbringung durch den Berufsträger ab. Um diese Vorgabe sicherzustellen wird das Fremdbesitzverbot nicht selten noch durch ein Mehrbesitzverbot ergänzt. Beides führt im Zusammenwirken schließlich dazu, dass eine mittelständische Struktur der freiberuflichen Dienstleistungstätigkeiten bewahrt und die Bildung von Ketten verhindert wird. Eine dritte Ebene erschließt sich aus diesem Kontext: Durch ein Fremdbesitzverbot wird die Chance für den einzelnen Berufsträger zur selbständigen Berufsausübung erhöht. Mit dieser Begründung versucht zB *Christian Starck*, die Abschaffung des Fremdbesitzverbotes als Einschränkung der Berufswahlfreiheit zu qualifizieren.

Es gibt im heutigen Berufsrecht der freien Berufe in Deutschland 20
keine einheitlichen Normen zum Fremd- und Mehrbesitzverbot.
Die Regelungen unterscheiden sich zumindest in den Details voneinander und man kann sich in der Tat fragen, ob diese Unterschiede in jedem Fall durch Besonderheiten des jeweiligen Berufsrechts ausreichend gerechtfertigt werden können.[19] Am weitesten gehen die Restriktionen bei den Apothekern und Notaren, wobei bei letzteren zudem darum gestritten wird, inwieweit ihre Tätigkeiten hoheitlicher Natur sind und deshalb dem Anwendungsbereich der Grundfreiheiten gem. Art. 51 AEUV ohnehin entzogen sind.[20]

Es gibt aber auch **kein einheitliches ökonomisches Modell** der 21
freiberuflichen Berufsausübung. Die großen Rechts-, Steuerberatungs- und Wirtschaftsprüfungsgesellschaften haben die mittelständische Prägung längst verlassen. Ihre Existenz hat aber nicht dazu geführt, dass Einzelkanzleien und kleine Sozietäten verschwunden wären. Es ist vielmehr eine bunte Vielfalt anzutreffen, innerhalb der sich Freiberuflichkeit präsentiert. Auch innerhalb der Berufsorganisationen gehen die Beurteilungen über die einzelnen Restriktionen weit auseinander.

Auch der Blick auf andere Berufe und Märkte kann helfen. So zeigt 22
der Bereich der Augenoptik, dass die Existenz von starken Filialisten zwar die Märkte verändert, aber nicht zu einem völligen Aussterben kleiner und mittelständischer Betriebe führt. Weiter muss berücksichtigt werden, dass auch ein Wandel der Anforderungen der Berufsträger an die Berufsausübung zu konstatieren ist. Vor allem dort, wo der Anteil weiblicher Berufsträger hoch ist, gibt es ein stärkeres Interesse an Teilzeitarbeit und Integration in Gemeinschaftspraxen, die unter anderem die Koordination von Beruf und Familie erleichtern.

Die berufsrechtlichen Regelungen zum Fremd- und Mehrbesitz- 23
verbot sowie zu den Rechtsformwahlbeschränkungen sind von Beginn an auch aus verfassungsrechtlicher Perspektive kritisch diskutiert worden.[21] Aus dem Blickwinkel der Berufsfreiheit geht es um Eingriffe, die je nach Betrachtungsweise in die Berufswahlfreiheit oder in die Berufsausübungsfreiheit eingreifen, im letzteren Fall aber mit solcher Intensität, dass der Eingriff in seinen Auswirkungen ei-

---

19 Kritisch *Grunewald* in: Leible (Hrsg.) Die Umsetzung der Dienstleistungsrichtlinie, 2008, S. 175 (183).
20 *Nuckelt* in: Kluth (Hrsg.) Jahrbuch des Kammer- und Berufsrechts 2007, 2008, 354 ff.
21 Exemplarisch und mit weiteren Nachweisen *K. H. Friauf* Das apothekenrechtliche Verbot des Fremd- und Mehrbesitzes, 1992, S. 8 ff.

nem Eingriff in die Berufswahlfreiheit gleichkommt, so dass die gleichen hohen Rechtfertigungsanforderungen gelten.[22] Gleichwohl konnten sie sich auch deshalb behaupten, weil das Bundesverfassungsgericht dem Gesetzgeber in diesem Bereich einen nicht unerheblichen Gestaltungsspielraum zugestanden hat.[23]

24 Das Prüfkriterium zur Rechtsformbeschränkung ist in Art. 15 Abs. 2 DLRL verankert und zwar unter Buchstabe c). Danach gilt: Die Mitgliedstaaten prüfen, ob ihre Rechtsordnung die Aufnahme oder Ausübung einer Dienstleistungstätigkeit von Anforderungen im Hinblick auf die Beteiligungen am Gesellschaftsvermögen abhängig macht. Das ist eine sehr offene Regelung, die aber so zu verstehen ist, dass sie vor allem die so genannten Fremdbesitzverbote erfasst. Man kann darüber streiten, ob damit auch Mehrbesitzverbote erfasst sind, oder ob diese nur von lit. e erfasst werden. Gute Gründe sprechen dafür, Mehrbesitzverbote auch hier zu subsumieren. Rechtfertigungsbedürftig sind sie aber allemal.

25 Die primärrechtliche Verankerung ergibt sich in diesem Fall explizit aus der Rechtsprechung des EuGH zum Fremdbesitzverbot. *Leading case* ist hier die Entscheidung des EuGH vom 21.4.2005 zu der griechischen Regelung zum Fremdbesitzverbot im Bereich der Augenoptik, dessen stringente Argumentation auch bei der Überprüfung anderer Fremdbesitzverbote zugrunde gelegt werden sollte.[24]

26 Die **sachliche Begründung** für die Fremdbesitz- und -beteiligungsverbote wird in der deutschen Gesetzgebung darin gesehen, dass jeder Einfluss von Nicht-Berufsträgern auf die Berufsausübung der Freiberufler ausgeschlossen werden muss. Das gilt auch für eine mittelbare Beeinflussung durch primär finanzielle Anreize, wie sie durch Teilhaber ausgeübt werden können, die ihre Mitwirkung in der freiberuflichen GmbH nur als Kapitalanlage praktizieren. Vor diesem Hintergrund haben Rechtsprechung und Praxis in den letzten Jahren die Gestaltungsfreiheit zwar erhöht, indem auch die Aktiengesellschaft bei Rechtsanwälten zugelassen wurde.[25] Das Fremdbesitz-

---

22 Zu dieser Argumentationsfigur bereits BVerfGE 16, 147 (167).
23 BVerfGE 17, 232 ff.
24 EuGH Rs. C-140/03, Slg. 2005, I-3177 (Kommission/Griechenland); siehe dazu auch *Streinz/Herrmann* EuZW 2006, 455 ff.; allgemein zur Fragestellung: *Friauf* Das apothekenrechtliche Verbot des Fremd- und Mehrbesitzes, 1992, S. 13 ff.; *C. Starck* Die Vereinbarkeit des apothekenrechtlichen Fremd- und Mehrbesitzverbotes mit den verfassungsrechtlichen Grundrechten und dem gemeinschaftsrechtlichen Niederlassungsrecht, 1999. Siehe auch *Burk* Die Funktionen der unabhängigen Apotheke für die Arzneimittelversorgung der GKV und das Fremd- und Mehrbesitzverbot, 2008.
25 BGH NJW 2006, 1132.

verbot wurde aber bislang nur vereinzelt grundlegend in Frage gestellt.²⁶ In seiner *Doc-Morris*-Entscheidung hat der EuGH das apothekenrechtliche Fremdbesitzverbot in erster Linie aus kompetenzrechtlichen Gründen nicht beanstandet: Weil das Apothekenrecht nicht harmonisiert ist und es sich um besonders sensible Güter mit Bedeutung für die Gesundheit handle, stehe den Mitgliedstaaten ein Gestaltungsspielraum zu und die beschränkende Wirkung sei nicht zu beanstanden.²⁷

Fremd- und Mehrbesitzverbote müssen sich vor der **Niederlassungs- und Kapitalverkehrsfreiheit** des AEUV rechtfertigen lassen.²⁸ Bei der Niederlassungs- und Kapitalverkehrsfreiheit orientiert sich die neuere Diskussion an der bereits erwähnten Optiker-Entscheidung des EuGH, die eine griechische Regelung betraf, die einem Optiker nur den Betrieb einer Betriebsstätte erlaubte und auch eine Kapitalbeteiligung Dritter verbot, also ein sehr rigides Mehr- und Fremdbesitzverbot statuierte.²⁹ In der Begründung dieser Entscheidung hat der EuGH sehr knapp und klar festgestellt, „dass das Ziel des Schutzes der öffentlichen Gesundheit, auf das die Hellenische Republik sich beruft, mit Maßnahmen erreicht werden kann, die die Niederlassungsfreiheit sowohl natürlicher Personen als auch juristischer Personen weniger einschränken, zB durch das Erfordernis, dass in jedem Optikergeschäft als Arbeitnehmer oder als Gesellschafter diplomierte Optiker anwesend sein müssen, durch die für die zivilrechtliche Haftung für das Verhalten eines Dritten geltenden Vorschriften sowie durch Bestimmungen, die eine Berufshaftpflichtversicherung vorschreiben". Auch wenn Rechtsdienstleistungen, Arzneimittel und die Dienstleistungsgegenstände anderer freier Berufe sich nicht unwesentlich von Brillen und Kontaktlinsen unterscheiden und insoweit auch die Interessen des Gesundheits- und Verbraucherschutzes höher gewichtet werden können, ist anzuerkennen, dass die Argumentation als solche ohne weiteres auf andere freiberufliche Dienstleistungen übertragen werden kann, da zusätzliche Gefahrenquellen

27

---

26 Siehe insbesondere *Kleine-Cosack* DB 2007, 1851 ff.
27 OVG Saarlouis LKRZ 2007, 155 ff.; siehe dazu auch *Streinz/Herrmann* EuZW 2006, 455 ff.; *Kruis* EuZW 2007, 175 ff.; *Martini* DVBl. 2007, 10 ff.
28 Zum Verhältnis beider Grundfreiheiten vgl. *Bröhmer* in: Calliess/Ruffert (Hrsg.) EUV/EGV 3. Auflage 2007, Art. 56 Rn. 16 ff.; siehe auch *Kiemel* in: von der Groeben/Schwarze (Hrsg.) 6. Auflage 2003, Vorb. zu den Art. 56 bis 60 EG Rn. 2 f., der in der Kapitalverkehrsfreiheit eine Ergänzung und Verstärkung der Niederlassungsfreiheit sieht.
29 EuGH Rs. C-140/03, Slg. 2005, I-3177 (Kommission/Griechenland).

für den Fall, dass ein Handeln des Freiberuflers in gleicher Weise gesichert ist wie bisher, nicht ersichtlich sind.[30]

28   Vor diesem Hintergrund erscheint auch die auf dem Optikerurteil beruhende Prüfungsvorgabe des Art. 15 Abs. 2 und 3 DLRL verständlich. Nach Absatz 2 lit. c prüfen die Mitgliedstaaten, ob ihre Rechtsordnung die Aufnahme oder Ausübung einer Dienstleistungstätigkeit von Anforderungen im Hinblick auf die Beteiligungen am Gesellschaftervermögen abhängig macht. Soweit dies der Fall ist muss nach Absatz 3 geprüft werden, ob die damit verbundenen Anforderungen nicht diskriminierend, erforderlich und verhältnismäßig sind. Erforderlich sind sie (nur) dann, wenn sie durch einen zwingenden Grund des Allgemeininteresses gerechtfertigt sind. Verhältnismäßigkeit ist unter anderem (nur dann) gegeben, wenn die Anforderungen nicht über das hinausgehen, was zur Erreichung des Zieles erforderlich ist, und dieses nicht durch weniger einschneidende Maßnahmen erreicht werden kann.

29   Problematisch ist vor allem die Erfüllung der letzten Anforderung, denn es ist ohne weiteres denkbar, dass in dem Gesellschaftsvertrag die Erteilung von (An-)Weisungen gegenüber den Berufsträgern durch Nicht-Berufsträger ausgeschlossen wird. Es bleibt dann alleine das Argument, dass dies eine nicht in gleicher Weise wirksame Schutzmaßnahme darstellt, da auf Umwegen ein wirtschaftlicher Druck ausgeübt werden kann. Berücksichtigt man aber, dass stille Beteiligungen auch nach aktueller Rechtslage zugelassen werden und dass auch bei einer solchen Konstellation ein wirtschaftlicher Druck nicht völlig auszuschließen ist, so verblasst auch die Wirkung dieses Arguments.[31]

30   Auch neuere Versuche, Fremdbesitzverbote durch den präventiven Verbraucherschutz zu begründen, dürften gegenüber der EU-Kommission daran scheitern, dass schützende Vorkehrungen auf der Verhaltensebene, die dann aber auch unverzichtbar sind und wirksam sanktioniert werden müssen, ausreichen und weiter gehende Beschränkungen der Berufs-, Niederlassungs- und Kapitalverkehrsfreiheit nicht erforderlich und damit unverhältnismäßig sind.[32]

---

30 Vgl. auch näher *Starck*, Die Vereinbarkeit des apothekenrechtlichen Fremd- und Mehrbetriebsverbotes mit den verfassungsrechtlichen Grundrechten und dem gemeinschaftsrechtlichen Niederlassungsrecht, 1999, S. 42, der entscheidend auf die Interessen des Gesundheits- und Verbraucherschutz abstellt.
31 Dazu und zu der Altregelung für Steuerberatungsgesellschaften *Kleine-Cosack* Liberalisierung des Gesellschaftsrechts der Freiberufler, DB 2007, 1851 (1854 f.).
32 Siehe zum Fremdbesitzverbot durch Verbraucherschutz *Dettling/Mand* Fremdbesitzverbote und präventiver Verbraucherschutz, 2006. Siehe auch *Burk* Die Funktionen

Das heißt nicht, dass Fremd- und Mehrbesitzverbote überhaupt 31
nicht gerechtfertigt werden können. Es zeigt nur, dass die Begründung über einen präventiven Verbraucherschutz auf der organisationsrechtlichen Ebene die Kommission schwerlich überzeugen dürfte. Es reicht nicht aus, ein in sich schlüssiges Modell zu entwickeln, das der Verwirklichung legitimer Zwecke auf einem hohen Niveau dient, wie es beim Leitbild des „Apothekers in seiner Apotheke" und den übrigen freien Berufen, bei denen die Gesellschafterstellung den berufsangehörigen vorbehalten wird, der Fall ist.

Zu beachten ist weiterhin, dass selbst der deutsche Gesetzgeber bei 32
einigen freien Berufen das vom EuGH und der EU-Kommission bevorzugte Modell bereits umgesetzt hat, also Schutzmechanismen nur auf der *Handlungsebene* und nicht auf der *Organisationsebene* einsetzt. Nach der letzten Novelle der Musterberufsordnung der Ärzte und ihrer zumindest teilweisen Übernahme durch die Berufsordnung und Heilberufsgesetze gilt etwa für Krankenhausärzte, Ärzte in medizinischen Versorgungszentren und nach der letzten Änderung der Musterberufsordnung in einigen Bundesländern auch für niedergelassene Ärzte, die auch mit anderen nichtakademischen Gesundheitsberufen kooperieren dürfen. Da es sich beim Arztberuf um professionell anspruchsvolle und sensible Dienstleistungen handelt, fällt es schwer, diese Entwicklung zu ignorieren oder als nicht maßgeblich zu bezeichnen.

Wenn relative Fremdbesitzverbote beibehalten werden sollen, so 33
müssen die Begründungen vertieft und aus anderen Gesichtspunkten abgleitet werden, die bislang eher als sekundäre Effekte der bisherigen Regelungen wahrgenommen werden. So wäre zu überlegen, inwieweit durch Fremdbesitzverbote mittelständische Strukturen bewahrt werden, die dazu beitragen können, die Versorgungssicherheit zu erhöhen, und dem Ziel der langfristigen Sicherung von Wettbewerb dienen können. Es geht damit um wirtschaftsstrukturelle Gesichtspunkte, zu denen es aber noch an verlässlichen empirischen Erkenntnissen fehlt.

In diesem Zusammenhang ist auch Art. 15 Abs. 4 DLRL in den 34
Blick zu nehmen. Auch dieser regelt nicht etwas Neues, sondern wendet die für Dienstleistungen von allgemeinem wirtschaftlichem

---

der unabhängigen Apotheke für die Arzneimittelversorgung der GKV und das Fremd- und Mehrbesitzverbot, 2008, passim, der auf die flächendeckende Sicherung der Arzneimittelversorgung abstellt, sowie *Kleine-Cosack* DB 2007, 1851 (1854 f.), der ua gesetzliche Informationspflichten über die Beteiligungsverhältnisse verlangt.

Interesse in Art. 106 Abs. 2 AEUV getroffene Sonderregelung an, die zudem im Zusammenhang mit Art. 14 AEUV zu interpretieren ist.

35 Bislang hat man die Dienstleistungen von allgemeinem wirtschaftlichem Interesse vor allem im Zusammenhang mit der Kommunalwirtschaft und den Infrastrukturdienstleistungen in Verbindung gesetzt und unter der Überschrift „Daseinsvorsorge" diskutiert.[33] Freiberufliche Dienstleistungen tauchten nicht oder nur am Rande der Diskussionen auf. Vom sachlichen Anwendungsbereich ist es aber durchaus denkbar, auch freiberufliche Dienstleistungen zuzuordnen und damit auch die damit verbundenen größeren Gestaltungsspielräume zu nutzen. Deshalb sollen die tatbestandlichen Voraussetzungen und die Anforderungen an Ausnahmen von den allgemeinen Vorschriften kurz skizziert werden.

36 Die Formulierung „allgemeines wirtschaftliches Interesse" in Art. 14, 106 Abs. 2 AEUV bezieht sich auf alle wirtschaftlichen Aktivitäten zur Sicherung der Infrastruktur und Daseinsvorsorge sowie Tätigkeiten im Interesse der öffentlichen Sicherheit.[34] Die Rechtsprechung spricht von „Leistungen zugunsten sämtlicher Nutzer im gesamten Hoheitsgebiet des betreffenden Mitgliedstaates, ohne Rücksicht auf Sonderfälle und auf die Wirtschaftlichkeit jedes einzelnen Vorgangs".[35]

37 Das allgemeine wirtschaftliche Interesse wird unionsrechtlich nicht definiert. Nach Art. 106 Abs. 2 AEUV sind die mit Dienstleistungen von allgemeinem wirtschaftlichem Interesse betrauten Unternehmen diejenigen, denen eine besondere Aufgabe übertragen wurde. Die Definition dieser Aufgaben erfolgt durch die Mitgliedstaaten unter Berücksichtigung eines möglichst breit gestreuten Meinungsspektrums unter besonderer Berücksichtigung der Nutzer der Dienstleistungen.[36] Die Entscheidung ist von den Gemeinschaftsorganen lediglich

---

33 Siehe etwa Cox (Hrsg.) Daseinsvorsorge und öffentliche Dienstleistungen in der Europäischen Union, 2000; *Pielow* Grundstrukturen öffentlicher Versorgung, 2001, S. 41 ff.; *Möstl* in: FS Badura, 2004, S. 951 ff.
34 Vgl. EuGH Rs. C-266/96, Slg. 1998, I-3949 Rn. 45, 60 – Corsica Ferries France; *Jung* in: Calliess/Ruffert EUV/EGV, 3. Auflage 2007, Art. 86 EGV Rn. 36.
35 EuGH Rs. C-320/91, Slg. 1993, I-2533 Rn. 15 – Corbeau; EuG Rs. T-528 ua/93, Slg. 1996, II-649 Rn. 116 – Métropole télévision.
36 Siehe *Europäische Kommission* Entscheidung zur Anwendung von Art. 86 Abs. 2 EGV, ABl. 2005 L 312/67, Erwägungsgrund 10. Vgl. auch *Dohms* in: Schwarze (Hrsg.) Daseinsvorsorge im Lichte des Wettbewerbsrechts, 2001, S. 41 (58).

auf ihre offenkundige Fehlerhaftigkeit überprüfbar, was einen breiten mitgliedstaatlichen Gestaltungsspielraum eröffnet.[37]

Liegen diese Voraussetzungen vor, was bei einigen freiberuflichen Dienstleistungen sicher der Fall ist, so können besondere Beschränkungen gerechtfertigt werden, wenn die Dienstleistungen ansonsten nicht erbracht werden können. Die dabei zu berücksichtigenden Anforderungen hat die Rechtsprechung in den letzten Jahren gelockert. Insbesondere ist der Verweis auf eine interne Quersubventionierung relativiert worden. 38

Diese kurzen Hinweise sollen nur zeigen, dass es unter bestimmten Voraussetzungen möglich sein dürfte, Privilegien für freiberufliche Dienstleistungen zu begründen, die auch die Einführung von Fremd- und Mehrbesitzverboten rechtfertigen könnten. 39

Fremd- und Mehrbesitzverbote können auch dazu beitragen, den Leistungswettbewerb strukturell abzusichern. Es kann deshalb auch überlegt werden, ob wettbewerbsrechtliche Zielsetzungen zur Begründung von beschränkenden Regelungen herangezogen werden können. Dieser Ansatz könnte zB dazu dienen, die Entstehung von Marktmacht auf nachgelagerten Marktstufen im Bereich des Apothekenwesens zu unterbinden, indem zB den Arzneimittelherstellern und den Großhändlern der Besitz von Apotheken untersagt wird. Es würde sich insoweit nur um relative Fremdbesitzverbote handeln. 40

b) Rechtsformbeschränkungen. In Art. 15 Abs. 2 DLRL ist ebenfalls ein **Prüfkriterium zur Rechtsformbeschränkung** verankert und zwar unter Buchstabe b. Danach gilt: Die Mitgliedstaaten prüfen, ob ihre Rechtsordnung die Aufnahme oder Ausübung einer Dienstleistungstätigkeit von der Verpflichtung des Dienstleistungserbringers abhängig macht, eine bestimmte Rechtsform zu wählen. Dabei kann man die Vorgabe weit verstehen und eine Pflicht zur Wahl einer bestimmten Rechtsform auch dann annehmen, wenn bestimmte Rechtsformen ausgeschlossen werden. 41

Der EuGH hat in seiner umfangreichen Rechtsprechung zur Niederlassungsfreiheit auch eine Reihe von Fällen behandelt, die Rechtsformwahlbeschränkungen betrafen. Eine freiberufliche Betätigung war davon bislang jedoch nicht betroffen. Die Argumentation in der 42

---

37 Vgl. auch *Pielow* Grundstrukturen öffentlicher Versorgung, 2001, S. 79–83; *Dohms* in: Schwarze (Hrsg.) Daseinsvorsorge im Lichte des Wettbewerbsrechts, 2001, S. 41 (58).

Rechtssache Placanica[38] ist aber der Begründung von Beschränkungen der Rechtsformwahl im Recht der freien Berufe durchaus vergleichbar.

43 Die italienische Regelung zum Glücksspiel sah ua vor, dass sich Kapitalgesellschaften nicht um Konzessionen bewerben können, weil bei ihnen die dahinter stehenden natürlichen Personen nicht auf ihre Zuverlässigkeit (zur Vermeidung betrügerischer Absichten) überprüft werden können. Der EuGH hat argumentiert, dass ein solches Verbot nicht erforderlich ist, da es mildere Mittel wie Auskunftspflichten gibt, die den gleichen Zweck verwirklichen.[39]

44 Der BGH hat eine vergleichbare Argumentation in der Debatte über die Zulässigkeit der Verwendung der **Rechtsform der Aktiengesellschaft** für die anwaltliche Berufsorganisation verwendet.[40] Es müssen die Gestaltungsmöglichkeiten des Gesellschaftsrechts berufsrechtskonform genutzt werden. Die Flexibilität des Gesellschaftsrechts ist in den meisten Fällen ausreichend groß, um den berufsrechtlichen Rechnung zu tragen.

45 Es gibt unbestreitbare Vorzüge des institutionellen bzw. organisationsrechtlichen Regelungsansatzes des deutschen Rechts, wenn es nur darum geht, die Verwirklichung der damit verfolgten Ziele zu beurteilen. Die Dienstleistungsrichtlinie und das in ihr zum Ausdruck kommende Primärrecht werfen mit den Grundfreiheiten aber ein Gegengewicht in die Waagschale, dem in der deutschen Rechtsordnung bislang nicht die gleiche Aufmerksamkeit und Bedeutung beigemessen wird, und verbinden dies mit einer strengeren Verhältnismäßigkeitskontrolle, als wir sie beim Grundrecht der Berufsfreiheit gewohnt sind.

46 c) **Beschränkungen der interprofessionellen Kooperation.** In einer Entscheidung vom 14.1.2014[41] hatte das Bundesverfassungsgericht zu klären, ob bei einer Gesellschaft mit beschränkter Haftung zum Zweck der gemeinsamen Berufsausübung von Rechts- und Patentanwälten Regelungen das Grundrecht der Berufsfreiheit verletzen, soweit sie zugunsten einer der beteiligten Berufsgruppen deren

---

38 EuGH verb. Rs. C-338/04 ua, EuZW 2007, 209 Rn. 62 – Placanica; *Cornils* in: Schlachter/Ohler (Hrsg.) EU-Dienstleistungsrichtlinie, 2008, Art. 15 Rn. 10.
39 EuGH verb. Rs. C-338/04 ua, EuZW 2007, 209 Rn. 62 – Placanica; *Kleine-Cosack* DB 2971, 1851 (1854f.).
40 Vgl. BGHZ 161, 376 ff. Siehe dazu näher *Henssler* in: ders./Streck (Hrsg.) Handbuch des Sozietätsrechts, 2001, S. 757 ff.
41 BVerfGE 135, 90 ff. Dazu *Römermann* NZG 2014, 481 ff.; *Kämmerer* DStR 2014, 670 f.

§ 23. Berufszugangsregelungen u. Marktverhaltensrecht 409

Anteils- und Stimmrechtsmehrheit (konkret: § 59e Abs. 2 S. 1 BRAO und § 52e Abs. 2 S. 1 PAO) sowie deren Leitungsmacht (konkret: § 59f Abs. 1 S. 1 BRAO und § 52f Abs. 1 S. 1 PAO) und Geschäftsführermehrheit (konkret: § 59f Abs. 1 S. 2 BRAO) vorschreiben und bei einer Missachtung eine Zulassung als Rechtsanwalts- oder Patentanwaltsgesellschaft ausschließen.

Die mit den Vorgaben für die Ausgestaltung der Mitgliedschafts- und Leitungsstrukturen der Berufsgesellschaft verbundene Beschränkung der Freiheit der Berufsausübung darf nach allgemeinen Grundsätzen der Grundrechtsdogmatik nur im Hinblick auf legitime Zwecke erfolgen. Bereits auf dieser Ebene macht das Bundesverfassungsgericht deutlich, dass es nicht alle in der Berufsgesetzgebung verfolgten Zwecke für verfassungsrechtlich zulässig hält. Zwar verfolge der Gesetzgeber mit der Sicherung sowohl der beruflichen Unabhängigkeit als auch der berufsrechtlichen Qualifikationsanforderungen sowie der Beachtung des maßgeblichen Berufsrechts zur Wahrung von Entscheidungsgewalt und Einfluss der aufgrund der Zulassung als Rechtsanwalts- oder Patentanwaltsgesellschaft jeweils gesellschaftsprägenden Berufsgruppe hinreichend legitime Zwecke. Der Schutz der Rechtsuchenden vor Irreführung scheide hingegen zur Rechtfertigung eines Eingriffs in die Berufsfreiheit aus.[42] 47

Diese für den weiteren Gang der Argumentation eigentlich verzichtbare Feststellung ist insoweit von Bedeutung, weil sie deutlich macht, dass berufsrechtliche Regelungen jedenfalls nicht pauschal mit dem Hinweis auf verbraucherschützende Zwecke legitimiert werden können. Nachdem das Bundesverfassungsgericht offen lässt[43], ob die angegriffenen Vorschriften zur Erreichung der festgestellten legitimen Zwecke überhaupt geeignet sind, widmet es sich akribisch der Kontrolle der Erforderlichkeit der beschränkenden Regelungen, die letztlich unter drei Gesichtspunkten verneint wird. Das erste Verdikt stützt das Gericht auf das Argument, dass überall dort, wo verhaltensbezogene Sanktionen möglich sind, organisatorische Beschränkungen überflüssig werden.[44] In gleicher Weise hält das Gericht die Regelung auch im Hinblick auf die Sicherung von ausbildungsbezogenen Qualitätsanforderungen für nicht erforderlich.[45] Und da aller guten Dinge drei sind, kippt das Gericht die Regelung zusätzlich 48

---
42 BVerfGE 135, 90 (117).
43 BVerfGE 135, 90 (118).
44 BVerfGE 135, 90 (118).
45 BVerfGE 135, 90 (120f.).

noch aus dem Blickwinkel der Verhinderung berufsrechtswidrigen Handelns.[46] Damit bleibt allen gesetzgeberischen Rechtfertigungsgründen die Anerkennung versagt.

49 Die Argumentation des Bundesverfassungsgerichts ist zwar auf Grund der vorgegebenen Fallkonstellation auf Rechts- und Patentanwälte bezogen. Sie lässt sich aber ohne weiteres auf die vergleichbaren Regelungen im Berufsrecht anderer reglementierter freier Berufe übertragen. Dies wird bereits daran deutlich, dass das Bundesverfassungsgericht diese Berufsrechte punktuell in seine Argumentation einbezieht. Vor diesem Hintergrund ist ohne weiteres davon auszugehen, dass die Argumentation und die rechtliche Bewertung der Entscheidung auf das Berufsrecht der Steuerberater übertragen werden kann und muss.

50 Dass der Kooperationswille und das Kooperationsbedürfnis nicht auf „gleichartige" freie Berufe beschränkt ist, sondern es zunehmend auch zu deutlich transdisziplinären Kooperationen kommt, macht die Entscheidung zur Kooperation von Rechtsanwälten mit Ärzten und Apothekern vom 12.1.2016[47] deutlich. Das Bundesverfassungsgericht folgt in dieser Entscheidung den gleichen Prüfungskriterien und stellt die Frage in den Vordergrund, ob die Restriktionen bei der Kooperation im Hinblick auf die verfolgten Zwecke erforderlich sind. Das Gericht analysiert in Bezug auf jeden der angesprochenen Aspekte sowohl die „Gefährdungslage" als auch das zum Schutz der Verschwiegenheitspflicht eingesetzte Instrumentarium. Dabei wird eine wichtige Grenzziehung speziell in Bezug auf interprofessionelle Kooperationen vorgenommen.[48] In Bezug auf diese Gefährdungsanalyse hält das Gericht ein Kooperationsverbot jedoch für nicht erforderlich, weil es dem Mandanten gerade darum geht, den Sachverstand aus mehreren Professionen für seine Zwecke zu nutzen.[49] In dieser Argumentation kommt das starke Interesse des Mandanten an der Ermöglichung einer interprofessionellen Berufsausübung zum Ausdruck mit der Folge, dass die beschränkenden berufsrechtlichen Regelungen auch in Bezug auf seine Interessen und Rechte einer Legitimation bedürfen. Das Bundesverfassungsgericht ist sich im weiteren Gang der Argumentation auch des Umstandes bewusst, dass die Verschwiegenheitspflichten bei den verschiedenen freien Berufen

---

46 BVerfGE 135, 90 (123 ff.).
47 BVerfG NJW 2016, 700. Dazu *Römermann* NJW 2016, 682 ff.
48 BVerfG NJW 2016, 700 (702).
49 BVerfG NJW 2016, 700 (703).

nicht in allen Einzelheiten übereinstimmen und dass es insoweit aus der Perspektive des einzelnen Berufsrechts zu Absenkungen des Schutzniveaus kommen kann, wenn der Informationsaustausch in der interprofessionellen Berufsgesellschaft zugelassen wird. Dieses Risiko hält das Gericht aber für hinnehmbar.[50] Auch in Bezug auf Konflikte, die sich aus der Zusammenarbeit verschiedener Professionen vor dem Hintergrund ihrer unterschiedlichen fachlichen Ausrichtung ergeben können, sind nach Ansicht des Gerichts die damit verbundenen Gefährdungen nicht so gewichtig, dass sie ein Kooperationsverbot rechtfertigen.[51] Damit weist das Gericht auf die gemeinsame Grundorientierung der freien Berufe hin, die nicht nur für eine weite Zulassung von interprofessioneller Kooperation, sondern auch für eine Annäherung der Berufsrechte ins Feld geführt werden können.

3. Werberecht

Auf die in den achtziger Jahren zT nochmals verschärfte Regelungsdichte in den Berufsgesetzen und Berufsordnungen zur Beschränkung der beruflichen Werbung bzw. Kommunikation hat das Bundesverfassungsgericht ab Anfang der neunziger Jahre mit einer verstärkten Verhältnismäßigkeitskontrolle reagiert. Dabei standen zunächst die Regelungen zu den Werbebeschränkungen im Vordergrund.[52] Hierbei wurde die mit den beschränkenden Regelungen verfolgten Zielsetzungen, soweit es nicht um Konkurrenzschutz ging, grundsätzlich gebilligt.[53] Gerügt wurde aber die Unverhältnismäßigkeit sowohl der Beschränkungen der kommerziellen Kommunikation als auch der hohen Sanktionen im Falle von Verstößen.[54] Diese Rechtsprechung hat in allen Berufsgesetzen und -ordnungen zu einer grundlegenden Neuorientierung weg vom grundsätzlichen Werbeverbot hin zum Verbot unsachlicher Werbung geführt.

51

---

50 BVerfG NJW 2016, 700 (705).
51 BVerfG NJW 2016, 700 (706).
52 Vgl. BVerfGE 85, 248 ff.; 94, 372 ff. Dazu *Eickhoff* in: Jahrbuch des Kammerrechts, 2004, 2005, S. 177 ff.; *Kleine-Cosack* Das Werberecht der rechts- und steuerberatenden Berufe, 2. Auflage 2004, S. 22 ff.; *Nuckelt* in: Jahrbuch des Kammer- und Berufsrechts 2007, 2008, S. 354 ff.
53 BVerfGE 94, 372 (391, 395).
54 BVerfGE 94, 372 (393); BVerfG (K) NJW 1990, 2087; NJW 1990 2886; NJW 2002, 3091; NJW 2003, 1027.

412 7. Teil. Das Recht der reglementierten freien Berufe

4. Gesetzliche Preisregulierung

52 Weniger weitreichend waren die Impulse, die von der Entscheidung des Bundesverfassungsgerichts zum Verbot der Erfolgshonorare ausgingen.[55] Das bestehende System der Preisregulierungen wurde weder bei den Rechtsanwälten noch bei anderen Berufen mit Gebührenordnungen wegen des Ausnahmecharakters der Fallkonstellation nicht grundsätzlich in Frage gestellt.

§ 24. Berufsaufsicht und Berufsgerichtsbarkeit der freien Berufe

I. Die Berufsaufsicht über die freien Berufe

1 Die von den Berufskammern und Berufsgerichten ausgeübte Berufsaufsicht ist eine besondere Erscheinungsform der **Wirtschaftsüberwachung**. Die freiberuflichen Kammern überprüfen im Rahmen der Berufsaufsicht, ob die Kammermitglieder ihre berufsrechtlichen Pflichten einhalten. Sie konzentrieren sich dabei auf die Einhaltung des Berufsrechts; anders ist dies zB bei den IHKn, denen auch Überwachungsinstrumente der Wirtschaftsverwaltung verliehen worden sind (vgl. § 49 VwVfG iVm §§ 34d, 35 GewO). Maßstab der Berufsaufsicht ist damit das Berufsrecht des jeweiligen Berufsstandes. Die Grundzüge der Berufsaufsicht und der Berufsgerichtsbarkeit werden im Folgenden exemplarisch am Beispiel des Berufsrechts der Rechtsanwälte nach der BRAO dargestellt.[1]

2 Die Überwachung der Kammerangehörigen ist Ausdruck der hoheitlichen Tätigkeiten der Kammern, die Körperschaften des öffentlichen Rechts sind. Zudem kommt in der Berufsaufsicht durch die Kammern der **Subsidiaritätsgrundsatz** zum Ausdruck, der ua aussagt, dass die sachnähere Stelle für die Aufgabenwahrnehmung zuständig sein soll. Das ist vor allem vor dem Hintergrund zu verstehen, dass die Berufsaufsicht verschiedene Gemeinwohlbelange sichern und auf diese Weise mittelbar das Ansehen der und das Vertrauen in die freien Berufe stärken soll (vgl. § 113 Abs. 2 BRAO).[2]

---

55 BVerfGE 117, 163 ff.
1 Nachweise zu anderen Berufsaufsichts- und Berufsgerichtsnormen finden sich bei *Ruffert* in: Handbuch des Kammerrechts § 10.
2 *Ruffert* in: Handbuch des Kammerrechts § 10 Rn. 1.

Es bestehen verschiedene **berufsbezogene Pflichten**, gegen die ein 3
Berufsträger verstoßen kann. Zu nennen sind etwa die berufswidrige
Werbung (§ 43c BRAO), die berufliche Betätigung in einer unzulässigen Gesellschaftsform (§§ 59 ff. BRAO) oder die pflichtwidrige Verletzung besonderer Pflichten gegenüber dem Kammervorstand
(§§ 56 f. BRAO). Die Berufsaufsicht verfügt über zwei wesentliche
Instrumente: zum einen die Rüge berufswidrigen Verhaltens, zum
anderen die Berufsgerichtsbarkeit (vgl. §§ 74, 113 ff. BRAO).[3] Wird
bereits ein berufsgerichtliches Verfahren durchgeführt, so kann das
streitgegenständliche Verhalten nicht mehr gerügt werden, § 74a
Abs. 2 BRAO. Die Rüge tritt deshalb regelmäßig hinter dem berufsgerichtlichen Verfahren zurück. Daneben gibt es noch die Möglichkeit, durch Schlichtungsausschüsse ein außergerichtliches Streitbeilegungsverfahren anzustrengen.[4]

Die **Rüge** berufswidrigen Verhaltens ist die niedrigste Intervention 4
der förmlichen Berufsaufsicht. Sie drückt die Missbilligung des berufswidrigen Verhaltens aus und kommt dann zum Einsatz, wenn
ein Berufsrechtsverstoß vorliegt, der jedoch nicht so gravierend ist
oder kein Ausdruck einer so schweren Schuld ist, dass ein berufsgerichtliches Verfahren einzuleiten ist (§ 74 Abs. 1 BRAO). Die Rüge
wird in der Regel vom Kammervorstand ausgesprochen, der auch
staatliche Aufsichts- und Ermittlungsbehörden zu informieren hat
(vgl. § 74 Abs. 4 S. 3 BRAO). Diese können dann ihrerseits ggf. weitere Maßnahmen im Rahmen ihrer Zuständigkeit ergreifen. Vor Erteilung der Rüge ist der Betroffene zu hören, § 74 Abs. 3 BRAO.
Die Rüge ist zu begründen und dem Betroffenen iSd §§ 3 ff. VwZG
zuzustellen, § 74 Abs. 3 BRAO.

Gegen die Rüge kann der Betroffene **Einspruch** binnen eines 5
Monats ab Zustellung einlegen. Über den Einspruch entscheidet der
Vorstand, §§ 74 Abs. 5, 74a Abs. 1 BRAO. Weist der Vorstand den
Einspruch ab, so hat der Betroffene die Möglichkeit, ein berufsgerichtliches Verfahren anzustrengen, § 74a BRAO.

II. Die Berufsgerichtsbarkeit der freien Berufe

Die Berufsgesetze der meisten freien Berufe sehen eine eigene **Be-** 6
rufsgerichtsbarkeit vor. Die Berufsgerichte sind staatliche Gerichte

---
3 *Ruffert* in: Handbuch des Kammerrechts § 10 Rn. 2.
4 Nachweise bei *Ruffert* in: Handbuch des Kammerrechts § 10 Rn. 16.

414   7. Teil. Das Recht der reglementierten freien Berufe

für besondere Sachgebiete, die gem. Art. 101 Abs. 2 GG dem Vorbehalt des Gesetzes unterliegen.[5] Sie müssen deshalb mit mindestens einer Person besetzt sein, die zum Richteramt befähigt ist (§ 93 Abs. 2 BRAO: Mindestens zwei Kammermitglieder müssen zum Richteramt befähigt sein). Es ist zulässig, wenn die übrigen Mitglieder des Gerichts keine Juristen sind.[6] Die Mitglieder des Gerichts sind gleichzeitig Mitglieder der freiberuflichen Kammer, in deren Zuständigkeit die Durchführung des Berufsgerichtsverfahrens fällt (§ 94 Abs. 1 S. 2 BRAO).

7   Die Angehörigen der Berufsgerichte genießen dennoch **richterliche Unabhängigkeit**.[7] Sie unterliegen nämlich nicht der Aufsicht der Kammern, sondern allein der begrenzten Aufsicht der staatlichen Stellen (§ 92 Abs. 3 BRAO: Landesjustizverwaltung).

8   Die Berufsgerichte verhandeln Verstöße gegen die Berufsordnung, für die eine Rüge nicht mehr angemessen ist, Einsprüche gegen Rügen des Vorstandes (§ 74 Abs. 5 BRAO) sowie Verfahren, die vom Betroffenen selbst in Gang gesetzt werden (§ 123 BRAO).

9   Das **berufsgerichtliche Verfahren** wird durch einen Antrag eingeleitet – entweder durch den Kammervorstand, eine Ermittlungsbehörde oder den Betroffenen selbst. Die Selbstanzeige soll bewirken, dass der betroffene Berufsträger vom Verdacht der Berufspflichtverletzung entlastet werden kann (§ 123 BRAO). Die Berufsgerichtsbarkeit hat somit nicht allein die Aufgabe, Berufsrechtsverstöße zu sanktionieren und so dem Ansehen der freien Berufe Vorschub zu leisten, sondern erfüllt auch eine Funktion zugunsten der Träger der freien Berufe, indem sie ein berufsgerichtliches Verfahren anstrengen und sich so von existierenden Vorwürfen entlasten können. Beim rechtsanwaltlichen Berufsgerichtsverfahren besteht die Besonderheit, dass der Vorstand der Rechtsanwaltskammer das Verfahren nicht selbst einleiten kann, sondern einen Antrag bei der zuständigen Staatsanwaltschaft des Inhalts stellen muss, dass diese dem Berufsgericht eine Anschuldigungsschrift vorlegt.

10   Der Betroffene hat das **Recht auf Akteneinsicht**, § 117b BRAO. Wird wegen desselben Gegenstandes, der Anlass für das berufsgerichtliche Verfahren ist, Anklage im strafrechtlichen Verfahren erhoben, so ist das berufsgerichtliche Verfahren bis zum Abschluss des

---

5 *Ruffert* in: Handbuch des Kammerrechts § 10 Rn. 9.
6 *Ruffert* in: Handbuch des Kammerrechts § 10 Rn. 9 mwN.
7 *Ruffert* in: Handbuch des Kammerrechts § 10 Rn. 15.

§ 24. Berufsaufsicht und Berufsgerichtsbarkeit der freien Berufe

strafrechtlichen Verfahrens auszusetzen, § 118 Abs. 1 BRAO. Wird der Angeklagte freigesprochen, so kann das berufsgerichtliche Verfahren nur dann fortgesetzt werden, wenn das Verhalten des Betroffenen trotz des Freispruchs einen Berufsrechtsverstoß darstellt, § 118 Abs. 2 BRAO. Die tatsächlichen Feststellungen des strafgerichtlichen Urteils sind auch für das berufsgerichtliche Verfahren bindend, § 118 Abs. 3 BRAO.

Den Berufsgerichten steht eine breite Palette von **Sanktionsmöglichkeiten** zur Verfügung, die abhängig von der Schwere des Pflichtverstoßes zur Anwendung kommt. § 114 BRAO sieht in dieser Reihenfolge vor: Warnung, Verweis, Geldbuße, Verbot, auf bestimmten Rechtsgebieten als Vertreter und Beistand für die Dauer von einem Jahr bis zu fünf Jahren tätig zu werden, Ausschließung aus der Rechtsanwaltschaft. Wie bei allen hoheitlichen Maßnahmen ist bei der Wahl der Sanktion der Verhältnismäßigkeitsgrundsatz zu beachten.

Gegen die Entscheidung kann der Betroffene **Rechtsmittel** zum Landesberufsgericht einlegen. Teilweise besteht danach noch die Möglichkeit, in letzter Instanz ein mit der Zuständigkeit für Berufsgerichtssachen betrautes staatliches Gericht anzurufen. Dies ist für Anwaltssachen der Anwaltssenat beim BGH, §§ 106 ff. BRAO.

8. Teil. Rechtsschutz im Öffentlichen Wirtschaftsrecht

§ 25. Verwaltungsgerichtlicher Rechtsschutz

I. Grundlagen

1   Der Rechtsschutz wird im Wirtschaftsverwaltungsrecht hauptsächlich durch die Verwaltungsgerichte gewährt. Anknüpfungspunkt für die Eröffnung des Verwaltungsrechtsweges ist § 40 Abs. 1 S. 1 VwGO, wonach der Rechtsweg in allen öffentlich-rechtlichen Streitigkeiten nicht verfassungsrechtlicher Art gegeben ist, soweit die Streitigkeiten nicht durch Bundesgesetz einem anderen Gericht ausdrücklich zugewiesen sind. Ob die Streitigkeit öffentlich-rechtlicher Art ist, beurteilt sich nach der Rechtsnatur des Rechtsverhältnisses, aus dem der Anspruch hergeleitet wird.[1] Danach handelt es sich dann um ein öffentlich-rechtliches Rechtsverhältnis, wenn die maßgeblichen (streitentscheidenden) Normen dem öffentlichen Recht angehören.[2] Für die Unterscheidung zwischen öffentlichem und privatem Recht werden unterschiedliche Theorien vertreten. Die einzelnen Abgrenzungstheorien sind komplex und betreffen zahlreiche Fragestellungen. Für die Klausur ist zu bedenken, dass die einzelnen Theorien nur erörtert werden müssen, wenn hierfür Anlass besteht.

2   Die **Subordinationstheorie** bestimmt solche Rechtssätze dann als öffentlich-rechtliche Normen, wenn sie ein Unter- bzw. Überordnungsverhältnis betreffen. Stattdessen sollen nach der **Interessentheorie** solche Rechtssätze als öffentlich-rechtlich zu qualifizieren sein, wenn sie dem öffentlichen Interesse dienen, wohingegen die sonstigen Rechtssätze dem Privatrecht zuzuordnen sind. Nach der **modifizierten Subjektstheorie** ist das Öffentliche Recht im Gegensatz zum Privatrecht ein Sonderrecht. Das Öffentliche Recht stellt deshalb die Gesamtheit jener Rechtssätze dar, bei denen zumindest

---

1 BVerfGE 42, 103 (113); 67, 100 (123); BGHZ 108, 284 (286); BVerwGE 89, 281 (282); *Rennert* in: Eyermann VwGO § 40 Rn. 32.
2 *Ehlers* in: ders./Schoch Rechtsschutz im Öffentlichen Recht § 21 Rn. 66.

ein Zuordnungssubjekt Träger von Staatsgewalt als solcher ist, vor allem deshalb, weil es als solches berechtigt, verpflichtet oder organisiert wird.³ Bei der Anwendung dieser Theorien muss beachtet werden, dass sie nicht für alle Zweifelsfälle taugliche Abgrenzungskriterien darstellen. Der Nutzen dieser Theorien ist also von vornherein nur relativ.⁴ Gleichwohl bietet aber besonders die modifizierte Subjektstheorie für die meisten Fälle tragfähige Lösungen. In Zweifelsfällen können aber auch die sonstigen Abgrenzungstheorien ergänzend herangezogen werden.⁵

Abgrenzungsprobleme ergeben sich bei der Beurteilung von Subventionsrechtsstreitigkeiten. Oft hilft hier ein Rückgriff auf die Zweistufentheorie (s. → § 11 Rn. 43 ff.). Das Wirtschaftsverwaltungsrecht enthält darüber hinaus auch einige abdrängende Sonderzuweisungen.

Beispiele: Nach § 112a BRAO entscheidet der Anwaltsgerichtshof bzw. der Bundesgerichtshof über Streitigkeiten, die die **Rechtsanwaltschaft** nach der BRAO betreffen. Dabei werden die Vorschriften der Verwaltungsgerichtsordnung gem. § 112c BRAO entsprechend angewandt. Auch für Maßnahmen der BNetzA im Bereich des **Energiewirtschaftsrechts** enthält § 75 Abs. 1 S. 1, Abs. 4 EnWG eine abdrängende Sonderzuweisung an die ordentliche Gerichtsbarkeit. Ebenfalls sind für Streitigkeiten, die die **Vergabe öffentlicher Aufträge** oberhalb der Schwellenwerte betreffen, die ordentlichen Gerichte gem. § 116 Abs. 3 GWB zuständig.

II. Klagen gegen Aufsichtsmaßnahmen

Bei Klagen gegen Aufsichts- und Regulierungsmaßnahmen muss unterschieden werden, ob die Verwaltung einen **Verwaltungsakt** (§ 35 S. 1 VwVfG) erlassen oder **schlicht-hoheitlich** gehandelt hat.⁶ Handelt es sich um einen belastenden Verwaltungsakt, muss – nach erfolglosem Widerspruch – eine Anfechtungsklage gem. §§ 42 Abs. 1, 113 Abs. 1 VwGO erhoben werden. Typische Beispiele stellen Gewerbeuntersagungen und Betriebsschließungsverfügungen dar (etwa §§ 15 Abs. 2 GewO, 35 Abs. 1 GewO, 16 Abs. 3 S. 1 HwO, § 20 BImSchG). Ebenfalls muss sich der Gewerbetreibende mittels einer Anfechtungsklage zur Wehr setzen, wenn eine ihm bereits erteilte Ge-

---

3 Zu den einzelnen Theorien: *Ehlers* in: ders./Schoch Rechtsschutz im Öffentlichen Recht § 21 Rn. 77.
4 *Rennert* in: Eyermann VwGO § 40 Rn. 41.
5 Das empfiehlt auch *Schenke* Verwaltungsprozessrecht Rn. 107.
6 Zur Abgrenzung *Ennuschat* in: TWE GewO § 14 Rn. 88.

nehmigung später zurückgenommen oder widerrufen wird (etwa nach §§ 48, 49 VwVfG, § 15 GastG, § 33d GewO, § 21 BImSchG). Denkbar ist auch, dass es der Gewerbetreibende unterlässt, die gewerbliche Tätigkeit nach § 14 GewO der zuständigen Behörde anzuzeigen. Die Behörde kann diesen dann auf Grundlage von § 14 GewO auffordern, die Anzeige nachzuholen. Auch diese Aufforderung stellt nach der Rechtsprechung einen Verwaltungsakt dar.[7] Um zu verhindern, dass die Behörde Vollstreckungsmaßnahmen zur Durchsetzung der Anmeldepflicht einleitet, muss der Gewerbetreibende gegen die Aufforderung Widerspruch und ggf. Anfechtungsklage erheben.

5 Eine weitere Aufsichtsmaßnahme im **Handwerksrecht** stellt die Löschung der Eintragung in die Handwerksrolle gem. § 13 HwO dar (→ § 16 Rn. 53). Das Verfahren der Löschung ist zweistufig ausgestaltet. Nach § 13 Abs. 3 HwO muss die Handwerkskammer dem Gewerbetreibenden die beabsichtigte Löschung der Eintragung zunächst mitteilen. Diese Mitteilung stellt bereits einen Verwaltungsakt dar[8] und kann gem. § 42 Abs. 1 Alt. 1 VwGO angefochten werden. Sollte die Handwerkskammer die Eintragung in die Handwerksrolle nach § 13 Abs. 1 und 2 HwO löschen, ist aber die in der Löschung verkörperte Löschungsentscheidung noch nicht bestandskräftig geworden, dann kann der Handwerker die Löschungsentscheidung anfechten und so auf Wiedereintragung in die Handwerksrolle klagen. Dabei ist die Anfechtungsklage auch gegen die Löschungsmitteilung zu richten.[9] Insbesondere kann bei erfolgter Löschung keine Erledigung der Löschungsentscheidung gesehen werden, da aufgrund der Löschung die Rechtswirkungen sowohl der Löschungsmitteilung als auch der Löschungsentscheidung noch andauern.[10]

6 Grundsätzlich tritt mit der Erhebung des Widerspruchs sowie der Anfechtungsklage die **aufschiebende Wirkung** gem. § 80 Abs. 1 VwGO ein, sofern diese nicht nach § 80 Abs. 2 VwGO entfällt. Das kann für den Fall einer Gewerbeuntersagung verdeutlicht werden: Wird einem Gewerbetreibenden das Gewerbe (etwa nach § 35 Abs. 1 S. 1 GewO) untersagt und erhebt dieser hiergegen einen Widerspruch, dann kann er bis zur Entscheidung in der Hauptsache das Gewerbe weiterhin legal betreiben. Um dies zu verhindern, kann die

---
[7] BVerwG GewArch 1993, 196 (197); BVerwGE 78, 6 (7 f.).
[8] BVerwGE 88, 122 (123); *Ruthig/Storr* ÖffWirtR Rn. 497.
[9] *Detterbeck* HwO § 13 Rn. 13.
[10] *Detterbeck* HwO § 13 Rn. 14; aA Bulla in: Schmidt/Vollmöller (Hrsg.) Kompendium Öffentliches Wirtschaftsrecht § 9 Rn. 75.

Behörde gem. § 80 Abs. 2 Nr. 4 VwGO die **sofortige Vollziehung** des Verwaltungsakts anordnen mit der Folge, dass der Bürger sein Gewerbe nicht weiter betreiben darf.[11] Die Behörde hätte dann uU die Möglichkeit, den Verwaltungsakt mittels Verwaltungszwangs zu vollstrecken, sollte der Gewerbetreibende trotz der Gewerbeuntersagung das Gewerbe weiter betreiben. In diesen Fällen kann es wiederum aus Sicht des Bürgers sinnvoll sein, vor dem Verwaltungsgericht einen **Antrag auf Wiederherstellung der aufschiebenden Wirkung** nach § 80 Abs. 5 S. 1 Alt. 2 VwGO zu stellen – ordnet nämlich das zuständige Gericht die aufschiebende Wirkung des Widerspruchs sowie der Anfechtungsklage an, so darf die Verwaltung den Verwaltungsakt nicht vollstrecken und sich der Antragsteller bis zur Entscheidung des Gerichts in der Hauptsache weiterhin gewerblich betätigen.

Bei **Regulierungsmaßnahmen** muss unterschieden werden: Maßnahmen der Bundesnetzagentur im Telekommunikationsrecht (zB nach 42 Abs. 1 TKG) stellen gem. § 132 Abs. 1 S. 2 TKG Verwaltungsakte dar und müssen deshalb angefochten werden. Wird vorläufiger Rechtsschutz begehrt, so muss beachtet werden, dass nach § 137 Abs. 1 TKG Widerspruch und Anfechtungsklage keine aufschiebende Wirkung haben. Deshalb muss gem. § 80 Abs. 5 S. 1 Alt. 1 VwGO ein Antrag auf Anordnung der aufschiebenden Wirkung gestellt werden. Geht es dagegen um Rechtsschutz im Bereich des Energiewirtschaftsrechts, so enthält § 75 Abs. 1 S. 1, Abs. 4 S. 1 EnWG eine abdrängende Sonderzuweisung an die ordentliche Gerichtsbarkeit, so dass gegen Entscheidungen der BNetzA Beschwerde zum OLG erhoben werden muss. 7

Die statthafte Klageart bei **schlicht-hoheitlichen Maßnahmen** ist regelmäßig die allgemeine Leistungsklage. Daneben ist es auch möglich, eine allgemeine Feststellungsklage gem. § 43 Abs. 1 VwGO zu erheben, denn nach Ansicht des BVerwG gelte die Subsidiarität der Feststellungsklage (§ 43 Abs. 2 S. 1 VwGO) bei möglichen Leistungs- und Unterlassungsklagen nicht.[12] Im Wirtschaftsverwaltungsrecht ist vor allem das informelle Handeln der Behörde bedeutsam. Das gilt etwa für Produktwarnungen und sonstigen Verbraucherinformationen (etwa nach § 40a LFGB oder § 6 VIG). Um die Effektivität des 8

---

11 Hierzu *Dietz* GewArch 2014, 225.
12 BVerwGE 36, 179 (181); 51, 69 (75); BVerwG NJW 1997, 2534 (2535); krit. *Hufen* Verwaltungsprozessrecht § 18 Rn. 6.

Rechtsschutzes zu sichern, kann der Betroffene einen Antrag auf Anordnung einer einstweiligen Anordnung gem. § 123 Abs. 1 S. 1 VwGO stellen.

9 Für die Zulässigkeit sowohl der Anfechtungs- als auch der allgemeinen Leistungsklage (str. bei der allg. Feststellungsklage[13]) wird regelmäßig verlangt, dass der Kläger **klagebefugt** ist. Dafür muss er gem. § 42 Abs. 2 VwGO geltend machen können, durch den Verwaltungsakt bzw. durch das schlicht-hoheitliche Handeln in seinen Rechten verletzt zu sein. Mit diesem Erfordernis sollen sowohl Popular- als auch Interessentenklagen von bloß tatsächlich beschwerten Personen verhindert werden.[14] Nach der Rechtsprechung des BVerwG ist die Klagebefugnis nur gegeben, wenn „nicht offensichtlich und eindeutig nach keiner Betrachtungsweise die vom Kläger behaupteten Rechte nicht bestehen oder ihm nicht zustehen können".[15] Verlangt wird also die Geltendmachung eines subjektiv-öffentlichen Rechts. Darunter sind Regelungen zu verstehen, die zumindest auch dem Schutz der Interessen des Berechtigten zu dienen bestimmt sind (**Schutznormlehre**).[16] Als Schutznorm wird man in der Regel auf § 1 Abs. 1 GewO zurückgreifen können. Die normierte Gewerbefreiheit begründet ein subjektiv-öffentliches Recht, dass die öffentliche Gewalt den Gewerbetreibenden nicht daran hindert, ein begonnenes Gewerbe fortzusetzen.[17] Zu beachten ist aber, dass § 1 GewO nur die Zulassung bzw. Fortsetzung eines Gewerbebetriebs („Ob"), nicht hingegen die Art und Weise der Gewerbeausübung („Wie") schützt.[18] Ohnehin ist die Klagebefugnis wenig problematisch, wenn der Gewerbetreibende Adressat der Aufsichtsmaßnahme ist (sog. Adressatentheorie).[19] Bei mittelbar-faktischen Beeinträchtigungen kann die Adressatentheorie jedoch nicht angenommen werden. Dies gilt etwa für Produktwarnungen und Verbraucherinformationen. Hier wird

---

13 BVerwGE 130, 52 (56 Rn. 14); ablehnend etwa *Kopp/Schenke* VwGO § 42 Rn. 63 mwN.
14 *Ehlers* in: Ehlers/Schoch Rechtsschutz im Öffentlichen Recht § 22 Rn. 36.
15 BVerwGE 81, 330; 92, 316; dazu *Kopp/Schenke* VwGO § 42 Rn. 65.
16 *Schmidt-Aßmann* in: Maunz/Dürig GG Art. 19 Abs. 4 Rn. 118.
17 *Kahl* in: Landmann/Rohmer GewO § 1 Rn. 13.
18 BVerwGE 38, 209 (213); BVerwGE 115, 189 (192); *Ennuschat* in: TWE GewO § 1 Rn. 79.
19 *Kopp* in: Stober (Hrsg.) Rechtsschutz im Wirtschaftsverwaltungs- und Umweltrecht § 4, S. 32. Zur Adressatentheorie etwa *Sodan* in: ders./Ziekow VwGO § 42 Rn. 383.

man zur Begründung der Klagebefugnis vor allem Art. 12 GG heranziehen müssen (→ § 7 Rn. 21).[20]

Eine andere Frage ist, ob und in welchem Umfang Aufsichts- und Regulierungsmaßnahmen der gerichtlichen Kontrolle unterliegen. Im klassischen Gewerberecht sind sowohl **unbestimmte Rechtsbegriffe** (zB Begriff der Zuverlässigkeit) als auch etwaige Ermessensspielräume grundsätzlich vollständig gerichtlich überprüfbar.[21] Eine andere Entwicklung gilt aber für das Regulierungsrecht. Namentlich im Telekommunikationsrecht erkennt das BVerwG ein gerichtlich begrenzt kontrollierbares sog. **Regulierungsermessen** an, das Ähnlichkeiten zur planerischen Abwägungsdogmatik aufweist.[22]

III. Klagen auf Zulassung

Der Begriff der Zulassung ist in § 15 Abs. 2 GewO legaldefiniert. Eine Zulassung gestattet die Aufnahme einer gewerblichen Tätigkeit nur dann, wenn die erforderliche Erlaubnis, Genehmigung, Konzession oder Bewilligung erteilt ist. Die Zulassung stellt einen Verwaltungsakt dar. Begehrt also der Unternehmer die Zulassung einer gewerblichen Tätigkeit, dann kann dieser **Verpflichtungsklage** (§ 42 Abs. 1 Alt. 2 VwGO) erheben. Diese Konstellation wird etwa bei Genehmigungserteilungen nach der GewO, bei der Eintragung in die Handwerksrolle (§§ 7 ff. HwO), bei der Gaststättengenehmigung (§ 2 Abs. 1 GastG), aber auch etwa bei der Genehmigungspflicht nach § 4 EnWG relevant. Ebenfalls stellt die Ablehnung der Zulassung einen Verwaltungsakt dar. Lehnt es also die Behörde ab, die begehrte Genehmigung zu erteilen, so kann hiergegen nach erfolglosem Widerspruch eine Verpflichtungsklage erhoben werden. Zur effektiven Durchsetzung seines Begehrens kann auch eine einstweilige Anordnung nach § 123 VwGO beantragt werden.

Auch im Recht der freien Berufe können Klagen auf Zulassung eine Rolle spielen. So muss etwa eine Verpflichtungsklage erhoben werden, wenn der Betroffene die Wiederzulassung zur Anwaltschaft begehrt.[23] Dieses Begehren ist aber aufgrund der abdrängenden Sonderzuweisung gem. § 112a BRAO vor dem Anwaltsgerichtshof gel-

---

[20] Zu diesem Themenfeld sind die Entscheidungen OVG Berlin-Brandenburg NVwZ-RR 2014, 843 und 846 lehrreich.
[21] BVerwGE 23, 280 (286 f.).
[22] Kritisch *Gärditz* NVwZ 2009, 1005.
[23] BGH Urt. v. 9.2.2015, AnwZ (Brfg) 16/14.

tend zu machen, welcher der ordentlichen Gerichtsbarkeit zuzurechnen ist.

13 In den Fällen der Anwendbarkeit der **Genehmigungsfiktion** (zB § 42a VwVfG, § 6a GewO, § 10 Abs. 1 S. 2, 3 HwO) muss unterschieden werden: Verweigert die Behörde die Erteilung der Genehmigung, dann ist die Verpflichtungsklage statthaft, um den Erlass der begehrten Zulassung zu erreichen (sog. Versagungsgegenklage). Hat die Behörde aber über einen Antrag zur Ausübung eines Gewerbes nach Ablauf einer bestimmten Frist nicht entschieden, so gilt die Genehmigung als erteilt. In diesem Fall ist also die Erhebung einer Verpflichtungsklage nicht mehr notwendig. Sollte zwischen Behörde und Antragsteller umstritten sein, welchen Inhalt die unstreitig eingetretene Genehmigungsfiktion besitzt, so erweist sich die allgemeine Feststellungsklage des § 43 VwGO als statthafte Klageart.[24] Da die Genehmigungsfiktion nicht die Rechtmäßigkeit, sondern die Erteilung der Fiktion fingiert[25], kann diese gem. § 42a VwVfG entsprechend den Vorschriften der §§ 48 ff. VwVfG nach Eintritt der Bestandskraft aufgehoben werden. Hebt die Verwaltung die Fiktion auf, so handelt es sich wiederum um eine Aufsichtsmaßnahme der Behörde, gegen die die Erhebung eines Widerspruchs und einer Anfechtungsklage statthaft wäre.

14 Nach § 42 Abs. 2 VwGO muss der Kläger klagebefugt sein, also geltend machen können, dass er durch die Verweigerung der Zulassung in seinen Rechten verletzt ist. Das ist immer dann der Fall, wenn der Kläger einen Anspruch auf die Zulassung hat. Als subjektives Recht kommt regelmäßig **§ 1 GewO iVm den jeweiligen Genehmigungsvoraussetzungen** in Betracht. Liegen die Eintragungsvoraussetzungen nämlich vor, dann besteht immer ein Anspruch auf die Zulassung, dh die Genehmigungsbehörde ist verpflichtet, die Genehmigung zu erteilen, sobald alle Genehmigungsvoraussetzungen erfüllt sind; ein Ermessen steht der Behörde nicht zu.[26] Grundsätzlich kann der Anspruch auf Zulassung auch aus der Abwehrfunktion der Berufsfreiheit gem. Art. 12 GG hergeleitet werden; allerdings ist gleichwohl § 1 GewO als „einfaches" subjektiv-öffentliches Recht ge-

---

24 *Kluth* JuS 2011, 1078 (1082).
25 *Stenger* in: Landmann/Rohmer GewO § 6a Rn. 21.
26 *Kahl* in: Landmann/Rohmer GewO § 1 Rn. 13; *Pielow* in: BeckOK GewO § 1 Rn. 190.

genüber Art. 12 GG vorrangig (**Anwendungsvorrang des einfachen Rechts**[27]).

IV. Konkurrentenklagen

Literatur: *Brohm*, Die Konkurrentenklage, in: FS Menger, 1985, S. 235; *Frenz*, Verwaltungsgerichtlicher Rechtsschutz in Konkurrenzsituationen, 1999; *P. M. Huber*, Konkurrentenschutz im Verwaltungsrecht, 1991; *Kahl/Ohlendorf*, Das subjektive öffentliche Recht – Grundlagen und aktuelle Entwicklungen im nationalen Recht, JA 2010, 872; *Möstl*, Konkurrentenschutz gegen die öffentliche Hand, WiVerw 2011, 231; *Rennert*, Konkurrentenklagen bei begrenztem Kontingent, DVBl., 2009, 1333; *ders.*, Beihilferechtliche Konkurrentenklagen vor deutschen Verwaltungsgerichten, EuZW 2011, 576; *Schenke*, Rechtsprobleme des Konkurrentenrechtsschutzes im Wirtschaftsverwaltungsrecht, NVwZ 1993, 718; *Schlette*, Die Klagebefugnis – § 42 Abs. 2 VwGO, Jura 2004, 90; *Wahl/Schütz*, in: Schoch/Schneider/Bier, VwGO, 2014, § 42 Abs. 2 Rn. 287 ff.; *Wollenschläger*, Verteilungsverfahren, 2010, S. 633 ff.

Die Konkurrentenklage ist die Klage im „Wettbewerb um knappe 15 Güter".[28] Es werden üblicherweise drei Arten von Konkurrentenklagen unterschieden: Erstrebt der Kläger die Gleichstellung mit einem schon begünstigten Bewerber, wird diese Klage **Konkurrentengleichstellungsklage** (positive Konkurrentenklage) genannt. Wendet sich der Dritte gegen die Begünstigung eines Dritten und beabsichtigt er, diese Vergünstigung zu beseitigen, so spricht man von einer **Konkurrentenabwehrklage** (negative Konkurrentenklage). Konkurriert der Kläger hingegen mit anderen Mitbewerbern um ein begrenztes Kontingent und gibt der Staat diese Vergünstigung nicht ihm, sondern einem Mitbewerber, so wird der Kläger regelmäßig begehren, dass ihm die Vergünstigung an Stelle des begünstigten Mitbewerbers zugeteilt wird. Diese Klage nennt man **Konkurrentenverdrängungsklage** (Mitbewerberklage).[29]

1. Konkurrentengleichstellungsklage

Die Konkurrentengleichstellungsklage (**positive Konkurrenten-** 16 **klage**) betrifft nicht den Rechtsschutz des Wettbewerbers gegen die

---
27 *Schmidt/Aßmann* in: Maunz/Dürig GG Art. 19 Abs. 4 Rn. 121; *Kopp/Schenke* VwGO § 42 Rn. 118; *Sodan* in: ders./Ziekow VwGO § 42 Rn. 392.
28 *Pietzcker* in: Schoch/Schneider/Bier VwGO § 42 Abs. 1 Rn. 141.
29 Exemplarisch: *Rennert* DVBl. 2009, 1333.

Vergünstigung eines Dritten, sondern den Rechtsschutz zur **Durchsetzung eines eigenen Anspruchs**.[30] Der Kläger begehrt, die gleiche Vergünstigung zu erhalten wie sie auch der Konkurrent erhalten hat. Eine positive Konkurrentenklage liegt beispielsweise vor, wenn ein Unternehmer die Erteilung einer Subvention verlangt, die einem Dritten bereits erteilt wurde. Ähnliches gilt für eine Zulassung, etwa einer Gaststättengenehmigung. Zur Durchsetzung dieses Begehrens ist deshalb die Verpflichtungsklage oder – sollte die Vergünstigung keinen Verwaltungsakt darstellen – die allgemeine Leistungsklage statthaft. Ob ein subjektiv-öffentliches Recht besteht, zugelassen, subventioniert oder anderweitig begünstigt zu werden, bestimmt sich nach den Vorschriften des materiellen Rechts. Ist der Verwaltung ein Ermessen eingeräumt, kann dieses aufgrund einer Verwaltungspraxis gem. Art. 3 Abs. 1 GG auf Null reduziert sein (sog. Selbstbindung der Verwaltung).

2. Konkurrentenabwehrklage

17   Schwieriger sind die Fälle der Konkurrentenabwehrklage (**negative Konkurrentenklage**) zu beurteilen. Hier geht es darum, die Begünstigung eines Dritten abzuwehren. Häufig möchte der Kläger den Konkurrenten vom Markt fernhalten oder auch verdrängen.[31] In der Regel wird der Kläger dieses Klageziel mit der Anfechtungsklage erreichen.

> **Beispiele:** Ein Unternehmer ficht einen zweistufig ausgestalteten Subventionsbescheid eines Konkurrenten an; ein Gewerbetreibender bekämpft die Genehmigungserteilung an einen Konkurrenten; Anfechtung einer dem Konkurrenten erteilten Taxikonzession[32]; Anfechtungsklage eines Krankenhausträgers gegen die Aufnahme eines weiteren Krankenhauses in den Krankenhausplan nach § 8 KHG.[33]

18   Die erhobene Anfechtungsklage setzt voraus, dass der Kläger klagebefugt ist. Soweit es um die Abwehr der Zulassung eines „newcomers" geht, wird ein solcher Konkurrentenschutz weitgehend abgelehnt.[34] Ein subjektiv-öffentliches Recht folgt weder aus den

---
30 *Kötters* in: BeckOK VwGO § 42 Rn. 95; *Wahl/Schütz* in: Schoch/Schneider/Bier VwGO § 42 Abs. 2 Rn. 288.
31 *Wahl/Schütz* in: Schoch/Schneider/Bier VwGO § 42 Abs. 2 Rn. 290.
32 BVerwGE 82, 295 (302).
33 BVerwGE 132, 64 mAnm *Hufen* JuS 2009, 1140; *Steiner* NVwZ 2009, 486 ff.
34 *Huber* Konkurrentenschutz im Verwaltungsrecht, 1991, S. 298 ff.; *Schmidt-Preuß* Kollidierende Privatinteressen im Verwaltungsrecht, 1992, S. 77 ff.; *Wahl/Schütz* in: Schoch/Schneider/Bier VwGO § 42 Abs. 2 Rn. 314.

Grundrechten noch aus den einzelnen Berufszulassungsvorschriften. Sollten sich Vorschriften, die eine Kontingentierung anordnen, für den Wettbewerber günstig auswirken, so stellt diese Begünstigung lediglich eine **Reflexwirkung** dar, die kein subjektiv-öffentliches Recht begründet.[35] Im Grundsatz gilt also die Faustregel: Ein Schutz vor Konkurrenz folgt weder aus der Auslegung der Genehmigungsvoraussetzungen noch unmittelbar aus den Grundrechten.[36]

Beispiele: Dementsprechend hat ein Altunternehmer im Taxigewerbe kein subjektiv-öffentliches Recht, den Marktzutritt eines weiteren Konkurrenten zu verhindern. Ein solches Recht folgt insbesondere nicht aus § 13 Abs. 4 PBefG.[37] Ebenso dienen die §§ 2, 4 GastG ausschließlich dem öffentlichen Interesse. Ein bereits ansässiger Gastwirt wird durch diese Vorschriften also nicht vor Konkurrenz geschützt.[38] Auch schützen die Zulassungsvoraussetzungen der §§ 7ff. HwO einen Handwerker nicht vor dem Marktzutritt eines weiteren Handwerkers aufgrund einer Ausnahmebewilligung zur Eintragung in die Handwerksrolle.[39]

Von diesem Grundsatz lässt die Rechtsprechung allerdings einige 19 Ausnahmen zu. So erkennt das BVerwG ein subjektiv-öffentliches Recht des Altunternehmers im **Linienverkehr** aus § 13 Abs. 2 PBefG an.[40] Entsprechend soll auch § 20 PBefG drittschützend sein.[41] Auch ein Apotheker, der die einem anderen **Apotheker** erteilte Erlaubnis gem. § 11a ApoG zum Versand apothekenpflichtiger Arzneimittel anficht, ist gem. § 42 Abs. 2 VwGO klagebefugt, allerdings nur dann, wenn er durch den Versandhandel des Konkurrenten unzumutbare tatsächliche Wettbewerbsnachteile erleidet.[42]

Aber auch dann, wenn die Verwaltung den **Wettbewerb durch** 20 **staatliches Handeln beeinflusst** und dadurch die wirtschaftliche Betätigung eines Unternehmers im Verhältnis zu anderen empfindlich beeinträchtigt, wird man eine auf Art. 12 bzw. auf Art. 14 GG gestützte Klagebefugnis annehmen können.[43] Bei der **Subventionie-**

---

35 *Wahl/Schütz* in: Schoch/Schneider/Bier VwGO § 42 Abs. 2 Rn. 314. Zum Begriff der Reflexwirkung: *Bachof* in: FS Jellinek, 1955, S. 287
36 BVerwGE 11, 187 (188f.); zust. *Kötters* in: BeckOK VwGO § 42 Rn. 204.
37 BVerwGE 79, 208 (210ff.); 82, 295 (302).
38 OVG Koblenz NJW 1982, 1301.
39 BVerwG NVwZ 1982, 680 (681).
40 BVerwGE 30, 347; 31, 133; zust. *Wahl/Schütz* in: Schoch/Schneider/Bier VwGO § 42 Abs. 2 Rn. 315f.
41 OVG Greifswald NVwZ-RR 1997, 139.
42 BVerwG NVwZ 2011, 639.
43 *Ehlers* DVBl. 1998, 497 (502); *Kahl/Ohlendorf* JA 2010, 872 (877); *Schenke* Verwaltungsprozessrecht Rn. 523; *Wahl/Schütz* in: Schoch/Schneider/Bier VwGO § 42 Abs. 2 Rn. 320.

rung eines Dritten resultiert die Klagebefugnis vor allem aus der Berufsfreiheit gem. Art. 12 Abs. 1 GG. Die Klagebefugnis soll jedenfalls vorliegen, wenn durch die Subventionierung des Konkurrenten die wirtschaftliche Betätigung eines Unternehmens nicht unerheblich beeinträchtigt wird.[44] Ferner ist insbesondere auch das Durchführungsverbot des Art. 108 Abs. 3 S. 3 AEUV drittschützend.[45]

21 Darüber hinaus werden vor allem im Regulierungsrecht zunehmend Ansprüche auf Einschreiten gegen wettbewerbswidriges Verhalten anerkannt (so zB für § 42 Abs. 1 TKG).[46]

22 Wendet sich der Kläger jedoch nicht gegen die Begünstigung eines Dritten, sondern gegen die **wirtschaftliche Betätigung der öffentlichen Hand**, so verteidigt er sich gegen schlicht-hoheitliches Handeln. Grundsätzlich ist dieses Begehren im Wege einer allgemeinen Leistungsklage in Form der Unterlassungsklage geltend zu machen.

23 Bei dem Rechtsschutz gegen die wirtschaftliche Betätigung der öffentlichen Hand muss unterschieden werden, ob sich der Betroffene gegen den Marktzutritt („Ob") oder gegen das Marktverhalten der öffentlichen Hand („Wie") zur Wehr setzen möchte. Während das Marktverhalten durch die Vorschriften des UWG begrenzt wird und deshalb die Zivilgerichte zuständig sind, ist der Marktzutritt durch die kommunalrechtlichen Vorschriften geregelt, so dass im Sinne der modifizierten Subjektstheorie der Verwaltungsrechtsweg eröffnet ist.[47] Lange Zeit haben die Zivilgerichte die Rechtmäßigkeit des Marktzutritts aber auch auf Basis des Wettbewerbsrechts überprüft. Einige Oberlandesgerichte vertraten früher die Auffassung, dass bereits der Verstoß gegen kommunalrechtliche Bestimmungen eine Sittenwidrigkeit iSv § 1 UWG aF (heute § 3 UWG) begründe.[48] Diese in der Literatur[49] zu Recht kritisierte Rechtsprechung wurde in zwei grundlegenden Entscheidungen des BGH[50] aufgegeben. Danach sei ein Verstoß gegen kommunalrechtliche Vorschriften nicht zugleich sittenwidrig iSv § 1 UWG aF Insbesondere sei es „nicht Sinn des

---

44 *Kopp/Schenke* VwGO § 42 Rn. 145; *Ehlers* DVBl. 1998, 497 (502); *Schliesky* DVBl. 1999, 78 (82).
45 EuGH Rs. C-261 und 262/01, Slg. 2003, I-12272 – van Calster; BGH EuZW 2011, 440; BVerwG EuZW 2011, 269 Rn. 11, 18; vertiefend dazu: *Rennert* EuZW 2011, 576.
46 BVerwGE 128, 305 (306).
47 BVerwGE 17, 306 (313); OVG Münster NVwZ 2008, 1031 (1033); *Suerbaum* in: Ehlers/Fehling/Pünder § 13 Rn. 100; *Wollenschläger* in: Kirchhof/Korte/Magen Öffentliches Wettbewerbsrecht § 6 Rn. 102.
48 OLG Düsseldorf NJW-RR 1997, 1470; OLG Hamm DVBl. 1998, 792.
49 *Ehlers* DVBl. 1998, 497 (503); *Tettinger* NJW 1998, 3473 f.
50 BGH NJW 2002, 2645; BGH NJW 2003, 586.

UWG, den Anspruchsberechtigten zu ermöglichen, Wettbewerber unter Berufung darauf, dass ein Gesetz ihren Marktzutritt verbietet, vom Markt fernzuhalten, wenn das betreffende Gesetz den Marktzutritt nur aus Gründen verhindern will, die den Schutz des lauteren Wettbewerbs nicht berühren."[51]

Erhebt der Betroffene gegen die wirtschaftliche Betätigung der öffentlichen Hand eine Unterlassungsklage, so muss dieser gem. § 42 Abs. 2 VwGO analog klagebefugt sein, also geltend machen können, durch den Marktzutritt der öffentlichen Hand in seinen Rechten verletzt zu sein. Als Schutznormen kommen einerseits etwa die kommunalrechtlichen Vorschriften zur Zulässigkeit der wirtschaftlichen Betätigung von Gemeinden, andererseits aber auch die Grundrechte in Betracht.

3. Konkurrentenverdrängungsklage

Die Konkurrentenverdrängungsklage (**Mitbewerberklage**) ist die Klage auf eigene Berücksichtigung bei der Verteilungsentscheidung der jeweiligen Vergünstigung. Diese Konkurrentenklage ist dogmatisch anspruchsvoll und führt sowohl in der Rechtsprechung als auch in der Literatur zu zahlreichen Unsicherheiten. An dieser Stelle können deshalb nur die Grundlagen erläutert werden.

Beispiele: Im Wirtschaftsverwaltungsrecht kommen solche Konkurrentenverdrängungsklagen häufig vor, etwa bei der Vergabe von Subventionen bei nur begrenzten Haushaltsmitteln, bei kontingentierten Genehmigungen, insbesondere im Bereich des Güter- und Personenkraftverkehrs[52], bei der Vergabe von Sportwettenkonzessionen nach dem GlüStV 2012, bei der Bestellung zum bevollmächtigten Bezirksschornsteinfegermeister[53], bei der Öffentlichen Versteigerung von Frequenzen nach dem TKG[54] sowie bei der Zulassung zu Märkten. Außerhalb des Wirtschaftsverwaltungsrechts sind insbesondere beamtenrechtliche Ernennungen[55] sowie die Vergabe von Studienplätzen, für die ein numerus-clausus angeordnet ist, zu nennen. Einen Sonderfall stellt die Vergabe öffentlicher Aufträge dar.

Zum besseren Verständnis ist es förderlich zwischen **drei Entscheidungsstufen** eines Verteilungsverfahrens zu unterscheiden.[56] Zuerst

---

51 BGH NJW 2002, 2645 (2646 f.).
52 BVerwG NVwZ 1984, 507; BVerwGE 80, 270.
53 VGH München Urt. v. 22.4.2013 – 22 BV 12.1722, GewA 2013, 410; VG Neustadt GewArch 2015, 181; *Seidel* GewArch 2013, 463.
54 BVerwG NVwZ 2011, 1339.
55 Dazu zuletzt *Schenke* DVBl. 2015, 137.
56 Vgl. BVerwGE 132, 64, (67 Rn. 17).

werden die verfügbaren Kapazitäten ermittelt oder festgelegt (**Bedarfsermittlung, Kontingentbemessung**). Danach werden diejenigen Bewerber ausgewählt, die im Rahmen der verfügbaren Kapazitäten begünstigt werden sollen (**Auswahlentscheidung**). Im dritten Schritt werden diese Auswahlentscheidungen in konkrete Einzelakte umgesetzt (**Umsetzungsakt**). Das ist in positiver Hinsicht etwa durch einen Genehmigungsbescheid oder durch Vertragsschluss möglich; in negativer Hinsicht wird die Behörde dem nicht berücksichtigten Bewerber entweder einen Versagungsbescheid erlassen oder dessen Vergünstigung in sonstiger Form ablehnen.[57] Die zweite Stufe unterscheidet sich von der dritten Stufe durch das Kriterium der **Außenwirkung**. Grundsätzlich hat nämlich die bloße Auswahlentscheidung noch keine Außenwirkung; sie ist vielmehr ein bloßes Verwaltungsinternum.[58] Die einzig relevante Ausnahme stellt das Vergaberecht oberhalb der Schwellenwerte dar. Da die Auswahlentscheidung mangels Außenwirkung keinen Verwaltungsakt darstellt, ist diese grundsätzlich nicht anfechtbar oder ein sonstiger tauglicher Klagegenstand (§ 44a VwGO). Der Kläger wird deshalb vorrangig gegen den Umsetzungsakt mit Außenwirkung vorgehen müssen. Für die Beurteilung der Rechtmäßigkeit ist dann auf den Zeitpunkt der Auswahlentscheidung abzustellen, so dass sich der Rechtsschutz mittelbar auch auf die Auswahlentscheidung bezieht.[59]

27 Ist der Kläger nicht begünstigt und möchte er diese Begünstigung erhalten, so kann der Kläger sein Klageziel über eine **Verpflichtungsklage** (Neubescheidungsklage) erreichen. War der Kläger hingegen bereits begünstigt und wendet er sich gegen den Entzug seiner Rechtsstellung im Zuge der Verteilungsentscheidung, dann muss der Betroffene eine Anfechtungsklage erheben. Diese **Klage „in eigener Sache"**[60] gewährt dem Kläger einen ausreichend effektiven Rechtsschutz, denn sie führt regelmäßig zur Überprüfung der Auswahlentscheidung, die den Kläger beschwert.[61]

28 Allerdings ist problematisch, ob neben der Verpflichtungsklage zusätzlich eine **Anfechtungsklage gegen die Drittbegünstigung**

---

57 *Rennert* DVBl. 2009, 1333 (1334).
58 *Brohm* Die Konkurrentenklage, in: FS Menger, 1985, S. 235 (243); *Rennert* DVBl. 2009, 1333 (1335).
59 *Rennert* DVBl. 2009, 1333 (1336).
60 Die Terminologie wurde in BVerwGE 132, 64 (69 Rn. 21) eingeführt. Dazu näher *Rennert* DVBl. 2009, 1333 (1336); *Hufen* JuS 2009, 1140.
61 BVerwGE 132, 64 Rn. 21 f.; *Rennert* DVBl. 2009, 1333 (1336). Vgl. auch *Hufen* Verwaltungsprozessrecht § 15 Rn. 7.

(Drittklage) erhoben werden muss. In der Literatur wird teilweise vertreten, in den Fällen gewerberechtlicher Genehmigungen sei nach Erschöpfung des zur Verfügung stehenden Kontingents eine Verpflichtungsklage nicht mehr ausreichend. Deshalb müsse zur „Platzreservierung"[62] die den Mitbewerbern erteilten Genehmigungen angefochten werden.[63] Gegen das grundsätzliche Erfordernis einer zusätzlichen Anfechtungsklage kann aber eingewandt werden, dass die Behörde – sollte die Verpflichtungsklage erfolgreich sein – ohnehin zu prüfen verpflichtet ist, ob sie eine dem Dritten rechtswidrig erteilte Genehmigung zurücknimmt (zB nach § 48 VwVfG) und diese dann dem Kläger zuweist.[64] Die Begünstigung des Dritten führt daher nicht zum Untergang des eigenen Anspruchs; vielmehr bleibt die Verpflichtungsklage unverändert aussichtsreich.[65] Ebenfalls kann der Verweis auf die Anfechtungsklage für den Kläger auch zu unbefriedigenden Ergebnissen führen: Werden nämlich Genehmigungen in großer Zahl vergeben, dann müsste der übergangene Bieter alle Genehmigungen anfechten. Das aber würde unter Berücksichtigung von Art. 19 Abs. 4 GG einen unzumutbaren Aufwand bedeuten.[66]

Wann also kann bzw. muss zusätzlich eine Anfechtungsklage erhoben werden? Zur Beantwortung dieser Frage kann auf die Funktion der Drittklage Bezug genommen werden: Die Drittklage hat ausschließlich eine **rechtswahrende Funktion**.[67] Mit der Drittklage kann der übergangene Bewerber nicht erreichen, selbst die Begünstigung zu erhalten; dieses Ziel ist nur durch die „Klage in eigener Sache", also in der Regel durch eine Verpflichtungsklage möglich. Die Funktion der Drittklage beschränkt sich darauf, den Erfolg der Klage in eigener Sache zu flankieren.[68] Mit der Erhebung der Drittklage kann also nur verhindert werden, dass die angegriffene Auswahlent-

29

---

62 Terminus nach *Brohm* Die Konkurrentenklage, in: FS Brohm, S. 235 (253).
63 *Ehlers* in: ders./Schoch Rechtsschutz im Öffentlichen Recht § 23 Rn. 23, 25; *Fehling* Die Konkurrentenklage bei der Zulassung privater Rundfunkveranstalter, 1994, S. 281 ff.; *Kötters* BeckOK VwGO § 42 Rn. 98; *Pietzcker* in: Schoch/Schneider/Bier VwGO § 42 Abs. 1 Rn. 145; *Wollenschläger* Verteilungsverfahren, 2010, S. 635 f.
64 BVerwG 80, 270 (272 f.); *Schenke* NVwZ 1993, 718 (721 f.); *ders.* Verwaltungsprozessrecht Rn. 276, für die Verpflichtung zur Rücknahme „auf Grund eines grundrechtlich fundierten Beseitigungsanspruch" begründet; krit. dazu aber *Wollenschläger* Verteilungsverfahren, 2010, S. 639 ff.
65 *Rennert* DVBl. 2009, 1333 (1340).
66 BVerwGE 80, 270 (272 f.). In dieser Entscheidung hätten mehr als 100 Konzessionen angefochten werden müssen. Krit. aber *Kalz* DVBl. 1989, 561; *Wollenschläger* Verteilungsverfahren, 2010, S. 636 f.
67 *Rennert* DVBl. 2009, 1333 (1336).
68 *Rennert* DVBl. 2009, 1333 (1336).

scheidung vollzogen wird. Daraus folgt, dass eine Drittklage mangels Rechtsschutzbedürfnisses unzulässig wäre, wenn der Kläger für die Erhebung der Drittklage kein besonderes Bedürfnis geltend machen kann. Mit anderen Worten: Die Drittklage ist neben der Verpflichtungsklage („Klage in eigener Sache") nur zulässig, wenn diese notwendig ist, um Rechtsschutzdefizite der Klage in eigener Sache zu kompensieren.[69]

Beispiel: So soll die Anfechtung einer Frequenzzuteilung an einen Konkurrenten nach § 61 TKG zusätzlich zur Verpflichtungsklage notwendig sein.[70] Dies wird ua damit begründet, dass die maßgebliche Verwaltungsentscheidung (§ 61 Abs. 7 TKG) auf einem einheitlichen, multipolaren und nicht reproduzierbaren Verwaltungsverfahren beruhe, das nicht durch eine Aufhebungs- und Abänderungsentscheidung nach § 48 VwVfG ersetzt werden könne.[71]

30   Darüber hinaus kann auch eine **Vorverlagerung in den vorbeugenden Rechtsschutz** in Betracht kommen. Nun ist verwaltungsgerichtlicher Rechtsschutz in aller Regel **nachträglicher Rechtsschutz.** Das folgt aus dem Grundsatz der Gewaltenteilung, der der Gerichtsbarkeit nur die Kontrolle der Verwaltungstätigkeit aufträgt, ihr aber grundsätzlich nicht gestattet, bereits im Vorhinein gebietend oder verbietend in den Bereich der Verwaltung einzugreifen. Die Verwaltungsgerichtsordnung stellt darum ein System nachgängigen Rechtsschutzes bereit und geht davon aus, dass dieses zur Gewährung effektiven Rechtsschutzes gem. Art. 19 Abs. 4 GG ausreicht.[72] Grundsätzlich ist deshalb die Anfechtungsklage der Drittbegünstigung (Drittklage) ausreichend, um den Erfolg der „Klage in eigener Sache" zu sichern. Hierfür spricht insbesondere auch, dass die Erhebung des Widerspruchs und der Anfechtungsklage zur aufschiebenden Wirkung führt und somit nicht vollzogen werden kann. Vorbeugende Klagen sind somit nur zulässig, wenn ein besonderes schützenswertes Interesse gerade an der Inanspruchnahme vorbeugenden Rechtsschutzes besteht (sog. qualifiziertes Rechtsschutzbedürfnis).[73]

Beispiel: Ein solches qualifiziertes Rechtsschutzbedürfnis wird insbesondere bei **beamtenrechtlichen** Konkurrentenklagen angenommen. Aufgrund

---

69 BVerwGE 132, 64 (70 Rn. 22); *Rennert* DVBl. 2009, 1333 (1339).
70 OVG Münster DVBl. 2009, 983 (984); weitgehend bestätigt durch BVerwG NVwZ 2011, 613.
71 *Gärditz* in: ders. VwGO § 42 Rn. 33; *ders.* in: Kirchhof/Korte/Magen Öffentliches Wettbewerbsrecht § 16 Rn. 54; Vertiefend *Wollenschläger* Verteilungsverfahren, 2010, S. 441 ff.
72 BVerwGE 132, 64 (72 Rn. 26).
73 BVerwGE 132, 64 (72 Rn. 26).

des Grundsatzes der Ämterstabilität führt die Beamtenernennung in der Regel zum Untergang des materiell-rechtlichen Anspruchs und somit zur Erledigung der Klage.[74] Um den Erfolg der eigenen Klage zu sichern, ist deshalb in solchen Situationen die Vorverlagerung des Rechtsschutzes schon wegen Art. 19 Abs. 4 GG notwendig. Deshalb kann der Betroffene nach Mitteilung der Auswahlentscheidung (2. Stufe) den Umsetzungsakt (3. Stufe) mittels einer Sicherungsanordnung gem. § 123 Abs. 1 S. 1 VwGO in Form der Drittunterlassungsklage verhindern.[75] Ein weiterer Anwendungsfall vorbeugenden Rechtsschutzes stellte kürzlich die Vergabe von **Sportwettenkonzessionen** nach dem GlüStV 2012 dar.[76]

Auch bei der Konkurrentenverdrängungsklage muss der Kläger **klagebefugt** sein, also die Verletzung eines subjektiv-öffentlichen Rechts geltend machen können. Anders als bei der Konkurrentenabwehrklage liegt die Klagebefugnis bei der Konkurrentenverdrängungsklage in den meisten Fallgestaltungen vor. Der Grund liegt darin, dass der Kläger „in eigener Sache" klagt, sich also selbst um die Vergünstigung beworben hat und diese gerichtlich erstreiten möchte, während der Kläger bei der Konkurrentenabwehrklage lediglich den Marktzutritt eines anderen Wettbewerbers verhindern möchte. 31

Grundsätzlich besteht aufgrund der Abwehrfunktion der Berufsfreiheit gem. Art. 12 Abs. 1 GG ein Anspruch auf Zulassung. Ist der Markt allerdings kontingentiert und werden deshalb die Vergünstigungen (insbesondere Genehmigungen) nur in begrenzter Zahl vergeben, dann gerät der Anspruch auf Zuteilung unter den Vorbehalt der verfügbaren Kapazitäten. Der Anspruch beschränkt sich deshalb auf einen **Anspruch auf Gleichbehandlung durch die zuteilende Behörde gem. Art. 12 Abs. 1 GG iVm Art. 3 Abs. 1 GG**.[77] Teilweise sind aber solche Ansprüche auch einfachgesetzlich verankert. Als Faustregel gilt: Eine einfachgesetzliche Norm ist drittschützend iSv § 42 Abs. 2 VwGO, „wenn sie der Sicherstellung eines fairen und transparenten Auswahlverfahrens und der Teilhabe bzw. dem Zugang zu einem solchen dien[t]".[78] Nur wenn solche Normen nicht ersichtlich sind, kann auf Art. 12 GG verwiesen werden. 32

---

74 BVerwGE 80, 127 (129 f.); BVerwG DVBl. 2002, 1633; mittlerweile hat das BVerwG diesen Grundsatz eingeschränkt: BVerwG NVwZ 2011, 358 mAnm *Schenke* NVwZ 2011, 324. Kritisch zur beamtenrechtlichen Rechtsprechung *Schenke* DVBl. 2015, 137.
75 *Rennert* DVBl. 2009, 1333 (1337).
76 VG Wiesbaden Beschl. v. 5.5.2015 – 5 L 1453/14.WI, BeckRS 2015, 45506; VGH Kassel Beschl. v. 7.10.2014 – 8 B 1686/14, BeckRS 2014, 59634.
77 *Brohm* in: FS Menger, 1991, S. 235 (244 ff.); *Kopp/Schenke* VwGO § 42 Rn. 147.
78 *Gärditz* in: ders. VwGO § 42 Rn. 87.

Beispiele: So gewährt etwa § 13 Abs. 5 S. 2 PBefG aufgrund des darin enthaltenen Prioritätsprinzips dem Bewerber für eine Taxikonzession eine subjektiv-öffentliche Rechtsposition[79]; auch bei der Konzessionserteilung an ein Unternehmen im Omnibusverkehr sind drittschützende Normen zu finden, so etwa in § 13 Abs. 3 iVm Abs. 2 Nr. 2 PBefG[80]; bei dem Vergabeverfahren von Frequenzen nach §§ 52 ff. TKG kann sich der Kläger vor allem auf § 55 Abs. 1 S. 3 TKG (iVm § 55 Abs. 10 TKG) berufen, wonach die Frequenzzuteilung diskriminierungsfrei auf der Grundlage nachvollziehbarer und objektiver Verfahren erfolgen muss.[81] Eine Schutznorm stellt ferner § 70 GewO dar, wobei nach der hier vertretenen Ansicht Rechtsstreitigkeiten über solche Zulassungsentscheidungen vor den ordentlichen Gerichten auszutragen sind.

V. Rechtsschutz in Bezug auf Regulierungsentscheidungen

33 Die Regulierungsbehörden werden bei der Wahrnehmung ihrer Aufgaben aufgrund von Normen des öffentlichen Rechts tätig. Grundsätzlich ist daher für Streitigkeiten zwischen den Regulierungsbehörden und Privaten gemäß § 40 Abs. 1 S. 1 VwGO der **Verwaltungsrechtsweg** eröffnet, sofern nicht – wie im Energierecht – eine Sonderzuweisung besteht. Die Zulässigkeit einer Klage, insbesondere die Frage der Klagebefugnis, richtet sich somit nach den Vorschriften der VwGO. Zu beachten ist, dass Rechtsbehelfe gegen Entscheidungen der Regulierungsbehörden in den hier beleuchteten Referenzgebieten keine aufschiebende Wirkung haben (vgl. § 137 Abs. 1 TKG, § 76 Abs. 1 EnWG, § 37 AEG bzw. § 68 Abs. 4 S. 1 ERegG).

34 Für das Telekommunikationsrecht gilt insoweit eine Besonderheit: Aus Gründen der Verfahrensbeschleunigung ist gemäß § 137 Abs. 3 TKG der Instanzenzug lediglich zweistufig, sodass gegen die erstinstanzliche Entscheidung des VG nur die Beschwerde zum Bundesverwaltungsgericht zulässig ist.

1. Abdrängende Sonderzuweisung in § 75 EnWG

35 § 75 Abs. 1 S. 1, Abs. 4 S. 1 EnWG enthält eine **abdrängende Sonderzuweisung** an die ordentliche Gerichtsbarkeit für alle Klagen gegen Entscheidungen der Regulierungsbehörden. Die Regelung ist abschließend, sodass Rechtsschutz nur auf diesem Wege zu erreichen

---
79 BVerwGE 82, 298.
80 BVerwG NVwZ 2001, 322 mAnm *Selmer* JuS 2001, 198.
81 BVerwG NVwZ 2011, 613 (614).

ist. Erstinstanzlich ist die Beschwerde beim OLG zulässig. Als Revisionsinstanz ist im Rahmen der Rechtsbeschwerde gemäß § 86 Abs. 1 EnWG der BGH zuständig. Das Verfahren ist insgesamt dem des Kartellrechts nachgebildet, sodass sich in den §§ 63 ff. GWB fast wortgleiche Vorschriften finden.

§ 75 Abs. 2, Abs. 3 S. 1 EnWG enthält eine Regelung für die Beschwerdebefugnis. Zunächst sind im Sinne einer **formalisierten Beschwerdebefugnis** gemäß § 75 Abs. 2 EnWG alle am Verfahren vor der Regulierungsbehörde Beteiligten beschwerdebefugt. Dies sind gemäß § 66 Abs. 2 EnWG erst einmal der Antragsteller (Nr. 1) und der Antragsgegner (Nr. 2). 36

Darüber hinaus können auch Dritte beschwerdebefugt sein. Dabei lassen sich grundsätzlich zwei Situationen unterscheiden: Entweder reicht es aus, dass der Dritte die Beeinträchtigung wirtschaftlicher Interessen geltend machen kann, oder er muss sich auf die Möglichkeit der Verletzung subjektiver Rechte berufen können.[82] 37

a) Beeinträchtigung wirtschaftlicher Interessen. Gemäß § 66 Abs. 2 Nr. 3 Alt. 1 EnWG sind auch die Personen, deren Interessen durch die Entscheidung erheblich berührt werden und die die Regulierungsbehörde auf ihren Antrag zu dem Verfahren beigeladen hat, Beteiligte des Regulierungsverfahrens und damit gemäß § 75 Abs. 2 EnWG beschwerdebefugt. Die Berührung **wirtschaftlicher Interessen** ist dabei ausreichend[83], sodass die Verletzung subjektiver Rechte nicht erforderlich ist. 38

In seiner *Citiworks*-Entscheidung aus dem Jahre 2009 übertrug der BGH darüber hinaus seine kartellrechtliche Rechtsprechung aus dem *pepcom*-Beschluss auf § 75 Abs. 2 EnWG.[84] Demnach sei ein Dritter auch dann beschwerdebefugt, „wenn in seiner Person die subjektiven Voraussetzungen für eine Beiladung vorliegen, sein Beiladungsantrag allein aus verfahrensökonomischen Gründen abgelehnt worden ist und er geltend machen kann, durch die Entscheidung unmittelbar und individuell betroffen zu sein", wofür bereits erhebliche wirtschaftliche Interessen ausreichend seien.[85] Diese Rechtsprechung führt durch die Abkehr vom Beiladungserfordernis zu einer weitge- 39

---

82 Ausführlich *Franke* DV 49 (2016), 25, 45 ff.
83 *Britz* in: Fehling/Ruffert (Hrsg.) Regulierungsrecht, 2010 § 9 Rn. 157.
84 BGH RdE 2009, 185, 186.
85 BGH RdE 2009, 185, 186 f.

hendenden **Entformalisierung** der Beschwerdebefugnis, weshalb sie in der Literatur Kritik erfuhr.[86]

40 **b) Verletzung subjektiver Rechte.** Die herrschende Meinung in der Literatur geht davon aus, dass § 75 Abs. 3 S. 1 EnWG eine **Sonderregelung der Verpflichtungsbeschwerdebefugnis** enthält.[87] Demnach muss der Beschwerdeführer geltend machen, dass er einen Rechtsanspruch auf die beantragte Entscheidung hat und daher durch die Ablehnung in einem subjektiven Recht verletzt ist.

41 Wie auch die wortgleiche kartellrechtliche Bestimmung in § 63 Abs. 2 GWB, ist darüber hinaus die Vorschrift des § 75 Abs. 2 EnWG nicht abschließend. Wer durch die angegriffene Entscheidung in seinen subjektiven Rechten verletzt wird, ist auch ohne vorherige Beiladung im Regulierungsverfahren beschwerdebefugt, da in diesem Fall der Verwaltungsakt ihm gegenüber eine Regelungswirkung im Sinne des § 35 S. 1 VwVfG entfaltet.[88]

2. Gerichtliche Kontrolldichte

42 Die Entscheidungen der Regulierungsbehörde basieren häufig auf einem Abwägungsvorgang, durch den verschiedene gegenläufige Interessen in Einklang gebracht werden sollen. Nicht zuletzt deshalb hat das Bundesverwaltungsgericht für den Bereich des Telekommunikationsrechts die Figur des „**Regulierungsermessens**" entwickelt, um damit eine besondere Verknüpfung von Ermessen auf Rechtsfolgenseite mit Beurteilungsspielräumen auf Tatbestandsseite zu bezeichnen[89]. Die gerichtliche Kontrolle einer solchen Entscheidung soll dann, angelehnt an die Figur des Planungsermessens, auf die Überprüfung anhand der Abwägungsfehlerlehre beschränkt sein[90]. Eine solchermaßen reduzierte gerichtliche Kontrolle dient nicht zuletzt auch einer erheblichen Verfahrensbeschleunigung, durch die regelmäßig der schwächere Wettbewerbsteilnehmer vor einer „Verschleppungstaktik" seitens des Prozessgegners geschützt werden kann.

43 Die Frage, ob für das gesamte Regulierungsrecht ein umfassendes „Regulierungsermessen" der handelnden Behörden angenommen

---

86 Vgl. *Bien* RdE 2009, 314.
87 AA *Peters* Rechtsschutz Dritter im Rahmen des EnWG, 2008, S. 172 ff.
88 BGH Beschl. v. 5.10.2010 – EnVR 51/09 Rn. 12, IBRRS 77891; OLG Sachsen-Anhalt Beschl. v. 14.11.2007 – 1 W 35/06 (EnWG) Rn. 13 f., BeckRS 2007, 19568.
89 BVerwGE 130, 39 (48).
90 BVerwGE 131, 41 (62).

werden kann, ist seitdem in der Literatur umstritten.[91] Der in Energiesachen letztinstanzlich zuständige BGH steht einem solchen eher ablehnend gegenüber.[92] Der EuGH hat für das Telekommunikationsrecht jedenfalls klargestellt, dass die Verteilung der Kompetenzen zwischen Exekutive und Judikative insoweit Sache der nationalen Rechtsordnungen sei und das Europarecht in dieser Hinsicht keine Vorgaben mache.[93] Im Bereich des Eisenbahnrechts hat sich die Frage bisher – soweit ersichtlich – in der Praxis noch nicht gestellt. Letztlich muss angesichts der Vielgestaltigkeit der Regulierungsaufgaben und der wegen der Rechtsschutzgarantie des Art. 19 Abs. 4 GG geltenden Begründungsbedürftigkeit gerichtlich nicht vollständig überprüfbarer Entscheidungsspielräume für jede Befugnisnorm gesondert überprüft werden, ob der Gesetzgeber der Verwaltung ein Letztentscheidungsrecht einräumen wollte und wie dieses ausgestaltet ist.[94]

Im Bereich des Telekommunikationsrechts liegt die Annahme eines 44 Regulierungsermessen dabei wegen der häufig finalen Normstruktur näher als im Energierecht, wo die Normierung sehr viel stärker und detaillierter ausfällt.[95] Hinzu kommt die Regelung des § 83 Abs. 5 EnWG, die aufgrund der Ausdehnung der gerichtlichen Kontrolle im Vergleich zu § 114 VwGO gerade gegen eine Einschränkung der gerichtlichen Kontrolldichte spricht.[96]

3. Schutz von Betriebs- und Geschäftsgeheimnissen im gerichtlichen Verfahren

Kommt es zu einem Gerichtsverfahren über Entscheidungen der 45 Regulierungsbehörde, so enthalten die Verwaltungsakte, die dem Prozess zugrunde gelegt werden, häufig Informationen, die für die betroffenen Unternehmen **Betriebs- und Geschäftsgeheimnisse** darstellen. Das sind solche auf ein Unternehmen bezogene Tatsachen, Umstände und Vorgänge, die nicht offenkundig, sondern nur einem begrenzten Personenkreis zugänglich sind, und an deren Nichtver-

---

91 *Knauff* VerwArch 2007, 383, 401 ff. mwN; zur Eröffnung von Entscheidungsspielräumen im Regulierungsrecht ausführlich *Franke* DV 49 (2016), 25, 29 ff.
92 Bspw. BGHZ 172, 368, 382; vgl. aber aus der jüngeren Rechtsprechung bspw. BGH RdE 2014, 495; dazu kritisch *Gärditz* DVBl. 2016, 399.
93 EuGH Slg. 2008, I-2931 Rn. 170 – *Arcor.*
94 Vgl. bspw. die Einzelnormanalyse zu § 21 TKG bei *Attendorn* DVBl. 2008, 1408; zu § 30 Abs. 1 S. 2 TKG bei *Decher* Die Klagebefugnis Dritter im Regulierungsverwaltungsrecht, 2014, S. 22 ff.
95 *Eifert* ZHR 174 (2010), 449, 465.
96 *Hanebeck* in: Britz/Hellermann/Hermes (Hrsg.) EnWG-Kommentar, 3. Auflage 2015, § 83 Rn. 19 f.

breitung der Rechtsträger ein besonderes Interesse hat.[97] Insbesondere geht es darum, die entsprechenden Informationen nicht den Konkurrenzunternehmen zugänglich zu machen.

46 § 99 VwGO trifft für solche Fälle eine Abwägungsentscheidung zwischen Art. 12 Abs. 1, 14 Abs. 1 GG und Art. 19 Abs. 4, 103 Abs. 1 GG. Diese Regelung wird in § 138 TKG sowie § 84 EnWG modifiziert. Das AEG enthält demgegenüber keine Spezialregelung, sodass in seinem Anwendungsbereich die allgemeinen Grundsätze aus § 99 VwGO zur Anwendung kommen.

47 Gemeinsam ist allen Vorschriften, dass sie dem Hauptverfahren ein **Zwischenverfahren** vorschalten, in dem die Geheimhaltungsbedürftigkeit der betroffenen Unterlagen festgestellt werden soll.

48 Im Falle des § 99 VwGO, der im Anwendungsbereich des AEG zur Anwendung kommt, hat die oberste Aufsichtsbehörde gemäß § 99 Abs. 1 S. 2 VwGO unter bestimmten Voraussetzungen die Möglichkeit, die Vorlage von Urkunden oder Akten, die Übermittlung elektronischer Dokumente und die Erteilung von Auskünften zu verweigern. Das OVG stellt auf Antrag eines Beteiligten gemäß § 99 Abs. 2 S. 1 VwGO in einem In-Camera-Zwischenverfahren fest, ob diese Weigerung rechtmäßig war. Kommt das Gericht zu der Entscheidung, dass die Informationen geheimhaltungsbedürftig sind, können diese im Rahmen der Hauptverhandlung nicht verwertet werden.

49 § 138 TKG eröffnet demgegenüber erstmalig im deutschen Recht die Möglichkeit eines **In-Camera-Hauptsacheverfahrens**[98] und stellt damit eine völlig neuartige Regelung dar, die einen optimalen Ausgleich der widerstreitenden Interessen der Beteiligten anstrebt. Anders als nach § 99 VwGO wird hier auf Antrag eines Beteiligten in einem In-Camera-Zwischenverfahren vor dem Hauptsachegericht darüber entschieden, ob das weitere Hauptsacheverfahren in camera durchgeführt werden soll (§ 138 Abs. 2, Abs. 3 S. 2 TKG). Die Tatsache, dass das Gericht der Hauptsache auch für das Zwischenverfahren zuständig ist, führt zu einer erheblichen Verfahrensbeschleunigung.

50 Nach der Regelung des § 138 Abs. 2 S. 1, 2 TKG werden durch die Entscheidung im Zwischenverfahren nur die Beteiligtenrechte der §§ 100, 108 Abs. 1 S. 2, Abs. 2 VwGO für das Hauptsacheverfahren

---

97 BVerfG NVwZ 2006, 1041, 1042.
98 Dazu ausführlich *Götz* N&R 2012, 215.

ausgeschlossen, die geheim gehaltenen Informationen sind aber für die Entscheidung in der Hauptsache vollumfänglich verwertbar. Sie dürfen aus den Entscheidungsgründen nicht erkennbar sein, und die Mitglieder des Gerichts sind zur Geheimhaltung verpflichtet, § 138 Abs. 2 S. 3, 4 TKG.

Im **Energierecht** muss die zuständige Regulierungsbehörde die Einsicht in die Verfahrensakten gemäß § 84 Abs. 2 S. 2 EnWG verweigern, soweit dadurch Betriebs- oder Geschäftsgeheimnisse verletzt werden könnten. Ein Ermessen besteht, anders als nach § 99 VwGO, diesbezüglich also nicht. Gemäß § 84 Abs. 2 S. 4 EnWG kann aber das Gericht der Hauptsache in einem In-Camera-Zwischenverfahren die Offenlegung der Unterlagen anordnen. Geschieht dies nicht, sind die Informationen im Hauptsacheverfahren gemäß § 84 Abs. 2 S. 3 EnWG grundsätzlich nicht verwertbar. 51

Sowohl im Bereich des Eisenbahn- als auch des Energierechts kann es also durch die Geheimhaltungsbedürftigkeit von Betriebs- und Geschäftsgeheimnissen zu **Rechtsschutzlücken** kommen. Um diese zu schließen, wird vielfach vorgeschlagen, auch in anderen Rechtsbereichen ein In-Camera-Hauptsacheverfahren nach dem Vorbild des § 138 TKG zu etablieren.[99] Der 2013 gescheiterte Regierungsentwurf für ein neues Eisenbahnregulierungsgesetz sah in § 65 Abs. 4 eine entsprechende Regelung vor.[100] 52

§ 26. Rechtsschutz im Vergaberecht

Literatur: *Burgi,* Von der Zweistufenlehre zur Dreiteilung des Rechtsschutzes im Vergaberecht, NVwZ 2007, 737; *Ennuschat/Ulrich,* Keine Anwendung der Zwei-Stufen-Lehre im Vergaberecht, NJW 2007, 2224; *Germelmann,* Die Vergabekammern im System des vergaberechtlichen Rechtsschutzes – Relikt oder Beitrag zu einer modernen Rechtsschutzgewährleistung?, DÖV 2013, 50; *Hausmann,* Systematik und Rechtsschutz des Vergaberechts, GewArch 2012, 107; *Röstel,* Der Vergaberechtsschutz unterhalb der EU-Schwellenwerte, 2012; *Schmid,* Einführung in das Vergaberecht, ZJS 2015, 158.

---

99 *Herrmann/Bosch* N&R 2007, 79, 81; *Götz* N&R 2012, 215 (221).
100 *Scherer/Michalczyk* N&R 2013, 35 (44).

I. Rechtsschutz oberhalb der Schwellenwerte

1 Oberhalb der Schwellenwerte greift das **Nachprüfungsverfahren** der §§ 102 ff. GWB ein, mit dessen Hilfe sich der nicht berücksichtigte Bieter gegen die Auswahlentscheidung des Auftraggebers vor der Vergabekammer zur Wehr setzen kann. Dazu muss er gem. § 114 Abs. 1 S. 1 GWB die Verletzung subjektiver Rechte geltend machen. Nicht alle Normen des GWB, der VgV und der Vergabe- und Vertragsordnungen vermitteln subjektive Rechte. Als Faustformel lässt sich festhalten, dass die Verletzung der Normen zur Einleitung eines Nachprüfungsverfahrens berechtigt, die das Gleichbehandlungsgebot des § 97 Abs. 2 GWB konkretisieren.

2 Die **Vergabekammern** sind zwar Behörden (§ 106 GWB), aber zugleich unabhängig (§ 105 Abs. 1 GWB). Dies zeichnet im Übrigen nur die Gerichte aus (§ 97 Abs. 1 GG). Der Antrag auf Nachprüfung bewirkt, dass der Auftraggeber den Zuschlag nicht erteilen darf, solange die Vergabekammer keine Entscheidung getroffen hat, § 115 Abs. 1 GWB. In jedem Fall muss der Auftraggeber die Stillhaltefrist des § 101a GWB berücksichtigen, ansonsten ist der geschlossene Vertrag unwirksam, § 101b Abs. 1 Nr. 1 GWB. Gleiches gilt, wenn überhaupt kein Vergabeverfahren stattgefunden hat (de-facto-Vergabe, § 101b Abs. 1 Nr. 2 GWB). Wurde ein Zuschlag jedoch wirksam erteilt (liegt also keiner der genannten Fälle vor), so kann er durch die Vergabekammer nicht mehr aufgehoben werden, § 114 Abs. 2 GWB. Dies gilt auch dann, wenn die Auswahlentscheidung unrichtig war oder sonstige Verfahrensmängel vorgelegen haben.

3 Gegen die Entscheidungen der Vergabekammer ist die **sofortige Beschwerde** zulässig, § 116 Abs. 1 S. 1 GWB. Über diese entscheidet ausschließlich das für den Sitz der Vergabekammer zuständige OLG, § 116 Abs. 3 S. 1 GWB.

4 Neben dem Anspruch, einen Vertragsschluss zwischen Auftraggeber und Unternehmen zu verhindern, vermittelt § 126 GWB einen **Ersatzanspruch** für einen entstandenen Vertrauensschaden. Dazu muss der Auftraggeber gegen eine den Schutz des unterlegenen Bewerbers dienende Vorschrift verstoßen und der Bewerber ohne diesen Verstoß eine realistische Chance auf den Zuschlag gehabt haben. Er kann aber über diese Vorschrift nur seine Kosten, die für die Vorbereitung des Angebots oder die Teilnahme am Vergabeverfahren an-

gefallen waren, ersetzt verlangen. Daneben bestehen aber eventuelle Schadensersatzansprüche aus culpa in contrahendo (§§ 311 Abs. 2, 280 BGB), wegen Verletzung des eingerichteten und ausgeübten Gewerbebetriebs (§ 823 Abs. 1 BGB), wegen Verletzung von Schutzgesetzen (§ 823 Abs. 2 BGB iVm § 97 Abs. 7 GWB), aufgrund von Amtshaftung (§ 839 BGB iVm Art. 34 GG) und wegen Missbrauchs einer marktbeherrschenden Stellung (§§ 20, 33 GWB).[1]

II. Rechtsschutz unterhalb der Schwellenwerte

Lange Zeit war umstritten, ob für vergaberechtliche Streitigkeiten der Verwaltungsrechtsweg gem. § 40 Abs. 1 S. 1 VwGO eröffnet ist.[2] Hintergrund war der Charakter der Vergabeentscheidung. Das Bundesverwaltungsgericht hat in einer grundlegenden Entscheidung festgestellt, dass die Vergabeentscheidung nicht öffentlich-rechtlicher Natur, sondern privatrechtlicher Natur und der Verwaltungsrechtsweg daher nicht eröffnet ist.[3] Es begründet dies damit, dass der öffentliche Auftraggeber zwar Leistungen für seine Aufgabenerfüllung beschaffen will, jedoch wie ein Privater am Markt auftritt und Leistungen nachfragt. Die Zwei-Stufen-Theorie findet nach Ansicht des Bundesverwaltungsgerichts auf das unterschwellige Vergaberecht keine Anwendung, sodass nicht zwischen einem öffentlich-rechtlichen Verfahren und einem privatrechtlichen Vertrag zu differenzieren ist. Deshalb sind für den Rechtsschutz gegen eine Vergabeentscheidung die Zivilgerichte, in der Regel wegen des Volumens der Aufträge die Landgerichte zuständig, §§ 23 Nr. 1, 71 Abs. 1 GVG.

5

---

1 *Bungenberg* in: Loewenheim/Meessen/Riesenkampff Kartellrecht § 126 GWB Rn. 13 ff.
2 Vgl. für die Eröffnung des Verwaltungsrechtswegs *U. Huber* JZ 2000, 877 (882); *Pünder* VerwArch 95 (2004), 38 (56).
3 BVerwGE 129, 9 ff.; zustimmend *Ennuschat/Ulrich* NJW 2007, 2224; aA *Burgi* NVwZ 2007, 737; *Hufen* JuS 2007, 958.

8. Teil. Rechtsschutz im Öffentlichen Wirtschaftsrecht

§ 27. Europa- und internationalrechtlicher Rechtsschutz

I. Europarechtlicher Rechtsschutz

Literatur: *Ehlers*, Anforderungen an den Rechtsschutz nach dem Europäischen Unions- und Gemeinschaftsrecht, in: ders./Schoch (Hrsg.), Rechtsschutz im Öffentlichen Recht, 2009, § 6; *Frenz*, Handbuch Europarecht, Bd. 3, Beihilfe- und Vergaberecht, 2007, Rn. 1577 ff.; *Gundel*, Der Schutz des Wettbewerbers im EU-Beihilfenrecht, WiVerw 2011, 242; *Kühling*, Subventionsrecht, in: Ehlers/Fehling/Pünder (Hrsg.), Besonderes Verwaltungsrecht, Bd. 1, 2012, § 29 Rn. 74 ff.

1. Allgemeines

1 Schon an vielen Stellen des Lehrbuchs wurde die Bedeutung des primären als auch des sekundären Europarechts für das Öffentliche Wirtschaftsrecht gewürdigt. Umso mehr stellt sich die Frage, wie sich Unternehmer sowohl gegen europäische Rechtsakte als auch gegen verwaltungsrechtliche Maßnahmen mit EU-Bezug zur Wehr setzen können. Deshalb sollen an dieser Stelle die maßgeblichen Rechtsschutzmechanismen im Unionsrecht vorgestellt werden, die zur Lösung europarechtlicher Fallgestaltungen im Öffentlichen Wirtschaftsrecht notwendig sind. Der Gerichtshof der Europäischen Union umfasst gem. Art. 19 Abs. 1 UAbs. 1 EUV den Gerichtshof, das Gericht sowie weitere Fachgerichte und sichert die „Wahrung des Rechts bei der Auslegung und Anwendung der Verträge". Hierfür stehen dem EuGH viele Verfahrensarten zur Verfügung. Die wichtigsten sind:
- Direktklagen (Vertragsverletzungsverfahren, Nichtigkeitsklage, Untätigkeitsklage, Schadensersatzklage),
- Vorabentscheidungsverfahren,
- Gutachtenverfahren.[1]

2 **Direktklagen,** insbesondere von Gewerbetreibenden, unmittelbar vor den EU-Gerichten stellen eher die Ausnahme dar. Der Grund dafür ist, dass das Unionsrecht durch die Mitgliedstaaten „indirekt" vollzogen wird. In der Regel ist der administrative Vollzug des pri-

---

1 Überblick bei *Streinz* Europarecht Rn. 620 ff.

mären und sekundären Unionsrechts dezentral organisiert: Bis auf wenige Ausnahmen sind also die nationalen Verwaltungsbehörden sowohl für die unmittelbare Vollziehung (Verordnung, unmittelbar anwendbares Unionsrecht, insbesondere Grundfreiheiten) als auch die mittelbare Vollziehung (richtlinienkonforme Vollziehung) des Unionsrechts zuständig. Entsprechend ist auch der gerichtliche Rechtsschutz weitgehend dezentral organisiert. Das heißt, dass entsprechende **Klagen vor den nationalen Gerichten** auszutragen sind. Dabei haben die nationalen Gerichte die Vorgaben des Unionsrechts unionskonform auszulegen und anzuwenden. Ist die Auslegung nicht zweifelsfrei möglich, dann sind die nationalen Gerichte unter Umständen verpflichtet, sich an den EuGH im Wege des **Vorabentscheidungsverfahrens gem. Art. 267 AEUV** zu wenden. Die Entscheidungen des EuGH über die Auslegung der Verträge sind zum einen für das vorlegende Gericht sowie für alle anderen Gerichte, die in dem Ausgangsverfahren entscheiden, bindend, zum anderen kommt den Entscheidungen des EuGH auch eine allgemeine Wirkung für alle nachfolgenden Rechtsfragen zu.[2]

2. Rechtsschutz vor den Unionsgerichten im Beihilfenrecht

Das Unionsrecht kennt aber auch Fälle eines **direkten unionsunmittelbaren Vollzugs** durch europäische Verwaltungsinstanzen. Unionsunmittelbare Vollzugsaufgaben nehmen beispielsweise die Kommission (Kartellaufsicht, Fusions- und Missbrauchsaufsicht, Beihilfenaufsicht) sowie europäische Spezialbehörden (zB Europäische Behörde für Lebensmittelsicherheit) wahr. Im Öffentlichen Wirtschaftsrecht besonders bedeutsam ist die **Beihilfenaufsicht der Kommission** gem. Art. 108 Abs. 1 AEUV. Danach überprüft die Kommission fortlaufend in Zusammenarbeit mit den Mitgliedstaaten die bestehenden Beihilfenregelungen. 3

Rechtsschutz im Beihilfenrecht gewährleisten sowohl die nationalen Gerichte als auch die Unionsgerichte. Den nationalen Gerichten obliegt vor allem die Aufgabe, darüber zu wachen, dass die Mitgliedstaaten die sog. Stillhaltepflicht (Art. 108 Abs. 3 S. 3 AEUV) einhalten.[3] Gegen Entscheidungen der Kommission kommt vor allem eine 4

---

2 *Herdegen* Europarecht § 9 Rn. 35.
3 EuGH Rs. C-368/04, Slg. 2006, I-9957 Rn. 38 – Transalpine Ölleitung; EuGH Rs. C-261/01, Slg. 2003, I-12249 Rn. 75 – van Calster; *Kühling* in: Streinz EUV/AEUV Art. 108 AEUV Rn. 47.

Nichtigkeitsklage gem. Art. 263, 256 Abs. 1 AEUV vor dem EuG in Betracht. Klageberechtigt sind vor allem:
- die Mitgliedstaaten, der Rat, das Europäische Parlament (Art. 263 Abs. 2 AEUV),
- mitgliedstaatliche Gebietskörperschaften als juristische Personen, also etwa Bund, Länder und Gemeinden (Art. 263 Abs. 4 AEUV),
- der Beihilfeempfänger (Art. 263 Abs. 4 AEUV),
- Berufsverbände (Art. 263 Abs. 4 AEUV),
- und schlussendlich auch der Wettbewerber (Art. 263 Abs. 4 AEUV).

Beispiele: Ergeht im Rahmen der fortlaufenden Überprüfung bestehender Beihilfen gem. Art. 108 Abs. 1, 2 AEUV oder bei der präventiven Kontrolle eingeführter oder umgestalteter Beihilfen nach Art. 108 Abs. 3 AEUV eine Negativentscheidung (Art. 108 Abs. 3 AEUV), so können die **Mitgliedstaaten, der Rat und das Europäische Parlament** gem. Art. 263 Abs. 2 AEUV eine Nichtigkeitsklage erheben. Auch das **betroffene Unternehmen** kann gegen die Entscheidung der Kommission nach Maßgabe der Art. 263 Abs. 4 AEUV vorgehen. **Bund, Länder und Kommunen** können als juristische Personen ebenfalls nach Art. 263 Abs. 4 AEUV Nichtigkeitsklage erheben. Darüber hinaus können sich auch für **Konkurrenten** besonders in zwei Situationen Klagemöglichkeiten gegen Handlungen der Kommissionen ergeben: (1) Die Kommission erlässt bereits im Vorprüfungsverfahren einen sog. Unbedenklichkeitsbeschluss nach Art. 4 Abs. 3 BeihilfVO und stellt damit klar, dass sie die Beihilfe mit dem Binnenmarkt für vereinbar hält oder (2) die Kommission schließt das Hauptprüfungsverfahren (Art. 108 Abs. 2 AEUV) mit einer Positiventscheidung nach Art. 7 Abs. 3 BeihilfVO ab. In beiden Situationen kann der Konkurrent gegen die Entscheidungen der Kommission eine Nichtigkeitsklage nach Maßgabe der Art. 263 Abs. 4 AEUV erheben.[4]

5   Die erhobene Nichtigkeitsklage muss **zulässig und begründet** sein:
- **Klageberechtigung:** Zuerst muss der Kläger klageberechtigt sein. Die Klageberechtigung ergibt sich aus Art. 263 Abs. 2, 3 und 4 AEUV. Klageberechtigt können vor allem die unter → Rn. 4 aufgezählten Parteien sein.
- **Zuständigkeit:** Zuständig für die Nichtigkeitsklage ist grundsätzlich gem. Art. 263, 256 Abs. 1 AEUV das EuG. Für den Fall, dass ein Mitgliedstaat die Nichtigkeitsklage erhebt, ist der EuGH abweichend von Art. 256 Abs. 1 AEUV gem. Art. 51 Satzung EuGH zuständig.

---

4 Vgl. *Gundel* WiVerw 2011, 242 (244 ff.).

§ 27. Europa- und internationalrechtlicher Rechtsschutz 443

- **Klagegegenstand:** Gegenstand der Nichtigkeitsklage iSv Art. 263 Abs. 2 AEUV sind alle Handlungen mit verbindlichen Rechtswirkungen, die geeignet sind, die Interessen des Klägers dadurch zu beeinträchtigen, dass sie seine Rechtsstellung in qualifizierter Weise verändern.[5] Damit sind alle abschließenden Beschlüsse der Kommission sowohl im vorläufigen als auch im förmlichen Prüfverfahren zulässiger Klagegenstand der Nichtigkeitsklage.[6]
- **Klagebefugnis:** Die klageberechtigten Parteien müssen darüber hinaus klagebefugt sein.[7] Für die Mitgliedstaaten, den Rat und das Europäische Parlament ergibt sich die Klagebefugnis bereits aus Art. 263 Abs. 2 AEUV, die insofern privilegiert klagebefugt sind. Ansonsten setzt die Klagebefugnis nach Art. 263 Abs. 4 AEUV voraus, dass die angegriffene Handlung der Kommission entweder die natürliche oder juristische Person adressiert (Art. 263 Abs. 4 Alt. 1 AEUV) oder den Kläger unmittelbar und individuell betrifft (Art. 263 Abs. 4 Alt. 2 AEUV). Da sich der jeweilige Beschluss der Kommission in der Regel nur an die Mitgliedstaaten richtet, setzt die Klagebefugnis für die übrigen Kläger voraus, dass diese unmittelbar und individuell betroffen sind. **Unmittelbar** ist ein Kläger nur dann betroffen, wenn der Beschluss ihn zwar nicht adressiert, aber die Auswirkungen auf seine Interessen zwangsläufig eintreten.[8] Daneben liegt dann eine **individuelle Betroffenheit** vor, wenn die Handlung den Kläger wegen bestimmter persönlicher Eigenschaften oder besonderer, ihn aus dem Kreis aller übrigen Personen heraushebender Umstände berührt und ihn daher in ähnlicher Weise individualisiert wie einen Adressaten (sog. **Plaumann-Formel**)[9]. Eine solche Klagebefugnis wird für die **mitgliedstaatlichen Gebietskörperschaften** in der Regel großzügig bejaht.[10] In ähnlicher Weise bereitet auch die unmittelbare und individuelle Betroffenheit des **Beihilfeempfängers** keine allzu großen Schwierigkeiten, wenn die Kommission eine Negativentscheidung trifft.[11]

---

5 EuG Rs. T-351/02, Slg. 2006, II-1047 Rn. 35 – Deutsche Bahn/Kommission; stRspr seit EuGH Rs. 60/81, Slg. 1981, 2639 Rn. 9 – IBM.
6 *Kühling* in: Streinz EUV/AEUV Art. 108 AEUV Rn. 48.
7 Allgemein zur Klagebefugnis bei der Nichtigkeitsklage: *Streinz* Europarecht Rn. 645 ff.
8 *Streinz* Europarecht Rn. 650.
9 EuGH Rs. 25/62, Slg. 1963, 213 – Plaumann/Kommission.
10 EuGH Rs. C-417/04, Slg. 2006, Slg. I-2881 Rn. 21, 24 – Regime Siciliana; *Kühling* in: Streinz EUV/AEUV Art. 108 AEUV Rn. 50.
11 EuGH Rs. C-188/92, Slg. 1994, I-833/852 Rn. 14 – TDW Deggendorf/Deutschland; EuGH verb. Rs. 296–318/82, Slg. 1985, 809/821 Rn. 13 – Niederlande und Leeuwar-

Nicht ohne Weiteres kann aber die Klagebefugnis des **Wettbewerbers** angenommen werden.[12] Ob der Wettbewerber eine den Beihilfeempfänger begünstigende Positiventscheidung gem. Art. 263 AEUV anfechten kann, hängt wesentlich von dessen Beteiligung im Prüfverfahren ab. Dabei wird in der Praxis grundsätzlich nur dann eine Klagebefugnis des Wettbewerbers bejaht, wenn dieser im Rahmen des Beihilfeverfahrens eine aktive Rolle inne hatte und dessen Marktstellung durch die entsprechende Beihilfemaßnahme spürbar beeinträchtigt wird.[13] Eine solche aktive Rolle wird insbesondere angenommen, wenn der Wettbewerber im Verfahrensablauf angehört worden ist und dessen Erklärungen den Verfahrensablauf weitgehend bestimmt haben.[14] Darüber hinaus sind **Klagen von Vereinigungen** in drei Fällen zulässig, nämlich wenn die Vereinigung Interessen von Personen wahrnimmt, die selbst klagebefugt wären (1.), wenn sie wegen der Berührung eigener Interessen als Vereinigung individualisiert ist, insbesondere weil ihre Position als Verhandlungsführer durch die angefochtene Handlung berührt worden ist (2.), oder wenn eine Rechtsvorschrift ihr ausdrücklich eine Reihe von Verfahrensrechten einräumt (3.).[15]

- **Frist:** Die Nichtigkeitsklage ist gem. Art. 263 Abs. 6 AEUV binnen zwei Monaten zu erheben. Die Frist beginnt grundsätzlich mit der Veröffentlichung im Amtsblatt. Hat die Kommission den Beschluss den Mitgliedstaaten mitgeteilt, dann beginnt die Frist ab diesem Zeitpunkt. Im Einzelnen erfolgt die Fristberechnung nach Art. 49 ff. der Verfahrensordnung des EuGH.[16]

6   Die Nichtigkeitsklage ist **begründet**, wenn ein Fall der Unzuständigkeit, der Verletzung wesentlicher Formvorschriften, einer Verletzung des Vertrags oder einer bei seiner Durchführung anzuwendenden Rechtsnorm oder eines Ermessensmissbrauchs vorliegt (Art. 263 Abs. 2 AEUV). Dabei muss berücksichtigt werden, dass eine Nichtig-

---

der Papierwarenfabriek/Kommission; *von Wallenberg/Schütte* in: Grabitz/Hilf/Nettesheim Das Recht der Europäischen Union, Art. 108 AEUV Rn. 75.
12 Vertiefend *Gundel* WiVerw 2011, 242 (244 ff.).
13 EuG Rs. T-88/01, Slg. 2005, II-1165 Rn. 56 – Sniace/Kommission. Dazu vertiefend: *Frenz* Handbuch Europarecht, Bd. 3, Beihilfe- und Vergaberecht Rn. 1589 ff.
14 *von Wallenberg/Schütte* in: Grabitz/Hilf/Nettesheim Das Recht der Europäischen Union, Art. 108 AEUV Rn. 76.
15 EuG Rs. T-375/03, Slg. 2007, II-00121 Rn. 52 – Fachvereinigung Mineralfaserindustrie/Kommission.
16 Zu den Einzelheiten: *Ehricke* in: Streinz EUV/AEUV Art. 263 Rn. 31 ff.

keitsklage gem. Art. 278 AEUV **keine aufschiebende Wirkung** hat. Besonders bei Rückforderungsentscheidungen hat das zur Folge, dass auch dann, wenn ein Verfahren gegen die Kommissionsentscheidung anhängig ist, die Rückzahlung dennoch zwingend zu erfolgen hat.[17]

Im Mittelpunkt der Rechtsschutzverfahren vor den Unionsgerichten steht zweifelsfrei die Nichtigkeitsklage. Mittelbar können beihilferechtliche Fragen aber auch in einem Vorlageverfahren (Art. 267 AEUV) oder in einem Vertragsverletzungsverfahren (Art. 258, 259 AEUV) auftauchen. Weiterhin kann unter Umständen auch eine Untätigkeitsklage[18] (Art. 265 AEUV) sowie eine Schadensersatzklage (Art. 268, 340 AEUV) in Betracht kommen.[19]

II. Internationalrechtlicher Rechtsschutz

Literatur: *Dolzer,* Formen der Streitbeilegung im multilateralen Wirtschaftsrecht, in: FS Doehring, 1989, S. 143; *Herdegen,* Internationales Wirtschaftsrecht, 8. Auflage 2009, § 8; *Krajewski,* Wirtschaftsvölkerrecht, 3. Auflage 2012, Rn. 238 ff., 645 ff.; *Ohler,* Die Vereinbarkeit von Investor-Staat-Schiedsverfahren mit deutschem und europäischem Verfassungsrecht, JZ 2015, 337; *Reinisch,* Die Beteiligung von Investitionsstreitigkeiten, in: Tietje (Hrsg.), Internationales Wirtschaftsrecht, 2009, § 18; *Tietje,* Rechtsschutz und Streitbeilegung in der Welthandelsorganisation, in: Ehlers/Schoch (Hrsg.), Rechtsschutz im Öffentlichen Recht, 2009, § 3; *ders.,* Internationales Investitionsschutzrecht, in: Ehlers/Schoch (Hrsg.), Rechtsschutz im Öffentlichen Recht, § 4.

Für den internationalen Rechtsschutz kann exemplarisch auf das Recht der Welthandelsorganisation (WTO) sowie auf das Investitionsschutzrecht verwiesen werden. Im WTO-Recht gibt es die Möglichkeit einer Streitbeilegung. Diese Aufgabe nimmt der *Dispute Settlement Body* (DSB) wahr, der vom Allgemeinen Rat gebildet wird (Art. IV:3 WTO-Übereinkommen). Seine Aufgabe besteht darin, Handelsstreitigkeiten zwischen den Mitgliedstaaten beizulegen. Das Verfahren der WTO-Streitbeilegung ist in der *Dispute Settlement Understanding* (DSU) geregelt. Das Streitbeilegungsverfahren be-

---

[17] *Kühling* in: Streinz EUV/AEUV Art. 108 Rn. 49; *Koenig/Kühling/Ritter* EG-Beihilfenrecht, S. 199.
[18] Zu den denkbaren Konstellationen einer Untätigkeitsklage etwa *Koenig/Kühling/Ritter* EG-Beihilfenrecht, S. 284.
[19] *Kühling* in: Streinz EUV/AEUV Art. 108 AEUV Rn. 47 ff.

ginnt mit Konsultationen, die auf eine gütliche Einigung abzielen. Scheitern diese, dann setzt der *Dispute Settlement Body* ein *Panel* ein, welches ein Schlichtungsverfahren durchführt. Das *Panel* erstellt innerhalb von sechs Monaten eine Empfehlung, die vom DSB angenommen werden muss. Der *Panel*-Bericht kann anschließend vom *Appellate Body* überprüft werden, welcher im Sinne der deutschen Terminologie als Revisionsinstanz auftritt. Wichtig zum Verständnis der WTO-Streitbeilegung ist aber, dass nur WTO-Mitglieder beteiligungsfähig sind. Privatpersonen sind also nicht beteiligungsfähig und können allenfalls mittelbar über die Vertreter der WTO-Mitglieder auf das Streitbeilegungsverfahren Einfluss nehmen.

9   Ferner gibt es Streitbeilegungsmechanismen im **Investitionsschutzrecht**. Die meisten Investitionsverträge sehen neben zwischenstaatlichen Streitbeilegungsverfahren vor allem die Möglichkeit eines sog. Investor-Staat-Streitbeilegungsverfahrens vor. Ein solches Streitbeilegungsverfahren kann entweder vor einer ad-hoc einberufenen Schiedsgerichtsbarkeit oder vor einer institutionalisierten Schiedsgerichtsbarkeit stattfinden. Die praktisch bedeutsamste institutionalisierte Schiedsgerichtsbarkeit ist das *International Centre for Settlement of Investment Disputes* (ICSID).

§ 28. Die Fallbearbeitung im Wirtschaftsverwaltungsrecht

I. Einführung

1   Bei der Fallbearbeitung im Wirtschaftsverwaltungsrecht sollte unterschieden werden, ob der Rechtsschutz vor den Verwaltungsgerichten, den ordentlichen Gerichten oder vor dem Bundesverfassungsgericht stattfindet. Auch sind Konstellationen denkbar, in denen Rechtsschutz vor den Unionsgerichten oder vor internationalen Gerichten ersucht wird. Im Wirtschaftsverwaltungsrecht stellt der Rechtsschutz vor den Verwaltungsgerichten die häufigste Klausurkonstellation dar. Wie bereits beschrieben, geht es hierbei häufig um Aufsichtsmaßnahmen, um Streitigkeiten bzgl. einer Zulassung oder um Konkurrentenstreitigkeiten. Dabei muss stets berücksichtigt werden, dass wirtschaftsverwaltungsrechtliche Fälle ohne Grundkenntnisse im Verwaltungsprozessrecht nicht solide bearbeitet werden können. Daneben setzt eine gelungene Fallbearbeitung das richtige

§ 28. Die Fallbearbeitung im Wirtschaftsverwaltungsrecht   447

Aufsuchen der einschlägigen Ermächtigungsgrundlagen sowie den sicheren Umgang mit gewerberechtlichen Grundlagen voraus. Hierzu gehören etwa der Gewerbebegriff, die Unterscheidung von anzeigepflichtigem und genehmigungsbedürftigem Gewerbe sowie der Begriff der Unzuverlässigkeit. Selbstverständlich müssen aber ebenso allgemeine verfassungs- und verwaltungsrechtliche Grundlagen vorhanden sein. Weniger kommt es auf die vertiefte Kenntnis von Detailproblemen an. Man kann nicht oft genug betonen: Entscheidend für eine gelungene Fallbearbeitung sind ein vorhandenes Systemverständnis sowie der sichere Umgang mit grundlegenden verwaltungsrechtlichen und verfassungsrechtlichen Strukturen.

Wird nach den Erfolgsaussichten einer Klage gefragt, dann sind 2 stets die Zulässigkeit und die Begründetheit einer Klage zu prüfen. Bei der Prüfung der Zulässigkeit bietet sich folgendes Grundschema an, das abhängig von der konkreten Klageart selbstverständlich noch zu modifizieren wäre:

1. Deutsche Gerichtsbarkeit (§§ 18 ff. GVG), Hinweis: Diese Sachurteilsvoraussetzung muss nur angesprochen werden, wenn sie im konkreten Fall problematisch erscheint
2. Eröffnung des Verwaltungsrechtswegs (§ 40 Abs. 1 S. 1 VwGO)
3. Statthafte Klageart
   a) Anfechtungsklage (§ 42 Abs. 1 Alt. 1 VwGO)
   b) Verpflichtungsklage (§ 42 Abs. 1 Alt. 2 VwGO)
   c) Allgemeine Leistungsklage
   d) Allgemeine Feststellungsklage (§ 43 VwGO)
   e) Fortsetzungsfeststellungsklage (§ 113 Abs. 1 S. 4 VwGO, evtl. analog)
   f) Abstrakte Normenkontrolle (§ 47 VwGO)
4. Klagebefugnis (§ 42 Abs. 2 VwGO, evtl. analog)
5. Erfolglose Durchführung eines Vorverfahrens bei der Anfechtungsklage und der Verpflichtungsklage (§§ 68 ff. VwGO), str. bei der analogen Anwendung der Fortsetzungsfeststellungsklage[1]

---

1 Vgl. dazu *Schenke* Verwaltungsprozessrecht Rn. 665.

6. Richtiger Beklagter
   a) Bei der Anfechtungs-, der Verpflichtungs- sowie der Fortsetzungsfeststellungsklage gem. § 78 VwGO
   b) Ansonsten nach dem Rechtsträgerprinzip
7. Beteiligungs- und Prozessfähigkeit (§§ 61, 62 VwGO)
8. Sachliche, örtliche und instanzielle Zuständigkeit des Gerichts (§§ 45 ff. VwGO)
9. Form und Frist
10. Rechtsschutzbedürfnis

II. Aufbauhinweise für die Lösung ausgewählter Fallkonstellationen

1. Klagen gegen Aufsichtsmaßnahmen

3   Bei Klagen gegen Aufsichtsmaßnahmen, die einen Verwaltungsakt (§ 35 S. 1 VwVfG) darstellen, kann Rechtsschutz mittels einer Anfechtungsklage erfolgen. Als Aufsichtsmaßnahmen kommen beispielsweise in Betracht:
- Durchsetzung von Anzeigepflichten nach § 14 GewO,
- Aufsichtsmaßnahmen, die das genehmigungsbedürftige Gewerbe betreffen (Rücknahme oder Widerruf, Betriebsuntersagung nach § 15 Abs. 2 GewO),
- Aufsichtsmaßnahmen gegen erlaubnisfreie Tätigkeiten (Gewerbeuntersagung wegen Unzuverlässigkeit nach § 35 GewO).

4   **a) Prüfung eines Widerspruchs.** Allerdings sind nach § 68 Abs. 1 S. 1 VwGO vor Erhebung der Anfechtungsklage Rechtmäßigkeit und Zweckmäßigkeit des angefochtenen Verwaltungsakts in einem **Vorverfahren** nachzuprüfen. Verwaltungsprozessual stellt das Vorverfahren eine Sachurteilsvoraussetzung einer Anfechtungsklage dar. Gleichwohl ist das Vorverfahren als Widerspruch vorrangig ein Verwaltungsverfahren.[2] Gegenüber der Anfechtungsklage hat das Widerspruchsverfahren für den Betroffenen den Vorteil, dass im Rahmen des Widerspruchs nicht nur die Rechtmäßigkeit, sondern auch die

---

2 OVG Magdeburg NVwZ 1994, 1227; *Schoch* in: Ehlers/Schoch Rechtsschutz im Öffentlichen Recht § 20 Rn. 1.

Zweckmäßigkeit einer Ermessensentscheidung durch die Verwaltung überprüft wird.³

Hinweis: Nicht immer ist ein Widerspruchsverfahren erforderlich oder zulässig. Das ergibt sich aus § 68 Abs. 1 S. 2 VwGO. Insbesondere ist ein Vorverfahren entbehrlich, wenn es gesetzlich ausdrücklich ausgeschlossen ist. Das gilt etwa für Beschlusskammerentscheidungen der BNetzA gem. §§ 137 Abs. 2, 132 TKG. Viele Länder haben das Vorverfahren inzwischen stark eingeschränkt und teilweise sogar fast vollständig abgeschafft (zB Bayern, Hessen und Nordrhein-Westfalen).⁴ 5

Wie auch bei gerichtlichen Verfahren unterscheidet man auch bei einem Widerspruchsverfahren zwischen Zulässigkeit und Begründetheit. Maßgeblicher Zeitpunkt für die Beurteilung ist der Erlass des Widerspruchsbescheids. Die Zulässigkeitsvoraussetzungen entsprechen denen eines gerichtlichen Verfahrens. Zuerst muss geprüft werden, ob der Verwaltungsrechtsweg eröffnet ist. Anschließend muss das mit dem Widerspruch verfolgte Ziel dargestellt werden (Statthaftigkeit des Widerspruchs). Hierbei muss ein Widerspruch entweder bei einer Anfechtungsklage oder bei einer Versagungsgegenklage erhoben werden. Auch die weiteren Voraussetzungen ähneln dem gerichtlichen Verfahren; hierzu gehören Widerspruchsbefugnis, Beteiligungsfähigkeit, Form und Frist, Widerspruchsinteresse. 6

A. Prüfung der Zulässigkeit:
1. Öffentlich-rechtliche Streitigkeit (§ 40 VwGO analog)
2. Statthaftigkeit des Widerspruchs
   - Vor Erhebung einer Anfechtungsklage (§ 68 Abs. 1 VwGO) oder einer Verpflichtungsklage in Gestalt der Versagungsgegenklage (§ 68 Abs. 2 VwGO)
   - Str. bei der analogen Anwendung der Fortsetzungsfeststellungsklage⁵
   - Ausnahme: Widerspruch entbehrlich (§ 68 Abs. 1 S. 2 VwGO)

---

3 Zur Zielsetzung des Widerspruchsverfahrens *Schenke* Verwaltungsprozessrecht Rn. 642 ff.
4 Dazu *Hufen* Verwaltungsprozessrecht § 5 Rn. 4 f.
5 BVerwGE 81, 226 (229); aA *Dolde/Porsch* in: Schoch/Schneider/Bier VwGO § 68 Rn. 23; *Schenke* Verwaltungsprozessrecht Rn. 666.

3. Erhebung bei der zuständigen Behörde
- Entweder bei der Ausgangsbehörde (§ 70 Abs. 1 S. 1 VwGO) oder bei der Widerspruchsbehörde (§§ 70 Abs. 1 S. 2, 73 Abs. 1 S. 2 VwGO)
4. Beteiligungs- und Handlungsfähigkeit des Widerspruchsführers (§ 79 VwGO iVm §§ 11, 12 VwVfG)
5. Widerspruchsbefugnis
- § 42 Abs. 2 VwGO analog
- Es genügt bei einem Ermessensverwaltungsakt, dass die Unzweckmäßigkeit des Verwaltungsakts geltend gemacht wird
6. Form und Frist (§§ 70, 58 VwGO)
- Bei VA mit ordnungsgemäßer Rechtsmittelbelehrung ein Monat, ansonsten ein Jahr
- Str., ob die Widerspruchsbehörde befugt ist, trotz Verfristung in der Sache zu entscheiden[6]
7. Widerspruchsinteresse (entspricht dem Rechtsschutzbedürfnis)

B. Prüfung der Begründetheit:
1. Rechtswidrigkeit des Behördenhandelns
   a) Befugnisnorm
   b) Formelle Rechtmäßigkeit
   c) Materielle Rechtmäßigkeit (Tatbestandsvoraussetzungen der Befugnisnorm, ggf. fehlerfreie Ermessensausübung, insbesondere Vereinbarkeit mit höherrangigem Recht)
2. Rechtsverletzung des Widerspruchsführers
3. Ggf. Zweckmäßigkeit des Behördenhandelns (Hinweis: In der Klausur ist in der Regel die Zweckmäßigkeit eines Verwaltungsakts nicht zu prüfen)

7   Der Widerspruch hat gem. § 80 Abs. 1 S. 1 VwGO aufschiebende Wirkung. Das gilt gem. § 80 Abs. 1 S. 2 VwGO auch bei Verwaltungsakten mit Drittwirkung. Dieser Effekt kann insbesondere bei Konkurrentenabwehrklagen und bei Konkurrentenverdrängungsklagen relevant werden.

8   **b) Prüfung einer Anfechtungsklage.** Bleibt der Widerspruchsführer bei dem Widerspruch erfolglos, kann er sein Begehren mit Erhe-

---

6 BVerwGE 15, 306 (310); 28, 305 (307 f.); aA *Schoch* in: Ehlers/Schoch Rechtsschutz im Öffentlichen Recht § 20 Rn. 34.

bung der Anfechtungsklage vor dem VG weiterverfolgen. Für die Prüfung der Zulässigkeit kann auf das Schema in → Rn. 2 verwiesen werden. Die Klage ist begründet, soweit der Verwaltungsakt rechtswidrig und der Kläger dadurch in seinen Rechten verletzt ist (§ 113 Abs. 1 S. 1 VwGO).

Prüfung der Begründetheit:
1. Rechtswidrigkeit des Verwaltungsakts
   a) Ermächtigungsgrundlage
   b) Formelle Rechtmäßigkeit
   c) Materielle Rechtmäßigkeit (Tatbestandsvoraussetzungen der Befugnisnorm, ggf. fehlerfreie Ermessensausübung, insbesondere Vereinbarkeit mit höherrangigem Recht)
2. Rechtsverletzung des Klägers

c) Antrag auf Wiederherstellung der aufschiebenden Wirkung eines Rechtsbehelfs. Im Wirtschaftsverwaltungsrecht kommt es häufig vor, dass die Behörde eine Aufsichtsmaßnahme mit der Anordnung des sofortigen Vollzugs (§ 80 Abs. 2 Nr. 4 VwGO) verknüpft, so dass die aufschiebende Wirkung des Widerspruchs entfällt. In diesem Fall muss der Betroffene einen Antrag auf Wiederherstellung der aufschiebenden Wirkung vor dem Gericht der Hauptsache gem. § 80 Abs. 5 S. 1 Alt. 2 VwGO stellen. Alternativ dazu ist auch ein Antrag auf Aussetzung der Vollziehung entweder vor der Behörde, die den Verwaltungsakt erlassen hat, oder vor der Widerspruchsbehörde gem. § 80 Abs. 4 VwGO möglich. Ein solcher Antrag ist notwendig, um ein Gewerbe bis zur Entscheidung in der Hauptsache fortführen zu können und Vollstreckungsmaßnahmen zu verhindern. Der Antrag auf Wiederherstellung der aufschiebenden Wirkung wird erfolgreich sein, wenn er zulässig und begründet ist.

A. Zulässigkeit
1. Eröffnung des Verwaltungsrechtswegs (§ 40 Abs. 1 S. 1 VwGO)
2. Statthafte Rechtsschutzform
   - Der Antrag auf Wiederherstellung der aufschiebenden Wirkung gem. § 80 Abs. 5 S. 1 Alt. 1 VwGO ist statthaft, wenn in der Hauptsache die Anfechtungsklage statthaft wäre, es also um die sofortige Vollziehbarkeit eines Verwaltungsakts geht (§ 123 Abs. 5 VwGO)

3. Antragsbefugnis
4. Grds. Erhebung des Widerspruchs
5. Richtiger Beklagter
6. Beteiligungs- und Prozessfähigkeit
7. Zuständigkeit des Gerichts
   - Zuständig ist das Gericht, das in der Hauptsache zuständig ist (§ 80 Abs. 1 S. 1 Alt. 1 VwGO)
8. Rechtsschutzbedürfnis

B. Begründetheit
1. Formelle Rechtmäßigkeit der Anordnung der sofortigen Vollziehung
   a) Zuständige Behörde (§ 80 Abs. 2 S. 1 Nr. 4 VwGO)
   b) Verfahren
      - Hinweis: Eine Anhörung muss gem. § 28 Abs. 1 VwVfG nicht erfolgen, da die Anordnung der sofortigen Vollziehung nach hM kein Verwaltungsakt ist.[7] In Ausnahmefällen kann sich aber eine Pflicht zur Anhörung unmittelbar aus dem Grundsatz der Gewährung rechtlichen Gehörs als Ausprägung des Rechtsstaatsprinzips nach Art. 20 Abs. 3 GG ergeben[8]
   c) Form (§ 80 Abs. 2 S. 1 Nr. 4, Abs. 3 S. 1 VwGO)
      - Die Anordnung der sofortigen Vollziehung muss gem. § 80 Abs. 2 S. 1 Nr. 4 VwGO besonders angeordnet werden
      - Nach § 80 Abs. 3 S. 1 VwGO ist das besondere Interesse an der sofortigen Vollziehung des Verwaltungsakts schriftlich zu begründen
2. Interessenabwägung
   - Die Anordnung der sofortigen Vollziehung ist in materieller Hinsicht nur dann rechtmäßig, wenn das öffentliche Interesse an der sofortigen Vollziehung das Aussetzungsinteresse des Antragstellers überwiegt. Dabei kommt es maßgeblich auf die Beurteilung der Erfolgsaussichten des in der Hauptsache eingelegten Rechtsbehelfs an.
      a) Ermächtigungsgrundlage

---

7 OVG Koblenz NVwZ 1988, 748; *Schoch* in: Ehlers/Schoch Rechtsschutz im Öffentlichen Recht § 29 Rn. 64.
8 *Schenke* Verwaltungsprozessrecht Rn. 978.

> b) Formelle Rechtmäßigkeit
> c) Materielle Rechtmäßigkeit
> d) Rechtsverletzung des Antragstellers

Bei solchen Fallgestaltungen muss erkannt werden, dass die Anordnung der sofortigen Vollziehung schon immer dann rechtswidrig ist, wenn die formellen Voraussetzungen nicht eingehalten wurden. Daneben setzt die materielle Rechtmäßigkeit der Anordnung eine Interessenabwägung zwischen dem öffentlichen Interesse bzw. überwiegenden Interesse eines Beteiligten an der sofortigen Vollziehung einerseits und dem Aussetzungsinteresse des Antragstellers andererseits voraus. Dabei werden in der Interessenabwägung maßgeblich die Erfolgsaussichten der Anfechtungsklage berücksichtigt. Hierbei erfolgt in der Praxis eine „summarische Prüfung" der Sachverhaltsfeststellung. Die Prüfung in rechtlicher Hinsicht erfolgt jedoch weiterhin umfassend.[9] Für die Fallbearbeitung heißt das, dass an dieser Stelle wie gewohnt die formelle und materielle Rechtmäßigkeit des Verwaltungsakts zu prüfen ist.

2. Rechtsschutz gegen die wirtschaftliche Betätigung einer Gemeinde

Eine häufige Klausurkonstellation stellt ferner der Rechtsschutz gegen die wirtschaftliche Betätigung einer Gemeinde dar. Bereits der Einstieg in die Fallbearbeitung bereitet jedoch oftmals Schwierigkeiten. Da der Rechtsschutz gegen die Marktteilnahme der öffentlichen Hand einmal nach den Vorschriften des UWG vor den ordentlichen Gerichten und andererseits als öffentlich-rechtliche Unterlassungsklage vor den Verwaltungsgerichten in Betracht kommen kann, muss hier genau untersucht werden, ob im konkreten Falle das Marktverhalten (dann privatrechtlich) oder der Marktzutritt (dann öffentlich-rechtlich) der Gemeinde angegriffen wird (→ § 13 Rn. 28 ff.). Ist die Streitigkeit danach öffentlich-rechtlicher Natur, so ist die Allgemeine Leistungsklage in Form einer Unterlassungsklage statthaft. Ebenso wäre grundsätzlich auch eine Allgemeine Feststellungsklage zulässig, da das BVerwG in ständiger Rechtsprechung davon ausgeht, dass bei Klagen gegen Hoheitsträger die Subsidiarität

---

9 *Schoch* in: Ehlers/Schoch Rechtsschutz im Öffentlichen Recht § 29 Rn. 136.

der Feststellungsklage (§ 43 Abs. 2 S. 1 VwGO) nicht gilt.[10] Insofern hat der Kläger ein Wahlrecht, ob er eine Leistungs- oder Feststellungsklage erheben möchte.[11] Ein Problemschwerpunkt stellt aber in beiden Fällen die Prüfung der Klagebefugnis dar. Hier sollte sich der Bearbeiter intensiv mit der Frage auseinandersetzen, ob die Vorschriften der Gemeindeordnung drittschützend sind bzw. ob daneben auch ein grundrechtlicher Abwehranspruch geltend gemacht werden kann (s. → § 25 Rn. 22 ff.). Sollte der Kläger eine Allgemeine Leistungsklage erheben, so wäre folgendermaßen zu prüfen:

> **Prüfung der Zulässigkeit**
> 1. Eröffnung des Verwaltungsrechtswegs (§ 40 Abs. 1 S. 1 VwGO)
> 2. Statthafte Klageart
>   - Allgemeine Leistungsklage (Abwehr eines schlicht-hoheitlichen Verwaltungshandelns)
> 3. Klagebefugnis (§ 40 Abs. 2 VwGO analog)
>   - Sind die kommunalrechtlichen Vorschriften zur Zulässigkeit der wirtschaftlichen Betätigung der Gemeinde drittschützend?
>   - Vermitteln die Grundrechte (insbesondere Art. 12 GG) einen Konkurrentenschutz gegen die erwerbswirtschaftliche Betätigung der öffentlichen Hand?
> 4. Sonstige Allgemeine Sachurteilsvoraussetzungen (richtiger Beklagter iSd Rechtsträgerprinzips, Beteiligungs- und Prozessfähigkeit, Rechtsschutzbedürfnis, Zuständigkeit des Gerichts)

12   Die allgemeine Leistungsklage ist begründet, wenn der Kläger gegenüber der Gemeinde einen öffentlich-rechtlichen Unterlassungsanspruch hat. Der öffentlich-rechtliche Unterlassungsanspruch setzt voraus, dass das angegriffene Verhalten der Gemeinde als hoheitliches Handeln zu qualifizieren ist und dieses wegen seiner Rechtswidrigkeit ein subjektiv-öffentliches Recht der Klägerin rechtswidrig und fortdauernd beeinträchtigt. Da bereits in der Zulässigkeit das Handeln der Gemeinde als hoheitlich eingestuft wurde, muss die Frage des öffentlich-rechtlichen Charakters der erwerbswirtschaftlichen Betätigung in der Begründetheit nicht noch einmal näher ausgeführt

---
10 BVerwGE 36, 179 (182); 114, 61, (63).
11 *Möstl* in: BeckOK VwGO § 43 Rn. 15; krit. *Ehlers* in: ders./Schoch Rechtsschutz im Öffentlichen Recht § 25 Rn. 39.

werden. Schwerpunktmäßig muss sich der Bearbeiter vor allem mit der Frage auseinandersetzen, ob die Gemeinde gegen die kommunalrechtlichen Vorschriften bzgl. der wirtschaftlichen Betätigung verstoßen hat. Anschließend ist dann die Rechtsverletzung des Privaten zu diskutieren. Je nachdem wie ausführlich der Bearbeiter die Klagebefugnis dargestellt hat, sind an dieser Stelle vertiefte Ausführungen zu erwarten.

3. Rechtsschutz bei Klagen auf Zulassung

Klagen auf Zulassung werden insbesondere dann relevant, wenn 13 der Gewerbetreibende die Erteilung einer Genehmigung, Erlaubnis, etc verlangt. Da die Zulassung einen Verwaltungsakt iSv § 35 S. 1 VwVfG darstellt, muss immer dann, wenn die Behörde den Erlass des Verwaltungsakts abgelehnt hat oder die Zulassung unterlässt, Verpflichtungsklage gem. § 42 Abs. 1 Alt. 2 VwGO erhoben werden.

Zulässigkeit
1. Eröffnung des Verwaltungsrechtswegs (§ 40 Abs. 1 S. 1 VwGO)
2. Statthafte Klageart (§ 42 Abs. 1 Alt. 2 VwGO)
3. Klagebefugnis (§ 42 Abs. 2 VwGO)
4. Erfolglose Durchführung eines Vorverfahrens; allerdings nur im Falle der Versagungsgegenklage (§ 68 Abs. 2 VwGO)
5. Richtiger Beklagter (§ 78 VwGO)
6. Beteiligungs- und Prozessfähigkeit (§§ 61, 62 VwGO)
7. Klagefrist (§ 74 Abs. 2, 75 VwGO)
8. Zuständiges Gericht (§§ 45, 52 Nr. 5 VwGO)
9. Rechtsschutzbedürfnis

Nach § 113 Abs. 5 S. 1 VwGO ist die Verpflichtungsklage begrün- 14 det, soweit die Ablehnung oder Unterlassung rechtswidrig und der Kläger dadurch in seinen Rechten verletzt ist und Spruchreife besteht. Abweichend von dem Wortlaut des § 113 Abs. 5 VwGO bietet sich im Falle der Verpflichtungsklage eine anspruchsbezogene Prüfungsreihenfolge an.[12]

---

12 *Ehlers* in: ders./Schoch Rechtsschutz im Öffentlichen Recht § 23 Rn. 38 f.

> 1. Anspruchsgrundlage
> 2. Im Falle einer gebundenen Entscheidung:
>   a) Personelle Anspruchsvoraussetzungen
>   b) Sachliche Anspruchsvoraussetzungen
> 3. Im Falle eines Beurteilungs- bzw. eines Ermessensspielraums der Verwaltung:
>   a) Formelle Rechtswidrigkeit der Ablehnung oder Unterlassung des Verwaltungsakts
>   b) Materielle Rechtswidrigkeit der Ablehnung oder Unterlassung des Verwaltungsakts
>   c) Rechtsverletzung

15 Der Wortlaut des § 113 Abs. 5 VwGO unterscheidet danach, ob die Sache spruchreif ist. **Spruchreife** bedeutet, dass das Gericht aufgrund der von ihm getroffenen Feststellungen und Überlegungen eine abschließende Entscheidung über das Klagebegehren treffen kann.[13] Im Falle einer gebundenen Entscheidung ist die Verpflichtungsklage immer begründet, sobald die Anspruchsvoraussetzungen vorliegen. Das ist bei Klagen auf Zulassung regelmäßig der Fall, da die gewerberechtlichen Zulassungsvoraussetzungen in der Regel als präventives Verbot mit Erlaubnisvorbehalt ausgestaltet sind. Das heißt, dass die Genehmigung immer dann erteilt werden muss, wenn der Gewerbetreibende die Genehmigungsvoraussetzungen (etwa Zuverlässigkeit) erfüllt. In diesem Falle ist die Sache iSv § 113 Abs. 5 S. 1 VwGO spruchreif und die Behörde wird verpflichtet, die Zulassung zu erteilen.

16 Die **Spruchreife fehlt** hingegen, wenn für die begehrte Sachentscheidung noch weitere Sachverhaltsaufklärungen notwendig sind. Daneben ist die Sache ebenfalls nicht spruchreif, wenn der Verwaltung entweder ein Beurteilungsspielraum oder ein Ermessensspielraum (zB bei Subventionsentscheidungen oder bei Ausnahmebewilligungen) zusteht. In diesem Fall spricht das Gericht die Verpflichtung aus, den Kläger unter Beachtung der Rechtsauffassung des Gerichts zu bescheiden (§ 113 Abs. 5 S. 2 VwGO). Etwas anderes gilt nur, wenn das Ermessen der Verwaltung auf Null reduziert ist, also eine fehlerfreie Ermessensausübung kein anderes Ergebnis zulässt, als die beantrage Amtshandlung vorzunehmen.

---

13 *Decker* in: BeckOK VwGO § 113 Rn. 73.

Sachverzeichnis

Die fett gedruckten Zahlen verweisen auf die Paragraphen und die
normal gedruckten Zahlen auf die Randnummern der Fundstellen
zu den angeführten Stichworten.

Agrarrecht **1**, 25
Allokation **1**, 38
Anerkennung, gegenseitige **3**, 8
Arbeitnehmerfreizügigkeit **7**, 162
Arbeitnehmerkammern **9**, 19 ff.
Arbeitsrecht **1**, 32
Ausbildung, berufliche **9**, 31
Auskunftspflicht **15**, 50 ff.
Außenwirtschaftsrecht **1**, 26
Ausstellungsgewerbe **15**, 147 ff.

Bankrecht **1**, 19
Bauträger **15**, 88
Bauvermittler **15**, 88
Beihilfe **11**, 1 ff.
– Begriff **11**, 18 ff.
– Rechtsschutz **27**, 3 ff.
– unionsrechtlicher Rahmen **11**, 16 ff.
– Verfahren **11**, 34 ff.
Belcihung **9**, 74 ff.
Berufsanerkennungsrichtlinie **1**, 15; **7**, 134 ff.
Berufsaufsicht **1**, 8
Berufsfreiheit **7**, 12 ff.
Berufsgerichtsbarkeit **24**, 6 ff.
Berufskammern **9**, 16 ff.
Bestimmtheitsgrundsatz **7**, 194 ff.
Betriebs- und Geschäftsgeheimnisse **25**, 45 ff.
Betriebswirtschaftslehre **1**, 41
Bewachungsgewerbe **15**, 81 ff.
Binnenmarkt
– negative Integration **1**, 5
– positive Integration **1**, 5
Bundesärztekammer **9**, 23

Bundesimmissionsschutzgesetz **15**, 46 ff.

Computergrundrecht **7**, 56

Darlehensvermittler **15**, 88
Datenschutzgrundrecht **7**, 53
Deutscher Industrie- und Handelskammertag **9**, 23
Dienste von allgemeinem wirtschaftlichen Interesse **14**, 10 ff.
– Bedeutung **14**, 15
– Begriff **14**, 10
– Betrauungsakt **14**, 11
Dienstleistungsfreiheit **7**, 116 ff.
– aktive **7**, 119
– Korrespondenzdienstleistung **7**, 121
– passive **7**, 120
Dienstleistungsrichtlinie **7**, 146 ff.
Drei-Stufen-Lehre **7**, 22 ff.

Eigentumsfreiheit **7**, 36 ff.
– Enteignung **7**, 45 f.
– Inhalts- und Schrankenbestimmung **7**, 47
– Vertrauensschutz **7**, 48
Eingriff durch Konkurrenz **14**, 4 f.
Einheitlicher Ansprechpartner **7**, 150
Einschätzungsprärogative **7**, 24
Eisenbahnrecht **21**, 1 ff.
– Begriff **21**, 5 ff.
– Entflechtung **21**, 35 ff.
– Erhaltung des Bestandsnetzes **21**, 14 ff.

– Gewährleistungsverantwortung 21, 11
– Grundlagen 21, 1 ff.
– Marktzutritt 21, 20 ff.
– Netzbetrieb 21, 24 ff.
– Neu- und Ausbauvorhaben 21, 12 ff.
– Regulierungsziele 21, 10
Energierecht 20, 1 ff.
– Entflechtung 20, 24 ff.
– Entgeltregulierung 20, 17 ff.
– Geschäftsfelder 20, 5 ff.
– Grundlagen 20, 1 ff.
– Letztverbraucher 20, 41 ff.
– Marktzutritt 20, 11 ff.
– Missbrauchsaufsicht 20, 37 ff.
– Netzbetrieb 20, 14 ff.
– Regulierungsziele 20, 9 f.
– Transportnetzbetreiber 20, 33 ff.
Enteignung 7, 45 f.
Entterritorialisierung 3, 7 ff.
Europäische Menschenrechtskonvention 7, 67 f.
Europäisches Wirtschaftsrecht 1, 5 ff.

Fachplanungsrecht 1, 29
Fallbearbeitung im Wirtschaftsverwaltungsrecht 28, 1 ff.
Fernmeldegeheimnis 7, 58
Finanzrecht 1, 19
Freie Berufe 1, 15; 22, 1 ff.; 23, 1 ff.
– Begriff 22, 1 ff.
– Berufsanerkennungsrichtlinie 23, 2
– Berufsaufsicht 24, 1 ff.
– Berufsgerichtsbarkeit 24, 6 ff.
– Berufszugang 23, 1 ff.
– Dienstleistungsfreiheit 23, 6 ff.
– Erscheinungsformen 22, 2 ff.
– Fremdbesitzverbot 23, 18
– historische Entwicklung 22, 15 ff.
– Marktverhaltensrecht 23, 14 ff.
– Preisregulierung 23, 52
– professionelle Kooperation 23, 46 ff.
– Rahmenbegriff 22, 4

– Rechtsformbeschränkungen 23, 41 ff.
– reglementierte 22, 11 ff.
– Typusbegriff 22, 4
– Werberecht 23, 51 ff.
Freihandel 3, 8

Gaststättenrecht der Länder 15, 178
Gaststättenrecht des Bundes 15, 177
Geldwertstabilität 7, 43
Genehmigungsfiktion 7, 152
Gerätesicherheit 15, 43 ff.
Geschäftsräume 7, 52
Gesetzmäßigkeit des Verwaltungshandelns 7, 171 ff.
Gesundheitsrecht 1, 31
Gewährleistungsverantwortung 18, 12
Gewerbeanzeige 15, 27 ff.
Gewerbearten 15, 25 ff.
– Ausstellungsgewerbe 15, 147 ff.
– Marktgewerbe 15, 147 ff.
– Messegewerbe 15, 147 ff.
– Reisegewerbe 15, 136 ff.
– stehendes Gewerbe 15, 26 ff.
– überwachungsbedürftiges Gewerbe 15, 103 ff.
– überwachungspflichtiges Gewerbe 15, 41 ff.
Gewerbebegriff 15, 8 ff.
– dauerhafte Betätigung 15, 14
– gemeinnütziger Zweck 15, 13
– Gewinnerzielungsabsicht 15, 12
– Gewinnverwendungsabsicht 15, 13
– Verwaltung eigenen Vermögens 15, 23
Gewerbebetrieb, Recht am eingerichteten und ausgeübten 7, 40
Gewerbefreiheit 7, 18; 15, 1
Gewerbeordnung 15, 1 ff.
Gewerberecht 1, 13; 15, 1 ff.
Gewerbeuntersagung 15, 107 ff.
– Strohmann 15, 128
– Teiluntersagung 15, 130

Sachverzeichnis

- wegen fehlender Erlaubnis 15, 110 ff.
- wegen Unzuverlässigkeit 15, 116 ff.
- Wiedergestattung 15, 132

Gewerbsfähigkeit 15, 18 f.
Gewerbsmäßigkeit 15, 10 ff.
Gewinnaussichten, grundrechtlicher Schutz 7, 40
Glücksspielrecht 15, 59 ff.
Grundfreiheiten 7, 68 ff.
- allgemeine Lehren 7, 69 ff.
- Beschränkungsverbot 7, 88
- Diskriminierungen 7, 85 ff.
- Drittwirkung 7, 78
- Funktionen 7, 73 ff.
- Inländergleichbehandlung 7, 85
- Keck-Formel zu Verkaufsmodalitäten 7, 89
- Kohärenz von Beschränkungen 7, 97
- Prüfungsaufbau 7, 77 ff.
- Rechtfertigung von Beschränkungen 7, 91 ff.
- Schutzansprüche 7, 76
- Verhältnis zum Sekundärrecht 7, 79

Grundrechte
- allgemeine Lehren 7, 2 ff.
- Grundrechtsadressaten 7, 4 ff.
- Struktur der Grundrechtsprüfung 7, 7 ff.

Grundrechtecharta 7, 59 ff.

Handlungsformen der Wirtschaftsverwaltung 1, 7
Handwerksbegriff 16, 8 ff.
- Handwerksfähigkeit 16, 9
- Handwerksmäßigkeit 16, 10
Handwerkskammern 9, 13 ff.
Handwerksrecht 16, 1 ff.
- Ausbildung 16, 23 ff.
- Berufsrecht 16, 23 ff.
- Betriebsformen 16, 12 ff.
- Entwicklung 16, 1 ff.

- großer Befähigungsnachweis 16, 2
- handwerksähnliche Betriebe 16, 48 ff.
- Handwerkskarte 16, 44
- Handwerksrolle 16, 27 ff.
- Hilfsbetriebe 16, 20
- Meisterpflicht 16, 31 ff.
- Nebenbetriebe 16, 17
- Reform der Handwerksordnung 16, 3
- Untersagung 16, 57
- Vereinbarkeit mit Verfassungsrecht 16, 7
- Wirtschaftsüberwachung 16, 53 ff.
- zulassungsfreie Handwerke 16, 48 ff.

Immissionsschutzrecht 1, 22
Immobilienmakler 15, 88
Industrie- und Handelskammern 9, 13 ff.
Informationelle Selbstbestimmung 7, 53
Informationspflichten
- der Behörden 1, 10
- der Gewerbetreibenden 1, 10
Infrastrukturrecht 1, 14
Inpflichtnahme Privater 9, 79 ff.
Institutionenökonomik 1, 37 ff.
Instrumente des Wirtschaftsverwaltungsrechts 5, 1 ff.
Interessenvertretung 9, 28 ff.

Kammeraufgaben 9, 26 ff.
Kapitalverkehrsfreiheit 7, 164
Klagen auf Zulassung 25, 11 ff.
Klagen gegen Aufsichtsmaßnahmen 25, 4 ff.
Klagen von Konkurrenten 25, 15 ff.
- Konkurrentenabwehrklage 25, 17
- Konkurrentengleichstellungsklagen 25, 16
- Konkurrentenverdrängungsklage 25, 25
Konkurrenz, siehe Wettbewerb

Kooperation
- horizontale **9**, 71
- vertikale **9**, 70

Ladenöffnungsrecht **17**, 1 ff.
- allgemeine Ladenöffnungszeiten **17**, 3 ff.
- Arbeitnehmerschutz **17**, 13 ff.
- Ausnahmefälle **17**, 6 ff.
- Rechte der Gewerkschaften **17**, 16
- Rechte der Religionsgemeinschaften **17**, 15
- Sonn- und Feiertagsschutz **17**, 5
Ladenschlussrecht **17**, 1 ff.
Liberalisierungsmaßnahmen **7**, 128 ff.
Lotterierecht **15**, 63 ff.

Märkte und Messen **15**, 147 ff.
- Auswahlentscheidung **15**, 176
- Begriff **15**, 147
- Erscheinungsformen **15**, 152 ff.
- Festsetzung **15**, 158 ff.
- Teilnahmeanspruch **15**, 167 ff.
Markt
- Begriff **2**, 7 ff.
- ethische Grundlagen **2**, 18
- Funktionen **2**, 12 ff.
- Leistungswettbewerb **2**, 17
- Marktversagen **2**, 32; **18**, 6 ff.
Marktgewerbe **15**, 147 ff.
Marktrahmenrecht **6**, 1 ff.
Marktstrukturregulierung **19**, 10 ff.
Marktversagen **18**, 6 ff.
Marktwirtschaft **2**, 10 ff.
Medienwirtschaftsrecht **1**, 24
Mehrebenensystem **4**, 8 f.
Messegewerbe **15**, 147 ff.

Nachschaurecht **15**, 50 ff.
Nichtraucherschutzgesetz **7**, 20
Niederlassungsfreiheit **7**, 102 ff.
Normerlass durch Kammern **7**, 182 ff.

Öffentliche Unternehmen **13**, 1 ff.
- Begriff **13**, 1 ff.
- Erscheinungsformen **13**, 5
- Gewinnerzielung **13**, 31
- Konkurrentenschutz **13**, 23
- Kontrolle **13**, 34 ff.
- Randnutzung **13**, 32
- Rechtsformen **13**, 6 ff.
- Rechtsschutz **13**, 28
- Schrankentrias **13**, 15
- Statusfragen **13**, 11
- Subsidiarität **13**, 20 ff.
- zivilrechtliche Schranken **13**, 26
- Zulässigkeit **13**, 12 ff.
Öffentliches Wettbewerbsrecht **1**, 4, 12; **14**, 1 ff.
- Begriff **14**, 1 ff.
- unionsrechtliche Grundlagen **14**, 6
- verfassungsrechtliche Grundlagen **14**, 4 f.
Organisation der Wirtschaftsverwaltung **1**, 6; **9**, 1 ff.
- Agenturen **9**, 68 ff.
- Bundesverwaltung **9**, 1 ff.
- Einbeziehung Privater **9**, 73 ff.
- Europäische Union **9**, 68 ff.
- Kammern auf Bundesebene **9**, 4
- Kammern der Wirtschaft **9**, 8 ff.
- Kommunalverwaltung **9**, 7
- Landesverwaltung **9**, 5
Organisationssoziologie **1**, 42

Personalerlaubnisse **15**, 49 ff.
Pflichtmitgliedschaft, gesetzliche **9**, 43 ff.
Planungsrecht **1**, 29 f.
Private Normsetzung **4**, 6 f.
Privatklinik **15**, 55
Produktsicherheit **15**, 43 ff.
Produktsicherheitsrecht **1**, 20
Produktwarnungen **5**, 9
Produktwirtschaftsrecht **1**, 20

Raumordnungsrecht **1**, 29

Sachverzeichnis

Rechtsschutz im Öffentlichen Wirtschafsrecht 25, 1 ff.; 26, 1 ff.; 27, 1 ff.
- europarechtlicher 27, 1 ff.
- internationalrechtlicher 27, 8 ff.
- Regulierungsentscheidungen 25, 33 ff.
- vergaberechtlicher 26, 1 ff.
- verwaltungsgerichtlicher 25, 1 ff.

Rechtsstaatsprinzip 7, 167 ff.
Reglementierung 2, 33
Regulierung 2, 36 ff.; 18, 1 ff.
  Anlass 18, 5 ff.
- Begriff 18, 1 ff.
- Gewährleistungsverantwortung 18, 12
- Marktversagen 18, 6 f.
- Staatsversagen 18, 10
- Verbraucherschutz 18, 13
- Ziele 18, 11 ff.

Regulierungsbehörden 18, 17 ff.
- Beschlusskammern 18, 25 ff.
- Weisungsfreiheit 18, 21
- Zuständigkeiten 18, 18

Regulierungsverwaltungsrecht 1, 9, 14; 18, 1 ff.; 19, 1 ff.; 20, 1 ff.; 21, 1 ff.
- Grundlagen 18, 1 ff.

Reisegewerbe 15, 136 ff.
- Begriff 15, 136
- Erlaubnispflicht 15, 136
- Haftversicherungspflicht 15, 137
- Instrumente 15, 28
- Reisegewerbekarte 15, 143
- Wanderlager 15, 145

Sachverständiger, öffentlicher 15, 95 ff.
Schaustellung von Personen 15, 56
Selbstverpflichtungen 5, 9
Selbstverwaltung, funktionale 9, 8 ff.
- demokratische Legitimation 9, 51 ff.
- Finanzierung 9, 56 ff.
- Staatsaufsicht 9, 66 ff.

- verfassungsrechtliche Grundlagen 9, 33 ff.

Sicherheitsrecht 1, 33
Sozialstaatsprinzip 7, 39, 198 ff.
Spielhallen 15, 76 ff.
Sportwetten 15, 66
Steuerrecht 1, 34
Subsidiaritätsprinzip 7, 210 ff.
Subvention 11, 2 ff.
- Anspruch auf 11, 12 f.

Subventionskontrolle 11, 46
Subventionsrecht 11, 1 ff.
- Rückforderung 11, 49 ff.
- Subventionsrechtsverhältnis 11, 38 ff.
- verfassungsrechtlicher Rahmen 11, 7 ff.
- Vorbehalt des Gesetzes 11, 8 ff.
- Zuständigkeiten 11, 10 ff.

Telekommunikationsrecht 19, 1 ff.
- Begriff 19, 4 f.
- Entflechtung von Unternehmen 19, 45
- Entgeltregulierung 19, 34 ff.
- Ex-ante-Regulierung 19, 38
- Ex-post-Regulierung 19, 40
- Grundlagen 19, 1 ff.
- Marktanalyse 19, 18
- Marktdefinition 19, 16 f.
- Marktstrukturregulierung 19, 10 ff.
- Marktverhaltensregulierung 19, 24 ff.
- Missbrauchsaufsicht 19, 47
- Netzzugang 19, 25 ff.
- Regulierungsverfahren 19, 15 ff.
- Regulierungsverfügung 19, 21 f.
- Regulierungsziele 19, 9
- Universaldienstleistungen 19, 48 ff.

Territorialitätsbezug 3, 1 ff.
Treibhausgasemissionshandelsrecht 1, 23

Überwachungspflichtige Anlagen 15, 46 ff.

Umweltstaatsprinzip 7, 205 ff.
Unionsrecht, Anwendungsvorrang
7, 173
Universaldienstleistungen 19, 48 ff.

Vergaberecht 12, 1 ff.
– Anwendungsbereich 12, 6 ff.
– Auftraggeberbegriff 12, 42 ff.
– Ausschlussgründe 12, 29
– Auswahlkriterien 12, 26 ff.
– Eignung der Bieter 12, 27 ff.
– Grundsätze der Vergabe 12, 20 ff.
– haushaltsrechtliches Verfahren 12, 68 ff.
– In-House-Geschäft 12, 11 ff.
– Marktbezug 12, 11 ff.
– Mittelstandsförderung 12, 31
– öffentlicher Auftrag 12, 9 ff.
– Rechtsschutz oberhalb der Schwellenwerte 26, 1 ff.
– Rechtsschutz unterhalb der Schwellenwerte 26, 5 ff.
– Transparenzprinzip 12, 22
– Verfahrensarten 12, 35
– Verhandlungsverfahren 12, 61
– wettbewerblicher Dialog 12, 62
– Wettbewerbsprinzip 12, 21
Verhältnismäßigkeit 7, 10
Verhältnismäßigkeit, Grundsatz der 7, 198
Versicherungsvermittler 15, 89 ff.
Verteilungsentscheidungen 7, 29
Verträge, wirtschaftsverwaltungsrechtliche 5, 8
Vertrauensschutz 7, 187 ff.
Verwaltungsakte, wirtschaftsverwaltungsrechtliche 5, 6
Verwaltungshelfer 9, 79 ff.
Verwaltungsprivatrecht 7, 5
Volkswirtschaftslehre 1, 37 ff.
Vorbehalt des Gesetzes 7, 179 ff.
Vorrang des Gesetzes 7, 172 f.

Währungsrecht 1, 18
Wanderlager 15, 145
Warenverkehrsfreiheit 7, 159

Weiterbildung, berufliche 9, 31
Wettbewerb 2, 21 ff.
– Funktionen 2, 25
– Schutz vor Konkurrenz 7, 32 ff.
– Wettbewerbstheorien 2, 24 ff.
Wettbewerbsfreiheit 7, 51 ff.
Wettbewerbsrecht, öffentliches 14, 1 ff.
Wettrecht 15, 63 ff.
Wirtschaft
– Begriff 2, 1 ff.
– Wirtschaftsgüter 2, 6
– Wirtschaftssubjekte 2, 2 ff.
Wirtschaftsaufsicht 1, 8
Wirtschaftsinformationsrecht 1, 10
Wirtschaftslenkung 2, 31; 10, 1 ff.
– Begriff 10, 1 ff.
– Ebenen 10, 8 ff.
– Instrumente 10, 12 ff.
– Ziele 10, 6
Wirtschaftspolitik 8, 1 ff.
– Konjunkturpolitik 8, 2
– Ordnungspolitik 8, 3
– Prozesspolitik 8, 5
– Strukturpolitik 8, 4
Wirtschaftsprivatrecht 1, 27
Wirtschaftsrecht der Öffentlichen Hand 1, 16
Wirtschaftsstrafrecht 1, 36
Wirtschaftsüberwachung 2, 28 ff.
Wirtschaftsverbände, private 9, 83 f.
Wirtschaftsverfassungsrecht
– Begriff 1, 2; 2, 26
– der Europäischen Union 6, 4
– des Grundgesetzes 6, 3
– Funktionen 6, 1 ff.
– Gegenstand 1, 5 ff.; 2, 26 ff.
– Marktordnung 2, 27
– Weltwirtschaftsverfassung 6, 6
Wirtschaftsverwaltungsbehörden 1, 6
Wirtschaftsverwaltungsrecht, Begriff 1, 3
Wohnimmobilienverwalter 15, 88
Wohnung, Unverletzlichkeit der 7, 52